W0354025

Die Wannsee-Konferenz und der Völkermord an den europäischen Juden

Gedenk- und Bildungsstätte Haus der Wannsee-Konferenz

Die Wannsee-Konferenz und der Völkermord an den europäischen Juden

Katalog der ständigen Ausstellung

Ausstellung

Leitung: Dr. Norbert Kampe
Beratung: Dr. Wolf Kaiser, Peter Klein

Konzeption und Mitarbeit:
Dr. Gideon Botsch (Raum 8, 16)
Florian Dierl (Raum 5, 6)
Elke Gryglewski (Raum 15)
Marcus Gryglewski (Raum 11)
Dr. Norbert Kampe (Raum 1, 9, 10)
Peter Klein (Raum 7, 12)
Dr. Dr. Wolf-Dieter Mattausch (Biographien Raum 9)
Dr. Thomas Rink (Raum 2, 3, 4)
Dr. Christa Schikorra (Raum 13a, 14)

Bestellmanagement: Katja Limbächer

Freie Mitarbeit: Dieter Fitterling, Dr. Matthias Hass, Dr. Constanze Jaiser, Jana Leichsenring, Dr. Cord Pagenstecher, Barbara Schieb, Jeannette Toussaint, Dr. René Wildangel

Karten: Ingenieurbüro für Kartographie Joachim Zwick
Lektorat: Silvia Diekmann, Michael Haupt
Übersetzung ins Englische: Caroline Pearce

Ausstellungsarchitektur: fripp – Rainer Lendler
Grafische Gestaltung: fernkopie – Matthias Wittig, Jonas Vogler
Lichtdesign: Toworx – Tomski Binsert (Raum 1, 4, 5)
Ausstellungsbau: Delafair GmbH

Audio- und Videoproduktion:
BTL Veranstaltungstechnik Berlin GmbH
(Projektleitung Hörstationen: Marcus Wilbertz; Projektleitung Videostationen: Winfried Kutsch)
Medienstationen Esther Reiss: Stiftung Niedersächsische Gedenkstätten; Konzeption: Karin Theilen, Diana Gring; Produktion: Jens Schwarzburg
Alle anderen Hör- u. Videostationen: Dr. Norbert Kampe
Sprecher der Audiostationen: Horst Hiemer (deutsch), Robert F. Leitch (englisch)

Mit der Unterstützung weiterer Mitarbeiter/innen der Gedenk- und Bildungsstätte Haus der Wannsee-Konferenz: Barbara Ewald, Dietmar von Halle-Becker, Lore Kleiber, Matthias Mann, Gaby Müller-Oelrichs, Eva Runge, Jennifer Schroeder, Margrit Torber

Die Ausstellung wurde finanziert aus Mitteln des Beauftragten der Bundesregierung für Kultur und Medien (BKM) und der Stiftung Deutsche Klassenlotterie Berlin.

Katalog

Herausgeber: Haus der Wannsee-Konferenz, Gedenk- und Bildungsstätte

Leitung: Dr. Norbert Kampe
Beratung: Dr. Wolf Kaiser

Autoren: Dr. Gideon Botsch, Florian Dierl, Elke Gryglewski, Marcus Gryglewski, Peter Klein, Dr. Thomas Rink, Dr. Christa Schikorra

Redaktion: Dr. Christa Schikorra

Grafische Gestaltung: fernkopie – Matthias Wittig, Jonas Vogler
Karten: Ingenieurbüro für Kartographie Joachim Zwick
Druck: Jütte-Messedruck Leipzig GmbH

Der Druck des Kataloges wurde maßgeblich unterstützt durch einen ungenannten privaten Spender sowie ferner durch Prof. Dr. Monika Richarz, desweiteren gefördert durch den Beauftragten der Bundesregierung für Kultur und Medien (BKM) und das Land Berlin.

Berlin 2006

ISBN 3-9808517-4-5

Die Deutsche Bibliothek verzeichnet diese Publikation in der Deutschen Nationalbibliografie. Detaillierte bibliografische Angaben sind unter http://dnb.ddb.de abrufbar.

Alle Rechte vorbehalten.

Vorwort

Im Januar 2006 hat die Gedenk- und Bildungsstätte Haus der Wannsee-Konferenz eine neue ständige Ausstellung eröffnet. Diese trägt dem Fortschritt unserer historischen Erkenntnisse seit Öffnung der Archive im östlichen Europa in den 1990er Jahren Rechnung und berücksichtigt die Erfahrungen von dreizehn Jahren Bildungsarbeit in der Gedenkstätte. 805.000 Besucher aus aller Welt haben die erste ständige Ausstellung zwischen 1992 und 2005 gesehen, davon mehr als die Hälfte im Rahmen einer intensiven pädagogischen Betreuung durch Mitarbeiterinnen und Mitarbeiter der Gedenkstätte. Die Ausstellung ist ein wichtiger Teil des vielfältigen pädagogischen Angebots, sie erschließt sich aber auch dem unbetreuten Einzelbesucher. Dem entsprechend sind Themen und Schwerpunkte ausgewählt worden und die Präsentation ist auf das Wesentliche und Exemplarische reduziert worden.

Das zentrale Thema des Hauses ist die Wannsee-Konferenz vom 20. Januar 1942 und ihre Bedeutung für die Organisation des Völkermords wie auch die Beteiligung der Konferenzteilnehmer und der durch sie vertretenen Ämter an der Verfolgung und Ermordung der Juden. Insgesamt vier Räume widmen sich speziell diesem Thema. (Räume 7 bis 10). Nach einer Skizze der historischen Entwicklung der Judenfeindschaft und des Rassismus (Raum 2) wird für die Zeit der Weimarer Republik die erreichte Integration der Juden in die deutsche Gesellschaft und zugleich deren Bedrohung gezeigt (Raum 3). Es folgt die Information über die propagandistische Konstruktion der »Volksgemeinschaft« nach 1933, über die Ausgrenzung und Verfolgung, aber auch über den Versuch zur Selbstbehauptung der deutschen Juden (Raum 4).

Das ehemalige Gästehaus des Sicherheitsdienstes (SD) der SS ist ein Haus der Täter. Deshalb werden in mehreren Themenräumen verschiedene Tätergruppen ins Blickfeld gerückt, darunter die Ordnungspolizei und Wehrmachtsangehörige (Räume 5 und 6) sowie die Zivilverwaltung in den besetzten Gebieten (Raum 12). Auch die seit den 1990er Jahren vermehrten Erkenntnisse über die Kollaboration werden thematisiert (Raum 5, 6 sowie 11). Die Ausstellung geht auch auf die häufig gestellte Frage nach dem Wissen um den Völkermord in der deutschen Gesellschaft ein (u.a. in Raum 7). Die durch regionalgeschichtliche Studien und Gedenkbuchprojekte rekonstruierte Praxis der Deportationen in die Ghettos und Vernichtungslager wird an drei Ländern exemplarisch dargestellt. Die Einrichtung der Ghettos, ihre Funktion bei der Konzentration der Juden vor ihrer Ermordung, die dort organisierte Zwangsarbeit, der von Hunger, Krankheit und Tod bestimmte Alltag, die gegensätzlichen Strategien der Ghettobewohner und schließlich die Auflösung der Ghettos werden anhand verschiedener Beispiele verdeutlicht (Raum 12). Die weiteren Verfolgungswege in die Transit-, Konzentrations- und Todeslager werden beispielhaft vorgestellt. Die dortigen Vorgänge werden aufgrund der überlieferten Dokumente der Täter und aus der Sicht der Opfer nachgezeichnet (Räume 11,13 und 14).

Die Ausstellung fragt nach den Handlungsspielräumen der Zuschauer und nach dem Überlebenskampf der Opfer. Um den Millionen der Gepeinigten und Ermordeten wenigstens exemplarisch einen Namen und ein individuelles Gesicht zu geben, werden vier Familienschicksale (zusammen vorgestellt in Raum 1) in den verschiedenen Themenräumen erneut aufgegriffen. »Zeitfenster« zu den Versuchen der juristischen Ahndung der Verbrechen, zur Entschädigungsfrage, zur Erinnerungspolitik und Gedenkkultur, vor allem aber der letzte Raum im Rundgang (Raum 15) verdeutlichen, dass das Jahr 1945 kein Schlusspunkt war. Über die Geschichte des Gästehauses und des SD in Wannsee wird in einem Raum außerhalb der Villa informiert (Raum 16).

Der vorliegende Katalog gibt diese Ausstellung vollständig wieder. Wir haben uns bemüht, alle in der Ausstellung gezeigten Objekte (Text-Dokumente, Fotos, Plakate und Karten) recht groß abzubilden. Ungeachtet des gewählten großen Katalogformats war das aber nicht immer möglich, wenn der Katalog nicht zu umfangreich und zu teuer werden sollte. Deshalb bietet die Gedenkstätte ergänzend zum Katalog eine CD-ROM an, die vor allem die Text-Dokumente in druckbarer Qualität zur Verfügung stellt. Auf dieser CD finden sich ferner in Auswahl die audiovisuellen Medien mit Transkriptionen sowie Texte aus den Lesemappen. Damit soll die Möglichkeit eröffnet werden, auch im Unterricht mit Dokumenten, Medien und Texten aus der Ausstellung zu arbeiten. Die Ausstellung sowie Teile der laufend aktualisierten Informationsstationen und der audiovisuellen Medien werden auch auf der Website der Gedenkstätte nachzulesen sein (unter www.ghwk.de). Dort findet sich auch das pädagogische Angebot mit Hinweisen zu dessen Nutzung.

Als Leiter des Hauses danke ich den Kolleginnen und Kollegen im Ausstellungsteam, in der Gedenkstätte und allen denjenigen, die Material und Informationen zur Verfügung gestellt, das Ausstellungsdesign entwickelt, die Graphik gestaltet und die Ausstellungstechnik produziert haben; sie alle sind im Impressum dieses Katalogs und in der Dankliste namentlich aufgeführt.

Norbert Kampe
Leiter der Gedenk- und Bildungsstätte
Haus der Wannsee-Konferenz

Einführung in die Ausstellung

In dieser Villa, dem Gästehaus des Chefs der Sicherheitspolizei und des SD, kamen am 20. Januar 1942 hochrangige Vertreter des SS- und Polizeiapparates, der Ministerialbürokratie und der NSDAP zu einer Besprechung über die »Endlösung der Judenfrage« zusammen. Unter der Leitung von Reinhard Heydrich besprachen die Konferenzteilnehmer Zuständigkeit und Zusammenarbeit bei der Deportation aller europäischen Juden. Das überlieferte Ergebnisprotokoll der »Staatssekretärsbesprechung« belegt, dass bereits vor der Konferenz auf höchster Ebene, also durch den »Führer und Reichskanzler« Adolf Hitler die Entscheidung über die umfassende Deportation aller europäischen Juden im deutschen Machtbereich getroffen worden war. Dabei sollten die Deportationen »nach dem Osten«, die Ghettoisierung und Zwangsarbeit – laut Heydrichs Erklärungen bei der Konferenz – vorbereitende Maßnahmen für »die kommende Endlösung der Judenfrage« darstellen. Kein Jude sollte das Ende des Krieges überleben.

Nach dem Beginn der Massenmorde an den Juden in den eroberten Gebieten der Sowjetunion im Juni 1941 zeigt das Protokoll der Wannsee-Konferenz den Übergang zur systematischen Planung eines umfassenden Völkermordes. Die Information und Einbeziehung der Staatssekretäre, die Aufforderung zur Kooperation ihrer Behörden bei diesem Verbrechen bedeutete zugleich die Beteiligung des gesamten deutschen Staatsapparates an der Ermordung der europäischen Juden.

Das Gästehaus des SD ist ein Ort der Täter. Die Gedenk- und Bildungsstätte Haus der Wannsee-Konferenz informiert deshalb vor allem über deren antisemitische und rassistische Ideologie und Politik vor und nach 1933 sowie über die arbeitsteilige Organisation des Völkermordes während des Krieges. Text- und Fotodokumente verdeutlichen exemplarisch das Verhalten von Tätern und Zuschauern. Die Folgen der Verbrechen werden an den zerstörten Lebensläufen der jüdischen Opfer deutlich. Die Ausstellung stellt deshalb die Schicksale von vier Überlebenden stellvertretend für das Leid ihrer Familien und aller Verfolgten und Ermordeten dar. Nach der knappen lebensgeschichtlichen Vorstellung in diesem Raum begegnen sie uns im Zusammenhang mit der Dokumentation antijüdischer Aktionen in der Ausstellung wieder.

Etwa sechs Millionen Juden aus ganz Europa wurden Opfer des nationalsozialistischen Völkermordes. Die Karte zur jüdischen Bevölkerung im Jahre 1933 in Europa und im Mittelmeerraum zeigt die Zentren jüdischen Lebens vor der Verfolgung.

Norbert Kampe

1.1

Der Raumplan vom Erdgeschoß der Villa (siehe hintere Umschlagklappe) informiert über die Gliederung der Ausstellung und über die Lage des historischen Konferenzzimmers.

1.2

Die Opfer des Völkermordes

Juden aus ganz Europa wurden Opfer des Völkermordes. Die hier ausgewählten vier Überlebenden stehen stellvertretend für das Leid ihrer Familien und aller Verfolgten. Sie begegnen uns mit ihren Berichten und Dokumenten in den Räumen der Ausstellung wieder.

1.2.1

ESTHER REISS

Łódź

Esther Reiss wurde 1923 in Łódź als Esther Yoskowitz geboren. Ihre Eltern Jizchak (*1880) und Channa (*1890) Yoskowitz heirateten 1917. Esther hatte vier Geschwister: Falek (*1918), Itka (*1921), Rywa (*1927) und Berek (*1929). Der Vater war in der Textilbranche tätig. Die Familie gehörte zur Mittelschicht und sprach Polnisch, Jiddisch und Deutsch.

Anfang 1940 musste die Familie in das Ghetto umziehen. Aufgrund der katastrophalen Ernährungssituation starb Esthers Vater Jizchak im Januar 1942 und ihr Bruder Falek sechs Monate später an den Folgen des Hungers. Ihre jüngsten Geschwister Rywa und Berek wurden zusammen mit der Mutter im September 1942 in das Todeslager Chełmno (Kulmhof) deportiert und dort ermordet. Esther und ihre Schwester Itka blieben bis zur Auflösung des Ghettos im August 1944 in Łódź. Sie arbeiteten an der Herstellung von Wehrmachtskleidung. Im Zuge der Auflösung des Ghettos wurden sie im August 1944 über Auschwitz nach Bergen-Belsen verlegt. Dort mussten sie im Außenlager Hambühren für die Firma Hochtief sowie in einem Salzbergwerk schwere Zwangsarbeit verrichten. Nach Bergen-Belsen zurück transportiert starb Itka dort kurz vor der Befreiung am 1. April 1945.

Esther ist die einzige Überlebende der Familie Yoskowitz. Sie wanderte 1946 nach Palästina aus, heiratete den in Berlin geborenen Leo Reiss und gründete in Jerusalem eine Familie.

1.2.1.1
Esthers Mutter Channa Yoskowitz, 1917
Privatbesitz

1.2.1.2
Esthers Vater Jizchak Yoskowitz, 1917
Privatbesitz

1.2.1.3
Freundinnen von Esther und ihrer Schwester Itka (hintere Reihe, zweite von links) in der Jugendgruppe des »Benoth Agudath Israel« in Łódź, Mai 1939
Privatbesitz

1.2.1.4
Esther (vorn links) mit Kameraden auf dem Weg nach Palästina, Ende 1945
Privatbesitz

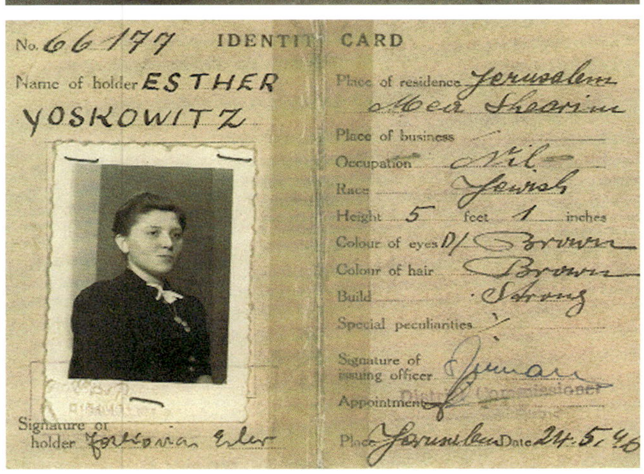

No. 66177 IDENTITY CARD
Name of holder ESTHER YOSKOWITZ
Place of residence Jerusalem Mea Shearim
Place of business
Occupation Nil
Race Jewish
Height 5 feet 1 inches
Colour of eyes D/Brown
Colour of hair Brown
Build Strong
Special peculiarities /
Signature of issuing officer
Appointment
Signature of holder
Place Jerusalem Date 24.5.46

1.2.1.5
Esthers erster Ausweis in Jerusalem, Mai 1946
Privatbesitz

1.2.2

ALFRED SILBERSTEIN

Berlin

Alfred Silberstein wurde im November 1927, seine ältere Schwester Hansi im Dezember 1924 geboren. Seine Vater Berthold (*1885, Frontsoldat im Ersten Weltkrieg) und die Mutter Käthe (*1893) eröffneten nach ihrer Heirat im Jahre 1924 in Berlin-Steglitz ein Wäsche- und Modegeschäft.

Ab 1935 besuchten die Kinder jüdische Schulen. Während des »Kristallnacht«-Pogroms 9./10. November 1938 wurden die Fenster des elterlichen Geschäfts zerschlagen. Der Vater wurde ins KZ Sachsenhausen eingeliefert. Er kehrte Anfang Dezember 1938 als gebrochener Mann zurück. Das Geschäft wurde »arisiert« und die Familie musste noch im selben Monat in ein »Judenhaus« umziehen. Sowohl die Eltern, als auch die heranwachsenden Kinder wurden zur Zwangsarbeit verpflichtet. Alfred kam ins SS-Arbeitslager in der Strasse Am Großen Wannsee und musste auch im Garten und in der Küche dieses SD-Gästehauses arbeiten.

Im Zuge der »Fabrikaktion« – der Verhaftung aller noch im Deutschen Reich verbliebenen jüdischen Zwangsarbeiter am 27. Februar 1943 – wurden alle Familienmitglieder deportiert: Hansi am 2. März und Alfred am 4. März 1943 nach Auschwitz, die Eltern am 17. März 1943 nach Theresienstadt und von dort im Oktober 1944 nach Auschwitz, wo sie ermordet wurden. Hansi wurde im Januar 1945 von Auschwitz nach Bergen-Belsen gebracht, wo sie die Befreiung erlebte. Alfred kam auf dem Todesmarsch von Auschwitz ins Lager Mittelbau-Dora in Thüringen, wo ihm Anfang April 1945 die Flucht glückte.

Er arbeitete als Ordner in der Lagerverwaltung des DP-Camps in Berlin-Schlachtensee für überlebende und heimatlos gewordene jüdische Opfer der NS-Verfolgung. 1946 sagte er als Zeuge im Nürnberger Kriegsverbrecher-Tribunal aus.

Alfred wanderte 1948 zu Verwandten nach Neuseeland aus und traf dort seine Schwester wieder. Beide gründeten in Neuseeland Familien.

1.2.2.1
Alfred Silberstein (ganz rechts) mit Schwester Hansi und den Eltern Käthe und Berthold Silberstein 1937 in Berlin-Lichterfelde
JM Berlin

1.2.2.2
Die Familie Silberstein am gleichen Ort im August 1940 – Haft, Enteignung und Zwangsarbeit haben alle Familienmitglieder deutlich sichtbar gezeichnet
JM Berlin

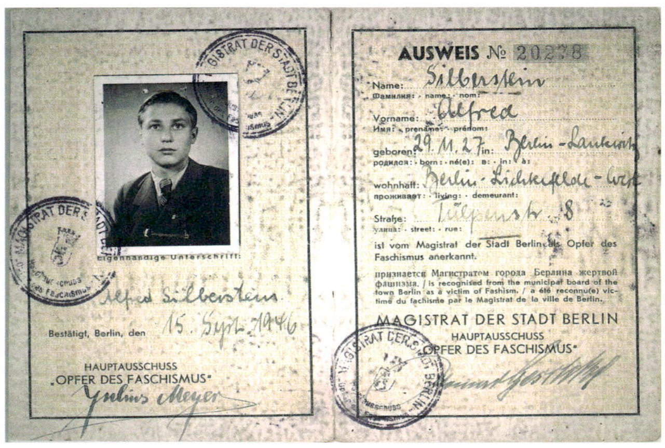

Alfred Silberstein
Bestätigt, Berlin, den 15. Sept. 1946
HAUPTAUSSCHUSS
„OPFER DES FASCHISMUS"
Julius Meyer

AUSWEIS № 20278
Name: Silberstein
Фамилия: · name: · nom:
Vorname: Alfred
Имя: · prename: · prénom:
geboren: 29.11.27 in:
родился: · born: · né(e): в: · in: · à:
wohnhaft:
проживает: · living: · demeurant:
Straße:
улица: · street: · rue:
ist vom Magistrat der Stadt Berlin als Opfer des Faschismus anerkannt.
признается Магистратом города Берлина жертвой фашизма. / is recognised from the municipal board of the town Berlin as a victim of Fashism. / a été reconnu(e) victime du fachisme par le Magistrat de la ville de Berlin.
MAGISTRAT DER STADT BERLIN
HAUPTAUSSCHUSS
„OPFER DES FASCHISMUS"

1.2.2.3
»Opfer des Faschismus«, Ausweis des Magistrats von Berlin für Alfred Silberstein, September 1946
JM Berlin

1.2.2.4
Alfred Silberstein als Ordner im DP-Camp in Berlin-Schlachtensee, 1948
JM Berlin

1.2.3

ALEXANDRE HALAUNBRENNER

Paris

Alexandre Halaunbrenner wurde im Oktober 1931 als zweites von fünf Kindern in Paris geboren. Seine Eltern Jacob (*1902) und Itta-Rosa Halaunbrenner (*1904) heirateten 1928 im zu dieser Zeit zu Polen gehörenden ukrainischen Drohobycz. Dort war 1929 ihr erster Sohn Léon geboren worden. 1931 zog die Familie nach Paris, wo sie im jüdischen Viertel wohnte. Jacob Halaunbrenner arbeitete als Bäcker. Alexandre und seine jüngeren Schwestern Mina (*1935), Claudine (*1939) und Monique (*1941) hatten durch den Geburtsort die französische Staatsbürgerschaft. Die Kinder wuchsen zweisprachig auf. Während die Familie Jiddisch sprach, lernten sie in der Schule Französisch.

Auch nach der Besetzung des Nordteils von Frankreich durch deutsche Truppen im Juni 1940 blieb die Familie zunächst zusammen in Paris. Im Juli 1942 – unmittelbar nach der Einführung des Judensterns in Frankreich – floh der Vater in den unbesetzten Süden des Landes. Die Familie sollte später nachkommen. Am 16. Juli entgingen Itta-Rosa Halaunbrenner und die fünf Kinder nur durch Zufall der ersten großen Razzia in Paris. Jacob Halaunbrenner gelang es Anfang Oktober seine Familie mit Hilfe eines bezahlten Fluchthelfers in die unbesetzte Zone bringen zu lassen. Dort wurde sie jedoch von französischer Polizei wegen »illegalen Grenzübertritts« aufgegriffen und in den Lagern Nexon, Rivesaltes und ab Ende November 1942 in Gurs interniert. Im August 1943 gelang es dem Vater – seit November 1942 zur Zwangsarbeit verpflichtet – durch Intervention bei den französischen Behörden seine Familie aus Gurs frei zu bekommen. Unter »Hausarrest« gestellt, zogen sie zu ihm nach Lyon. Dort wurden Alexandres Vater und sein Bruder Léon am 24. Oktober 1943 von einem Kommando der Geheimen Staatspolizei unter Führung von Klaus Barbie, dem Gestapo-Chef von Lyon, verhaftet. Sie sollten den ihnen unbekannten Aufenthaltsort des für den Widerstand arbeitenden flüchtigen Neffen von Jacob Halaunbrenner preisgeben. Am nächsten Tag entging der Rest der Familie wiederum nur durch Zufall der Abholung durch die Gestapo. Der Vater, über Wochen schwer gefoltert, wurde am 24. November 1943 erschossen, der 14jährige Léon am 17. Dezember 1943 nach Auschwitz deportiert und ermordet.

Um sich und ihre Kinder zu retten, gab Alexandres Mutter die Töchter Mina und Claudine ins Kinderheim in Izieu, die nicht ganz zweijährige Monique in eine Kinderkrippe. Sie selbst versteckte sich mit Alexandre in Lyon. Claudine und Mina wurden in Izieu im Zuge der Razzia vom 6. April 1944 verhaftet und am 30. Juni 1944 von Drancy nach Auschwitz deportiert und dort ermordet.

Alexandre Halaunbrenner überlebte mit seiner Mutter und seiner Schwester Monique. Itta-Rosa Halaunbrenner und Beate Klarsfeld demonstrierten 1972 im Zentrum von La Paz, Bolivien für Barbies Auslieferung. Nach dem Ende der Diktatur in Bolivien erfolgte 1983 die Auslieferung Barbies nach Frankreich. 1987 traten Alexandre und Itta-Rosa als Zeugen im Prozess gegen Klaus Barbie auf.

1.2.3.1
Alexandre (rechts) mit seinen Geschwistern Mina und Léon, etwa 1938
Privatbesitz

1.2.3.2
Jacob Halaunbrenner (1902–1943) wurde von der Gestapo in Lyon erschossen
Privatbesitz

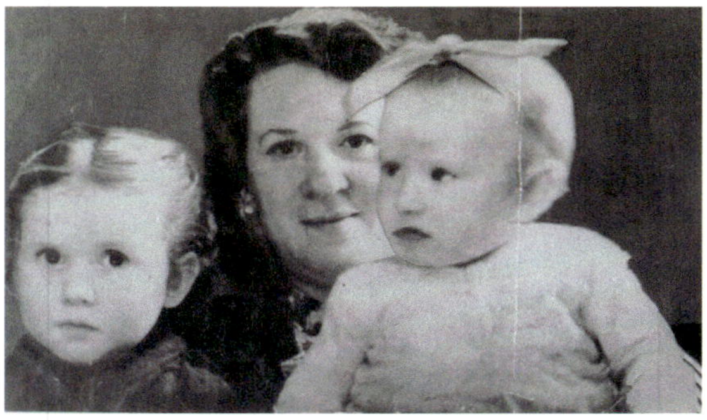

1.2.3.3
Itta-Rosa Halaunbrenner zwischen ihren Töchtern Mina (7) und Monique (8 Monate), in Paris Anfang Oktober 1942
Privatbesitz

1.2.3.4
Alexandre (10), Claudine (3) und Léon (13), in Paris Anfang Oktober 1942
Privatbesitz

1.2.4

EUGENIA TABACZYNSKA

Kłodawa

Eugenia Tabaczynska wurde im Mai 1925 in Kłodawa, Polen geboren. Sie war die jüngste von drei Kindern. Ihre Eltern Naftali und Rozalia Tabaczynski lebten in Kłodawa vom Getreidehandel.

Die Jahre 1936 bis 1939 verbrachte Eugenia bei einem Onkel in Warschau, um ein Gymnasium zu besuchen. Im November 1940 zog ihre Familie ebenfalls nach Warschau, wo alle Juden wenig später zwangsweise ins Ghetto umgesiedelt wurden.

Eugenia besuchte eine Untergrund-Schule im Ghetto und konnte 1942 ihr Examen machen. Alle Familienangehörigen fanden Arbeit in verschiedenen Abteilungen der deutschen Firma Schultz & Co. innerhalb des Ghettos und waren so von den »Räumungsaktionen« der Deutschen bis 1943 geschützt. Eugenias Eltern wurden 1943 nach Trawniki deportiert und später ermordet. Ihr Bruder Pavel und seine Frau Bela starben im September 1943 im Arbeitslager Poniatowa. Ihr Bruder Mietek wurde während des Warschauer Ghettoaufstands umgebracht. Eugenia konnte sich zusammen mit 25 Arbeitskameraden in einem selbstgebauten Bunker auf dem Firmengelände verstecken. Am 30. April 1943 gelang ihrer Gruppe die Flucht aus dem Ghetto, nachdem ein deutscher Soldat bestochen werden konnte. Der christliche Pole Aleksander Pawlowski rettete Eugenia und sieben weitere Juden mit Unterkunft und Verpflegung. 1944 konnte sich Eugenia mit Hilfe falscher Papiere als Christin tarnen und meldete sich bei den Deutschen zum Arbeitseinsatz. So kam sie im Sommer 1944 zum Reichsarbeitsdienst nach Brieg in Oberschlesien, wo sie im Februar 1945 von den sowjetischen Truppen befreit wurde.

Als einzige Überlebende ihrer Familie emigrierte sie 1947 in die USA und heiratete dort.

1.2.4.1
Eugenia Tabaczynska als Schulkind in Kłodawa
USHMM Washington D.C.

1.2.4.2
Eugenia mit Ihrer Mutter Rozalia und ihren Brüdern Mietek und Pavel im Urlaub in Ciechocinek
USHMM Washington D.C.

1.2.4.3
Eugenia (vorn links) und Mitglieder der Großfamilie Tabaczynski auf dem Bahnhof Kłodawa anlässlich der Verabschiedung ihrer Kusine Hanka Tabaczynska nach Palästina
USHMM Washington D.C.

1.2.4.4
Eugenia (zweite von links) mit ihren Eltern Rozalia (dritte von links) und Naftali Tabaczynski (fünfter von links) und Freunden im Kurort Truskawiec
USHMM Washington D.C.

1.3

Jüdische Bevölkerung 1933

Rassismus und Judenfeindschaft

Rassismus und Antisemitismus waren seit der Gründung der NSDAP in den 1920er Jahren zentrale Bestandteile der nationalsozialistischen Ideologie, beruhten aber auf älteren Vorurteilen und pseudowissenschaftlichen Begründungen. Seit dem 18. Jahrhundert setzte sich als Folge neuer naturwissenschaftlicher Erkenntnisse allmählich ein modernes, wissenschaftliches Weltbild durch. Es verdrängte das Erklärungsmonopol der Religion. Rassismus und moderner Antisemitismus waren negative Begleiterscheinungen dieser Entwicklung. Auch die Judenfeinde modernisierten ihre Argumentation und beanspruchten die Wissenschaftlichkeit ihres rassistischen Weltbildes.

Rassismus und Eugenik

Der Versuch, die Stellung des Menschen in der Natur durch anatomische Vermessungen zu bestimmen, geht bis in das 18. Jahrhundert zurück. Auf der Suche nach dem Typus des idealen Menschen wurden Vergleiche von Gesichts- und Schädelmaßen angestellt und mit ästhetischen Werturteilen verknüpft, die sich an den Schönheitsidealen der griechisch-römischen Antike orientierten.

Der Franzose Arthur Comte de Gobineau ging einen entscheidenden Schritt weiter. In seinem Werk »Über die Ungleichheit der menschlichen Rassen«, das in vier Bänden zwischen 1853 und 1856 erschien, unternahm er als erster den Versuch, Geschichte auf der Grundlage einer Rassentheorie zu schreiben. Er klassifizierte die Menschheit in drei Grundrassen: schwarz, gelb und weiß. Gobineau schrieb diesen »Rassen« unterschiedliche geistige und kulturelle Fähigkeiten zu. Von der äußeren Erscheinung ausgehend schloss er auf die Überlegenheit der weißen Rasse. Die gesellschaftliche Situation im Frankreich seiner Zeit beschrieb Gobineau symbolisch mit den Merkmalen, die er seinen drei Grundrassen zuschrieb: die schwarze Rasse verkörperte das Proletariat, die gelbe die Bourgeoisie und die weiße Rasse repräsentierte die Aristokratie. Dem Adel als Verkörperung der weißen Rasse wies Gobineau einen natürlichen Herrschaftsanspruch zu. Obwohl seine Theorie ursprünglich die in der französischen Revolution unterlegene Aristokratie rehabilitieren sollte, liegt ihre eigentliche Bedeutung darin, dass sie die Rasse zum Schlüssel für das Verständnis der Weltgeschichte machte.

Der Engländer Charles Darwin veröffentlichte 1859 seine revolutionären Forschungsergebnisse zur Evolution der Arten und zur Abstammung des Menschen, die mit Rassismus nichts gemein haben und im Kern bis heute wissenschaftlich Bestand haben. Darwins Formulierungen zur Erklärung der Vielfalt der Arten wie »natürliche Auslese« und »Überleben des Tüchtigsten« (»survival of the fittest«) konnten jedoch politisch missbraucht werden.

Während Gobineau soziale Verhältnisse auf angeblich natürliche Unterschiede zurückführte, übertrugen »Sozialdarwinisten« die Erkenntnisse Darwins auf die menschliche Gesellschaft und entwarfen auf dieser Grundlage eine hierarchische Ordnung. »Rassenreinheit« galt diesen Theoretikern als Voraussetzung und Bedingung für die Überlegenheit und Herrschaft der »weißen Rasse«. Hatte Darwin angenommen, dass Anpassung an die Umwelt die Artenvielfalt hervorbrachte, legten Sozialdarwinisten die Betonung auf die Vererbung. Darwins Begriffe wurden jedoch übernommen und die Geschichte zur »Geschichte von Rassenkämpfen« uminterpretiert. In diesen Kämpfen könne sich nur eine rein und gesund erhaltene Rasse behaupten. Aber auch innerhalb eines Staates wurde soziale Ungleichheit von Sozialdarwinisten biologistisch erklärt und gerechtfertigt.

Nachdem so die »Gesundheit der Rasse« oder des »Volkskörpers« geradezu zur Überlebensfrage stilisiert worden war, erlangte zu Beginn des 20. Jahrhunderts die Eugenik wissenschaftliche Anerkennung. Sie forderte genetische Verbesserung durch eine Steuerung der Geburtenrate: Die Fortpflanzung »Erbgesunder« sollte gefördert, diejenige »Erbkranker« durch Sterilisation vermieden werden. Propagandisten der »Rassenhygiene« entwickelten ein breites Spektrum von Maßnahmen zur »Reinhaltung der nordischen Rasse« und zur Gesundung des »Volkskörpers«.

Judenfeindschaft und Emanzipation im 19. Jahrhundert

Die Judenfeindschaft war bis in das 19. Jahrhundert hinein nicht rassistisch, sondern vorwiegend religiös und wirtschaftlich motiviert. Der Vorwurf des »Gottesmordes« war die Wurzel des religiös motivierten Antijudaismus. In der christlich geprägten Gesellschaft des Mittelalters lebten die Juden als eine Minderheit vielerorts gezwungenermaßen in abgesonderten Wohnbezirken und waren zudem durch diskriminierende Kleidungsvorschriften und durch ein spezielles Judenrecht als Außenstehende gekennzeichnet. Mit dem Vorwurf der Brunnenvergiftung, des Ritualmords an Christenkindern oder der Hostienschändung wurden Pogrome und Vertreibungen angestiftet.

Aus der besonderen Stellung der Juden im Wirtschaftsleben erwuchs seit dem 12. Jahrhundert ein weiteres Motiv der Judenfeindschaft. Christen war der Geldverleih gegen Zins verboten. Viele Berufe waren Juden durch das Verbot von Grundbesitz und durch den Ausschluss aus Zünften verschlossen. Sie wichen deshalb auf den Geldverleih aus. Aus dieser erzwungenen gesellschaftlichen Randexistenz entstand das Stereotyp vom jüdischen Wucherer, der die Notlage der christlichen Bauern und Handwerker ausnutzt. Diese Stigmatisierung führte in der Zeit des Absolutismus zur Legende von der Herrschaft des Finanzjudentums in Gestalt der Hofjuden, die später in den Mythos von der jüdischen Weltherrschaft mündete.

Seit dem frühen 19. Jahrhundert wurde innerhalb der bürgerlichen deutschen Nationalbewegung vielfach ein verengter Begriff des »Deutschtums« verbreitet. Germanische Herkunft und Christentum seien die Ursprünge des deutschen Nationalcharakters. Aus der geforderten Einheit von Volk und Staat wurden Juden als Fremdkörper ausgeschlossen. »Turnvater« Friedrich Ludwig Jahn, ein geistiger Führer der nationalen Bewegung, rief zu einem »heiligen Kreuzzug« gegen »Franzosen, Junker, Pfaffen und Juden« auf. Dieser Aufruf fiel bei der Deutschen Turnerschaft und bei studentischen Verbindungen auf fruchtbaren Boden: Sie lehnten es ab, Juden aufzunehmen.

Dessen ungeachtet erfolgte im Verlauf des 19. Jahrhunderts in den deutschen Staaten eine rechtliche Gleichstellung der Juden (»Judenemanzipation«). Die Initiative ging auf die aufgeklärte Beamtenschaft und auf die im Bürgertum verankerten liberalen Parteien zurück. Das »Emanzipationsedikt« von 1812 machte die Juden in Preußen zu Staatsbürgern und versprach ihnen den Zugang zu allen Berufen. Jedoch wurde in der »Reaktionszeit« nach dem Wiener Kongress von 1814/15 der christliche Charakter des Staates scharf betont (»Thron und Altar«) und Juden der Zugang zu Staatsämtern erst nach einer christlichen Taufe gewährt. Infolge des Scheiterns der Revolution von 1848 war die proemanzipatorische liberale Partei geschwächt. Erst die Verfassung des 1871 gegründeten Deutschen Reichs brachte den Juden die volle bürgerliche Gleichberechtigung. Zwar bestanden in bestimmten Berufen und gesellschaftlichen Kreisen weiterhin informelle Barrieren, dennoch glaubten die deutschen Juden fest an den Rechtsstaat und an den Fortschritt in der Entwicklung bis zur vollständigen Akzeptanz. Der aufkommende politische und Rassenantisemitismus wirkte wie ein Schock.

Der Rassenantisemitismus

Während sich die christliche Judenfeindschaft gegen die außerhalb der ständischen Gesellschaft stehenden Juden gewandt hatte, richtete sich der moderne Antisemitismus seit dem späten 19. Jahrhundert gegen die »emanzipierten«, also gegen die rechtlich gleichgestellten Juden. Ziel war zunächst die Rücknahme der Emanzipation, teilweise auch schon die Vertreibung der Juden aus Deutschland. Einige Autoren propagierten sogar ihre »Ausrottung«. Der Begriff »Antisemitismus« wurde einem wissenschaftlichen Kontext entnommen, nämlich der Entdeckung und Erforschung der Sprachfamilien seit dem Anfang des 19. Jahrhunderts. Viele europäische Sprachen weisen Ähnlichkeiten mit Sprachen in Armenien, Persien und Indien auf. Daraus wurde auf eine gemeinsame »indogermanische« oder »indoeuropäische« Ursprache geschlossen. Aus persischen und indischen Schriften ist überliefert, dass sich die Sprecher dieser Sprache selbst als »Arier« bezeichneten. So bedeutet »Iran« im Neupersischen »Land der Arier«. »Semitisch« wurde eine Sprachfamilie genannt, zu der neben dem Hebräischen auch das Arabische zählt. Aus der Existenz dieser beiden Sprachfamilien wurde die Existenz einer semitischen und einer arischen Rasse abgeleitet. Mit »semitisch« wurden nur noch Juden, mit »arisch« nur noch »Germanen« bezeichnet.

Der Begriff »Antisemitismus« wurde in den 1870er Jahren von dem deutschen Publizisten Wilhelm Marr geprägt und entwickelte sich schnell zu einem Sammelbegriff, unter dem verschiedenartig motivierte und auch in der Zielsetzung unterschiedliche Bestrebungen vereinigt werden konnten.

In Verbindung mit sozialdarwinistischen Lehren entstanden im letzten Drittel des 19. Jahrhunderts antisemitisch orientierte Rassentheorien, die eine »Minderwertigkeit der jüdischen Rasse« behaupteten. Zu den einflussreichen Autoren gehörte der Engländer Houston Stewart Chamberlain, ein glühender Wagner-Verehrer und Berater Wilhelms II., den auch der junge Adolf Hitler getroffen hat. In seinem 1899 erschienenen Buch »Die Grundlagen des 19. Jahrhunderts« entwickelte Chamberlain eine rassistische Kulturtheorie. Darin führte er unter anderem aus, dass die zentralen Fragen der Zeit im

Gegensatz zwischen rassischer Homogenität und einem Rasse- oder Völkerchaos und im Gegensatz zwischen germanischem Deutschtum und semitischem Judentum lägen.

Antisemitismus im Deutschen Kaiserreich nach 1873

Im Zusammenhang mit der 1873 einsetzenden Wirtschaftskrise, die das gerade gegründete Deutsche Reich besonders traf, erhielten antisemitische Erklärungen des Börsenkrachs und der Zusammenbrüche von Aktiengesellschaften eine größere publizistische Verbreitung. Da die vollständige rechtliche Gleichstellung der Juden in Deutschland 1871 mit der Gründung des Deutschen Kaiserreichs gewährt wurde, stellten Agitatoren einen kausalen Zusammenhang mit dem »Gründerkrach« her. Die Identifizierung der Juden mit den freiheitlichen Ideen der Aufklärung und des Liberalismus einte die Antisemiten in ihrem Kampf gegen die sogenannte liberale Judenherrschaft. Unter den zahlreichen antisemitischen Publikationen erzielte 1873 eine Artikelserie in der Familienzeitschrift »Die Gartenlaube« eine große Wirkung auf die öffentliche Meinung. Darin prägte der Autor Otto Glagau die Formel: »Die soziale Frage ist wesentlich Judenfrage«. Der Vorwurf der angeblichen Ausbeutung der nicht-jüdischen Bevölkerung durch jüdische Bankiers oder der Betätigung von Juden an der Börse griffen das aus dem Mittelalter tradierte Bild vom jüdischen Geschäftsgeist und Wucher auf. Die verbreitete Rede von der schaffenden Hand des deutschen Handwerkers und vom »raffenden Kapital« des jüdischen Kaufmanns und Bankiers verfestigte derartige antisemitische Stereotype in der Bevölkerung. Zusätzlich trugen bekannte Persönlichkeiten des öffentlichen Lebens dazu bei, den Antisemitismus im Bürgertum gesellschaftsfähig zu machen. So gründete der protestantische Hofprediger Adolf Stoecker, der 1879 seine erste antisemitische Rede hielt, die »Christlich-Soziale Partei«, die eine Begrenzung des vermeintlichen jüdischen Einflusses auf die Politik forderte. Der viel gelesene Historiker

2.3.1
Gottesmord-Vorwurf gegen Juden: Ein durch einen »Judenhut« gekennzeichneter Mann schlägt Jesus ans Kreuz. Fresco aus dem frühen 15. Jahrhundert in der Katharinenkapelle in Landau in der Pfalz
Förderverein Katharinenkapelle Landau

Heinrich von Treitschke griff diese Forderungen auf und entfachte im selben Jahr mit einem Artikel in den von ihm herausgegebenen, ursprünglich liberalen »Preußischen Jahrbüchern« den »Berliner Antisemitismusstreit«. Mit der Autorität des Professors sprach Treitschke den Massen einen gesunden Instinkt zu, der eine schwere Gefahr, einen hochbedenklichen Schaden des neuen deutschen Lebens richtig erkannt habe. Er warf den deutschen Juden ihren angeblichen Mangel an Integrationsbereitschaft vor. Diesen Ausführungen Treitschkes traten einige Professoren, darunter Theodor Mommsen, öffentlich entgegen. Treitschkes Ausruf »Die Juden sind unser Unglück!« wurde dennoch schnell zu einem politischen Schlagwort mit Breitenwirksamkeit. In der Verknüpfung von Nationalismus und Antisemitismus erreichte er vor allem Studenten und große Teile des Bürgertums.

Vor diesem Hintergrund forderte eine »Antisemitenliga« 1881 mit einer von 250.000 Bürgern unterzeichneten Petition den Ausschluss von Juden aus Regierungsämtern, aus dem öffentlichen Dienst und dem Bildungswesen, die Begrenzung des Zugangs zu höheren Bildungsanstalten für die jüdische Bevölkerung sowie ein Verbot jüdischer Einwanderung nach Deutschland. Zwar hatte diese Petition angesichts der politisch stabilen Verhältnisse des Kaiserreichs keine Chance, eine Rücknahme der Emanzipation zu erreichen, dennoch breiteten sich antisemitische Parteien und Gruppierungen Ende der siebziger und Anfang der achtziger Jahre des 19. Jahrhunderts aus. Es entstanden Organisationen von bisher nicht gekannter Radikalität. Ihre Wortführer bildeten »eine heterogene Gruppe von konservativen Demagogen, populistischen Bauernführern und sektiererischen Fanatikern«, die abgesehen von ihrer judenfeindlichen Einstellung kaum etwas miteinander verband. Zwischen 1893 und 1898 saßen 16 Abgeordnete antisemitischer Parteien im Reichstag. Politisch wirksam wurden die Parteien aber zunächst nicht. Ab Mitte der neunziger Jahre verlor der Antisemitismus auf der parteipolitischen Ebene an Bedeutung. Jedoch darf die relative Schwäche der Parteien nicht über die Stärke des Antisemitismus in der Gesellschaft hinwegtäuschen. Die alltägliche Judenfeindschaft zeigte sich beispielsweise in zahlreichen Seebädern und Kurorten, die Juden vom Kurbetrieb ausschlossen und sich nicht selten damit rühmten, »judenfrei« zu sein.

Die rassenantisemitischen Theorien erzielten in der modernen Interessenpolitik und Agitation von Berufsverbänden – etwa beim »Deutsch-Nationalen Handlungsgehilfen-Verband« und beim »Bund der Landwirte« – sowie bei dem aus der Kolonialbewegung hervorgegangenen »Alldeutschen Verband«

bereits vor dem Ersten Weltkrieg eine breite Wirkung. Innerhalb dieser Vereinigungen stiftete der Antisemitismus Einigkeit mittels des Propagandakampfes gegen den vorgeblich gemeinsamen Gegner in Gestalt eines imaginierten »Judentums« – ungeachtet der faktisch oftmals sehr unterschiedlichen Interessenlagen der Mitglieder. Nationalismus und Antisemitismus gingen bereits vor 1914 eine gefährliche Verbindung ein. Nach dem verlorenen Krieg 1918 und während der Inflation zu Beginn der zwanziger Jahre sollte der Antisemitismus bald von einer noch marginalen Position während des Kaiserreichs in das Zentrum der Tagespolitik der Weimarer Republik gelangen.

Thomas Rink

2.1

Rassismus

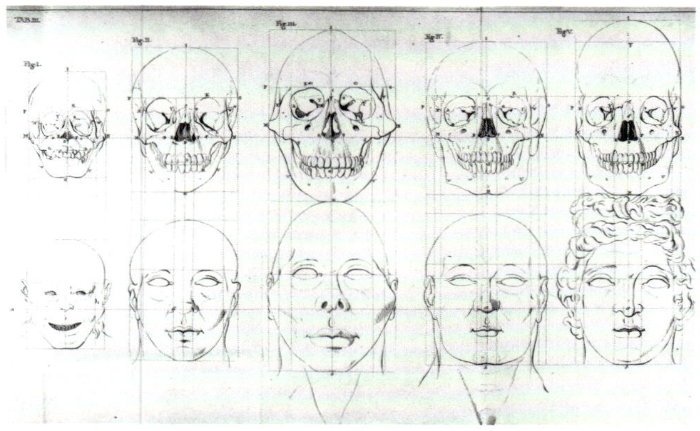

2.1.1
Die Entwicklung von Schädel und Gesichtsausdruck, aus: Peter Camper, Dissertation sur les Variétés Naturelles, Paris, Den Haag 1791

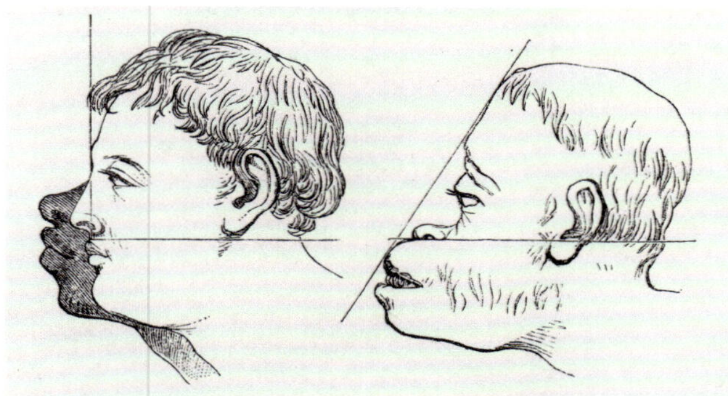

2.1.2
Der Gesichtswinkel, aus: Robert Knox, The Races of Men, London 1862

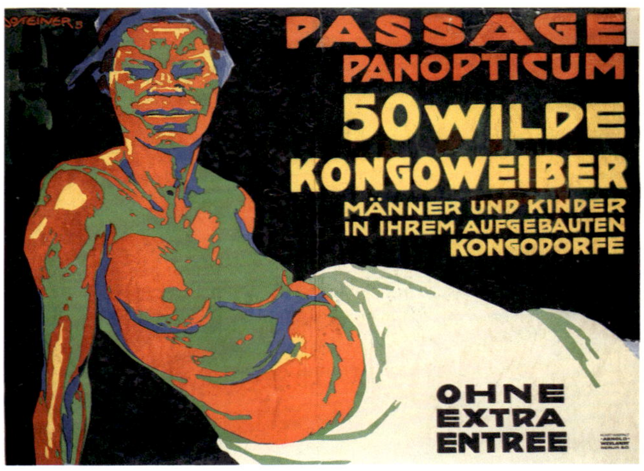

2.1.4
50 wilde Kongoweiber, Veranstaltungsplakat des Berliner Passage Panopticums, 1913
DHM Berlin

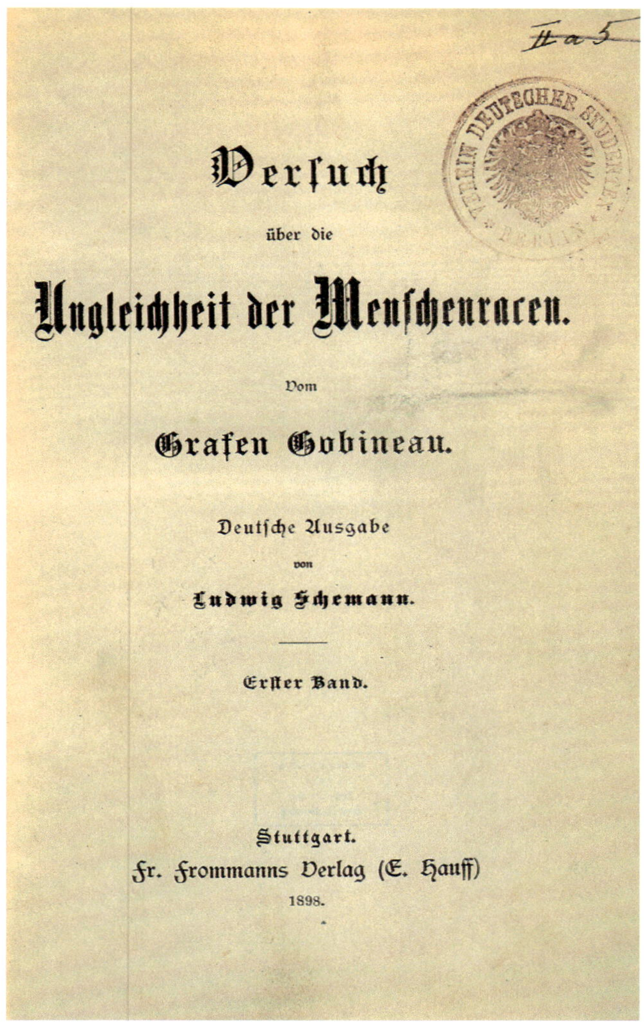

II a 5
Verein Deutscher Studenten Berlin

Versuch
über die
Ungleichheit der Menschenracen.
Von
Grafen Gobineau.
Deutsche Ausgabe
von
Ludwig Schemann.
Erster Band.
Stuttgart.
Fr. Frommanns Verlag (E. Hauff)
1898.

2.1.3
Arthur Comte de Gobineau, Versuch über die Ungleichheit der Menschenracen, Stuttgart, 1898 (Französische Erstausgabe 1853-56)

2.2
Eugenik und »Rassenhygiene«

2.2.1
»Gesundheit ist Lebensglück«, Plakat zur Reichsgesundheitswoche, 1926
USHMM Washington D.C.

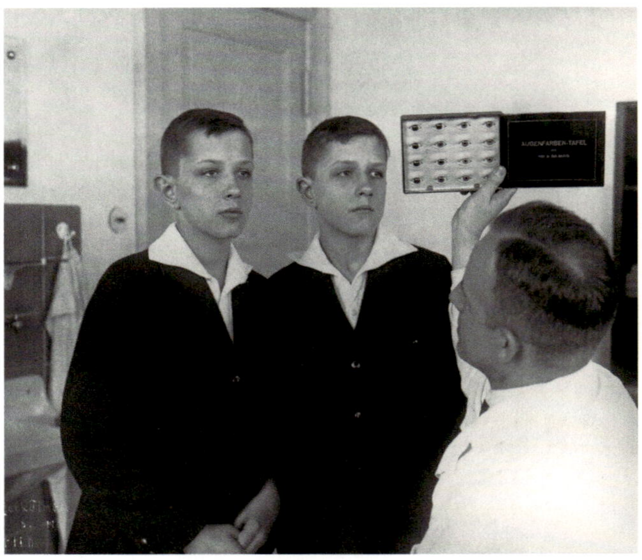

2.2.2
Otmar von Verschuer bei seinen Untersuchungen von Zwillingen am Kaiser-Wilhelm-Institut in Berlin, 1928
MPG Archiv Berlin

Verschuer war einer der führenden Wissenschaftler auf dem Gebiet der Vererbung von Krankheiten und Anomalien bei Zwillingen. Seit 1927 betrieb er seine Studien am Kaiser-Wilhelm-Institut für Anthropologie, menschliche Erblehre und Eugenik in Berlin.

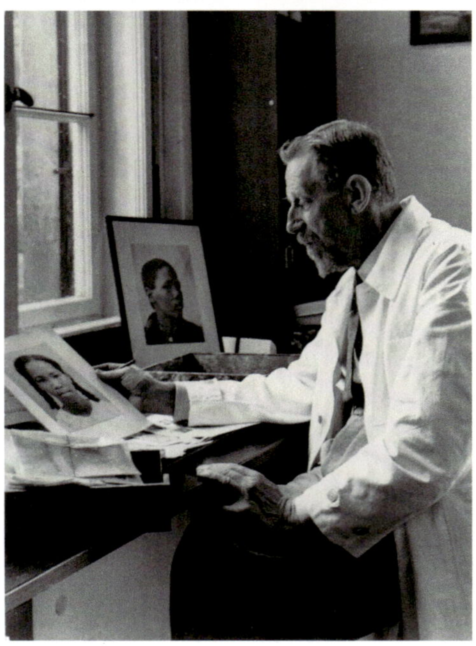

2.2.3
Eugen Fischer bei seinen Studien zu seinem Buch über »Die Rehobother Bastards und das Bastardisierungsproblem beim Menschen« am Kaiser-Wilhelm-Institut in Berlin, 1913
MPG Archiv Berlin

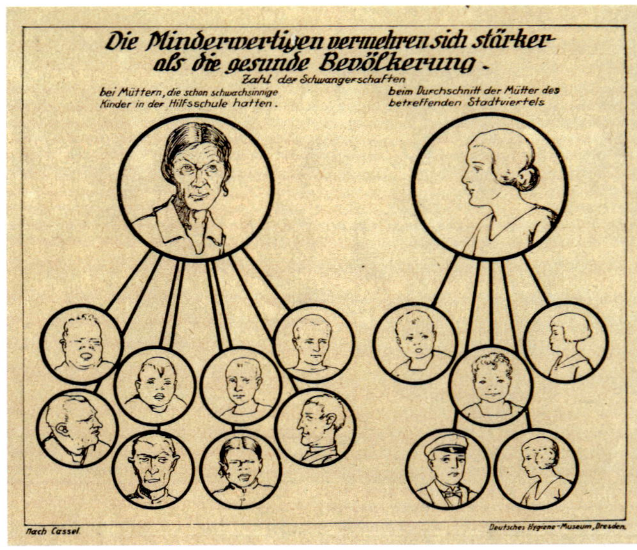

2.2.4
Propaganda-Schaubild aus der Zeitschrift für Volksaufartung und Erbkunde, Band 1, 1926

2.2.5
Erwin Baur, Eugen Fischer, Fritz Lenz, Grundriß der menschlichen Erblichkeitslehre und Rassenhygiene, München 1923

2.2.6
Karl Binding, Alfred Hoche, Die Freigabe der Vernichtung lebensunwerten Lebens, Berlin 1920

2.3

Christliche Judenfeindschaft

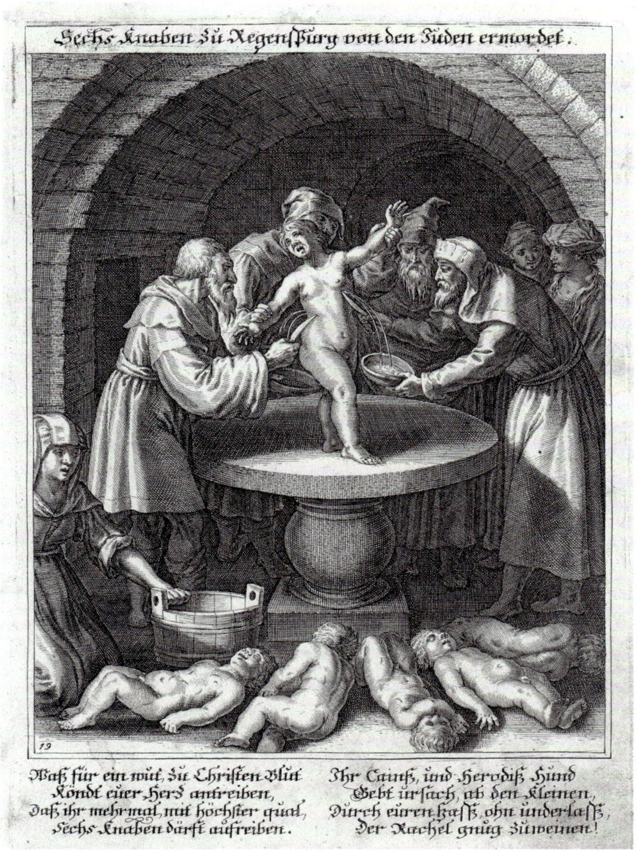

2.3.2
Angeblicher Ritualmord in Regensburg im Jahre 1476, Kupferstich, Matthaeus Rader, 1624
GNM Nürnberg

Die in Europa seit dem 12. Jahrhundert verbreitete Ritualmordlüge, die gegen Juden vorgebrachte Beschuldigung, sie verwendeten das Blut christlicher Kinder zu rituellen Zwecken, führte im Mittelalter zu Massenhinrichtungen und Pogromen. Ritualmordvorwürfe wurden noch im 20. Jahrhundert erhoben.

2.3.3
Plünderung der Frankfurter Judengasse im Jahre 1614, Kupferstich, Matthäus Merian d. Ä., 1642
JM Frankfurt a. M.

2.3.4
Ahasverus, Zeichnung, Gustave Doré, 1856
BPK Berlin

Einer christlichen Legende zufolge soll ein Jude namens Ahasverus Jesus auf dem Weg zur Kreuzigung beleidigt haben und zur Strafe ruhelos in der Welt umherirren, ohne sterben zu können. In der judenfeindlichen Überlieferung wurde Ahasverus zur Verkörperung des wandernden Juden.

2.4

Deutsch-Nationale Judenfeindschaft und jüdische Emanzipation

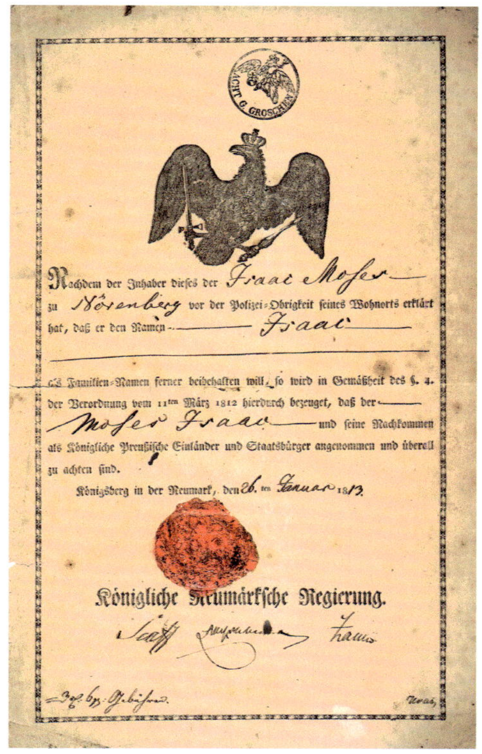

Nachdem der Inhaber dieses der Isaac Moses zu Nörenberg vor der Polizei-Obrigkeit seines Wohnorts erklärt hat, daß er den Namen Isaac als Familien-Namen ferner beibehalten will, so wird in Gemäßheit des §. 4. der Verordnung vom 11ten März 1812 hierdurch bezeuget, daß der Moses Isaac und seine Nachkommen als Königliche Preußische Einländer und Staatsbürger angenommen und überall zu achten sind.

Königsberg in der Neumark, den 26. ten Januar 1813.

Königliche Neumärksche Regierung.

2.4.1
Urkunde über die Staatsbürgerschaft Moses Isaacs nach dem Edikt vom 11. März 1812, Königsberg in der Neumark, 26. Januar 1813
JM Berlin

2.4.2
Friedrich Ludwig Jahn, Postkarte 1904
GHWK Berlin

»Haß alles Fremden ist des Deutschen Pflicht«. Jahn (1778-1852) verlangte einen »heiligen Kreuzzug« gegen »Franzosen, Junker, Pfaffen und Juden«. Deutsche Turnvereine, studentische Verbindungen und der Deutsche Burschentag von 1818 sprachen sich daraufhin gegen eine Aufnahme von Juden aus.

2.5
Politischer Antisemitismus in Deutschland

Der Historiker Heinrich von Treitschke löste 1879 mit seinem Aufsatz »Unsere Aussichten« eine Kontroverse aus. Mit der Verknüpfung von Nationalismus und Antisemitismus erreichte er vor allem Studenten und große Teile des Bürgertums. Theodor Mommsen und einige andere Professoren traten den antisemitischen Ausführungen Treitschkes öffentlich entgegen.

2.5.1
Der Historiker Heinrich von Treitschke
(1834-1896)
BPK Berlin

Heinrich von Treitschke:
Unsere Aussichten (Auszüge)

Nein, der Instinkt der Massen hat in der That eine schwere Gefahr, einen hochbedenklichen Schaden des neuen deutschen Lebens richtig erkannt; es ist keine leere Redensart, wenn man heute von einer deutschen Judenfrage spricht.
(...)
Was wir von unseren israelitischen Mitbürgern zu fordern haben, ist einfach: sie sollen Deutsche werden, sich schlicht und recht als Deutsche fühlen – unbeschadet ihres Glaubens und ihrer alten heiligen Erinnerungen, die uns Allen ehrwürdig sind; denn wir wollen nicht, dass auf die Jahrtausende germanischer Gesittung ein Zeitalter deutsch-jüdischer Mischcultur folge.
(...)
Es bleibt aber ebenso unleugbar, dass zahlreiche und mächtige Kreise unseres Judenthums den guten Willen schlichtweg Deutsche zu werden durchaus nicht hegen.
(...)
Überblickt man alle diese Verhältnisse (...) so erscheint die laute Agitation des Augenblicks doch nur als eine brutale und gehässige, aber natürliche Reaction des germanischen Volksgefühls gegen ein fremdes Element, das in unserem Leben einen allzu breiten Raum eingenommen hat. (...) Täuschen wir uns nicht: die Bewegung ist sehr tief und stark; (...) Bis in die Kreise der höchsten Bildung hinauf, unter Männern, die jeden Gedanken kirchlicher Unduldsamkeit oder nationalen Hochmuts mit Abscheu von sich weisen würden, ertönt es heute wie aus einem Munde: die Juden sind unser Unglück!

2.5.2
Der Althistoriker Theodor Mommsen
(1817-1903)
BPK Berlin

Theodor Mommsen:
Auch ein Wort über unser Judenthum (Auszüge)

In wie fern stehen nun die deutschen Juden anders innerhalb unseres Volkes als die Sachsen oder die Pommern?
(...)
Was heißt das, wenn er von unsern israelitischen Mitbürgern fordert, sie sollen Deutsche werden?
Sie sind es ja, so gut wie er und ich.
(...)
Ohne Zweifel sind die Juden, wie einst im römischen Staat ein Element der nationalen Decomposition, so in Deutschland ein Element der Decomposition der Stämme, und darauf beruht es auch, dass in der deutschen Hauptstadt, wo diese Stämme factisch sich stärker mischen als irgendwo sonst, die Juden eine Stellung einnehmen, die man anderswo ihnen beneidet.
(...)
Aber wenn die Empfindung der Verschiedenheit dieses Theils der deutschen Bürgerschaft von der großen Majorität bis dahin niedergehalten worden war durch das starke Pflichtgefühl des bessern Theils der Nation, (...), so sah sich diese Empfindung nun durch Herrn v. Treitschke proclamiert als die »natürliche Reaction des germanischen Volksgefühls gegen ein fremdes Element«, als »der Ausbruch eines tiefen lang verhaltenen Zornes«. (...) Was er sagte, war damit anständig gemacht. (...) Der Kappzaum der Scham war dieser »tiefen und starken Bewegung« abgenommen; und jetzt schlagen die Wogen und spritzt der Schaum.

2.6 Gesellschaftlicher Antisemitismus

2.6.1
»Jüdischer Besuch verbeten«, Postkarte des Bahnhofshotels Kölner Hof in Frankfurt am Main, um 1900
BPK Berlin

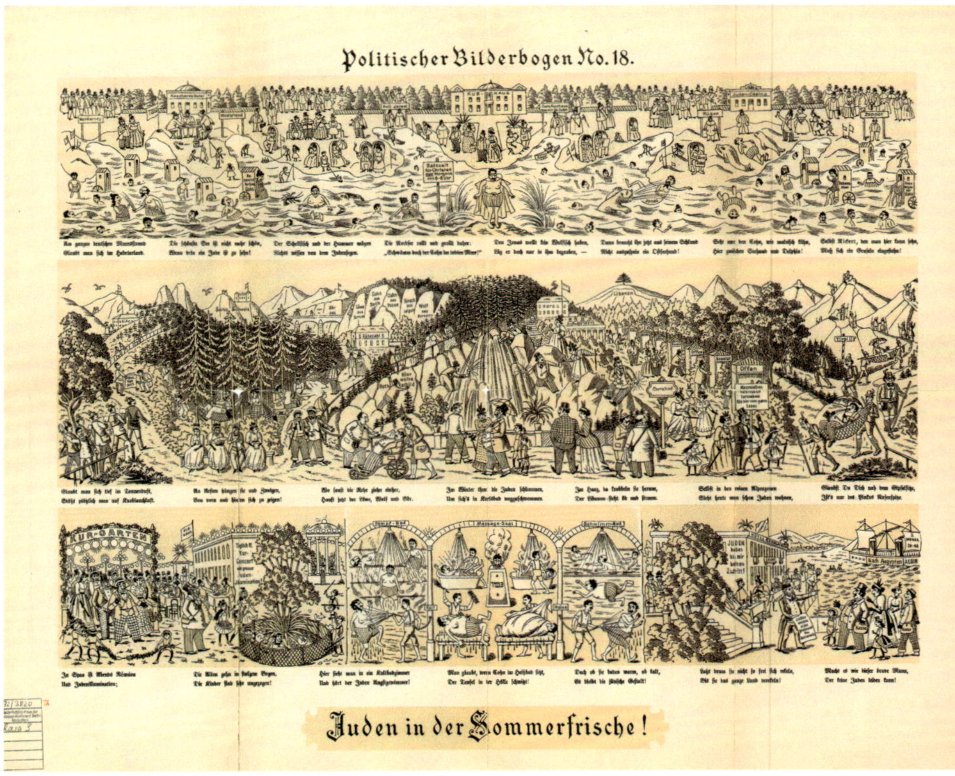

2.6.2
»Juden in der Sommerfrische«, Politischer Bilderbogen Nr. 18, 1895
GHWK Berlin

Mit dem beliebten Medium des Bilderbogens wurde antsemitische Propaganda verbreitet. Zwischen 1892 und 1901 entstanden 33 Nummern dieser judenfeindlichen Bildserie.

2.6.3
Der »Verein Jüdischer Studierender« in Breslau, um 1900
BPK Berlin

In vollster Würdigung der Tatsachen, daß zwischen Ariern und Juden ein tiefer moralischer und psychischer Unterschied besteht, daß durch jüdisches Unwesen unsere Eigenart schon so viel gelitten; in Anbetracht der vielen Beweise, die auch der jüdische Student von seiner Ehrlosigkeit und Charakterlosigkeit gegeben, und da er überhaupt der Ehre nach unseren deutschen Begriffen völlig bar ist, faßt die heutige Versammlung deutscher wehrhafter Studentenverbindungen den Beschluß: Dem Juden auf keine Waffe mehr Genugtuung zu geben, da er deren unwürdig ist!

2.6.4
Beschluss des »Waidhofner Verbandes der wehrhaften Vereine« in Österreich, 11. März 1896

2.7 Rassenantisemitismus

2.7.1
Antisemitisches Plakat zu den angeblichen Folgen von »Rassenmischung«, um 1920
DHM Berlin

Integration und Antisemitismus in der Weimarer Republik

Integration der jüdischen Bevölkerung

Die Weimarer Verfassung von 1919 gewährte der jüdischen Bevölkerung die volle Gleichberechtigung. Alle Staatsbürger waren ohne Unterschied nach ihrer Befähigung und ihren Leistungen zu öffentlichen Ämtern zuzulassen. Darüber hinaus wurde die Freiheit der Ausübung bürgerlicher und staatsbürgerlicher Rechte unabhängig vom Religionsbekenntnis festgeschrieben und die jüdischen Gemeinden den christlichen Kirchen gleichgestellt. Erstmals konnten Juden durch den Eintritt in Beamtenberufe sowie durch die Übernahme öffentlicher Ämter das politische Leben mitgestalten.

In der Weimarer Republik lebten etwa 550.000 Jüdinnen und Juden, davon etwa 100.000 Einwanderer aus Osteuropa. Die Mehrheit gehörte dem Mittelstand oder kleinbürgerlichen Schichten an. Aufgrund der Berufsbeschränkungen, die seit dem Mittelalter gegolten hatten, waren Juden in bestimmten Wirtschaftszweigen, insbesondere im Handel überdurchschnittlich vertreten, während sie zum Beispiel in landwirtschaftlichen Berufen unterrepräsentiert waren. Viele Juden strebten für sich oder ihre Kinder eine akademische Ausbildung an. Häufig machten sie sich danach als Ärzte oder Rechtsanwälte selbständig. Jüdische Künstler, Schriftsteller und Wissenschaftler leisteten einen wesentlichen Beitrag zum kulturellen Leben. Angehörige der kleinen, sehr wohlhabenden jüdischen Oberschicht betätigten sich als Mäzene in Kultur, Wissenschaft und sozialen Einrichtungen. Entgegen antisemitischen Vorurteilen war nur eine Minderheit der jüdischen Bevölkerung als Großbankiers, Verleger oder Großindustrielle tätig.

Zwei Drittel der deutschen Juden lebten in Städten mit mehr als 100.000 Einwohnern. Diesem akkulturierten städtischen Judentum stand eine kleine Zahl Landjuden gegenüber, die oft in bescheidenen Verhältnissen lebte. Landjuden handelten mit Vieh, Agrarprodukten und Eisenwaren, waren häufig Metzger oder Bäcker, manche auch Bauern. Die Landgemeinden waren vor allem in Hessen, Bayern, Baden und Württemberg konzentriert.

Innerhalb der jüdischen Gemeinden existierten zahlreiche religiöse, soziale, kulturelle und politische Organisationen. Der 1893 zur Abwehr des Antisemitismus gegründete Centralverein deutscher Staatsbürger jüdischen Glaubens (C. V.) zählte im Jahre 1925 mehr als 60.000 Mitglieder und repräsentierte mit allen ihm angeschlossenen Organisationen etwa zwei Drittel der deutschen Juden. Der Reichsbund jüdischer Frontsoldaten wurde 1919 gegründet und umfasste 1926 etwa 40.000 Mitglieder. Er trat dem Vorwurf entgegen, die deutschen Juden seien im Ersten Weltkrieg ihrer Wehrpflicht nicht nachgekommen. Um diesen Vorwurf zu belegen, hatte die Oberste Heeresleitung 1916 eine »Judenzählung« angeordnet. Die Erhebung war jedoch nicht wie gewünscht ausgefallen. Da die Ergebnisse trotz massiver Forderungen jüdischer Organisationen nicht veröffentlicht worden waren, kursierten weiterhin Vorwürfe über die »jüdischen Drückeberger«. Diese Vorwürfe hielten sich über das Kaiserreich hinaus und trugen zur Ausbreitung des Antisemitismus bei.

Die 1897 gegründete Zionistische Vereinigung für Deutschland repräsentierte in der Weimarer Republik mit 20.000 Mitgliedern nur eine Minderheit der deutschen Juden. Sie betrachtete die Juden als eigenständige Nation und forderte eine »jüdische Heimstätte« in Palästina. Ungeachtet aller Differenzen stellten sich die Organisationen gemeinsam gegen antisemitische Hetze und betrieben Aufklärungsarbeit.

Antisemitismus in den Anfangsjahren der Republik

Antisemitische deutsch-völkische Kreise lehnten die aus der Revolution von 1918/19 hervorgegangene parlamentarische Demokratie kategorisch ab. Ihre Propaganda gab »jüdisch-bolschewistischen Revolutionären« und angeblichen Kriegsgewinnlern die Schuld am Zusammenbruch des Kaiserreichs. Zu den Zielscheiben des Hasses zählten neben vielen anderen die Sozialisten Rosa Luxemburg und Kurt Eisner, die während der Revolution Mordanschlägen zum Opfer fielen. Auch bürgerliche jüdische Politiker wurden angegriffen. Sie galten als Personifizierung der verhassten »Judenrepublik«. Die Ermordung von Außenminister Walther Rathenau durch Mitglieder der rechtsextremen »Organisation Consul« löste 1922 Massendemonstrationen aus, die sich gegen den wachsenden Antisemitismus wandten und offensiv für die Republik eintraten. In seiner Trauerrede verurteilte auch Reichskanzler Joseph Wirth den Mord als einen Angriff auf die demokratische Grundordnung und machte die antisemitische Agitation gegen Rathenau für den Mord verantwortlich.

Traditionelle antijüdische Stereotype blieben auch in den zwanziger Jahren virulent. Zugleich gewann der rassistische Antisemitismus zunehmend an Bedeutung. Zahlreiche völkische und nationalistische Parteien und Verbände nahmen antisemitische Forderungen in ihre Programme auf und erreichten durch eine Vielzahl von Publikationen breite Bevölkerungsschichten. Sie propagierten die angebliche Minderwertigkeit der jüdischen Rasse und sprachen den Juden ab, zum deutschen Volk zu gehören. Die als »Ostjuden« diskriminierten jüdischen Einwanderer aus Osteuropa mit ihrer spezifischen Kleidung, Sprache und Kultur waren das bevorzugte Angriffsziel ausländerfeindlicher und antisemitischer Agitation. Sie waren zugleich von staatlicher Seite von Ausweisungen und Polizeirazzien bedroht. Auf Anordnung von Innenminister Carl Severing (SPD) und seines Nachfolgers, Alexander Dominicus (DDP), wurden im Frühjahr 1921 zwei als Konzentrationslager bezeichnete Abschiebelager errichtet. Die antisemitische Propaganda stigmatisierte – im Widerspruch zur Weimarer Verfassung – auch die deutschen Juden als »Volksfremde«, die außerhalb der deutschen »Volksgemeinschaft« stünden. Die Deutschnationale Volkspartei (DNVP) wandte sich darüber hinaus nachdrücklich gegen eine angeblich »seit der Revolution immer verhängnisvoller hervortretende Vorherrschaft des Judentums in Regierung und Öffentlichkeit«. Der Deutschvölkische Schutz- und Trutzbund vereinte innerhalb seiner Mitgliedschaft die radikalen antisemitischen Strömungen. Nach dem Mord an Walther Rathenau wurde die Organisation verboten. Zu diesem Zeitpunkt umfasste der Bund etwa 200.000 Mitglieder, darunter zahlreiche Angestellte, Beamte, Lehrer und Akademiker, Ärzte und Anwälte sowie kleinere und mittlere Handwerker und Händler. Die antisemitischen Gruppierungen blieben politisch zwar in der Opposition, ihre Agitation zeigte aber auch bei den Regierungsparteien Wirkung. Diese waren darauf bedacht, das öffentliche Hervortreten jüdischer Parteimitglieder auf ein Minimum zu beschränken. Während der relativ stabilen Jahre der Republik zwischen 1924 und 1928 trat der Antisemitismus zeitweilig in den Hintergrund. Da es jedoch in den frühen Weimarer Jahren zu einer weiten Verbreitung der deutsch-völkischen Ideologie und ihrer rassenantisemitischen Stereotype in der Bevölkerung gekommen war, konnten die Nationalsozialisten auf diese zurückgreifen, als sich die Partei zu einer Massenbewegung entwickelte.

Der politische Aufstieg der NSDAP

Die von Adolf Hitler geführte Nationalsozialistische Deutsche Arbeiterpartei (NSDAP) war zunächst eine auf Bayern begrenzte völkisch-antisemitische Splitterpartei, die sich kaum von anderen völkischen Gruppierungen der frühen Weimarer Jahre unterschied. Allerdings erlangte die Partei durch die Radikalität ihrer völkischen Ideologie und den damit verbundenen rassistischen Antisemitismus schon früh überregionale Aufmerksamkeit. Die NSDAP sah ihre wichtigste Aufgabe im »Kampf gegen das Judentum« und verband den Antisemitismus wirkungsvoll mit politischen, wirtschaftlichen und kulturellen Problemen der Zeit. Schon bald nach Ende des Ersten Weltkriegs forderte Adolf Hitler einen »Antisemitismus der Vernunft«. In einem Brief vom 16. September 1919 an Adolf Gemlich forderte er eine »planmäßige[n] Bekämpfung und Beseitigung der Vorrechte des Juden, die er zum Unterschied der anderen zwischen uns lebenden Fremden besitzt (Fremdengesetzgebung). Sein letztes Ziel aber muß unverrückbar die Entfernung der Juden überhaupt sein.« Im Parteiprogramm vom 25. Februar 1920 forderte die NSDAP den Ausschluss der Juden aus der »deutschen Volksgemeinschaft«. Darin heißt es: »Staatsbürger kann nur sein, wer Volksgenosse ist. Volksgenosse kann nur sein, wer deutschen Blutes ist, ohne Rücksichtnahme auf Konfession. Kein Jude kann daher Volksgenosse sein.« Juden dürften deshalb kein öffentliches Amt bekleiden und die Einwanderung von Juden nach Deutschland müsse verhindert werden.

Das erklärte Ziel der NSDAP war die Errichtung einer »nationalen Diktatur«. Im November 1923 scheiterte Adolf Hitler mit einem Putsch in München. Er wurde zu fünf Jahren Festungshaft verurteilt, die NSDAP verboten. Während seiner Haft in Landsberg formulierte er den ersten Teil seiner programmatischen Schrift »Mein Kampf«. Darin forderte Hitler eine »rassenreine Volksgemeinschaft« und die »Ausschaltung« der Juden aus der Gesellschaft. Darüber hinaus propagierte er die Herrschaft der »arischen Rasse« über die »slawischen Untermenschen« und forderte die Eroberung von »Lebensraum« in Osteuropa. Bereits nach einem halben Jahr Haft wurde Hitler amnestiert. Nach der Neugründung der Partei im Jahre 1925 sicherte sich Hitler als deren Führer die uneingeschränkte Macht in der NSDAP. Vorrangiges Ziel war nun der Aufbau einer wirksamen überregionalen Parteiorganisation.

Krise der Republik

In der Krise der parlamentarischen Republik Ende der zwanziger Jahre stieg die NSDAP zu einer Massenbewegung auf, der sich zahlreiche rechtsextremistische Organisationen anschlossen. Der Antisemitismus diente dabei als Bindeglied für die heterogene Mitgliedschaft der Partei. Die Parteibasis organisierte verstärkt antijüdische Übergriffe und Boykottaktionen, die allerdings außerhalb der nationalsozialistischen Bewegung nur wenig Resonanz fanden. In der Wahlpropaganda stand der Kampf gegen den Versailler Vertrag und den Bolschewismus im Vordergrund. Gleichwohl betonte Hitler in seinen Reden wiederholt, dass er in der »jüdischen Rasse« den Hauptfeind des deutschen Volkes sah.

Ihre Wahlerfolge machten die NSDAP zunehmend auch für industrielle Kreise zu einer politischen Alternative. Am 26. Januar 1932 arrangierte der Großindustrielle Fritz Thyssen einen Vortrag Adolf Hitlers vor dem politisch einflussreichen Düsseldorfer Industrie-Club. Dort warb Hitler um politische und finanzielle Unterstützung der Wirtschaftsführer für die NSDAP. Noch im August 1932 lehnte es Reichspräsident Paul von Hindenburg ab, Hitler zum Reichskanzler zu ernennen. Bei den Reichstagswahlen vom 6. November 1932 verlor die NSDAP über zwei Millionen Stimmen. Die Anziehungskraft der nationalsozialistischen Bewegung schien ihren Höhepunkt überschritten zu haben. Erst Intrigen konservativer Kreise aus Politik und Wirtschaft um den ehemaligen Kanzler Franz von Papen bewegten Hindenburg schließlich dazu, Adolf Hitler im Januar 1933 zum Reichskanzler zu ernennen. Damit übernahm der Führer der radikalsten antisemitischen Bewegung die Regierungsgewalt.

Thomas Rink

3.1

Erster Weltkrieg

3.1.1
Der Kavallerist Ludwig Börnstein verabschiedet sich von seinen Freunden, August 1914
StI Duisburg

So wie Ludwig Börnstein zogen über 10.000 Juden als Freiwillige für Deutschland in den Krieg.

3.1.2
Der Soldat Richard Stern an der Westfront, 1918
Privatbesitz

Während des Ersten Weltkrieges dienten etwa 96.000 jüdische Soldaten in der deutschen Armee. 35.000 erhielten Kriegsauszeichnungen, 12.000 fielen an der Front.

Abonnements
auf die wöchentlich am Freitag erscheinende „Jüdische Rundschau" kosten bei der Expedition und bei allen Postämtern vierteljährlich 1,50 M., außerhalb Deutschlands und Oesterreich-Ungarns 2,— M.; für Mitglieder jüdischer Vereine im Sammelbezug durch den Verein 1,— M.
Jüdische Rundschau, G. m. b. H. BERLIN W. 15, Sächsische Straße 8. Telephon: Amt Uhland 845, 846, 868. Postscheckkonto: Berlin Nr. 17392.

JUEDISCHE RUNDSCHAU

ALLGEMEINE JUEDISCHE ZEITUNG

Anzeigen
kosten für die sechsgespaltene Petitzeile oder deren Raum 40 Pf.; Stellen-Angebote und -Gesuche sowie Vereins-Mitteilungen und „Kleine Anzeigen" nur 30 Pfennig. Manuskripte werden, wenn Porto beiliegt, stets zurückgesandt. Redaktionsschluß: Mittwoch vormittags.
Redaktion Jüdische Rundschau BERLIN W. 15, Sächsische Straße 8. Telephon: Amt Uhland 845, 846, 868. Postscheckkonto: Berlin Nr. 17392.

Nummer 32 | Berlin, den 7. August 1914 — 15. Ab 5674 | XIX. Jahrgang.

„Der Zionismus erstrebt für das jüdische Volk die Schaffung einer öffentlich-rechtlich gesicherten Heimstätte in Palästina." Baseler Programm

Deutsche Juden!

In dieser Stunde gilt es für uns aufs neue zu zeigen, dass wir stammesstolzen Juden zu den besten Söhnen des Vaterlandes gehören.

Der Adel unserer vieltausendjährigen Geschichte verpflichtet.

Wir erwarten, daß unsere Jugend freudigen Herzens freiwillig zu den Fahnen eilt.

Deutsche Juden!

Wir rufen Euch auf, im Sinne des alten jüdischen Pflichtgebots mit ganzem Herzen, ganzer Seele und ganzem Vermögen Euch dem Dienste des Vaterlandes hinzugeben.

Der Reichsverein der Deutschen Juden — **Zionistische Vereinigung für Deutschland**

Wir schließen uns dem Aufruf des Reichsvereins der Deutschen Juden und der Zionistischen Vereinigung für Deutschland an.

Wir vertrauen, daß unsere Jugend, durch die Pflege jüdischen Bewußtseins und körperliche Ausbildung in idealer Gesinnung und Mannesmut erstarkt, sich in allen kriegerischen Tugenden auszeichnen wird.

Das Präsidium des Kartells Jüdischer Verbindungen
Der Ausschuß der Jüdischen Turnerschaft

Feinde ringsum!

Der neunte Ab, der nationale jüdische Trauertag, der für uns zugleich der Tag der Hoffnung ist, aus dem ein neues Leben für das jüdische Volk einmal wieder entkeimen soll, hat uns Bürgern des Deutschen Reiches den Krieg ins Land gebracht.

Nicht mutwillig hat Deutschland den Krieg vom Zaune gebrochen. Immer wieder hat unser Kaiser versucht, den Frieden zu erhalten. Aber die Schutzmacht der serbischen Königsmörder hielt es für notwendig, auch diesmal wieder ihr Panier schützend über die Mordbuben zu halten und lieber einen Weltkrieg zu entfesseln, zu dem sie seit Jahren gegen Deutschland insgeheim rüstet, als der Gerechtigkeit freien Lauf zu lassen. Rußland hat es verstanden, eine Koalition von Feinden gegen unser Vaterland zusammenzubringen, die von allen Seiten gleichzeitig zum Angriff vorgeht.

Wir Juden wußten immer, daß das Moskowitertum wortbrüchig ist. Unsere jüdischen Brüder haben am eigenen Leibe die ganze Verlogenheit und Gemeinheit jener herrschenden Gewalten erfahren, die jetzt den Wortbruch an unserm Kaiser begangen haben.

Daß der Herrscher des Landes der staatlich organisierten Judenverfolgungen jetzt sein Schwert zur Unterdrückung des Zentrallandes moderner Kultur zieht, ist nicht verwunderlich. Aber daß sich alte europäische Kulturstaaten finden, die sich mit Erbfeinden aller Gesittung und aller Freiheit verbinden, um das „Land der Kultur" zu vernichten, dafür fehlt uns als Kulturmenschen jedes Wort. Indem Frankreich und England, Staaten alter Gesittung, sich mit der kosakischen Vormacht des finstersten Mittelalters zu dem freventlichen Versuche verbinden, das Land zu erwürgen, in dem das Herz der europäischen Kultur schlägt, das Volk zu erdrosseln, das allein Europa vor der Verkosakung zu schützen imstande ist, verwirken sie die Sympathien, die man für sie hatte.

Wir Juden, wir Zionisten, die wir in den Zeiten des Friedens uns scheuten, mit Patriotismus zu prunken, die wir allen Nachdruck auf unser Judentum legten, das der Betonung mehr bedurfte als unsere selbstverständliche Treue zum deutschen Vaterlande, wir werden heute als deutsche Bürger freudig alle Forderungen an Hab und Gut, an Leben und Blut erfüllen. Es bedarf sicherlich nicht erst unseres Aufrufes an unsere jungen Gesinnungsfreunde, in die Reihen der Kämpfer zu treten. Alle unsere jungen Hasmonäer und V. J. St.er, alle Bar-Kochbaner und Makkabäer stehen bereits in den Reihen der Kriegsfreiwilligen. Nicht mit lärmendem Geschrei und nicht mit leeren Demonstrationen, sondern in ernster Lebensauffassung und ruhiger Entschlossenheit greifen wir mit Alldeutschland zu den Waffen, um für das Vaterland zu tun, was jeder an seiner Stelle vermag. Wir deutschen Juden kennen trotz aller Anfeindungen in den Zeiten des Friedens heute keinen Unterschied gegenüber andern Deutschen. Brüderlich stehen wir mit allen im Kampfe zusammen.

Wir wissen aber auch, daß der Sieg des Moskowitertums jüdische und zionistische Hoffnungen und Arbeit vernichtet. Wir wissen, daß unser Interesse wie im Frieden, so noch mehr jetzt in dem wilden Weltkriege ausschließlich auf deutscher Seite liegt. Denn auf deutscher Seite ist Fortschritt, Freiheit und Kultur. Uns gegenüber stehen härteste Tyrannei, blutigste Grausamkeit und finsterste Reaktion.

Unterdrückte Nationen werden vom Feinde gewaltsam mitgeschleppt, um für ihre Unterdrücker zu kämpfen. Deutsche und Juden, Polen und Finnen, werden wie im japanischen Kriege als Kanonenfutter ins vorderste Feuer geschickt. Und wenn sie siegen sollten, würden sie ihre eigene Unterdrückung fördern.

Aber das Deutsche Reich ist stark. Es wird den Unterdrückten die Freiheit bringen. Unsere Waffen erkämpfen nicht bloß den Schutz unserer Frauen und Kinder gegenüber den Feinden des Landes, sie schützen nicht bloß Haus und Herd unserer eigenen Familien, sie sind zugleich die einzige Hoffnung von Millionen und Abermillionen von Unterdrückten im russischen Reiche. Und Frankreich, das in frevelhafter Verblendung unser Volk mit Krieg überzieht, das bereits am Anfang der Feindseligkeiten zeigt, daß es Rußlands Treubruch zu verteidigen bereit ist, dieses Frankreich sollte wissen, daß Deutschland und nur Deutschland der starke Hort ist, der wie ganz Europa so auch Frankreich selbst vor der gewaltsamen Vernichtung aller wahren Menschheitskultur schützt.

Wir kämpfen für die Wahrheit, wir kämpfen für das Recht, wir kämpfen für die Freiheit menschlicher Kultur.

Als Juden haben wir mit den Barbaren des Ostens noch eine besondere Rechnung zu begleichen. Das Blut der Juden, ihrer Märtyrer und Glaubenshelden, dampft seit Jahrhunderten vom russischen Boden zum Himmel empor. Unmittelbar vor dem freventlich von Rußland angezündeten und von England angezettelten Weltbrande wurden vierzigtausend Juden aus Kiew widerrechtlich ausgewiesen. Was würde unsern Frauen und Kindern für ein Los werden, wenn der Russe siegen sollte.

Wenn wir als Bürger unseres Vaterlandes kämpfen, so leuchtet uns die Tapferkeit unserer Ahnen, der Todesmut der Makkabäer, der Riesenkampf eines Bar-Kochba und der Heldentod Hunderttausender unseres Volkes in allen Zeiten als glorreiches Beispiel voran! Wir werden siegen. Wir haben das Vertrauen zu dem

3.1.3
Jüdische Rundschau, 7. August 1914, Erklärung des Reichsvereins der deutschen Juden und der Zionistischen Vereinigung für Deutschland

Je mehr Juden in diesem Krieg fallen, desto nachhaltiger werden ihre Gegner beweisen, daß sie alle hinter der Front gesessen haben, um Kriegswucher zu betreiben. Der Haß wird sich verdoppeln und verdreifachen.

3.1.4
Walther Rathenau an den völkischen Publizisten Wilhelm Schwaner, 4. August 1916

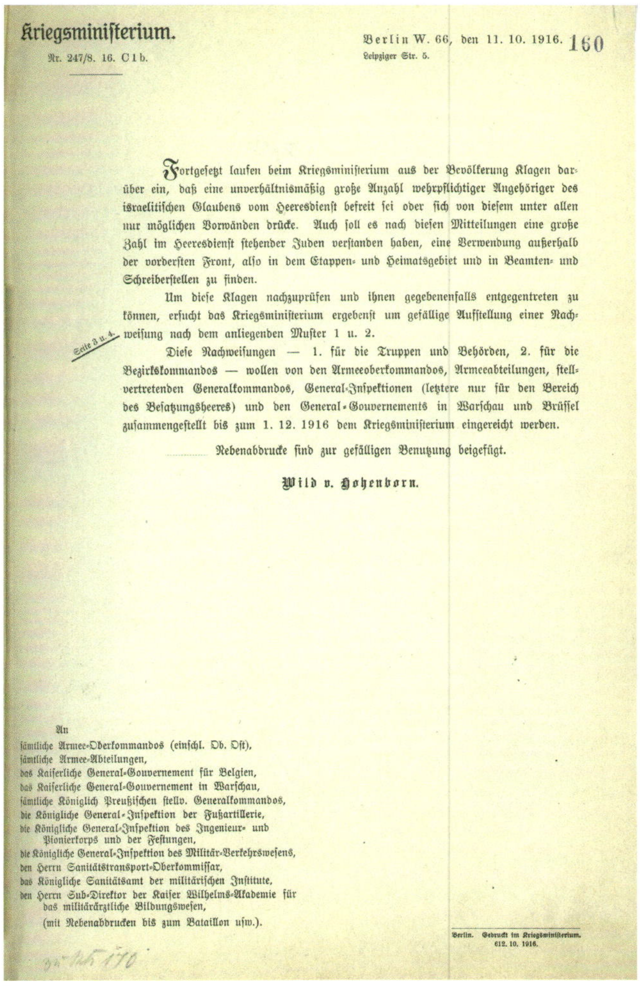

Kriegsministerium.
Nr. 247/8. 16. C 1 b.

Berlin W. 66, den 11. 10. 1916. 160
Leipziger Str. 5.

Fortgesetzt laufen beim Kriegsministerium aus der Bevölkerung Klagen darüber ein, daß eine unverhältnismäßig große Anzahl wehrpflichtiger Angehöriger des israelitischen Glaubens vom Heeresdienst befreit sei oder sich von diesem unter allen nur möglichen Vorwänden drücke. Auch soll es nach diesen Mitteilungen eine große Zahl im Heeresdienst stehender Juden verstanden haben, eine Verwendung außerhalb der vordersten Front, also in dem Etappen- und Heimatsgebiet und in Beamten- und Schreiberstellen zu finden.

Um diese Klagen nachzuprüfen und ihnen gegebenenfalls entgegentreten zu können, ersucht das Kriegsministerium ergebenst um gefällige Aufstellung einer Nachweisung nach dem anliegenden Muster 1 u. 2.

Seite 3 u. 4.

Diese Nachweisungen — 1. für die Truppen und Behörden, 2. für die Bezirkskommandos — wollen von den Armeeoberkommandos, Armeeabteilungen, stellvertretenden Generalkommandos, General-Inspektionen (letztere nur für den Bereich des Besatzungsheeres) und den General-Gouvernements in Warschau und Brüssel zusammengestellt bis zum 1. 12. 1916 dem Kriegsministerium eingereicht werden.

Nebenabdrucke sind zur gefälligen Benutzung beigefügt.

Wild v. Hohenborn.

An
sämtliche Armee-Oberkommandos (einschl. Ob. Ost),
sämtliche Armee-Abteilungen,
das Kaiserliche General-Gouvernement für Belgien,
das Kaiserliche General-Gouvernement in Warschau,
sämtliche Königlich Preußischen stellv. Generalkommandos,
die Königliche General-Inspektion der Fußartillerie,
die Königliche General-Inspektion des Ingenieur- und Pionierkorps und der Festungen,
die Königliche General-Inspektion des Militär-Verkehrswesens,
den Herrn Sanitätstransport-Oberkommissar,
das Königliche Sanitätsamt der militärischen Institute,
den Herrn Sub-Direktor der Kaiser Wilhelms-Akademie für das militärärztliche Bildungswesen,
(mit Nebenabdrucken bis zum Bataillon usw.).

Berlin. Gedruckt im Kriegsministerium. 612. 10. 1916.

3.1.5
Erlass des preußischen Kriegsministeriums zur statistischen Erfassung jüdischer Soldaten, 11. Oktober 1916
BA Berlin

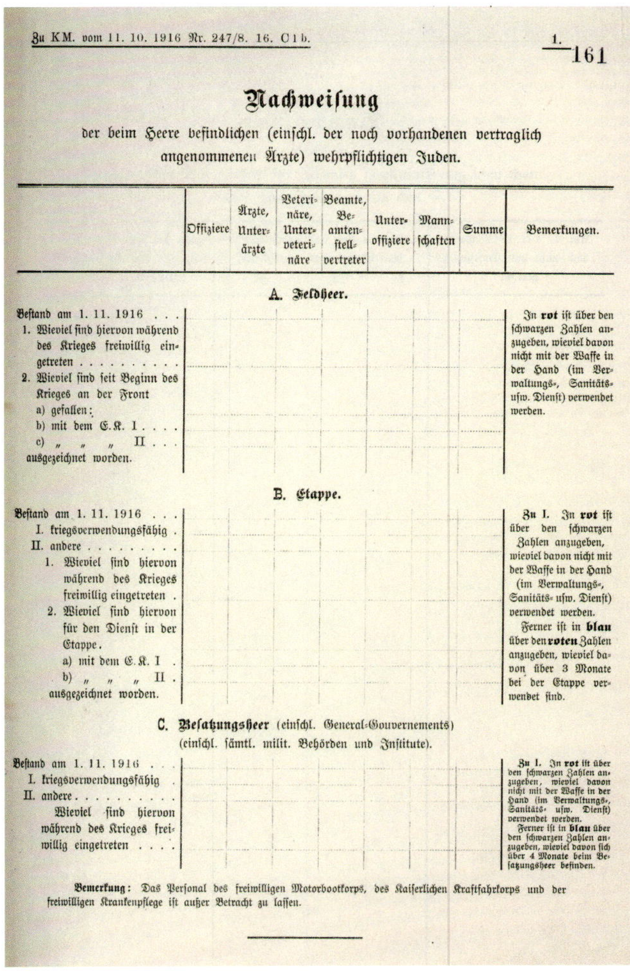

Zu KM. vom 11. 10. 1916 Nr. 247/8. 16. C 1 b.

1. 161

Nachweisung

der beim Heere befindlichen (einschl. der noch vorhandenen vertraglich angenommenen Ärzte) wehrpflichtigen Juden.

	Offiziere	Ärzte, Unterärzte	Veterinäre, Unterveterinäre	Beamte, Beamtenstellvertreter	Unteroffiziere	Mannschaften	Summe	Bemerkungen.
A. Feldheer.								
Bestand am 1. 11. 1916 . . . 1. Wieviel sind hiervon während des Krieges freiwillig eingetreten . . . . 2. Wieviel sind seit Beginn des Krieges an der Front a) gefallen: b) mit dem E.K. I . . . . c) „ „ „ II . . . ausgezeichnet worden.								In **rot** ist über den schwarzen Zahlen anzugeben, wieviel davon nicht mit der Waffe in der Hand (im Verwaltungs-, Sanitäts- usw. Dienst) verwendet werden.
B. Etappe.								
Bestand am 1. 11. 1916 . . . I. kriegsverwendungsfähig . II. andere . . . . 1. Wieviel sind hiervon während des Krieges freiwillig eingetreten . 2. Wieviel sind hiervon für den Dienst in der Etappe. a) mit dem E.K. I . b) „ „ „ II . ausgezeichnet worden.								Zu I. In **rot** ist über den schwarzen Zahlen anzugeben, wieviel davon nicht mit der Waffe in der Hand (im Verwaltungs-, Sanitäts- usw. Dienst) verwendet werden. Ferner ist in **blau** über den **roten** Zahlen anzugeben, wieviel davon über 3 Monate bei der Etappe verwendet sind.
C. Besatzungsheer (einschl. General-Gouvernements) (einschl. sämtl. milit. Behörden und Institute).								
Bestand am 1. 11. 1916 . . . I. kriegsverwendungsfähig . II. andere . . . . Wieviel sind hiervon während des Krieges freiwillig eingetreten								Zu I. In **rot** ist über den schwarzen Zahlen anzugeben, wieviel davon nicht mit der Waffe in der Hand (im Verwaltungs-, Sanitäts- usw. Dienst) verwendet werden. Ferner ist in **blau** über den schwarzen Zahlen anzugeben, wieviel davon sich über 4 Monate beim Besatzungsheer befinden.

Bemerkung: Das Personal des freiwilligen Motorbootkorps, des Kaiserlichen Kraftfahrkorps und der freiwilligen Krankenpflege ist außer Betracht zu lassen.

3.1.6
Formular für die Nachweisung der beim Heere befindlichen wehrpflichtigen Juden, Oktober 1916
BA Berlin

Die Erhebung hatte antisemitische Beweggründe. Um zu belegen, dass sich Juden dem Frontdienst entzögen, wurden viele von ihnen in die Etappe versetzt. Dennoch fiel die Erhebung nicht wie erwartet aus. Das Ergebnis der »Judenzählung« wurde nicht veröffentlicht.

3.2

Frühphase der Weimarer Republik

Lesemappe zu 3.2: Antisemitisch motivierte Morde

3.2.1
»Deutsche, denkt daran!«, Postkarte, um 1923
Sammlung Wolfgang Haney Berlin

Mit der Dolchstoßlegende, dem Mythos von der im Felde unbesiegten deutschen Armee, schrieb die antisemitische Propaganda den »jüdisch-revolutionären Kräften« die Schuld am Zusammenbruch des Kaiserreichs zu. Die Karikatur (oben) zeigt den Sozialdemokraten Philipp Scheidemann mit erhobenem Dolch im Rücken der Soldaten. Zustimmung erhält er vom Zentrumspolitiker Matthias Erzberger. Im Hintergrund sieht man die vermögenden Juden als vermeintliche Anstifter der Tat.

3.2.2
»Gefesselte Germania«, Postkarte, um 1920
DHM Berlin

3.2.3
Flugblatt zu den Wahlen der Nationalversammlung, 1919
DHM Berlin

3.2.4
Artur Dinter, »Die Sünde wider das Blut«, Titelblatt, Leipzig 1917

Der völkische Schriftsteller Artur Dinter popularisierte den Rassenantisemitismus mit seinem Trivialroman. Bis 1922 erreichte das Buch eine Auflage von 200.000 Exemplaren.

Weil nun der Jude trotz seines fremden Volkstums, das er nie verleugnen kann, auch deutsches Volkstum für sich in Anspruch nimmt und dessen Begriff dadurch verwässert und seine Reinheit dadurch trübt, muß die Ablehnung völkischer Kreise Juden gegenüber besonders scharf sein.

3.2.5
Walther Schulz, Der Deutsche Hochschulring, Halle 1921

Der Deutsche Hochschulring wurde 1920 als Dachorganisation von Studentenverbänden gegründet. Bis 1921 entwickelte sich der Hochschulring zur prägenden studentischen Organisation an den deutschen Universitäten.

3.3 Anfänge der NSDAP

Der Antisemitismus aus rein gefühlsmäßigen Gründen wird seinen letzten Ausdruck finden in der Form von Progromen [sic!]. Der Antisemitismus der Vernunft jedoch muß führen zur planmäßigen gesetzlichen Bekämpfung und Beseitigung der Vorrechte des Juden, die er zum Unterschied der anderen zwischen uns lebenden Fremden besitzt (Fremdengesetzgebung). Sein letztes Ziel aber muß unverrückbar die Entfernung der Juden überhaupt sein.

3.3.1
Auszug aus einem Brief Adolf Hitlers an Adolf Gemlich, 16. September 1919

3.3.3
Flugblatt mit der Ankündigung einer Rede Adolf Hitlers, 1920

Sammlung Wolfgang Haney Berlin

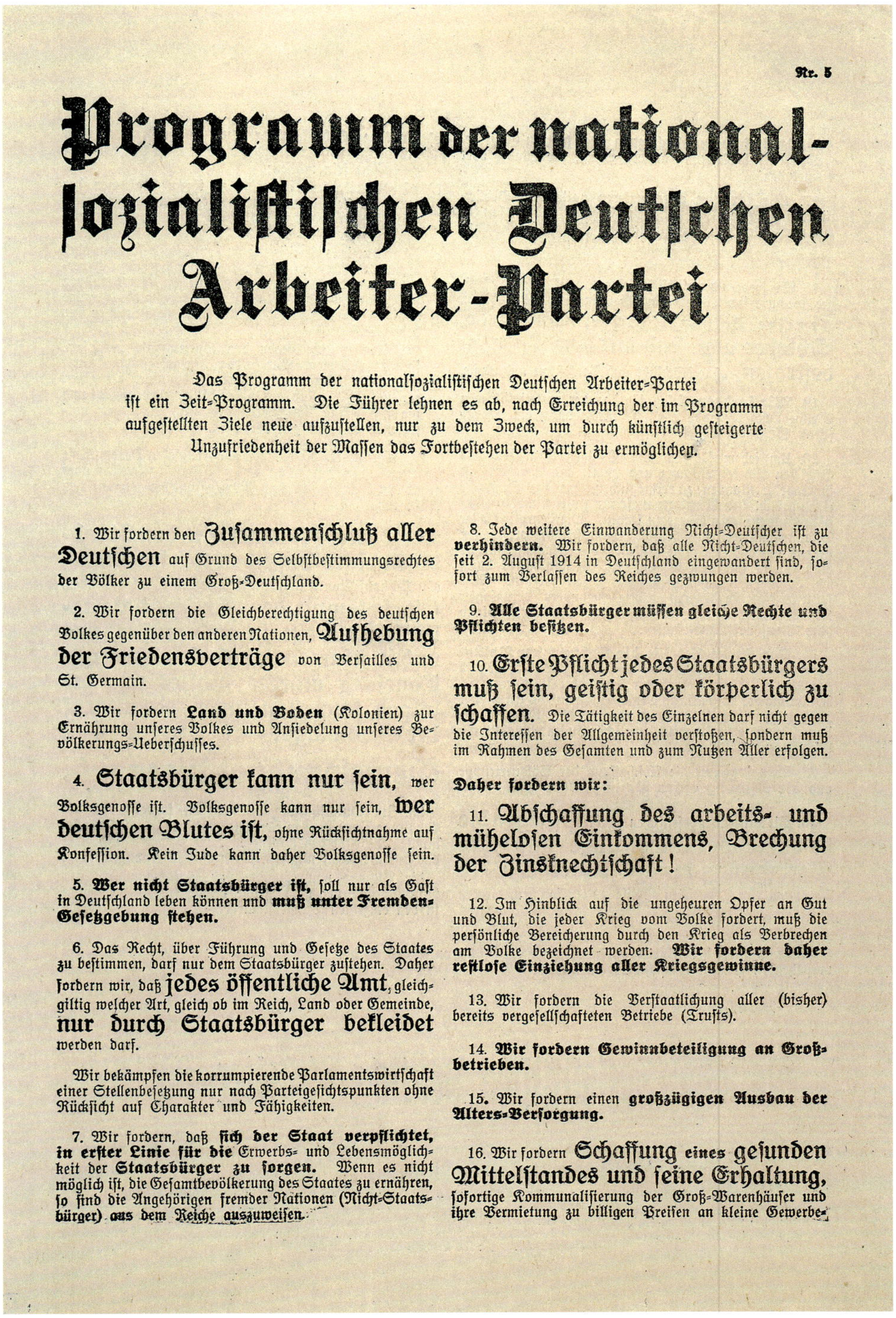

Nr. 5

Programm der nationalsozialistischen Deutschen Arbeiter-Partei

Das Programm der nationalsozialistischen Deutschen Arbeiter-Partei ist ein Zeit-Programm. Die Führer lehnen es ab, nach Erreichung der im Programm aufgestellten Ziele neue aufzustellen, nur zu dem Zweck, um durch künstlich gesteigerte Unzufriedenheit der Massen das Fortbestehen der Partei zu ermöglichen.

1. Wir fordern den **Zusammenschluß aller Deutschen** auf Grund des Selbstbestimmungsrechtes der Völker zu einem Groß-Deutschland.

2. Wir fordern die Gleichberechtigung des deutschen Volkes gegenüber den anderen Nationen, **Aufhebung der Friedensverträge** von Versailles und St. Germain.

3. Wir fordern **Land und Boden** (Kolonien) zur Ernährung unseres Volkes und Ansiedelung unseres Bevölkerungs-Ueberschusses.

4. **Staatsbürger kann nur sein,** wer Volksgenosse ist. Volksgenosse kann nur sein, **wer deutschen Blutes ist,** ohne Rücksichtnahme auf Konfession. Kein Jude kann daher Volksgenosse sein.

5. **Wer nicht Staatsbürger ist,** soll nur als Gast in Deutschland leben können und **muß unter Fremden-Gesetzgebung stehen.**

6. Das Recht, über Führung und Gesetze des Staates zu bestimmen, darf nur dem Staatsbürger zustehen. Daher fordern wir, daß **jedes öffentliche Amt,** gleichgiltig welcher Art, gleich ob im Reich, Land oder Gemeinde, **nur durch Staatsbürger bekleidet** werden darf.

Wir bekämpfen die korrumpierende Parlamentswirtschaft einer Stellenbesetzung nur nach Parteigesichtspunkten ohne Rücksicht auf Charakter und Fähigkeiten.

7. Wir fordern, daß **sich der Staat verpflichtet, in erster Linie für die** Erwerbs- und Lebensmöglichkeit der **Staatsbürger zu sorgen.** Wenn es nicht möglich ist, die Gesamtbevölkerung des Staates zu ernähren, so sind die Angehörigen fremder Nationen (Nicht-Staatsbürger) aus dem Reiche auszuweisen.

8. Jede weitere Einwanderung Nicht-Deutscher ist zu **verhindern.** Wir fordern, daß alle Nicht-Deutschen, die seit 2. August 1914 in Deutschland eingewandert sind, sofort zum Verlassen des Reiches gezwungen werden.

9. **Alle Staatsbürger müssen gleiche Rechte und Pflichten besitzen.**

10. **Erste Pflicht jedes Staatsbürgers muß sein, geistig oder körperlich zu schaffen.** Die Tätigkeit des Einzelnen darf nicht gegen die Interessen der Allgemeinheit verstoßen, sondern muß im Rahmen des Gesamten und zum Nutzen Aller erfolgen.

Daher fordern wir:

11. **Abschaffung des arbeits- und mühelosen Einkommens, Brechung der Zinsknechtschaft!**

12. Im Hinblick auf die ungeheuren Opfer an Gut und Blut, die jeder Krieg vom Volke fordert, muß die persönliche Bereicherung durch den Krieg als Verbrechen am Volke bezeichnet werden. **Wir fordern daher restlose Einziehung aller Kriegsgewinne.**

13. Wir fordern die Verstaatlichung aller (bisher) bereits vergesellschafteten Betriebe (Trusts).

14. **Wir fordern Gewinnbeteiligung an Großbetrieben.**

15. Wir fordern einen **großzügigen Ausbau der Alters-Versorgung.**

16. Wir fordern **Schaffung eines gesunden Mittelstandes und seine Erhaltung,** sofortige Kommunalisierung der Groß-Warenhäuser und ihre Vermietung zu billigen Preisen an kleine Gewerbe-

3.3.2
Flugblatt mit dem Parteiprogramm der NSDAP,
24. Februar 1920, Vorderseite
DHM Berlin

3.3.5
Werbeplakat für die zweibändige Ausgabe von »Mein Kampf«, um 1927
DHM Berlin

Während seiner Festungshaft in Landsberg formulierte Adolf Hitler seine programmatische Schrift »Mein Kampf«. Sie erschien in zwei Bänden 1925 und 1926. Darin forderte er eine »rassenreine Volksgemeinschaft« und die »Ausschaltung« der Juden aus der Gesellschaft. Darüber hinaus propagierte Hitler die Herrschaft der »arischen Rasse« über die »slawischen Untermenschen« Osteuropas. Bis 1933 fand das Buch 250.000 Käufer.

3.3.4
Hitler-Putsch, 9. November 1923
BPK Berlin

Eine Gruppe des Freikorps «Reichskriegsflagge« vor dem Bayerischen Kriegsministerium. In der Bildmitte Heinrich Himmler mit Fahne.

3.4
Krise der Republik

3.4.1
Gregor Strasser und Joseph Goebbels während des SA-Vorbeimarsches an Adolf Hitler in Braunschweig, 18. Oktober 1931
BSB München

Gregor Strasser war der Kopf des sozialrevolutionären Flügels der NSDAP. Nach der Neugründung der Partei im Februar 1925 organisierte er gemeinsam mit seinem Bruder Otto den Aufbau der Partei in Nord- und Westdeutschland. Strasser geriet zunehmend in Opposition zum politischen Kurs Hitlers. Im Dezember 1932 trat er von allen Ämtern zurück. Gregor Strasser wurde im Zuge des »Röhm-Putsches« am 30. Juni 1934 in Berlin ermordet.

3.4.4
Arbeitslosenschlange vor dem Arbeitsamt in Hannover, 1932
DHM Berlin

3.4.2
Zusammenschluss der republikfeindlichen Kräfte NSDAP, Deutschnationale Volkspartei und des nationalistischen Wehrverbandes Stahlhelm zur »Harzburger Front«, Oktober 1931
Ullstein Bilderdienst Berlin

3.4.7
Adolf Hitler bei seiner Rede vor dem Düsseldorfer Industrie-Club, 26. Januar 1932
NA Washington D. C.

Die Wahlerfolge machten die NSDAP für industrielle Kreise zu einer politischen Alternative. Am 26. Januar 1932 arrangierte der Großindustrielle Fritz Thyssen einen Vortrag Adolf Hitlers vor 650 Mitgliedern des Düsseldorfer Industrie-Clubs.

3.4.3
Eingeschlagene Schaufensterscheiben des Berliner Kaufhauses Wertheim, 1930
Ullstein Bilderdienst Berlin

Die Parteibasis der NSDAP organisierte seit Ende der 20er Jahre verstärkt antijüdische Übergriffe und Boykottaktionen. Diese fanden außerhalb der nationalsozialistischen Bewegung nur wenig Resonanz.

3.4.8
Wahlplakat der NSDAP zur Reichspräsidentenwahl, 1932
DHM Berlin

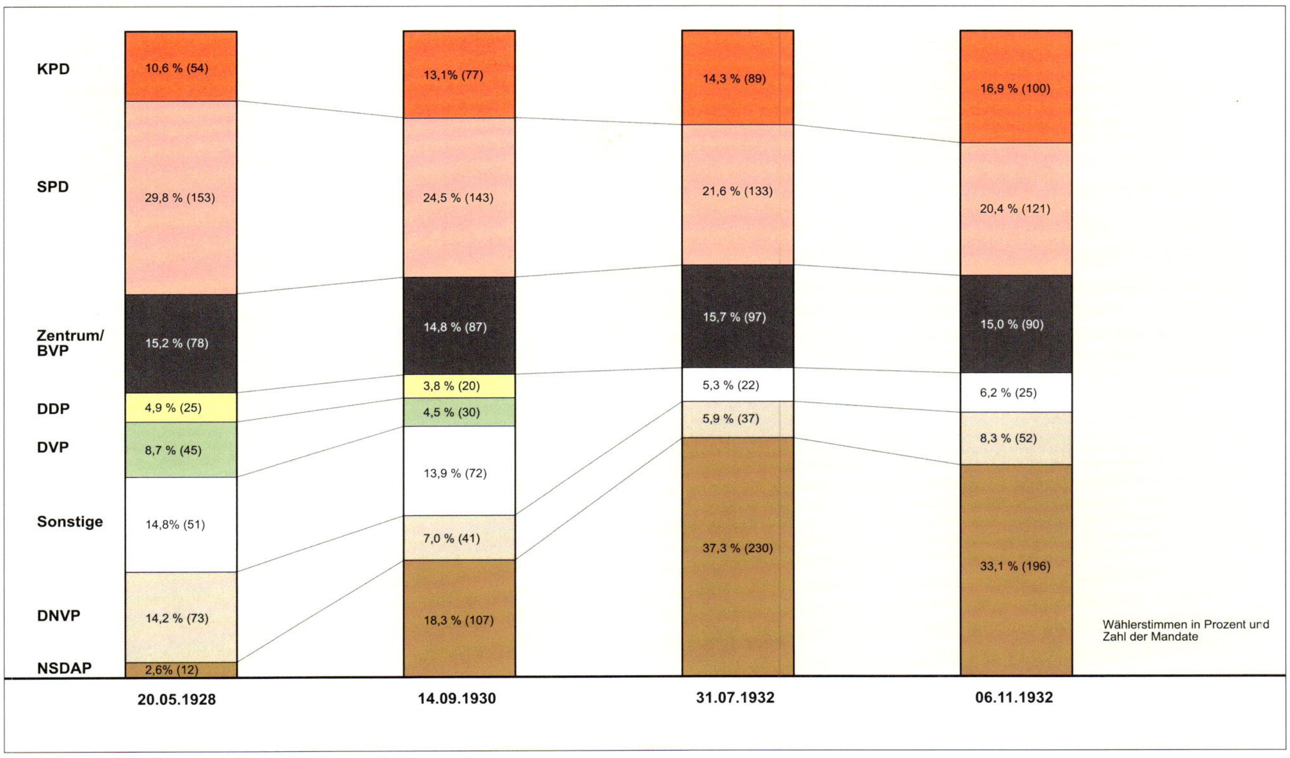

3.4.5
Ergebnisse der Reichstagswahlen in der Weimarer Republik 1928 bis 1932
nach Eberhard Kolb, Die Weimarer Republik, München 1993

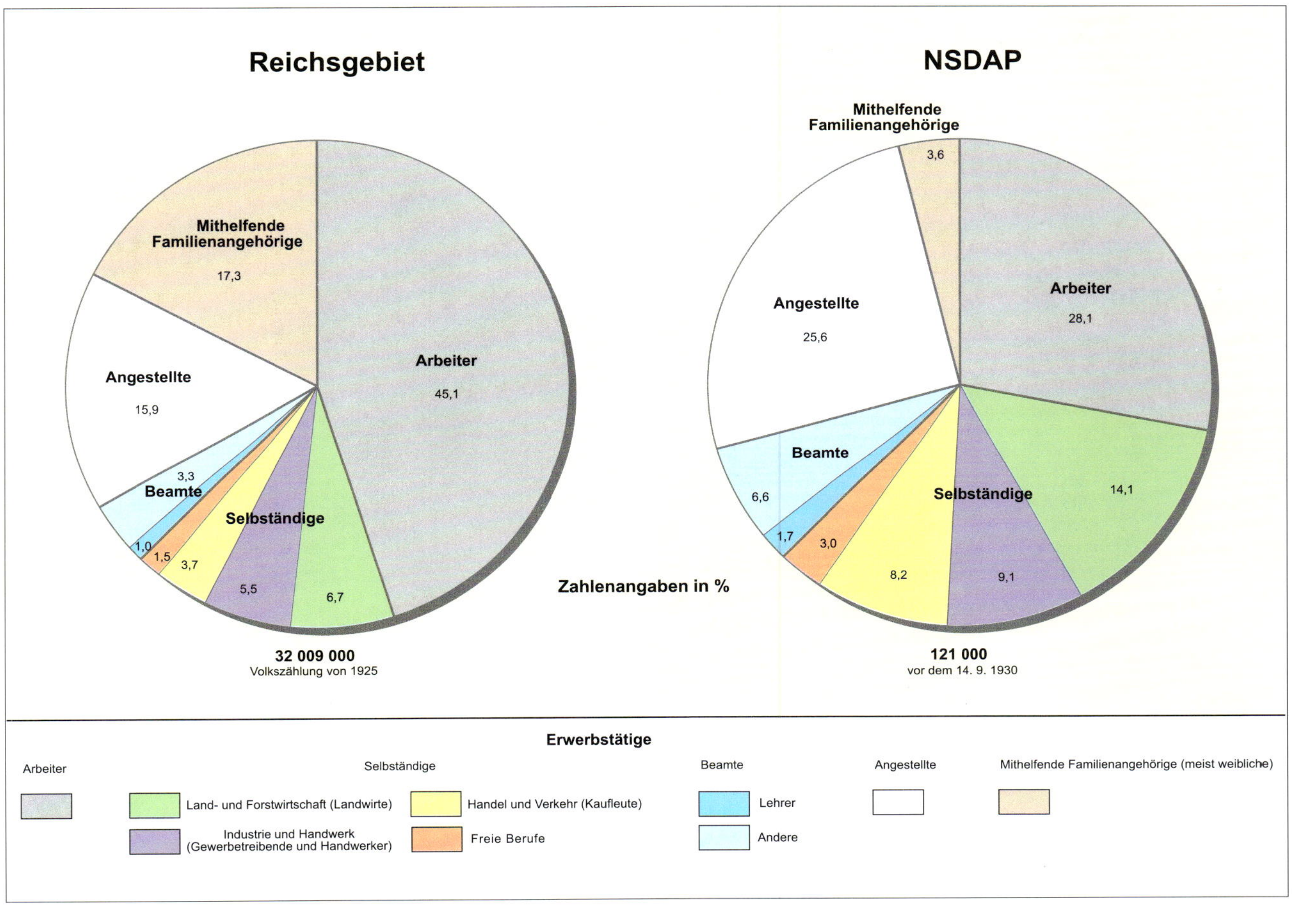

3.4.6
Soziale Struktur der NSDAP vor 1930
nach Martin Broszat, Der Staat Hitlers, München 1969

3.5

Berufs- und Sozialstruktur der deutschen Juden

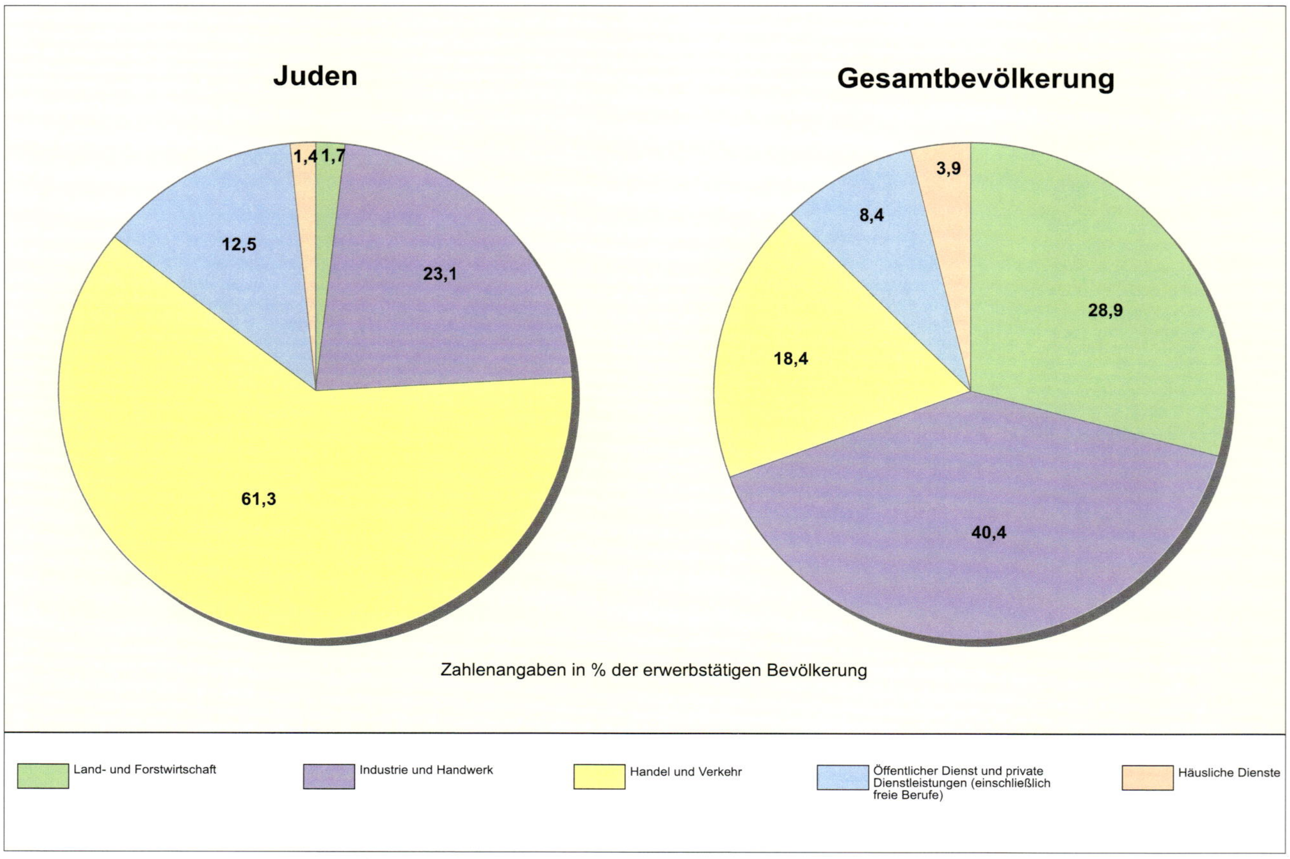

3.5.1
Die Berufsstruktur der jüdischen Bevölkerung in Deutschland 1907-1933
Statistik des deutschen Reichs

3.5.2 ▸SILBERSTEIN◂
Hochzeitsfeier von Berthold und Käthe Silberstein (Bildmitte) in Berlin, 13. März 1924
JM Berlin

Berthold und Käthe Silberstein stammten aus Schlesien und Westpreußen. Seit 1924 betrieben sie ein Textil- und Modegeschäft am S-Bahnhof Botanischer Garten im bürgerlich geprägten Südwesten Berlins. Die mittelständische Familie war am konservativen Judentum orientiert und akkulturiert. Tochter Hansi (geb. 1924) und Sohn Alfred (geb. 1927) besuchten zunächst keine jüdischen Schulen.

3.5.3
Wäschegeschäft der Familie Chotzen in Berlin-Wilmersdorf, um 1920
Privatbesitz

Der Kaufmann Josef Chotzen besaß mit seiner Frau Elsa in Berlin-Wilmersdorf ein kleines Wäschegeschäft. Elsa entstammte einer protestantischen Familie und trat 1914 zum jüdischen Glauben über. Die großen Feste beider Religionen wurden zu Hause gefeiert.

3.6 Jüdisches Leben in der Stadt und auf dem Land

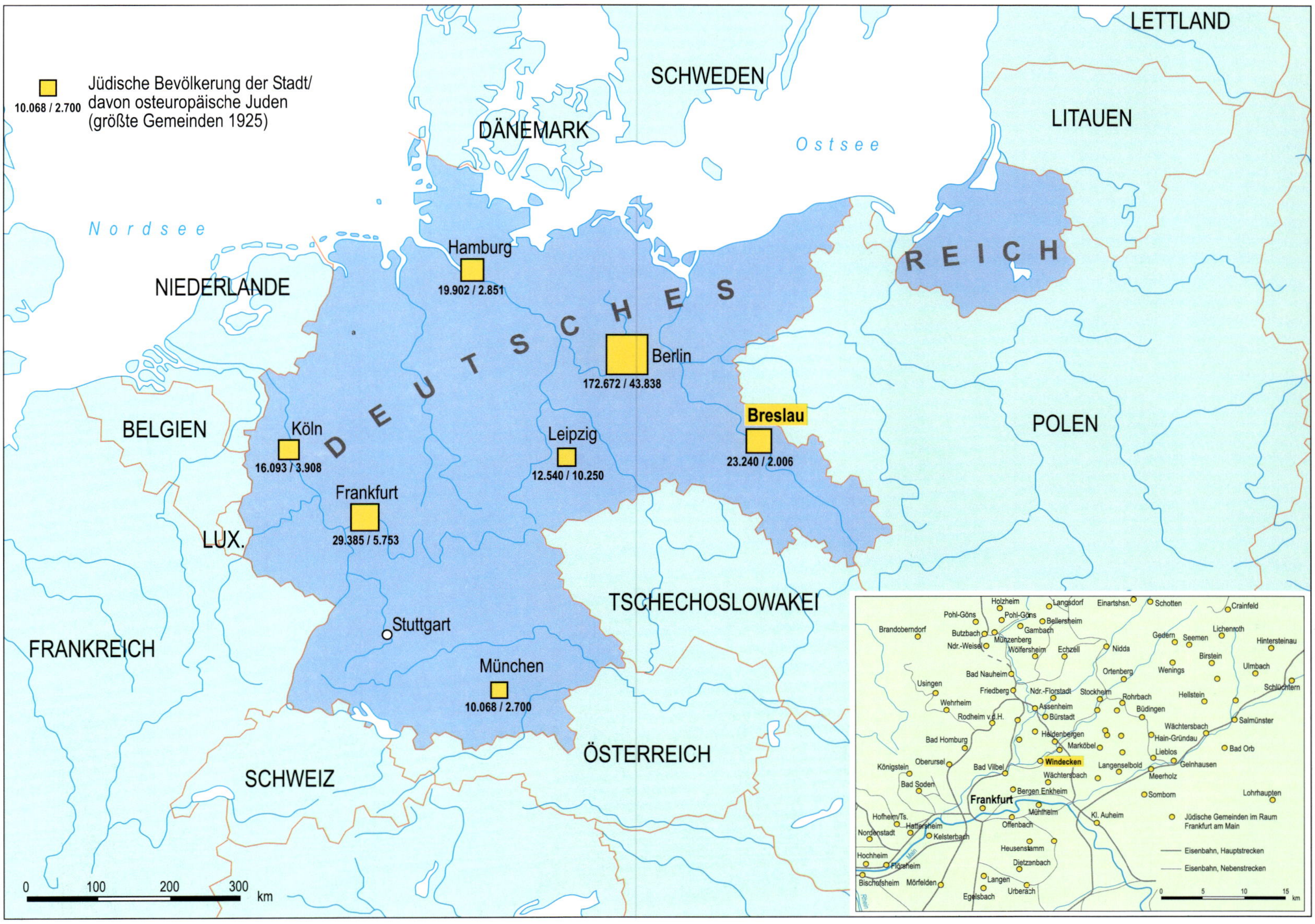

3.6.1
Jüdische Gemeinden in der Weimarer Republik

Breslau

Die schlesische Stadt Breslau, heute das polnische Wrocław, bildete 1925 die drittgrößte jüdische Gemeinde in der Weimarer Republik. Von 573.660 Einwohnern waren 23.200 Jüdinnen und Juden. Zahlreiche religiöse, soziale und kulturelle Einrichtungen prägten das Gemeindeleben. Juden engagierten sich wirtschaftlich überwiegend im Textil- und Getreidehandel. Andere waren Privatbankiers, Juristen oder Mediziner.

3.6.2
Goldene-Rade-Gasse im historischen jüdischen Wohnviertel, um 1900
BU Wrocław

3.6.3
Einmündung der Goldene-Rade-Gasse auf den Karlsplatz, undatiert
BU Wrocław

3.6.4
Die Landessynagoge zwischen der Antonienstraße und der Wallstraße, undatiert
BU Wrocław

Seit 1744 erfüllte die Landessynagoge die Funktion des Haupttempels der Breslauer Gemeinde.

3.6.5
Die Neue Synagoge, um 1875
Privatbesitz

Die Neue Synagoge wurde am 29. September 1872 eröffnet und war neben der Berliner Neuen Synagoge die größte in Deutschland.

3.6.6
Jüdisch-Theologisches Seminar, 1904
Privatbesitz

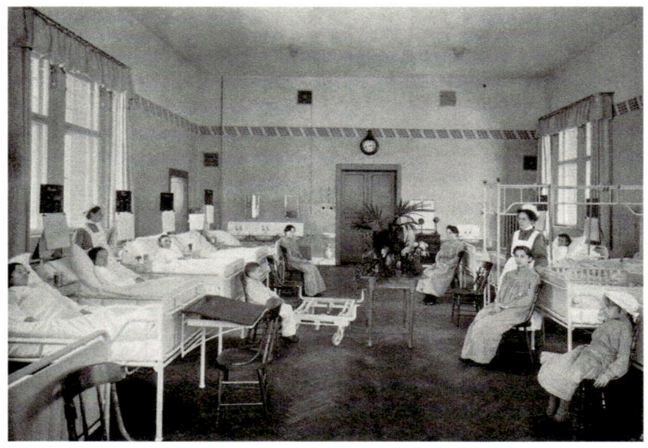

3.6.7
Krankensaal im Jüdischen Krankenhaus, undatiert
Privatbesitz

3.6.8
Industrieschule für mittellose Mädchen, undatiert
Privatbesitz

3.6.9
Vorstand der Breslauer Ortsgruppe des Jüdischen Frauenbundes anlässlich des 20jährigen Bestehens (vierte von rechts sitzend Paula Ollendorff), 1928
Privatbesitz

Paula Ollendorff war für die jüdische Gemeinde in der Sozialfürsorge aktiv. Sie gründete unter anderem ein Heim für unehelich geborene Kinder und eine Hauswirtschaftsschule. Sie wurde 1918 als erste Frau in Deutschland Mitglied eines Stadtrates.

3.6.10
Mädchen der Breslauer Gruppe »Blau-Weiß«, undatiert
Privatbesitz

3.6.11
Kinderkrippe und Kindergarten der Breslauer Ortsgruppe des Jüdischen Frauenbundes, 1928
Privatbesitz

3.6.12
Die impressionistische Malerin Clara Sachs in ihrem Arbeitszimmer, 1904
Privatbesitz

3.6.13
Paul Schottländer mit Ehefrau Ludmilla vor dem Tor zum Gut Wessig, undatiert
Privatbesitz

3.6.14
Ludmilla Schottländer mit ihren Kindern Alfred, Ard-Heinrich und Dorothea, 1905
Privatbesitz

3.6.15
Schloss der Familie Schottländer in Hartlieb, um 1905
Privatbesitz

Die Familie des Gutsbesitzers Julius Schottländer war im 19. Jahrhundert mit dem Verkauf von Getreide und Wolle zu Wohlstand gelangt. Die Familienmitglieder bekleideten zahlreiche Ehrenämter der Breslauer Jüdischen Gemeinde und waren Gründer verschiedener Stiftungen.

3.6.16
Das Bankhaus Ernst Heimann, 1919
Privatbesitz

3.6.17
Das Handelshaus Louis Lewy Jr., undatiert
BU Wrocław

3.6.18
Das Handelshaus Louis Lewy Jr., undatiert
BU Wrocław

Die Aufnahmen zeigen die Entwicklung des 1861 gegründeten Hauses von einem kleinen Gebäude zu einem Neorenaissance-Warenhaus. Die Firma war das bedeutendste Unternehmen der Bekleidungsindustrie in ganz Schlesien.

3.6.19
Jüdische Geschäfte im Haus »Zur Goldenen Krone«, 1911
BU Wrocław

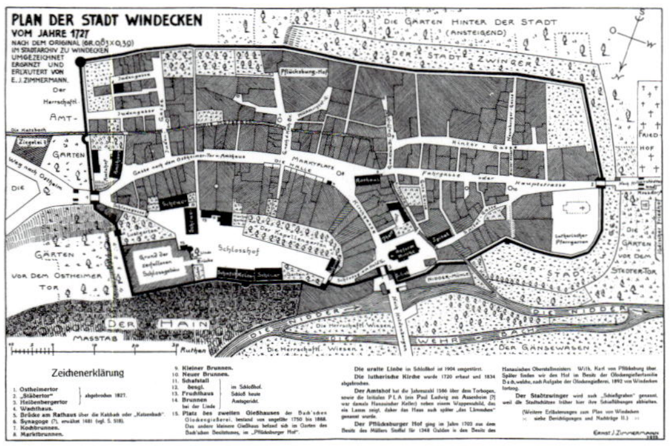

3.6.20
Die Stadt Windecken im Jahre 1727, Rekonstruktion 1912

Windecken

Im Jahr 1925 lebten in der hessischen Kleinstadt Windecken 1.800 Einwohner, davon waren 47 Juden. Als Stadtverordnete, Mitglieder im Sportverein, im Vaterländischen Frauenverein, im Gesangsverein und bei der Feuerwehr waren sie Teil des sozialen Lebens der Stadt. Die Windecker Juden führten überwiegend Geschäfte und nahmen eine bedeutende Stellung im wirtschaftlichen Leben der Stadt ein. Über Geschäftsbeziehungen hinaus existierten private Freundschaften zwischen jüdischen und christlichen Familien.

Alle Exponate Sammlung Monica Kingreen, Windecken

3.6.21
Luftbild der Stadt Windecken, um 1930

Im Vordergrund ist links von der Hauptstraße der 1497 angelegte jüdische Friedhof zu sehen.

3.6.22
Blick auf die Windecker Synagoge (Haus mit Fachwerkgiebel, Bildmitte links), um 1900

3.6.23
Stempel der jüdischen Gemeinde, 1928

3.6.24
Der Getreidehändler Jacob Levi mit seiner Frau Thekla und den Kindern Hermann und Hilde im Hof ihres Hauses, 1919

3.6.25
Geschäftsanzeige der Getreidefirma Levi, undatiert

3.6.26
Hermann Levi (vierter von links, stehend) als Spieler des Windecker Fußballvereins Eintracht, um 1923

3.6.27
Hilde Levi (erste von rechts, sitzend) mit ihrer Klasse der Volksschule Windecken, 1919

3.6.28
Hilde Levi (erste von rechts, sitzend) bei einem Kindergeburtstag, 1919

3.6.29
Johanna Reichenberg mit ihren vier Töchtern Frieda, Rita, Rosa und Meta vor ihrem Haus, 1917

3.6.30
Die Eisenhandlung Reichenberg (vorne rechts), 1930

3.6.31
Geschäftsanzeige der Eisenhandlung Reichenberg, 1927

3.6.32
Rita Reichenberg am Steuer des Firmenwagens, um 1930

3.6.33
Rita Reichenberg (hintere Reihe, vierte von links) als Mitglied des Turnvereins beim Kreisfeuerwehrfest, 1927

3.6.34
Die Familie des Metzgers Willi Wolf, 1921 (von links Flora, Rosa, Recha, Theodor; sitzend Willi und Emma)

3.6.35
Haus der Familie Wolf, 1935

3.6.36
Zeitungsannonce der Rindsmetzgerei Wolf, 1926

3.6.37
Recha Wolf (zweite von links) mit Windecker Freundinnen, 1916

3.6.38
Hilda und Salli Reichenberg im Hof ihres Hauses, 1920

3.6.39
Geschäftsanzeige des Textilwarengeschäfts »Gebrüder Reichenberg«, 1927

3.6.40
Das Textilwarengeschäft »Gebrüder Reichenberg«, um 1918

3.7
Politisch-weltanschauliche Orientierungen

3.7.1
Vor der Synagoge in der Berliner Fasanenstraße nach dem Ende eines Gottesdienstes, 1929
BPK Berlin

Einzelnummer 0,35 Goldmark

JÜDISCHE RUNDSCHAU

Redaktion und Verlag W 15, Meinekestraße 10. Erscheint jeden Dienstag und Freitag. Bezugspreis bei der Expedition monatlich 1,85 Goldmark. Vierteljährlich 5,25 Goldmark.

Anzeigen-Verwaltung: Jüdische Rundschau G. m. b. H., Berlin W 15, Meinekestraße 10. – Telephon: Amt Bismarck 7165—70

Telephon: Bismarck 7165—70. Postscheckkonto: Berlin Nr. 17392. Für Oesterreich: Postsparkassenamt Wien, Konto Nr. 156030. Für Tschechoslowakei: Postsparkassenamt Prag, Konto Nr. 59410. – Redaktionsschluß Sonntag und Mittwoch nachmittag. –

Nummer 57 | Berlin, 18. VII. 1924 | XXIX. Jahrg.

Der Zionismus erstrebt für das jüdische Volk die Schaffung einer öffentlich-rechtlich gesicherten Heimstätte in Palästina. „Baseler Programm."

Zu Theodor Herzls 20. Todestag

Vom Nationalismus zum Menschentum

Von Dr. J. Klausner, Jerusalem*)

Mit dem Erscheinen der „Tagebücher" ist Theodor Herzls Gestalt in eine neue Form der Erscheinung getreten. Aus der schon schematischen und verhübschten Legendenfigur, sie völlig zerbrechend und im wahren Sinne vernichtend, ist der Mensch Theodor Herzl und mit ihm der Zionist getreten: Gemalt mit den Farben der Wirklichkeit, klein im Kleinen des zeitgebundenen Menschengeschlechts, aber groß im Großen des für eine Idee in Bewegung gesetzten Einzelmenschen und Einzeljuden; und wahrhaft in Bewegung gesetzt und nicht in „flammende Begeisterung" oder „begeisterte Aufopferung", sondern in die fürchterlich reale, fürchterlich kleinliche, fürchterlich zermürbende Bewegung, deren Heldentum in ihrer unscheinbaren Unabweisbarkeit liegt, in ihrer schlechthin die Tage und Nächte eines solchen …

Arnold Zweig

Theodor Herzl

*) Dieser Artikel wurde uns vom Hauptbüro des Keren Kajemeth Lejisrael zur Verfügung gestellt.

Berlin, 30. August 1929
VIII. Jahrgang · Nr. 35
Einzelnummer 20 Pfennig

C.V.-Zeitung

Blätter für Deutschtum und Judentum

Organ des Centralvereins deutscher Staatsbürger jüdischen Glaubens

Moses Mendelssohn zum 6. Sept. 1929

Dem ersten deutschen Juden, dem geistigen Vater unserer Gleichberechtigung, dem gewaltigen Förderer deutschen Geisteslebens zum 200. Geburtstag.

Mit Beiträgen von:

Fritz Bamberger, Gustav Doch, Fritz Engel, Herbert Eulenberg, Fritz Friedlaender, Leo Hirsch, Ludwig Holländer, Benno Jacob, Hugo Lachmanski, Heinrich Levy, Jakob Seifensieder, Heinemann Stern, Selma Stern-Täubler, Siegfried Weinberg, Paul Wiegler, Eugen Wolbe.

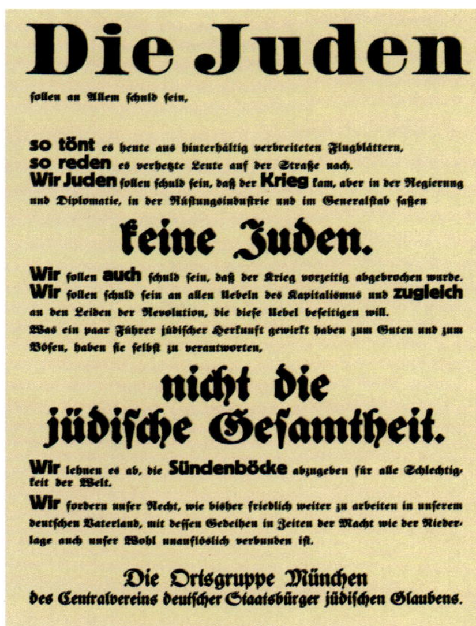

Die Juden

sollen an Allem schuld sein,

so tönt es heute aus hinterhältig verbreiteten Flugblättern,
so reden es verhetzte Leute auf der Straße nach.
Wir Juden sollen schuld sein, daß der Krieg kam, aber in der Regierung und Diplomatie, in der Rüstungsindustrie und im Generalstab saßen

keine Juden.

Wir sollen auch schuld sein, daß der Krieg vorzeitig abgebrochen wurde.
Wir sollen schuld sein an allen Uebeln des Kapitalismus und zugleich an den Leiden der Revolution, die diese Uebel beseitigen will.
Was ein paar Führer jüdischer Herkunft gewirkt haben zum Guten und zum Bösen, haben sie selbst zu verantworten,

nicht die jüdische Gesamtheit.

Wir lehnen es ab, die Sündenböcke abzugeben für alle Schlechtigkeit der Welt.

Wir fordern unser Recht, wie bisher friedlich weiter zu arbeiten in unserem deutschen Vaterland, mit dessen Gedeihen in Zeiten der Macht wie der Niederlage auch unser Wohl unauflöslich verbunden ist.

Die Ortsgruppe München
des Centralvereins deutscher Staatsbürger jüdischen Glaubens.

Druck von B. Heller, München.

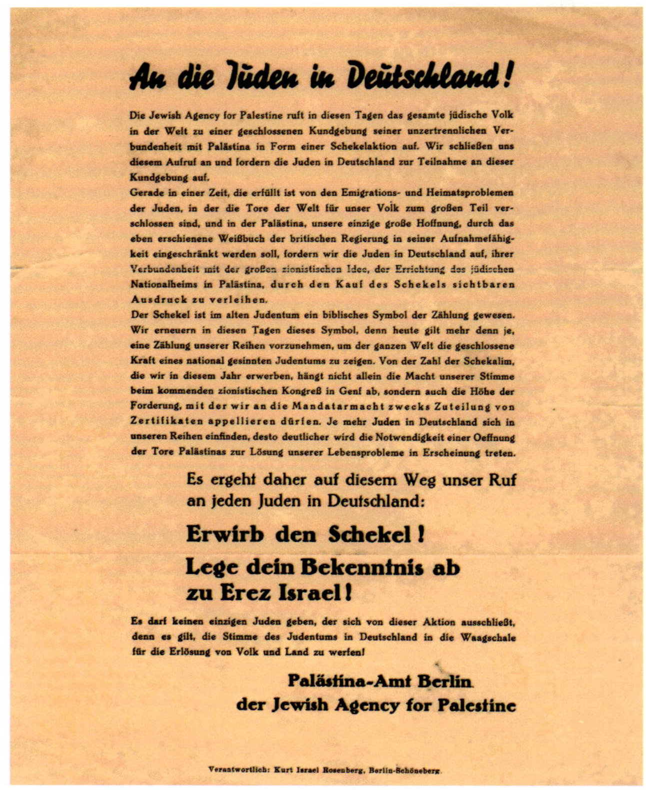

An die Juden in Deutschland!

Die Jewish Agency for Palestine ruft in diesen Tagen das gesamte jüdische Volk in der Welt zu einer geschlossenen Kundgebung seiner unzertrennlichen Verbundenheit mit Palästina in Form einer Schekelaktion auf. Wir schließen uns diesem Aufruf an und fordern die Juden in Deutschland zur Teilnahme an dieser Kundgebung auf.

Gerade in einer Zeit, die erfüllt ist von den Emigrations- und Heimatsproblemen der Juden, in der die Tore der Welt für unser Volk zum großen Teil verschlossen sind, und in der Palästina, unsere einzige große Hoffnung, durch das eben erschienene Weißbuch der britischen Regierung in seiner Aufnahmefähigkeit eingeschränkt werden soll, fordern wir die Juden in Deutschland auf, ihrer Verbundenheit mit der großen zionistischen Idee, der Errichtung des jüdischen Nationalheims in Palästina, durch den Kauf des Schekels sichtbaren Ausdruck zu verleihen.

Der Schekel ist im alten Judentum ein biblisches Symbol der Zählung gewesen. Wir erneuern in diesen Tagen dieses Symbol, denn heute gilt mehr denn je, eine Zählung unserer Reihen vorzunehmen, um der ganzen Welt die geschlossene Kraft eines national gesinnten Judentums zu zeigen. Von der Zahl der Schekalim, die wir in diesem Jahr erwerben, hängt nicht allein die Macht unserer Stimme beim kommenden zionistischen Kongreß in Genf ab, sondern auch die Höhe der Forderung, mit der wir an die Mandatarmacht zwecks Zuteilung von Zertifikaten appellieren dürfen. Je mehr Juden in Deutschland sich in unseren Reihen einfinden, desto deutlicher wird die Notwendigkeit einer Oeffnung der Tore Palästinas zur Lösung unserer Lebensprobleme in Erscheinung treten.

Es ergeht daher auf diesem Weg unser Ruf an jeden Juden in Deutschland:

Erwirb den Schekel!

Lege dein Bekenntnis ab zu Erez Israel!

Es darf keinen einzigen Juden geben, der sich von dieser Aktion ausschließt, denn es gilt, die Stimme des Judentums in Deutschland in die Waagschale für die Erlösung von Volk und Land zu werfen!

Palästina-Amt Berlin
der Jewish Agency for Palestine

Verantwortlich: Kurt Israel Rosenberg, Berlin-Schöneberg.

3.7.2
C. V.-Zeitung, 30. August 1929

3.7.3
»Die Juden sollen an allem Schuld sein«, Flugblatt des C. V., 1919
StadtA München

3.7.4
Jüdische Rundschau, 18. Juli 1924

3.7.5
»An die Juden in Deutschland!«, Flugblatt des Palästina-Amtes Berlin, 1920
CZA Jerusalem

Erscheint wöchentlich. Abonnementspreis M. 1,95 vierteljährl. ausschl. Postbestellgeld. Herausgeber und Verleger: Reichsbund jüdisch. Frontsoldaten E. V. Anschrift Jacob Lebermann, Berlin W 15, Kurfürstendamm 200, Gartenhaus III. Tel.: Bismarck 7438 u. 8884. Tel.-Adresse: „Schildkamerad". Verantwortlich für Verlag und Redaktion: Ludwig Landsberger Berlin-Charlottenburg

Der Schild

Zeitschrift des Reichsbundes jüdischer Frontsoldaten E. V.

Nummer 20/21 | Berlin, 16. Mai 1928 | 7. Jahrgang

Der 20. Mai

Jede verlorene Stimme stärkt den Gegner

Kamerad!
Tue Deine Pflicht und
wähle!
Wahlrecht ist Wahlpflicht!
Wen sollt Ihr wählen?
Nur Abgeordnete der Parteien, die den Antisemitismus bekämpfen!
Kameraden des Reichsbundes jüdischer Frontsoldaten
wirkt in unserem Sinne!
Klärt Zweifelnde auf!
Bringet Säumige zur Wahlurne!

Die Parteien, die unsere bürgerliche und gesellschaftliche Gleichberechtigung bekämpfen, begründen diese ungeheuerliche Ungerechtigkeit hauptsächlich mit der Lüge, daß wir im Kriege, der schwersten Zeit des deutschen Volkes, nicht in gleicher Weise Opfer und Leistungen erbracht hätten, wie die übrigen Mitbürger, daß wir unsere Pflicht nicht getan hätten und darum auch keine Rechte beanspruchen könnten. Der Kampf gegen diese Lüge ist die wichtigste Aufgabe des RjF., auch in diesem Wahlkampfe. Die Ausrottung dieser Lüge ist die für die Stellung der deutschen Juden in ihrem deutschen Vaterlande und den inneren Frieden desselben wichtigste Tat!

REICHSBUND JÜDISCHER FRONTSOLDATEN
Dr. Leo Löwenstein, Bundesvorsitzender

3.7.6
Der Schild, Zeitschrift des Reichsbundes jüdischer Frontsoldaten, 16. Mai 1928

3.7.7
»An die deutschen Mütter!«, Flugblatt des Reichsbundes jüdischer Frontsoldaten, 1920
DHM Berlin

3.8

Jüdische Einwanderer aus Osteuropa

3.8.1
Vor einer jüdischen Leihbibliothek in Berlin, 1928
BPK Berlin

3.8.2
Razzia im Berliner »Scheunenviertel«, 1920
BA Koblenz

Anfang 1920 verhafteten Reichswehrsoldaten jüdische Frauen bei einer Razzia in der Berliner Schendelgasse. Angeblich besaßen sie keine Aufenthaltsgenehmigung. Seit März 1920 wurden »Ostjuden« als »Schieber«, »Bolschewisten« oder einfach als »lästige Ausländer« in Internierungslagern untergebracht.

3.8.3
Jüdische Arbeiter auf der Kohlengrube Kaiserstuhl II in Dortmund, 1919
YIVO New York

Handschriftliche Bemerkung in hebräischen Buchstaben, jedoch in deutscher Sprache: » ⌢ dies Zeichen sind Łowitzer, x dieses bin ich Schmulik, jetzt schwitzt man.«

Im Ruhrgebiet lebten in den zwanziger Jahren etwa 15.000 jüdische Einwanderer aus Osteuropa.
Mehr als ein Viertel davon arbeitete in Bergwerken und Fabriken.

3.8.4
Ruth Klinger mit Maxim Sakaschansky auf der Bühne, 1930
StI Duisburg

3.8.5
Die Kleinkunstbühne »Kaftan«, 1930/33
Bildarchiv Abraham Pisarek Berlin

Die Schauspielerin Ruth Klinger gründete gemeinsam mit ihrem Lebenspartner Maxim Sakaschansky 1930 in Berlin das jiddische Kabarett »Kaftan«. Nach der nationalsozialistischen Machtübernahme wurde es geschlossen. Im April 1933 emigrierten Klinger und Sakaschansky nach Palästina.

Rassistische Politik und Judenverfolgung in Deutschland 1933–1939

Am 30. Januar 1933 ernannte Reichspräsident Paul von Hindenburg Adolf Hitler zum Reichskanzler. Der Koalitionsregierung aus NSDAP und DNVP gehörten zunächst nur drei Vertreter der NSDAP an: Adolf Hitler als Reichskanzler, Wilhelm Frick als Innenminister und Hermann Göring als Minister ohne Geschäftsbereich. Erst im März 1933 übernahm Joseph Goebbels als vierter nationalsozialistischer Minister das neu geschaffene Reichsministerium für Volksaufklärung und Propaganda. Die neue Koalition forderte unter dem Schlagwort der »nationalen Erhebung« zur Zusammenarbeit aller national gesinnten politischen Kräfte auf. Insbesondere der DNVP-Vorsitzende Alfred Hugenberg als Wirtschafts- und Landwirtschaftsminister und Franz von Papen als Vizekanzler waren davon überzeugt, Hitler für die eigenen Ziele instrumentalisieren zu können – eine folgenschwere Fehleinschätzung. Einmal an die Macht gelangt, schaltete die NSDAP innerhalb kürzester Zeit alle politischen Gegner aus. Einen Tag nach dem Brand des Deutschen Reichstags erließ die Regierung am 28. Februar 1933 die »Verordnung zum Schutz von Volk und Staat«. Diese Verordnung setzte wesentliche demokratische Grundrechte »bis auf weiteres« außer Kraft und ermöglichte die Festnahme und unbefristete Inhaftierung politisch missliebiger Personen. Nach willkürlichen Verhaftungen von Kommunisten, Sozialdemokraten und anderen Regimegegnern im gesamten Reichsgebiet richtete die SS am 22. März 1933 nordwestlich von München das Konzentrationslager Dachau ein. Lagerkommandant Theodor Eicke entwickelte ein Organisationskonzept, das in der Folgezeit als Vorbild für das nationalsozialistische Lagersystem im Reich diente. Bis 1939 entstanden fünf große Konzentrationslager: Sachsenhausen, Buchenwald, Flossenbürg, Mauthausen und das Frauen-Konzentrationslager Ravensbrück.

Ausgrenzung und Verfolgung der jüdischen Bevölkerung

Neben der Ausschaltung der politischen Opposition bildete die Durchsetzung der Rassenideologie, insbesondere des Antisemitismus, von Anfang an den Schwerpunkt nationalsozialistischer Politik. Das NS-Regime versprach, eine homogene »Volksgemeinschaft« zu errichten. Dazu sollten Angehörige erwünschter Bevölkerungsgruppen als »Volksgenossen« durch sozialpolitische Maßnahmen gezielt unterstützt und gefördert werden. Zugleich richtete sich die Politik gegen alle, die nicht den gesetzten Normen der »Volksgemeinschaft« entsprachen. Schon 1933 ordnete ein Gesetz die Unfruchtbarmachung sogenannter Erbkranker an. Die »Erbgesundheit« sollte durch gezielte Auslese bewahrt werden. Neben den Erbkrankheiten galt auch die »Rassenmischung« als große Gefahr. Deshalb sollte die »Reinheit der Rasse« geschützt werden. Humangenetiker und Anthropologen erstellten »rassebiologische Gutachten«. Pseudowissenschaftliche Vermessungen und Untersuchungen sollten angebliche Rassenunterschiede belegen. Im November 1936 wurde am Reichsgesundheitsamt die »rassehygienische und bevölkerungspolitische Forschungsstelle« unter der Leitung des Tübinger Kinder- und Nervenarztes Robert Ritter eingerichtet. Das Institut sammelte u.a. Daten der rund 30.000 in Deutschland lebenden Sinti und Roma. Sie sollten in Arbeitslagern isoliert werden und durch Sterilisation aussterben.

Mit der Machtübertragung wurde der Rassenantisemitismus zur Staatsdoktrin und zum festen Bestandteil der Regierungspolitik. Die schrittweise Radikalisierung der nationalsozialistischen Politik gegen die jüdische Bevölkerung lässt ein kalkuliertes Wechselspiel erkennen: auf gesteuerte Übergriffe der Parteiaktivisten von unten folgten antijüdische Gesetze und Verordnungen von oben.

Nach Übergriffen auf Juden und Ausschreitungen gegen Geschäfte jüdischer Eigentümer im März 1933 organisierte die NSDAP am 1. April 1933 einen antijüdischen Boykott. Uniformierte SA-Männer postierten sich vor Geschäften, Arztpraxen und Anwaltskanzleien von Juden und hinderten die Kunden am Betreten. Die Polizei erhielt Anweisung, bei Ausschreitungen nicht zugunsten der Juden einzugreifen. Der Boykott war das Startsignal für die Verdrängung der Juden aus dem Wirtschaftsleben. Bis 1935 wurden bereits 25 Prozent der jüdischen Unternehmen aufgelöst oder »arisiert«.

Das »Gesetz zur Wiederherstellung des Berufsbeamtentums« vom 7. April 1933 verband die Ausschaltung politischer Gegner und die rassistische Ausgrenzung zu geltendem Recht: oppositionelle Beamte wurden entlassen, Beamte »nicht arischer« Abstammung in den Ruhestand versetzt. Die Bestimmungen des Gesetzes wurden bald auch auf weitere Berufsgruppen übertragen und ermöglichten den Ausschluss von Juden aus dem öffentlichen Dienst, den freien Berufen sowie aus Universitäten und Schulen.

Als Höhepunkt der Kampagne »Wider den undeutschen Geist« verbrannten Studenten am 10. Mai 1933 in zahlreichen Universitätsstädten die Werke missliebiger »marxistischer«, »demokratischer« und »jüdischer« Autoren. Vier Monate später verbot das Reichskulturkammergesetz vom 22. September 1933 jede Betätigung von Juden in nichtjüdischen Kultureinrichtungen.

Die erste Welle antisemitischer Terrorakte und Gesetze im Frühjahr 1933 veranlasste vor allem politisch verfolgte und jüngere Juden zur Auswanderung. Im Jahre 1933 lebten etwa 500.000 Jüdinnen und Juden in Deutschland. Davon gelang bis zum endgültigen Ausreiseverbot im Oktober 1941 etwa 275.000 die Flucht ins Ausland. Zunächst dachte die Mehrheit, vor allem in der älteren Generation, nicht an Auswanderung. Entweder sahen sie im nationalsozialistischen Regime nur eine jener kurzlebigen Regierungen der Weimarer Republik oder glaubten nach wie vor, in einem Rechtsstaat zu leben, obwohl ihr Alltag durch Demütigungen seitens der SA und staatlicher Organe sowie durch Verleumdungen und Denunziationen seitens der Nachbarn und Arbeitskollegen geprägt war und sich nur wenige schützend vor die Verfolgten stellten.

Eine neue Stufe der Radikalisierung erreichte die »Judenpolitik« mit den Nürnberger Gesetzen vom 15. September 1935. Darin wurden Eheschließungen zwischen Juden und »Deutschblütigen« verboten und außereheliche Geschlechtsbeziehungen zwischen ihnen als »Rassenschande« kriminalisiert. Bis zu diesem Zeitpunkt war nicht genau festgelegt worden, wer als Jude zu gelten habe. Die Erste Verordnung zum Reichsbürgergesetz vom 14. November 1935 definierte schließlich einen »Judenbegriff« und schuf damit die »legale« Grundlage für weitere Verfolgungsmaßnahmen. Jude war demnach, »wer von mindestens drei der Rasse nach volljüdischen Großelternteilen abstammt«. Als jüdisch galt ein Großelternteil, wenn es der jüdischen Religionsgemeinschaft angehörte. Die Rassenpolitiker griffen somit auf das Kriterium der Religionszugehörigkeit zurück, weil es ihnen nicht gelang, allein anhand von rassischen Kriterien zu bestimmen, wer als Jude gelten sollte. In einem geheimen Erlass vom 3. Januar 1936 an alle Standesbeamten und Gesundheitsbehörden ergänzte Innenminister Frick die Erste Verordnung zum Reichsbürgergesetz durch Ausweitung des Verbots der »Blutsmischung« auf weitere »artfremde Rassen«: » … das sind in Europa außer den Juden regelmäßig nur die Zigeuner«. Auch jeglicher Anteil von »Negerblut« führe zum Eheverbot.

Jüdische Selbstbehauptung

Jüdische Organisationen reagierten auf Ausgrenzung und Verfolgung mit vielfältiger Selbsthilfe. Im September 1933 wurde mit der Reichsvertretung der deutschen Juden, die sich 1935 in Reichsvertretung der Juden in Deutschland umbenennen musste, erstmals eine übergreifende Dachorganisation gegründet. Diese versuchte, die Interessen der jüdischen Bevölkerung gegenüber den neuen Machthabern zu vertreten. Zu den wesentlichen Aufgaben der Reichsvertretung zählten die Einrichtung von Schulen und Ausbildungsstätten sowie die Erweiterung des Wohlfahrtswesens. So wurde auf Initiative der Reichsvertretung im Oktober 1935 die Jüdische Winterhilfe gegründet. Diese finanzierte sich ausschließlich über Spenden und versorgte Bedürftige mit Kleidern, Lebensmitteln und Heizmaterial. Der Jüdische Kulturbund bot entlassenen Künstlerinnen und Künstlern neue Beschäftigungsmöglichkeiten. Er begann seine Arbeit im Oktober 1933 mit der Aufführung von Lessings »Nathan der Weise«. Der Kulturbund zählte 1935 etwa 70.000 Mitglieder.

Neben den sozialen Aufgaben wurde die Vorbereitung der Auswanderung für die deutschen Juden immer wichtiger. Dafür engagierten sich insbesondere zionistische Organisationen, die nach 1933 einen starken Mitgliederzuwachs erlebten. In Hachschara (hebr. Vorbereitung)-Lagern bildeten sie junge Juden in landwirtschaftlichen, handwerklichen oder hauswirtschaftlichen Berufen aus und bereiteten sie so auf ihre Ausreise nach Palästina vor.

Eine neue Qualität erhielt die nationalsozialistische Politik gegen die Juden nach dem Einmarsch der deutschen Wehrmacht in Österreich am 12. März 1938. Den »Anschluss« an das Deutsche Reich nahm das NS-Regime zum Anlass, offenen Terror mit dem Ziel der Vertreibung zu verknüpfen. Mit der wirtschaftlichen Konsolidierung und dem Übergang zur Expansionspolitik – die Kriegsbereitschaft des Deutschen Reichs sollte bis Jahresende erreicht sein – entfielen auch die außenpolitischen Rücksichtnahmen. In kürzester Zeit wurde die antisemitische Gesetzgebung Deutschlands auf Österreich übertragen. Vor allem in Wien, wo 1938 rund 176.000 der

200.000 österreichischen Juden lebten, setzte unmittelbar nach dem 12. März die Misshandlung der jüdischen Bevölkerung ein. Im August 1938 wurde in Wien die »Zentralstelle für jüdische Auswanderung« durch den SD eingerichtet, die unter der Leitung Adolf Eichmanns die Vertreibung der Juden forcierte und koordinierte. Nach dem Wiener Vorbild entstand im Januar 1939 auch in Berlin eine von Reinhard Heydrich, dem Chef der Sicherheitspolizei und des SD, geleitete »Reichszentrale für jüdische Auswanderung«. Heydrich erhielt von Hermann Göring den Auftrag, die Auswanderung der Juden aus Deutschland mit allen Mitteln zu fördern und zu beschleunigen.

Flucht und Vertreibung

Die Frage nach den Möglichkeiten zur Auswanderung erlangte mit dem verstärkten Verfolgungsdruck für die jüdische Bevölkerung zunehmende Bedeutung. Doch die fortschreitende Verarmung aufgrund der unzähligen Reglementierungen, die auf eine systematische Enteignung der Ausreisewilligen abzielten, behinderte die von den Behörden gewünschte Auswanderung: Auf die Reichsfluchtsteuer folgten die Judenvermögensabgabe, der Zwangsverkauf von Wertpapieren und die Hinterlassung des vorhandenen Vermögens auf Sperrkonten. Angesichts dieser Politik wurde die Suche nach aufnahmebereiten Einwanderungsländern immer schwieriger. Die verschärften behördlichen Maßnahmen machten es den deutschen und österreichischen Juden fast unmöglich, ein Zufluchtsland zu finden, da beinahe alle Staaten der verstärkten Zuwanderung mittelloser Juden ablehnend gegenüberstanden. Auch auf der internationalen Flüchtlingskonferenz von Evian im Juli 1938, die angesichts der Massenvertreibungen von Juden aus Österreich von US-Präsident Roosevelt initiiert worden war, zeigten die meisten der 32 vertretenen Staaten keine Bereitschaft, ihre Einwanderungsquoten zu erhöhen.

Aus dem Scheitern der Evian-Konferenz zog die NS-Regierung den Schluss, dass von internationaler Seite nicht ernsthaft mit Widerstand gegen extreme Maßnahmen wie Massenausweisungen zu rechnen war. Ende Oktober 1938 nahm die Polizei rund 17.000 polnische Jüdinnen und Juden fest, die zumeist seit 1918 geduldet im Reichsgebiet lebten oder sogar in Deutschland geboren waren. Ihnen drohte der Entzug der polnischen Staatsbürgerschaft. Das nahm die deutsche Regierung zum Anlass, sie zusammen zu treiben und in Zügen an die polnische Grenze zu transportieren. Die ersten Transporte konnten die deutsch-polnische Grenze noch passieren. Allen weiteren verweigerten die polnischen Grenzbeamten den Übertritt. Die Juden wurden aber von Männern der SS und Gestapo auf polnisches Gebiet getrieben. Tausende Vertriebene wurden in der Nähe des polnischen Grenzortes Zbąszyń unter entwürdigenden Bedingungen in Baracken und Ställen notdürftig untergebracht. Polnisch-jüdische Hilfsorganisationen versorgten sie mit Decken und Lebensmitteln.

Der Novemberpogrom

Am 7. November 1938 verübte Herschel Grynszpan, dessen Familie unter den Abgeschobenen war, in Paris ein Attentat auf den deutschen Diplomaten Ernst vom Rath. Dessen Tod nahmen Hitler und Propagandaminister Joseph Goebbels zum Anlass, einen reichsweiten Pogrom zu initiieren. In der Nacht vom 9. zum 10. November 1938 steckten SA- und SS-Männer in Zivil hunderte Synagogen in Brand und verwüsteten tausende Geschäfte. Dabei verloren etwa einhundert Juden ihr Leben. Nichtjüdische Deutsche, die nicht zu den Parteiaktivisten gehörten, verhielten sich bis auf wenige Plünderer passiv und beteiligten sich nicht an den Aktionen. Für die Schäden der Pogromnacht mussten die Geschädigten selbst aufkommen. Zusätzlich wurde der jüdischen Bevölkerung eine »Sühneleistung« von einer Milliarde Reichsmark auferlegt. Unmittelbar nach dem Novemberpogrom wurden etwa 30.000 jüdische Männer von Polizei und Gestapo mit Hilfe vorbereiteter Listen verhaftet und in die Konzentrationslager Dachau, Buchenwald und Sachsenhausen verschleppt. Nur wer seine bevorstehende Ausreise aus dem Deutschen Reich nachwies, konnte auf eine schnelle Entlassung hoffen. Die Auswanderung nahm nun den Charakter einer Massenflucht an. Waren die meisten Auswanderer zunächst in das europäische Ausland oder nach Palästina geflohen, so wurden nun auch die USA, Lateinamerika, Shanghai oder Südafrika zu bevorzugten Einwanderungszielen, nicht zuletzt, weil angesichts der Vorgänge in Deutschland einige Länder ihre Einwanderungsbedingungen gelockert hatten. So nahm Großbritannien 10.000 jüdische Kinder aus dem Deutschen Reich auf, die nach ihrer Ankunft in Familien und Heimen untergebracht wurden.

Auf den Novemberpogrom und die Verhaftungen folgte eine Vielzahl weiterer antijüdischer Gesetze und Verordnungen zur endgültigen Ausschaltung der Juden aus dem wirtschaftlichen und gesellschaftlichen Leben. Am 12. November 1938 verbot die »Verordnung zur Ausschaltung der Juden aus dem Wirtschaftsleben« allen Juden das selbständige Betreiben eines Geschäftes oder Gewerbebetriebes. Damit begann die »Arisierung« der letzten noch verbliebenen jüdischen Betriebe im Deutschen Reich. Deren Eigentümer wurden zum Verkauf gezwungen, häufig zu einem Bruchteil des realen Wertes. Die wirtschaftliche Ausplünderung wurde von Maßnahmen begleitet, die das Leben der jüdischen Bevölkerung weiter einschränkten. Das Verbot, Kinos, Theater, Schwimmbäder und andere öffentliche Einrichtungen zu besuchen, sowie das Einfügen der zusätzlichen Vornamen »Sarah« und »Israel« in die Personaldokumente derjenigen Jüdinnen und Juden, die keine »jüdischen« Vornamen trugen, besiegelten die Verdrängung der jüdischen Bevölkerung aus dem öffentlichen Leben. Seit Ende 1938 wurden Juden darüber hinaus im »geschlossenen Arbeitseinsatz« zur Zwangsarbeit verpflichtet und im April 1939 begann die erzwungene Zusammenlegung von Familien in »Judenhäusern«. Nach sechs Jahren nationalsozialistischer Herrschaft befanden sich die im Land verbliebenen Juden in einem »Ghetto ohne Mauern«.

Rassistische Politik und Krankenmord

Mit einer rassistischen Begründung wurden außer den Juden nur noch die »Zigeuner« (Sinti und Roma) systematisch aus der Volksgemeinschaft ausgeschlossen. Da die Sinti und Roma mit ihrer indischen Herkunft und der sprachlichen Verwandtschaft des Romanes mit dem altindischen Sanskrit zumindest ebenso »arisch« waren wie die Deutschen, konstruierte die »Zigeunerforschung« die Kategorie der »kriminellen Mischrasse«. Systematisch wurden alle deutschen Sinti und Roma von der »Rassenhygienischen Forschungsstelle« im Reichsinnenministerium erfasst und anthropologisch vermessen. In extremer Verschärfung der traditionellen polizeilichen Maßnahmen aus dem 19. Jahrhundert zur Überwachung der »Zigeuner« wurden spezielle Konzentrationslager eingerichtet: In Berlin-Marzahn im Juli 1936, um die Stadt zur Olympiade »zigeunerfrei« zu machen, ab 1937 in Frankfurt am Main und Düsseldorf. Ab März 1939 erhielten Sinti und Roma speziell gekennzeichnete Ausweise. Aus den bewachten und umzäunten Lagern wurden im Krieg deutsche Sinti - oftmals in ganzen Familien - in Ghettos, Arbeits- und Todeslager deportiert und ermordet.

Mit Kriegsbeginn gaben die nationalsozialistischen Machthaber die letzten Hemmungen auf, ihre rassistischen Vorstellungen auf die denkbar radikalste Weise umzusetzen. Als erste Bevölkerungsgruppen wurden behinderte Kinder und die aus Sicht der Nationalsozialisten unheilbar Kranken Opfer von Massenmorden. Den schriftlichen Auftrag dazu erteilte Adolf Hitler persönlich am 1. Oktober 1939 und datierte das Schriftstück zurück auf den Kriegsbeginn am 1. September 1939. Die Voraussetzungen für das »Euthanasie« genannte Mordprogramm waren bereits seit 1938 durch die systematische Erfassung und die Isolierung von geistig und körperlich Behinderten sowie psychisch Kranken in Heil- und Pflegeanstalten geschaffen worden. Erst nachdem sich der katholische Münsteraner Bischof Clemens August Graf von Galen öffentlich gegen die Mordaktionen gewandt hatte, wurden sie am 24. August 1941 offiziell eingestellt.

Die von den Tätern selbst erstellte »Hartheim Statistik« gibt als Zahl der Getöteten bis zu diesem Zeitpunkt 70.273 an. Den geheim und dezentral fortgeführten Mordaktionen fielen zwischen 1939 und 1945 im Deutschen Reich und in den besetzten Gebieten insgesamt etwa 216.000 Menschen zum Opfer. Besonders zielstrebig wurden jüdische Patienten ermordet. Die Täter waren Ärzte und Pflegepersonal, die ihre Schutzbefohlenen mit Injektionen, Medikamenten, Nahrungsentzug und Giftgas töteten. Die Technik des Tötens mit Giftgas und ein großer Teil des Personals der »Euthanasie-Aktion« wurden ab Ende 1941 in Polen in den Todeslagern eingesetzt.

Thomas Rink

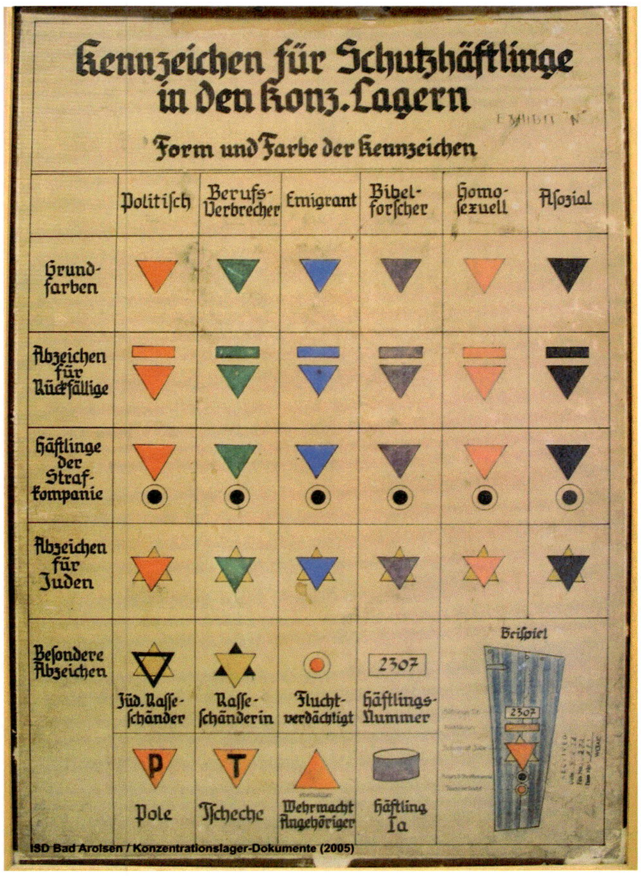

4.1.5
Kennzeichen der unterschiedlichen Häftlingsgruppen in Konzentrationslagern, Stand 1940/41
ITS Bad Arolsen

4.1
»Volksgemeinschaft« durch Ausgrenzung

4.1.1
Begeisterte Zuschauer vor der Nürnberger Frauenkirche anlässlich einer Parade der SA und der SS während des Reichsparteitags, 1934
SV Bilderdienst München

4.1.2
Verhaftung politischer Gegner in Berlin, 6. März 1933
BPK Berlin

4.1.3
Lagerkommandant Theodor Eicke spricht vor Häftlingen im Konzentrationslager Dachau vor ihrer Entlassung aufgrund des Gnadenerlasses zum Weihnachtsfest, 1933. Die Schrift an der Wand lautet: »Du bist nichts, dein Volk ist alles«.
BA Koblenz

4.1.4
Illustrierter Beobachter, 3. Dezember 1936

4.1.6
Werbeplakat der Nationalsozialistischen Volkswohlfahrt, undatiert
DHM Berlin

4.1.7
Eintopfsonntag in Berlin, 1937
SV Bilderdienst München

4.1.8
Hitlerjugend beim »Römischen Wagenrennen« in einem HJ-Lager in Erkner bei Berlin, 1933
BPK Berlin

4.1.9
Jungmädel werben für den Eintritt in die Hitlerjugend, undatiert
BA Koblenz

4.1.10
Hörtext: Auszug aus der Rede Adolf Hitlers vor HJ-Angehörigen in Reichenberg, 2. Dezember 1938
DRA Wiesbaden

Preis 20 Pfennig

Ritualmord-Nummer

Der Stürmer

…sches Wochenblatt zum Kampfe um die Wahrheit

HERAUSGEBER: JULIUS STREICHER

Nummer 20 | Nürnberg, im Mai 1939 | 17. Jahr 1939

Ritualmord

SEX PVERI RATISPONAE AB IVDAEIS INTERFECTI

Das größte Geheimnis des Weltjudentums

Was ist ein Ritualmord? Heute tappt auch die sogenannte gebildete Schicht in Deutschland in dieser Frage nicht mehr völlig im Dunkeln herum. Der Nationalsozialismus hat dafür gesorgt, daß es in den Köpfen aller Deutschen zu dämmern beginnt. Am gründlichsten aber ist über den jüdischen Ritualmord die Bauernbevölkerung fast aller Länder unterrichtet. In Deutschland, in Polen, in Rußland, in Rumänien, in der Türkei, in der Slowakei, kurz in all den Ländern, in denen Juden schon seit langer Zeit sitzen, ist auch das Wissen über den Ritualmord vorhanden. Die Alten erzählen es den Jungen und diese berichten es wieder ihren Kindern und Kindeskindern. Sie berichten, daß die Juden ein Mördervolk sind. Daß sie nach dem Blute der Nichtjuden gieren. Daß sie gegen alle Nichtjuden einen unmenschlichen Haß empfinden. Und daß dieser Haß besonders beim jüdischen Purimfest und beim jüdischen Osterfest (Passah- oder Pesachfest) zum Ausbruch kommt. An diesen Festen ist es bei den Juden Brauch, daß sie, wo es ihnen möglich ist, Nichtjuden an sich locken, um sie umzubringen. Meist sind es beim Purimfest erwachsene Nichtjuden, die regelrecht geschlachtet werden. Zum jüdischen Osterfest aber mordet der Jude mit Vorliebe nichtjüdische Kinder. Diese mordet er in der denkbar grauenvollsten und entsetzlichsten Weise. Er knebelt und fesselt das Kind. Er zersticht und zerfleischt es am ganzen Körper. Er öffnet ihm die Adern. Er sammelt das Blut in Schalen. Er trinkt dieses Blut oder er verwendet es für „religiöse" Bräuche. Ein solcher Brauch wird auch am jüdischen Osterfest (Passahfest) ausgeübt. Der Jude mischt getrocknetes Blut der Nichtjuden in den Wein, den er trinkt. Und er mischt nichtjüdisches Blut in die „Mazzen" (ungesäuerte Brote), die er backt und zum Weine ißt.

Zu nebenstehendem Bild:

Im Jahr 1476 ermordeten die Juden in Regensburg sechs Knaben. Sie zapften ihnen das Blut ab und marterten sie zu Tode. Die Richter fanden in einem unterirdischen Gewölbe, das dem Juden Josfol gehörte, die Leichen der Ermordeten. Auf einem Altar stand eine mit Blut befleckte steinerne Schale.

Bild und Bericht aus dem Buch: „Bavaria Sancta", (II. Band S. 174)

Die Juden sind unser Unglück!

4.1.13
Der Stürmer, Sondernummer »Ritualmord«, Mai 1939

Die Wochenzeitung »Der Stürmer« wurde 1923 von Julius Streicher gegründet. Bis 1944 erreichte die Zeitung eine Auflage von 400.000 Exemplaren. Öffentliche Schaukästen an belebten Plätzen steigerten zusätzlich die Verbreitung. Im Mai 1939 wiederholte »Der Stürmer« eine Ritualmordbeschuldigung aus dem 15. Jahrhundert. Juden hätten in Regensburg christliche Kinder umgebracht. Deren Blut hätten sie für ihre religiösen Riten verwendet.

4.1.14
Stürmerschaukasten, 1933
StadtA Worms

4.1.11
Seite aus dem Kinderbuch »Trau' keinem Fuchs auf grüner Heid' und keinem Jud' bei seinem Eid«, Nürnberg 1936

4.1.12
Das Terrassenschwimmbad in Berlin-Wannsee bei Eröffnung der Badesaison, 15. Mai 1938
SV Bilderdienst München

4.2

Verdrängung aus dem öffentlichen Leben

4.2.1
Litfaßsäule mit dem Aufruf zum Boykott jüdischer Geschäfte, Berlin, 1. April 1933
BPK Berlin

4.2.2
Richard Stern vor seinem Geschäft in Köln, 1. April 1933
Privatbesitz

An alle Frontkameraden und Deutsche!

Unser Herr Reichskanzler **Hitler**
und die Herren Reichsminister **Frick und Göring**
haben mehrfach folgende Erklärungen abgegeben:

Wer im III. Reich einen Frontsoldaten beleidigt, wird mit Zuchthaus bestraft!

Mein Bruder meldete sich mit 25 Jahren am 4. August 1914 als Kriegsfreiwilliger und war bis Ende 1918 an der Front.
Ich selbst wurde als junger Bursche von kaum 18 Jahren zur Fahne berufen und stand dauernd **an der Front in vorderster Linie** bei der 2. Masch.-Gewehr-Komp. d. Landw.-Inf.-Regt. 31. Erhielt **für Tapferkeit vor dem Feinde das Eiserne Kreuz** und kehrte erst 1919 nach Hause zurück.
Unser verstorbener kranker Vater verrichtete mit 58 Jahren noch den Kriegshilfsdienst, während seine beiden Söhne im Felde standen.
Müssen wir uns nach dieser Vergangenheit im Nationalen Dienst als guter Deutscher, jetzt öffentlich beschimpfen lassen? Soll das heute der Dank des Vaterlandes sein, daß durch Presse und Rundfunk über

65 Millionen Deutsche aufgefordert werden

nicht bei Deutschen Juden zu kaufen, ja jeder Deutsche Jude, selbst der kleinste Geschäftsmann oder Handwerker zu boykottieren sei?

Ist der Deutsche Jude nunmehr ein **Mensch II. Klasse** geworden, den man nur noch als Gast in seinem Vaterland duldet?

Wir fassen diese Aktion gegen das gesamte Deutsche Judentum auf als eine Schändung des Andenkens von

12 000 gefallenen Deutschen Frontsoldaten jüdischen Glaubens.

Wir sehen darüber hinaus in dieser Aufforderung eine Beleidigung für jeden anständigen Bürger. Es ist uns nicht bange darum, daß es in Köln auch heute noch die Zivilcourage gibt, die Bismarck einst forderte, und Deutsche Treue, die gerade jetzt zu uns Juden steht.

Bettwaren-Haus
Marsilstein 20

Der ehemalige Frontkämpfer
Richard Stern

4.2.3
Von Richard Stern verfasstes Flugblatt gegen den Boykott, 1. April 1933
Privatbesitz

Der ehemalige Frontkämpfer Richard Stern stellte sich am Tag des Boykotts demonstrativ mit seinen Auszeichnungen aus dem Ersten Weltkrieg vor sein Bettwaren-Geschäft in Köln. Unter der Überschrift »An alle Frontkameraden und Deutsche!« hatte Stern das selbstverfasste Flugblatt drucken und verteilen lassen. Stern wurde am Nachmittag verhaftet, aber noch am selben Abend wieder entlassen.

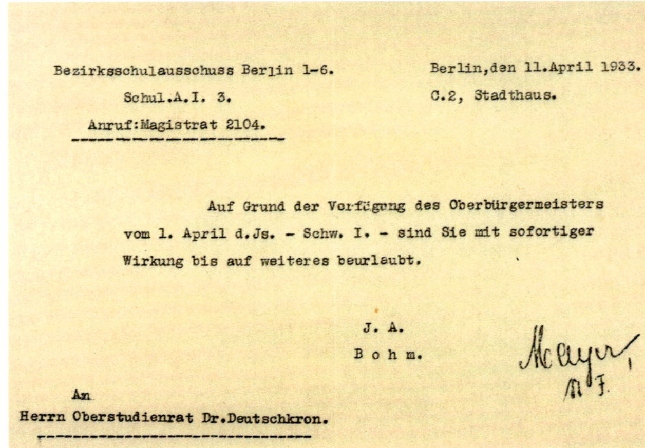

Bezirksschulausschuss Berlin 1-6.
Schul.A.I. 3.
Anruf:Magistrat 2104.

Berlin,den 11.April 1933.
C.2, Stadthaus.

Auf Grund der Verfügung des Oberbürgermeisters vom 1. April d.Js. - Schw. I. - sind Sie mit sofortiger Wirkung bis auf weiteres beurlaubt.

J. A.
B o h m.

An
Herrn Oberstudienrat Dr.Deutschkron.

4.2.4
Schreiben des Bezirksschulausschusses Berlin an Martin Deutschkron wegen sofortiger Beurlaubung, 11. April 1933
GDW Berlin

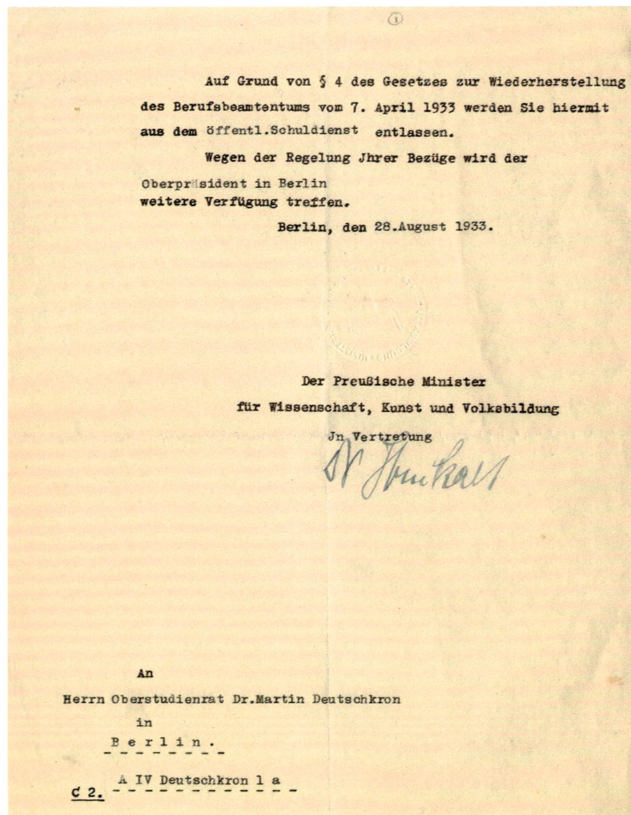

Auf Grund von § 4 des Gesetzes zur Wiederherstellung des Berufsbeamtentums vom 7. April 1933 werden Sie hiermit aus dem öffentl.Schuldienst entlassen.
Wegen der Regelung Jhrer Bezüge wird der Oberpräsident in Berlin weitere Verfügung treffen.

Berlin, den 28.August 1933.

Der Preußische Minister
für Wissenschaft, Kunst und Volksbildung
Jn Vertretung

An
Herrn Oberstudienrat Dr.Martin Deutschkron
in
B e r l i n .

A IV Deutschkron 1 a
C 2.

4.2.5
Entlassungsbescheinigung für Martin Deutschkron, Preußisches Kultusministerium, unterschrieben von Staatssekretär Dr. Wilhelm Stuckart, 28. August 1933
GDW Berlin

4.3
Die Nürnberger Gesetze

4.3.1
Anprangerung von »Rasseschändern«, Norden, Juli 1935
StA Aurich

4.3.2
Demütigung einer »Rasseschänderin«, Norden, Juli 1935
StA Aurich

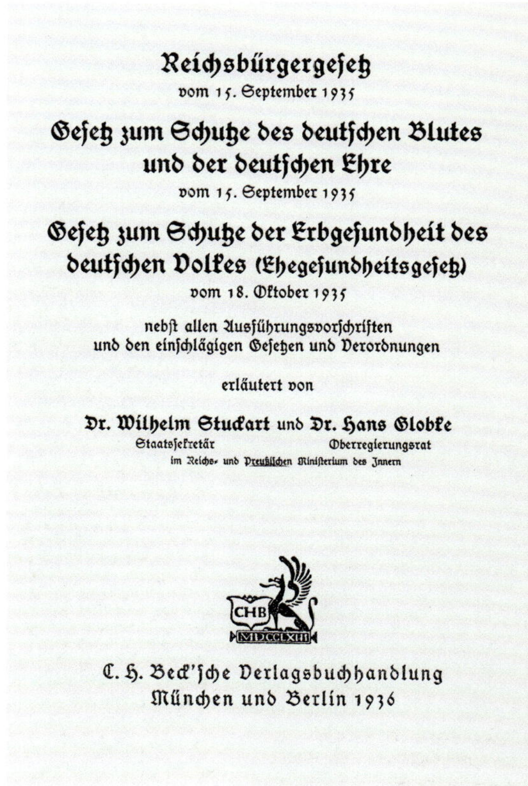

Reichsbürgergesetz
vom 15. September 1935
Gesetz zum Schutze des deutschen Blutes und der deutschen Ehre
vom 15. September 1935
Gesetz zum Schutze der Erbgesundheit des deutschen Volkes (Ehegesundheitsgesetz)
vom 18. Oktober 1935
nebst allen Ausführungsvorschriften und den einschlägigen Gesetzen und Verordnungen
erläutert von
Dr. Wilhelm Stuckart und Dr. Hans Globke
Staatssekretär Oberregierungsrat
im Reichs- und Preußischen Ministerium des Innern

C. H. Beck'sche Verlagsbuchhandlung
München und Berlin 1936

4.3.4
Titelblatt des Kommentars von Wilhelm Stuckart und Hans Globke zu den Nürnberger Gesetzen, München/Berlin 1936

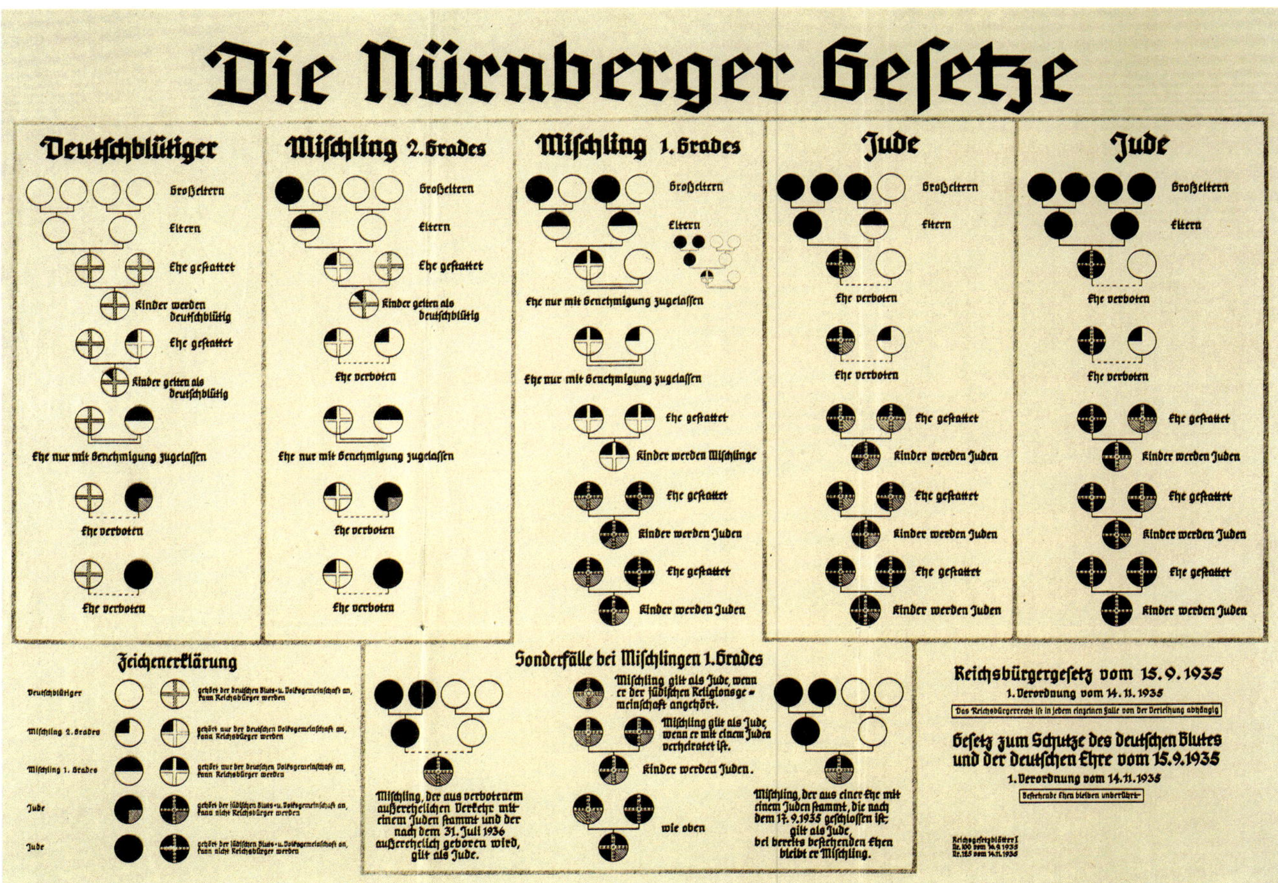

4.3.3
Übersichtstafel zur Erläuterung der am 15. September 1935 verabschiedeten Nürnberger Gesetze, 1935
DHM Berlin

4.4
Jüdische Selbstbehauptung

4.4.1
Der Vorsitzende Leo Baeck (stehend) bei einer Sitzung des Präsidialausschusses der Reichsvertretung der deutschen Juden, 1933/34
Bildarchiv Abraham Pisarek Berlin

4.4.2
Regina Jonas kurz nach ihrer Ordination im Dezember 1935
CJA Berlin

Regina Jonas war die erste ordinierte Rabbinerin weltweit. Sie unterrichtete Religionslehre an Schulen der jüdischen Gemeinde in Berlin, übernahm die seelsorgerische Betreuung in sozialen Einrichtungen und hielt Vorträge zu verschiedenen theologischen Themen. Im November 1942 wurde Regina Jonas in das Ghetto Theresienstadt, im Dezember 1944 nach Auschwitz deportiert und dort ermordet.

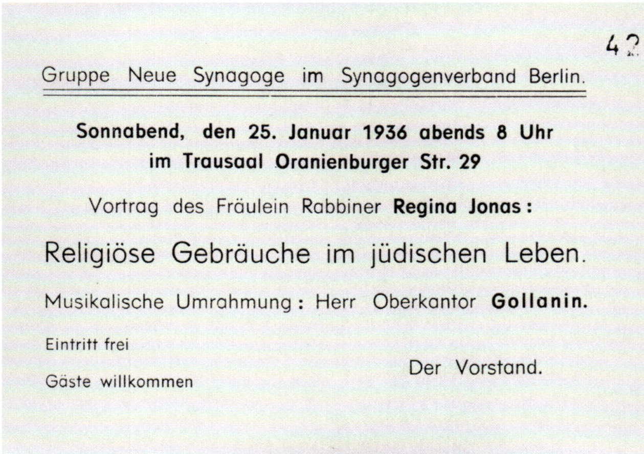

42

Gruppe Neue Synagoge im Synagogenverband Berlin.

Sonnabend, den 25. Januar 1936 abends 8 Uhr
im Trausaal Oranienburger Str. 29

Vortrag des Fräulein Rabbiner **Regina Jonas:**

Religiöse Gebräuche im jüdischen Leben.

Musikalische Umrahmung: Herr Oberkantor **Gollanin.**

Eintritt frei
Gäste willkommen

Der Vorstand.

4.4.3
Ankündigung eines Vortrags von Regina Jonas für den 25. Januar 1936 in der Neuen Synagoge in Berlin
CJA Berlin

4.4.6
Eröffnung der Jüdischen Winterhilfe-Aktion 1936/37
BPK Berlin

4.4.7
»Sie alle warten auf Dich!« Anzeige der Jüdischen Winterhilfe im Jüdischen Gemeindeblatt für Berlin, 9. Oktober 1938
BPK Berlin

keine schöpferische Kultur gedeihen kann, daß eine Neubildung kultureller Werte, eine Stil- und Inhaltsschöpfung von richtungweisender Kraft in unserem eng gewordenen Leben nicht zutage gefördert werden kann. Aber wir wissen auch, daß das, was wir seit sechs Jahren getan haben, eine Leistung ist, die sich an künstlerischer und organisatorischer Kraftentfaltung sehr wohl mit vielem messen kann, was Juden in besseren Zeiten und unter günstigeren Umständen geschaffen haben.

Orchester-Bühnen-Proben zu verfolgen, der würde wahrscheinlich verwundert sein Haupt schütteln über die geradezu verbissene, harte Arbeit, die sich in der Kommandantenstraße in Berlin von morgens bis mitternachts seit Wochen vollzieht.

Man hat gesagt, daß wir im Kulturbund gewissermaßen auf einer einsamen Insel leben und nichts wüßten von dem, was in der jüdischen Welt vorgehe. Jeder einzelne von uns, von den leitenden Personen angefangen bis herab zum letzten Statisten und zur

einer Bearbeitung des vor kurzem verstorbenen Ludwig Israel *Fulda*) Stücke lebender Autoren, wie *Henri Bernstein, Priestley* und *Benedetti*. Das jüdische Theater soll mit Werken von *Scholem Alechem* und *Jecheskel Mosche Neumann* (in der Bearbeitung von *Leo Israel Hirsch*) zu Gehör kommen.

*

Unsere *Symphonie-Konzerte* werden nicht mehr serienweise alle zwei Monate, sondern um dem jüdischen Publikum die Erbauung

auch in dieser Zeit des Aufbruchs, des Auszuges und der Zerstreuung für diejenigen, die noch da sind, zu einer Stätte der Sammlung im äußeren und inneren Sinne zu machen, ist unsere Aufgabe. Die Namen von Männern, wie *Wisten, Schwarz, Sander* und *Hirsch* burgen für die künstlerische Durchdringung dieser Aufgabe. Wir hoffen, daß unser Ruf vom Publikum gehört und verstanden wird, und gehen unbeirrt von Zweckmäßigkeits-Debatten unseren Weg der Arbeit weiter, der allen Juden gewidmet ist.

Aus unseren Spielplänen 1933-1938

Lessing	Nathan der Weise	*Herrmann*	Jettchen Gebert	*Bernstein*	Hoffnung (L'espoir)
Shakespeare	Othello	*Molnár*	Spiel im Schloß	*Kálmán*	Die Czardasfürstin
Wolf-Ferrari	Die neugierigen Frauen	*Dymow*	Bronx-Expreß	*Leiwik*	Der Golem
Schnitzler	Paracelsus	*Hebbel*	Judith	*Scribe*	Zweikampf der Liebe
Juschkewitsch	Sonkin und der Haupttreffer	*Rossini*	Der Barbier von Sevilla	*Tschaikowsky*	Eugen Onegin
Ibsen	Die Wildente	*Shaw*	Man kann nie wissen	*Shakespeare*	Viel Lärm um Nichts
Offenbach	Hoffmanns Erzählungen	*Bizet*	Carmen	*Bus-Fekete*	Kap der Guten Hoffnung
Shakespeare	Was Ihr wollt	*Hirschbein*	Grüne Felder	*Adam*	Wenn ich König wär'
Tschechow	Ein Heiratsantrag	*Sophokles*	Antigone	*Molnár*	Delila
Pergolese	La serva padrona	*Saint-Saëns*	Samson und Dalila	*Batdori*	Das Gericht
Kool	Die Schießbude	*Fulda*	Jugendfreunde	*Offenbach*	Die schöne Helena
Coward	Weekend	*Molnár*	Große Liebe	*Courteline*	Boubouroche, Er und Sie, Mimensiege
Frank	Sturm im Wasserglas	*Perez*	Die goldene Kette	*Ibsen*	Gespenster
Schnitzler	Im Spiel der Sommerlüfte	*Verdi*	Ein Maskenball	*Verdi*	Rigoletto
Stephan Zweig	Jeremias	*Bistritzky*	Schabbathai Z'wi	*Hodge*	Regen und Wind
Molière	Die gelehrten Frauen	*Shakespeare*	Ein Sommernachtstraum	*Mocher Sforim*	Benjamin, wohin?
Goethe	Die Geschwister	*Kingsley*	Menschen in Weiß	*Molnár*	Die Fee
Smetana	Verkaufte Braut	*Hofmannsthal*	Die Hochzeit der Sobeide	*Shakespeare*	Das Wintermärchen
Beer-Hofmann	Jaakobs Traum	*Tagore*	Das Postamt	*Verdi*	La Traviata
Pirandello	Sechs Personen suchen einen Autor	*Nicolai*	Die lustigen Weiber von Windsor	*Priestley*	Menschen auf See
Verdi	Nabucco	*Scholem Alejchem*	Amcha	*Klabund*	X Y Z
Shaw	Candida	*Donizetti*	Don Pasquale	*Fodor*	Märchen von der Gerechtigkeit
Johann Strauß	Die Fledermaus	*Bus-Fekete*	Jean	*Kálmán*	Gräfin Mariza

Kulturbünde im Reich: [illegible] Israel Hinzelmann
Ausstattung: Josef Israel Rosner
Ausstattungsassistenz: Hanna Sara Litten
Technische Leitung: Max Israel Rosen
Künstlerisches Büro: Ali Sara Jacoby
Filmleitung: Hermann Israel Callmann
Mitgliederbüro: Adolf Israel Friedlaender

4.4.4
Werbestand des Jüdischen Kulturbundes
Bildarchiv Abraham Pisarek Berlin

4.4.5
Aus den Spielplänen des Jüdischen Kulturbundes 1933-1938
Bildarchiv Abraham Pisarek Berlin

4.4.8
Schülerinnen und Schüler der Joseph Lehmann Schule auf einem Schulsportfest in Berlin, 1936
Bildarchiv Abraham Pisarek Berlin

4.4.9
Landwirtschaftliche Schulung für jüdische Auswanderer in Caputh bei Potsdam, 1936
BPK Berlin

Zionistische Organisationen bereiteten auf die Ausreise nach Palästina vor. In Hachschara (Vorbereitung)-Lagern erhielten junge Juden eine landwirtschaftliche, handwerkliche oder hauswirtschaftliche Ausbildung. Im Rahmen der Jugend-Alijah wurden bis zum Beginn des Zweiten Weltkrieges über 3.400 Jugendliche zwischen 15 und 17 Jahren nach Palästina gebracht.

4.4.10
Schuhmacherlehrgang der Jüdischen Gemeinde zu Berlin, 1935
BPK Berlin

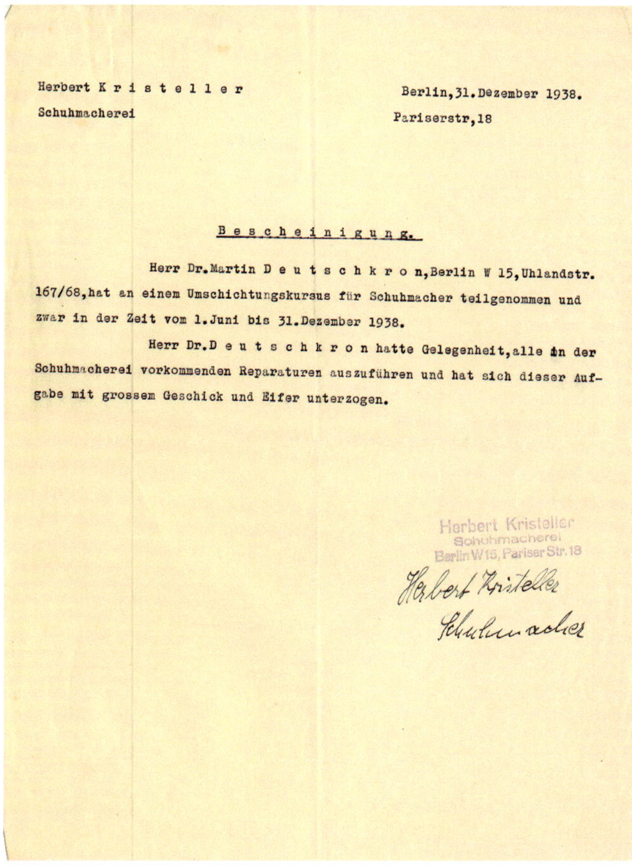

Herbert K r i s t e l l e r
Schuhmacherei

Berlin,31.Dezember 1938.
Pariserstr,18

B e s c h e i n i g u n g.

Herr Dr.Martin D e u t s c h k r o n,Berlin W 15,Uhlandstr. 167/68,hat an einem Umschichtungskursus für Schuhmacher teilgenommen und zwar in der Zeit vom 1.Juni bis 31.Dezember 1938.

Herr Dr.D e u t s c h k r o n hatte Gelegenheit,alle in der Schuhmacherei vorkommenden Reparaturen auszuführen und hat sich dieser Aufgabe mit grossem Geschick und Eifer unterzogen.

Herbert Kristeller
Schuhmacherei
Berlin W 15, Pariser Str. 18

Herbert Kristeller
Schuhmacher

4.4.11
Bescheinigung des Schuhmachers Herbert Kristeller für Martin Deutschkron über die Teilnahme an einem Umschulungskurs, 31. Dezember 1938
GDW Berlin

4.4.12
Beratung für Auswanderer im Hilfsverein der Juden in Deutschland, 1936
BPK Berlin

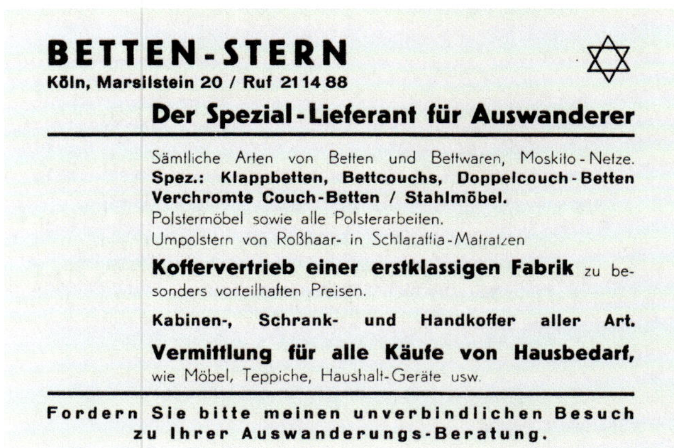

4.4.13
»Betten-Stern, Der Spezial-Lieferant für Auswanderer«, Zeitungsannonce, 1937
Privatbesitz

4.5
Flucht und Vertreibung

4.5.1
Warteschlange vor dem Reisebüro »Palestine & Orient Lloyd« in Berlin, 1938
Bildarchiv Abraham Pisarek Berlin

4.5.2
Mitarbeiter von SD und Gestapo vor einer Hausdurchsuchung in der jüdischen Gemeinde im Hof des Wiener Innenministeriums, 18. März 1938. Fotograf: Friedrich Franz Bauer
BPK Berlin

Im August 1938 wurde in Wien die »Zentralstelle für jüdische Auswanderung« eingerichtet. Adolf Eichmann (auf dem Foto 3.v.r.) hatte als Leiter die Aufgabe, die Auswanderung der Juden zu forcieren und zu koordinieren. Nach dem Wiener Vorbild entstand im Januar 1939 in Berlin die »Reichszentrale für jüdische Auswanderung« unter Reinhard Heydrich.

30 26

Zentralstelle für
dische Auswanderung
Wien IV. Prinz Eugenstraße 22

G1-Bbr.952/38
Ech/R

Wien, am 21. Okt. 1938

An das

SD-Hauptamt
II 112,

Berlin, SW 78
Wilhelmstrasse 102

SD-Hauptamt
159943 28 OKT. 1938
II 112
28. Okt. 1938

Betrifft: Abwanderung der Juden aus Österreich.
Vorgang: Ohne

Zur dortigen Kenntnisnahme wird mitgeteilt, dass die Zahl der durch die Zentralstelle für jüdische Auswanderung gebrachten Juden sich auf täglich 350 erhöht hat.

Die genaue Zahl der bis zum 30.9.38 aus Österreich abgewanderten Glaubensjuden beträgt 38.000.(In dieser Zahl sind jedoch nicht eingeschlossen die illegal abgewanderten Juden, sodass hier insgesamt mit einer mit erreichbarer Genauigkeit geschätzten Zahl von 50.000 zu rechnen ist.)

Von diesen 38.000 Juden sind in europäische Länder rund 15.000, nach Palästina 2103, nach Südamerika 3220, in die anderen überseeischen Länder 18.500 abgewandert.

Der Leiter der Zentralstelle
für jüdische Auswanderung:
I.A.
Eichmann

4.5.3
Adolf Eichmann an das SD-Hauptamt über die Vertreibung der Juden aus Österreich, 21. Oktober 1938
BA Berlin

195

Abschrift

Der Beauftragte für den Vierjahresplan
Generalfeldmarschall Göring Berlin, den 24. Januar 1939

An den
Herrn Reichsminister des Innern
in Berlin

Die Auswanderung der Juden aus Deutschland ist mit allen Mitteln zu fördern.

Im Reichsministerium des Innern wird aus Vertretern der beteiligten Dienststellen eine Reichszentrale für die jüdische Auswanderung gebildet. Die Reichszentrale hat die Aufgabe, für das gesamte Reichsgebiet einheitlich

1) alle Maßnahmen zur Vorbereitung einer verstärkten Auswanderung der Juden zu treffen, u. a. eine zur einheitlichen Vorbereitung von Auswanderungsgesuchen geeignete jüdische Organisation ins Leben zu rufen, alle Schritte zu tun, um die Bereitstellung und zweckentsprechende Verwertung in- und ausländischer Geldmittel zu erwirken, und in Zusammenarbeit mit der Reichsstelle für das Auswanderungswesen geeignete Zielländer für die Auswanderung festzustellen;
2) die Auswanderung zu lenken, u. a. für eine bevorzugte Auswanderung der ärmeren Juden zu sorgen;
3) die Durchführung der Auswanderung im Einzelfall zu beschleunigen, indem sie durch zentrale Bearbeitung der Auswanderungsanträge die für den einzelnen Auswanderer erforderlichen staatlichen Ausweise und Bescheinigungen schnell und reibungslos beschafft und den Vollzug der Auswanderung überwacht.

Die Leitung der Reichszentrale übernimmt der Chef der Sicherheitspolizei. Er bestimmt den Geschäftsführer und regelt die Geschäftsführung der Reichszentrale.

Über die Arbeit der Reichszentrale ist mir laufend zu berichten. Vor grundsätzlichen Maßnahmen ist meine Entscheidung einzuholen.

196

- 2 -

Außer den Vertretern der sonst beteiligten Dienststellen gehören dem Ausschuß der Gesandte Eisenlohr als der Beauftragte für amtliche zwischenstaatliche Verhandlungen und der Ministerialdirektor Wohltat als der Beauftragte für die Verhandlungen über den Rublee-Plan an.

gez. Göring

4.5.4
Hermann Göring an den Reichsminister des Innern, Wilhelm Frick, über die Gründung der »Reichszentrale für jüdische Auswanderung«, 24. Januar 1939
BA Berlin

Der Stürmer

Deutsches Wochenblatt zum Kampfe um die Wahrheit

HERAUSGEBER: JULIUS STREICHER

Nummer 1 | Nürnberg, im Januar 1938 | 16. Jahr 1938

Madagaskar

Mit Beginn der roten Revolution im November 1918 standen plötzlich auf allen wichtigen Stellen des Staates Juden. Damit offenbarte sich nach außen hin die von innen her gewordene Judenherrschaft jener Tage.

Aber nur den Wissenden im Volke war die Gefahr, die mit jenem Geschehen aufgekommen war, bewußt geworden. Für den Großteil des deutschen Volkes hatte jener Vorgang jedoch keine Bedeutung. Für das deutsche Volk gab es schon seit langem keine Judenfrage mehr. Das deutsche Volk war in einer marxistisch-demokratisch-liberalistisch verseuchten Zeit dazu erzogen worden, im Juden keinen Fremdrassigen mehr zu sehen. Es war dazu erzogen worden den Juden als Volksgenossen und damit als gleichberechtigt anzuerkennen. So konnte es sein, daß der Großteil des deutschen Volkes der Machtübernahme durch die Juden unwissend und gleichgültig gegenüberstand. Diese Unwissenheit und Gleichgültigkeit hatten zur Folge, daß die nun einsetzende antijüdische Aufklärungsarbeit sehr erschwert war.

Dem Stürmer aber gelang es gar bald, die erste Bresche zu schlagen und innerhalb und außerhalb der nationalsozialistischen Bewegung eine Volkstümlichmachung antisemitischen Gedankengutes herbeizuführen. Da das Wissen vom Juden in allen Schichten des deutschen Volkes sich immer mehr ausbreitete und heute zum unverlierbaren Besitz geworden ist, konnte der nationalsozialistische Staat Gesetze schaffen, die den Juden aus seiner ergaunerten Bevorrechtung wieder auf ein Maß zurückführten, das der

Aus dem Inhalt

Ein talmudisches Wunder
Größte Diamantschmugglerbande in Amerika gefaßt
Die Judenfrage in Jugoslavien
Der Verteidiger des Alkazar
220 Volt Spannung
Aus der Reichshauptstadt
Aus Schlesien
Arbeiterunterdrücker Jud Seemann

Das Ende

Die Krise hat den Juden bös,
Die neue Zeit macht ihn nervös.
Kein Lug, kein Trug will frommen,
Er sieht das Ende kommen

Die Juden sind unser Unglück!

4.5.5
Der Stürmer, Sondernummer »Madagaskar«, 1938

Die französische, britische und polnische Regierung spielten in der Zwischenkriegszeit mit dem Gedanken, die europäischen Juden auf der südostafrikanischen Insel Madagaskar anzusiedeln. Polen sandte 1937 ein Expertenteam aus, das die mögliche Ansiedlung der polnischen Juden auf der Insel erkundete. Diese Pläne erregten auch die Aufmerksamkeit der NS-Regierung.

4.5.6
Der amerikanische Delegationsleiter Myron Tylor auf der Konferenz von Evian, Juli 1938
USHMM Washington D. C.

4.5.7
»Will the Evian Conference guide him to freedom?«, (»Wird die Konferenz von Evian ihm die Freiheit bringen?«), Karikatur, The Sunday, 3. Juli 1938
USHMM Washington D. C.

4.5.8
Ankunft jüdischer Kinder in London, 2. Februar 1939
IfZ Wien

Nach dem Novemberpogrom erklärte die britische Regierung ihre Bereitschaft zur Aufnahme von 10.000 jüdischen Kindern. Zwischen Dezember 1938 und August 1939 verließen Kindertransporte Berlin, München, Frankfurt, Wien und Prag nach England. Nach ihrer Ankunft wurden die Kinder in englischen Familien und Kinderheimen untergebracht.

4.6
Der Novemberpogrom

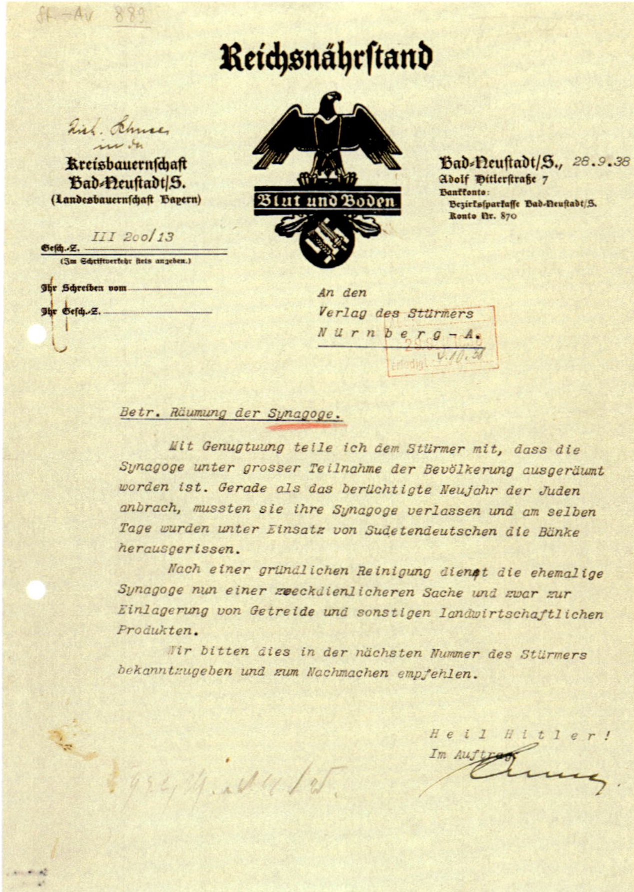
Reichsnährstand

Kreisbauernschaft
Bad-Neustadt/S.
(Landesbauernschaft Bayern)

Blut und Boden

Bad-Neustadt/S., 28.9.38
Adolf Hitlerstraße 7
Bankkonto:
Bezirkssparkasse Bad-Neustadt/S.
Konto Nr. 870

Gesch.-Z. III 200/13
(Im Schriftverkehr stets angeben.)

Ihr Schreiben vom
Ihr Gesch.-Z.

An den
Verlag des Stürmers
N ü r n b e r g - A.

Betr. Räumung der Synagoge.

Mit Genugtuung teile ich dem Stürmer mit, dass die Synagoge unter grosser Teilnahme der Bevölkerung ausgeräumt worden ist. Gerade als das berüchtigte Neujahr der Juden anbrach, mussten sie ihre Synagoge verlassen und am selben Tage wurden unter Einsatz von Sudetendeutschen die Bänke herausgerissen.

Nach einer gründlichen Reinigung dient die ehemalige Synagoge nun einer zweckdienlicheren Sache und zwar zur Einlagerung von Getreide und sonstigen landwirtschaftlichen Produkten.

Wir bitten dies in der nächsten Nummer des Stürmers bekanntzugeben und zum Nachmachen empfehlen.

Heil Hitler!
Im Auftrag

4.6.1
Kreisbauernschaft Bad Neustadt/S. an den Verlag des Stürmers, »Betr. Räumung der Synagoge«, 28. September 1938
StadtA Nürnberg

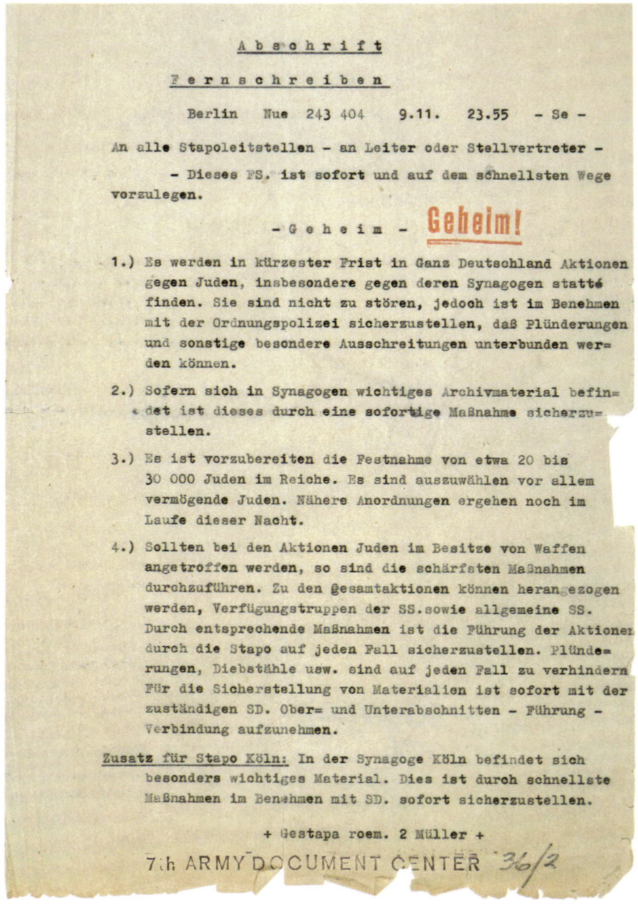
A b s c h r i f t

F e r n s c h r e i b e n

Berlin Nue 243 404 9.11. 23.55 - Se -

An alle Stapoleitstellen - an Leiter oder Stellvertreter -

- Dieses FS. ist sofort und auf dem schnellsten Wege vorzulegen.

- G e h e i m - Geheim!

1.) Es werden in kürzester Frist in Ganz Deutschland Aktionen gegen Juden, insbesondere gegen deren Synagogen stattfinden. Sie sind nicht zu stören, jedoch ist im Benehmen mit der Ordnungspolizei sicherzustellen, daß Plünderungen und sonstige besondere Ausschreitungen unterbunden werden können.

2.) Sofern sich in Synagogen wichtiges Archivmaterial befindet ist dieses durch eine sofortige Maßnahme sicherzustellen.

3.) Es ist vorzubereiten die Festnahme von etwa 20 bis 30 000 Juden im Reiche. Es sind auszuwählen vor allem vermögende Juden. Nähere Anordnungen ergehen noch im Laufe dieser Nacht.

4.) Sollten bei den Aktionen Juden im Besitze von Waffen angetroffen werden, so sind die schärfsten Maßnahmen durchzuführen. Zu den Gesamtaktionen können herangezogen werden, Verfügungstruppen der SS.sowie allgemeine SS. Durch entsprechende Maßnahmen ist die Führung der Aktionen durch die Stapo auf jeden Fall sicherzustellen. Plünderungen, Diebstähle usw. sind auf jeden Fall zu verhindern Für die Sicherstellung von Materialien ist sofort mit der zuständigen SD. Ober= und Unterabschnitten - Führung - Verbindung aufzunehmen.

Zusatz für Stapo Köln: In der Synagoge Köln befindet sich besonders wichtiges Material. Dies ist durch schnellste Maßnahmen im Benehmen mit SD. sofort sicherzustellen.

+ Gestapa roem. 2 Müller +

7th ARMY DOCUMENT CENTER 36/2

4.6.3
Fernschreiben des Gestapochefs Heinrich Müller an alle Stapoleit- und Stapostellen, »Betr. Verhalten und Aufgaben während des Pogroms«, 9. November 1938
IMT, XXV

4.6.2
Ausgewiesene Juden im polnischen Flüchtlingslager in Zbąszyń, 29. Oktober 1938
BPK Berlin

Die polnische Regierung verweigerte die Aufnahme der Abgeschobenen. Nahe des polnischen Grenzortes Zbąszyń wurden sie in einem Lager unter entwürdigenden Bedingungen in Baracken und Ställen notdürftig untergebracht.

4.6.6 ▸SILBERSTEIN◂
Hansi, Käte, Alfred und Berthold Silberstein, Berlin, 1937
JM Berlin

4.6.7 ▸SILBERSTEIN◂
Textilgeschäft der Familie Silberstein am S-Bahnhof Botanischer Garten, Berlin, ca. 1938
Privatbesitz

Ich erinnere mich sehr genau an die Nacht des 9. November 1938. Sie zertrümmerten unseren Laden und nahmen meinen Vater in Haft. Als mein Vater sechs Wochen später zurückkam, erkannten wir ihn kaum wieder. Sein Geist war gebrochen. Äußerlich war er völlig heruntergekommen.

4.6.8
Interview mit Alfred Silberstein, September 1996
Privatbesitz

4.6.4
Zerstörung der Synagoge in Euskirchen am Nachmittag des 10. November 1938
StadtA Euskirchen

4.6.5
Jüdische Männer aus Baden-Baden werden in das Konzentrationslager Dachau abgeführt, 10. November 1938
BPK Berlin

Unmittelbar nach dem Novemberpogrom wurden etwa 30.000 jüdische Männer von Polizei und Gestapo mit Hilfe vorbereiteter Listen verhaftet und in die Konzentrationslager Dachau, Buchenwald und Sachsenhausen verschleppt. Nur wer seine bevorstehende Ausreise aus dem Deutschen Reich nachwies, konnte auf eine schnelle Entlassung hoffen.

Sonntagsausgabe
Berliner
Sonntag, 13. November 1938
Lokal-Anzeiger
Organ für die Reichshauptstadt

Göring verordnet: Eine Milliarde Sühneleistung der Juden in Deutschland

Verordnungen zur Lösung der Judenfrage – Ausschaltung aus dem Wirtschaftsleben
Wiederherstellung aller Schäden – Weitere Maßnahmen in Kürze zu erwarten

Strafe für den Pariser Mord

Kriegsende in Deutsch-Ost

4.6.9
Berliner Lokal-Anzeiger, 13. November 1938

4.7
Ausschaltung aus dem Berufs- und Wirtschaftsleben

4.7.1
Praxisschild eines jüdischen Arztes, undatiert
JM Berlin

4.7.2
Zeitungsannonce zur »Arisierung« des Berliner Leinenhauses Grünfeld, Oktober 1938
LBI New York

Lesemappe:
Verdrängung der deutschen Juden aus dem Wirtschaftsleben. Das Leinenhaus Grünfeld

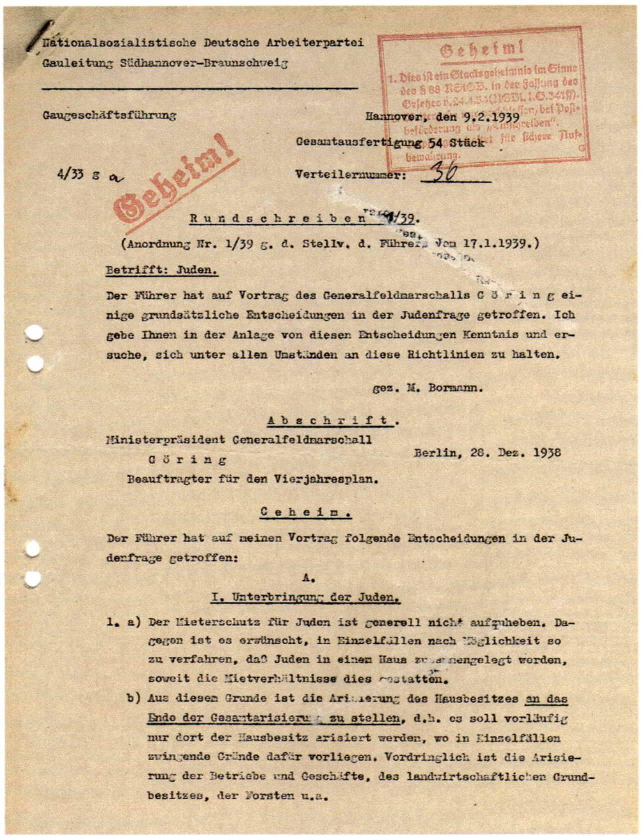

Nationalsozialistische Deutsche Arbeiterpartei
Gauleitung Südhannover-Braunschweig

Geheim!
1. Dies ist ein Staatsgeheimnis im Sinne des § 88 RStGB. in der Fassung des Gesetzes v. 24.4.34 (RGBl. I. S. 341ff). … bei Postbeförderung als „Einschreiben". … für sichere Aufbewahrung.

Gaugeschäftsführung

Hannover, den 9.2.1939
Gesamtausfertigung 54 Stück
Verteilernummer: 36

4/33 g a

Geheim!

Rundschreiben 4/39.
(Anordnung Nr. 1/39 g. d. Stellv. d. Führers vom 17.1.1939.)

Betrifft: Juden.

Der Führer hat auf Vortrag des Generalfeldmarschalls G ö r i n g einige grundsätzliche Entscheidungen in der Judenfrage getroffen. Ich gebe Ihnen in der Anlage von diesen Entscheidungen Kenntnis und ersuche, sich unter allen Umständen an diese Richtlinien zu halten.

gez. M. Bormann.

Abschrift.

Ministerpräsident Generalfeldmarschall
G ö r i n g
Beauftragter für den Vierjahresplan.

Berlin, 28. Dez. 1938

Geheim.

Der Führer hat auf meinen Vortrag folgende Entscheidungen in der Judenfrage getroffen:

A.

I. Unterbringung der Juden.

1. a) Der Mieterschutz für Juden ist generell nicht aufzuheben. Dagegen ist es erwünscht, in Einzelfällen nach Möglichkeit so zu verfahren, daß Juden in einem Haus zusammengelegt werden, soweit die Mietverhältnisse dies gestatten.
b) Aus diesem Grunde ist die Arisierung des Hausbesitzes an das Ende der Gesamtarisierung zu stellen, d.h. es soll vorläufig nur dort der Hausbesitz arisiert werden, wo in Einzelfällen zwingende Gründe dafür vorliegen. Vordringlich ist die Arisierung der Betriebe und Geschäfte, des landwirtschaftlichen Grundbesitzes, der Forsten u.a.

4.7.3
Rundschreiben von Hermann Göring über die geplante Einrichtung von »Judenhäusern«, 9. Februar 1939
Sammlung Wolfgang Haney Berlin

4.7.4
Hugo-Kurt Chotzen als Zwangsarbeiter im »geschlossenen Arbeitseinsatz«, Mai 1940
Privatbesitz

4.8
Rassistische Politik und Krankenmord

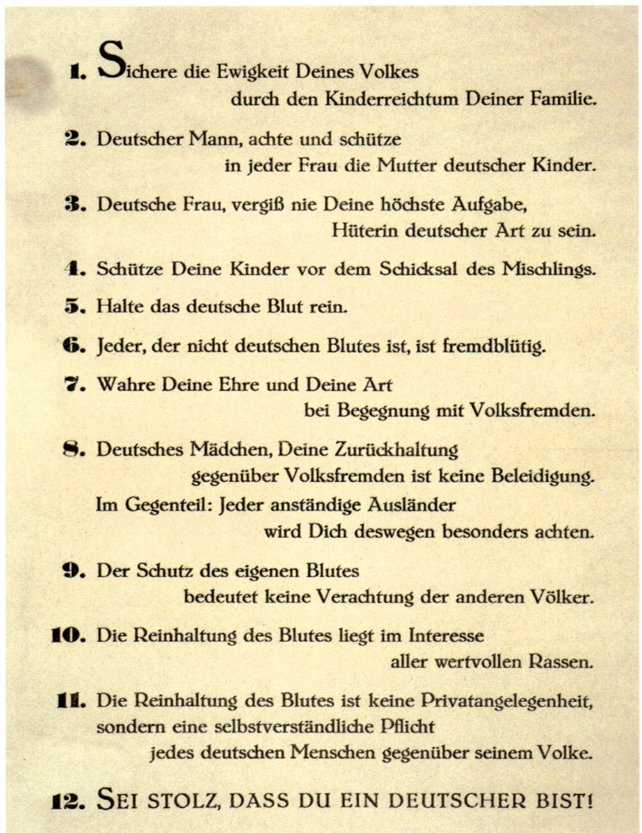

1. Sichere die Ewigkeit Deines Volkes durch den Kinderreichtum Deiner Familie.
2. Deutscher Mann, achte und schütze in jeder Frau die Mutter deutscher Kinder.
3. Deutsche Frau, vergiß nie Deine höchste Aufgabe, Hüterin deutscher Art zu sein.
4. Schütze Deine Kinder vor dem Schicksal des Mischlings.
5. Halte das deutsche Blut rein.
6. Jeder, der nicht deutschen Blutes ist, ist fremdblütig.
7. Wahre Deine Ehre und Deine Art bei Begegnung mit Volksfremden.
8. Deutsches Mädchen, Deine Zurückhaltung gegenüber Volksfremden ist keine Beleidigung. Im Gegenteil: Jeder anständige Ausländer wird Dich deswegen besonders achten.
9. Der Schutz des eigenen Blutes bedeutet keine Verachtung der anderen Völker.
10. Die Reinhaltung des Blutes liegt im Interesse aller wertvollen Rassen.
11. Die Reinhaltung des Blutes ist keine Privatangelegenheit, sondern eine selbstverständliche Pflicht jedes deutschen Menschen gegenüber seinem Volke.
12. SEI STOLZ, DASS DU EIN DEUTSCHER BIST!

4.8.1
Titelblatt der Zeitschrift »Neues Volk«, 1938

4.8.2
Propagandablatt zur nationalsozialistischen Rassentheorie, um 1935
DHM Berlin

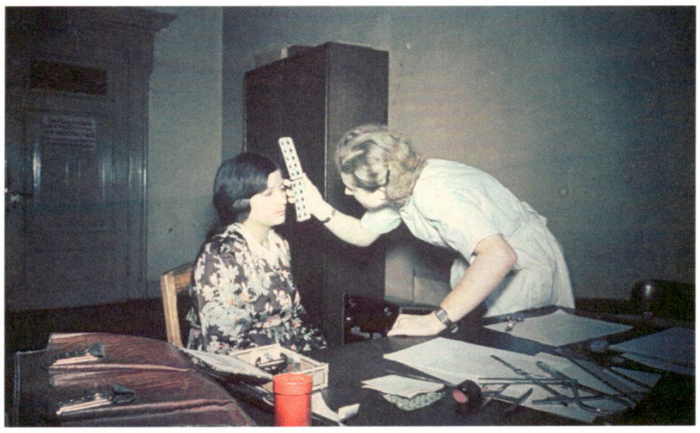

4.8.3
Rassenhygienische Untersuchung zur Feststellung der Augenfarbe, 1937
GHWK Berlin

Im November 1936 wurde am Reichsgesundheitsamt das »Rassenhygiene«-Institut unter der Leitung des Tübinger Kinder- und Nervenarztes Robert Ritter eingerichtet. Das Institut sammelte Daten der rund 30.000 in Deutschland lebenden Sinti und Roma. Diese wurden in Arbeitslagern isoliert und ab 1941 deportiert und ermordet.

4.8.4
Alfred Rosenberg, Reichsleiter für weltanschauliche Schulung (in der Mitte sitzend), als Zuhörer beim rassepolitischen Unterricht an einer HJ-Führerschule, um 1935
BPK Berlin

4.8.5
Propagandaplakat zur Vorbereitung auf den Krankenmord, um 1938
DHM Berlin

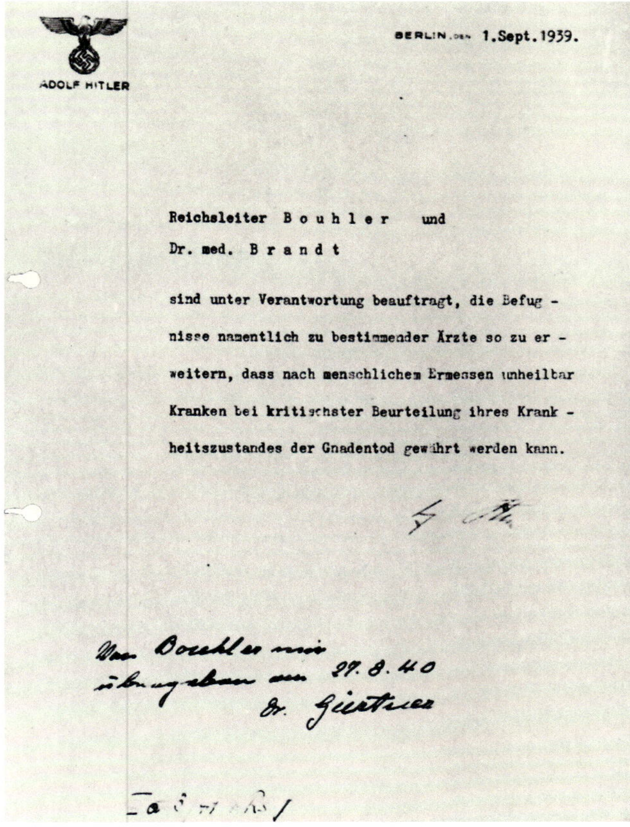

ADOLF HITLER

BERLIN, DEN 1.Sept.1939.

Reichsleiter B o u h l e r und
Dr. med. B r a n d t

sind unter Verantwortung beauftragt, die Befugnisse namentlich zu bestimmender Ärzte so zu erweitern, dass nach menschlichem Ermessen unheilbar Kranken bei kritischster Beurteilung ihres Krankheitszustandes der Gnadentod gewährt werden kann.

Von Bouhler mir übergeben am 27.8.40 Dr. Gürtner

4.8.6
»Euthanasie«-Erlass Adolf Hitlers, 1. September 1939
BA Berlin

4.8.7
Die »Euthanasie«-Anstalt Hadamar (links hinten), 1941
Diözesanarchiv Limburg

4.8.8
Personal der »Euthanasie«-Anstalt Hartheim, 1940/42
Dokumentationsstelle Hartheim

4.8.9
Der Münsteraner Bischof Clemens August Graf von Galen, undatiert
KNA Bonn

Predigten des Münsteraner Bischofs Clemens August Graf von Galen trugen im Sommer 1941 zur offiziellen Einstellung des »Euthanasie« genannten Mordprogramms bei. Bis August 1941 waren 70.273 Menschen in den »Euthanasie«-Anstalten ermordet worden. Heimlich wurden die Mordaktionen fortgeführt.

Krieg und Völkermord im östlichen und südöstlichen Europa

Die militärischen Angriffe des Deutschen Reichs auf Polen, Jugoslawien und die Sowjetunion in den Jahren 1939 und 1941 bildeten den Auftakt zum Völkermord in europäischer Dimension. Der Krieg und die Eroberung großer Gebiete Ost- und Südosteuropas waren die machtpolitische Voraussetzung für die Errichtung eines deutschen »Kontinental-Imperiums«. Zugleich erfuhr die »Judenfrage« in den Augen Hitlers und seiner Gefolgsleute eine dramatische Zuspitzung: Mit den eroberten Territorien gerieten Millionen jüdischer Einwohner, die in der Vorstellung der Besatzer eine ständige Bedrohung für die deutsche Herrschaft darstellten, in den Machtbereich des NS-Regimes. Die gesellschaftliche Isolierung und anschließende physische Entfernung der Juden galten daher als zentrale Vorbedingungen für die angestrebte dauerhafte Hegemonialstellung in Europa und wurden zur Leitlinie für das nationalsozialistische Besatzungsregime.

Von Beginn an führte das Deutsche Reich den Krieg im Osten unter bewusster Missachtung moralischer Normen und völkerrechtlicher Verpflichtungen und schuf damit jene Rahmenbedingungen, die den Völkermord an den Juden erst ermöglichten. Kriegsverbrechen gegenüber der slawischen Zivilbevölkerung, Misshandlung und Tötung von Kriegsgefangenen, die Zerschlagung der überkommenen staatlichen und sozialen Infrastruktur und schließlich die durch permanenten Terror und wirtschaftliche Ausbeutung fortgesetzte Zerstörung von Lebensgrundlagen der Einwohner bestimmten die Dimensionen des rassenideologisch motivierten Eroberungs- und Vernichtungskrieges. In diesem Kontext fiel die Entscheidung zur systematischen Ermordung der Juden.

Auch wenn die Motive und strategischen Zielsetzungen jeweils variierten, so waren die Folgen des Krieges für alle drei Länder in ähnlichem Maße verheerend: Polen, Jugoslawien und die Sowjetunion hatten im Vergleich zu den anderen europäischen Kriegsschauplätzen die höchste Anzahl an zivilen Opfern zu beklagen. Die ungeheuren Verluste an Menschenleben und die materiellen Schäden führten die betroffenen Gesellschaften an den Rand des Zusammenbruchs. Darüber hinaus bedeutete die weitgehende Auslöschung des Judentums im östlichen Europa nicht nur einen unwiederbringlichen Kulturverlust, sondern entzog auch der Region eine besonders vitale und in ihrer gesellschaftlichen Mittlerfunktion für den späteren Wiederaufbau unersetzliche Bevölkerungsgruppe. Der Mord an den Juden verstärkte so die Katastrophe des Krieges für die betroffenen slawischen Gesellschaften, die noch über Jahrzehnte an den Auswirkungen schwer zu tragen hatten.

Judenverfolgung und Gewaltherrschaft in Polen

Der besondere Charakter des Krieges, die Verknüpfung von militärischer Vernichtungsabsicht und rassistischer Gewalt, wurde bereits 1939 beim deutschen Angriff auf Polen sichtbar: Massive Luftangriffe gegen ungeschützte Ortschaften, denen in erster Linie Zivilisten zum Opfer fielen, und die vorsätzliche Tötung zahlreicher polnischer Kriegsgefangener waren Ausdruck des ideologisch angeheizten Hasses gegenüber einem als »minderwertig« diffamierten Gegner. Im Verlauf der militärischen Operationen und in den ersten Wochen der Besatzung ermordeten zudem Formationen von SS und Polizei, Wehrmacht und volksdeutschem »Selbstschutz« unter dem Vorwand der Bekämpfung von »Freischärlern« oder als Vergeltung für erlittene Verluste mehrere zehntausend Menschen. Die Terrormaßnahmen richteten sich hauptsächlich gegen Angehörige der politischen und gesellschaftlichen Elite Polens. Die jüdische Minderheit hatte jedoch in besonderem Maße unter den sofort einsetzenden Misshandlungen, Aussonderungen und willkürlichen Morden durch deutsche Truppen zu leiden.

Langfristig sollte die Bevölkerung auf ein Sklavendasein herabgedrückt und rücksichtslos für die deutschen Kriegszwecke ausgebeutet werden. Um künftiges Siedlungsland in den annektierten polnischen Westgebieten zu gewinnen, schoben die deutschen Besatzer Hunderttausende in das Generalgouvernement oder in das von der Sowjetunion besetzte Gebiet ab. Deportationspläne sahen die Vertreibung weiterer Millionen Einwohner vor.

Zudem sollten Juden und Sinti und Roma aus Deutschland in einem »Judenreservat« östlich der Weichsel konzentriert werden.

Juden waren vielfachen Demütigungen und Repressalien ausgesetzt und viele wurden ermordet. Dennoch standen sie zu diesem Zeitpunkt noch nicht im Zentrum eines systematischen Mordprogramms. Gleichwohl wurden der jüdischen Bevölkerung die Lebensgrundlagen durch Anordnungen der Besatzungsverwaltung zur Entrechtung und räumlichen Absonderung zunehmend entzogen. Im Dezember 1941 begann im Konzentrationslager bei Chełmno (Kulmhof) die umfassende Ermordung der polnischen Juden durch die SS.

Die extreme Gewaltbereitschaft deutscher Soldaten war von lange tradierten Feindbildern geleitet. Ihr Vorgehen gegen »Ostjuden« und angebliche »Insurgenten« geschah oft ohne ausdrücklichen Befehl, wurde aber von den Vorgesetzten geduldet. Frühzeitig hatte die Führung der Wehrmacht die Vorgaben Hitlers für den politisch motivierten Massenmord akzeptiert. Verbrechen von Deutschen an der Zivilbevölkerung wurden nur in seltenen Fällen abgeurteilt und die Täter erhielten schließlich durch einen »Gnadenerlass« Hitlers völlige Straffreiheit. Proteste höherer Offiziere gegen die Verbrechen von SS und Polizei wies Hitler kategorisch zurück. Die Wehrmacht unterwarf sich dem politischen Druck und arrangierte sich mit SS und Polizei im Hinblick auf künftige Feldzüge.

»Weltanschauungskrieg« gegen die Sowjetunion

Im Frühjahr 1941 legten Hitler und die Führung der Wehrmacht die Ziele für den geplanten »Weltanschauungskrieg« gegen die Sowjetunion fest: Die UdSSR sollte nicht nur militärisch besiegt, sondern ihre gesamte Führungsschicht als angebliches »System des jüdischen Bolschewismus« beseitigt werden. Um die Versorgung der rasch vorrückenden Truppen und die wirtschaftliche Ausbeutung der zu besetzenden Gebiete sicherzustellen, kalkulierte man von vornherein den Tod von Millionen Einwohnern ein. Zentrale Befehle des Oberkommandos der Wehrmacht hoben den völkerrechtlich verbürgten Schutz von Zivilisten im Kriege auf und ordneten die Exekution politischer Kommissare an. Die Ermächtigung von SS und Polizei zu »Exekutivmaßnahmen« in den eroberten Gebieten machte den Weg für die Ermordung politischer Gegner und ganzer Bevölkerungsgruppen frei. Auch während der Kriegsoperationen erließen prominente Wehrmachtsgeneräle Befehle, die die Truppe auf den geforderten »Vernichtungskampf« gegen das Judentum einschwören sollten.

Beim Völkermord an den sowjetischen Juden leistete die Wehrmacht vielfach logistische und administrative Hilfe. Die Militärverwaltung entschied über das Schicksal der Kriegsgefangenen und häufig über den Einsatz von Juden zur Zwangsarbeit. Mobile Verbände von Polizei und SS folgten den vorrückenden Heeresgruppen mit dem Auftrag, die sowjetischen Besatzungsgebiete zu »befrieden«. In der Realität war dies gleichbedeutend mit der Selektion der Zivilbevölkerung und der rücksichtslosen Vernichtung aller als »minderwertig« oder »unnütz« beurteilten Menschen.

Während des Sommers 1941 konzentrierten sich die Mordkommandos zunächst auf die Verfolgung sowjetischer Funktionäre und männlicher Juden als vermeintliche »Hauptgegner«. Im Wechselspiel zwischen lokaler Initiative und Anweisungen der Regimeführung radikalisierte sich ihr Vorgehen jedoch bald zum umstandslosen Massenmord an der gesamten jüdischen Bevölkerung. In den Berichten der Einsatzkommandos tauchen regelmäßig neben den Zahlenangaben für die ermordeten »Juden« auch Angaben über ermordete »Partisanen«, »Bolschewisten« und »Zigeuner« auf. Soweit es noch überlebende Juden gab, wurden auch diese in den folgenden Jahren im Zuge der Ghettoräumungen oder als angebliche »Partisanen« getötet. Dienststellen der zivilen Besatzungsverwaltung beteiligten sich hierbei in allen Bereichen der Verfolgung – von der Entrechtung und Ausplünderung der Juden bis zu ihrer Ermordung.

Besatzungsterror in Serbien

Mit dem Überfall der Wehrmacht auf Jugoslawien im April 1941 reagierte Hitler auf die militärischen Schwierigkeiten seines Achsenpartners Italien nach dessen Aggression gegen Griechenland und auf das Scheitern der deutschen Bemühungen, Jugoslawien in das zur Absicherung des geplanten Angriffs auf die Sowjetunion vom Deutschen Reich geschaffene südosteuropäische Bündnissystem einzubinden. Jugoslawien wurde als Staat aufgelöst und sein Territorium zwischen dem Deutschen Reich und seinen Verbündeten – Italien, Ungarn und Bulgarien – aufgeteilt.

Nach der Besetzung des alt-serbischen Gebietes begann die deutsche Militärverwaltung mit der Entrechtung der jüdischen Bevölkerung. Der deutsche Militärbefehlshaber in Serbien ordnete am 31. Mai 1941 zudem an, dass die »Zigeuner den Juden gleichgestellt« werden, gelbe Armbinden mit der Aufschrift »Zigeuner« tragen müssen und systematisch in »Zigeunerlisten« erfasst werden. Das deutsche Besatzungsregime wandte sich mit Gewalt gegen jeglichen Widerstand und schreckte dabei auch vor Massentötungen von Zivilisten nicht zurück. Zu derartigen »Sühnemaßnahmen« wurden vorzugsweise jüdische Männer herangezogen, nachdem im Sommer 1941 Versuche zur Deportation der serbischen Juden gescheitert waren. Im Rahmen der Niederschlagung des serbischen Aufstandes im Herbst 1941 fielen mindestens 4.000 männliche Juden und Roma den »Geiselerschießungen« zum Opfer. Annähernd 7.000 jüdische Frauen und Kinder wurden im KZ Sajmište bei Belgrad während des Frühjahrs 1942 durch den Einsatz eines »Gaswagens« ermordet.

Auf dem Weg zur »Endlösung«

Auf dem Weg zur angestrebten »Endlösung der Judenfrage« war das Verhalten der deutschen Täter in Ost- und Südosteuropa zunehmend radikaler geworden: Standen nach der Besetzung Polens die Vertreibung und Ghettoisierung der Juden im Mittelpunkt der Verfolgungsmaßnahmen, so führten die Besatzer in Serbien und in der Sowjetunion großangelegte Mordaktionen durch, die sich aufgrund kurzfristiger besatzungspolitischer Zielsetzungen zunächst vornehmlich gegen jüdische Männer richteten. Die Ausweitung der Massenmorde auf Frauen und Kinder, Alte und Gebrechliche brachte schließlich in wenigen Monaten Millionen Menschen den Tod. Das NS-Regime hatte seit dem Spätsommer 1941 den Willen und die Fähigkeit zur systematischen Ermordung der gesamten jüdischen Bevölkerung in den im Osten und Südosten besetzten Gebieten gezeigt. Damit war der Weg zum Völkermord an den Juden in ganz Europa gebahnt.

Florian Dierl

5.1

Polen 1939/40: Eroberung und Errichtung der Gewaltherrschaft

Vernichtung Polens im Vordergrund. Ziel ist Beseitigung der lebendigen Kräfte, nicht die Erreichung einer bestimmten Linie. […] Ich werde propagandistischen Anlaß zur Auslösung geben, gleichgültig, ob glaubhaft. Der Sieger wird später nicht danach gefragt, ob er die Wahrheit gesagt hat oder nicht. Bei Beginn und Führung des Krieges kommt es nicht auf das Recht an, sondern auf den Sieg. Herz verschließen gegen Mitleid. Brutales Vorgehen. 80 Millionen Menschen müssen ihr Recht bekommen. Ihre Existenz muß gesichert werden. Der Stärkere hat das Recht. Größte Härte.

5.1.1
Auszug aus der Zweiten Ansprache Adolf Hitlers vor Vertretern der Generalität auf dem »Berghof« bei Berchtesgaden betreffend den bevorstehenden Angriff auf Polen, 22. August 1939
StA Nürnberg

5.1.2
Eisenbahntransport deutscher Soldaten und Männer des Reichsarbeitsdienstes nach Polen, September 1939
YV Jerusalem

5.1.3
Jüdische Gefangene werden von der deutschen Ordnungspolizei in einem improvisierten Sammellager in Polen bewacht, Herbst 1939
BA Koblenz

5.1.4–5.1.6
»Vergeltungsaktion« der deutschen Wehrmacht an Einwohnern der Stadt Częstochowa (Tschenstochau), 4. September 1939
USHMM Washington D. C.

Soldaten des Infanterieregiments 42 treiben in der Strazacka-Straße und auf dem Marktplatz jüdische und polnische Einwohner zusammen. Bei Exekutionen kommen 227 Männer, Frauen und Kinder ums Leben.

29
- 4 -

Geistlichkeit aus dem Westen durchgeführt werden., die aber nicht polnisch sprechen dürfen. Die primitiven Polen sind als Wanderarbeiter in den Arbeitsprozess einzugliedern und werden aus den deutschen Gauen allmählich in den fremdsprachigen Gau ausgesiedelt. Das Judentum ist in den Städten im Getto zusammenzufassen, um eine bessere Kontrollmöglichkeit und später Abschubmöglichkeit zu haben. Hierbei vordringlich ist, daß der Jude als Kleinsiedler vom Land verschwindet. Diese Aktion muß innerhalb der nächsten 3 bis 4 Wochen durchgeführt sein. Sofern der Jude auf dem Land Händler ist, ist mit der Wehrmacht zu klären, wie weit diese jüdischen Händler zur Bedarfsdeckung der Truppe noch an Ort und Stelle verbleiben müssen. Folgende zusammenfassende Anordnung wurde erteilt:

1.) Juden so schnell wie möglich in die Städte,
2.) Juden aus dem Reich nach Polen,
3.) die restlichen 30.000 Zigeuner auch nach Polen,
4.) systematische Ausschickung der Juden aus den deutschen Gebieten mit Güterzügen.

Die Einsatzgruppenleiter, insbesondere Schäfer für das Industriegebiet und Damzog, für den Nordosten haben Überlegungen anzustellen, wie man einerseits die Arbeitskraft der primitiven Polen in den Arbeitsprozess eingliedert, andererseits sie aber auch gleichzeitig aussiedelt. Ziel ist: der Pole bleibt der ewige Saison und Wanderarbeiter, sein fester Wohnsitz muß in der Gegend von Krakau liegen.

30
- 5 -

Erschießungen sind nur noch vorzunehmen, wenn es sich um Notwehr handelt bezw. bei Fluchtversuchen. Alle übrigen Prozesse sind an die Kriegsgerichte abzugeben. Die Kriegsgerichte müssen mit Anträgen so eingedeckt werden, daß sie der Arbeit nicht mehr Herr werden können. C will alle Kriegsgerichts-Urteile vorgelegt haben, die nicht auf Tod lauten.

Die Einsatzgruppenleiter haben zu prüfen, welche Industrien zu Grunde gehen können, bezw. ausgesiedelt werden (z. B. Kaftanindustrie). Als neues Problem ist die Frage der Behandlung der ukrainischen Flüchtlinge zu klären. Es ist mit einem Rückwanderungsstab von zirka 300.000 Ukrainern zu rechnen.

Die Besprechung würde während des Mittagessens, an den alle Obenaufgeführten teilnahmen, fortgesetzt und es wurden noch Einzelfragen der einzelnen Einsatzgruppenleiter besprochen, die nicht von allgemeiner Bedeutung sind.

II. Zu den Akten Amtschefbesprechungen.

I 1 I 11
a. A. R

5.1.7
Besprechung Reinhard Heydrichs mit den Führern der Einsatzgruppen in Polen am 21. September 1939, Auszug aus einer Aktennotiz des Leiters der Stabskanzlei im Reichssicherheitshauptamt, Walter Rauff, 27. September 1939
BA Berlin

5.1.8
Deportation der Juden aus Płońsk (Bezirk Zichenau) in das Generalgouvernement, undatiert
AŻIH Warszawa

Es muß verhindert werden, daß eine polnische Intelligenz sich als Führerschicht aufmacht. In dem Lande soll ein niederer Lebensstandard bleiben; wir wollen dort nur Arbeitskräfte schöpfen. […]
Die Durchführung bedingt einen harten Volkstumskampf, der keine gesetzlichen Bindungen gestattet. Die Methoden werden mit unseren sonstigen Prinzipien unvereinbar sein. […]
Die Führung des Gebietes muß es uns ermöglichen, auch das Reichsgebiet von Juden und Polacken zu reinigen.

5.1.9
Besprechung Hitlers mit dem Chef des OKW, Wilhelm Keitel, am 17. Oktober 1939, Auszug aus einer Aufzeichnung, 20. Oktober 1939
StA Nürnberg

1. Die Planungsarbeit für die Umsiedlung der Polen und Juden aus dem Warthegau in das Generalgouvernement setzte ein am 10.11.39. […]
2. Der erste Nahplan wurde in der vorgeschriebenen Zeit erfüllt. Am 17.12.1939 waren 80 Transporte mit insgesamt 87 883 Umsiedlern nach den vom Generalgouvernement aufgegebenen Zielstationen abgegangen.

5.1.10
Auszug aus dem »Erfahrungsbericht« des Amtes für die Umsiedlung der Polen und Juden betreffend die Massendeportationen des sogenannten »1. Nahplanes«, 26. Januar 1940
IPN Warszawa

Bis März 1941 deportierten die deutschen Behörden mindestens 365.000 Personen in das Generalgouvernement.

5.2
Verfolgungsmaßnahmen

Der Distriktschef von Krakau

ANORDNUNG

Kennzeichnung der Juden im Distrikt Krakau

Ich ordne an, dass alle Juden im Alter von über 12 Jahren im Distrikt Krakau mit Wirkung vom 1. 12. 1939 ausserhalb ihrer eigenen Wohnung ein sichtbares Kennzeichen zu tragen haben. Dieser Anordnung unterliegen auch nur vorübergehend im Distriktsbereich anwesende Juden für die Dauer ihres Aufenthaltes.

Als Jude im Sinne dieser Anordnung gilt:

1. wer der mosaischen Glaubensgemeinschaft angehört oder angehört hat,
2. jeder, dessen Vater oder Mutter der mosaischen Glaubensgemeinschaft angehört oder angehört hat.

Als Kennzeichen ist am rechten Oberarm der Kleidung und der Überkleidung eine Armbinde zu tragen, die auf weissem Grunde an der Aussenseite einen blauen Zionstern zeigt. Der weisse Grund muss eine Breite von mindestens 10 cm. haben, der Zionstern muss so gross sein, dass dessen gegenüberliegende Spitzen mindestens 8 cm. entfernt sind. Der Balken muss 1 cm. breit sein.

Juden, die dieser Verpflichtung nicht nachkommen, haben strenge Bestrafung zu gewärtigen.

Für die Ausführung dieser Anordnung. Insbesondere die Versorgung der Juden mit Kennzeichen, sind die Ältestenräte verantwortlich.

Krakau, den 18. 11. 1939. gez. Wächter
Gouverneur

Szef dystryktu krakowskiego

ROZPORZĄDZENIE

Znamionowanie żydów w okręgu Krakowa

Zarządzam z ważnością od dnia 1. XII. 1939, iż wszyscy żydzi w wieku ponad 12 lat winni nosić widoczne znamiona. Rozporządzeniu temu podlegają także na czas ich pobytu przejściowo w obrębie okręgu przebywający żydzi.

Żydem w myśl tego rozporządzenia jest:

1) ten, który jest lub był wyznania mojżeszowego,
2) każdy, którego ojciec, lub matka są lub byli wyznania mojżeszowego.

Znamieniem jest biała przepaska noszona na prawym rękawie ubrania lub odzienia wierzchniego z niebieską gwiazdą sjonistyczną. Przepaska winna mieć szerokość conajmniej 10 cm, a gwiazda średnicę 8 cm. Wstążka, z której sporządzono gwiazdę, winna mieć szerokość conajmniej 1 cm.

Niestosujący się do tego zarządzenia zostaną surowo ukarani.

Za wykonanie niniejszego zarządzenia, zwłaszcza za dostarczenie opasek czynię odpowiedzialną Radę starszych.

Kraków, dnia 18. XI. 1939. (—) Wächter
Gubernator

5.2.1
Anordnung über die Zwangskennzeichnung von Juden im Distrikt Krakau durch den Distriktgouverneur Wächter, Krakau 18. November 1939
IPN Warszawa

5.2.2
Antisemitisches Plakat der deutschen Besatzungsverwaltung: Juden werden mit Parasiten verglichen und als angebliche Überträger von Seuchen (Typhus) diffamiert, undatiert
IPN Warszawa

5.2.3
Öffentliche Demütigung von Juden in der Stadt Tomaszów Mazowiecki (bei Łódź), vermutlich September/Oktober 1939
USHMM Washington D. C.

5.2.4
Absonderung von Juden in der Straßenbahn, Krakau 1939/40
IPN Warszawa

5.2.5–5.2.8
»Vergeltungsaktion« gegen jüdische Einwohner der Stadt Ostrów Mazowiecka, 11. November 1939
IPN Warszawa

Angehörige der Ordnungspolizei-Bataillone 11 und 91 erschießen an einer zuvor ausgehobenen Grube mindestens 355 jüdische Männer, Frauen und Kinder.

5.3
Reaktionen der Wehrmacht

Es ist abwegig, einige 10.000 Juden und Polen, so wie es augenblicklich geschieht, abzuschlachten; denn damit werden angesichts der Masse der Bevölkerung weder die polnische Staatsidee totgeschlagen noch die Juden beseitigt. Im Gegenteil, die Art und Weise des Abschlachtens bringt größten Schaden mit sich, kompliziert die Probleme und macht sie viel gefährlicher, als sie bei überlegtem und zielbewusstem Handeln gewesen wären. [...]

Wenn hohe Amtspersonen der SS und Polizei Gewalttaten und Brutalität verlangen und sie in der Öffentlichkeit belobigen, dann regiert in kürzester Zeit nur noch der Gewalttätige. [...]

Die einzige Möglichkeit, sich dieser Seuche zu erwehren, besteht darin, die Schuldigen und ihren Anhang schleunigst der militärischen Führung und Gerichtsbarkeit zu unterstellen.

5.3.1
Hörtext: Auszug aus dem Bericht des Kommandanten des rückwärtigen Armeegebietes 581, Generalleutnant Alfred Böhm-Tettelbach, an das Oberkommando der 8. Armee betreffend Terroraktionen der 2. SS-Totenkopfstandarte »Brandenburg« gegen jüdische Bürger, 25. September 1939
BA Ludwigsburg

5.3.2
Oberstleutnant Hellmuth Stieff bei der 4. Armee (Heeresgruppe Mitte), UdSSR, Mai 1942.
PK-Foto: Menzendorf
BA Koblenz

Ich schäme mich ein Deutscher zu sein. Diese Minderheit, die durch Morden, Plündern und Sengen den deutschen Namen besudelt, wird das Unglück des ganzen deutschen Volkes werden, wenn wir ihnen nicht bald das Handwerk legen.

5.3.3
Auszug aus einem Privatbrief Hellmuth Stieffs an seine Frau über seine Eindrücke im besetzten Warschau, 21. November 1939
Privatbesitz

5.3.4
Der Oberbefehlshaber der deutschen Besatzungsarmee in Polen, Johannes von Blaskowitz (li.), und der Generalgouverneur in Polen, Dr. Hans Frank (re.), 1939
BA Koblenz

5.3.5
Auszug aus den Notizen für den Vortrag von Johannes von Blaskowitz beim Oberbefehlshaber des Heeres in Schloß Spala, 15. Februar 1940
BA Freiburg

Taten, die in der Zeit vom 1. September 1939 bis zum heutigen Tage in den besetzten polnischen Gebieten aus Erbitterung wegen der von Polen verübten Greuel begangen worden sind, werden strafgerichtlich nicht verfolgt.

5.3.6
»Gnadenerlass« Adolf Hitlers für deutsche Kriegsteilnehmer, die während des Feldzugs in Polen Straftaten gegen die Bevölkerung verübten, Berlin, 4. Oktober 1939
BA Freiburg

5.4

UdSSR 1941: Verbrecherische Befehle

5.4.1
Adolf Hitler bei einer Lagebesprechung in »Mauerwald« (Ostpreußen), dem Hauptquartier des Oberkommandos des Heeres, mit dem Chef des Oberkommandos der Wehrmacht, Wilhelm Keitel (1. v. l.), dem Oberbefehlshaber des Heeres, Walther von Brauchitsch (3. v. l.), und dem Chef des Generalstabs des Heeres, Generaloberst Franz Halder (r.), 20. Juli 1941
SV Bilderdienst München

1. Der Bolschewismus ist der Todfeind des nationalsozialistischen deutschen Volkes. Dieser zersetzenden Weltanschauung und ihren Trägern gilt Deutschlands Kampf.
2. Dieser Kampf verlangt rücksichtsloses und energisches Durchgreifen gegen bolschewistische Hetzer, Freischärler, Saboteure, Juden und restlose Beseitigung jeden aktiven oder passiven Widerstandes.

5.4.2
Auszug aus den »Richtlinien für das Verhalten der Truppe in Rußland« des Oberkommandos der Wehrmacht, 19. Mai 1941
StA Nürnberg

27

[illegible]kommando des Heeres
Gen St d H/Gen Qu
Az. Abt. Kriegsverwaltung
Nr. II/ 2101 /41 geh.

H.Qu.OKH., den 28. 4. 41

Oberkommando Schlesien
Abt. Ib
Geheim

Betr.: Regelung des Einsatzes der Sicherheitspolizei und des SD im Verbande des Heeres.

Die Durchführung besonderer sicherheitspolizeilicher Aufgaben ausserhalb der Truppe macht den Einsatz von Sonderkommandos der Sicherheitspolizei (SD) im Operationsgebiet erforderlich.

Mit Zustimmung des Chefs der Sicherheitspolizei und des SD wird der Einsatz der Sicherheitspolizei und des SD im Operationsgebiet wie folgt geregelt:

1.) Aufgaben:

a) Im rückw. Armeegebiet:
Sicherstellung vor Beginn von Operationen festgelegter Objekte (Material, Archive, Karteien von reichs- oder staatsfeindlichen Organisationen, Verbänden, Gruppen usw.) sowie besonders wichtiger Einzelpersonen (Führende Emigranten, Saboteure, Terroristen usw.)
Der Oberbefehlshaber der Armee kann den Einsatz der Sonderkommandos in Teilen des Armeegebietes ausschliessen, in denen durch den Einsatz Störungen der Operationen eintreten können.

b) Im rückw. Heeresgebiet:
Erforschung und Bekämpfung der staats- und reichsfeindlichen Bestrebungen, soweit sie nicht der feindlichen Wehrmacht eingegliedert sind, sowie allgemeine Unterrichtung der Befehlshaber der rückw. Heeresgebiete über die politische Lage.

Für die Zusammenarbeit mit den [illegible] bzw. Abwehrstellen gelten sinngemäss die mit der Abwehr [illegible] am 1.1.37 gemeinsam aufgestellten Grundsätze für die Zusammenarbeit zwischen der Geheimen Staatspolizei und den Abwehrstellen der Wehrmacht.

[illegible]

28

- 2 -

2.) Zusammenarbeit zwischen den Sonderkommandos und den militärischen Kommandobehörden im rückw. Armeegebiet (zu 1.a).

Die Sonderkommandos der Sicherheitspolizei (SD) führen ihre Aufgaben in eigener Verantwortlichkeit durch. Sie sind den Armeen hinsichtlich Marsch, Versorgung und Unterbringung unterstellt. Disziplinäre und gerichtliche Unterstellung unter den Chef der SP und des SD werden hierdurch nicht berührt. Sie erhalten ihre fachlichen Weisungen vom Chef der Sicherheitspolizei und des SD und sind bezüglich ihrer Tätigkeit gegebenenfalls einschränkenden Anordnungen der Armeen (s.Ziff. 1. a) unterworfen.

Für die zentrale Steuerung dieser Kommandos wird im Bereich jeder Armee ein Beauftragter des Chefs der Sicherheitspolizei und des SD eingesetzt. Dieser ist verpflichtet, die ihm vom Chef der Sicherheitspolizei und des SD zugegangenen Weisungen dem Oberbefehlshaber der Armee rechtzeitig zur Kenntnis zu bringen. Der militärische Befehlshaber ist berechtigt, an den Beauftragten Weisungen zu geben, die zur Vermeidung von Störungen der Operationen erforderlich sind, sie gehen allen übrigen Weisungen vor.

Die Beauftragten sind auf ständige enge Zusammenarbeit mit dem I c angewiesen; Abstellung eines Verbindungsbeamten des Beauftragten zum I c kann von den Kommandobehörden gefordert werden. Der I c hat die Aufgaben der Sonderkommandos mit der militärischen Abwehr, der Tätigkeit der GFP und den Notwendigkeiten der Operationen in Einklang zu bringen.

Die Sonderkommandos sind berechtigt, im Rahmen ihres Auftrages in eigener Verantwortung gegenüber der Zivilbevölkerung Exekutivmassnahmen zu treffen. Sie sind hierbei zu engster Zusammenarbeit mit der Abwehr verpflichtet. Massnahmen, die sich auf die Operationen auswirken können, bedürfen der Genehmigung des Oberbefehlshabers der Armee.

3.) Zusammenarbeit zwischen den Einsatzgruppen bzw. -Kds. der SP (SD) und dem Befehlshaber im rückw. Heeresgebiet (zu 1 b):

Im rückw. ......

29

- 3 -

Im rückw. Heeresgebiet werden Einsatzgruppen und Einsatzkommandos der SP (SD) eingesetzt. Sie unterstehen dem Beauftragten des Chefs der SP und des SD beim Befehlshaber des rückw. Heeresgebiets und sind letzterem hinsichtlich Marsch, Unterkunft und Versorgung unterstellt.

Sie erhalten ihre fachlichen Weisungen vom Chef der SP und des SD.

Zur Befehlsübermittlung bedienen sie sich, falls keine anderen Nachrichtenmittel verfügbar sind, des Funkweges mit eigenen Geräten und besonderen Schlüsselmitteln. Die Frequenzenzuteilung regelt Chef HNW.

Der Beauftragte und gegebenenfalls die Kommandoführer der Einsatzkommandos bei den Sicherungsdivisionen sind verpflichtet, die ihnen zugegangenen Weisungen den militärischen Befehlshabern rechtzeitig zur Kenntnis zu bringen. Bei Gefahr im Verzuge ist der Befehlshaber im rückw. Heeresgebiet berechtigt, einschränkende Weisungen zu erteilen, die allen übrigen Weisungen vorgehen.

Die Einsatzgruppen bzw. -Kommandos sind berechtigt, im Rahmen ihres Auftrages in eigener Verantwortung Exekutivmassnahmen gegenüber der Zivilbevölkerung zu treffen.

Sie sind zu engster Zusammenarbeit mit der Abwehr verpflichtet.

4.) Abgrenzung der Befugnisse zwischen Sonderkommandos, Einsatzkdos. und Einsatzgruppen und G.F.P.

Die abwehrpolizeilichen Aufgaben innerhalb der Truppe und der unmittelbare Schutz der Truppe bleiben alleinige Aufgabe der GFP. Alle Angelegenheiten dieser Art sind von den Sonderkommandos bzw. Einsatzgruppen und -Kommandos sofort an die Geheime Feldpolizei abzugeben, wie umgekehrt diese alle Vorgänge aus dem Aufgabenbereich der Sonderkommandos ungesäumt an die Sonderkommandos bzw. Einsatzgruppen und Einsatzkommandos abzugeben hat. Im übrigen gilt auch hierfür das Abkommen vom 1.1.37 (s.Ziff.1)

5.4.3
Walther von Brauchitsch, Weisung betreffend den Einsatz der Sicherheitspolizei und des SD, 28. April 1941
BA Freiburg

»Die Einsatzgruppen bzw.-kommandos sind berechtigt, im Rahmen ihres Auftrages in eigener Verantwortung Exekutivmaßnahmen gegenüber der Zivilbevölkerung zu treffen. Sie sind zu enger Zusammenarbeit mit der Abwehr verpflichtet.«

Das Judentum bildet den Mittelsmann zwischen dem Feind im Rücken und den noch kämpfenden Resten der Roten Wehrmacht und der Roten Führung. Es hält stärker als in Europa alle Schlüsselpunkte der politischen Führung und Verwaltung, des Handels und des Handwerks besetzt und bildet weiter die Zelle für alle Unruhen und möglichen Erhebungen. […]
Für die Notwendigkeit der harten Sühne am Judentum, dem geistigen Träger des bolschewistischen Terrors, muss der Soldat Verständnis aufbringen. Sie ist auch notwendig, um alle Erhebungen, die meist von Juden angezettelt werden, im Keime zu ersticken.

5.4.4
Auszug aus dem Armeebefehl des Oberbefehlshabers der 11. Armee, Erich von Manstein, 20. November 1941 StA Nürnberg

5.5
Vernichtungskrieg

5.5.5
Am 11. Juli 1941 werden Angehörige des Bataillons vom Kommandeur der übergeordneten 221. Sicherungsdivision, Johann Pflugbeil, für ihren »Einsatz« in Białystok ausgezeichnet
HStA Düsseldorf

5.5.1
Jüdische Zwangsarbeiter unter Bewachung deutscher Soldaten, Mogilew, Juli 1941. PK-Foto: Rudolf Keßler
BA Koblenz

5.5.2
Vermutlich jüdische Kriegsgefangene im Stalag 305 – Nebenlager Adabasch – vor dem Abmarsch zur Erschießung, November 1941
HStA Hannover

5.5.6
Ein Kommando der Einsatzgruppe D erschießt jüdische Frauen in einer Grube, Dubossary (Moldawien), 14. September 1941
IWM London

5.5.3–5.5.4
Angehörige des Ordnungspolizei-Bataillons 309 setzen bei einem Pogrom gegen die jüdischen Bewohner der Stadt Białystok die Synagoge und angrenzende Wohnviertel in Brand, 27. Juni 1941
HStA Darmstadt

Brände und Exekutionen fordern mindestens 2.100 Todesopfer.

5.5.7 **ZEITFENSTER**
Berichte in der Süddeutschen Zeitung vom 24. September und 19. November 1974 über einen Strafprozess wegen NS-Verbrechen gegen Angehörige der Einsatzgruppe D. Max Drechsel und Walter Kehrer wurden unter anderem wegen der Ermordung der Juden von Dubossary zu mehrjährigen Gefängnisstrafen verurteilt.

Späte Sühne für Morde an Juden

Zwei ehemalige SS-Männer zu fünf und vier Jahren Freiheitsstrafe verurteilt

In einem der letzten Prozesse um die Ermordung von Juden während des Zweiten Weltkrieges im besetzten Südrußland verkündete der Vorsitzende Richter Hans Hess jetzt nach achtwöchiger Verhandlung das Urteil des Schwurgerichts München I. Der Betriebsorganisator und ehemalige SS-Obersturmführer Max Drexel (60) wurde wegen Beihilfe zum Mord in sieben Fällen mit rund 770 Opfern zu fünf, und der Kaufmann und frühere SS-Oberscharführer Walter Kehrer (61) wegen Mordbeihilfe in fünf Fällen mit mindestens 800 Opfern zu 4 Jahren Freiheitsstrafe verurteilt.

Die Angeklagten waren, wie zu Beginn des Prozesses berichtet, Mitglieder der berüchtigten Einsatzgruppe D gewesen, die auf Befehl Hitlers die besetzten Gebiete von Juden und „potentiellen Gegnern" zu säubern hatte. Laut Anklage hatte sich Drexel dabei in 13, und Kehrer in zehn Fällen an Tötungsaktionen beteiligt, letzterer unter anderem an der Massenexekution von Simferopol, der mindestens 5000 jüdische Männer, Frauen und Kinder zum Opfer gefallen waren.

In diesem und einigen anderen Anklagepunkten ließ sich jedoch ein Schuldnachweis nicht führen, so daß Freispruch erfolgte. In zwei weiteren Punkten wurde das Verfahren eingestellt. Vor allem aber konnte sich das Schwurgericht nicht davon überzeugen, daß die Angeklagten mit eigenem Tatwillen gehandelt hatten, so daß sie in den Punkten, in denen ihre Schuld feststand, nicht wegen mit Lebenslänglich bedrohter Mittäterschaft, sondern nur wegen Beihilfe verurteilt wurden. Von der Mittäterschaft war auch schon der Staatsanwalt in seinem Plädoyer abgegangen, in dem er für Drexel acht und für Kehrer sieben Jahre beantragt hatte.

Strafmildernder Verbotsirrtum

Der von den Angeklagten geltend gemachte Befehlsnotstand, auf den gestützt die Verteidiger Dr. Marga Fahrenschon und Franz Kunert Freispruch gefordert hatten, wurde vom Gericht zwar verneint. Es hielt beiden aber zugute, daß sie nur auf Befehl gehandelt hatten, und ging weiter von einem zwar nicht schuldausschließenden, aber doch strafmildernden Verbotsirrtum aus.

Erwin Tochtermann

Seite 10 Süddeutsche Zeitung Nr. 220

Wegen tausendfachen Judenmordes vor Gericht

Prozeß gegen zwei ehemalige Mitglieder der Einsatzgruppe D / Angeklagte machen Befehlsnotstand geltend

Von unserem Redaktionsmitglied Erwin Tochtermann

Vor dem Schwurgericht München I unter dem Vorsitzenden Richter Hans Heß begann gestern der voraussichtlich letzte Prozeß um die Ausrottung von Juden durch die Einsatzgruppe D in Südrußland während des Zweiten Weltkriegs. Die Staatsanwaltschaft wirft dem 60jährigen Betriebsorganisator und früheren SS-Obersturmführer Max Drexel Mittäterschaft bei der Ermordung von über 2600 Männern, Frauen und Kindern, und dem 61jährigen Kaufmann und ehemaligen SS-Oberscharführer Walter Kehrer gemeinschaftlich begangenen Mord an über 7800 Menschen vor.

Drexel befehligte etwa von Anfang August bis Anfang Oktober 1941 ein Teilkommando der Einsatzgruppe 12, deren Aufgabe es war, in ihrem Bereich gemäß dem Führerbefehl zur „Endlösung" die Juden und potentielle Gegner in den besetzten Gebieten zu vernichten. Laut Anklage hielt Drexel „als überzeugter Nationalsozialist und treuer Gefolgsmann Hitlers die angeordneten Maßnahmen für notwendig und sorgte in einverständlichem Eifer in dem ihm zugewiesenen Gebiet für den rückhaltlosen Vollzug des Vernichtungsbefehls". Dem gleichen Teilkommando war Kehrer als Dolmetscher zugeteilt. Seine Einstellung sieht die Staatsanwaltschaft so: „Der Angeklagte war in seinem jeweiligen Tätigkeitsbereich stets bestrebt, den Vernichtungsbefehl Hitlers rückhaltlos zu vollziehen, weil er selbst die Juden haßte und ihre Vernichtung wollte. Der Befehl Hitlers war ihm daher eine willkommene Gelegenheit, seinen eigenen Vernichtungswillen zu betätigen, was er auch dadurch zum Ausdruck brachte, daß er ... es sich wiederholt nicht nehmen ließ, Juden eigenhändig zu erschießen."

Auch beim Massaker in Simferopol

Im einzelnen wird Drexel zur Last gelegt, bei insgesamt 13 Aktionen den Tötungsbefehl erteilt zu haben, wobei die Zahl der Opfer einmal 1500 und einmal 1000 betrug und in den anderen Fällen zwischen einem und 70 Menschen lag. An den zwei Massenexekutionen soll sich auch Kehrer beteiligt haben, dem auch die Mitwirkung an dem Massaker bei Simferopol angelastet wird, das an drei aufeinanderfolgenden Tagen mindestens 5000 Opfer forderte. Schließlich soll Kehrer auch noch fünfmal den Befehl gegeben haben, jeweils mindestens 30 Personen im Gaswagen umzubringen. Einige zunächst „verschonte" jüdische Gefangene mußten die Toten dann in Panzergräben werfen und wurden anschließend erschossen.

„... ein fürchterliches Unrecht"

Nach den bisherigen Angaben der Angeklagten ist anzunehmen, daß sie zwar die Tötungshandlungen einräumen, sich aber entschieden dagegen wenden, daß sie damit einverstanden gewesen sei. So führte Drexel, nach seiner Einstellung zu den Juden gefragt, zwar zunächst aus: „Nach dem, was uns damals gesagt wurde, war ich der Überzeugung, daß sie aus dem wirtschaftlichen und kulturellen Leben ausgeschlossen werden müßten." Als aber vor dem Einrücken nach Rußland der Führerbefehl bekanntgegeben worden sei, da „war ich innerlich restlos erledigt". Es sei ihm klar gewesen, „daß das ein fürchterliches Unrecht war". Nach seiner Überzeugung sei aber nichts dagegen zu machen gewesen, „denn das wäre Befehlsverweigerung gewesen, und ich hätte um mein Leben fürchten müssen".

Kehrer, der nach seinen Ausführungen „nur des Reitens wegen" 1932 zur Reiter-SA und als in Rußland geborener Volksdeutscher später lediglich wegen seiner russischen und türkischen Sprachkenntnisse als Dolmetscher zur Polizei gekommen war, bezeichnete seine Einstellung zum Nationalsozialismus als „nicht negativ". Daß er sich aber keineswegs besonders aktiv im Sinn der damaligen Machthaber hervorgetan habe, versuchte er damit zu unterstreichen: „Ich bin als Dolmetscher und Oberscharführer zur Einsatzgruppe D gekommen und bin das geblieben bis zum letzten Kriegstag." — Wir werden auf den Prozeß, der vorläufig bis zum 24. Oktober terminiert ist, zu gegebener Zeit zurückkommen.

Vater stach Sohn nieder – nach Haar gebracht

Der 54jährige Adolf Schneider, der, wie damals ausführlich berichtet, im Juli dieses Jahres aus nichtigem Anlaß in seiner Wohnung im Norden der Stadt seinen 16jährigen Sohn mit einem Messer attackierte, und ihm einen lebensbedrohenden Stich in die Herzgegend versetzte, ist nach Haar gebracht worden. Er soll dort auf seine strafrechtliche Zurechnungsfähigkeit untersucht werden.

Was Schneider möglicherweise vor einem Schwurgerichtsprozeß bewahren wird, ist die Tatsache, daß er 1963 seinen älteren Sohn gleichfalls angegriffen und durch einen Hieb mit der Axt auf den Kopf lebensgefährlich verletzt hatte. Damals nämlich hatten Ärzte bei Schneider einen schizophrenen Schub zur Tatzeit festgestellt und ihm Zurechnungsunfähigkeit zur Tatzeit attestiert.

Die Vorgänge des Jahres 1963 bewogen die Staatsanwaltschaft, eine vorläufige Unterbringung Schneiders in Haar zu beantragen. Vermutlich wird in einem Sicherungsverfahren seine endgültige Unterbringung in einem Nervenkrankenhaus beantragt werden. Sei älterer Sohn, den er mit der Axt so schwer verletzt hatte, ist übrigens inzwischen nach Australien ausgewandert. Er kommentierte seine Auswanderung damals, laut Polizeiprotokoll, mit den Worten: „Mein Vater kann nicht schwimmen." jf

Motorradler prallt gegen Auto – tot

Der 18jährige Jürgen L. geriet gestern gegen 7.30 Uhr in der Schragenhofstraße, Hartmannshofen, in der Bahnunterführung aus ungeklärter

5.5.8
Hörtext: Zeugenaussage von Friedrich Herrmann, Angehöriger des Reservepolizeibataillons 91, über eine Massenerschießung bei Wolkowysk (Belarus) im Februar 1942, Auszug aus einer Aufzeichnung, 7. Februar 1963
BA Ludwigsburg

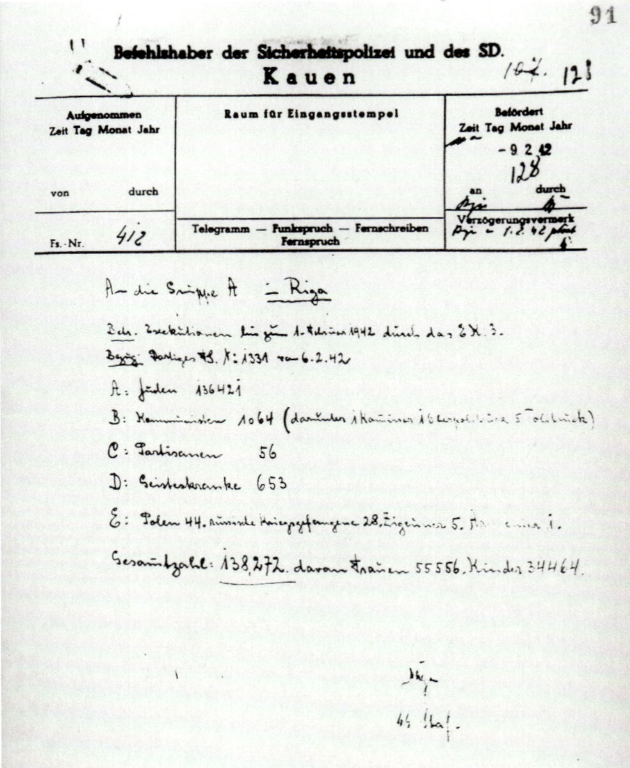

91

Befehlshaber der Sicherheitspolizei und des SD.
Kauen

Aufgenommen Zeit Tag Monat Jahr	Raum für Eingangsstempel	Befördert Zeit Tag Monat Jahr
		-9 2 42 128
von durch		an durch
Fs.-Nr. 412	Telegramm — Funkspruch — Fernschreiben Fernspruch	Verzögerungsvermerk

An die Gruppe A in Riga

Betr.: Exekutionen bis zum 1. Februar 1942 durch das E.K. 3.
Bezug: Dortiges FS. Nr. 1331 vom 6.2.42

A: Juden 136421
B: Kommunisten 1064 (darunter 1 Kommissar 1 Bezirkspolitruk 5 Politruck)
C: Partisanen 56
D: Geisteskranke 653
E: Polen 44, russische Kriegsgefangene 28, Zigeuner 5, Armenier 1.

Gesamtzahl: 138.272, davon Frauen 55556, Kinder 34464.

5.5.9
Telegramm des Kommandeurs der Sicherheitspolizei und des SD in Kaunas (Kauen), Karl Jäger, an die Einsatzgruppe A, betreffend die durch das Einsatzkommando 3 bis zum 1. Februar 1942 durchgeführten Exekutionen, 9. Februar 1942
RGVA Moskwa

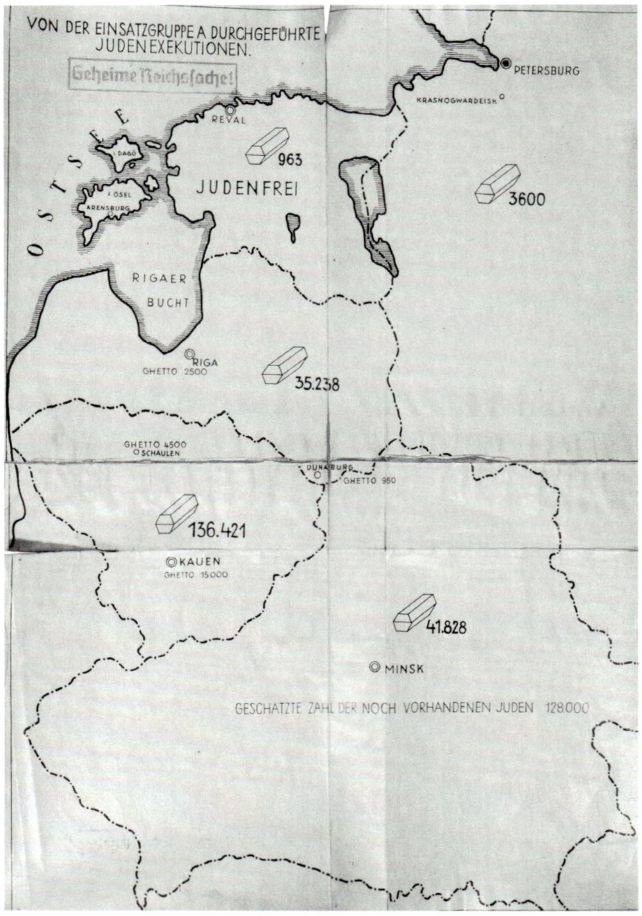

5.5.10
Anlage zum zweiten Bericht des Führers der Einsatzgruppe A, Dr. Franz Walter Stahlecker, über die Aktionen der Einsatzgruppe für die Zeit vom 16. Oktober 1941 bis 31. Januar 1942
RGVA Moskwa

5.5.11–5.5.13
Das Massaker von Babij Jar, 29./30. September 1941: Überreste der Kleidung erschossener Juden, Planierung des Massengrabes durch sowjetische Kriegsgefangene, Anfang Oktober 1941. PK-Fotos: Johannes Hähle
HIS Hamburg

Als »Vergeltung« für Anschläge auf die deutsche Besatzungsmacht wurden 33.771 jüdische Einwohner der Stadt Kiew in der nahegelegenen Schlucht Babij Jar durch das Sonderkommando 4a und Kräfte der Ordnungspolizei ermordet.

5.6
Deutsche Besatzung im östlichen und südöstlichen Europa 1939–1942

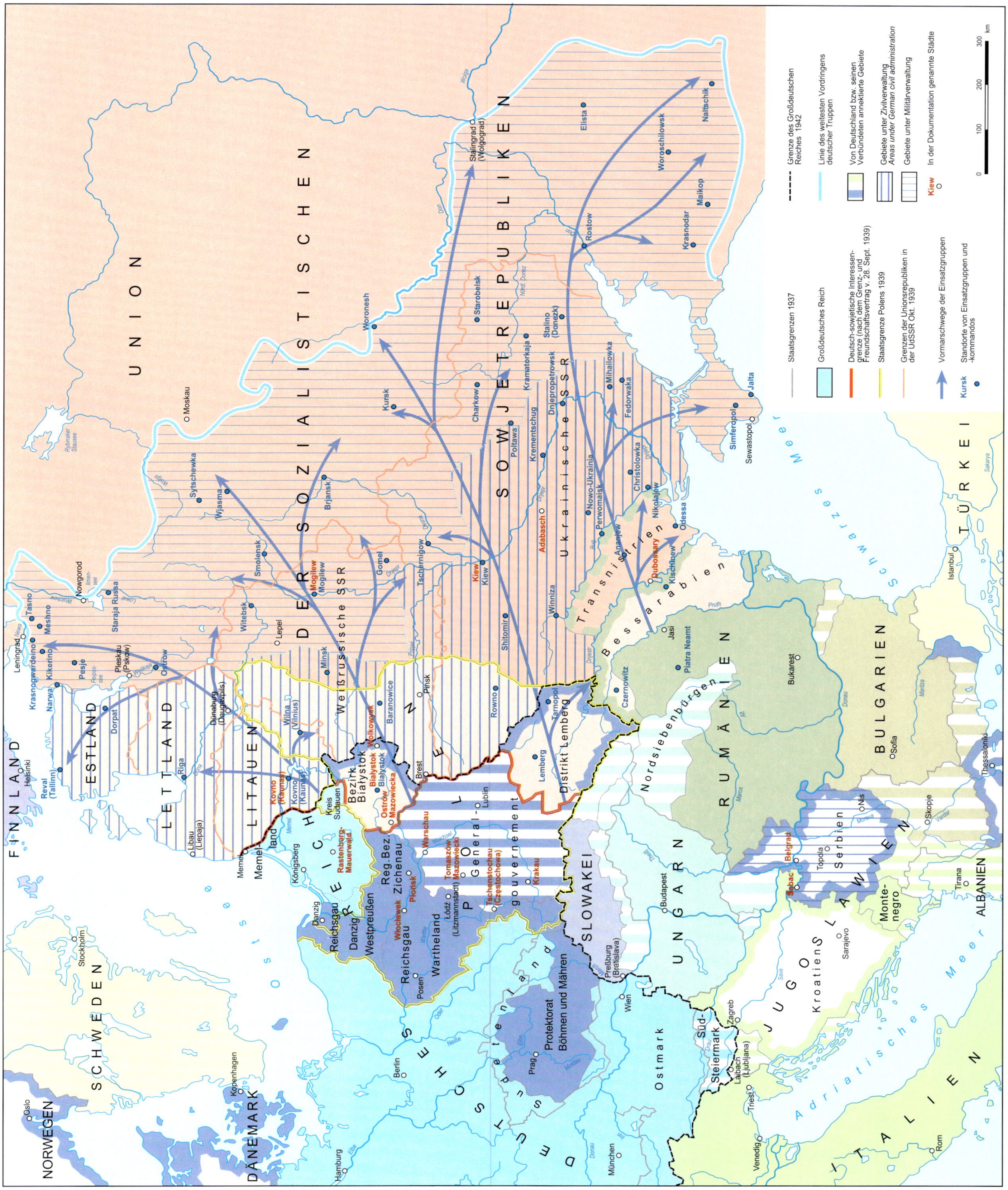

5.6.1
Errichtung der deutschen Herrschaft in den besetzten Gebieten des östlichen und südöstlichen Europa 1939–1942

5.7

Serbien 1941: Judenverfolgung und Besatzungsterror

5.7.1 – 5.7.2
Erfassung von männlichen Juden zu Aufräumungsarbeiten vor der Belgrader Festung Kalemegdan, April 1941. PK-Foto: Neubauer
BA Koblenz

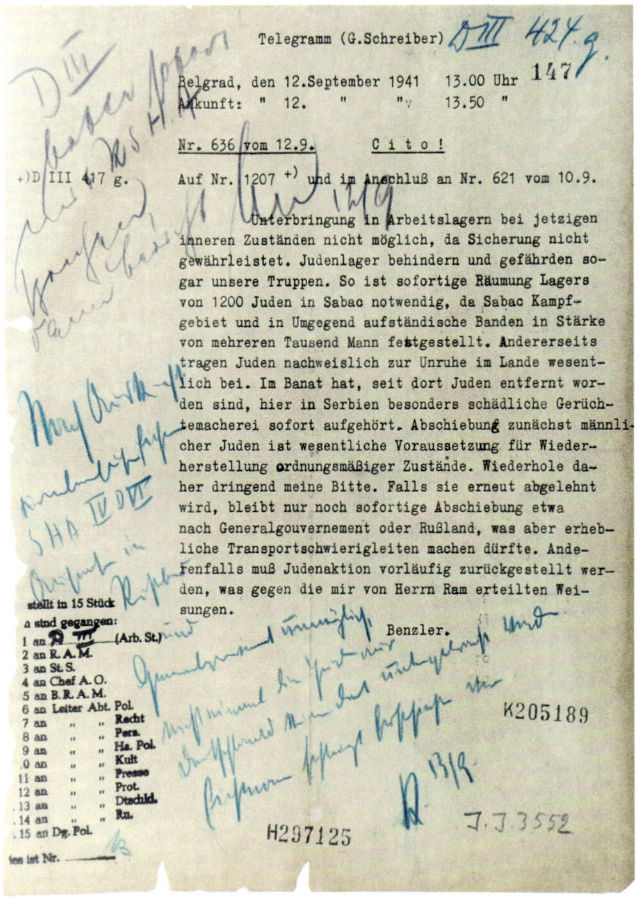

Telegramm (G.Schreiber) D III 424 g.

Belgrad, den 12.September 1941 13.00 Uhr 147
Ankunft: " 12. " " 13.50 "

Nr. 636 vom 12.9. Cito!

+) D III 417 g.

Auf Nr. 1207 +) und im Anschluß an Nr. 621 vom 10.9.

Unterbringung in Arbeitslagern bei jetzigen inneren Zuständen nicht möglich, da Sicherung nicht gewährleistet. Judenlager behindern und gefährden sogar unsere Truppen. So ist sofortige Räumung Lagers von 1200 Juden in Sabac notwendig, da Sabac Kampfgebiet und in Umgegend aufständische Banden in Stärke von mehreren Tausend Mann festgestellt. Andererseits tragen Juden nachweislich zur Unruhe im Lande wesentlich bei. Im Banat hat, seit dort Juden entfernt worden sind, hier in Serbien besonders schädliche Gerüchtemacherei sofort aufgehört. Abschiebung zunächst männlicher Juden ist wesentliche Voraussetzung für Wiederherstellung ordnungsmäßiger Zustände. Wiederhole daher dringend meine Bitte. Falls sie erneut abgelehnt wird, bleibt nur noch sofortige Abschiebung etwa nach Generalgouvernement oder Rußland, was aber erhebliche Transportschwierigleiten machen dürfte. Andernfalls muß Judenaktion vorläufig zurückgestellt werden, was gegen die mir von Herrn Ram erteilten Weisungen.

Benzler.

stellt in 15 Stück
n sind gegangen:
1 an D III (Arb. St.)
2 an R.A.M.
3 an St.S.
4 an Chef A.O.
5 an B.R.A.M.
6 an Leiter Abt. Pol.
7 an " " Recht
8 an " " Pers.
9 an " " Ha. Pol.
10 an " " Kult
11 an " " Presse
12 an " " Prot.
13 an " " Dtschld.
14 an " " Ru.
15 an Dg. Pol.
ies ist Nr.

K205189

H297125

J.J.3552

5.7.3
Handschriftlicher Vermerk des Leiters des »Judenreferats« im Auswärtigen Amt, Franz Rademacher, über ein Telefongespräch mit Adolf Eichmann, 13. September 1941
PAAA Berlin

Die Marginalie befindet sich auf einem Telegramm des deutschen Gesandten in Serbien, Felix Benzler, an das Auswärtige Amt vom 12. September 1941 über die vorgesehene Deportation von Juden aus dem serbischen Internierungslager Šabac.

»Nach Auskunft Sturmbannführer Eichmann (…) Aufnahme in Rußland und Generalgouvernement unmöglich, nicht einmal die Juden aus Deutschland können dort untergebracht werden. Eichmann schlägt Erschießen vor.«

5.7.4–5.7.6
Erschießung serbischer Juden durch Angehörige einer Nachrichteneinheit der Wehrmacht, vermutlich Oktober 1941. PK-Foto: Baier
ECPAD Paris

[Ich habe] in den letzten 8 Tagen 2000 Juden und 200 Zigeuner erschiessen lassen nach der Quote 1:100 für bestialisch hingemordete deutsche Soldaten. Und weitere 2200, ebenfalls fast nur Juden, werden in den nächsten 8 Tagen erschossen. Eine schöne Arbeit ist das nicht! Aber immerhin muss es sein, um einmal den Leuten klar zu machen, was es heisst, einen deutschen Soldaten überhaupt nur anzugreifen, und zum anderen löst sich die Judenfrage auf die Weise am schnellsten. Es ist ja eigentlich falsch, wenn man es genau nimmt, dass für ermordete Deutsche, bei denen ja da Verhältnis 1:100 zu Lasten der Serben gehen müsste, nun 100 Juden erschossen werden, aber die haben wir nun mal im Lager gehabt, – schliesslich sind es ja auch serbische Staatsangehörige und sie müssen ja auch verschwinden.

5.7.7
Auszug aus einem Privatschreiben des Chefs der Militärverwaltung in Serbien, Harald Turner, an den Höheren SS- und Polizeiführer in Danzig, Richard Hildebrandt, über die Erschießung männlicher Juden und Roma, 17. Oktober 1941
StA Nürnberg

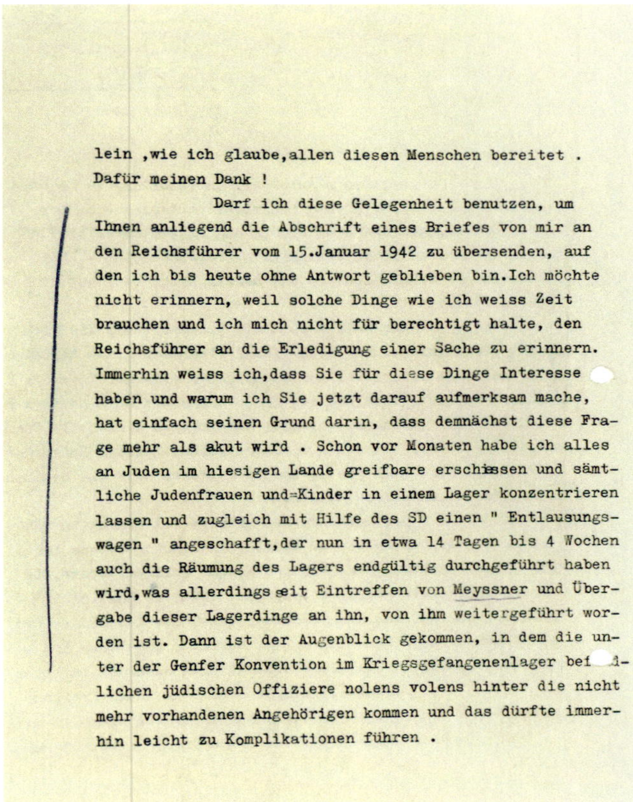

lein ,wie ich glaube,allen diesen Menschen bereitet .
Dafür meinen Dank !
Darf ich diese Gelegenheit benutzen, um Ihnen anliegend die Abschrift eines Briefes von mir an den Reichsführer vom 15.Januar 1942 zu übersenden, auf den ich bis heute ohne Antwort geblieben bin.Ich möchte nicht erinnern, weil solche Dinge wie ich weiss Zeit brauchen und ich mich nicht für berechtigt halte, den Reichsführer an die Erledigung einer Sache zu erinnern. Immerhin weiss ich,dass Sie für diese Dinge Interesse haben und warum ich Sie jetzt darauf aufmerksam mache, hat einfach seinen Grund darin, dass demnächst diese Frage mehr als akut wird . Schon vor Monaten habe ich alles an Juden im hiesigen Lande greifbare erschissen und sämtliche Judenfrauen und Kinder in einem Lager konzentrieren lassen und zugleich mit Hilfe des SD einen " Entlausungswagen " angeschafft,der nun in etwa 14 Tagen bis 4 Wochen auch die Räumung des Lagers endgültig durchgeführt haben wird,was allerdings seit Eintreffen von Meyssner und Übergabe dieser Lagerdinge an ihn, von ihm weitergeführt worden ist. Dann ist der Augenblick gekommen, in dem die unter der Genfer Konvention im Kriegsgefangenenlager befindlichen jüdischen Offiziere nolens volens hinter die nicht mehr vorhandenen Angehörigen kommen und das dürfte immerhin leicht zu Komplikationen führen .

5.7.8
Schreiben Turners an den Chef des Persönlichen Stab Reichsführer SS, Karl Wolff, über die Vergasung jüdischer Frauen und Kinder im serbischen KZ Sajmište, 11. April 1942
BA Berlin

Handlungsspielräume unter deutscher Besatzung

Der Weg zur Vernichtung der Juden in Ost- und Südosteuropa war nicht eindeutig vorgezeichnet. Die Befehlsgeber waren auf die Bereitschaft ihrer Untergebenen zur Ausführung ihrer Anordnungen angewiesen, aber auch auf Unterstützung aus der einheimischen Bevölkerung. Im Verlauf der Verfolgung eröffneten sich den Beteiligten unterschiedliche Handlungsmöglichkeiten. Wie sie sich verhielten, hing nicht nur von Befehlen und äußeren Zwängen ab, sondern auch von ihrer Deutung der Situation, ihren Einstellungen und Motiven.

Die Bereitschaft Einheimischer, mit den deutschen Besatzern zusammenzuarbeiten, variierte nach Region, politisch-ideologischer Orientierung und persönlichen Interessen. Juden wurden manchmal von Nachbarn versteckt, stießen aber meist auf deren Teilnahmslosigkeit und Furcht. Sie waren auch mit Kollaborateuren konfrontiert, die sie denunzierten, beraubten und sich sogar an ihrer Ermordung beteiligten, weil sie Juden hassten, sich deutschen Befehlen fügten und sich von der Beteiligung am Judenmord materielle oder politische Vorteile versprachen.

Unter den Deutschen in den Besatzungsgebieten gab es nur wenige, die sich Befehlen zur Mitwirkung an den Morden entzogen oder sich um die Rettung von Juden bemühten. Dennoch: Deren Handlungen beweisen, dass humanes Verhalten auch unter der nationalsozialistischen Herrschaft möglich und in manchen Fällen erfolgreich war.

Die Juden standen den Mordkommandos zunächst völlig überrascht wehrlos gegenüber. Doch entwickelte sich vielerorts Widerstand. Um das von den Deutschen verursachte Elend in den Ghettos zu lindern, wurden Selbsthilfeorganisationen geschaffen. Aktiver Widerstand war durch räumliche und soziale Isolation und den chronischen Mangel an Lebensmitteln, Medikamenten und Waffen erschwert. Die Flucht aus den Städten und der Anschluss an Partisanenverbände gelangen nur im Ausnahmefall. Blieb der bewaffnete Widerstand in den Ghettos letztlich ohne Erfolg, so retteten doch ab 1942/43 jüdische Partisaneneinheiten mehreren tausend Menschen das Leben.

Die folgenden historischen Fallbeispiele veranschaulichen unterschiedliche Handlungsmöglichkeiten und zeigen, wie sich Täter, Zuschauer oder Opfer unter den Bedingungen des NS-Besatzungsregimes in Osteuropa in konkreten Entscheidungssituationen verhielten.

Kollaboration

Nach dem Rückzug der sowjetischen Truppen aus der damaligen litauischen Hauptstadt Kaunas am 22. Juni 1941 gingen litauische Nationalisten gewaltsam gegen die jüdische Bevölkerung vor. Die Pogrome wurden auch nach der deutschen Besetzung der Stadt am 24. Juni fortgesetzt. Wehrmachtsinstanzen verhielten sich völlig passiv.

Auf Weisung Heydrichs ermunterte der Führer der Einsatzgruppe A, SS-Brigadeführer Stahlecker, die Mordkommandos zu ihrem Vorgehen und versuchte zugleich, die litauischen Milizen dem Befehl der deutschen Sicherheitspolizei zu unterstellen.

Bei Massakern in der Stadt und in den umliegenden Forts VII und IX kamen bis zum 11. Juli 1941 annähernd 7.800 Juden ums Leben.

Zuschauer

Die Filmemacherin und Propagandistin Leni Riefenstahl wurde am 12. September 1939 bei Dreharbeiten in der polnischen Kleinstadt Końskie Augenzeugin eines deutschen Kriegsverbrechens: Soldaten der Wehrmacht zwangen jüdische Männer, in einem Park ein Grab für vier hinter der Front erschossene deutsche Soldaten auszuheben. Als die Juden auf Weisung eines deutschen Polizeioffiziers den Ort verließen, gab der Flakoffizier Bruno Kleinmichl zwei Schüsse auf die vermeintlich Fliehenden ab. Wehrmachtssoldaten feuerten daraufhin planlos in die von Panik erfasste Gruppe und töteten zweiundzwanzig Menschen.

Riefenstahl protestierte beim Befehlshaber der 10. Armee, General Walter von Reichenau, gegen das Vorgehen der deutschen Soldaten und legte ihr Amt als Kriegsberichterstatterin nieder. Riefenstahl hat sich jedoch nie vom Nationalsozialismus distanziert. Auch nach dem Krieg hat sie sich zu keiner Zeit selbstkritisch mit ihrem Beitrag zur Verherrlichung des verbrecherischen Regimes auseinandergesetzt.

Retter

Am 26. Juli 1942 – wenige Tage nach Himmlers Weisung, bis Jahresende alle Ghettos in Polen aufzulösen – versperrten Wehrmachtssoldaten einer Polizeieinheit den Zugang zum Ghetto in Przemyśl und verhinderten so eine geplante Räumungsaktion.

Zur Begründung für diese ungewöhnliche Maßnahme verwiesen Ortskommandant Max Liedtke und sein Adjutant, Dr. Albert Battel, auf eine Vereinbarung mit der örtlichen Polizei: Jüdische Zwangsarbeiter für die Wehrmacht waren vom Abtransport aus dem Ghetto auszunehmen. Battel selbst holte mit einer Abteilung Soldaten weitere 80 bis 100 Juden aus dem Ghetto und gewährte ihnen Schutz in der Ortskommandantur. In den folgenden Tagen führten jedoch SS und Polizei die Räumung durch: Mindestens 10.000 Juden wurden in das Todeslager Bełżec deportiert oder bereits vor Ort erschossen. Auf Betreiben Himmlers sollte Battel nach Kriegsende aus der NSDAP ausgestoßen und in Haft genommen werden.

Widerstand

Zwischen 1941 und 1944 bestand im unzugänglichen Waldgebiet von Naliboki (Weißrussland) eine große jüdische Partisanengruppe unter Führung von Anatolij »Tuvia« Bielski und dessen Brüdern. Deren Eltern waren von den Einsatzkommandos ermordet worden. Die Gruppe nahm an Operationen der sowjetischen Partisanenführung teil, konzentrierte sich aber auf die Sicherung des eigenen Überlebens und die Rettung jüdischer Flüchtlinge – hauptsächlich aus dem Ghetto der Stadt Nowogrudok. Die Organisation eines ausgedehnten »Familienlagers« mit improvisiertem Hospital, Schule, Werkstätten und einer Synagoge ermöglichte auch Frauen, Kindern und Alten das Überleben.

Nach dem deutschen Rückzug im Sommer 1944 kehrte Bielski mit über 1.200 Geretteten nach Nowogrudok zurück.

Viele ehemalige »Bielski-Partisanen« wanderten nach Kriegsende über Deutschland in die USA und nach Israel aus.

Selbstbehauptung

Eugenia Tabaczynska wurde mit ihrer Familie 1940 zwangsweise in das Warschauer Ghetto eingewiesen. Trotz der widrigen Lebensumstände besuchte sie hier das Untergrund-Gymnasium und legte im Frühjahr 1942 ihr Abitur ab. Wie ihre Familienangehörigen arbeitete sie bei der deutschen Firma »Schultz & Co.«, die sie vor den Ghettoräumungsaktionen schützte. Während des Ghettoaufstands im April 1943 fand sie Zuflucht in einem Bunkerversteck auf dem Firmengelände.

Am 30. April 1943 konnte Eugenia Tabaczynska zusammen mit weiteren Gefährten einen deutschen Soldaten bestechen und auf die »arische« Seite Warschaus fliehen. Hier half ihr Aleksander Pawlowski mit Unterkunft und Verpflegung. Als christliche Polin getarnt meldete sie sich im August 1944 zum freiwilligen Arbeitseinsatz in das Reich.

Im Reichsarbeitsdienstlager Brieg in Oberschlesien wurde sie im Februar 1945 von sowjetischen Truppen befreit.

Florian Dierl

6.1
Deutsche Besatzung im östlichen Europa 1941–1944

6.1.1
Deutsche Verwaltungsgebiete im besetzten östlichen Europa 1941–1944

6.2

Kollaboration

Den Selbstreinigungsversuchen antikommunistischer oder antijüdischer Kreise in den neu zu besetzenden Gebieten sind keine Hindernisse zu bereiten. Sie sind im Gegenteil, allerdings spurenlos, zu fördern, ohne daß sich diese örtlichen »Selbstschutz«-Kreise später auf Anordnungen oder gegebene politische Zusicherungen berufen können.

6.2.1
Schreiben Heydrichs an die Höheren SS- und Polizeiführer in den besetzten Ostgebieten über die Aufgaben der Sicherheitspolizei und des SD, 2. Juli 1941 BA Berlin

6.2.4
Die jüdische Bevölkerung der Stadt Kaunas wird von litauischen Nationalisten durch die Straßen getrieben, vermutlich zwischen dem 25. und 27. Juni 1941
BA Ludwigsburg

6.2.5
Juden werden von litauischen Nationalisten nach dem Einmarsch der deutschen Wehrmacht in Kaunas öffentlich erschlagen, vermutlich zwischen dem 25. und 27. Juni 1941
BA Ludwigsburg

Im Hintergrund beobachten deutsche Soldaten das Mordgeschehen.

6.2.2
Ein mit einem Holzknüppel bewaffneter litauischer Nationalist präsentiert sich vor einer Reihe erschlagener jüdischer Einwohner der Stadt Kaunas, vermutlich zwischen dem 25. und 27. Juni 1941
BA Ludwigsburg

6.2.3
Hörtext: Zeugenbericht des ehemaligen Adjutanten beim Stab der Heeresgruppe Nord, von Bischoffshausen, vom 19. April 1959 betreffend den Massenmord an der jüdischen Bevölkerung in Kaunas (Kovno) am 27. Juni 1941
BA Ludwigsburg

6.3
Zuschauer

6.3.1
Soldaten der Wehrmacht führen jüdische Gefangene in einen Park der Stadt Końskie, 12. September 1939
IPN Warszawa

6.3.2
Die jüdischen Gefangenen erwarten unter deutscher Bewachung ihr Schicksal
IPN Warszawa

6.3.3
Deutsche Soldaten beobachten die jüdischen Männer beim Ausheben des Grabes
IPN Warszawa

6.3.4
Zusammen mit einem Angehörigen ihres Filmteams verfolgt Leni Riefenstahl entsetzt den Mord an den Juden
BA Berlin

6.4
Retter

6.4.1
Oberleutnant Albert Battel (1. Reihe, 3. v. r.) mit Angehörigen der Ortskommandantur Przemyśl, undatiert
Privatbesitz

6.4.2
Major Max Liedtke, Gent (Belgien), Mai 1941
Privatbesitz

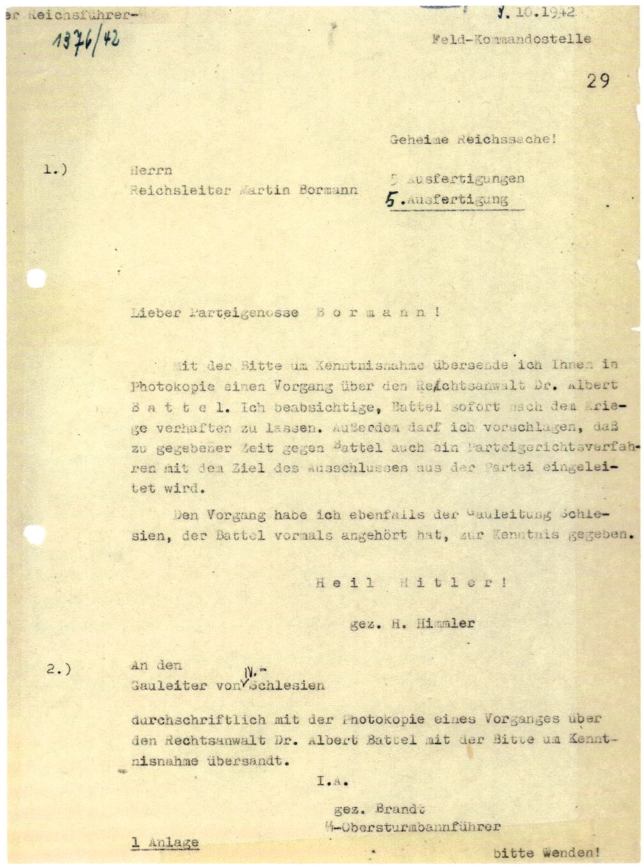

er Reichsführer- 3. 10.1942
1376/42
Feld-Kommandostelle

29

Geheime Reichssache!

1.) Herrn
Reichsleiter Martin Bormann

5 Ausfertigungen
5. Ausfertigung

Lieber Parteigenosse B o r m a n n !

Mit der Bitte um Kenntnisnahme übersende ich Ihnen in Photokopie einen Vorgang über den Rechtsanwalt Dr. Albert B a t t e l. Ich beabsichtige, Battel sofort nach dem Kriege verhaften zu lassen. Außerdem darf ich vorschlagen, daß zu gegebener Zeit gegen Battel auch ein Parteigerichtsverfahren mit dem Ziel des Ausschlusses aus der Partei eingeleitet wird.

Den Vorgang habe ich ebenfalls der Gauleitung Schlesien, der Battel vormals angehört hat, zur Kenntnis gegeben.

H e i l H i t l e r !

gez. H. Himmler

2.) An den
Gauleiter von N.-Schlesien

durchschriftlich mit der Photokopie eines Vorganges über den Rechtsanwalt Dr. Albert Battel mit der Bitte um Kenntnisnahme übersandt.

I.A.

gez. Brandt
SS-Obersturmbannführer

1 Anlage

bitte Wenden!

6.4.3
Schreiben Himmlers an den Leiter der Parteikanzlei der NSDAP, Martin Bormann, 3. Oktober 1942
BA Berlin

6.5 Widerstand

6.5.1
Anatolij »Tuvia« Bielski, undatiert
YV Jerusalem

6.5.2
Gruppenaufnahme der jüdischen Partisanengruppe um Anatolij »Tuvia« Bielski (1906-1987) während der Wache an einer improvisierten Flugpiste im Naliboki-Wald (Weißrussland), vermutlich 1943/1944
USHMM Washington D. C.

6.5.3
Gruppenaufnahme ehemaliger »Bielski-Partisanen« im Lager für »Displaced Persons«, Föhrenwald bei München, 3. April 1948
USHMM Washington D. C.

Der Feind machte keinen Unterschied. Sie griffen sich wahllos Menschen und töteten sie. Würde ich sie nicht bloß nachahmen, wenn ich einfach ein paar Deutsche – irgendwelche Deutsche – umbrachte? Es würde sich nicht auszahlen, und für mich hatte das auch keinen Sinn. Ich wollte retten, nicht töten.

6.5.4
Tuvia Bielski im Interview mit der Soziologin Nechama Tec, Brooklyn, New York, 1987

6.6 Selbstbehauptung

6.6.1
EUGENIA TABACZYNSKA
(Mitte) mit zwei Klassenkameradinnen im Ghetto von Warschau, 1942. Die Aufnahme wurde am Tage ihres erfolgreichen Schulabschlusses in einer Untergrundschule gemacht
USHMM Washington D. C.

6.6.2
EUGENIA TABACZYNSKA
mit zwei Gefährten und ihrem Helfer Aleksander Pawlowski, Łódź, März 1946. Von links nach rechts: Adam Los, Misza (Janis) Janiszewski, Eugenia Tabaczynska, Aleksander Pawlowski
USHMM Washington D. C.

Der Weg zum Massenmord an den Juden Europas

Bereits in seinem Buch »Mein Kampf« hatte Hitler behauptet, Deutschland hätte den Ersten Weltkrieg gewinnen können, wenn man Tausende von Juden dem Giftgas so ausgesetzt hätte, wie es deutsche Soldaten an der Westfront hatten erfahren müssen. Fast zwanzig Jahre später wollte er die Deutschen angesichts der militärischen Niederlage in seinem politischen Testament auf einen fortdauernden Kampf gegen alle Juden verpflichten. Zwischen diesen beiden Äußerungen aus den Jahren 1927 und 1945 begingen die Nationalsozialisten und ihre Helfer im Zweiten Weltkrieg einen auf vollständige Vernichtung zielenden Völkermord an den Juden Europas, der etwa sechs Millionen Juden das Leben kostete.

Dennoch war der Massenmord nicht lediglich der strategisch geplante Vollzug von Hitlers fanatischem Judenhass, denn jenseits aller antisemitischen Gewaltrhetorik bedurfte es der konkreten Möglichkeiten und der gewaltbereiten Täter. In diesem Sinne ist auch seine »Prophezeiung« am 30. Januar 1939 im Reichstag zu verstehen, als Hitler drohte, im Falle eines angeblich erneut von Juden angezettelten Weltkriegs werde zum Schluss die »jüdische Rasse in Europa« vernichtet sein. Zu diesem Zeitpunkt konzentrierten sich die konkreten antijüdischen Maßnahmen auf eine bedrohliche Verschlechterung der Lebensbedingungen, die die Juden Deutschlands und Österreichs möglichst zahlreich in die Emigration zwingen sollten. Hitlers Vertreibungsphantasien gegen die Juden des Großdeutschen Reiches konnten sich erst angesichts der militärischen Niederlage Polens weiter radikalisieren, weil nun zum einen die Zahl der Juden im deutschen Machtbereich sehr viel größer geworden war und zum andern mit dem besetzten Land auch ein Territorium zur Verfügung stand, in dem größere Bevölkerungsverschiebungen als gesteigerte Fortsetzung der Politik der forcierten Emigration ins Werk gesetzt werden konnten. Dabei stellte sich schnell heraus, dass die deutschen Besatzungsbehörden vor Ort, seien es die militärischen oder die zivilen Verwaltungen, nur allzu bereit waren, die verbrecherischen Vorgaben gegen die Juden umzusetzen. In Polen herrschte bereits kurz nach dem Einmarsch eine Atmosphäre der permanenten Gewalt gegen die Juden, die von kleinen Beamten oder untergeordneten militärischen Funktionsträgern eigeninitiativ geschaffen worden war.

Gescheiterte Zwangsabschiebungen

Im Zeitraum zwischen der Besetzung Polens 1939 und dem Überfall auf die Sowjetunion wurden Juden immer wieder Opfer von Deportationen. Dies betraf wiederholt deutsche, österreichische, tschechische, polnische, aber auch französische Juden. So sollten im Herbst 1939 Juden aus Wien, aus Böhmen sowie aus Ostoberschlesien nach Nisko im Südosten Polens abtransportiert werden; gleichzeitig war geplant, alle Juden aus den eingegliederten westpolnischen Gebieten in das Generalgouvernement zu deportieren. Schon bald kristallisierte sich der Distrikt Lublin als künftiges »Judenreservat« heraus. Solche Aktionen stellten also zum einen eine radikalisierte Fortsetzung der Politik der erzwungenen Vertreibung aus dem Großdeutschen Reich dar, zum andern diente die sogenannte »Entjudung« des annektierten westlichen Polens der Eindeutschung neuer Grenzgebiete, von der ebenso die polnischen Nichtjuden in hohem Maße betroffen waren.

Ganz ähnlich motiviert waren die Vertreibungen von französischen Juden aus Elsaß-Lothringen im Juli 1940 sowie der Juden aus Baden und der Pfalz, die im Laufe des Oktober 1940 auf Initiative der dortigen Gauleiter durchgeführt wurden. Da zu diesem Zeitpunkt sowohl die Sicherheitspolizei und der SD als auch das Auswärtige Amt Möglichkeiten prüfen ließen, die Juden im deutschen Machtbereich nach der Insel Madagaskar abtransportieren zu lassen, waren diese Verschleppungen nach Südfrankreich wohl als Beginn einer großen Deportationswelle gedacht gewesen, an dessen Ende ein »jüdisches Reservat« auf der ostafrikanischen Insel stehen sollte. Doch alle diese Räumungs- und Reservatspläne sollten an den Transportmöglichkeiten scheitern, so dass aus der Perspektive der Sicherheitspolizei kein wirklicher Erfolg zu verzeichnen war. Die Opfer der Verschleppungen nach Ostpolen wurden dort unter katastrophalen Bedingungen sich selbst überlassen. Wer von den nach Frankreich deportierten Juden den harten Winter

1940/41 im Lager Gurs überlebte, wurde dann ab Sommer 1942 nach Auschwitz deportiert.

Heydrich als Entscheidungsträger

Seit Januar 1939 war Reinhard Heydrich als Chef der Sicherheitspolizei und des Sicherheitsdienstes einer der wichtigsten Entscheidungsträger beim Vorgehen gegen die Juden. Er nutzte dies zunächst zur Beschleunigung der Auswanderung und Vertreibung von Juden aus Deutschland und Österreich. Auch in die erwähnten Räumungs- und Reservatspläne schaltete er sich ein, indem er etwa im Dezember 1939 innerhalb des Reichssicherheitshauptamtes ein eigenes Referat zur zentralen Bearbeitung der Räumungsaktionen schuf und an der Planung zur Besiedelung Madagaskars führend beteiligt werden wollte. Als sich dann während des Frühjahrs 1941 die Möglichkeit abzeichnete, dass der geplante Überfall auf die Sowjetunion auch neue Aufnahmeräume für Judentransporte bieten würde, ließ sich Heydrich seine Vollmachten zur Planung einer »Endlösung der Judenfrage« im europäischen Machtbereich schriftlich bestätigen. So war er im Sommer 1941 nicht nur der verantwortliche Befehlsgeber für die Massenmorde an Juden durch die Einsatzgruppen vor Ort, sondern auch der Koordinator künftiger Deportationen in die neu besetzten Gebiete. Mit seiner Ernennung zum stellvertretenden Reichsprotektor in Böhmen und Mähren im September 1941 erlangte Heydrich zusätzlich die amtierende Position eines territorialen Machthabers, der für das weitere Schicksal der tschechischen Juden verantwortlich zeichnete.

Beginn der Deportationen

Im September 1941 entschloss sich Hitler, die Juden des Deutschen Reiches sowie des Protektorats in den Osten zu deportieren. Mit der Umsetzung des Befehls befassten sich Himmler und Heydrich. Am 18. September schrieb Himmler an den Reichsstatthalter im Reichsgau Wartheland, das dortige Ghetto in Litzmannstadt (poln. Łódź) habe nun zunächst 60.000 Deportierte aufzunehmen, die im Laufe des kommenden Frühjahrs weiter nach Osten verschleppt werden sollten. Doch hier, wie auch später in Minsk und Riga, erhoben die Besatzungsbehörden Einspruch gegen die geplanten Transporte. Ankommende Juden würden den Platzmangel verschärfen, die kriegswichtige Produktion stören und sich mit den Widerstandsgruppen verbinden. Gegen solche Argumente setzten sich Himmler und Heydrich allerdings durch. Als Reichsprotektor ließ Heydrich das Ghetto Theresienstadt errichten. Dort sollten die tschechischen Juden solange konzentriert werden, bis weitere Aufnahmeorte gefunden wären.

Als die Wannsee-Konferenz am 20. Januar 1942 stattfand, waren aus dem Deutschen Reich fast 50.000 Menschen nach Łódź/Litzmannstadt, Minsk, Kaunas und Riga deportiert worden. Über 6.000 deutsche Juden waren bereits in Kaunas und Riga erschossen worden. Im Ghetto Theresienstadt lebten Ende Januar etwa 10.000 Juden. Zwei Transporte hatten das böhmische Durchgangsghetto in Richtung Riga verlassen. In den besetzten Gebieten der Sowjetunion war der systematische Völkermord bereits begonnen worden. Heydrichs Einsatzgruppen und deren einheimische Hilfstruppen hatten seit Juni 1941 etwa 370.000 Juden erschossen.
Im Dezember 1941 wurde begonnen, polnische Juden sowie Sinti und Roma aus dem Warthegau – vor allem aus dem Ghetto Łódź – in Chełmno (dt. Kulmhof) durch Gaswagen zu ermorden.

Es bleibt in der historischen Forschung umstritten, ob der Befehl zur Deportation aus dem Deutschen Reich im Herbst 1941 einher ging mit der Entscheidung der Machthaber in Berlin, diese Menschen auch zu ermorden. Im Dezember 1941 jedoch kam es zu einer Reihe von Konferenzen und Gesprächen, bei denen Hitler und Himmler kaum verhüllt vom Massenmord an den europäischen Juden sprachen. Hitler hatte mit seiner Kriegserklärung an die USA am 11. Dezember den bisher europäischen Krieg zum Weltkrieg ausgeweitet und damit selbst eine entscheidende Voraussetzung für die Erfüllung seiner 1939 ausgesprochenen »Prophezeiung« geschaffen. Einen Tag später berief Hitler eine geheime Reichs- und Gauleitertagung ein, über die kurz danach Propagandaminister Joseph Goebbels und Generalgouverneur Hans Frank unter Bezugnahme auf Hitlers Vernichtungsdrohung berichteten. Eine Woche später trafen Hitler und Himmler im Führer-Hauptquartier zusammen. In seinen Aufzeichnungen zum Besprechungspunkt «Judenfrage« notierte Himmler: «als Partisanen auszurotten«.

Öffentliche Hinweise auf den Völkermord

Obwohl der Massenmord an den Juden in der Sowjetunion im Sommer 1941 und die anschließenden Vorbereitungen der auf den Genozid an allen Juden Europas zielenden Maßnahmen kein Gegenstand der deutschen Berichterstattung waren, erhielt die deutsche Bevölkerung dennoch eine Vielzahl von Hinweisen. So war im September 1941 Hitlers Vernichtungsdrohung aus dem Januar 1939 als kalligraphisch gestaltetes Schmuckblatt an öffentlichen Plätzen und in Behörden ausgehängt worden, und

Joseph Goebbels schrieb in der Wochenzeitung »Das Reich« am 16. November, die Juden erlebten gerade den Vollzug von Hitlers »Prophezeiung«. Solche Hinweise wurden durchaus wahrgenommen. Im Programm des Münchener Kabarettisten Wolf Gondrell aus dem Herbst 1941 wurde in einem Sketch, der in einer Buchhandlung spielt, bereits gewitzelt, das Buch »Der ewige Jude« könne dem Roman »Vom Winde verweht« gegenübergestellt werden. Auch die Bildkompositionen und der antisemitische Kommentar über die Juden in der rumänischen Stadt Balti in der Wochenschau von Mitte August 1941 habe – laut der geheimen Lageberichte des SD – die deutschen Kinogänger dazu angeregt, sich die Frage zu stellen, »was denn eigentlich mit diesen Horden in Zukunft geschehen solle«.

Schon vor der Wannsee-Konferenz war vielen Deutschen das den Juden zugedachte Schicksal deutlicher präsent, als man dies nach dem Krieg zugeben wollte.

Peter Klein

7.1.1
Veranstaltungsplakat »Deutschlands Zukunft und unsere Bewegung«, Februar 1925
BayHStA München

7.1

Hitlers Antisemitismus und die Weltkriege

Kampf der Teufelsmacht, die Deutschland in dieses Elend hineingestürzt, Kampf dem Marxismus sowie dem geistigen Träger dieser Weltpest und Seuche, dem Juden. Kampf nicht nach bürgerlichem Muster, ›vorsichtig‹, damit er nicht zu wehe tut. Nein, und nochmals nein! Als wir uns damals zu dieser neuen Bewegung zusammenschlossen, waren wir uns klar, daß es in diesem Ringen nur zwei Möglichkeiten gibt: Entweder der Feind geht über unsere Leiche oder wir über die seine.

7.1.2
Hitlers Rede am 27. Februar 1925, Ausschnitt.
Aus Hitler, Aufzeichnungen

Hätte man zu Kriegsbeginn und während des Krieges einmal zwölf- oder fünfzehntausend dieser hebräischen Volksverderber so unter Giftgas gehalten, wie hunderttausende unserer allerbesten deutschen Arbeiter aus allen Schichten und Berufen es im Felde erdulden mußten, dann wäre das Millionenopfer der Front nicht vergeblich gewesen. Im Gegenteil: Zwölftausend Schurken zur rechten Zeit beseitigt, hätte vielleicht einer Million ordentlicher, für die Zukunft wertvoller Deutschen das Leben gerettet.

7.1.3
Aus Adolf Hitler, Mein Kampf, Band 2, München 1927

Ich will heute wieder ein Prophet sein: Wenn es dem internationalen Finanzjudentum in und außerhalb Europas gelingen sollte, die Völker noch einmal in einen Weltkrieg zu stürzen, dann wird das Ergebnis nicht die Bolschewisierung der Erde und damit der Sieg des Judentums sein, sondern die Vernichtung der jüdischen Rasse in Europa.

7.1.4
Hitlers Rede im Reichstag am 30. Januar 1939, Ausschnitt.
UFA-Tonwoche 1. Februar 1939
BA Berlin

Ich habe aber auch keinen Zweifel darüber gelassen, daß, wenn die Völker Europas wieder nur als Aktienpakete dieser internationalen Geld- und Finanzverschwörer angesehen werden, dann auch jenes Volk mit zur Verantwortung gezogen werden wird, das der eigentlich Schuldige an diesem mörderischen Ringen ist: Das Judentum!

7.1.5
Aus Adolf Hitler, Mein politisches Testament, 29. April 1945
NA Washington D.C.

7.2
Organisierter Terror gegen Juden

Bei den Juden nicht viel Federlesens. Eine Freude, endlich einmal die jüdische Rasse körperlich angehen zu können. Je mehr sterben, umso besser; ihn (den Juden) zu treffen ist ein Sieg unseres Reiches.

7.2.1
Aus einer Rede des deutschen Generalgouverneurs in Polen, Hans Frank, vor Distriktshauptleuten in Radom am 25. November 1939
AŻIH Warszawa

Zu welchen Zeitpunkten und mit welchen Mitteln das Ghetto und damit die Stadt Lodsch von Juden gesäubert wird, behalte ich mir vor. Endziel muss jedenfalls sein, dass wir diese Pestbeule restlos ausbrennen.

7.2.2
Aus einem Rundschreiben des Regierungspräsidenten im Warthegau, Friedrich Uebelhoer, an alle Kommunalbehörden, Militär- sowie Polizeidienststellen in Lodsch vom 10. Dezember 1939
Dokumenty i Materiały, Bd. III

»Lodsch« war die Eindeutschung des Namens der polnischen Großstadt Łódź. Am 11. April 1940 wurde sie in »Litzmannstadt« umbenannt.

Es besteht in diesem Winter die Gefahr, dass die Juden nicht mehr sämtlich ernährt werden können. Es ist ernsthaft zu erwägen, ob es nicht die humanste Lösung ist, die Juden, soweit sie nicht arbeitseinsatzfähig sind, durch irgendein schnellwirkendes Mittel zu erledigen. Auf jeden Fall wäre dies angenehmer, als sie verhungern zu lassen.

7.2.3
Aus einem Schreiben des Führers des SD-Leitabschnittes Posen, Rolf-Heinz Höppner, an Adolf Eichmann vom 16. Juli 1941
Biuletyn Głównej Komisji, Bd. XII

Wenn in einem Dorfe ein Sabotageakt ausgeführt wurde und man vernichtet sämtliche Juden in diesem Dorfe, so kann man sicher sein, dass man den Täter oder wenigstens den Urheber vernichtet hat.

7.2.4
Aus dem Lagebericht des Kommandanten in Weißruthenien in der Zeit vom 1.-15. Oktober 1941, Generalmajor Gustav Freiherr von Bechtolsheim, vom 19. Oktober 1941
NIAB Minsk

7.3
Erste Deportationsmaßnahmen

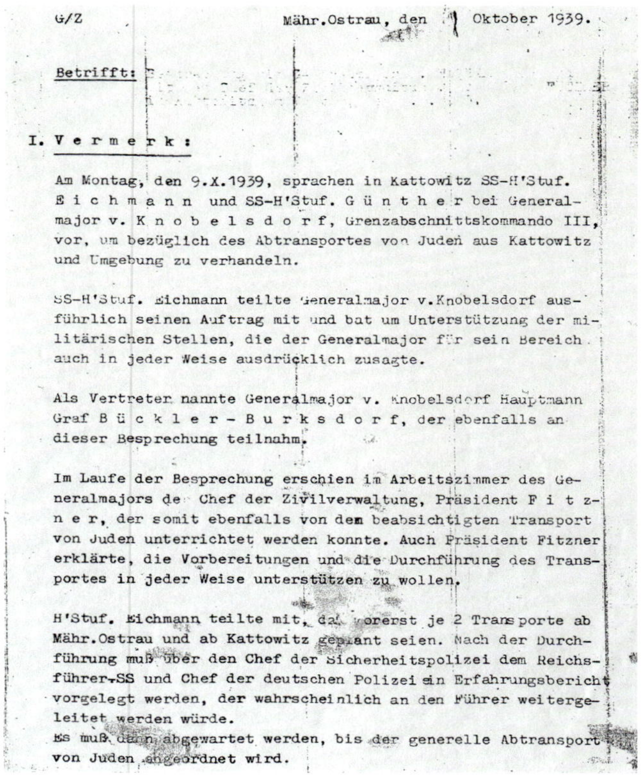
G/Z Mähr.Ostrau, den 11 Oktober 1939.

Betrifft:

I. V e r m e r k :

Am Montag, den 9.X.1939, sprachen in Kattowitz SS-H'Stuf. E i c h m a n n und SS-H'Stuf. G ü n t h e r bei Generalmajor v. K n o b e l s d o r f, Grenzabschnittskommando III, vor, um bezüglich des Abtransportes von Juden aus Kattowitz und Umgebung zu verhandeln.

SS-H'Stuf. Eichmann teilte Generalmajor v.Knobelsdorf ausführlich seinen Auftrag mit und bat um Unterstützung der militärischen Stellen, die der Generalmajor für sein Bereich auch in jeder Weise ausdrücklich zusagte.

Als Vertreter nannte Generalmajor v. Knobelsdorf Hauptmann Graf B ü c k l e r - B u r k s d o r f, der ebenfalls an dieser Besprechung teilnahm.

Im Laufe der Besprechung erschien im Arbeitszimmer des Generalmajors der Chef der Zivilverwaltung, Präsident F i t z n e r, der somit ebenfalls von dem beabsichtigten Transport von Juden unterrichtet werden konnte. Auch Präsident Fitzner erklärte, die Vorbereitungen und die Durchführung des Transportes in jeder Weise unterstützen zu wollen.

H'Stuf. Eichmann teilte mit, daß vorerst je 2 Transporte ab Mähr.Ostrau und ab Kattowitz geplant seien. Nach der Durchführung muß über den Chef der Sicherheitspolizei dem Reichsführer-SS und Chef der deutschen Polizei ein Erfahrungsbericht vorgelegt werden, der wahrscheinlich an den Führer weitergeleitet werden würde.
Es muß dann abgewartet werden, bis der generelle Abtransport von Juden angeordnet wird.

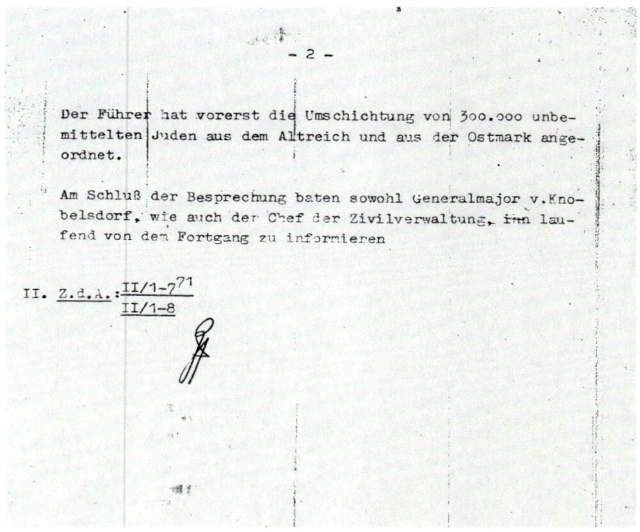
- 2 -

Der Führer hat vorerst die Umschichtung von 300.000 unbemittelten Juden aus dem Altreich und aus der Ostmark angeordnet.

Am Schluß der Besprechung baten sowohl Generalmajor v.Knobelsdorf, wie auch der Chef der Zivilverwaltung, ihn laufend von dem Fortgang zu informieren

II. Z.d.A.: II/1-771
II/1-8

7.3.1
Vermerk über eine Besprechung am 9. Oktober 1939 zwischen Adolf Eichmann, dem örtlichen Wehrmachtsvertreter und dem Chef der Zivilverwaltung in Kattowitz betr. Abtransport von Juden aus Kattowitz und Umgebung
BA Berlin

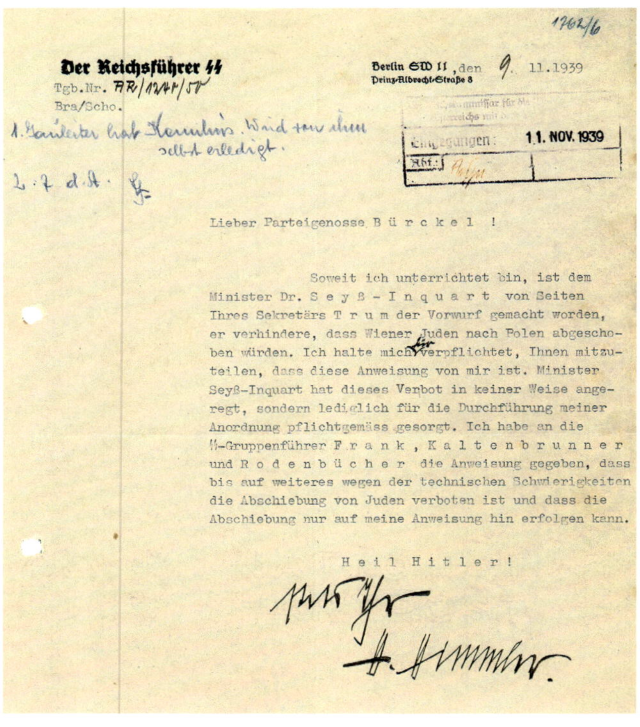
1762/6

Der Reichsführer SS
Tgb.Nr. AR/1244/50
Bra/Scho.

Berlin SW 11, den 9. 11.1939
Prinz-Albrecht-Straße 8

1. Gauleiter hat Kenntnis. Wird von ihm selbst erledigt.

2. z. d. A.

Eingegangen: 11. NOV. 1939
Abt.:

Lieber Parteigenosse B ü r c k e l !

Soweit ich unterrichtet bin, ist dem Minister Dr. S e y ß - I n q u a r t von Seiten Ihres Sekretärs T r u m der Vorwurf gemacht worden, er verhindere, dass Wiener Juden nach Polen abgeschoben würden. Ich halte mich für verpflichtet, Ihnen mitzuteilen, dass diese Anweisung von mir ist. Minister Seyß-Inquart hat dieses Verbot in keiner Weise angeregt, sondern lediglich für die Durchführung meiner Anordnung pflichtgemäss gesorgt. Ich habe an die SS-Gruppenführer F r a n k , K a l t e n b r u n n e r und R o d e n b ü c h e r die Anweisung gegeben, dass bis auf weiteres wegen der technischen Schwierigkeiten die Abschiebung von Juden verboten ist und dass die Abschiebung nur auf meine Anweisung hin erfolgen kann.

H e i l H i t l e r !

Ihr
H. Himmler

7.3.2
Schreiben Himmlers an Gauleiter Bürckel in Wien betr. Unterbrechung der Transporte vom 9. November 1939
ÖStA Wien

7.3.3
Barackenlager Nisko am San.
Zeichnung von Leo Haas, datiert
6. Februar 1940
Pamatník Terezín

Geheim

Der stellv. Kommandierende General
des II. Armeekorps
und Befehlshaber
im Wehrkreis II.
Ic 73/40 g.

Stettin, den 22. Februar 1940.

Oberkdo.d.Heeres
24.FEB.1940

Betr.: Abtransport von Juden aus Stettin.

ChHRüst u. BdE
— Stab —
Eing.: 25.FEB.1940
Nr. 422/40 g. Anl.

An das

Oberkommando des Heeres
ChHRüst u.BdE

Berlin .W 35.
Tirpitzufer 80.

Am 14.2.40 um 19 Uhr wurde vom französischen Sender folgende Nachricht durchgegeben:

"900 Juden sind von Stettin aus nach Lublin verschickt worden. Sie sind ganz plötzlich telegrafisch und telefonisch aufgefordert worden, innerhalb 2 Std.sich zum Abtransport bereit zu machen. Proviant durfte für 2 Tage mitgenommen werden. Der Zug stand unter militärischer Bewachung."

Wie dem Stellv.Generalkommando erst nachträglich bekannt geworden ist, hat die Gauleitung Pommern in der Nacht vom 12. zum 13.2.40 tatsächlich eine grössere Anzahl Juden aus Stettin in das Gouvernement abtransportieren lassen. Das Generalkommando ist von der ganzen Angelegenheit nicht unterrichtet worden. Dass der Zug unter militärischer Bewachung gestanden hätte, trifft nicht zu. Dagegen sind, wie die angestellten Ermittlungen ergeben haben, auf Antrag des Kraftfahrschaftsleiters der Stadt Stettin und der Kreisleitung Gross-Stettin von der Kraftfahr-Ersatz-Abt.2 in Stettin 10 Lkw und 7 Kraftomnibusse für den Transport zum Bahnhof gestellt worden. Diese Gestellung erfolgte, nachdem der Kraftfahrschaftsleiter der Stadt Stettin dem technischen Beamten des Kraftfahrzeugbüros beim Generalkommando gegenüber geäussert hatte, dass

der Oberpräsident, der Befehlshaber und der Polizeipräsident von der beabsichtigten Maßnahme Bescheid wüssten, was aber soweit meine Person infrage kommt, nicht der Fall war. Andernfalls hätte ich die Gestellung von Kraftfahrzeugen angesichts der herrschenden Wagen- und Betriebsstoffknappheit verweigert.

7.3.4
Schreiben des Wehrkreisbefehlshabers Stettin an das Oberkommando des Heeres betr. Abtransport von Juden aus Stettin vom 23. Februar 1940
BA Freiburg

Staatspolizeiliche Verfügung.

Es wird Ihnen hiermit eröffnet, daß Sie innerhalb von 7 Stunden Ihre Wohnung zu verlassen haben. Die Ihnen dieses Eröffnenden sind gehalten, bis Sie Ihre Koffer gepackt und Ihre Wohnung ordnungsmäßig hergerichtet haben, bei Ihnen zu bleiben und Sie alsdann zum Bahnhof zu bringen. Sie werden ersucht, die Schlüssel an sämtlichen Behältnissen, Schränken usw. stecken zu lassen; ebenso die inneren Wohnungsschlüssel. Soweit Sie die Schlüssel an einem besonderen Schlüsselbund haben, sind sie von diesem abzumachen und an das Behältnis, zu dem sie gehören, zu stecken. Den Haus- und Korridortürschlüssel haben Sie mit einem Bändchen und einem daran befestigten Stück Pappe zu versehen und Ihren Namen und Wohnung darauf zu schreiben. Diese Schlüssel haben Sie dem Ihnen dieses Eröffnenden zu übergeben.

Sie haben mitzunehmen:

1. Einen Koffer mit Ausrüstungsstücken (Wäsche, Kleidungsstücke, Trinkbecher, Trinkflasche, Messer, Gabel, Teller, Napf und sonstiges zur einfachen Lebensführung unbedingt Erforderliche).

Höchstzulässige Größe des Koffers 100 x 80 x 30.
Falls Sie Arzt sind, haben Sie außerdem einen Kasten mit Medikamenten, Verbandsmaterial und den notwendigsten Geräten mitzubringen.

2. Ein oder zwei Decken (Keine Betten!)
3. Vollständige Bekleidung (es können auch zwei Mäntel und doppelte Unterwäsche angezogen werden).
4. Personalpapiere! Wer keine Kennkarte besitzt, hat 2 Lichtbilder mitzubringen!

Für Verpflegung ist gesorgt.

Nicht mitgenommen werden dürfen:

Geld, Wertpapiere, Devisen, Sparkassenbücher usw., sowie Wertsachen jeder Art (Gold, Silber, Platin), ebenfalls kein lebendes Inventar.

Der Ehering sowie eine einfache Uhr dürfen mitgenommen werden.

Weiter haben Sie eine Aufstellung Ihres gesamten Vermögens, Wertsachen usw. durch Ausfüllen eines Fragebogens zu vollziehen. Sie haben darauf bedacht zu sein, daß alles angegeben wird. Wertsachen und Edelmetalle sind in ein Säckchen zu legen; dieses ist dem Beauftragten zu übergeben. Es ist mit genauer Anschrift zu versehen. Das hier verbleibende Vermögen, wird für Sie verwaltet. Sachen, die Sie nicht angegeben Wertsachen usw. und somit verheimlicht haben, verfallen, ohne daß Sie auch nur im geringsten dafür entschädigt werden.

Der mitzunehmende Koffer ist mit einem Schild zu versehen, das in deutlicher Schrift Ihren Namen, Geburtstag u.-ort und Wohnung enthält; das hier verbleibende lebende Inventar ist ebenfalls mit einem Schildchen zu versehen, das Ihren Namen und Wohnung in Stettin angibt. Außerdem haben Sie sich selbst ein Schild um den Hals zu hängen, auf dem Ihr Name und Geburtstag angegeben sind.

Allen Anordnungen derjenigen, die Ihnen diese Verfügung bekanntgeben, haben Sie unbedingt und ohne Widerspruch Folge zu leisten und jede geforderte Auskunft zu erteilen, andernfalls Sie mit schwersten Strafen belegt werden. Diese Verfügung ist für ihren Inhaber zugleich Ausweis.

Stettin, den 12. Februar 1940

Geheime Staatspolizei
Staatspolizeileitstelle
Stettin

7.3.5
Staatspolizeiliche Verfügung.
Stettin, den 12. Februar 1940
RGVA Moskwa

Etwa 1.200 Juden aus Stettin wurden noch am selben Tag in den Distrikt Lublin deportiert.

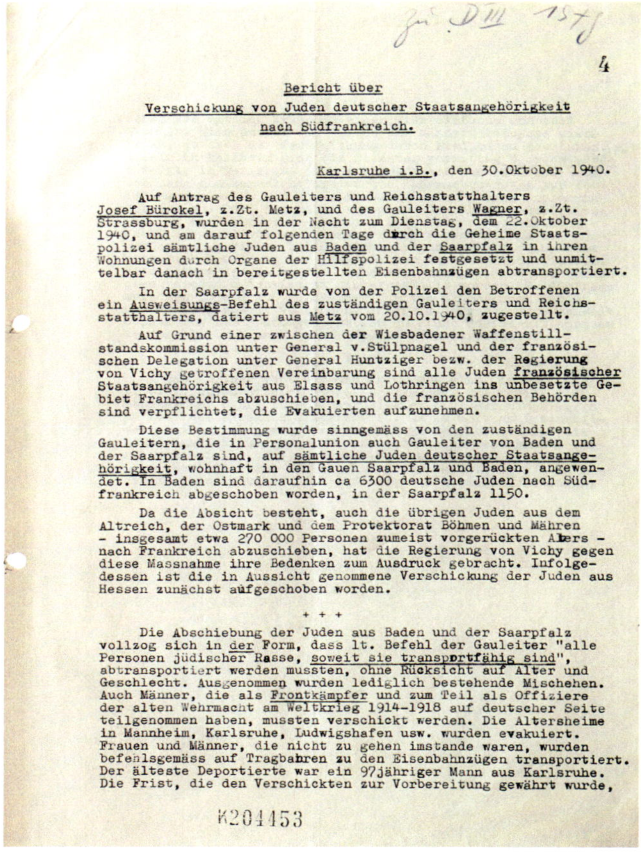

4

Bericht über
Verschickung von Juden deutscher Staatsangehörigkeit
nach Südfrankreich.

Karlsruhe i.B., den 30.Oktober 1940.

Auf Antrag des Gauleiters und Reichsstatthalters Josef Bürckel, z.Zt. Metz, und des Gauleiters Wagner, z.Zt. Strassburg, wurden in der Nacht zum Dienstag, dem 22.Oktober 1940, und am darauf folgenden Tage durch die Geheime Staatspolizei sämtliche Juden aus Baden und der Saarpfalz in ihren Wohnungen durch Organe der Hilfspolizei festgesetzt und unmittelbar danach in bereitgestellten Eisenbahnzügen abtransportiert.

In der Saarpfalz wurde von der Polizei den Betroffenen ein Ausweisungs-Befehl des zuständigen Gauleiters und Reichsstatthalters, datiert aus Metz vom 20.10.1940, zugestellt.

Auf Grund einer zwischen der Wiesbadener Waffenstillstandskommission unter General v.Stülpnagel und der französischen Delegation unter General Huntziger bezw. der Regierung von Vichy getroffenen Vereinbarung sind alle Juden französischer Staatsangehörigkeit aus Elsass und Lothringen ins unbesetzte Gebiet Frankreichs abzuschieben, und die französischen Behörden sind verpflichtet, die Evakuierten aufzunehmen.

Diese Bestimmung wurde sinngemäss von den zuständigen Gauleitern, die in Personalunion auch Gauleiter von Baden und der Saarpfalz sind, auf sämtliche Juden deutscher Staatsangehörigkeit, wohnhaft in den Gauen Saarpfalz und Baden, angewendet. In Baden sind daraufhin ca 6300 deutsche Juden nach Südfrankreich abgeschoben worden, in der Saarpfalz 1150.

Da die Absicht besteht, auch die übrigen Juden aus dem Altreich, der Ostmark und dem Protektorat Böhmen und Mähren - insgesamt etwa 270 000 Personen zumeist vorgerückten Alters - nach Frankreich abzuschieben, hat die Regierung von Vichy gegen diese Massnahme ihre Bedenken zum Ausdruck gebracht. Infolgedessen ist die in Aussicht genommene Verschickung der Juden aus Hessen zunächst aufgeschoben worden.

\+ + +

Die Abschiebung der Juden aus Baden und der Saarpfalz vollzog sich in der Form, dass lt. Befehl der Gauleiter "alle Personen jüdischer Rasse, soweit sie transportfähig sind", abtransportiert werden mussten, ohne Rücksicht auf Alter und Geschlecht. Ausgenommen wurden lediglich bestehende Mischehen. Auch Männer, die als Frontkämpfer und zum Teil als Offiziere der alten Wehrmacht am Weltkrieg 1914-1918 auf deutscher Seite teilgenommen haben, mussten verschickt werden. Die Altersheime in Mannheim, Karlsruhe, Ludwigshafen usw. wurden evakuiert. Frauen und Männer, die nicht zu gehen imstande waren, wurden befehlsgemäss auf Tragbahren zu den Eisenbahnzügen transportiert. Der älteste Deportierte war ein 97jähriger Mann aus Karlsruhe. Die Frist, die den Verschickten zur Vorbereitung gewährt wurde,

K204453

7.3.6
Bericht über die Deportation der Juden aus Baden, der Pfalz und dem Saarland vom 30. Oktober 1940

PAAA Berlin

Etwa 7.500 Juden waren von dieser Aktion betroffen.

7.3.7
Deportation pfälzischer Juden aus Ludwigshafen am 22. Oktober 1940 nach Gurs

StadtA Ludwigshafen

7.3.8
Deportation badischer Juden aus Lörrach am 22. Oktober 1940 nach Gurs

StadtA Lörrach

7.4
Die Rolle Reinhard Heydrichs

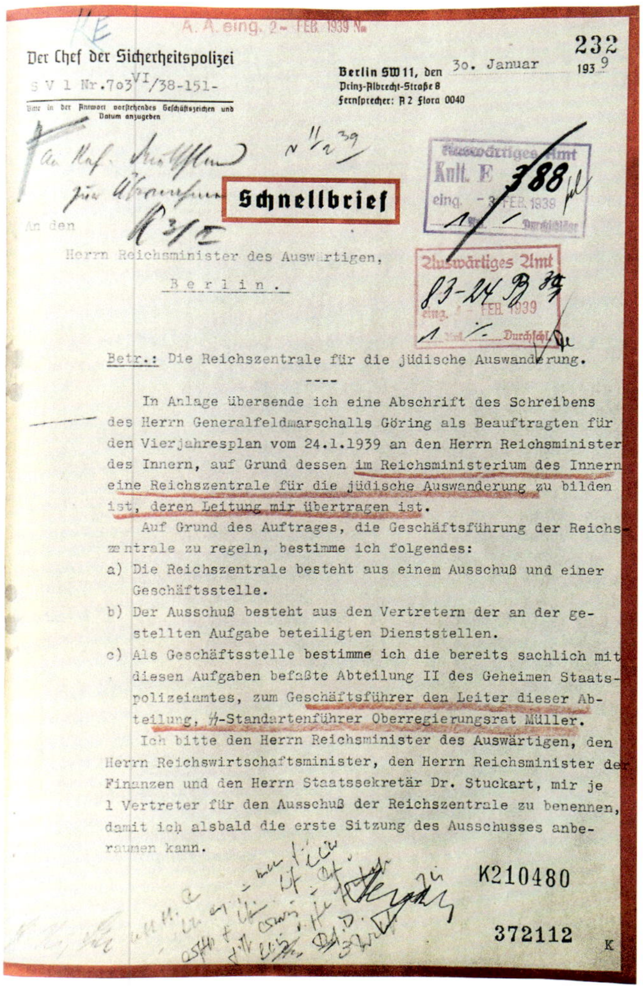

A. A. eing. 2 - FEB. 1939

232

Der Chef der Sicherheitspolizei
S V 1 Nr.703 VI/38-151-
Bitte in der Antwort vorstehendes Geschäftszeichen und Datum anzugeben

Berlin SW 11, den 30. Januar 1939
Prinz-Albrecht-Straße 8
Fernsprecher: A 2 Flora 0040

Schnellbrief

Auswärtiges Amt Kult. E 388 eing. - 3 FEB. 1939 Durchschläge

Auswärtiges Amt 83-24 eing. 4 - FEB. 1939 Durchschl.

An den
Herrn Reichsminister des Auswärtigen,
Berlin.

Betr.: Die Reichszentrale für die jüdische Auswanderung.

In Anlage übersende ich eine Abschrift des Schreibens des Herrn Generalfeldmarschalls Göring als Beauftragten für den Vierjahresplan vom 24.1.1939 an den Herrn Reichsminister des Innern, auf Grund dessen im Reichsministerium des Innern eine Reichszentrale für die jüdische Auswanderung zu bilden ist, deren Leitung mir übertragen ist.

Auf Grund des Auftrages, die Geschäftsführung der Reichszentrale zu regeln, bestimme ich folgendes:

a) Die Reichszentrale besteht aus einem Ausschuß und einer Geschäftsstelle.
b) Der Ausschuß besteht aus den Vertretern der an der gestellten Aufgabe beteiligten Dienststellen.
c) Als Geschäftsstelle bestimme ich die bereits sachlich mit diesen Aufgaben befaßte Abteilung II des Geheimen Staatspolizeiamtes, zum Geschäftsführer den Leiter dieser Abteilung, SS-Standartenführer Oberregierungsrat Müller.

Ich bitte den Herrn Reichsminister des Auswärtigen, den Herrn Reichswirtschaftsminister, den Herrn Reichsminister der Finanzen und den Herrn Staatssekretär Dr. Stuckart, mir je 1 Vertreter für den Ausschuß der Reichszentrale zu benennen, damit ich alsbald die erste Sitzung des Ausschusses anberaumen kann.

K210480

372112

K

7.4.1
Schreiben Heydrichs an den Reichsaußenminister betr. Reichszentrale für jüdische Auswanderung vom 30. Januar 1939

PAAA Berlin

Heydrich meldete die Einrichtung der Behörde und die Einsetzung Heinrich Müllers als Geschäftsführer.

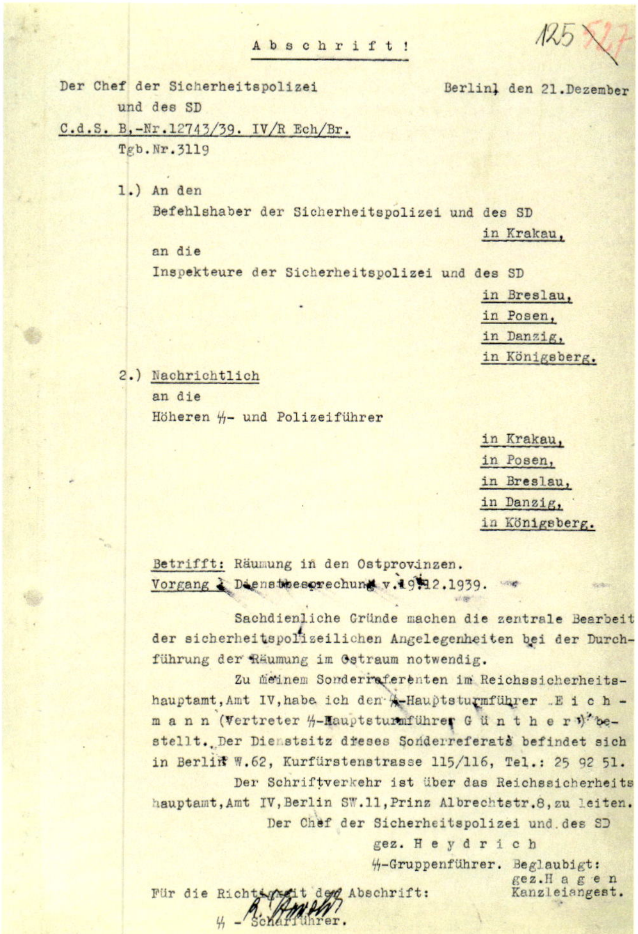

125

Abschrift!

Der Chef der Sicherheitspolizei
und des SD
C.d.S. B,-Nr.12743/39. IV/R Ech/Br.
Tgb.Nr.3119

Berlin, den 21.Dezember

1.) An den
Befehlshaber der Sicherheitspolizei und des SD
in Krakau,
an die
Inspekteure der Sicherheitspolizei und des SD
in Breslau,
in Posen,
in Danzig,
in Königsberg.

2.) Nachrichtlich
an die
Höheren SS- und Polizeiführer
in Krakau,
in Posen,
in Breslau,
in Danzig,
in Königsberg.

Betrifft: Räumung in den Ostprovinzen.
Vorgang: Dienstbesprechung v.19.12.1939.

Sachdienliche Gründe machen die zentrale Bearbeit der sicherheitspolizeilichen Angelegenheiten bei der Durchführung der Räumung im Ostraum notwendig.

Zu meinem Sonderreferenten im Reichssicherheitshauptamt, Amt IV, habe ich den SS-Hauptsturmführer E i c h m a n n (Vertreter SS-Hauptsturmführer G ü n t h e r) bestellt. Der Dienstsitz dieses Sonderreferats befindet sich in Berlin W.62, Kurfürstenstrasse 115/116, Tel.: 25 92 51.

Der Schriftverkehr ist über das Reichssicherheitshauptamt, Amt IV, Berlin SW.11, Prinz Albrechtstr.8, zu leiten.

Der Chef der Sicherheitspolizei und des SD
gez. H e y d r i c h
SS-Gruppenführer.

Beglaubigt:
gez. H a g e n
Kanzleiangest.

Für die Richtigkeit der Abschrift:
SS - Scharführer.

7.4.2
Am 21. Dezember 1939 benachrichtigte Heydrich die Vertreter der Polizei in den östlichen Grenzgebieten und im besetzten Polen, dass er ein Sonderreferat zur zentralen Bearbeitung von Räumungsaktionen gebildet habe. Zu dessen Leiter wurde Adolf Eichmann ernannt

Biuletyn Głównej Komisji, Bd. XII

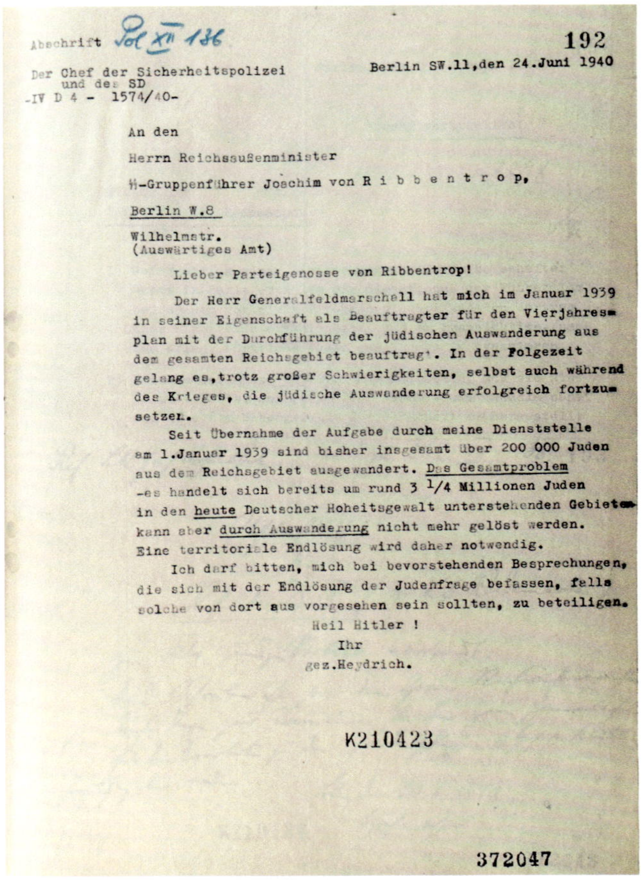

Abschrift Pol XII 136 192

Der Chef der Sicherheitspolizei
und des SD
-IV D 4 - 1574/40-

Berlin SW.11,den 24.Juni 1940

An den

Herrn Reichsaußenminister

SS-Gruppenführer Joachim von R i b b e n t r o p,

Berlin W.8

Wilhelmstr.
(Auswärtiges Amt)

Lieber Parteigenosse von Ribbentrop!

Der Herr Generalfeldmarschall hat mich im Januar 1939 in seiner Eigenschaft als Beauftragter für den Vierjahresplan mit der Durchführung der jüdischen Auswanderung aus dem gesamten Reichsgebiet beauftragt. In der Folgezeit gelang es, trotz großer Schwierigkeiten, selbst auch während des Krieges, die jüdische Auswanderung erfolgreich fortzusetzen.

Seit Übernahme der Aufgabe durch meine Dienststelle am 1. Januar 1939 sind bisher insgesamt über 200 000 Juden aus dem Reichsgebiet ausgewandert. Das Gesamtproblem -es handelt sich bereits um rund 3 1/4 Millionen Juden in den heute Deutscher Hoheitsgewalt unterstehenden Gebieten- kann aber durch Auswanderung nicht mehr gelöst werden. Eine territoriale Endlösung wird daher notwendig.

Ich darf bitten, mich bei bevorstehenden Besprechungen, die sich mit der Endlösung der Judenfrage befassen, falls solche von dort aus vorgesehen sein sollten, zu beteiligen.

Heil Hitler !
Ihr
gez.Heydrich.

K210423

372047

7.4.3
Schreiben Heydrichs an den Reichsaußenminister vom 24. Juni 1940, wonach er bei Besprechungen über eine »territoriale Endlösung« beteiligt werden wollte
PAAA Berlin

Im Auswärtigen Amt wurde zu dieser Zeit die Insel Madagaskar als Deportationsziel für die Juden im deutschen Machtbereich ausgesucht.

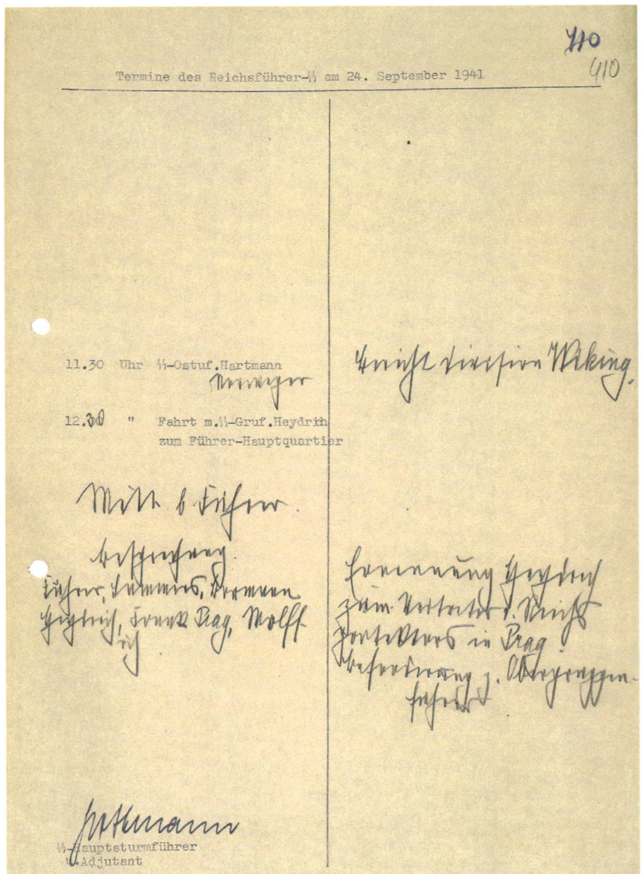

410

Termine des Reichsführer-SS am 24. September 1941

11.30 Uhr SS-Ostuf.Hartmann

12.30 " Fahrt m.SS-Gruf.Heydrich zum Führer-Hauptquartier

SS-Hauptsturmführer
u. Adjutant

7.4.5
Himmlers Dienstkalenderblatt vom 24. September 1941
RGVA Moskwa

Am 24. September 1941 fuhren Heinrich Himmler und Reinhard Heydrich zum Führerhauptquartier, wo sie ein Treffen mit Hitler hatten. Dort wurde die Einsetzung Heydrichs zum Stellvertretenden Reichsprotektor in Böhmen und Mähren vereinbart sowie seine Beförderung zum SS-Obergruppenführer.

Abschrift:
11.30 SS-Ostuf. Hartmann
Norweger Bericht Division Wiking.
12.30 Fahrt m. SS-Gruf. Heydrich
zum Führer-Hauptquartier
Mitt. b. Führer
Besprechung
Führer, Lammers, Bormann,
Heydrich, Frank Prag, Wolff, ich
Ernennung Heydrich zum Vertreter
d. Reichsprotektors in Prag
Beförderung z. Obergruppenführer

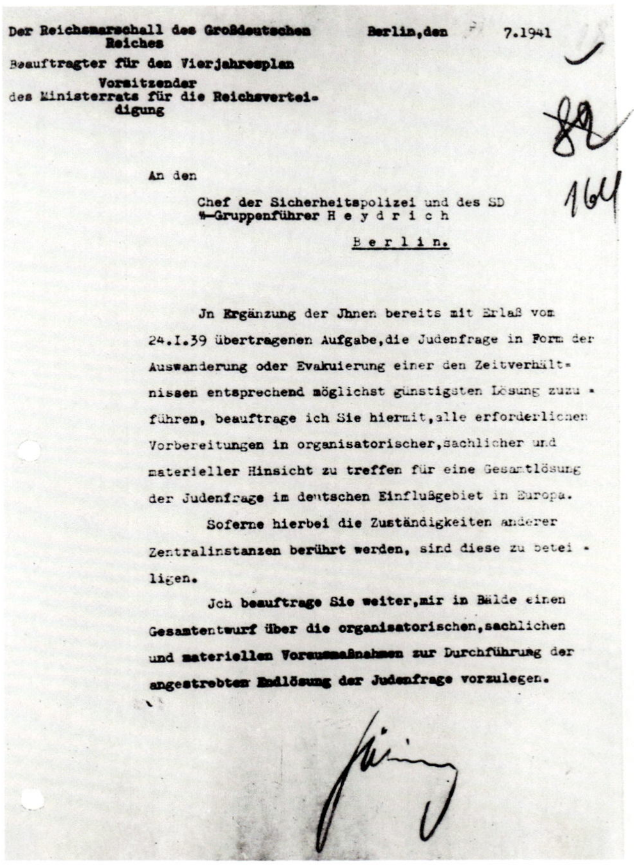

Der Reichsmarschall des Großdeutschen
Reiches
Beauftragter für den Vierjahresplan
Vorsitzender
des Ministerrats für die Reichsverteidigung

Berlin, den 7.1941

An den

Chef der Sicherheitspolizei und des SD
SS-Gruppenführer H e y d r i c h

B e r l i n.

Jn Ergänzung der Jhnen bereits mit Erlaß vom 24.I.39 übertragenen Aufgabe, die Judenfrage in Form der Auswanderung oder Evakuierung einer den Zeitverhältnissen entsprechend möglichst günstigsten Lösung zuzuführen, beauftrage ich Sie hiermit, alle erforderlichen Vorbereitungen in organisatorischer, sachlicher und materieller Hinsicht zu treffen für eine Gesamtlösung der Judenfrage im deutschen Einflußgebiet in Europa.

Soferne hierbei die Zuständigkeiten anderer Zentralinstanzen berührt werden, sind diese zu beteiligen.

Jch beauftrage Sie weiter, mir in Bälde einen Gesamtentwurf über die organisatorischen, sachlichen und materiellen Vorausmaßnahmen zur Durchführung der angestrebten Endlösung der Judenfrage vorzulegen.

7.4.4
Am 31. Juli 1941 ließ sich Reinhard Heydrich die Beauftragung zur Planung einer Endlösung der Judenfrage im europäischen Machtbereich von Hermann Göring schriftlich bestätigen
LVVA Riga

7.4.6
Reinhard Heydrich während einer Rede auf dem Hradschin in Prag, rechts der Höhere SS- und Polizeiführer Karl Hermann Frank, Herbst 1941
Bildarchiv Hoffmann

7.4.7
Reichsführer SS Heinrich Himmler (vorn links) besucht den Höheren SS- und Polizeiführer Russland-Mitte, Erich von dem Bach-Zelewski (Mitte hinten) in Minsk, 15. August 1941.
BStU Berlin

Vor der gemeinsamen Fahrt zur Besichtigung einer Massenerschießung ca. 30 Kilometer außerhalb von Minsk.

7.5
Ausweitung der Deportationen

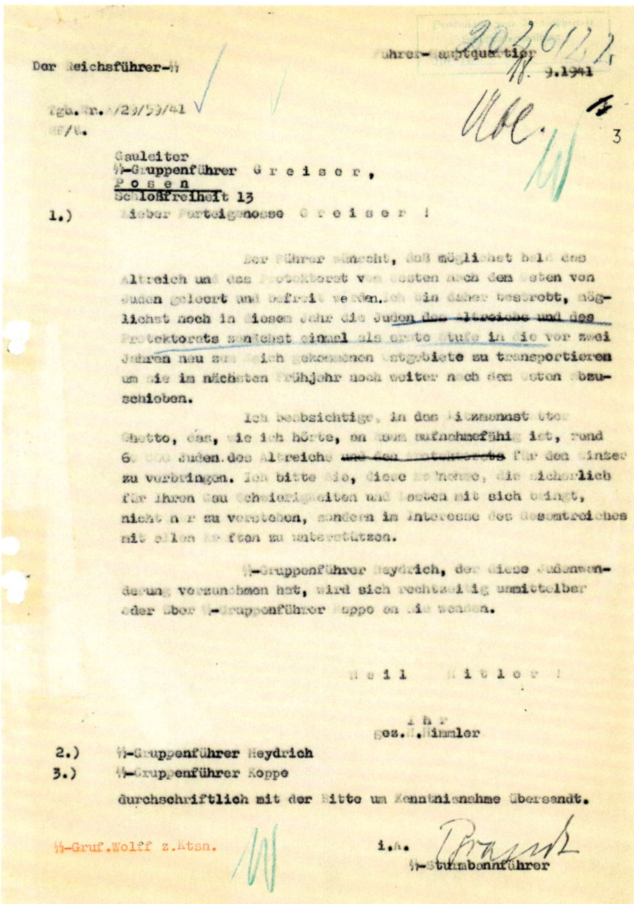
Der Reichsführer-SS

Führer-Hauptquartier
18. 9.1941

Tgb. Nr. A/29/59/41
RF/V.

Gauleiter
SS-Gruppenführer G r e i s e r ,
P o s e n
Schloßfreiheit 13

1.) Lieber Parteigenosse G r e i s e r !

Der Führer wünscht, daß möglichst bald das Altreich und das Protektorat vom Westen nach dem Osten von Juden geleert und befreit werden. Ich bin daher bestrebt, möglichst noch in diesem Jahr die Juden des Altreichs und des Protektorats zunächst einmal als erste Stufe in die vor zwei Jahren neu zum Reich gekommenen Ostgebiete zu transportieren, um sie im nächsten Frühjahr noch weiter nach dem Osten abzuschieben.

Ich beabsichtige, in das Litzmannstädter Ghetto, das, wie ich hörte, an Raum aufnahmefähig ist, rund 60.000 Juden des Altreichs ~~und des Protektorats~~ für den Winter zu verbringen. Ich bitte Sie, diese Maßnahme, die sicherlich für Ihren Gau Schwierigkeiten und Lasten mit sich bringt, nicht nur zu verstehen, sondern im Interesse des Gesamtreiches mit allen Kräften zu unterstützen.

SS-Gruppenführer Heydrich, der diese Judenwanderung vorzunehmen hat, wird sich rechtzeitig unmittelbar oder über SS-Gruppenführer Koppe an Sie wenden.

Heil Hitler !

Ihr
gez. H. Himmler

2.) SS-Gruppenführer Heydrich
3.) SS-Gruppenführer Koppe
durchschriftlich mit der Bitte um Kenntnisnahme übersandt.

SS-Gruf. Wolff z. Ktsn.

i. A.
Brandt
SS-Sturmbannführer

7.5.1
Schreiben Himmlers an den Reichsstatthalter Greiser vom 18. September 1941, wonach gemäß Hitlers Wunsch 60.000 Juden in das Ghetto nach Litzmannstadt deportiert werden sollten

BA Berlin

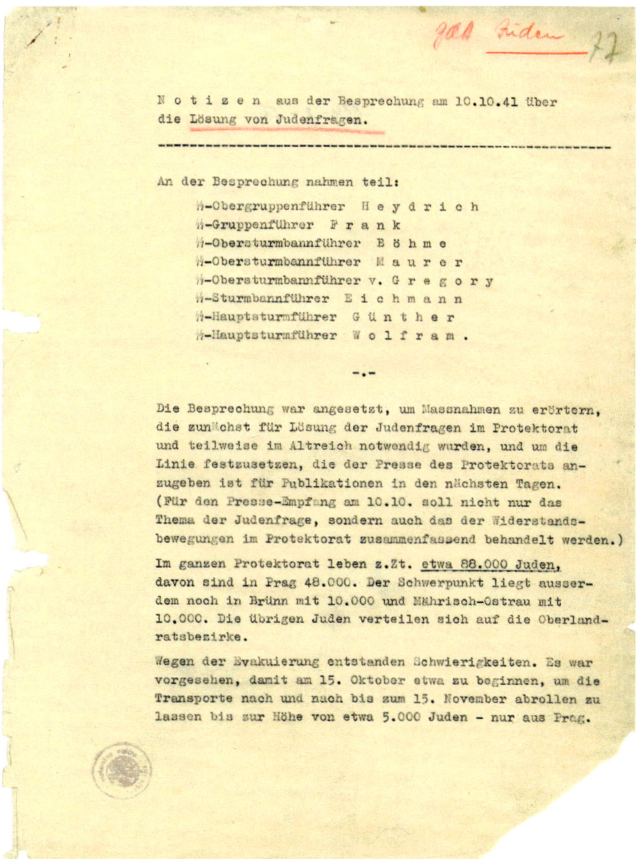
77

N o t i z e n aus der Besprechung am 10.10.41 über die Lösung von Judenfragen.

An der Besprechung nahmen teil:

SS-Obergruppenführer H e y d r i c h
SS-Gruppenführer F r a n k
SS-Obersturmbannführer B ö h m e
SS-Obersturmbannführer M a u r e r
SS-Obersturmbannführer v. G r e g o r y
SS-Sturmbannführer E i c h m a n n
SS-Hauptsturmführer G ü n t h e r
SS-Hauptsturmführer W o l f r a m .

-.-

Die Besprechung war angesetzt, um Massnahmen zu erörtern, die zunächst für Lösung der Judenfragen im Protektorat und teilweise im Altreich notwendig wurden, und um die Linie festzusetzen, die der Presse des Protektorats anzugeben ist für Publikationen in den nächsten Tagen. (Für den Presse-Empfang am 10.10. soll nicht nur das Thema der Judenfrage, sondern auch das der Widerstandsbewegungen im Protektorat zusammenfassend behandelt werden.)

Im ganzen Protektorat leben z.Zt. etwa 88.000 Juden, davon sind in Prag 48.000. Der Schwerpunkt liegt ausserdem noch in Brünn mit 10.000 und Mährisch-Ostrau mit 10.000. Die übrigen Juden verteilen sich auf die Oberlandratsbezirke.

Wegen der Evakuierung entstanden Schwierigkeiten. Es war vorgesehen, damit am 15. Oktober etwa zu beginnen, um die Transporte nach und nach bis zum 15. November abrollen zu lassen bis zur Höhe von etwa 5.000 Juden – nur aus Prag.

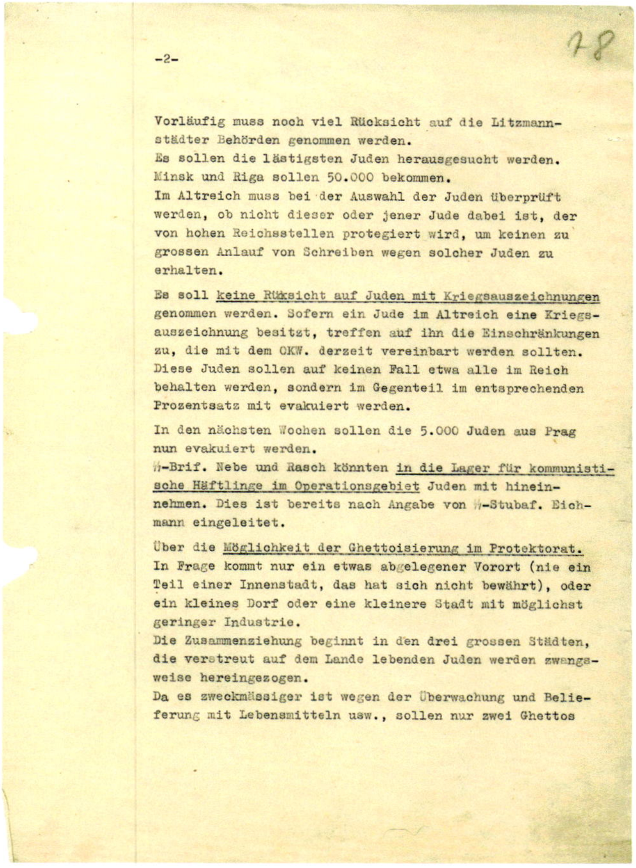
-2-

78

Vorläufig muss noch viel Rücksicht auf die Litzmannstädter Behörden genommen werden.
Es sollen die lästigsten Juden herausgesucht werden.
Minsk und Riga sollen 50.000 bekommen.
Im Altreich muss bei der Auswahl der Juden überprüft werden, ob nicht dieser oder jener Jude dabei ist, der von hohen Reichsstellen protegiert wird, um keinen zu grossen Anlauf von Schreiben wegen solcher Juden zu erhalten.

Es soll keine Rücksicht auf Juden mit Kriegsauszeichnungen genommen werden. Sofern ein Jude im Altreich eine Kriegsauszeichnung besitzt, treffen auf ihn die Einschränkungen zu, die mit dem OKW. derzeit vereinbart werden sollten. Diese Juden sollen auf keinen Fall etwa alle im Reich behalten werden, sondern im Gegenteil im entsprechenden Prozentsatz mit evakuiert werden.

In den nächsten Wochen sollen die 5.000 Juden aus Prag nun evakuiert werden.
SS-Brif. Nebe und Rasch könnten in die Lager für kommunistische Häftlinge im Operationsgebiet Juden mit hineinnehmen. Dies ist bereits nach Angabe von SS-Stubaf. Eichmann eingeleitet.

Über die Möglichkeit der Ghettoisierung im Protektorat.
In Frage kommt nur ein etwas abgelegener Vorort (nie ein Teil einer Innenstadt, das hat sich nicht bewährt), oder ein kleines Dorf oder eine kleinere Stadt mit möglichst geringer Industrie.
Die Zusammenziehung beginnt in den drei grossen Städten, die verstreut auf dem Lande lebenden Juden werden zwangsweise hereingezogen.
Da es zweckmässiger ist wegen der Überwachung und Belieferung mit Lebensmitteln usw., sollen nur zwei Ghettos

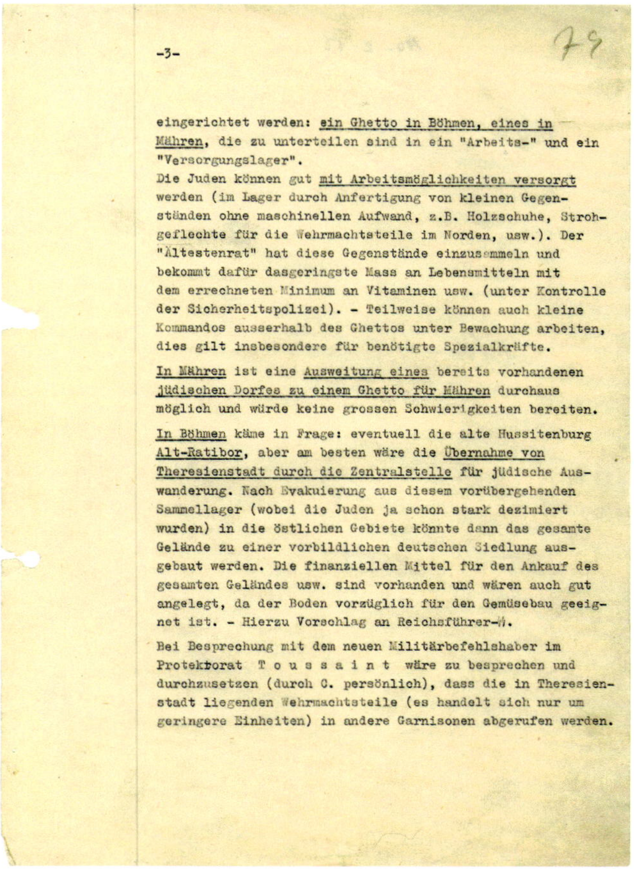
-3-

79

eingerichtet werden: ein Ghetto in Böhmen, eines in Mähren, die zu unterteilen sind in ein "Arbeits-" und ein "Versorgungslager".
Die Juden können gut mit Arbeitsmöglichkeiten versorgt werden (im Lager durch Anfertigung von kleinen Gegenständen ohne maschinellen Aufwand, z.B. Holzschuhe, Strohgeflechte für die Wehrmachtsteile im Norden, usw.). Der "Ältestenrat" hat diese Gegenstände einzusammeln und bekommt dafür dasgeringste Mass an Lebensmitteln mit dem errechneten Minimum an Vitaminen usw. (unter Kontrolle der Sicherheitspolizei). – Teilweise können auch kleine Kommandos ausserhalb des Ghettos unter Bewachung arbeiten, dies gilt insbesondere für benötigte Spezialkräfte.

In Mähren ist eine Ausweitung eines bereits vorhandenen jüdischen Dorfes zu einem Ghetto für Mähren durchaus möglich und würde keine grossen Schwierigkeiten bereiten.

In Böhmen käme in Frage: eventuell die alte Hussitenburg Alt-Ratibor, aber am besten wäre die Übernahme von Theresienstadt durch die Zentralstelle für jüdische Auswanderung. Nach Evakuierung aus diesem vorübergehenden Sammellager (wobei die Juden ja schon stark dezimiert wurden) in die östlichen Gebiete könnte dann das gesamte Gelände zu einer vorbildlichen deutschen Siedlung ausgebaut werden. Die finanziellen Mittel für den Ankauf des gesamten Geländes usw. sind vorhanden und wären auch gut angelegt, da der Boden vorzüglich für den Gemüsebau geeignet ist. – Hierzu Vorschlag an Reichsführer-SS.

Bei Besprechung mit dem neuen Militärbefehlshaber im Protektorat T o u s s a i n t wäre zu besprechen und durchzusetzen (durch C. persönlich), dass die in Theresienstadt liegenden Wehrmachtsteile (es handelt sich nur um geringere Einheiten) in andere Garnisonen abgerufen werden.

7.5.2
Auszug aus den Notizen über eine Besprechung am 10. Oktober 1941 in Prag über die anlaufenden Deportationen und die Gründung von Ghettos für die tschechischen Juden

AMV Praha

Von den hier geplanten zwei Ghettos im Protektorat wurde nur Theresienstadt eingerichtet.

7.5.3
Aktennotiz des Generalkommissars in Lettland, Otto-Heinrich Drechsler, an den vorgesetzten Reichskommissar für das Ostland über die geplante Ankunft von Juden vom 20. Oktober 1941
YIVO New York

Bei dem geplanten Lager bei Riga handelte es sich um das spätere Polizeihaftlager Salaspils.

Abschrift des handschriftlichen Vermerks:

Vermerk.
Gen.-K. Dr. Drechsler teilte mir am 21.10. 17.20 h fernmdl. mit, daß SS-Stubaf. Lange bei ihm angerufen und mitgeteilt habe, daß das Lager jetzt 20 km von Riga dünaaufwärts errichtet werden solle. Fassungsvermögen 25 000. Erste Ankünfte etwa 10.11.41. Er habe Befehl, beschleunigt alles vorzubereiten. … Dr. Drechsler hat Lange gegenüber zum Ausdruck gebracht, daß der Reichskomm. mit der Maßnahme nicht einverstanden sei. Lange nahm dies zur Kenntnis, bedauerte aber durch seinen Befehl zum beschleunigten Handeln ge… sein. Ein zweites Lager für 25 000 soll im Rahmen des Minsker Ghettos gebildet werden.

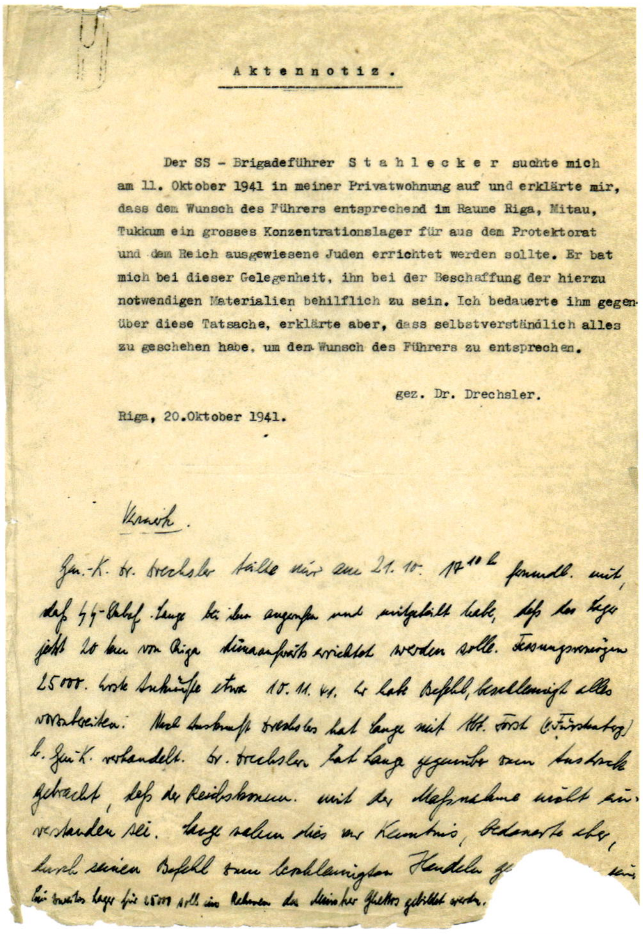

Aktennotiz.

Der SS - Brigadeführer S t a h l e c k e r suchte mich am 11. Oktober 1941 in meiner Privatwohnung auf und erklärte mir, dass dem Wunsch des Führers entsprechend im Raume Riga, Mitau, Tukkum ein grosses Konzentrationslager für aus dem Protektorat und dem Reich ausgewiesene Juden errichtet werden sollte. Er bat mich bei dieser Gelegenheit, ihn bei der Beschaffung der hierzu notwendigen Materialien behilflich zu sein. Ich bedauerte ihm gegenüber diese Tatsache, erklärte aber, dass selbstverständlich alles zu geschehen habe, um dem Wunsch des Führers zu entsprechen.

gez. Dr. Drechsler.

Riga, 20.Oktober 1941.

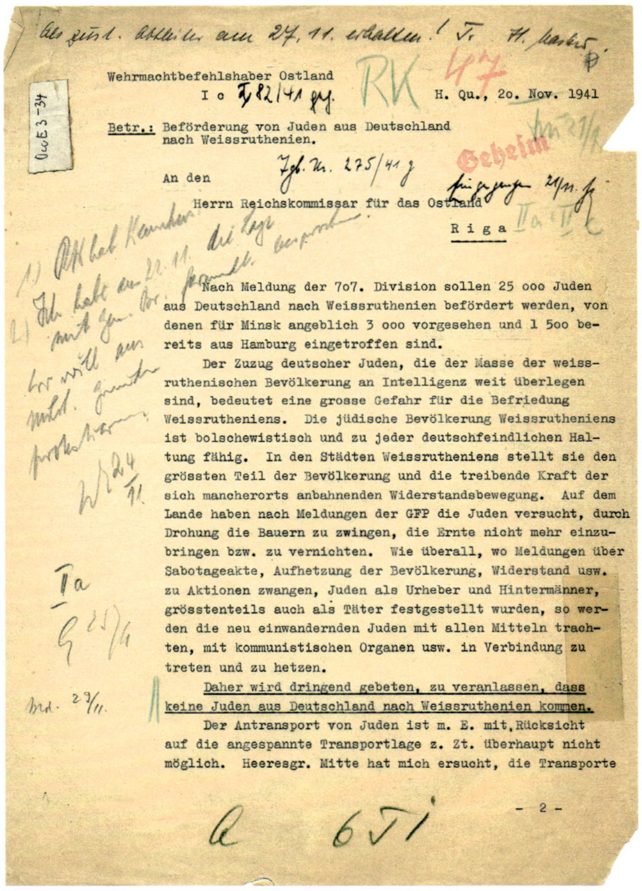

Wehrmachtbefehlshaber Ostland
I c

H. Qu., 2o. Nov. 1941

Betr.: Beförderung von Juden aus Deutschland nach Weissruthenien.

An den
Herrn Reichskommissar für das Ostland
R i g a

Nach Meldung der 7o7. Division sollen 25 ooo Juden aus Deutschland nach Weissruthenien befördert werden, von denen für Minsk angeblich 3 ooo vorgesehen und 1 5oo bereits aus Hamburg eingetroffen sind.

Der Zuzug deutscher Juden, die der Masse der weissruthenischen Bevölkerung an Intelligenz weit überlegen sind, bedeutet eine grosse Gefahr für die Befriedung Weissrutheniens. Die jüdische Bevölkerung Weissrutheniens ist bolschewistisch und zu jeder deutschfeindlichen Haltung fähig. In den Städten Weissrutheniens stellt sie den grössten Teil der Bevölkerung und die treibende Kraft der sich mancherorts anbahnenden Widerstandsbewegung. Auf dem Lande haben nach Meldungen der GFP die Juden versucht, durch Drohung die Bauern zu zwingen, die Ernte nicht mehr einzubringen bzw. zu vernichten. Wie überall, wo Meldungen über Sabotageakte, Aufhetzung der Bevölkerung, Widerstand usw. zu Aktionen zwangen, Juden als Urheber und Hintermänner, grösstenteils auch als Täter festgestellt wurden, so werden die neu einwandernden Juden mit allen Mitteln trachten, mit kommunistischen Organen usw. in Verbindung zu treten und zu hetzen.

Daher wird dringend gebeten, zu veranlassen, dass keine Juden aus Deutschland nach Weissruthenien kommen.

Der Antransport von Juden ist m. E. mit Rücksicht auf die angespannte Transportlage z. Zt. überhaupt nicht möglich. Heeresgr. Mitte hat mich ersucht, die Transporte

- 2 -

7.5.4
Protestschreiben des Wehrmachtbefehlshabers Ostland an den Reichskommissar für das Ostland wegen der Deportationen nach Minsk vom 20. November 1941
YIVO New York

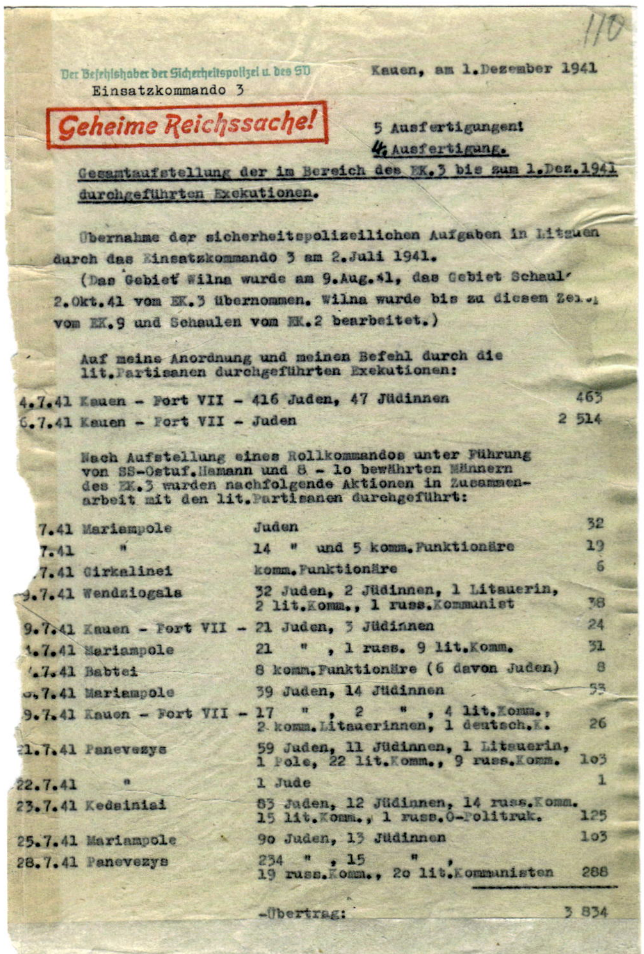

Der Befehlshaber der Sicherheitspolizei u. des SD
Einsatzkommando 3

Kauen, am 1.Dezember 1941

Geheime Reichssache!

5 Ausfertigungen!
4. Ausfertigung.

Gesamtaufstellung der im Bereich des EK.3 bis zum 1.Dez.1941 durchgeführten Exekutionen.

Übernahme der sicherheitspolizeilichen Aufgaben in Litauen durch das Einsatzkommando 3 am 2.Juli 1941.
(Das Gebiet Wilna wurde am 9.Aug.41, das Gebiet Schaul… 2.Okt.41 vom EK.3 übernommen. Wilna wurde bis zu diesem Zei… vom EK.9 und Schaulen vom EK.2 bearbeitet.)

Auf meine Anordnung und meinen Befehl durch die lit.Partisanen durchgeführten Exekutionen:

4.7.41	Kauen - Fort VII - 416 Juden, 47 Jüdinnen	463
6.7.41	Kauen - Fort VII - Juden	2 514

Nach Aufstellung eines Rollkommandos unter Führung von SS-Ostuf.Hamann und 8 - 1o bewährten Männern des EK.3 wurden nachfolgende Aktionen in Zusammenarbeit mit den lit.Partisanen durchgeführt:

7.41	Mariampole	Juden	32
7.41	"	14 " und 5 komm.Funktionäre	19
.7.41	Girkalinei	komm.Funktionäre	6
9.7.41	Wendziogala	32 Juden, 2 Jüdinnen, 1 Litauerin, 2 lit.Komm., 1 russ.Kommunist	38
9.7.41	Kauen - Fort VII -	21 Juden, 3 Jüdinnen	24
.7.41	Mariampole	21 " , 1 russ. 9 lit.Komm.	31
.7.41	Babtei	8 komm.Funktionäre (6 davon Juden)	8
.7.41	Mariampole	39 Juden, 14 Jüdinnen	53
9.7.41	Kauen - Fort VII -	17 " , 2 " , 4 lit.Komm., 2 komm.Litauerinnen, 1 deutsch.K.	26
21.7.41	Panevezys	59 Juden, 11 Jüdinnen, 1 Litauerin, 1 Pole, 22 lit.Komm., 9 russ.Komm.	1o3
22.7.41	"	1 Jude	1
23.7.41	Kedsiniai	83 Juden, 12 Jüdinnen, 14 russ.Komm. 15 lit.Komm., 1 russ.O-Politruk.	125
25.7.41	Mariampole	9o Juden, 13 Jüdinnen	1o3
28.7.41	Panevezys	234 " , 15 " , 19 russ.Komm., 2o lit.Kommunisten	288

-Übertrag: 3 834

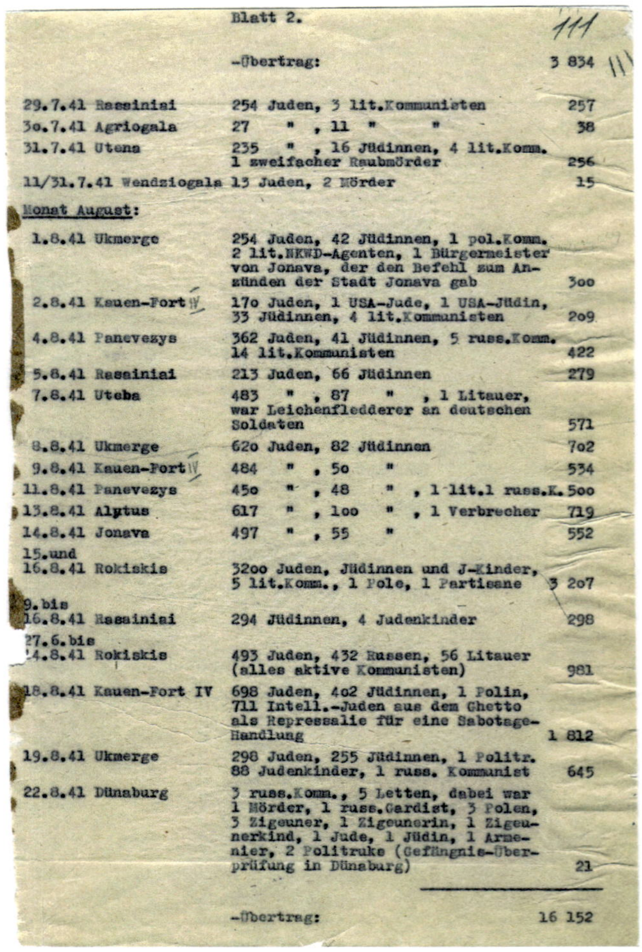

Blatt 2.

-Übertrag: 3 834

29.7.41	Rassiniai	254 Juden, 3 lit.Kommunisten	257
3o.7.41	Agriogala	27 " , 11 " "	38
31.7.41	Utena	235 " , 16 Jüdinnen, 4 lit.Komm. 1 zweifacher Raubmörder	256
11/31.7.41	Wendziogala	13 Juden, 2 Mörder	15

Monat August:

1.8.41	Ukmerge	254 Juden, 42 Jüdinnen, 1 pol.Komm. 2 lit.NKWD-Agenten, 1 Bürgermeister von Jonava, der den Befehl zum Anzünden der Stadt Jonava gab	3oo
2.8.41	Kauen-Fort IV	17o Juden, 1 USA-Jude, 1 USA-Jüdin, 33 Jüdinnen, 4 lit.Kommunisten	2o9
4.8.41	Panevezys	362 Juden, 41 Jüdinnen, 5 russ.Komm. 14 lit.Kommunisten	422
5.8.41	Rassiniai	213 Juden, 66 Jüdinnen	279
7.8.41	Uteba	483 " , 87 " , 1 Litauer, war Leichenfledderer an deutschen Soldaten	571
8.8.41	Ukmerge	62o Juden, 82 Jüdinnen	7o2
9.8.41	Kauen-Fort IV	484 " , 5o "	534
11.8.41	Panevezys	45o " , 48 " , 1 lit.1 russ.K.	5oo
13.8.41	Alytus	617 " , 1oo " , 1 Verbrecher	719
14.8.41	Jonava	497 " , 55 "	552
15.und 16.8.41	Rokiskis	32oo Juden, Jüdinnen und J-Kinder, 5 lit.Komm., 1 Pole, 1 Partisane	3 2o7
9.bis 16.8.41	Rassiniai	294 Jüdinnen, 4 Judenkinder	298
27.6.bis 14.8.41	Rokiskis	493 Juden, 432 Russen, 56 Litauer (alles aktive Kommunisten)	981
18.8.41	Kauen-Fort IV	698 Juden, 4o2 Jüdinnen, 1 Polin, 711 Intell.-Juden aus dem Ghetto als Repressalie für eine Sabotage-Handlung	1 812
19.8.41	Ukmerge	298 Juden, 255 Jüdinnen, 1 Politr. 88 Judenkinder, 1 russ. Kommunist	645
22.8.41	Dünaburg	3 russ.Komm., 5 Letten, dabei war 1 Mörder, 1 russ.Gardist, 3 Polen, 3 Zigeuner, 1 Zigeunerin, 1 Zigeunerkind, 1 Jude, 1 Jüdin, 1 Armenier, 2 Politruke (Gefängnis-Überprüfung in Dünaburg)	21

-Übertrag: 16 152

7.5.6
Monitor: Filmsequenzen vom Sammellager Stuttgart-Killesberg
Stadt A Stuttgart

Seit dem 27. November 1941 wurden Juden aus Stuttgart und Württemberg zwangsweise auf dem Gelände der Reichsgartenschau von 1939, dem Killesberg, konzentriert. Die Stadt Stuttgart ließ hierüber einen Film drehen. Am 1. Dezember 1941 wurden von hier aus 1.013 Personen nach Riga deportiert.

112

Blatt 3.

		-Übertrag:	16 152
22.8.41	Aglona	Geisteskranke: 269 Männer, 227 Frauen, 48 Kinder	544
23.8.41	Panevezys	1312 Juden, 4602 Jüdinnen, 1609 Judenkinder	7 523
18. bis 22.8.41	Kr. Rasainiai	466 Juden, 440 Jüdinnen, 1020 Judenkinder	1 926
25.8.41	Obeliai	112 Juden, 627 Jüdinnen, 421 Judenkinder	1 160
25. und 26.8.41	Seduva	230 Juden, 275 Jüdinnen, 159 Judenkinder	664
26.8.41	Zarasai	767 Juden, 1113 Jüdinnen, 1 lit.Kom. 687 Judenkinder, 1 russ.Kommunistin	2 569
26.8.41	Pasvalys	402 Juden, 738 Jüdinnen, 209 Judenkinder	1 349
26.8.41	Kaisiadorys	alle Juden, Jüdinnen u.J.-Kinder	1 911
27.8.41	Prienai	" " " " "	1 078
27.8.41	Dagda und Kraslawa	212 Juden, 4 russ.Kr.-Gefangene	216
27.8.41	Joniskis	47 Juden, 165 Jüdinnen, 143 Judenkinder	355
28.8.41	Wilkia	76 Juden, 192 Jüdinnen, 134 Judenkinder	402
28.8.41	Kedainiai	710 Juden, 767 Jüdinnen, 599 Judenkinder	2 076
29.8.41	Rumsiskis u. Ziezmariai	20 Juden, 567 Jüdinnen, 197 Judenkinder	784
29.8.41	Utena und Moletai	582 Juden, 1731 Jüdinnen, 1469 Judenkinder	3 782
13. bis 31.8.41	Alytus und Umgebung	233 Juden	233
Monat September:			
1.9.41	Mariampole	1763 Juden, 1812 Jüdinnen, 1404 Judenkinder, 109 Geisteskranke, 1 deutsche Staatsangehörige, die mit einem Juden verheiratet war, 1 Russin	5 090
		-Übertrag:	47 814

115

Blatt 7.

Ich kann heute feststellen, dass das Ziel, das Judenproblem für Litauen zu lösen, vom EK.3 erreicht worden ist. In Litauen gibt es keine Juden mehr, ausser den Arbeitsjuden incl. ihrer Familien.

Das sind

in Schaulen	ca.	4 500
in Kauen	"	15 000
in Wilna	"	15 000.

Diese Arbeitsjuden incl. ihrer Familien wollte ich ebenfalls umlegen, was mir jedoch scharfe Kampfansage der Zivilverwaltung (dem Reichskommissar) und der Wehrmacht eintrug und das Verbot auslöste: Diese Juden und ihre Familien dürfen nicht erschossen werden!

Das Ziel, Litauen judenfrei zu machen, konnte nur erreicht werden, durch die Aufstellung eines Rollkommandos mit ausgesuchten Männern unter Führung des SS-Obersturmführer Hamann, der sich meine Ziele voll und ganz aneignete und es verstand, die Zusammenarbeit mit den litauischen Partisanen und den zuständigen zivilen Stellen zu gewährleisten.

Die Durchführung solcher Aktionen ist in erster Linie eine Organisationsfrage. Der Entschluss, jeden Kreis systematisch judenfrei zu machen, erforderte eine gründliche Vorbereitung jeder einzelnen Aktion und Erkundung der herrschenden Verhältnisse in dem betreffenden Kreis. Die Juden mussten an einem Ort oder an mehreren Orten gesammelt werden. An Hand der Anzahl musste der Platz für die erforderlichen Gruben ausgesucht und ausgehoben werden. Der Anmarschweg von der Sammelstelle zu den Gruben betrug durchschnittlich 4 bis 5 km. Die Juden wurden in Abteilungen zu 500, in Abständen von mindestens 2 km, an den Exekutionsplatz transportiert. Welche Schwierigkeiten und nervenaufreibende Arbeit dabei zu leisten war, zeigt ein willkürlich herausgegriffenes Beispiel:

In Rokiskis waren 3208 Menschen 4 1/2 km zu transportieren, bevor sie liquidiert werden konnten. Um diese Arbeit in 24 Stunden bewältigen zu können, mussten von 80 zur Verfügung stehenden litauischen Partisanen über 60 zum Transport, bezw.

7.5.5
Bericht des Chefs des Einsatzkommandos 3 der Einsatzgruppe A, Karl Jäger, vom 1. Dezember 1941 über Massenerschießungen in Litauen. Seiten 1, 2, 5 und 7 von insgesamt neun Seiten
RGVA Moskwa

Jäger listet detailliert alle Erschießungen innerhalb von fünf Monaten auf, denen insgesamt 137.346 Menschen zum Opfer fielen. Nach der Liste waren es Juden, Kommunisten, Zigeuner, Verbrecher, Geisteskranke und andere. Die Auflistung nach Männern, Frauen und Kindern allein bei Juden und Zigeunern verweist auf den beabsichtigten systematischen Völkermord.

Unter dem Datum 25. und 29. November 1941 werden die Erschießungen von deutschen Juden aus Berlin, Breslau, Frankfurt am Main, München und Wien im Fort IX von Kauen (Kaunas) aufgeführt.

Sämtliche Juden der Generalkommissariate Litauen und Lettland sind jetzt restlos in Ghettos untergebracht. Die Juden des Rigaer Ghettos, die von Wehrmachts- und Zivilbehörden als Arbeitskräfte benutzt werden, dürfen nicht mehr frei zur Arbeitsstätte gehen, sondern müssen von den anfordernden Dienststellen geschlossen morgens vom Ghetto abgeholt werden, unter Bewachung zu ihrem Arbeitsplatz geführt und abends geschlossen wieder in das Ghetto zurückgebracht werden. Für die Aufnahme der aus dem Reich ankommenden Judentransporte ist sowohl in Minsk als auch in Riga alles vorbereitet. Der erste in Minsk angekommene Transport, der sich aus Hamburger Juden zusammensetzte, traf am 10.11.1941 ein. Am gleichen Tage wurde den Juden im Ghetto Quartier angewiesen. Es konnte beobachtet werden, daß die Juden sich z.T. ein völlig falsches Bild über ihre Zukunft machten, z.B. daß sie sich als Pioniere fühlten, die zur Kolonisierung des Ostens eingesetzt werden. Die ersten 5 Transporte, die nach Riga kommen sollten, wurden nach Kauen geleitet. Das Rigaer Lager, das zur Aufnahme von rd. 25.000 Juden dienen soll, ist z.Zt. im Entstehen und wird in kürzester Zeit fertiggestellt sein.
Der Höhere SS- und Polizeiführer in Riga, SS-Obergruppenführer Jeckeln, hat inzwischen eine Erschießungsaktion in Angriff genommen und am Sonntag, den 30.11.41 ca. 4.000 Juden des Rigaer Ghettos und eines Evakuierungstransportes aus dem Reich beseitigt.

7.5.7
Auszug aus der Ereignismeldung UdSSR Nr. 151, 5. Januar 1942
BA Berlin

Während hier über den Mord an den Juden in Kaunas nichts geäußert wurde, zeigt der Bericht, dass die Juden des Deportationstransportes aus Berlin nach Ankunft in Riga am 30. November 1941 erschossen wurden.

7.6
Gespräche im Dezember 1941

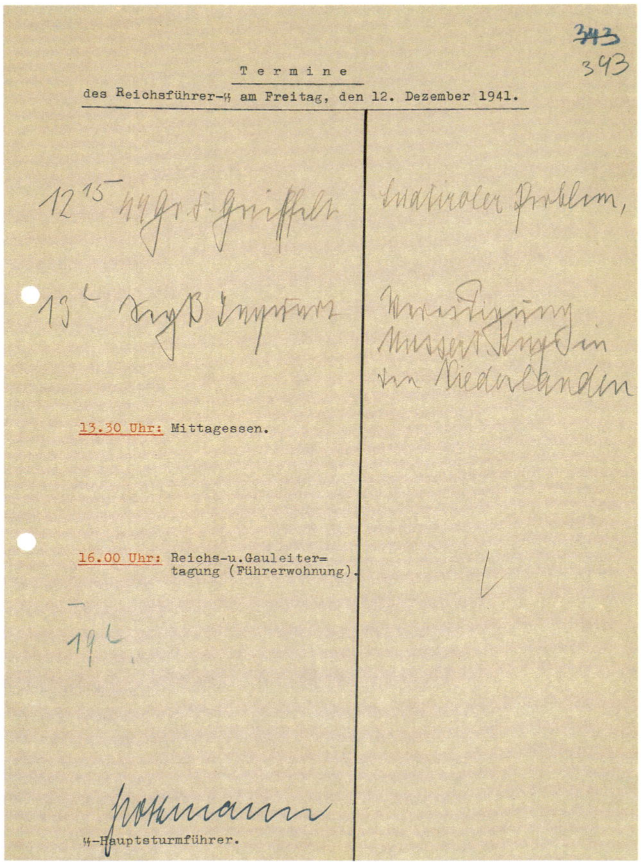

7.6.1
Himmlers Dienstkalenderblatt vom 12. Dezember 1941
RGVA Moskwa

Abschrift:
12.15 SS Gr.F. Greifelt Südtiroler Problem.
13 h Seyß-Inquart Vereidigung Mussert. Lage in den Niederlanden

Um 16 Uhr fand die Reichs- und Gauleitertagung in den privaten Räumen Hitlers in der Reichskanzlei statt. Hitler kündigte dort die Vernichtung der europäischen Juden an.

Bezüglich der Judenfrage ist der Führer entschlossen, reinen Tisch zu machen. Er hat den Juden prophezeit, daß, wenn sie noch einmal einen Weltkrieg herbeiführen würden, sie dabei ihre Vernichtung erleben würden. Das ist keine Phrase gewesen. Der Weltkrieg ist da, die Vernichtung des Judentums muß die notwendige Folge sein.

7.6.2
Eintrag im Tagebuch von Joseph Goebbels, 13. Dezember 1941
Goebbels, Tagebücher

Goebbels war als Gauleiter Berlins einen Tag zuvor auf der Reichs- und Gauleitertagung anwesend gewesen.

Mit den Juden – das will ich Ihnen auch ganz offen sagen – muß so oder so Schluß gemacht werden. Der Führer sprach einmal das Wort aus: wenn es der vereinigten Judenschaft wieder gelingen wird, einen Weltkrieg zu entfesseln, dann werden die Blutopfer nicht nur von den in den Krieg gehetzten Völkern gebracht werden, sondern dann wird der Jude in Europa sein Ende gefunden haben. [...] Ich werde daher den Juden gegenüber grundsätzlich nur von der Erwartung ausgehen, daß sie verschwinden. Sie müssen weg. Ich habe Verhandlungen zu dem Zwecke angeknüpft, sie nach dem Osten abzuschieben. Im Januar findet über diese Frage eine große Besprechung in Berlin statt, zu der ich Staatssekretär Dr. Bühler entsenden werde. Diese Besprechung soll im Reichssicherheitshauptamt bei SS-Obergruppenführer Heydrich gehalten werden. Jedenfalls wird eine große jüdische Wanderung einsetzen. Aber was soll mit den Juden geschehen? Glauben Sie, man wird sie im Osten in Siedlungsdörfern unterbringen? Man hat uns in Berlin gesagt: weshalb macht man diese Scherereien; wir können im Ostland oder im Reichskommissariat auch nichts mit ihnen anfangen, liquidiert sie selber! Meine Herren, ich muß Sie bitten, sich gegen alle Mitleidserwägungen zu wappnen. Wir müssen die Juden vernichten, wo immer wir sie treffen oder wo es irgend möglich ist, um das Gesamtgefüge des Reiches hier aufrecht zu erhalten. [...] Die Juden sind auch für uns außergewöhnlich schädliche Fresser. Wir haben im Generalgouvernement schätzungsweise 2,5, vielleicht mit den jüdisch versippten und dem, was alles daran hängt, jetzt 3,5 Millionen Juden. Diese 3,5 Millionen Juden können wir nicht erschießen, wir können sie nicht vergiften, werden aber doch Eingriffe vornehmen können, die irgendwie zu einem Vernichtungserfolg führen, und zwar im Zusammenhang mit den vom Reich her zu besprechenden großen Maßnahmen.

7.6.3
Auszüge aus einer Rede des Generalgouverneurs Hans Frank während einer Regierungssitzung in Krakau am 16. Dezember 1941
Diensttagebuch des deutschen Generalgouverneurs in Polen 1939-1945

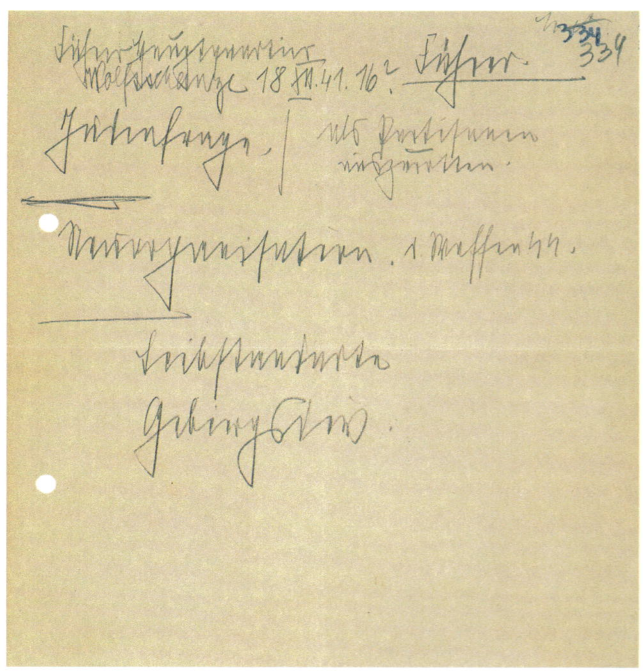

7.6.4
Himmlers Notizblatt zur Berichterstattung bei Hitler im Führerhauptquartier »Wolfsschanze« am 18. Dezember 1941
RGVA Moskwa

Abschrift:
Führerhauptquartier Führer
Wolfschanze 18. XII.41 16 h
Judenfrage. | als Partisanen auszurotten
Neuorganisation d. Waffen SS.
Leibstandarte
Gebirgsdiv.

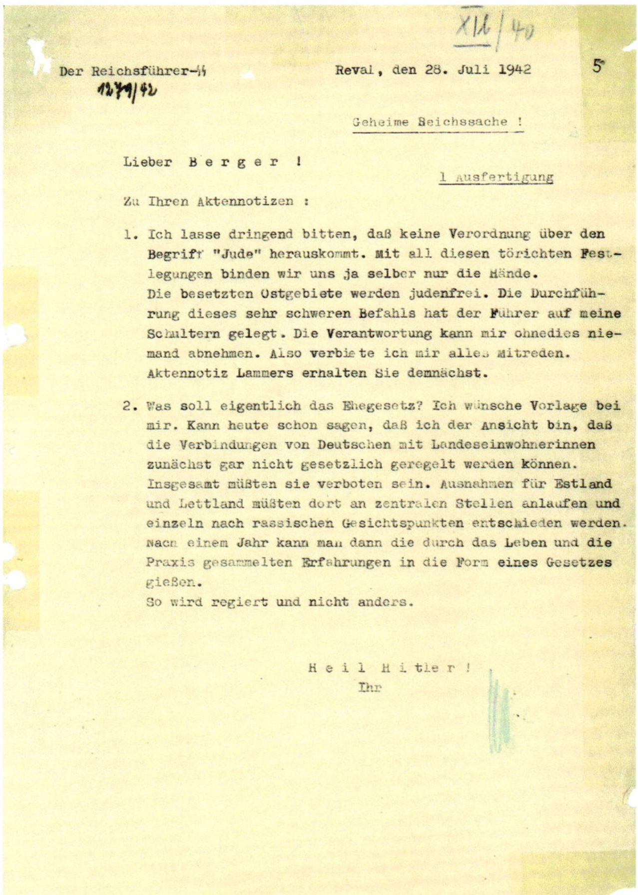

XII/40

Der Reichsführer-SS
1279/42

Reval, den 28. Juli 1942

5

Geheime Reichssache !

1 Ausfertigung

Lieber B e r g e r !

Zu Ihren Aktennotizen :

1. Ich lasse dringend bitten, daß keine Verordnung über den Begriff "Jude" herauskommt. Mit all diesen törichten Festlegungen binden wir uns ja selber nur die Hände.
Die besetzten Ostgebiete werden judenfrei. Die Durchführung dieses sehr schweren Befehls hat der Führer auf meine Schultern gelegt. Die Verantwortung kann mir ohnedies niemand abnehmen. Also verbiete ich mir alles Mitreden.
Aktennotiz Lammers erhalten Sie demnächst.

2. Was soll eigentlich das Ehegesetz? Ich wünsche Vorlage bei mir. Kann heute schon sagen, daß ich der Ansicht bin, daß die Verbindungen von Deutschen mit Landeseinwohnerinnen zunächst gar nicht gesetzlich geregelt werden können. Insgesamt müßten sie verboten sein. Ausnahmen für Estland und Lettland müßten dort an zentralen Stellen anlaufen und einzeln nach rassischen Gesichtspunkten entschieden werden. Nach einem Jahr kann man dann die durch das Leben und die Praxis gesammelten Erfahrungen in die Form eines Gesetzes gießen.
So wird regiert und nicht anders.

H e i l H i t l e r !
Ihr

7.6.5
Schreiben Himmlers an seinen Verbindungsführer zum Ostministerium, Gottlob Berger, vom 26. Juli 1942
BA Berlin

7.7
Die deutsche Öffentlichkeit und der Massenmord an den Juden 1941

7.7.1
Monitor: Juden der Stadt Balti werden zusammengetrieben. Filmsequenz aus: Deutsche Wochenschau Nr. 570 vom 9.-16. August 1941
BA Berlin

7.7.2
Monitor: »Im Buchladen«. Volkshumor aus deutschen Gauen. Filmsequenz aus dem Programm des Kabarettisten Wolf Gondrell »Das spricht Bände« vom Herbst 1941

Litzmannstädter Zeitung — Sonntag, 2. Juni 1940

„Wochenspruch der NSDAP."

Ein hervorragender künstlerischer Wandspruch

Die Gaupropagandaleitung der NSDAP. wird in diesen Wochen im Gau Wartheland eine neuartige Propagandamaßnahme durch Herausgabe des „Wochenspruch der NSDAP." einleiten.

Was ist und was will dieser „Wochenspruch"?

Die großen Ereignisse unserer Zeit stellen jeden Volksgenossen täglich vor neue Aufgaben und verlangen von ihm den äußersten Einsatz seiner Arbeitskraft.

Im Kampf gegen die Hetze der feindlichen Kriegspropaganda gibt der „Wochenspruch der NSDAP." laufend kurze und markante Aussprüche des Führers und seiner engsten Mitarbeiter wieder, die uns immer und immer wieder an unsere Pflichten erinnern und uns im Glauben an unseren endgültigen Sieg stärken.

Die NSDAP. hat mit dem „Wochenspruch" einen neuen Weg für die Durchsetzung des ganzen Volkes gefunden, der in bisher noch unbekannter Weise das Angenehme mit dem Nützlichen verbindet. Namhafte Künstler und Graphiker schaffen jede Woche einen Entwurf, der den „Wochenspruch" zu einem hervorragenden künstlerischen Wandschmuck werden läßt. Durch die wöchentliche Uebersendung der Sprüche, bleibt er stets aktuell und dem Zeitgeschehen angepaßt.

Um dem „Wochenspruch der NSDAP." eine volle Wirung zu verleihen, muß erreicht werden, daß in kürzester Frist der Aushang in allen Betrieben, Einzelhandelsgeschäften, Behörden, Schulen, Dienststellen der Partei, Büros, Gemeinschaftsräumen, Warteräumen und Treppenhäusern in der erforderlichen Anzahl erfolgt. Die Dienststellen der Behröden erhalten in diesen Tagen besondere Anweisung.

Die von der Gaupropagandaleitung eingesetzten Beauftragten werden in Erfüllung ihrer Aufgabe in den nächsten Wochen und Monaten

Führer —
In Deinen Händen liegt das Schicksal von Millionen, die in Deinem Herzen wohnen, denen Du ein Glaube bist.
Führe uns!

bei den Betriebsführern und Geschäftsinhabern des Warthegaues vorsprechen und sich hierbei durch ein Schreiben der Gaupropagandaleitung der NSDAP. und der Kreisleitung ausweisen.

DAS REICH

DEUTSCHE WOCHENZEITUNG

ENGLAND UNTER FREUNDESDRUCK

Die Juden sind schuld!

Von Reichsminister Dr. Goebbels

Die historische Schuld des Weltjudentums am Ausbruch und an der Ausweitung dieses Krieges ist so hinreichend erwiesen, daß darüber keine Worte mehr zu verlieren sind. Die Juden wollten ihren Krieg, und sie haben ihn nun. Aber es bewahrheitet sich an ihnen auch die Prophezeiung, die der Führer am 30. Januar 1939 im Deutschen Reichstag aussprach, daß, wenn es dem internationalen Finanzjudentum gelingen sollte, die Völker noch einmal in einen Weltkrieg zu stürzen, das Ergebnis nicht die Bolschewisierung der Erde und damit der Sieg des Judentums sein werde, sondern die Vernichtung der jüdischen Rasse in Europa.

Wir erleben eben den Vollzug dieser Prophezeiung, und es erfüllt sich damit am Judentum ein Schicksal, das zwar hart, aber mehr als verdient ist. Mitleid oder gar Bedauern ist da gänzlich unangebracht. Das Weltjudentum hat in

7.7.3
Anfang des Leitartikels »Die Juden sind schuld!« von Joseph Goebbels in der Wochenzeitung »Das Reich« vom 16. November 1941

7.7.4
»Wochensprüche der NSDAP« als »neuartige Propagandamaßnahme«. Ausschnitt aus der Litzmannstädter Zeitung, Sonntag, den 2. Juni 1940, S. 6

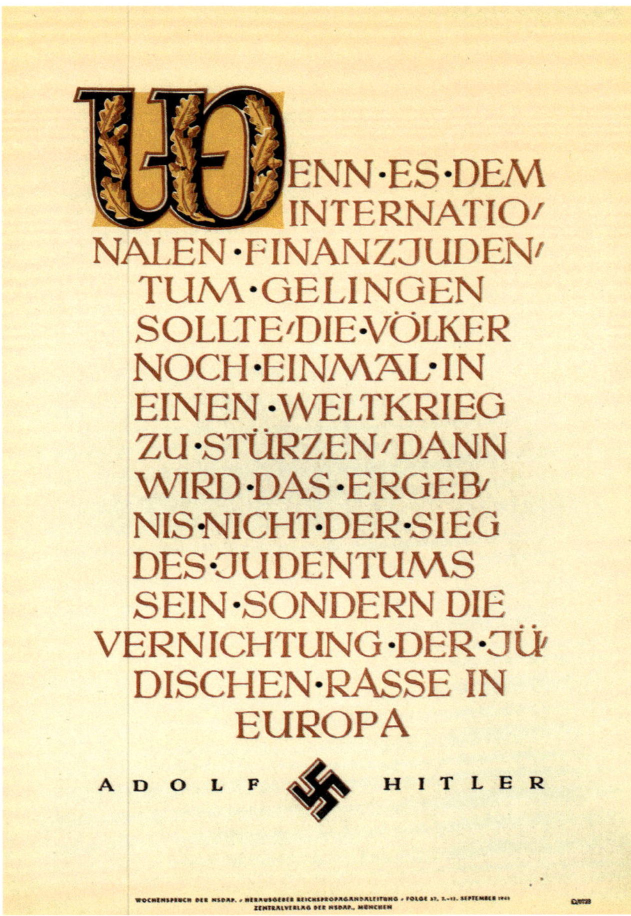

WENN·ES·DEM INTERNATIO/NALEN·FINANZJUDEN/TUM·GELINGEN SOLLTE/DIE·VÖLKER NOCH·EINMAL·IN EINEN·WELTKRIEG ZU·STÜRZEN/DANN WIRD·DAS·ERGEB/NIS·NICHT·DER·SIEG DES·JUDENTUMS SEIN·SONDERN DIE VERNICHTUNG·DER·JÜ/DISCHEN·RASSE IN EUROPA

ADOLF HITLER

7.7.5
Hitlers Prophezeiung vom 30. Januar 1939 als kalligraphisch gestaltetes Schmuckblatt. Wochenspruch der NSDAP für die Woche vom 7. bis 13. September 1941
GHWK Berlin

An der Konferenz beteiligte Behörden

Reichsmarschall Hermann Göring beauftragte bereits im Januar 1939 Reinhard Heydrich, Chef der Sicherheitspolizei und des SD, die Zwangsauswanderung der deutschen und österreichischen Juden zu organisieren. Nach dem Überfall auf die Sowjetunion ließ sich Heydrich von Göring den Auftrag erteilen, eine »Gesamtlösung der Judenfrage im deutschen Einflussgebiet in Europa« vorzubereiten. Am 29. November 1941 lud Reinhard Heydrich eine Gruppe von hochrangigen Beamten und Parteifunktionären zu einer Besprechung über die »Endlösung der Judenfrage« ein, die für den 9. Dezember 1941 geplant war. Heydrich, der als Chef des Reichssicherheitshauptamtes (RSHA) an der Spitze des Terror- und Verfolgungsapparates stand, und sein Vorgesetzter, der Reichsführer SS Heinrich Himmler, verfolgten in diesem zentralen Feld nationalsozialistischer Politik besonders radikale Konzepte. Das Ermächtigungsschreiben Görings vom 31. Juli 1941 legte er den Einladungen vom 29. November 1941 bei.

Die Verschiebung der Konferenz

Zu der Besprechung bat Heydrich Vertreter verschiedener deutscher Behörden, die sich mit bestimmten Aspekten der Politik gegen die deutschen und europäischen Juden beschäftigten. Dabei handelte es sich um Staatssekretäre, Unterstaatssekretäre oder Hauptabteilungsleiter, also um Behördenfunktionäre der leitenden Ebene, die dem jeweiligen Minister oder Amtschef unmittelbar zuarbeiteten. Es war keine Sitzung, auf der die politische Führung einen Beschluss fassen wollte, aber auch kein Arbeitstreffen besonders spezialisierter Sachbearbeiter über technische Details der Durchführung. Es ging vielmehr darum, die Umsetzung eines politischen Zieles zu koordinieren und die allgemeine Richtung der zu treffenden Maßnahmen festzulegen.

In der Woche vor dem ursprünglich anberaumten Sitzungstermin kam es, bedingt durch den Kriegsverlauf, zu einschneidenden Veränderungen. Während in der ersten Dezemberwoche die Rote Armee zur Gegenoffensive überging, überfiel die Japanische Armee am 7. Dezember 1941 die U. S. Pazifikflotte in Pearl Harbor. Damit weitete sich der Krieg zum Weltkrieg aus. Die Kriegserklärung des Deutschen Reichs an die USA wollte Hitler auf einer Sitzung des Reichstags verkünden, die zeitweilig für den 9. Dezember angesetzt war. Heydrich als Gastgeber und einige andere aus dem Kreis der Eingeladenen waren Mitglieder des Reichstags und mussten an der Sitzung teilnehmen. Heydrich ließ die Besprechung über die »Endlösung der Judenfrage« daher kurzfristig absagen und auf einen zunächst unbestimmten Termin verschieben. Die Reichstagssitzung wurde allerdings ebenfalls verschoben und fand erst am 11. Dezember 1941 statt. Die Einladung für den Ersatztermin am 20. Januar 1942 wurde erst mit Datum vom 8. Januar versandt.

Die genauen Gründe, warum Heydrich ausgerechnet Ende November 1941 eine zentrale Besprechung zur »Judenfrage« herbeiführen wollte, sind in der historischen Forschung bis heute ebenso umstritten, wie die Hintergründe für die Einladung einiger Teilnehmer. Die Struktur nationalsozialistischer Herrschaft und Politik und die aktuellen Konflikte und Problemlagen, die aus der Praxis der Judenverfolgung resultierten, geben aber wichtige Hinweise zur Beantwortung der Frage, wie und warum es zur Wannsee-Konferenz kam.

Die arbeitsteilige Organisation der Judenverfolgung

Das nationalsozialistische Herrschaftssystem kannte keine geregelte Regierungstätigkeit. Der »Führer und Reichskanzler« traf seine Entscheidungen weder in Sitzungen des Kabinetts, das zunächst sehr unregelmäßig und ab 1938 überhaupt nicht mehr tagte, noch nach Aktenlage, sondern aufgrund mündlicher Vorträge. Der Zugang zu Adolf Hitler wurde lange Zeit vom Chef der Reichskanzlei, Hans Heinrich Lammers, später vom Chef der Partei-Kanzlei, Martin Bormann, kontrolliert. Darüber hinaus waren in Konkurrenz zu den verantwortlichen Fachministerien zahlreiche Sonderbeauftragte, Reichskommissare und Generalbevollmächtigte ernannt worden. Wenn mehr als zwei Behörden an einem politischen Problem beteiligt waren, mussten die Beratungen unterhalb der politischen Führungsebene stattfinden: zwischen den Staatssekretären als höchsten Verwaltungsbeamten, zwischen den Hauptabteilungs- und Abteilungsleitern sowie zwischen den Sachbearbeitern.

An der Verfolgung, Vertreibung und Ermordung der Juden beteiligten sich verschiedene Behörden.

In einigen Ministerien, wie dem Reichsministerium des Innern, dem Auswärtigen Amt oder dem Reichsjustizministerium, existierten seit Jahren eigene Referate oder Sachbearbeiter für die »Judenfrage« oder für »Rasseangelegenheiten«. Bereits vor Kriegsbeginn waren diese Fachleute immer wieder zu Besprechungen und Konferenzen zusammengekommen. Zugleich zog die SS und insbesondere Heydrich mehr und mehr Kompetenzen in der »Judenfrage« an sich. Im Verlauf des Krieges, insbesondere nach dem Übergang zur Ermordung aller Juden auf dem Territorium der Sowjetunion, den Vorbereitungen zur Ermordung der jüdischen Bevölkerung Polens und den Deportationen aus dem Reichsgebiet wuchsen Spannungen zwischen den einzelnen beteiligten Behörden. Es bestand ein Bedarf an Absprachen. So kam es seit dem deutschen Überfall auf die Sowjetunion zu einer dichten Folge von Beratungen auf allen Ebenen der Hierarchie: Vorträge einzelner Entscheidungsträger bei Hitler, Besprechungen auf der Leitungsebene und Konferenzen zwischen den Sachbearbeitern der einzelnen Behörden. Im November 1941 standen Himmler, Heydrich und der Judenreferent des Reichssicherheitshauptamts, Adolf Eichmann, vor einem Bündel ungeklärter Einzelfragen sowie vor Kompetenz- und Sachkonflikten der Behörden untereinander.

Kooperation und Konflikte

Auf der Besprechung über die »Endlösung der Judenfrage« wollte Heydrich durchsetzen, dass seine Behörde, das Reichssicherheitshauptamt, in diesem Bereich federführend war. Schärfster Konkurrent blieb in diesem Konflikt das Reichsministerium des Innern, das ursprünglich die Federführung innegehabt hatte. Dort waren die Nürnberger Gesetze entworfen und zu einem umfassenden Sonderrecht ausgeweitet worden, mit dem die jüdische Bevölkerung im deutschen Herrschaftsbereich ausgegrenzt, diskriminiert und verfolgt wurde. Doch im Verlauf des Krieges hatte die SS den Einfluss des Innenministeriums immer weiter zurückgedrängt. Am 24. November 1941 hielt Heydrichs Vorgesetzter, der Reichsführer SS Heinrich Himmler, in einer Besprechung mit dem Staatssekretär im Innenministerium, Wilhelm Stuckart, seine Auffassung über die Zuständigkeiten fest: »Judenfrage [sic!] gehören zu mir«, vermerkte er in einer handschriftlichen Gesprächsnotiz.

Bei der Errichtung der deutschen Herrschaft über Europa wollte die SS zudem in allen sicherheitspolizeilichen und sicherheitsdienstlichen Angelegenheiten eine eigene, von den zivilen und militärischen Besatzungsverwaltungen möglichst unabhängige Stellung erreichen. Insbesondere Verfolgungsmaßnahmen gegenüber Juden wurden oft nicht mit den zuständigen Besatzungsbehörden koordiniert. Diese wollten ihre Territorien mittelfristig »judenfrei« machen, ohne die Befriedung der Bevölkerung und die wirtschaftliche Ausplünderung des Landes zu gefährden. Das eigenmächtige Vorgehen der SS in der »Judenfrage« empfanden sie als Übergriff einer konkurrierenden Behörde auf ihren Zuständigkeitsbereich. Im Generalkommissariat Lettland unterband beispielsweise der Reichskommissar für das Ostland, Hinrich Lohse, einzelne Erschießungsaktionen, weil er mit der Art der Durchführung nicht einverstanden war. Lohse beschwerte sich auch, als er erfuhr, dass die SS Juden aus dem Reichsgebiet ins Generalkommissariat verschleppen wollte und in Salaspils bereits mit der Errichtung eines Auffanglagers begonnen hatte. Diese Kompetenzkonflikte im Baltikum erklären, warum ein relativ untergeordneter Täter wie der Kommandeur der Sicherheitspolizei und des SD im Generalbezirk Lettland, Rudolf Lange, von Heydrich ebenfalls zur Sitzung hinzugezogen wurde. Auch im besetzten, nicht annektierten Teil Polens verschärften sich die Konflikte zwischen den regionalen Dienststellen der SS und der deutschen Regierung des Generalgouvernements. Heydrich wies daher Eichmann an, den Stellvertreter des Generalgouverneurs, Josef Bühler, und den Höheren SS- und Polizeiführer in Krakau, Friedrich Wilhelm Krüger, nachträglich zur Konferenz einzuladen.

Die Grundrichtung in der »Judenfrage« war indes nicht umstritten. Bereits seit Monaten steuerte die Verfolgungspolitik auf ein gigantisches Mordprogramm zu. Koordinationsbedarf entstand bei Fragen, die aus der Sicht der Beamten einzelne Sachprobleme darstellten. So wollte beispielsweise das Reichsjustizministerium Einfluss darauf nehmen, was mit den sogenannten Mischehen und mit den jüdischen Häftlingen im Justizvollzug geschehen sollte. Das Amt des Beauftragten für den Vierjahresplan – eine Behörde mit umfassenden Kompetenzen in der Wirtschaftspolitik – steuerte den Arbeitseinsatz und wollte aus kriegswirtschaftlichen Gründen verhindern, dass die Deportation jüdischer Zwangsarbeiter mit dem Arbeitskräftebedarf in der Rüstungsindustrie in Konflikt geriet. Der Vertreter des Auswärtigen Amtes, Unterstaatssekretär Martin Luther, ließ sich von seinem zuständigen Sachbearbeiter Franz Rademacher mit einer schriftlichen Aufzeichnung auf die Konferenz vorbereiten. Aus dieser Liste der »Wünsche und Ideen des Auswärtigen Amts zu der vorgesehenen Gesamtlösung der Judenfrage in Europa« geht hervor, dass das deutsche Außenministerium auf die Deportation möglichst großer Teile der jüdischen Bevölkerung, insbesondere im Südosten des Kontinents, drängte und die verbündeten Länder zur Einführung von Judengesetzen nach deutschem Vorbild bewegen wollte. Das Dokument zeigt aber auch, dass die Judenreferenten des Auswärtigen Amtes, Franz Rademacher, und des Reichssicherheitshauptamtes, Adolf Eichmann, bislang in gutem Einvernehmen zusammengearbeitet hatten.

Einige der genannten Konflikte um die Ermordung der europäischen Juden verloren im Laufe des Monats Dezember 1941 an Schärfe. So war es beispielsweise aus der Perspektive der Besatzungsverwaltungen durchaus willkommen, dass die SS die Durchführung radikaler Maßnahmen in der »Judenpolitik« übernahm. Letztendlich war es diesen Institutionen wichtiger, ihre Territorien »judenfrei« zu bekommen, als ihre Kompetenzen gegenüber der SS um jeden Preis zu verteidigen. Zudem wurde immer deutlicher, welche Politik in Berlin angestrebt wurde: Hitler und andere führende Nationalsozialisten propagierten die »Vernichtung der jüdischen Rasse in Europa« jetzt noch offener als zuvor.

Die erneute Diskussion des »Judenbegriffs«

Ein Konflikt war allerdings noch keineswegs ausgeräumt: Die Definition des Judenbegriffs und die weitere Anwendung der Nürnberger Gesetze. Bereits seit Monaten hatten verschiedene Behörden darauf gedrängt, auch die sogenannten Mischlinge 1. Grades – Enkel von zwei jüdischen Großeltern – und möglichst viele jüdische Ehepartner »privilegierter Mischehen« in die Deportationen und Mordaktionen einzubeziehen. Zudem sollte der Druck auf die sogenannten Mischlinge 2. Grades – Menschen mit einem jüdischen Großelternteil –erhöht werden. Diese Ausweitung wurde besonders vom Reichssicherheitshauptamt forciert, das stets möglichst radikale Programme verfolgte, aber auch vom SS-Rasse- und Siedlungshauptamt, von der Partei-Kanzlei und vom Amt des Beauftragten für den Vierjahresplan. Zudem begann das Ostministerium im Sommer 1941 damit, einen Erlass über den »Judenbegriff« in den besetzten Ostgebieten vorzubereiten. Auch hier war man entschlossen, über die Nürnberger Gesetze hinauszugehen, nicht zuletzt weil Unterlagen zum Nachweis der Abstammung in der Sowjetunion schwer oder gar nicht zu beschaffen waren. Das Innenministerium hielt dagegen an der Abstufung der antijüdischen Verfolgungsmaßnahmen fest. In den Nürnberger Gesetzen, die in diesem Ministerium ausgearbeitet worden waren, sahen seine Fachbeamten die Grundlage für eine einheitliche antijüdische Gesetzgebung in Europa. Soweit deutsche Staatsbürger betroffen waren, brachte das Innenministerium noch ein weiteres Argument in die Diskussion ein: bei den jüdischen Mischlingen gelte es, den deutschen Blutsanteil zu schützen und zu bewahren. Diese Sichtweise folgte ebenfalls rassistischen Denkfiguren. Ob indes einzelne Beamte des Ministeriums versuchten, diese Gruppe vor der Vernichtung zu bewahren, wie in der Nachkriegszeit oft behauptet wurde, oder ob es dem Ministerium nicht vielmehr darum ging, Unruhe in der deutschen Bevölkerung zu vermeiden, lässt sich heute nicht mehr eindeutig klären. Fest steht, dass die zivile Verwaltung – auf der Konferenz vertreten durch das Reichsministerium des Innern, das Reichsjustizministerium, die Reichskanzlei und das Auswärtige Amt – bereits vor dem 20. Januar 1942 keineswegs für den Schutz der jüdischen Bevölkerung Europas eingetreten war, sondern die Ausgrenzungs- und Verfolgungsmaßnahmen mit vorangetrieben hatte.

Gideon Botsch

8.1
Einladungsschreiben und Verschiebung der Konferenz

Im Interesse der Erreichung einer gleichen Auffassung bei den in Betracht kommenden Zentralinstanzen an den […] mit dieser Endlösung zusammenhängenden Arbeiten rege ich an, diese Probleme zum Gegenstand einer gemeinsamen Aussprache zu machen.

8.1.1
Reinhard Heydrich in den Einladungsschreiben zur Wannsee-Konferenz vom 29. November 1941

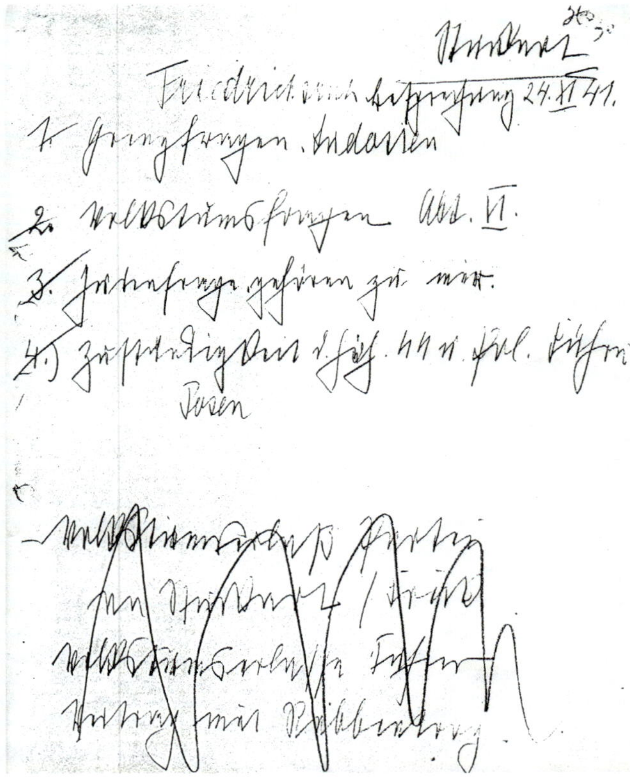

8.1.2
Notizen Himmlers über eine Besprechung mit Wilhelm Stuckart, Staatssekretär im Reichsministerium des Innern, am 24. November 1941
RGVA Moskwa

Abschrift:
Stuckart
Friedrichsruhbesprechung 24. XI 41.
1. Grenzfragen. Südosten
2. Volkstumsfragen Abt. VI.
3. Judenfrage gehören zu mir.
4.) Zuständigkeit d. Höh. SS u. Pol. Führer Posen

(durchgestrichen)
Volkstumserlaß Partei
an Stuckart / Frick
Volkstumserlasse Führer
Vertrag mit Ribbentrop

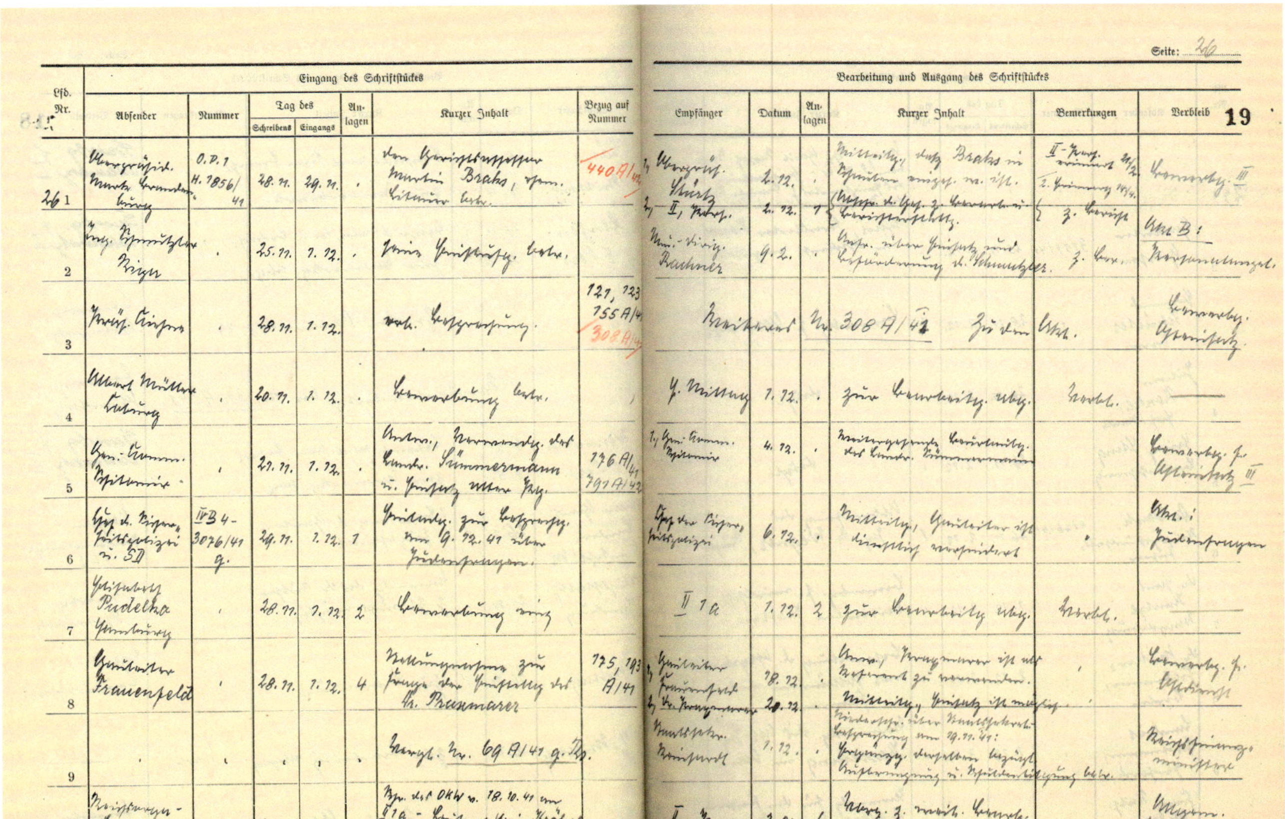

8.1.3
Brieftagebuch des Büros von Alfred Meyer, Ständiger Vertreter des Reichsministers für die besetzten Ostgebiete: Eingang des Einladungsschreibens am 1. Dezember 1941 und Mitteilung vom 6. Dezember 1941, Meyer sei dienstlich verhindert
BA Berlin

Abschrift der Zeile lfd. Nr. 6:
Chef der Sicherheitspolizei und SD / IV B4 3076/41 g. / 29.11. / 1.12. / 1 / Einladung zur Besprechung vom 9.12.41 über Judenfragen / Chef der Sicherheitspolizei / 6.12. / Mitteilung Gauleiter ist dienstlich verhindert / Akte: Judenfragen

8.1.4
V. l. n. r.: Kurt Daluege, Chef der Ordnungspolizei, Reinhard Heydrich, Chef der Sicherheitspolizei und des SD, Werner Lorenz, Chef des SS-Hauptamts Volksdeutsche Mittelstelle, Karl Wolff, Chef des Persönlichen Stabs Reichsführer SS, und Heinrich Himmler, Reichsführer SS und Chef der deutschen Polizei (6. v. l.) gratulieren Reichsmarschall Hermann Göring (1. v. r.) zum Geburtstag, 12. Januar 1941
Ullstein Bilderdienst Berlin

8.1.5
Karl Hermann Frank, Staatssekretär im Protektorat Böhmen und Mähren (2. v. l.), Reinhard Heydrich, Amtierender Reichsprotektor (3. v. l.) und Heinrich Müller, Chef der Gestapo (4. v. l.), bei einer Besprechung in Prag, um 1941/42
Ulric Publishing Shropshire/U. K.

8.1.6
Adolf Eichmann, Leiter des »Judenreferats« der Gestapo, um 1940
USHMM Washington D. C.

8.1.7
Reichsführer SS und Chef der deutschen Polizei im Reichsministerium des Innern, Reichskommissar für die Festigung deutschen Volkstums Heinrich Himmler

REICHSSICHERHEITSHAUPTAMT
Chef der Sicherheitspolizei und des SD, SS-Obergruppenführer und General der Polizei Reinhard Heydrich, Amtierender Reichsprotektor in Böhmen und Mähren

AMT IV: GEGNERERFORSCHUNG UND -BEKÄMPFUNG (GEHEIME STAATSPOLIZEI)
SS-Gruppenführer und Generalmajor der Polizei Heinrich Müller

REFERAT IV B 4: JUDENANGELEGENHEITEN, RÄUMUNGSANGELEGENHEITEN
SS-Sturmbannführer Adolf Eichmann

8.1.8
REICHSSICHERHEITSHAUPTAMT (RSHA) Zentrale der Überwachung, der Verfolgung und des Terrors in Europa. Inlands- und Auslands-Geheimdienst der NSDAP (SD), Bekämpfung politischer Gegner (Gestapo), Verbrechensbekämpfung (Kriminalpolizei), Passwesen, Ausländer- und Grenzpolizei.
Beteiligung an der Verfolgung der Juden:

- Kontrolle jüdischer Organisationen
- Forcierte Vertreibungspolitik der deutschen und österreichischen Juden
- Einweisung in KZ nach dem Novemberpogrom 1938
- Deportation in die Ghettos in Osteuropa, später in die Vernichtungsstätten
- Auftrag zur Ausarbeitung eines Endlösungs-Plans
- Anstiftung von Pogromen in den besetzten Gebieten
- Massenerschießungen, zunächst in der besetzten Sowjetunion
- Einrichtung und Kontrolle des Ghettos Theresienstadt

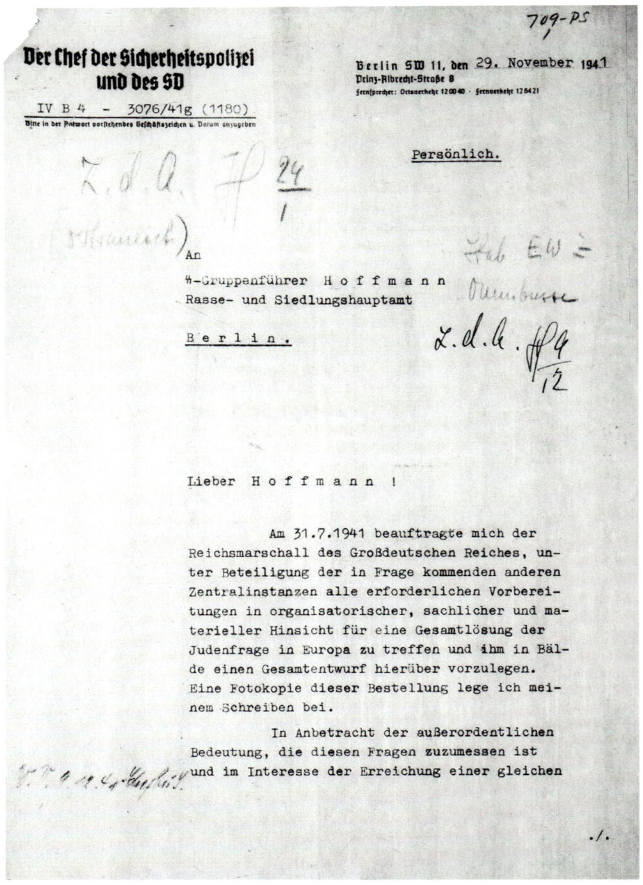

709-PS

Der Chef der Sicherheitspolizei und des SD

IV B 4 - 3076/41g (1180)

Bitte in der Antwort vorstehendes Geschäftszeichen u. Datum anzugeben

Berlin SW 11, den 29. November 1941
Prinz-Albrecht-Straße 8
Fernsprecher: Ortsverkehr 120040 · Fernverkehr 126421

Persönlich.

An
SS-Gruppenführer H o f f m a n n
Rasse- und Siedlungshauptamt

B e r l i n .

Lieber H o f f m a n n !

Am 31.7.1941 beauftragte mich der Reichsmarschall des Großdeutschen Reiches, unter Beteiligung der in Frage kommenden anderen Zentralinstanzen alle erforderlichen Vorbereitungen in organisatorischer, sachlicher und materieller Hinsicht für eine Gesamtlösung der Judenfrage in Europa zu treffen und ihm in Bälde einen Gesamtentwurf hierüber vorzulegen. Eine Fotokopie dieser Bestellung lege ich meinem Schreiben bei.

In Anbetracht der außerordentlichen Bedeutung, die diesen Fragen zuzumessen ist und im Interesse der Erreichung einer gleichen

./.

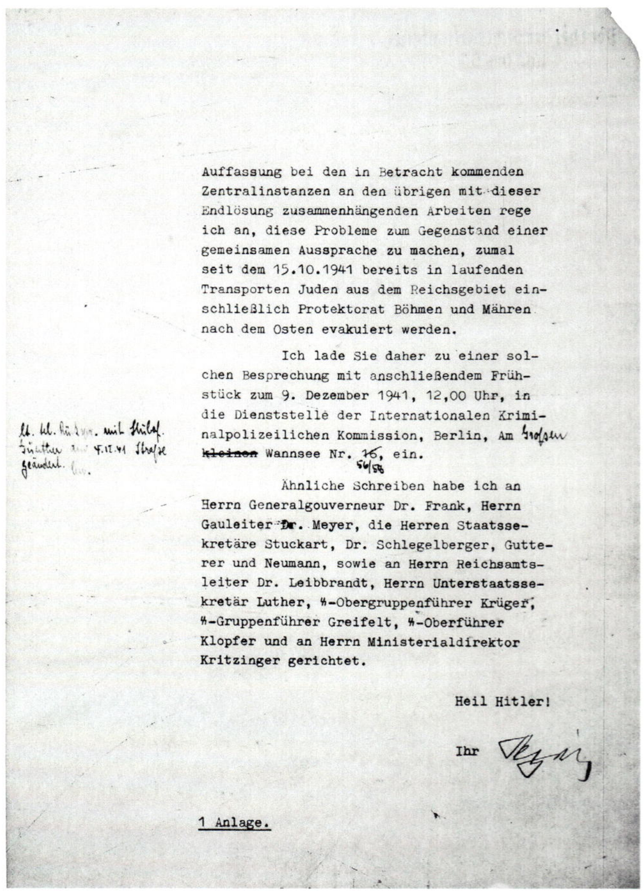

Auffassung bei den in Betracht kommenden Zentralinstanzen an den übrigen mit dieser Endlösung zusammenhängenden Arbeiten rege ich an, diese Probleme zum Gegenstand einer gemeinsamen Aussprache zu machen, zumal seit dem 15.10.1941 bereits in laufenden Transporten Juden aus dem Reichsgebiet einschließlich Protektorat Böhmen und Mähren nach dem Osten evakuiert werden.

Ich lade Sie daher zu einer solchen Besprechung mit anschließendem Frühstück zum 9. Dezember 1941, 12,00 Uhr, in die Dienststelle der Internationalen Kriminalpolizeilichen Kommission, Berlin, Am ~~kleinen~~ Großen Wannsee Nr. ~~16~~ 56/58, ein.

Ähnliche Schreiben habe ich an Herrn Generalgouverneur Dr. Frank, Herrn Gauleiter ~~Dr.~~ Meyer, die Herren Staatssekretäre Stuckart, Dr. Schlegelberger, Gutterer und Neumann, sowie an Herrn Reichsamtsleiter Dr. Leibbrandt, Herrn Unterstaatssekretär Luther, SS-Obergruppenführer Krüger, SS-Gruppenführer Greifelt, SS-Oberführer Klopfer und an Herrn Ministerialdirektor Kritzinger gerichtet.

Heil Hitler!

Ihr Heydrich

1 Anlage.

8.1.9
Einladungsschreiben Heydrichs an SS-Gruppenführer Otto Hofmann, Rasse- und Siedlungshauptamt SS, vom 29. November 1941 zur geplanten Besprechung am 9. Dezember 1941
StA Nürnberg

Mit handschriftlicher Notiz zur Korrektur der Adresse.

4.12.1941

An den
Chef der Sicherheitspolizei und des SD
SS-Obergruppenführer H e y d r i c h
B e r l i n SW 11
Prinz Albrecht Str. 8

Obergruppenführer !

Ich danke Ihnen bestens für die mir übersandte Einladung zu der am 9. Dezember 1941 in der Dienststelle der Internationalen Kriminalpolizeilichen Kommission, Berlin, Am Grossen Wannsee 56/58, stattfindenden Besprechung über die Lösung der Judenfrage in Europa und teile hierdurch mit, dass ich an dieser gemeinsamen Aussprache teilnehmen werde.

H e i l H i t l e r !
Ihr
gez. Hofmann 4/12.41

8.1.10
Antwortschreiben Hofmanns an Heydrich vom 4. Dezember 1941
StA Nürnberg

Hofmann hält irrtümlich am »IKPK« fest. Richtig wäre »Gästehaus des SD«

8.1.12
Otto Hofmann (2. v. l.), Chef des Rasse- und Siedlungshauptamtes SS, besichtigt das »Jugendschutzlager« Litzmannstadt, ein Konzentrationslager für polnische Jugendliche im Warthegau, um 1943
USHMM Washington D. C.

RSHA file 709-PS 3

Der Chef
der Sicherheitspolizei und des SD

Prag, den 8. Januar 1942

C.d.S. B.Nr. 18 /42

13/1

An
SS-Gruppenführer H o f m a n n
- Rasse- und Siedlungshauptamt-
B E R L I N
Hedemannstr.

Lieber H o f m a n n !

Die für den 9.12.1941 anberaumt gewesene Besprechung über mit der Endlösung der Judenfrage zusammenhängende Fragen mußte ich s.Zt. aufgrund plötzlich bekannt gegebener Ereignisse und der damit verbundenen Inanspruchnahme eines Teiles der geladenen Herren in letzter Minute leider absagen.

Da die zur Erörterung stehenden Fragen keinen längeren Aufschub zulassen, lade ich Sie daher neuerlich zu einer

Besprechung mit anschließendem Frühstück
zum 20. Januar 1942 um 12,oo Uhr
Berlin, Am Grossen Wannsee 56-58

ein.

Der in meinem letzten Einladungsschreiben angeführte Kreis der geladenen Herren bleibt unverändert.

Heil Hitler !

Ihr
Heydrich

8.1.11
Einladungsschreiben Heydrichs an Hofmann vom 8. Januar 1942 zum neuen Termin am 20. Januar 1942
StA Nürnberg

Einige derjenigen, die Heydrich zur Konferenz einlud, waren am 20. Januar 1942 verhindert: Leopold Gutterer (Propagandaministerium), Friedrich Wilhelm Krüger (Höherer SS- und Polizeiführer in Krakau) und Ulrich Greifelt (Stabshauptamt beim Reichskommissar für die Festigung deutschen Volkstums). Franz Schlegelberger (Justizministerium) ließ sich durch seinen Kollegen Roland Freisler vertreten.

8.1.13

RASSE- UND SIEDLUNGS-HAUPTAMT SS (RUSHA)

SS-Gruppenführer
Otto Hofmann, Amtschef

8.1.14

RASSE- UND SIEDLUNGS-HAUPTAMT SS (RUSHA)

Zuständig für die rassische Überprüfung der SS-Angehörigen und die »Wiedereindeutschung«. Beteiligt an der Begutachtung von Umsiedlern und Einwanderern und der Selektion der osteuropäischen Bevölkerung.
Beteiligung an der Verfolgung der Juden:

- Erfassung in einer »Juden- und Judenmischlingskartei«
- Rassen- und Abstammungsgutachten
- Mitwirkung an Aus- und Umsiedlungen in besetzten und annektierten Gebieten

8.2
Kontroversen in den besetzten Gebieten

8.2.1
Rudolf Lange, Kommandeur der Sicherheitspolizei und des SD für den Generalbezirk Lettland
BA Berlin

8.2.2
Befehlshaber der Sicherheitspolizei und des SD (BdS) für das Reichskommissariat Ostland in Riga, SS-Brigadeführer Dr. Franz Walter Stahlecker

KOMMANDEUR DER SICHERHEITSPOLIZEI UND DES SD (KDS) FÜR DEN GENERALBEZIRK LETTLAND
SS-Sturmbannführer Dr. jur. Rudolf Lange

8.2.3
KOMMANDEUR DER SICHERHEITSPOLIZEI UND DES SD (KDS) FÜR DEN GENERALBEZIRK LETTLAND
Zentrale Führung von Gestapo, Kripo und SD im besetzten Lettland. Gegner- und Verbrechensbekämpfung, geheimdienstliche Beobachtung, Durchführung von Verfolgungsmaßnahmen.
Beteiligung an der Verfolgung der Juden:
- Planung und Durchführung von Morden und Terrormaßnahmen im Einsatzgebiet der Einsatzgruppe A
- Anstiftung von Pogromen durch einheimische Kollaborateure
- Befehlsgewalt über Ghettos und Lager im Generalbezirk Lettland, darunter Riga, Salaspils und Jungfernhof
- Massenerschießungen von lettischen und deutschen Juden unter aktiver Beteiligung von Lange

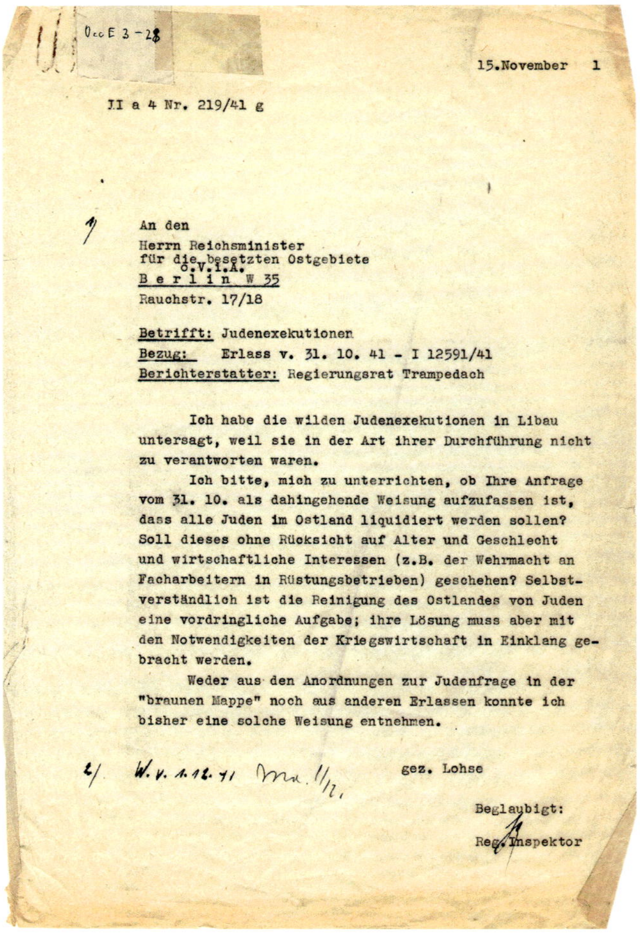
Occ E 3-28

15.November 1

II a 4 Nr. 219/41 g

An den
Herrn Reichsminister
für die besetzten Ostgebiete
O.V.i.A.
Berlin W 35
Rauchstr. 17/18

Betrifft: Judenexekutionen
Bezug: Erlass v. 31. 10. 41 - I 12591/41
Berichterstatter: Regierungsrat Trampedach

Ich habe die wilden Judenexekutionen in Libau untersagt, weil sie in der Art ihrer Durchführung nicht zu verantworten waren.

Ich bitte, mich zu unterrichten, ob Ihre Anfrage vom 31. 10. als dahingehende Weisung aufzufassen ist, dass alle Juden im Ostland liquidiert werden sollen? Soll dieses ohne Rücksicht auf Alter und Geschlecht und wirtschaftliche Interessen (z.B. der Wehrmacht an Facharbeitern in Rüstungsbetrieben) geschehen? Selbstverständlich ist die Reinigung des Ostlandes von Juden eine vordringliche Aufgabe; ihre Lösung muss aber mit den Notwendigkeiten der Kriegswirtschaft in Einklang gebracht werden.

Weder aus den Anordnungen zur Judenfrage in der "braunen Mappe" noch aus anderen Erlassen konnte ich bisher eine solche Weisung entnehmen.

2/ W.v. 1.12.41

gez. Lohse

Beglaubigt:
Reg. Inspektor

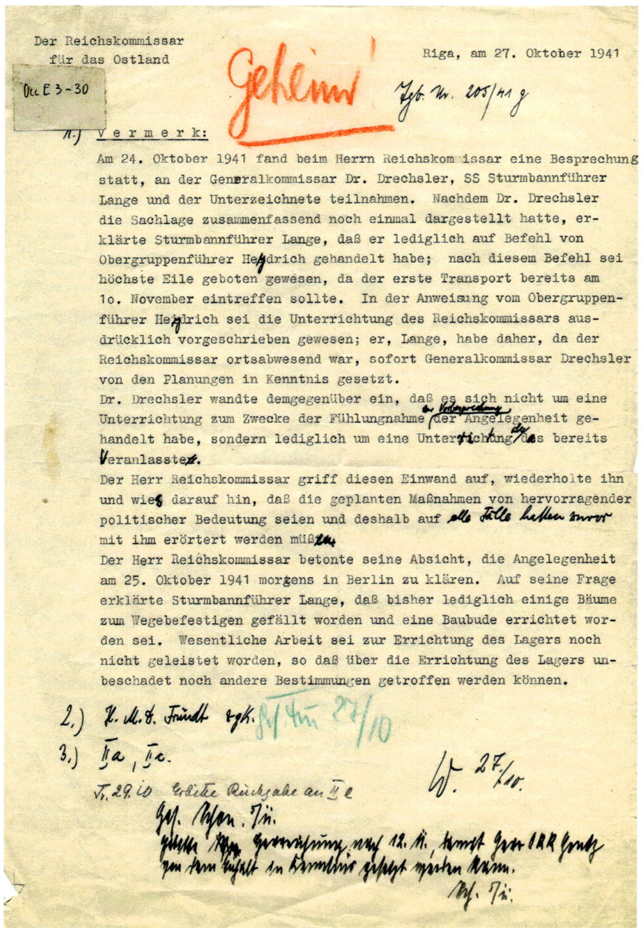
Der Reichskommissar
für das Ostland

Occ E 3-30

Geheim!

Riga, am 27. Oktober 1941

Tgb. Nr. 205/41 g

1.) Vermerk:
Am 24. Oktober 1941 fand beim Herrn Reichskommissar eine Besprechung statt, an der Generalkommissar Dr. Drechsler, SS Sturmbannführer Lange und der Unterzeichnete teilnahmen. Nachdem Dr. Drechsler die Sachlage zusammenfassend noch einmal dargestellt hatte, erklärte Sturmbannführer Lange, daß er lediglich auf Befehl von Obergruppenführer Heydrich gehandelt habe; nach diesem Befehl sei höchste Eile geboten gewesen, da der erste Transport bereits am 1o. November eintreffen sollte. In der Anweisung vom Obergruppenführer Heydrich sei die Unterrichtung des Reichskommissars ausdrücklich vorgeschrieben gewesen; er, Lange, habe daher, da der Reichskommissar ortsabwesend war, sofort Generalkommissar Drechsler von den Planungen in Kenntnis gesetzt.
Dr. Drechsler wandte demgegenüber ein, daß es sich nicht um eine Unterrichtung zum Zwecke der Fühlungnahme der Angelegenheit gehandelt habe, sondern lediglich um eine Unterrichtung das bereits Veranlasste.
Der Herr Reichskommissar griff diesen Einwand auf, wiederholte ihn und wies darauf hin, daß die geplanten Maßnahmen von hervorragender politischer Bedeutung seien und deshalb auf alle Fälle hätten zuvor mit ihm erörtert werden müssen.
Der Herr Reichskommissar betonte seine Absicht, die Angelegenheit am 25. Oktober 1941 morgens in Berlin zu klären. Auf seine Frage erklärte Sturmbannführer Lange, daß bisher lediglich einige Bäume zum Wegebefestigen gefällt worden und eine Baubude errichtet worden sei. Wesentliche Arbeit sei zur Errichtung des Lagers noch nicht geleistet worden, so daß über die Errichtung des Lagers unbeschadet noch andere Bestimmungen getroffen werden können.

2.)
3.) IIa, IIc.

W. 27/10.

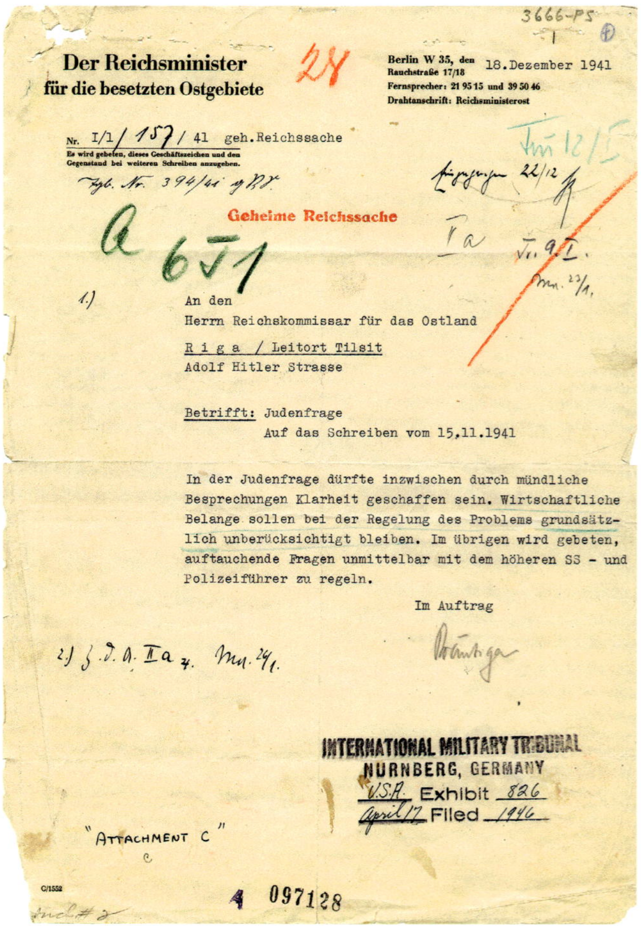
3666-PS

Der Reichsminister
für die besetzten Ostgebiete

28

Berlin W 35, den 18.Dezember 1941
Rauchstraße 17/18
Fernsprecher: 21 95 15 und 39 50 46
Drahtanschrift: Reichsministerost

Nr. I/1/157/41 geh.Reichssache
Es wird gebeten, dieses Geschäftszeichen und den Gegenstand bei weiteren Schreiben anzugeben.

Tgb. Nr. 394/41 g RS.

Geheime Reichssache

Eingegangen 22/12

1.)
An den
Herrn Reichskommissar für das Ostland
Riga / Leitort Tilsit
Adolf Hitler Strasse

Betrifft: Judenfrage
Auf das Schreiben vom 15.11.1941

In der Judenfrage dürfte inzwischen durch mündliche Besprechungen Klarheit geschaffen sein. Wirtschaftliche Belange sollen bei der Regelung des Problems grundsätzlich unberücksichtigt bleiben. Im übrigen wird gebeten, auftauchende Fragen unmittelbar mit dem höheren SS - und Polizeiführer zu regeln.

Im Auftrag
Bräutigam

INTERNATIONAL MILITARY TRIBUNAL
NURNBERG, GERMANY
U.S.A. Exhibit 826
April 17 Filed 1946

"ATTACHMENT C"

C/1552

4 097128

8.2.4
Reichskommissariat Ostland, Vermerk über eine Besprechung am 24. Oktober 1941 mit dem Kommandeur der Sicherheitspolizei in Lettland, Rudolf Lange, vom 27. Oktober 1941
YIVO New York

8.2.5
Hinrich Lohse, Reichskommissar für das Ostland, Riga, an das Reichsministerium für die besetzten Ostgebiete, 15. November 1941
YIVO New York

8.2.6
Otto Bräutigam, Reichsministerium für die besetzten Ostgebiete, an den Reichskommissar für das Ostland, 18. Dezember 1941
YIVO New York

Mit den Juden - das will ich Ihnen auch ganz offen sagen - muß so oder so Schluß gemacht werden. [...] Sie müssen weg. [...] Im Januar findet über diese Frage eine große Besprechung in Berlin statt, zu der ich Staatssekretär Dr. Bühler entsenden werde. [...] Diese 3,5 Millionen Juden (im Generalgouvernement) können wir nicht erschießen, wir können sie nicht vergiften, werden aber doch Eingriffe vornehmen können, die irgendwie zu einem Vernichtungserfolg führen, und zwar im Zusammenhang mit den vom Reich her zu besprechenden großen Maßnahmen..

8.2.7
Generalgouverneur Hans Frank in Krakau am 16. Dezember 1941

8.2.8
Eberhard Schöngarth, Befehlshaber der Sicherheitspolizei und des SD im Generalgouvernement
BA Berlin

8.2.9

BEFEHLSHABER DER SICHERHEITSPOLIZEI UND DES SD (BDS) IM GENERALGOUVERNEMENT

SS-Oberführer Dr. Eberhard Schöngarth

8.2.10

BEFEHLSHABER DER SICHERHEITSPOLIZEI UND DES SD (BDS) IM GENERALGOUVERNEMENT

Zentrale Führung von Gestapo, Kripo und SD im Generalgouvernement. Gegner- und Verbrechensbekämpfung, geheimdienstliche Beobachtung, Durchführung von Verfolgungsmaßnahmen.
Beteiligung an der Verfolgung der Juden:

- Planung und Durchführung von Verfolgungsmaßnahmen im Generalgouvernement
- Massenerschießungen in Ostpolen durch eine »Einsatzgruppe zur besonderen Verfügung«
- Schießbefehl gegen »umherziehende Juden«

8.2.11
(V. l. n. r.): Josef Bühler, der spätere Chef des Amtes des Generalgouverneurs, Hans Frank, Generalgouverneur, und Arthur Seyss-Inquart, zu diesem Zeitpunkt Franks Stellvertreter, Oktober 1939
Ullstein Bilderdienst Berlin

8.2.12
REGIERUNG DES GENERALGOUVERNEMENTS
Generalgouverneur Dr. jur. Hans Frank

Staatssekretariat
Staatssekretär und Stellvertreter des Generalgouverneurs Dr. jur. Josef Bühler

8.2.13
REGIERUNG DES GENERALGOUVERNEMENTS
Deutsche Zivil-Verwaltung im Generalgouvernement.
Beteiligung an der Verfolgung der Juden:
- Kennzeichnungspflicht
- Raub des Eigentums
- Verpflichtung zur Zwangsarbeit
- Zuweisung unzureichender Lebensmittelrationen

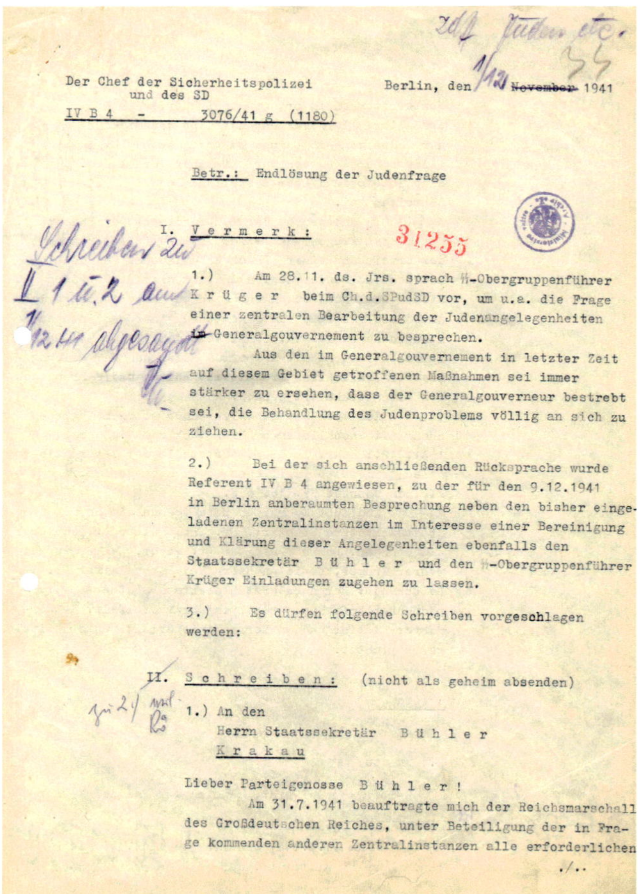

Der Chef der Sicherheitspolizei und des SD
IV B 4 - 3076/41 g (1180)

Berlin, den 1/12 ~~November~~ 1941

Betr.: Endlösung der Judenfrage

I. V e r m e r k :

31255

1.) Am 28.11. ds. Jrs. sprach ᛋᛋ-Obergruppenführer K r ü g e r beim Ch.d.SPudSD vor, um u.a. die Frage einer zentralen Bearbeitung der Judenangelegenheiten ~~im~~ Generalgouvernement zu besprechen.
Aus den im Generalgouvernement in letzter Zeit auf diesem Gebiet getroffenen Maßnahmen sei immer stärker zu ersehen, dass der Generalgouverneur bestrebt sei, die Behandlung des Judenproblems völlig an sich zu ziehen.

2.) Bei der sich anschließenden Rücksprache wurde Referent IV B 4 angewiesen, zu der für den 9.12.1941 in Berlin anberaumten Besprechung neben den bisher eingeladenen Zentralinstanzen im Interesse einer Bereinigung und Klärung dieser Angelegenheiten ebenfalls den Staatssekretär B ü h l e r und den ᛋᛋ-Obergruppenführer Krüger Einladungen zugehen zu lassen.

3.) Es dürfen folgende Schreiben vorgeschlagen werden:

II. S c h r e i b e n : (nicht als geheim absenden)

1.) An den
Herrn Staatssekretär B ü h l e r
K r a k a u

Lieber Parteigenosse B ü h l e r !
Am 31.7.1941 beauftragte mich der Reichsmarschall des Großdeutschen Reiches, unter Beteiligung der in Frage kommenden anderen Zentralinstanzen alle erforderlichen
./..

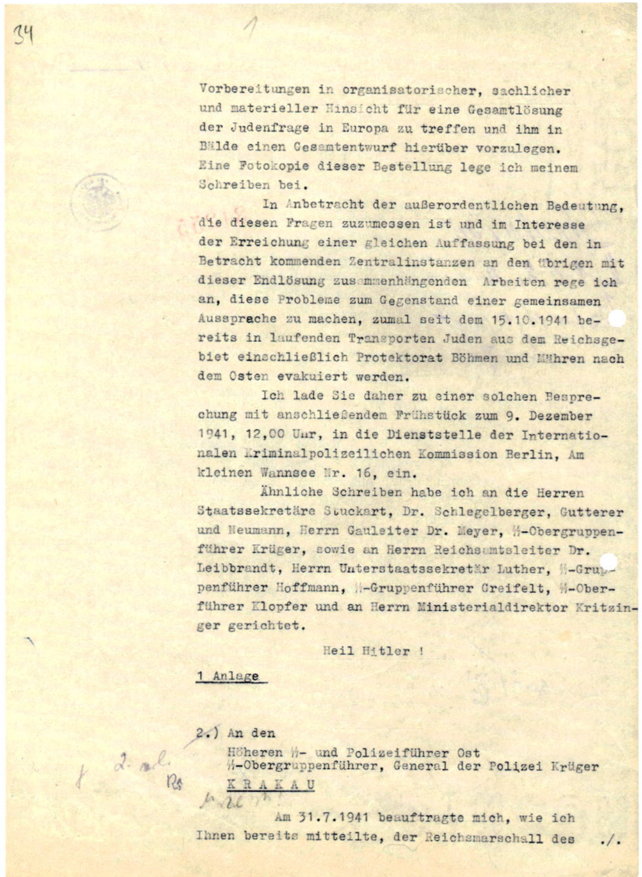

Vorbereitungen in organisatorischer, sachlicher und materieller Hinsicht für eine Gesamtlösung der Judenfrage in Europa zu treffen und ihm in Bälde einen Gesamtentwurf hierüber vorzulegen. Eine Fotokopie dieser Bestellung lege ich meinem Schreiben bei.
In Anbetracht der außerordentlichen Bedeutung, die diesen Fragen zuzumessen ist und im Interesse der Erreichung einer gleichen Auffassung bei den in Betracht kommenden Zentralinstanzen an den übrigen mit dieser Endlösung zusammenhängenden Arbeiten rege ich an, diese Probleme zum Gegenstand einer gemeinsamen Aussprache zu machen, zumal seit dem 15.10.1941 bereits in laufenden Transporten Juden aus dem Reichsgebiet einschließlich Protektorat Böhmen und Mähren nach dem Osten evakuiert werden.
Ich lade Sie daher zu einer solchen Besprechung mit anschließendem Frühstück zum 9. Dezember 1941, 12,00 Uhr, in die Dienststelle der Internationalen Kriminalpolizeilichen Kommission Berlin, Am kleinen Wannsee Nr. 16, ein.
Ähnliche Schreiben habe ich an die Herren Staatssekretäre Stuckart, Dr. Schlegelberger, Gutterer und Neumann, Herrn Gauleiter Dr. Meyer, ᛋᛋ-Obergruppenführer Krüger, sowie an Herrn Reichsamtsleiter Dr. Leibbrandt, Herrn Unterstaatssekretär Luther, ᛋᛋ-Gruppenführer Hoffmann, ᛋᛋ-Gruppenführer Greifelt, ᛋᛋ-Oberführer Klopfer und an Herrn Ministerialdirektor Kritzinger gerichtet.

Heil Hitler !

1 Anlage

2.) An den
Höheren ᛋᛋ- und Polizeiführer Ost
ᛋᛋ-Obergruppenführer, General der Polizei Krüger
K R A K A U

Am 31.7.1941 beauftragte mich, wie ich Ihnen bereits mitteilte, der Reichsmarschall des ./.

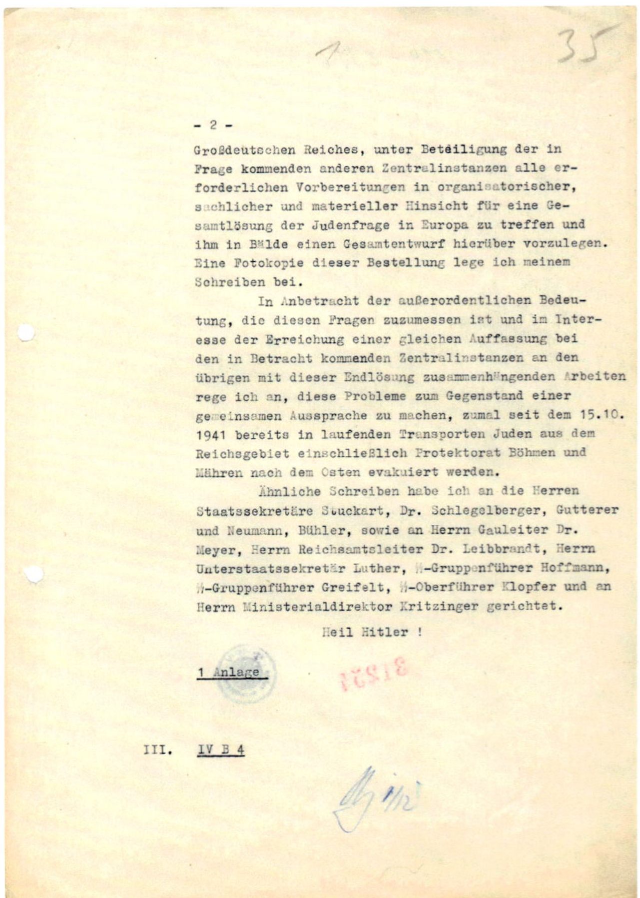

\- 2 -

Großdeutschen Reiches, unter Beteiligung der in Frage kommenden anderen Zentralinstanzen alle erforderlichen Vorbereitungen in organisatorischer, sachlicher und materieller Hinsicht für eine Gesamtlösung der Judenfrage in Europa zu treffen und ihm in Bälde einen Gesamtentwurf hierüber vorzulegen. Eine Fotokopie dieser Bestellung lege ich meinem Schreiben bei.
In Anbetracht der außerordentlichen Bedeutung, die diesen Fragen zuzumessen ist und im Interesse der Erreichung einer gleichen Auffassung bei den in Betracht kommenden Zentralinstanzen an den übrigen mit dieser Endlösung zusammenhängenden Arbeiten rege ich an, diese Probleme zum Gegenstand einer gemeinsamen Aussprache zu machen, zumal seit dem 15.10.1941 bereits in laufenden Transporten Juden aus dem Reichsgebiet einschließlich Protektorat Böhmen und Mähren nach dem Osten evakuiert werden.
Ähnliche Schreiben habe ich an die Herren Staatssekretäre Stuckart, Dr. Schlegelberger, Gutterer und Neumann, Bühler, sowie an Herrn Gauleiter Dr. Meyer, Herrn Reichsamtsleiter Dr. Leibbrandt, Herrn Unterstaatssekretär Luther, ᛋᛋ-Gruppenführer Hoffmann, ᛋᛋ-Gruppenführer Greifelt, ᛋᛋ-Oberführer Klopfer und an Herrn Ministerialdirektor Kritzinger gerichtet.

Heil Hitler !

1 Anlage

III. IV B 4

8.2.14
Vermerk Eichmanns über eine Besprechung Heydrichs mit Friedrich Wilhelm Krüger, Höherer SS- und Polizeiführer in Krakau, am 28. November 1941 und Entwürfe für Einladungsschreiben zur Wannsee-Konferenz an Krüger und an Josef Bühler, Staatssekretär im Amt des Generalgouverneurs, 1. Dezember 1941
AMV Praha

8.3

Koordination der Deportationen und des Massenmordes

8.3.1
Die Staatssekretäre der Vierjahresplanbehörde Paul Körner (1. v. l.) und Erich Neumann (2. v. l.) und der Beauftragte für den Vierjahresplan Hermann Göring (4. v. l.) besuchen das Erwin-Baur-Institut für Pflanzenzüchtung der Kaiser-Wilhelm-Gesellschaft in Müncheberg, ca. 1940
GHWK Berlin

8.3.2

AMT DES BEAUFTRAGTEN FÜR DEN VIERJAHRESPLAN

Reichsmarschall Hermann Göring, Beauftragter für den Vierjahresplan

Zweiter Staatssekretär, Leiter der Geschäftsgruppe Devisen Staatsrat Erich Neumann, SS-Oberführer

8.3.3

AMT DES BEAUFTRAGTEN FÜR DEN VIERJAHRESPLAN

Zentrale Planung und Lenkung der Kriegswirtschaft, Bewirtschaftung der Rohstoffe und Devisen, Steuerung des Arbeitseinsatzes, Ausbeutung der besetzten Gebiete.
Beteiligung an der Verfolgung der Juden:

- Beseitigung der Juden aus dem deutschen Wirtschaftsleben entsprechend einem Sonderauftrag des Führers
- Erfassung und Kontrolle von jüdischem Finanzbesitz
- Raub jüdischen Eigentums in Deutschland und Polen
- Entzug des arbeitsrechtlchen Schutzes
- Steuerung der Zwangsarbeit im »geschlossenen jüdischen Arbeitseinsatz«

8.3.4
Ernennung von Otto Thierack zum Präsidenten des Volksgerichtshofes, 1936. Vordere Reihe, v. l. n. r.: Die Staatssekretäre im Reichsjustizministerium Roland Freisler und Franz Schlegelberger, Otto Thierack, der Reichsjustizminister Franz Gürtner (im Januar 1941 verstorben), der Reichsanwalt beim Volksgerichtshof Paul Jorns
SV-Bilderdienst München

8.3.5

REICHSJUSTIZMINISTERIUM

Mit der Wahrnehmung der Geschäfte des Reichsjustizministers betraut: Dr. jur. Dr. h. c. Franz Schlegelberger
Stellvertreter im Amt: Staatssekretär Dr. Roland Freisler

8.3.6

REICHSJUSTIZMINISTERIUM

Zuständig für die Reichsgesetzgebung, den Strafvollzug und die Ausbildung des juristischen Nachwuchses, Verwaltungszentrale
für die Gerichte und Staatsanwaltschaften.
Beteiligung an der Verfolgung der Juden:

- Mitarbeit an der anti-jüdischen Gesetzgebung
- Berufsverbote für Notare, Rechts- und Patentanwälte
- Nichtverfolgung von Straftaten gegen Juden
- Verfolgung von jüdischen Häftlingen im Strafvollzug

8.3.7
Martin Luther, Unterstaatssekretär und Leiter der Abteilung Deutschland im Auswärtigen Amt, undatiert
Ullstein Bilderdienst Berlin

8.3.8
AUSWÄRTIGES AMT
Reichsminister des Auswärtigen Joachim von Ribbentrop

Staatssekretär des Auswärtigen Amts Dr. jur. Ernst Freiherr von Weizsäcker

Abteilung Deutschland
Unterstaatssekretär Ministerialdirektor Martin Luther, SA-Oberführer

8.3.9
AUSWÄRTIGES AMT
Zuständig für die politische, diplomatische und konsularische Vertretung des Deutschen Reichs, Unterrichtung der Führung über politische Vorgänge im Ausland, Entwicklung von Vorschlägen für die auswärtige Politik.
Beteiligung an der Verfolgung der Juden:
- Propagierung und Legitimation der Judenpolitik im Ausland
- Boykott internationaler Bemühungen zum Schutz jüdischer Flüchtlinge
- Drängen auf Enteignung der Auswanderer
- Pläne zur Deportation nach Madagaskar
- Einflussnahme auf die judenfeindliche Politik verbündeter Länder

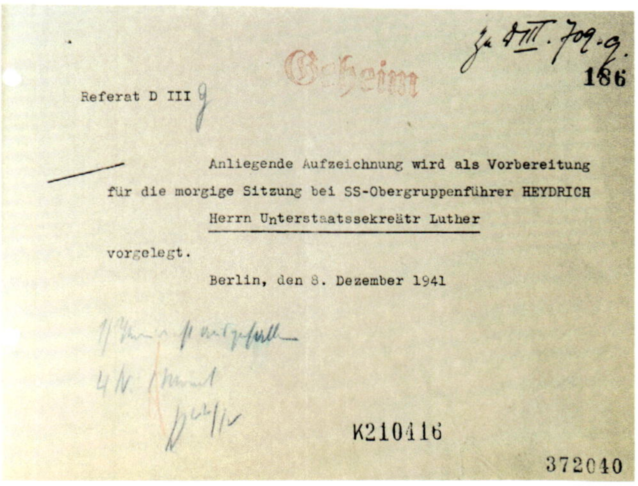

Geheim
186
Referat D III

Anliegende Aufzeichnung wird als Vorbereitung für die morgige Sitzung bei SS-Obergruppenführer HEYDRICH
Herrn Unterstaatssekreätr Luther
vorgelegt.
Berlin, den 8. Dezember 1941

K210416
372040

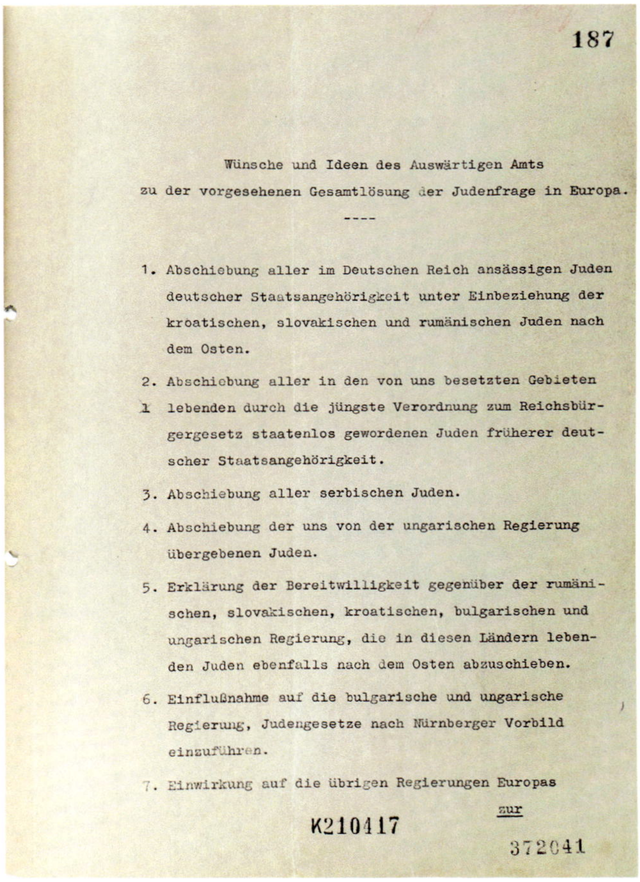

187

Wünsche und Ideen des Auswärtigen Amts
zu der vorgesehenen Gesamtlösung der Judenfrage in Europa.

----

1. Abschiebung aller im Deutschen Reich ansässigen Juden deutscher Staatsangehörigkeit unter Einbeziehung der kroatischen, slovakischen und rumänischen Juden nach dem Osten.
2. Abschiebung aller in den von uns besetzten Gebieten lebenden durch die jüngste Verordnung zum Reichsbürgergesetz staatenlos gewordenen Juden früherer deutscher Staatsangehörigkeit.
3. Abschiebung aller serbischen Juden.
4. Abschiebung der uns von der ungarischen Regierung übergebenen Juden.
5. Erklärung der Bereitwilligkeit gegenüber der rumänischen, slovakischen, kroatischen, bulgarischen und ungarischen Regierung, die in diesen Ländern lebenden Juden ebenfalls nach dem Osten abzuschieben.
6. Einflußnahme auf die bulgarische und ungarische Regierung, Judengesetze nach Nürnberger Vorbild einzuführen.
7. Einwirkung auf die übrigen Regierungen Europas zur

K210417
372041

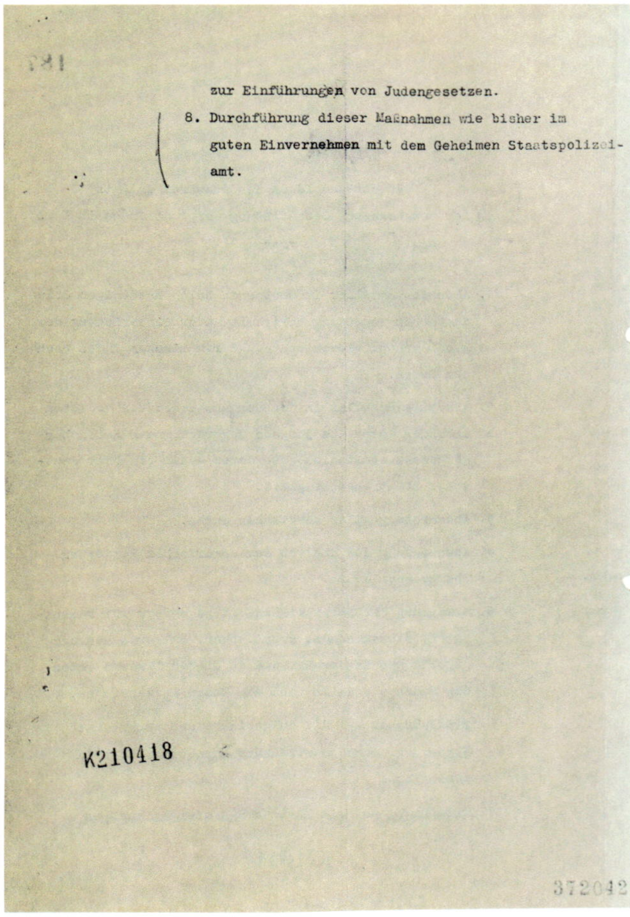

zur Einführungen von Judengesetzen.
8. Durchführung dieser Maßnahmen wie bisher im guten Einvernehmen mit dem Geheimen Staatspolizeiamt.

K210418
372042

8.3.10
Aufzeichnung von Legationsrat Franz Rademacher, Judenreferent im Auswärtigen Amt, für Unterstaatssekretär Martin Luther: Wünsche und Ideen des Auswärtigen Amts zu der vorgesehenen Gesamtlösung der Judenfrage in Europa, 8. Dezember 1941
PAAA Berlin

Die Besprechung zur »Endlösung der Judenfrage« wurde kurzfristig vom 9. Dezember 1941 auf den 20. Januar 1942 verschoben.

8.4 Diskussionen um eine Verschärfung des »Judenbegriffs«

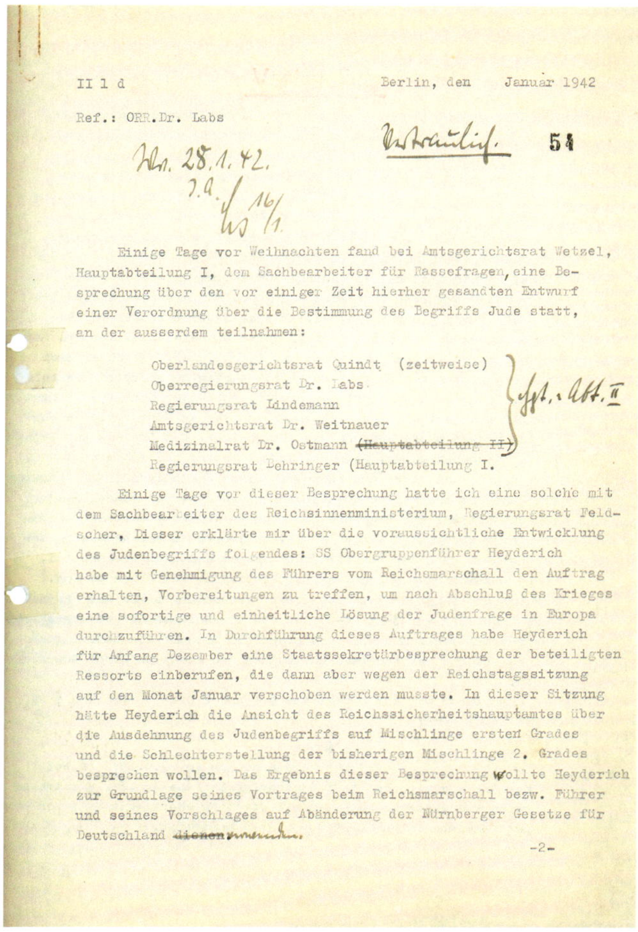

II 1 d Berlin, den Januar 1942

Ref.: ORR.Dr. Labs

Vertraulich. 54

Einige Tage vor Weihnachten fand bei Amtsgerichtsrat Wetzel, Hauptabteilung I, dem Sachbearbeiter für Rassefragen, eine Besprechung über den vor einiger Zeit hierher gesandten Entwurf einer Verordnung über die Bestimmung des Begriffs Jude statt, an der ausserdem teilnahmen:

Oberlandesgerichtsrat Quindt (zeitweise)
Oberregierungsrat Dr. Labs
Regierungsrat Lindemann
Amtsgerichtsrat Dr. Weitnauer
Medizinalrat Dr. Ostmann ~~(Hauptabteilung II)~~
Regierungsrat Behringer (Hauptabteilung I.

Einige Tage vor dieser Besprechung hatte ich eine solche mit dem Sachbearbeiter des Reichsinnenministerium, Regierungsrat Feldscher, Dieser erklärte mir über die voraussichtliche Entwicklung des Judenbegriffs folgendes: SS Obergruppenführer Heyderich habe mit Genehmigung des Führers vom Reichsmarschall den Auftrag erhalten, Vorbereitungen zu treffen, um nach Abschluß des Krieges eine sofortige und einheitliche Lösung der Judenfrage in Europa durchzuführen. In Durchführung dieses Auftrages habe Heyderich für Anfang Dezember eine Staatssekretärbesprechung der beteiligten Ressorts einberufen, die dann aber wegen der Reichstagssitzung auf den Monat Januar verschoben werden musste. In dieser Sitzung hätte Heyderich die Ansicht des Reichssicherheitshauptamtes über die Ausdehnung des Judenbegriffs auf Mischlinge ersten Grades und die Schlechterstellung der bisherigen Mischlinge 2. Grades besprechen wollen. Das Ergebnis dieser Besprechung wollte Heyderich zur Grundlage seines Vortrages beim Reichsmarschall bezw. Führer und seines Vorschlages auf Abänderung der Nürnberger Gesetze für Deutschland ~~dienen~~.

-2-

8.4.1
Vermerk von Walter Labs, Reichsministerium für die besetzten Ostgebiete, 16. Januar 1942, Auszug
BA Berlin

8.4.2
V. l. n. r.: Georg Leibbrandt, Hauptabteilungsleiter Politik im Reichsministerium für die besetzten Ostgebiete, Alfred Rosenberg, Reichsminister für die besetzten Ostgebiete, Hinrich Lohse, Reichskommissar für das Ostland, Alfred Meyer, Ständiger Vertreter des Reichsministers (mit dem Rücken zum Betrachter), Riga, Mai 1942
BSB München

8.4.3
Gauleiter Alfred Meyer, Ständiger Vertreter des Reichsministers für die besetzten Ostgebiete, undatiert
BSB München

8.4.4 REICHSMINISTERIUM FÜR DIE BESETZTEN OSTGEBIETE

Reichsminister für die besetzten Ostgebiete Reichsleiter Alfred Rosenberg

Ständiger Vertreter des Reichsministers Gauleiter Dr. jur. Alfred Meyer, Reichsstatthalter und Oberpräsident der Provinz Westfalen

Abteilung I: Politik
Reichsamtsleiter und Ministerialdirektor Dr. phil. Georg Leibbrandt

8.4.5 REICHSMINISTERIUM FÜR DIE BESETZTEN OSTGEBIETE

Oberste Behörde für die Zivilverwaltung in den besetzten Ostgebieten (Reichskommissariate Ostland und Ukraine). Politische Planung, Koordination mit anderen Reichsbehörden, Erlass zentraler Verordnungen, wirtschaftliche Ausbeutung.

Beteiligung an der Verfolgung der Juden:

- Raub jüdischen Eigentums
- Maßnahmen zur Isolierung der Juden von der übrigen Bevölkerung
- Verordnung über Arbeitszwang
- Initiativen zur Ausweitung des »Judenbegriffs« in den besetzten Ostgebieten
- Kooperation mit der SS beim Massenmord

8.4.6
Gerhard Klopfer, Ministerialdirektor in der Partei-Kanzlei
BA Berlin

8.4.7

PARTEI-KANZLEI

Reichsleiter Martin Bormann, Mitglied der Reichsregierung mit den Befugnissen eines Reichsministers

Sachbearbeiter für staatsrechtliche Fragen, Ministerialdirektor und Reichsleiter Dr. jur. Gerhard Klopfer, SS-Oberführer

8.4.8

PARTEI-KANZLEI

Zentrale Kanzlei des Führers der NSDAP. Koordination der Tätigkeiten der Parteidienststellen, Erlass zentraler Weisungen, Vertretung der NSDAP gegenüber den Obersten Reichsbehörden. Beteiligt an der Reichsgesetzgebung, der Ernennung und Entlassung von Beamten.
Beteiligung an der Verfolgung der Juden:

- Judenfeindliche Erlasse an die Partei, die Gliederungen und angeschlossenen Verbände
- Einflussnahme auf antijüdische Gesetzgebung
- Mitwirkung bei der Koordination aller zentralen Maßnahmen

8.4.9
Adolf Hitler mit (v. l. n. r.) Martin Bormann, Stabsleiter beim Stellvertreter des Führers, Wilhelm Frick, Reichsminister des Innern, Hans Heinrich Lammers, Chef der Reichskanzlei, Wilhelm Stuckart, Staatssekretär im Reichsministerium des Innern, Prag, März 1939
SV-Bilderdienst München

8.4.10

REICHSMINISTERIUM DES INNERN

Reichsminister des Innern Dr. Wilhelm Frick

Abteilung I
Staatssekretär Dr. jur. Wilhelm Stuckart, Stabsleiter des Generalbevollmächtigten für die Reichsverwaltung, SS-Brigadeführer

8.4.11

REICHSMINISTERIUM DES INNERN

Zuständig für innere Politik, Gesetzgebung und Verwaltung, Personal und Beamtentum, Volksgesundheit, Aufsicht über die Kommunalverwaltung, Deutschtum.
Beteiligung an der Verfolgung der Juden:

- Entlassung jüdischer Beamter
- Aberkennung und Widerruf der Staatsangehörigkeit
- Nürnberger Gesetze 1935
- Definition des Juden- und Mischlingsbegriffs
- Regelung der Mischehen
- Entrechtung der Juden
- Berufsverbote und Enteignung
- Einführung der Zwangsnamen »Israel« und »Sara«
- Kennzeichnungspflicht

8.4.12
Wilhelm Kritzinger (obere Reihe, 5. v. l.) im Reichstag, 20. Februar 1938. Auf der Regierungsbank (v. r. n. l.), 1. Reihe: Adolf Hitler, der Stellvertreter des Führers Rudolf Hess, Außenminister Joachim von Ribbentrop, Innenminister Wilhelm Frick, Propagandaminister Joseph Goebbels, Minister ohne Geschäftsbereich Konstantin Freiherr von Neurath; 2. Reihe: Wirtschaftsminister Walther Funk, Justizminister Franz Gürtner, Erziehungsminister Bernhard Rust, Reichsminister für kirchliche Angelegenheiten Hanns Kerrl, Reichsarbeitsminister Franz Seldte; 3. Reihe: Oberbefehlshaber des Heeres Walther von Brauchitsch, Chef des OKW Wilhelm Keitel, Staatsminister und Chef der Präsidialkanzlei Otto Meißner, Preußischer Finanzminister Johannes Popitz, Generalinspekteur für das deutsche Straßenwesen Fritz Todt

Ullstein Bilderdienst Berlin

8.4.13

REICHSKANZLEI

Reichsminister und Chef der Reichskanzlei Dr. jur. Hans Heinrich Lammers

Abteilung B
Ministerialdirektor Dr. jur. Wilhelm Kritzinger

8.4.14

REICHSKANZLEI

Zentralbüro des Reichskanzlers. Koordination der Tätigkeiten der Reichsministerien, Vermittlung im Konfliktfall, Kontrolle über den Zugang zu Hitler, beteiligt an der Reichsgesetzgebung, der Ernennung und Entlassung von Beamten. Beteiligung an der Verfolgung der Juden:

- Mitwirkung bei der Koordination aller zentralen Maßnahmen
- Ausnahmebewilligungen von den Nürnberger Gesetzen

Die Wannsee-Konferenz

Auf Einladung des Chefs der Sicherheitspolizei und des SD, Reinhard Heydrich, fand am Mittag des 20. Januar 1942 im Speisezimmer des Gästehauses eine etwa 90 Minuten dauernde Besprechung von Vertretern der SS, der NSDAP und mehrerer Reichsministerien statt. Das Thema war die »Endlösung der Judenfrage«. Heydrich verfolgte das Ziel, seine Führungsrolle bei den Deportationen anerkennen zu lassen und wichtige Ministerien und Parteiämter in die Vorbereitungen zur Ermordung der europäischen Juden einzubeziehen. Zugleich sollten Konflikte der zivilen deutschen Besatzungsverwaltungen in Polen und im »Ostland« mit den dortigen SS-Führern ausgeräumt werden. Die Konferenz bestätigte den im Verlaufe des Jahres 1941 erzielten Erfolg der SS im Streit der Behörden um die Zuständigkeit bei der »Lösung der Judenfrage«. Die Teilnehmer machten Vorschläge und erhoben Einwände im Interesse ihrer Behörden, erklärten sich aber insgesamt bereit zu kooperieren. Damit wurden die führenden Männer des deutschen Staatsapparats zu Mitwissern und Mittätern.

Das Protokoll der Besprechung

Der Leiter des Judenreferats der Geheimen Staatspolizei, Adolf Eichmann, fasste das Ergebnis der Besprechung in einem Protokoll zusammen. Demzufolge eröffnete Heydrich den Teilnehmern, dass auf der Grundlage einer »vorherigen Genehmigung« Hitlers nunmehr die Deportation aller europäischen Juden nach Osteuropa stattfände. Er betonte, die »Federführung bei der Bearbeitung der Endlösung der Judenfrage« liege ohne Rücksicht auf geographische Grenzen ausschließlich bei ihm. Umstritten war die Einbeziehung sogenannter »Mischlinge« (Personen mit christlichen und jüdischen Eltern- bzw. Großelternteilen) in die Deportationen sowie der jüdischen Partner in »Mischehen«. Heydrichs überfallartiger Versuch, die Deportationsbefehle auf diesen Personenkreis auszuweiten, war ein Angriff auf die Kompetenzen des Innenministeriums, das auf der Konferenz durch Staatssekretär Wilhelm Stuckart vertreten wurde. Weil Heydrich hier keine Einigung erreichte und die Klärung dieser Frage auf spätere Konferenzen vertagt wurde, musste Eichmann diesen Vorschlägen einen unverhältnismäßig großen Raum geben: Vier Seiten des Protokolls geben allein diese Vorschläge zur Deportation von »Mischlingen« und jüdischen Ehepartnern wieder, während das Ergebnisprotokoll der Konferenz insgesamt – einschließlich der eineinhalb Seiten Teilnehmerverzeichnis und einer Seite statistischer Aufstellung – lediglich 15 Schreibmaschinenseiten umfasst. Diese radikalen Vorschläge sollten also in der Erwartung ihrer künftigen Durchsetzbarkeit auf der Agenda bleiben.

Da es sich um ein Ergebnis-, nicht um ein Wortprotokoll handelt, erfahren wir daraus nur andeutungsweise etwas über den tatsächlichen Verlauf und die Atmosphäre der Konferenz. Adolf Eichmann wurde im Zusammenhang mit seinem Prozess in Jerusalem 1960/61 ausführlich über die Wannsee-Konferenz befragt. Er betonte, dass auch Vertreter der Ministerialbürokratie in ganz offenen Worten und unter allgemeiner Zustimmung vom Töten der Juden gesprochen hätten. Er habe das Protokoll mehrmals umschreiben müssen, bis Heydrich zufrieden gewesen sei. Der Text sollte die verwendeten Formulierungen nicht zu drastisch wiedergeben, die Staatssekretäre jedoch zugleich »festnageln« – sie also zu Mitwissern und Mittätern machen.

Eichmann berichtete, dass er Informationen für Heydrichs einleitendes Referat hatte liefern müssen. Dazu gehörte auch der tabellarische Überblick über Zahl und Verteilung der Juden in Europa, über die »rund 11 Millionen Juden«, die »im Zuge der Endlösung der europäischen Judenfrage« »in Betracht« kämen (Seite 6 des Protokolls). Die Reichsvertretung der Juden in Deutschland (RV) hatte im August 1941 den Befehl erhalten, eine statistische Zusammenstellung über die Anzahl der Juden, absolut und im Verhältnis zur Gesamtbevölkerung der einzelnen Länder, mit Angaben über die Bestimmung des Begriffs »Jude« und Angaben über den rechtlichen Status der Juden anzufertigen. In ihrer umgehenden Antwort stützte sich die RV auf mehrere Publikationen, Zeitschriften und Zeitungsausschnitte und erklärte: »Die Ziffern, soweit möglich amtlichen Unterlagen entnommen, sonst geschätzt, beziehen sich in der Regel auf Glaubensjuden und stellen daher Mindestzahlen dar.« Im Vergleich mit der von Eichmann daraus gefertigten Tabelle zeigen sich einige aufschlussreiche Abweichungen. Für das Generalgouvernement und für Rumänien hatte Eichmann die Zahlen, entsprechend den dortigen Gebietserweiterungen im Sommer 1941 um den Distrikt Galizien bzw. um Bessarabien, nach oben korrigiert. Die Angabe der RV für die UdSSR von 3,02 Millionen hat Eichmann (womöglich aus propagandistischen Gründen) erheblich nach oben verändert auf 5 Millionen Juden. Für die Niederlande hatte Eichmann die Angabe 135.000 der RV auf die recht exakte Zahl 160.800 korrigiert. Für Estland gab es keine Zahlenangaben; in Eichmanns Tabelle wird Estland jedoch mit dem Wort »judenfrei« versehen: Alle estnischen Juden, denen die Flucht nicht gelungen war, waren bereits den Mordaktionen der Einsatzgruppe A zum Opfer gefallen. Hinsichtlich Frankreichs hatte Eichmann offensichtlich auch die Juden in den französischen Kolonien in Nordafrika aufgeführt. Dieser tabellarische Überblick im Protokoll der Wannsee-Konferenz beinhaltet also die Vernichtungsdrohung gegen die europäischen Juden.

Die tatsächliche Bedrohung der europäischen Juden lässt sich anhand der Karte über den Frontverlauf und über die Kriegsparteien am Abend des 20. Januar 1942 erkennen. Diese Karte konnte mit Unterstützung des Militärhistorischen Forschungsamtes Potsdam aus den Karten des Generalstabs des Oberkommandos der Wehrmacht erstellt werden. Sie zeigt, dass die Zentren des jüdischen Lebens im östlichen und südöstlichen Europa deutsch besetzt oder von Regimes beherrscht waren, die zu Hitlers Verbündeten gehörten. Eichmann unterschied in der tabellarischen Aufstellung über die Anzahl der Juden zwischen von der Wehrmacht besetzten Ländern einerseits und verbündeten sowie neutralen Ländern andererseits, die von Deutschland dominiert werden sollten. In Eichmanns Tabelle kommt auch zum Ausdruck, dass die nationalsozialistische Führung ungeachtet des Scheiterns der Invasion in England 1940 und der Kriegswende im Winter 1941/42 nach dem Fehlschlag der Blitzkriegs-Strategie in Russland dennoch davon ausging, in naher Zukunft ganz Europa zu beherrschen.

Heydrichs Ermächtigung

Aus dem Konferenzprotokoll kann geschlossen werden, dass vor dem Konferenztermin an höchster Stelle entschieden worden war, den bereits seit Juni 1941 stattfindenden Massenmord zu einem systematischen Völkermord an allen europäischen Juden auszuweiten. Seit dem Überfall auf die Sowjetunion am 22. Juni 1941 ermordeten die Einsatzgruppen des Reichssicherheitshauptamtes (RSHA) die dortige jüdische Bevölkerung. Dafür und für weitergehende Pläne suchte Heydrich nach einer schriftlichen Legitimation, die gewichtiger war als der Auftrag durch den Reichsführer SS Heinrich Himmler. Am Abend des 31. Juli 1941 legte er Hermann Göring ein im RSHA verfasstes Schriftstück zur Unterzeichnung vor. Dieser hatte Heydrich bereits im Januar 1939 zum Leiter der Zwangsauswanderung ernannt. Adolf Hitler hatte Göring, der an zweiter Stelle der NS-Hierarchie stand, mit umfangreichen Vollmachten ausgestattet. Dazu gehörte auch die Koordination aller antijüdischen Maßnahmen. Mit Görings Unterschrift wurde Heydrich ermächtigt, eine »Gesamtlösung der Judenfrage im deutschen Einflussgebiet in Europa« entsprechend »den Zeitverhältnissen« vorzubereiten. Heydrich verwendete diese Ermächtigung ein halbes Jahr später, nachdem der Begriff der »Gesamtlösung der Judenfrage« inzwischen eine deutliche Radikalisierung im Sinne eines Völkermords erfahren hatte.

Dieses Dokument diente Heydrich auch gegenüber anderen Behörden und innerhalb der SS zur Legitimierung seiner eigenen Führungsrolle bei der »Endlösung der Judenfrage«. Alle per Rundschreiben vom 29. November 1941 zur Konferenz eingeladenen Teilnehmer erhielten eine Kopie dieser Ermächtigung als Anlage. Fünf Tage nach der Wannsee-Konferenz schickte Heydrich weitere Kopien an die regionale Führung von Sicherheitspolizei (Sipo), Sicherheitsdienst der SS (SD), Einsatzgruppen und an das Personalhauptamt der SS. In seinem Begleitschreiben verwies er am Schluss indirekt auf die stattgefundene Wannsee-Konferenz mit der Formulierung: »Die vorbereitenden Arbeiten sind eingeleitet.«

Ende Januar 1942 wies Adolf Eichmann per Schnellbrief alle betreffenden Dienststellen im Deutschen Reich an, die bereits im Oktober 1941 begonnene Deportation der Juden fortzusetzen. Er sprach jetzt ausdrücklich vom »Beginn der Endlösung«. Eichmann listete den Personenkreis, der deportiert werden sollte, detailliert auf und nannte die Personen, die von der Deportation vorerst auszunehmen seien - entsprechend der Ersten Verordnung zum Reichsbürgergesetz von 1935. Heydrich konnte sich also hinsichtlich der von ihm angestrebten Ausweitung des Kreises der zu Deportierenden zu diesem Zeitpunkt nicht durchsetzen. Mit diesem Schreiben Eichmanns, das auf dem Besprechungsergebnis der Wannsee-Konferenz beruhte, begannen die Vorbereitungen für eine systematische Deportation aller europäischen Juden.

Auf zwei Folgekonferenzen unter Eichmanns Leitung verhandelten »Judenreferenten« der Ministerien am 6. März 1942 und am 27. Oktober 1942 über eine »Lösung der Mischlingsfrage« durch Sterilisation sowie über formaljuristische Anforderungen zur Zwangsscheidung von »Mischehen«. Da Hitler bis zum Kriegsende keine grundsätzliche Entscheidung traf, wurden die geplanten äußerst radikalen Maßnahmen im Reichsgebiet zunächst nicht umgesetzt. Diese Zurückhaltung gegenüber nichtjüdischen Verwandten wurde in den besetzten Ländern nicht geübt. Himmler persönlich verbat sich dort jegliche einschränkende Definition des Judenbegriffes. Allerdings wurden im Reichsgebiet gegen Ende des Krieges »Mischehepartner« schließlich doch deportiert.

Die Konferenzteilnehmer

Die institutionelle Zugehörigkeit der Teilnehmer und ihr Rang lassen sich an dem im historischen Konferenzraum ausgestellten Organigramm ablesen. Daraus ergibt sich, dass ein nach der Konferenz entstandenes Dokument, in dem von einer »Staatssekretärsbesprechung« die Rede war, den Charakter der Konferenz korrekt bezeichnete. Die Staatssekretäre setzten um, was auf der höheren politischen Ebene zuvor beschlossen worden war. Es ist also nicht richtig, wenn gelegentlich formuliert wird, dass auf der Wannsee-Konferenz die Ermordung der europäischen Juden beschlossen wurde. Dennoch ist die Konferenz von größter historischer Bedeutung, denn sie diente der für die Ausweitung des Völkermords auf fast ganz Europa erforderlichen Koordination; sie steht für die Einbeziehung des gesamten deutschen Staatsapparates in den arbeitsteilig organisierten Völkermord.

Die 15 Teilnehmer der Konferenz gehörten zu den Funktionseliten des nationalsozialistischen Regimes. Ihre Viten zeigen, das viele eine akademische Ausbildung abgeschlossen und eine steile Karriere gemacht hatten. Acht von ihnen trugen einen Doktortitel. Sie waren zumeist »gutbürgerlicher« Herkunft. Einige waren überzeugte Nationalsozialisten, andere sind wohl eher aus Opportunismus der Partei beigetreten. Das Durchschnittsalter lag mit unter 43 Jahren recht niedrig. Oft wird die Frage gestellt, was nach dem Krieg aus den Teilnehmern geworden sei:

Ein Drittel war bei Kriegsende nicht mehr am Leben oder verstarb wenig später. Reinhard Heydrich starb wenige Monate nach der Konferenz an den Folgen eines Attentats tschechischer Widerstandskämpfer. Rudolf Lange und Alfred Meyer begingen im Februar bzw. im Mai 1945 Selbstmord. Roland Freisler kam bei einem Luftangriff im Keller des von ihm geleiteten »Volksgerichtshofes« im Februar 1945 ums Leben. Martin Luther vom Auswärtigen Amt fiel wegen einer Intrige gegen den Außenminister 1943 in Ungnade und wurde zur Vorbereitung eines Prozesses gegen ihn ins Konzentrationslager Sachsenhausen eingeliefert; er verstarb im Frühjahr 1945 an den Folgen der Haft in einem Berliner Krankenhaus. Vermutlich verdanken wir allein diesen Umständen die Überlieferung der Luther nach der Konferenz zugestellten 16. Ausfertigung von insgesamt 30 Protokollexemplaren. Zur Vorbereitung des Prozesses gegen ihn wurden die Akten aus seinem Büro im Auswärtigen Amt im Zentrum Berlins nämlich abgeholt; später wurden sie in einem Gebäudekomplex am Stadtrand in Berlin-Lichterfelde deponiert und entgingen dort der systematischen Dokumentenvernichtung vor Kriegsende. 1947 fand das Team des amerikanischen Chefanklägers bei der Vorbereitung des Nürnberger Prozesses gegen führende Ministerialbeamte die beiden Akten mit dem Titel »Endlösung der Judenfrage« aus Luthers Büro.

Ein weiteres Drittel der Teilnehmer verstarb in den ersten Nachkriegsjahren: Wilhelm Kritzinger starb 1947, kurze Zeit, nachdem er wegen Krankheit aus alliierter Internierungshaft entlassen worden war. In der Vorbereitung des »Wilhelmstraßen-Prozesses« in Nürnberg war er mit seiner Teilnahme an der Wannsee-Konferenz angesichts des gerade aufgefundenen Protokolls konfrontiert worden. Er bestätigte – wie später auch Eichmann – die Authentizität des Protokolls und seine Teilnahme an der Konferenz. Die Ermordung der Juden bezeichnete er als ein Verbrechen, das er bedauere. Anfang 1948 verstarb auch Erich Neumann. Eberhard Schöngarth wurde 1946 aufgrund des Urteils eines britischen Militärgerichts hingerichtet – nicht wegen seiner Beteiligung am Judenmord in Galizien, sondern wegen der von ihm persönlich befohlenen Erschießung eines Kriegsgefangenen. Josef Bühler wurde 1948 in Krakau zum Tode verurteilt. Auch Adolf Eichmann wurde hingerichtet – 1962 in Jerusalem.

Dem letzten Drittel der Konferenzteilnehmer gelang der Übergang in ein gutbürgerliches Nachkriegsleben teils schon gegen Ende der 1940er Jahre. Gerhard Klopfer und Georg Leibbrandt wurden 1949 aus der Internierungshaft entlassen. 1962 wurde ein Ermittlungsverfahren gegen Klopfer wegen der Teilnahme an der Wannsee-Konferenz eingestellt, eine Voruntersuchung gegen Leibbrandt in gleicher Sache bereits 1950. Die deutsche Justiz sah sich nicht in der Lage, ihnen persönliche Schuld nachzuweisen. Deshalb gingen sie – wie viele sogenannte Schreibtischtäter – straffrei aus. Klopfer lebte unbehelligt bis 1987, Leibbrandt bis 1982; beide wurden über 80 Jahre alt. Otto Hofmann war 1948 im Nürnberger Prozess gegen das

SS-Rasse- und Siedlungshauptamt zu 25 Jahren Zuchthaus verurteilt worden. Er wurde aber wie viele andere begnadigt und 1954 aus dem amerikanischen Kriegsverbrechergefängnis in Landsberg am Lech entlassen. Hofmann lebte als kaufmännischer Angestellter in Württemberg bis 1982 und wurde 84 Jahre alt. Wilhelm Stuckart verließ 1949 nach den Wilhelmstraßen-Prozess das Gefängnis, da seine Strafe von drei Jahren und zehn Monaten durch die vorangegangene Internierungshaft abgegolten war; er kam 1953 mit 51 Jahren bei einem Autounfall ums Leben.

Unklar ist das Schicksal von Gestapochef Heinrich Müller. Er hatte seine Dienstgeschäfte, nachdem das Prinz-Albrecht-Palais zerbombt war, zeitweilig in die Wannsee-Villa verlegt und wurde noch Ende April 1945 im Führerbunker gesehen. Seit den ersten Maitagen 1945 gilt er als verschollen. Gerüchte über sein Entkommen nach Südamerika oder in die USA konnten nicht verifiziert werden.

Norbert Kampe

9.0
Das Speisezimmer der Villa, der spätere Konferenzraum, 1922
Die Dame, Ullstein-Verlag

9.1

Der Auftrag zur Planung des Völkermords an den europäischen Juden

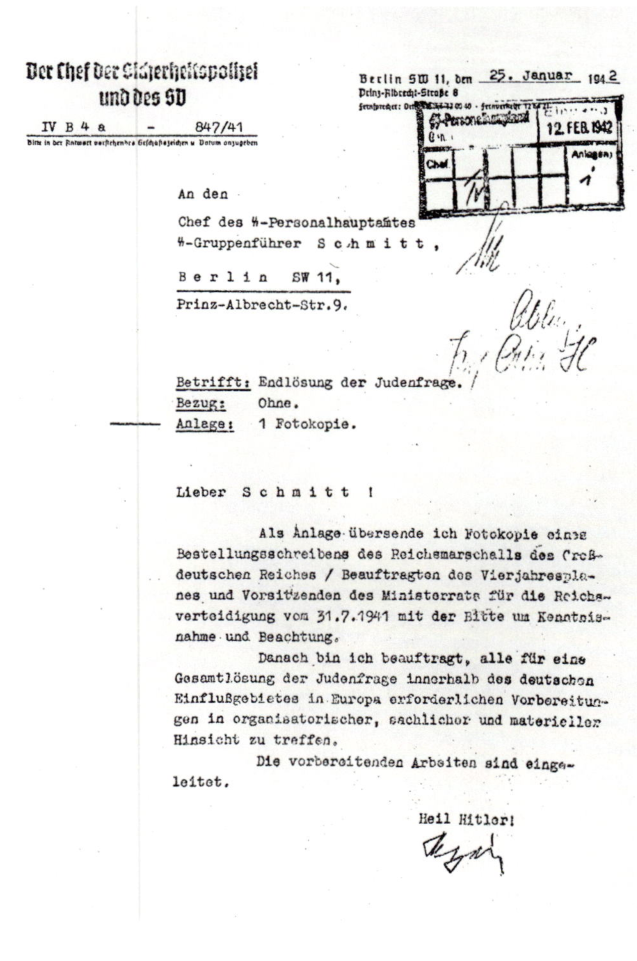

Der Chef der Sicherheitspolizei und des SD

IV B 4 a - 847/41

Bitte in der Antwort vorstehendes Geschäftszeichen u. Datum anzugeben

Berlin SW 11, den 25. Januar 1942
Prinz-Albrecht-Straße 8

12. FEB. 1942

An den

Chef des SS-Personalhauptamtes
SS-Gruppenführer S c h m i t t ,

B e r l i n SW 11,
Prinz-Albrecht-Str.9.

Betrifft: Endlösung der Judenfrage.
Bezug: Ohne.
Anlage: 1 Fotokopie.

Lieber S c h m i t t !

Als Anlage übersende ich Fotokopie eines Bestellungsschreibens des Reichsmarschalls des Großdeutschen Reiches / Beauftragten des Vierjahresplanes und Vorsitzenden des Ministerrats für die Reichsverteidigung vom 31.7.1941 mit der Bitte um Kenntnisnahme und Beachtung.

Danach bin ich beauftragt, alle für eine Gesamtlösung der Judenfrage innerhalb des deutschen Einflußgebietes in Europa erforderlichen Vorbereitungen in organisatorischer, sachlicher und materieller Hinsicht zu treffen.

Die vorbereitenden Arbeiten sind eingeleitet.

Heil Hitler!

9.1.1
Schreiben Heydrichs an den Chef der Personalstelle der SS vom 25. Januar 1942
BA Berlin

9.1.2
Rundschreiben Heydrichs vom 25. Januar 1942 mit anliegender Fotokopie seiner Ermächtigung durch Göring und dem in Riga angefertigten Verteiler für das »Ostland«
LVVA Riga

Heydrich nimmt mit dem letzten Satz seines Begleitschreibens indirekt Bezug auf die fünf Tage zuvor stattgefundene Konferenz. Infolge der weiten Verteilung der Ermächtigung Görings finden sich Kopien vom verschollenen Original in mehreren deutschen und ausländischen Archiven. Die Tagesangabe im Datum des Originals (»31.«) wurde handschriftlich eingetragen und ist in den im RSHA angefertigten Fotokopien kaum lesbar.

9.2
Die Teilnehmer der Wannsee-Konferenz

9.2.1
Biographien

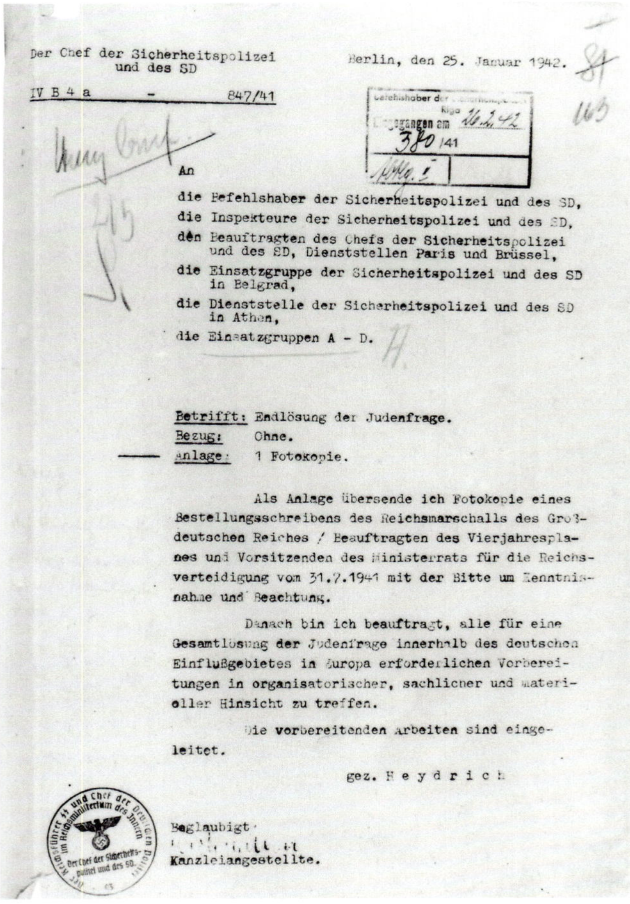

Der Chef der Sicherheitspolizei und des SD

Berlin, den 25. Januar 1942.

IV B 4 a - 847/41

Befehlshaber der ... Riga
Eingegangen am 26.2.42
380/41

An

die Befehlshaber der Sicherheitspolizei und des SD,
die Inspekteure der Sicherheitspolizei und des SD,
den Beauftragten des Chefs der Sicherheitspolizei und des SD, Dienststellen Paris und Brüssel,
die Einsatzgruppe der Sicherheitspolizei und des SD in Belgrad,
die Dienststelle der Sicherheitspolizei und des SD in Athen,
die Einsatzgruppen A - D.

Betrifft: Endlösung der Judenfrage.
Bezug: Ohne.
Anlage: 1 Fotokopie.

Als Anlage übersende ich Fotokopie eines Bestellungsschreibens des Reichsmarschalls des Großdeutschen Reiches / Beauftragten des Vierjahresplanes und Vorsitzenden des Ministerrats für die Reichsverteidigung vom 31.7.1941 mit der Bitte um Kenntnisnahme und Beachtung.

Danach bin ich beauftragt, alle für eine Gesamtlösung der Judenfrage innerhalb des deutschen Einflußgebietes in Europa erforderlichen Vorbereitungen in organisatorischer, sachlicher und materieller Hinsicht zu treffen.

Die vorbereitenden Arbeiten sind eingeleitet.

gez. H e y d r i c h

Der Chef der Sicherheitspolizei und des SD.

Beglaubigt:
Kanzleiangestellte.

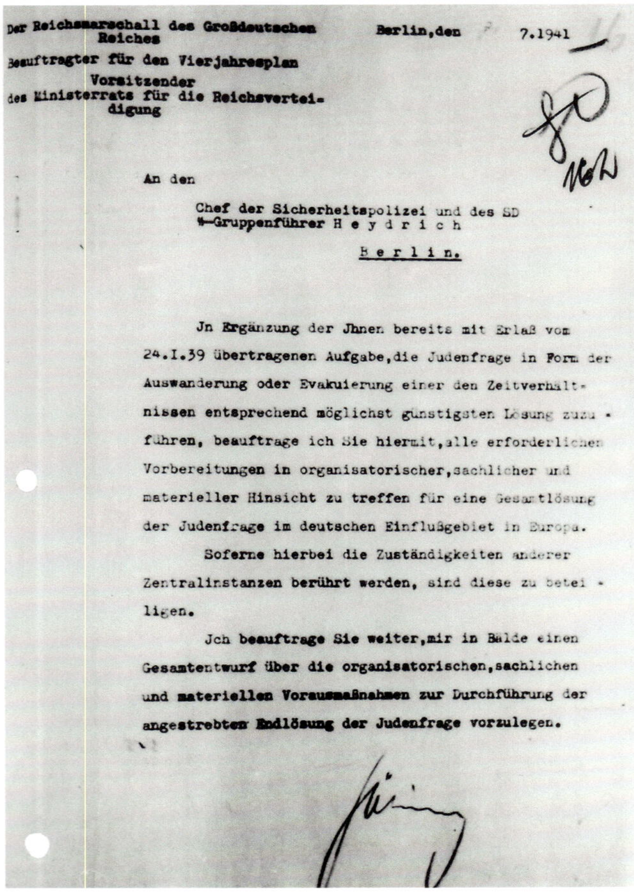

Der Reichsmarschall des Großdeutschen Reiches
Beauftragter für den Vierjahresplan
Vorsitzender des Ministerrats für die Reichsverteidigung

Berlin, den 7.1941

An den

Chef der Sicherheitspolizei und des SD
SS-Gruppenführer H e y d r i c h

B e r l i n.

Jn Ergänzung der Jhnen bereits mit Erlaß vom 24.I.39 übertragenen Aufgabe, die Judenfrage in Form der Auswanderung oder Evakuierung einer den Zeitverhältnissen entsprechend möglichst günstigsten Lösung zuzuführen, beauftrage ich Sie hiermit, alle erforderlichen Vorbereitungen in organisatorischer, sachlicher und materieller Hinsicht zu treffen für eine Gesamtlösung der Judenfrage im deutschen Einflußgebiet in Europa.

Soferne hierbei die Zuständigkeiten anderer Zentralinstanzen berührt werden, sind diese zu beteiligen.

Jch beauftrage Sie weiter, mir in Bälde einen Gesamtentwurf über die organisatorischen, sachlichen und materiellen Vorausmaßnahmen zur Durchführung der angestrebten Endlösung der Judenfrage vorzulegen.

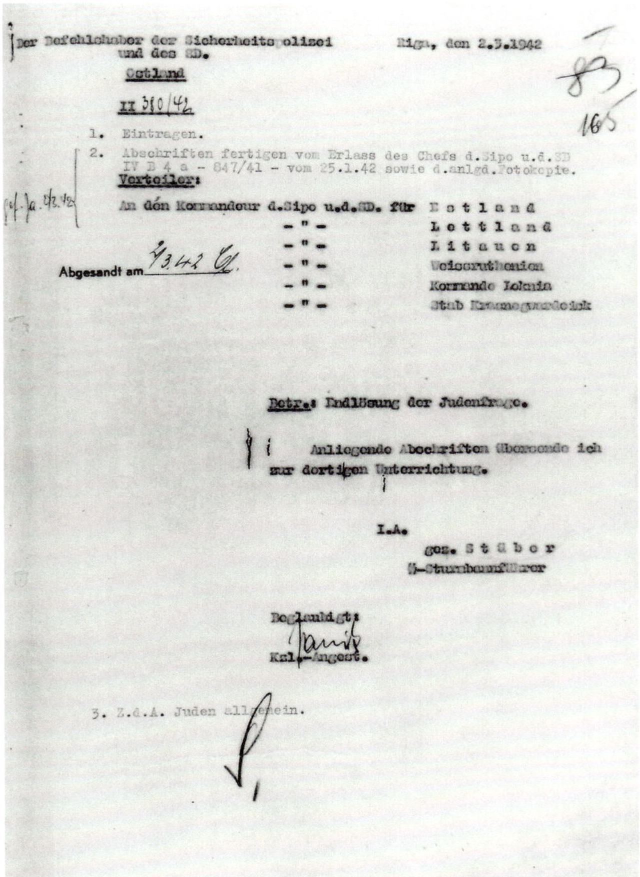

Der Befehlshaber der Sicherheitspolizei und des SD.
Ostland

Riga, den 2.3.1942

II 380/42

1. Eintragen.
2. Abschriften fertigen vom Erlass des Chefs d.Sipo u.d.SD IV B 4 a - 847/41 - vom 25.1.42 sowie d.anlgd.Fotokopie.

Verteiler:

An den Kommandeur d.Sipo u.d.SD. für E s t l a n d
-"- L e t t l a n d
-"- L i t a u e n
-"- Weissruthenien
-"- Kommando Lokmin
-"- Stab Krasnogwardeisk

Abgesandt am 4.3.42

Betr.: Endlösung der Judenfrage.

Anliegende Abschriften übersende ich zur dortigen Unterrichtung.

I.A.
gez. S t ü b e r
SS-Sturmbannführer

Beglaubigt:
Kzl.-Angest.

3. Z.d.A. Juden allgemein.

Otto Hofmann
(1896 – 1982)
Chef des SS-Rasse- und Siedlungshauptamts

Hofmann beteiligte sich von 1940 bis 1943 in leitender Funktion an der Germanisierungspolitik auf dem Territorium Polens und der Sowjetunion. Er war verantwortlich für die »Rasseprüfung«, in deren Folge Einwohner der besetzten Gebiete von ihrem Land vertrieben und Deutsche dort angesiedelt wurden, für die Verschleppung polnischer Kinder nach Deutschland und für die »Sippenpflege« innerhalb der SS. Auf der Wannsee-Konferenz forderte Hofmann mit Nachdruck die Sterilisierung der »Mischlinge«.

Geboren in Innsbruck als Sohn eines Kaufmanns. Gymnasium. August 1914 Kriegsfreiwilliger, März 1917 Leutnant, Juni 1917 russische Kriegsgefangenschaft, Flucht nach Deutschland, anschließend Pilotenausbildung, 1919 demobilisiert. 1920 bis 1925 im Weingroßhandel tätig, danach selbständiger Weinvertreter. April 1923 Eintritt in die NSDAP, April 1931 in die SS, seit 1933 hauptberuflicher SS Führer. Im April 1943 Führer des SS Oberabschnitts Südwest und Höherer SS- und Polizeiführer in Württemberg, Baden und im Elsass. Kommandeur der Kriegsgefangenen im Wehrkreis V (Südost). Im Prozess gegen das Rasse- und Siedlungshauptamt im März 1948 wegen Verbrechen gegen die Menschlichkeit und Kriegsverbrechen zu 25 Jahren Haft verurteilt, 1954 nach Begnadigung aus dem Zuchthaus Landsberg entlassen. Danach kaufmännischer Angestellter in Württemberg.

Foto: BA Berlin, BDC

Reinhard Heydrich
(1904 – 1942)
Chef der Sicherheitspolizei und des SD (RSHA)
Amtierender Reichsprotektor in Böhmen
und Mähren

Heydrich war seit 1938 eine Schlüsselfigur bei der Vertreibung und Ermordung der Juden in Europa. Seit der Annexion Österreichs hatte sich der SD durch die Organisation der Zwangsauswanderung hervorgetan. Nach dem Novemberpogrom 1938 ließ Heydrich 26.000 Juden in Deutschland in Konzentrationslagern inhaftieren. Mit Beginn des Krieges am 1. September 1939 ordnete Heydrich die Ghettoisierung der Juden und die Einrichtung von Ältestenräten in allen jüdischen Gemeinden in Polen an. Mit dem Überfall auf die Sowjetunion befahl er zunächst den Einsatzgruppen, kommunistische Funktionäre und Juden in Partei- und Staatsstellungen zu exekutieren. Mit seiner Weisung gingen die Einsatzgruppen bald zum systematischen Massenmord an der gesamten jüdischen Bevölkerung der besetzten sowjetischen Gebiete über. Ausgestattet mit einem von Göring unterzeichneten Ermächtigungsschreiben vom 31. Juli 1941 zur Durchführung der »Endlösung der Judenfrage« plante Heydrich die Ermordung von 11 Millionen europäischen Juden.

Geboren in Halle a.d. Saale als Sohn eines Komponisten und Konservatoriumsdirektors. Katholisches Gymnasium. 1920 Freikorpskämpfer, 1922 Eintritt in die Reichsmarine, als Oberleutnant zur See 1931 wegen eines gebrochenen Eheversprechens in Unehren entlassen. 1931 Eintritt in die NSDAP und die SS. Im Juli 1932 von Himmler mit dem Aufbau und der Leitung des Sicherheitsdienstes (SD) beauftragt. April 1933 Leiter der Bayerischen Politischen Polizei, April 1934 Chef des Geheimen Staatspolizeiamtes in Berlin, Juni 1936 Chef der Sicherheitspolizei, September 1939 Chef des Reichssicherheitshauptamtes (RSHA). Am 27. Mai 1942 Attentat tschechischer Widerstandskämpfer auf Heydrich in Prag, am 4. Juni 1942 an den Folgen gestorben.

Foto: Ullstein Bilderdienst Berlin

Heinrich Müller
(1900 – 1945 verschollen)
Reichssicherheitshauptamt
Chef Amt IV Gestapo

Als Leiter der Geheimen Staatspolizei (Gestapo) war Müller an nahezu allen Verbrechenskomplexen führend beteiligt, die im RSHA geplant, vorbereitet und organisiert wurden. Ab Anfang September 1939 gab er Anweisungen zur »Sonderbehandlung« (Ermordung) politischer Gegner. Ihm unterstand auch das von Eichmann geleitete »Judenreferat«. An der Planung und Ausführung des Völkermords an den Juden in der Sowjetunion war er bis ins Detail beteiligt. Müller formulierte in Heydrichs Auftrag Befehle an die Einsatzgruppen und war für die Abfassung der »Ereignismeldungen« zuständig, zu denen die Berichte der Einsatzgruppen zusammengefasst wurden. Müller war einer der mächtigsten »Schreibtischtäter« des NS-Regimes.

Geboren in München in einer katholischen Familie, Vater Gendarmeriebeamter. Mittelschule, Flugzeugmonteurlehre. 1917 Kriegsfreiwilliger, 1919 als Unteroffizier entlassen. Ausbildung bei der Polizeidirektion München, 1929 Polizeisekretär in der Münchner Politischen Polizei mit Einsatz gegen kommunistische Organisationen. 1934 Eintritt in die SS. Versetzung zum Geheimen Staatspolizeiamt nach Berlin, 1936 stellvertretender Chef des Amtes Politische Polizei im Hauptamt Sicherheitspolizei. Ende 1938 Aufnahme in die NSDAP. 1939 Geschäftsführer der Reichszentrale für jüdische Auswanderung, ab Oktober 1939 Chef des Amtes IV (Gestapo) des RSHA im Rang eines SS-Gruppenführers und Generalleutnants der Polizei. Seit Anfang Mai 1945 verschollen.

Foto: BA Berlin, BDC

Adolf Eichmann
(1906 – 1962)
Reichssicherheitshauptamt
Leiter Referat IV B 4

Als Organisator der Deportationen spielte Eichmann eine zentrale Rolle bei der Ermordung der europäischen Juden. Seit Oktober 1934 im SD-Hauptamt Berlin im Referat II /112 (»Judentum«) tätig, befasste er sich mit der Vertreibung der Juden aus Deutschland. Nach der Annexion Österreichs und dem deutschen Einmarsch in Böhmen und Mähren leitete Eichmann 1938/39 die »Zentralstellen für jüdische Auswanderung« in Wien und Prag. Im September 1939 organisierte er den – bald abgebrochenen – Aufbau eines »Judenreservats« nahe dem polnischen Dorf Nisko bei Lublin. Ab Dezember 1939 leitete er das Referat IV D 4 des RSHA (»Auswanderung und Räumung«), im März 1941 wurde er Leiter des Referats IV B 4 (»Judenangelegenheiten und Räumungen«). Eichmann fertigte das zusammenfassende Protokoll der Wannsee-Konferenz an. Von Oktober 1941 bis 1944 koordinierte sein Büro die Transporte und bestimmte die Zahl der Juden, die deportiert wurden. Ab März 1944 war er als Chef des »Sonderkommandos Eichmann« in Budapest verantwortlich für die Verschleppung von über 437.000 Juden nach Auschwitz und in andere Lager.

Geboren in Solingen als Sohn eines Buchhalters. Oberrealschule, Ingenieurausbildung abgebrochen, danach kaufmännische Lehre. Von 1925 bis 1933 Verkäufer und Reisevertreter in Wien. April 1932 Eintritt in die NSDAP und SS. August 1933 Übersiedlung nach Deutschland. Ab 1934 im SD, von 1939 bis 1945 im RSHA. Anfang Mai 1945 Tarnung als Luftwaffengefreiter; Gefangennahme und Flucht. Unter falschem Namen Forstarbeiter bei Celle. 1950 Flucht über Österreich nach Italien und weiter nach Argentinien, wo er unter dem Namen Ricardo Klement in Buenos Aires lebte. Im Mai 1960 dort durch Angehörige des israelischen Geheimdienstes entführt. Im Dezember 1961 in Jerusalem zum Tode verurteilt und am 1. Juni 1962 hingerichtet.

Foto: BA Berlin, BDC

Dr. Rudolf Lange
(1910 – 1945)
Kommandeur der Sicherheitspolizei
und des SD (KdS)

Lange gehörte über Jahre hinweg zu den Gestapo-Beamten der »mittleren Ebene«, die das Funktionieren des Terrorapparates garantierten. Als unter dem Kommando Heydrichs die Einsatzgruppen der Sicherheitspolizei und des SD formiert wurden, um die Juden in der Sowjetunion zu ermorden, wurde Lange der Leiter des Gruppenstabes der Einsatzgruppe A. Im Baltikum führte er zeitweilig das Einsatzkommando 2, das bis Dezember 1941 etwa 60.000 lettische und nach Lettland deportierte Juden ermordete. Lange kommandierte persönlich Massenerschießungen am Stadtrand Rigas. Unter den Teilnehmern an der Wannsee-Konferenz war er der »erfahrene Praktiker« der Massenexekutionen.

Geboren in Weisswasser als Sohn eines Reichsbahnbauinspektors. Jurastudium. 1933 Eintritt in die Gestapo Halle. Promotion zum Dr. jur. an der Universität Jena. 1936 im Geheimen Staatspolizeiamt in Berlin, 1937 Eintritt in die NSDAP und SS, 1938 bei der Gestapo in Wien, 1939 Gestapo Stuttgart, 1940 Leiter der Gestapo Weimar und Erfurt, September 1940 Vertreter des Leiters der Berliner Gestapo. Dezember 1941 Kommandeur der Sicherheitspolizei und des SD in Lettland, ab Januar 1945 Befehlshaber der Sicherheitspolizei und des SD im »Warthegau«. Februar 1945 Selbstmord in Posen.

Foto: BA Berlin, BDC

Dr. Eberhard Schöngarth
(1903 – 1946)
Befehlshaber der Sicherheitspolizei
und des SD (BdS)

Als Befehlshaber der Sicherheitspolizei und des SD für das gesamte »Generalgouvernement« ab Februar 1941 war Schöngarth an allen Unterdrückungs- und Vernichtungsmaßnahmen gegen die polnische und jüdische Bevölkerung im besetzten Polen beteiligt. Nach dem Überfall auf die Sowjetunion stellte er von Juli bis September 1941 ein Einsatzkommando z.b.V. in Ostgalizien auf, das mehr als 4.000 jüdische Männer erschoss. Unter den Teilnehmern an der Wannsee-Konferenz war er neben Lange der zweite »Praktiker« der Massenexekutionen.

Geboren in Leipzig als Sohn eines Bauführers. 1920 Freikorpskämpfer. 1922 Abitur und Eintritt in NSDAP und SA. 1922 bis 1924 Bankangestellter. 1924 rechts- und staatswissenschaftliches Studium in Leipzig, 1929 Promotion zum Dr. jur. Ab 1932 Gerichtsassessor an den Landgerichten in Magdeburg, Erfurt und Torgau. 1933 Eintritt in die SS. Ab November 1933 bei der Reichspostdirektion Erfurt. 1935 in der Presseabteilung des Geheimen Staatspolizeiamtes, ab Frühjahr 1936 Leiter der Staatspolizeistellen in Dortmund, Bielefeld und Münster. 1939 Oberregierungsrat und SS-Obersturmbannführer. Mai 1944 Befehlshaber der Sicherheitspolizei und des SD in den besetzten Niederlanden. Im Februar 1946 von einem britischen Militärgericht wegen der Erschießung eines Kriegsgefangenen zum Tode verurteilt und hingerichtet.

Foto: Mollo Archive Souvigny

Dr. Gerhard Klopfer
(1905 – 1987)
Partei-Kanzlei der NSDAP
Ministerialdirektor

Klopfer war wegen der zentralen Stellung der Partei-Kanzlei im Herrschaftssystem des Nationalsozialismus Teilnehmer der Wannsee-Konferenz. Er gehörte zu den einflussreichen und gut informierten Parteibürokraten des NS-Regimes. Als Leiter der Staatsrechtlichen Abteilung III in der Partei-Kanzlei der NSDAP und Stellvertreter Martin Bormanns war er zuständig für »Rasse- und Volkstumsfragen«, Wirtschaftspolitik, Zusammenarbeit mit dem RSHA und Grundsatzfragen der Besatzungspolitik. Im November 1942 beteiligte er sich als Staatssekretär an der weiteren Einschränkung der Rechte von in »Mischehen« lebenden Juden.

Geboren in Schreibersdorf (Schlesien) als Sohn eines Landwirts. 1923 Abitur, Studium der Rechts- und Wirtschaftswissenschaften in Jena und Breslau, 1927 Promotion zum Dr. jur. 1931 Amtsrichter in Düsseldorf. April 1933 Eintritt in NSDAP und SA. Ende 1933 Referent im Preußischen Landwirtschaftsministerium, 1934 im Geheimen Staatspolizeiamt. Im April 1935 zum Stab des »Stellvertreters des Führers«, Rudolf Hess. 1935 Eintritt in die SS, dort Hauptstellenleiter. 1938 als Ministerialrat mit der Enteignung jüdischer Unternehmen befasst. Im April 1945 Flucht aus Berlin, später interniert. Nach der Haftentlassung 1949 durch die Nürnberger Hauptspruchkammer für »minderbelastet« erklärt. 1952 Helfer in Steuersachen, 1956 Rechtsanwalt in Ulm. Ein Ermittlungsverfahren wegen Teilnahme an der Wannsee-Konferenz durch die Staatsanwaltschaft Ulm wurde 1962 eingestellt.

Foto: BA Berlin, BDC

Wilhelm Kritzinger
(1890 – 1947)
Reichskanzlei
Ministerialdirektor

Kritzinger war nach Hans Heinrich Lammers, dem Chef der Reichskanzlei, die zweite Führungsperson dort. Er verfügte über Kenntnisse von allen antijüdischen Maßnahmen und war innerhalb der Reichskanzlei selbst mit »Judenproblemen« befasst. So beteiligte er sich im Jahre 1939/40 an der Erarbeitung der Verordnungen gegen »Volksschädlinge« und an der 11. Verordnung zum Reichsbürgergesetz, der Grundlage für den Einzug des Vermögens der deutschen Juden bei deren Deportation. Als Staatssekretär beschäftigte er sich 1942/43 mit der Ausarbeitung von Verordnungen zur Rechtsmittelbeschränkung für Juden. Während der Vernehmungen nach 1945 räumte Kritzinger seine Teilnahme an der Wannsee-Konferenz ein, deren verbrecherischen Charakter er zugab.

Geboren als Sohn eines Pfarrers in Grünfier (Netzekreis). Abitur 1908, Jurastudium, 1914-18 Fronteinsatz, zuletzt als Leutnant der Reserve. 1921 Assessorexamen, danach Hilfsarbeiten im Reichsjustizministerium. 1925/26 Landgerichtsrat im Preußischen Handelsministerium. 1926 wieder im Reichsjustizministerium. 1938 Eintritt in die NSDAP. Februar 1938 Übertritt in die Reichskanzlei als Leiter der Abteilung B mit der Amtsbezeichnung eines Ministerialdirektors, Anfang 1942 Unterstaatssekretär und am Ende des gleichen Jahres Staatssekretär.

April 1945 Flucht aus Berlin, im Mai 1945 Staatssekretär in der Regierung Dönitz in Flensburg, anschließend in Bruchsal interniert. Im April 1946 entlassen, im Dezember erneut inhaftiert, erhielt Kritzinger bald Haftverschonung wegen Krankheit.

Foto: Persönlichkeiten der Verwaltung, Jeserich/Neuhaus (Hg.)

Dr. Josef Bühler
(1904 – 1948)
Regierung des Generalgouverneurs in Krakau
Staatssekretär

Bühler, seit Juni 1941 ständiger Stellvertreter des Generalgouverneurs Dr. Hans Frank, war in dieser Funktion an allen Verbrechen an der polnischen Bevölkerung und am Massenmord an den Juden in Polen beteiligt. Er drängte Heydrich auf der Wannsee-Konferenz mit der »Endlösung« im Generalgouvernement zu beginnen, weil er hier keine »Transportprobleme« sah und »die Judenfrage in diesem Gebiet so schnell wie möglich zu lösen« wünschte. 1942 beteiligte sich Bühler an den Vorbereitungen für deutsche Siedlungen bei Lublin und an der Verschleppung von Polen zur Zwangsarbeit nach Deutschland.

Geboren in Waldsee (Württemberg) als Sohn eines Bäckers in einer katholischen Familie. Gymnasium, Studium und 1932 Promotion zum Dr. jur. April 1933 Eintritt in die NSDAP. Als Oberstaatsanwalt Büroleiter beim »Reichsminister ohne Geschäftsbereich« Hans Frank. Dezember 1939 Chef des Amtes des Generalgouverneurs in Krakau, März 1940 dessen Staatssekretär. Januar 1945 Flucht aus Krakau. Im April 1946 Zeuge der Verteidigung von Hans Frank vor dem Internationalen Militärgerichtshof in Nürnberg, danach Auslieferung an Polen. In Krakau im Juli 1948 zum Tode verurteilt und hingerichtet.

Foto: IPN Warszawa

Dr. Alfred Meyer
(1891 – 1945)
Reichsministerium für die besetzten Ostgebiete
Ständiger Vertreter des Reichsministers

Als Stellvertreter des Ministers Alfred Rosenberg übte Meyer vom Sommer 1941 bis November 1942 die Funktion eines Staatssekretärs aus und war verantwortlich für die drei Hauptabteilungen Politik, Verwaltung und Wirtschaft. In dieser Eigenschaft beteiligte er sich an der Ausbeutung und Plünderung der besetzten sowjetischen Gebiete, der Unterdrückung und Ermordung ihrer Bewohner, besonders der jüdischen Bevölkerung. Zur Wannsee-Konferenz war Meyer eingeladen, weil im Verwaltungsgebiet seines Ministeriums der Völkermord an den Juden durch die Einsatzgruppen bereits begonnen hatte. Im Juli 1942 schlug er vor, in der Sowjetunion gegen »Mischlinge« die selben Maßnahmen wie gegen Juden zu treffen.

In einem evangelischen Elternhaus in Göttingen als Sohn eines Regierungs- und Baurates geboren. 1911 Abitur. 1912 Fahnenjunker, 1914 Kompanie-, später Bataillonschef, 1917 französische Kriegsgefangenschaft, 1920 als Hauptmann entlassen. Kaufmännischer Angestellter und Studium der Rechts- und Staatswissenschaften sowie der Nationalökonomie, 1922 Promotion zum Dr. rer. pol. 1923 bis 1930 juristischer Referent auf einer Gelsenkirchener Zeche. 1928 Eintritt in die NSDAP und Ortsgruppenleiter, 1929/30 Leiter des Bezirks Emscher-Lippe. September 1930 Mitglied des Reichstages, 1931 NSDAP-Gauleiter in Westfalen-Nord. Mai 1933 Reichsstatthalter von Lippe und Schaumburg-Lippe, 1936 Führer der lippischen Landesregierung. 1938 Oberpräsident der Provinz Westfalen und SA-Obergruppenführer. Ab November 1942 Reichsverteidigungskommissar Gau Westfalen-Nord. Ende April 1945 Selbstmord.

Foto: BA Berlin, BDC

Dr. Georg Leibbrandt
(1899 – 1982)
Reichsministerium für die besetzten Ostgebiete
Ministerialdirektor

Von 1941 bis 1943 unterstanden Leibbrandt die Abteilungen Allgemeine Politik, Ukraine, Ostland, Kaukasus, Russland sowie Presse und Kultur. In dieser Funktion war er in hohem Maße in den Völkermord an den Juden einbezogen. Bereits im Oktober 1941 nahm Leibbrandt an einer Besprechung mit Heydrich teil, in der über die Einbeziehung aller Juden in das Vernichtungsprogramm beraten wurde. Zwei Tage nach der Wannsee-Konferenz lud er zu einer Dienstbesprechung über die Definition des Begriffs »Jude« in den »Ostgebieten« ein.

Geboren in Hoffnungsfeld bei Odessa, Gymnasium in Dorpat und Odessa. Nach der Revolution Flucht nach Berlin. Ab 1920 Studium der Theologie, Philosophie und Volkswirtschaft in Tübingen und Leipzig. Studienreisen nach Paris, London, in die UdSSR und USA. 1927 Promotion zum Dr. phil. 1933 Eintritt in die NSDAP. Im Außenpolitischen Amt der NSDAP Leiter der Ostabteilung. Danach zuständig für antikommunistische und antisowjetische Propaganda. 1938 Beisitzer am Volksgerichtshof. Juli 1941 Leiter der Hauptabteilung I (Politik) im Reichsministerium für die besetzten Ostgebiete. Im Sommer 1943 Meldung zum Dienst in der Kriegsmarine. 1945 Internierung, 1949 entlassen. Januar 1950 Voruntersuchung durch das Landgericht Nürnberg-Fürth, eingestellt im August 1950.

Foto: BA Berlin, BDC

Erich Neumann
(1892 – 1948)
Amt des Beauftragten für den Vierjahresplan
Staatssekretär

Schon im November 1938 war Neumann Teilnehmer einer Besprechung bei Göring über die »Arisierung der Wirtschaft« sowie die Kennzeichnung und Isolierung der Juden. Auf der Wannsee-Konferenz vertrat er die Ministerien für Wirtschaft, Arbeit, Finanzen, Ernährung, Verkehr sowie für Bewaffnung und Munition. Als Staatssekretär Görings wachte Neumann über die Interessen der kriegswirtschaftlichen Behörde und forderte, jüdische Arbeiter aus kriegswichtigen Betrieben vorerst nicht zu deportieren.

Geboren in Forst (Niederlausitz) in einer evangelischen Familie als Sohn eines Fabrikbesitzers. Abitur, studierte Jura und Volkswirtschaft in Freiburg, Leipzig und Halle. 1914-17 Kriegsdienst, zuletzt als Oberleutnant. 1920 Regierungsassessor im Preußischen Innenministerium, danach beim Landratsamt Essen. 1923 Regierungsrat im Preußischen Handelsministerium. 1927 bis 1928 Landrat in Freystadt (Niederschlesien), danach als Ministerialrat erneut im Handelsministerium. September 1932 Ministerialdirektor im Preußischen Staatsministerium, dort zuständig für Verwaltungsreformen. Mai 1933 Eintritt in die NSDAP, August 1934 Eintritt in die SS. Ende 1935 im Preußischen Staatsministerium, Oktober 1936 im Amt des Beauftragten für den Vierjahresplan, Hermann Göring. Ab Sommer 1938 Staatssekretär, ab 1941 stellvertretender Aufsichtsratsvorsitzender der Kontinentalen Erdöl AG zur Ausbeutung der Ölvorkommen in den besetzten Gebieten der Sowjetunion. Ab August 1942 Generaldirektor des Deutschen Kalisyndikats GmbH, 1945 Internierung. Anfang 1948 wegen Krankheit entlassen.

Foto: Ullstein Bilderdienst Berlin

Martin Luther
(1895 – 1945)
Auswärtiges Amt
Unterstaatssekretär

Luther war von 1940 bis 1943 als Leiter der Abteilung D (Deutschland) verantwortlich für die Zusammenarbeit mit Himmler und dem RSHA sowie für das Ressort D III (»Judenfrage, Rassenpolitik; Information der Auslandsvertretungen über wichtige innenpolitische Vorgänge«). Durch seine intensive Zusammenarbeit mit der Dienststelle Adolf Eichmanns machte Luther die Abteilung D zu einer der beteiligten Behörden an der »Endlösung«. In der Folge bestand der Beitrag des Auswärtigen Amtes zum Völkermord vor allem darin, die Deportationen aus besetzten und befreundeten Ländern diplomatisch vorzubereiten und abzusichern. Auf der Wannsee-Konferenz empfahl Luther, nordische Länder in Anbetracht geringer »Judenzahlen« und zu erwartender Schwierigkeiten vorerst zurückzustellen und sich auf den Südosten und Westen Europas zu konzentrieren.

Geboren in Berlin. Ohne höheren Schulabschluß. 1914 Kriegsfreiwilliger, 1918 Leutnant. Anschließend Möbelspediteur. März 1932 Eintritt in die NSDAP, 1933/34 Leiter der Wirtschaftsberatungsstelle in Berlin, 1936 Leiter der Parteiberatungsstelle beim Beauftragten der NSDAP für außenpolitische Fragen Joachim von Ribbentrop. Nach dessen Ernennung zum Außenminister 1938 Leiter des Sonderreferats NSDAP im Auswärtigen Amt. 1941 Ministerialdirektor mit der Amtsbezeichnung »Unterstaatssekretär«. Wegen des Versuchs, Ribbentrop zu stürzen, am 16. Februar 1943 entlassen und im KZ Sachsenhausen als »privilegierter Schutzhäftling« inhaftiert. Von der Roten Armee befreit, starb Luther einen Monat später in Berlin.

Foto: BA Berlin, BDC

Dr. Wilhelm Stuckart
(1902 – 1953)
Reichsministerium des Innern
Staatssekretär

Seit 1935 war Stuckart im Reichsministerium des Inneren mit der ihm unterstehenden Abteilung I (»Verfassung, Gesetzgebung, Verwaltung«) an der Ausarbeitung aller grundlegenden Gesetze und Verordnungen gegen die im Deutschen Reich wohnenden Juden beteiligt, insbesondere am »Reichsbürgergesetz« und dem »Gesetz zum Schutze des deutschen Blutes und der deutschen Ehre« (Nürnberger Gesetze). 1940 beteiligte er sich an den Vorbereitungen, Juden die deutsche Staatsbürgerschaft zu entziehen. 1941 erarbeitete er einen Vorschlag zur Kennzeichnung der Juden im Deutschen Reich. Auf der Wannsee-Konferenz schlug Stuckart die Zwangssterilisierung der »Mischlinge« vor. Im April 1943 leitete er eine Staatssekretärskonferenz über die »Ahndung strafbarer Handlungen von Juden durch die Polizei« (13. Verordnung zum Reichsbürgergesetz).

Geboren in Wiesbaden als Sohn eines Bahnangestellten, christlich erzogen. Abitur. 1919 Freikorpskämpfer. Ab 1922 Jurastudium in München und Frankfurt/Main. Dezember 1922 Eintritt in die NSDAP. 1928 Promotion zum Dr. jur. Ab 1930 Amtsrichter. 1932 bis März 1933 Anwalt und Rechtsreferent der SA in Pommern. Juni 1933 Staatssekretär im Preußischen Wissenschaftsministerium, 1934 Staatssekretär im Ministerium für Wissenschaft, Erziehung und Volksbildung, 1935 Staatssekretär im Reichsinnenministerium. 1936 Eintritt in die SS, 1944 SS-Obergruppenführer. Im Mai 1945 als Innenminister der Regierung Dönitz in Flensburg interniert. Im April 1949 im »Wilhelmstraßen-Prozess« Verurteilung zu drei Jahren und zehn Monaten Gefängnis, die wegen der vorangegangenen Haft als verbüßt galten. 1950 durch Spruchkammerverfahren als »Mitläufer« eingestuft und 1952 zu 500 DM Geldstrafe verurteilt. Im November 1953 tödlich verunglückt.

Foto: Ullstein Bilderdienst Berlin

Dr. Roland Freisler
(1893 – 1945)
Reichsjustizministerium
Staatssekretär

Freisler vertrat auf der Wannsee-Konferenz jenes Ministerium, das vor allem seit den Nürnberger Gesetzen von 1935 die juristische Verfolgung der deutschen Juden geleitet hatte und deren Entrechtung systematisch vorantrieb. Freisler galt als »Garant nationalsozialistischer Gesinnung«. Im August 1942 wurde er zum Präsidenten des Volksgerichtshofs ernannt. In dieser Position fällten er und weitere Mitglieder des Volksgerichtshofs tausende Todesurteile gegen politische Gegner.

Geboren in Celle als Sohn eines Diplomingenieurs, protestantisch-reformiertes Elternhaus. Gymnasium in Aachen, 1912 Abitur. Jurastudium an der Universität Kiel. August 1914 Kriegsdienst als Fahnenjunker, später Leutnant, Oktober 1915 bis 1920 russische Kriegsgefangenschaft. 1922 Promotion zum Dr. jur. Ab 1924 Rechtsanwalt in Kassel und Stadtverordneter für den Völkisch-Sozialen Block. Juli 1925 Eintritt in die NSDAP. 1932 Abgeordneter im preußischen Landtag. Im selben Jahr als Ministerialdirektor in das Preußische Justizministerium berufen, ab Juni 1933 Staatssekretär, Mitglied des preußischen Staatsrates. Oktober 1933 Mitglied der Akademie für Deutsches Recht und Leiter ihrer Strafrechtsabteilung. April 1935 Staatssekretär im zusammengelegten Reichs- und Preußischen Justizministerium, zuständig u.a. für Personalfragen, Strafgesetzgebung und Strafvollzug. Umgekommen bei einem Luftangriff in Berlin am 3. Februar 1945.

Foto: Labi Berlin

ADOLF HITLER
Führer und Reichskanzler

HEINRICH HIMMLER
Reichsführer SS und Chef der deutschen Polizei

MARTIN BORMANN
Partei-Kanzlei

DR. HANS HEINRICH LAMMERS
Reichskanzlei

DR. HANS FRANK
Regierung des Generalgouvernements

OTTO HOFMANN

Chef des SS-Rasse- und Siedlungshauptamts (RuSHA)

REINHARD HEYDRICH

Chef der Sicherheitspolizei und des SD (RSHA)
Amtierender Reichsprotektor in Böhmen und Mähren

DR. GERHARD KLOPFER

Partei-Kanzlei der NSDAP
Ministerialdirektor

DR. WILHELM KRITZINGER

Reichskanzlei
Ministerialdirektor

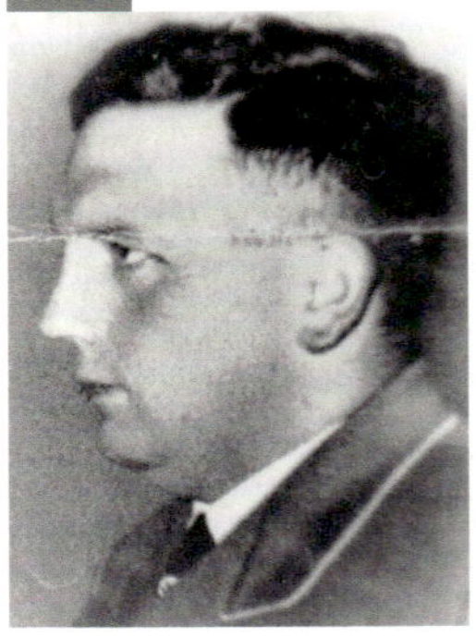

DR. JOSEF BÜHLER

Regierung des Generalgouverneurs in Krakau
Staatssekretär

HEINRICH MÜLLER

Reichssicherheitshauptamt (RSHA)
Chef Amt IV Gestapo

ADOLF EICHMANN

Reichssicherheitshauptamt (RSHA)
Leiter Referat IV B 4
Räumungs- und Judenangelegenheiten

DR. RUDOLF LANGE

Kommandeur der Sicherheitspolizei und des SD (KdS)
Lettland

DR. EBERHARD SCHÖNGARTH

Befehlshaber der Sicherheitspolizei und des SD (BdS)
Generalgouvernement

HERMANN GÖRING

Der Reichsmarschall des Großdeutschen Reiches
Beauftragter für den Vierjahresplan
Vorsitzender des Ministerrats für die Reichsverteidigung

ALFRED ROSENBERG
Reichsministerium für die besetzten Ostgebiete

DR. ALFRED MEYER

Reichsministerium
für die besetzten
Ostgebiete
Ständiger Vertreter des
Reichsministers

DR. GEORG LEIBBRANDT

Reichsministerium
für die besetzten
Ostgebiete
Ministerialdirektor

HERMANN GÖRING
Beauftragter für den Vierjahresplan

ERICH NEUMANN

Amt des Beauftragten
für den Vierjahresplan
Staatssekretär

JOACHIM VON RIBBENTROP
Auswärtiges Amt

MARTIN LUTHER

Auswärtiges Amt
Unterstaatssekretär

DR. WILHELM FRICK
Reichsministerium des Innern

DR. WILHELM STUCKART

Reichsministerium
des Innern
Staatssekretär

DR. DR. FRANZ SCHLEGELBERGER
(amtierend)
Reichsjustizministerium

DR. ROLAND FREISLER

Reichsjustizministerium
Staatssekretär

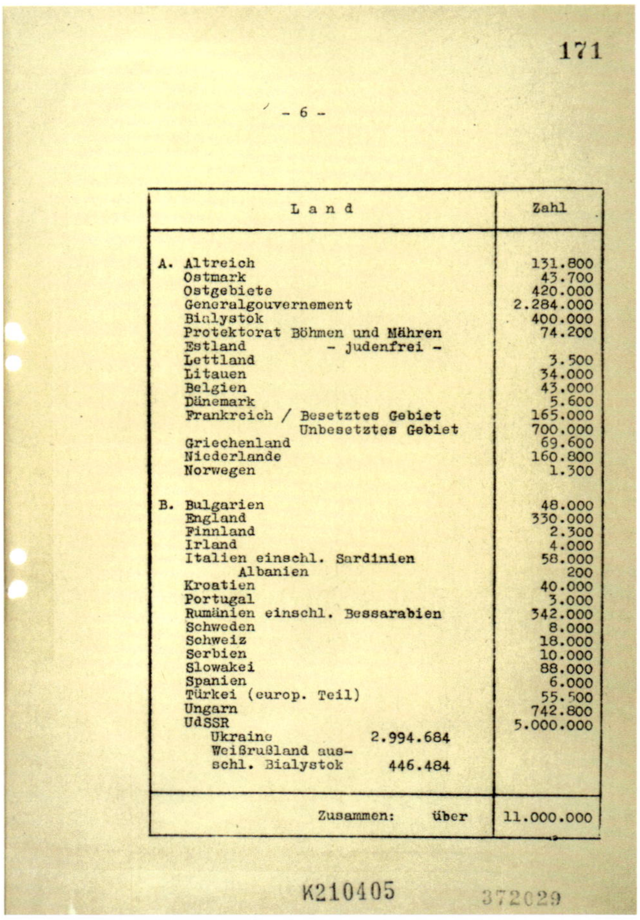

171

- 6 -

Land	Zahl
A. Altreich	131.800
Ostmark	43.700
Ostgebiete	420.000
Generalgouvernement	2.284.000
Bialystok	400.000
Protektorat Böhmen und Mähren	74.200
Estland - judenfrei -	
Lettland	3.500
Litauen	34.000
Belgien	43.000
Dänemark	5.600
Frankreich / Besetztes Gebiet	165.000
Unbesetztes Gebiet	700.000
Griechenland	69.600
Niederlande	160.800
Norwegen	1.300
B. Bulgarien	48.000
England	330.000
Finnland	2.300
Irland	4.000
Italien einschl. Sardinien	58.000
Albanien	200
Kroatien	40.000
Portugal	3.000
Rumänien einschl. Bessarabien	342.000
Schweden	8.000
Schweiz	18.000
Serbien	10.000
Slowakei	88.000
Spanien	6.000
Türkei (europ. Teil)	55.500
Ungarn	742.800
UdSSR	5.000.000
Ukraine 2.994.684	
Weißrußland ausschl. Bialystok 446.484	
Zusammen: über	11.000.000

K210405 372029

9.3
Statistik aus dem Protokoll der Wannsee-Konferenz zur Zahl der Juden in Europa

»Im Zuge dieser Endlösung der europäischen Judenfrage kommen rund 11 Millionen Juden in Betracht, die sich wie folgt auf die einzelnen Länder verteilen: «

PAAA Berlin

[…] Unter entsprechender Leitung sollen nun im Zuge der Endlösung die Juden in geeigneter Weise im Osten zum Arbeitseinsatz kommen. In großen Arbeitskolonnen, unter Trennung der Geschlechter werden die arbeitsfähigen Juden straßenbauend in diese Gebiete geführt, wobei zweifellos ein Großteil durch natürliche Verminderung ausfallen wird.

Der allfällig endlich verbleibende Restbestand wird, da es sich bei diesem zweifellos um den widerstandsfähigsten Teil handelt, entsprechend behandelt werden müssen, da dieser, eine natürliche Auslese darstellend, bei Freilassung als Keimzelle eines neuen jüdischen Aufbaues anzusprechen ist. (Siehe die Erfahrung der Geschichte.)

9.4
Aus dem Protokoll der Wannsee-Konferenz

PAAA Berlin

9.5
Europa am 20. Januar 1942
GHWK/Zwick

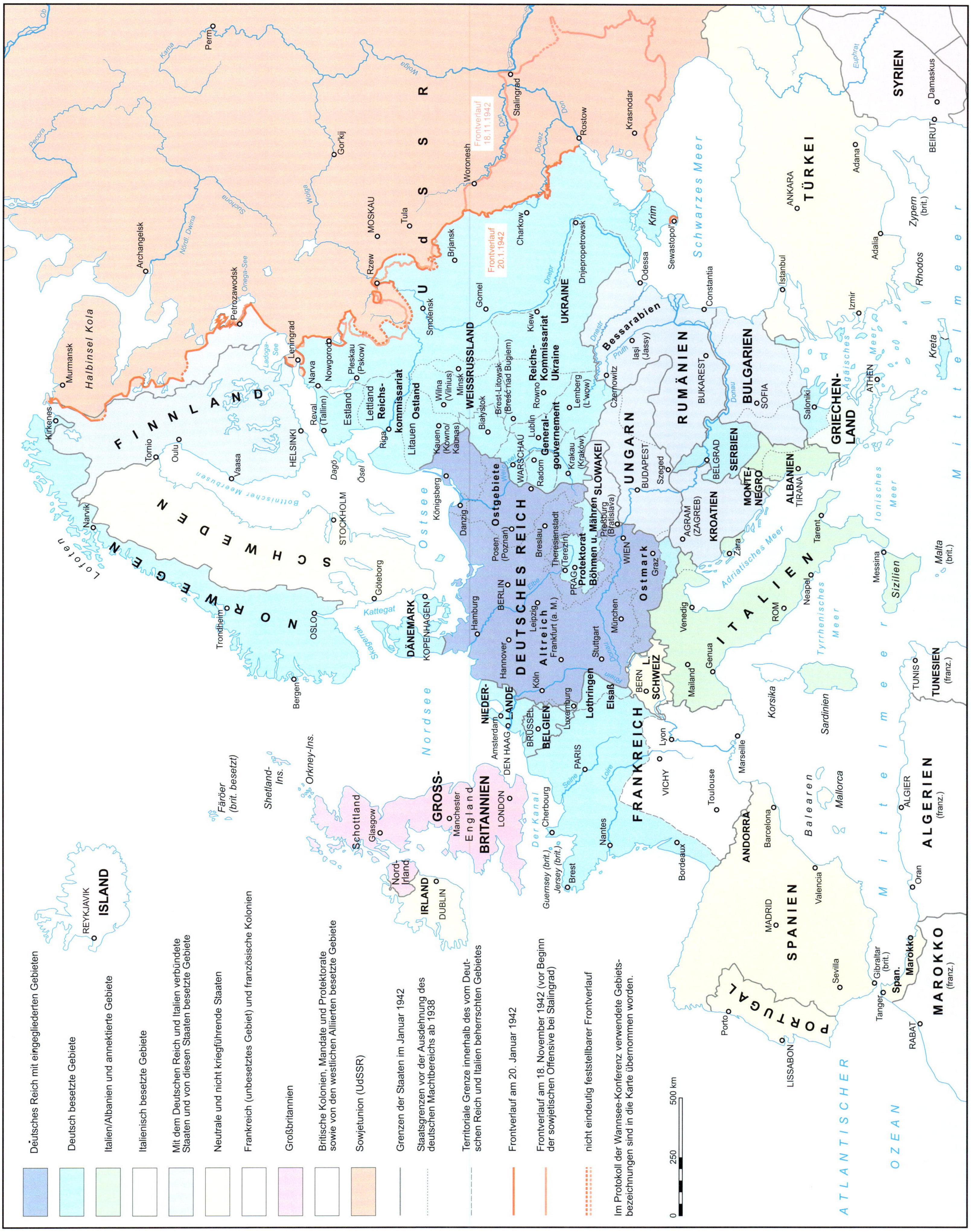

9.6
Administrative Maßnahmen nach der Konferenz

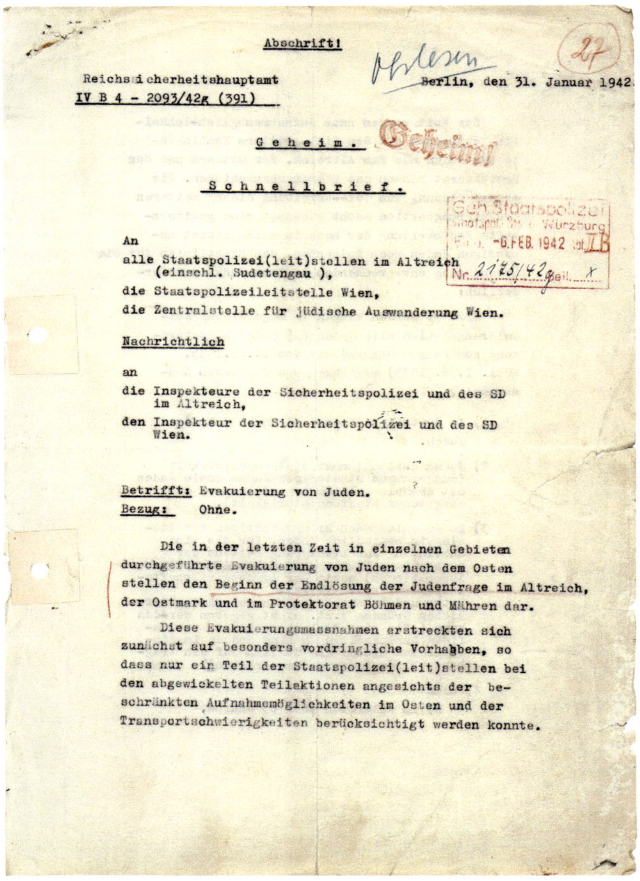
Abschrift!

27

Reichssicherheitshauptamt
IV B 4 - 2093/42g (391)

Berlin, den 31. Januar 1942.

Geheim.

Schnellbrief.

Geh. Staatspolizei
Staatspolizeistelle Würzburg
Eing. -6. FEB. 1942 Abt. II B
Nr. 2175/42g Beil. x

An
alle Staatspolizei(leit)stellen im Altreich (einschl. Sudetengau),
die Staatspolizeileitstelle Wien,
die Zentralstelle für jüdische Auswanderung Wien.

Nachrichtlich

an
die Inspekteure der Sicherheitspolizei und des SD im Altreich,
den Inspekteur der Sicherheitspolizei und des SD Wien.

Betrifft: Evakuierung von Juden.
Bezug: Ohne.

Die in der letzten Zeit in einzelnen Gebieten durchgeführte Evakuierung von Juden nach dem Osten stellen den Beginn der Endlösung der Judenfrage im Altreich, der Ostmark und im Protektorat Böhmen und Mähren dar.

Diese Evakuierungsmassnahmen erstreckten sich zunächst auf besonders vordringliche Vorhabben, so dass nur ein Teil der Staatspolizei(leit)stellen bei den abgewickelten Teilaktionen angesichts der beschränkten Aufnahmemöglichkeiten im Osten und der Transportschwierigkeiten berücksichtigt werden konnte.

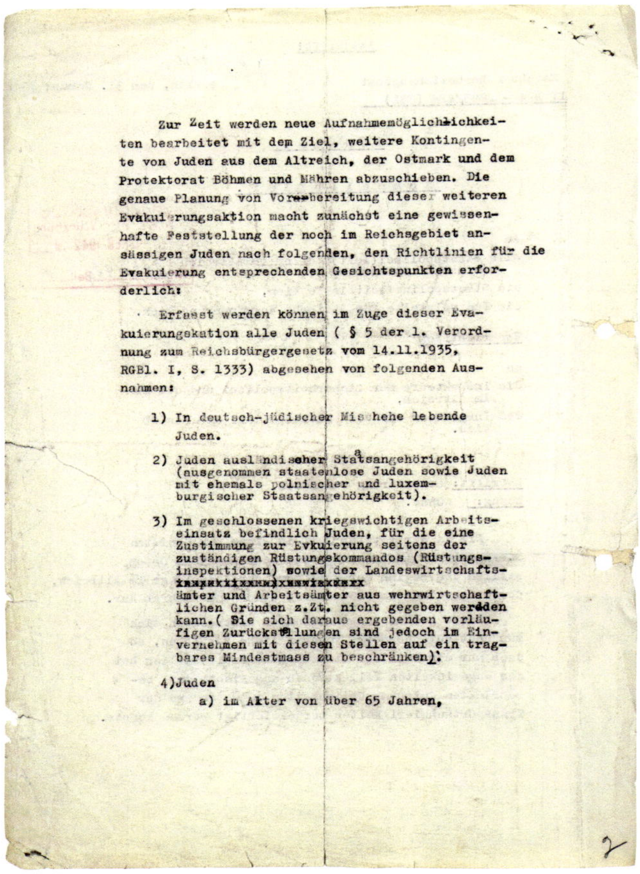
Zur Zeit werden neue Aufnahmemöglichlichkeiten bearbeitet mit dem Ziel, weitere Kontingente von Juden aus dem Altreich, der Ostmark und dem Protektorat Böhmen und Mähren abzuschieben. Die genaue Planung von Vorbereitung dieser weiteren Evakuierungsaktion macht zunächst eine gewissenhafte Feststellung der noch im Reichsgebiet ansässigen Juden nach folgenden, den Richtlinien für die Evakuierung entsprechenden Gesichtspunkten erforderlich:

Erfasst werden können im Zuge dieser Evakuierungskation alle Juden (§ 5 der 1. Verordnung zum Reichsbürgergesetz vom 14.11.1935, RGBl. I, S. 1333) abgesehen von folgenden Ausnahmen:

1) In deutsch-jüdischer Mischehe lebende Juden.

2) Juden ausländischer Staatsangehörigkeit (ausgenommen staatenlose Juden sowie Juden mit ehemals polnischer und luxemburgischer Staatsangehörigkeit).

3) Im geschlossenen kriegswichtigen Arbeitseinsatz befindlich Juden, für die eine Zustimmung zur Evkuierung seitens der zuständigen Rüstungskommandos (Rüstungsinspektionen) sowie der Landeswirtschafts- ~~xxxxxxxxxxxxxxxxxxxxx~~ ämter und Arbeitsämter aus wehrwirtschaftlichen Gründen z.Zt. nicht gegeben werden kann. (Die sich daraus ergebenden vorläufigen Zurückstellungen sind jedoch im Einvernehmen mit diesen Stellen auf ein tragbares Mindestmass zu beschränken).

4) Juden
a) im Alter von über 65 Jahren,

2

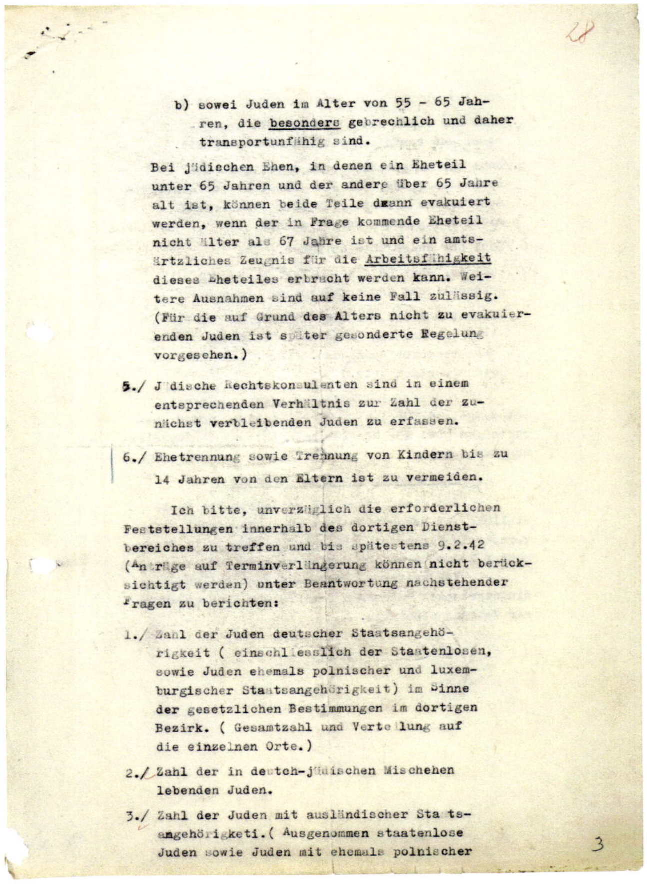
28

b) sowei Juden im Alter von 55 - 65 Jahren, die besonders gebrechlich und daher transportunfähig sind.

Bei jüdischen Ehen, in denen ein Eheteil unter 65 Jahren und der andere über 65 Jahre alt ist, können beide Teile dann evakuiert werden, wenn der in Frage kommende Eheteil nicht älter als 67 Jahre ist und ein amtsärtzliches Zeugnis für die Arbeitsfähigkeit dieses Eheteiles erbracht werden kann. Weitere Ausnahmen sind auf keine Fall zulässig. (Für die auf Grund des Alters nicht zu evakuierenden Juden ist später gesonderte Regelung vorgesehen.)

5./ Jüdische Rechtskonsulenten sind in einem entsprechenden Verhältnis zur Zahl der zunächst verbleibenden Juden zu erfassen.

6./ Ehetrennung sowie Trennung von Kindern bis zu 14 Jahren von den Eltern ist zu vermeiden.

Ich bitte, unverzüglich die erforderlichen Feststellungen innerhalb des dortigen Dienstbereiches zu treffen und bis spätestens 9.2.42 (Anträge auf Terminverlängerung können nicht berücksichtigt werden) unter Beantwortung nachstehender Fragen zu berichten:

1./ Zahl der Juden deutscher Staatsangehörigkeit (einschliesslich der Staatenlosen, sowie Juden ehemals polnischer und luxemburgischer Staatsangehörigkeit) im Sinne der gesetzlichen Bestimmungen im dortigen Bezirk. (Gesamtzahl und Verteilung auf die einzelnen Orte.)

2./ Zahl der in deutch-jüdischen Mischehen lebenden Juden.

3./ Zahl der Juden mit ausländischer Staatsangehörigketi.(Ausgenommen staatenlose Juden sowie Juden mit ehemals polnischer

3

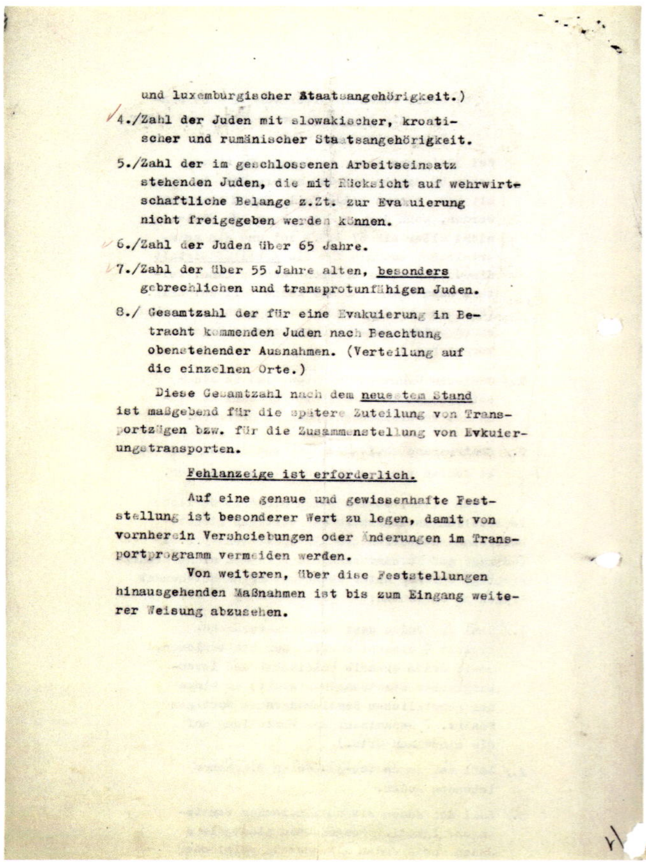
und luxemburgischer Staatsangehörigkeit.)

4./ Zahl der Juden mit slowakischer, kroatischer und rumänischer Staatsangehörigkeit.

5./ Zahl der im geschlossenen Arbeitseinsatz stehenden Juden, die mit Rücksicht auf wehrwirtschaftliche Belange z.Zt. zur Evakuierung nicht freigegeben werden können.

6./ Zahl der Juden über 65 Jahre.

7./ Zahl der über 55 Jahre alten, besonders gebrechlichen und transprotunfähigen Juden.

8./ Gesamtzahl der für eine Evakuierung in Betracht kommenden Juden nach Beachtung obenstehender Ausnahmen. (Verteilung auf die einzelnen Orte.)

Diese Gesamtzahl nach dem neuestem Stand ist maßgebend für die spätere Zuteilung von Transportzügen bzw. für die Zusammenstellung von Evkuierungstransporten.

Fehlanzeige ist erforderlich.

Auf eine genaue und gewissenhafte Feststellung ist besonderer Wert zu legen, damit von vornherein Vershciebungen oder Änderungen im Transportprogramm vermeiden werden.

Von weiteren, über dise Feststellungen hinausgehenden Maßnahmen ist bis zum Eingang weiterer Weisung abzusehen.

4

9.6.1
Schnellbrief Eichmanns vom 31. Januar 1942 zur Vorbereitung der Deportationen aus dem Deutschen Reich
StA Würzburg

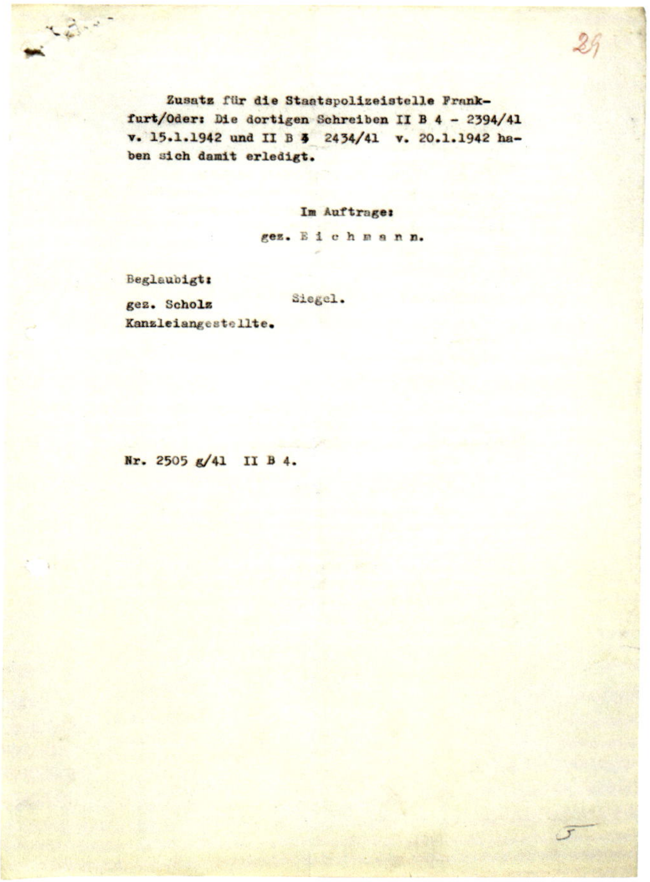

29

Zusatz für die Staatspolizeistelle Frankfurt/Oder: Die dortigen Schreiben II B 4 - 2394/41 v. 15.1.1942 und II B 4 2434/41 v. 20.1.1942 haben sich damit erledigt.

Im Auftrage:

gez. E i c h m a n n.

Beglaubigt:

gez. Scholz Siegel.

Kanzleiangestellte.

Nr. 2505 g/41 II B 4.

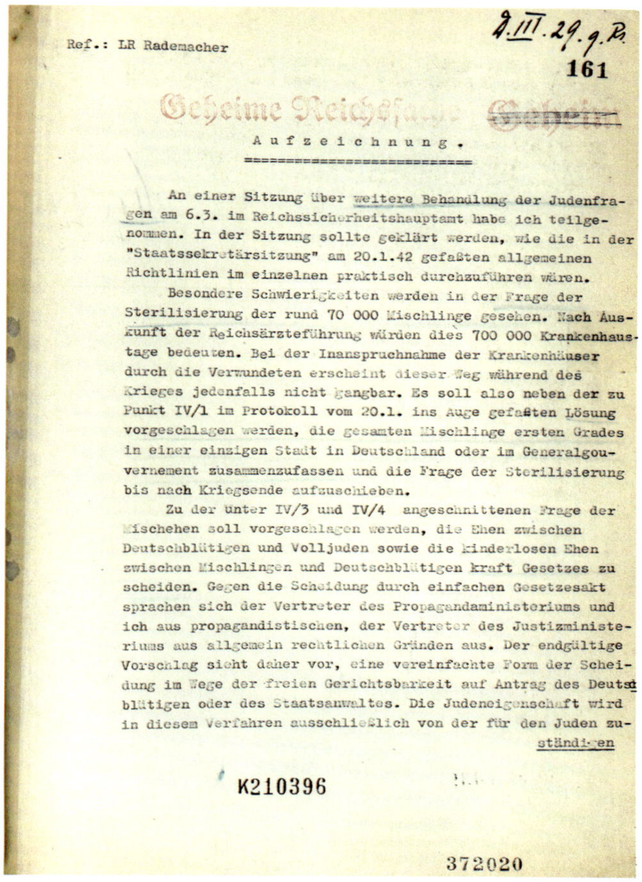

Ref.: LR Rademacher

9.III.29.9.R.

161

~~Geheime Reichssache~~ ~~Geheim~~

Aufzeichnung.

An einer Sitzung über weitere Behandlung der Judenfragen am 6.3. im Reichssicherheitshauptamt habe ich teilgenommen. In der Sitzung sollte geklärt werden, wie die in der "Staatssekretärsitzung" am 20.1.42 gefaßten allgemeinen Richtlinien im einzelnen praktisch durchzuführen wären.

Besondere Schwierigkeiten werden in der Frage der Sterilisierung der rund 70 000 Mischlinge gesehen. Nach Auskunft der Reichsärzteführung würden dies 700 000 Krankenhaustage bedeuten. Bei der Inanspruchnahme der Krankenhäuser durch die Verwundeten erscheint dieser Weg während des Krieges jedenfalls nicht gangbar. Es soll also neben der zu Punkt IV/1 im Protokoll vom 20.1. ins Auge gefaßten Lösung vorgeschlagen werden, die gesamten Mischlinge ersten Grades in einer einzigen Stadt in Deutschland oder im Generalgouvernement zusammenzufassen und die Frage der Sterilisierung bis nach Kriegsende aufzuschieben.

Zu der unter IV/3 und IV/4 angeschnittenen Frage der Mischehen soll vorgeschlagen werden, die Ehen zwischen Deutschblütigen und Volljuden sowie die kinderlosen Ehen zwischen Mischlingen und Deutschblütigen kraft Gesetzes zu scheiden. Gegen die Scheidung durch einfachen Gesetzesakt sprachen sich der Vertreter des Propagandaministeriums und ich aus propagandistischen, der Vertreter des Justizministeriums aus allgemein rechtlichen Gründen aus. Der endgültige Vorschlag sieht daher vor, eine vereinfachte Form der Scheidung im Wege der freien Gerichtsbarkeit auf Antrag des Deutschblütigen oder des Staatsanwaltes. Die Judeneigenschaft wird in diesem Verfahren ausschließlich von der für den Juden zuständigen

K210396

372020

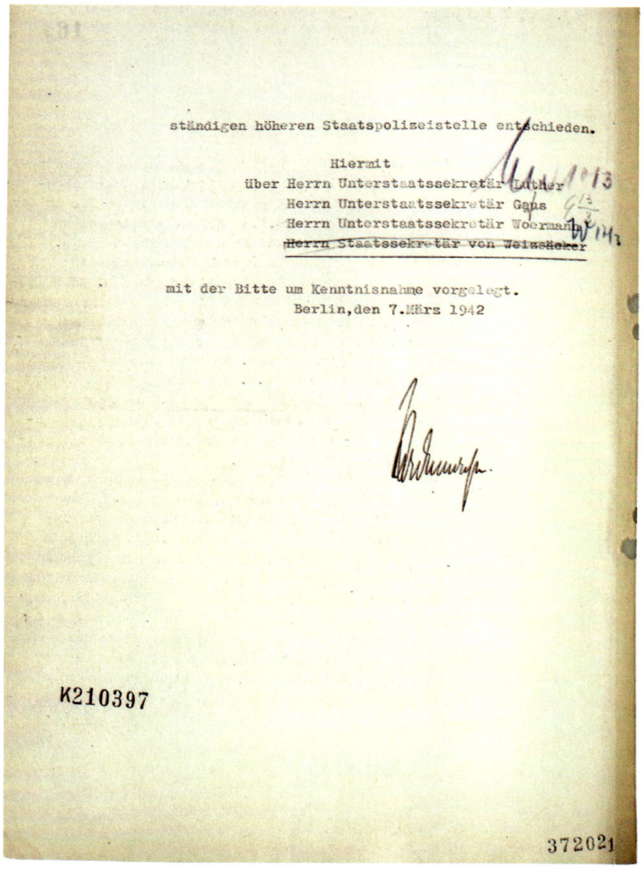

ständigen höheren Staatspolizeistelle entschieden.

Hiermit

über Herrn Unterstaatssekretär Luther

Herrn Unterstaatssekretär Gaus

Herrn Unterstaatssekretär Woermann

~~Herrn Staatssekretär von Weizsäcker~~

mit der Bitte um Kenntnisnahme vorgelegt.

Berlin, den 7. März 1942

K210397

372021

9.6.2
Vermerk von Franz Rademacher, Leiter des Judenreferats im Auswärtigen Amt, über die Nachfolgekonferenz vom 7. März 1942 im RSHA unter Leitung Adolf Eichmanns

PAAA Berlin

9.7

Die Wannsee-Konferenz – Einladungen und Protokoll

Aus der Akte »Endlösung der Judenfrage« des Unterstaatssekretärs Martin Luther, Auswärtiges Amt

PAAA, Berlin

9.7.1
Erste Einladung

Handschriftliche Vermerke auf der Einladung vom 29. November 1941
Oben links:
Pg. [Parteigenosse] Rademacher [Legationsrat Franz Rademacher, Leiter von D III, dem »Judenreferat« Luthers], bitte O-Gruf [Obergruppenführer] Heydrich mitzuteilen, daß ich erkrankt bin, ihm für seine Einladung sehr danke und wenn irgend möglich teilnehme. Bitte mir für die Sitzung eine Aufzeichnung über unsere Wünsche und Ideen anzufertigen, bitte auch sofort St.S. [Staatssekretär Ernst von Weizsäcker] zu unterrichten. [Paraphe Luther] 4/12.
Unten links:
Staatssekretär ist unterrichtet, Sitzung ist auf unbestimmte Zeit verschoben. [Paraphe Rademacher] 8/12.
Rückseite:
Durchscheinende Eingangsstempel und Randbemerkungen der Vorderseite. Handschriftliche Adressenänderung nach telefonischer Korrektur des Irrtums seitens des RSHA von »Am Kleinen Wannsee Nr. 16« (Gebäude der Internationalen Kriminalpolizeilichen Kommission) zu »Am Großen Wannsee Nr. 56-58« (Gästehaus des SD), Unterschrift: Heydrich.
Zu den Stempeln:
Alle Dokumente tragen unten jeweils zwei Stempel (Frame-Nummern, hier z.B. K210419 und 372043) der Verfilmung. Bei der ersten Verfilmung, die bereits in Berlin ab Dezember 1946 stattgefunden hatte, wurden die Nummern der Serie 371889 ff. aufgestempelt. Bei einer zweiten Verfilmung, die 1956 in Whaddon Hall (England) vorgenommen wurde, wurden dann die Nummern der K-Serie aufgestempelt. Nach Rückgabe der Akten an das Politische Archiv des deutschen Auswärtigen Amts in Bonn in den 1950er Jahren erfolgte die feste Bindung der Akte und die neue Zählung der Blätter (Stempel oben rechts, hier z.B. 188).

Hinweis:
Die in der Einladung erwähnte Anlage (Fotokopie der Bestellung durch Göring) folgt in der Akte als Negativkopie. In der Ausstellung wird sie unter 9.1.2 als Positivkopie abgebildet.

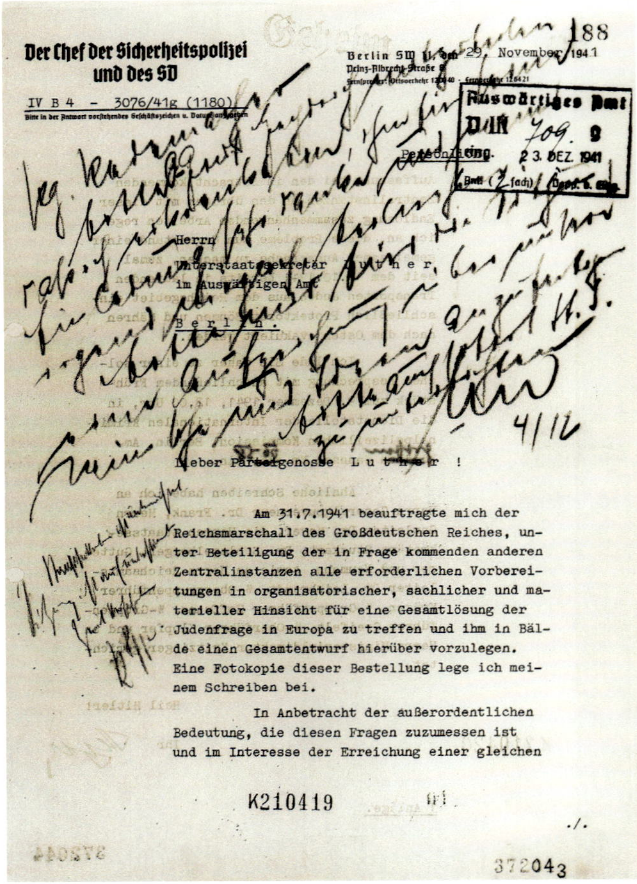

188

Der Chef der Sicherheitspolizei und des SD

Berlin SW 11, den 29. November 1941
Prinz-Albrecht-Straße 8

IV B 4 – 3076/41g (1180)

Auswärtiges Amt
D III 709. g
eing. 23. DEZ. 1941

Persönlich!

Herrn
Unterstaatssekretär Luther
im Auswärtigen Amt
Berlin.

Lieber Parteigenosse Luther!

Am 31.7.1941 beauftragte mich der Reichsmarschall des Großdeutschen Reiches, unter Beteiligung der in Frage kommenden anderen Zentralinstanzen alle erforderlichen Vorbereitungen in organisatorischer, sachlicher und materieller Hinsicht für eine Gesamtlösung der Judenfrage in Europa zu treffen und ihm in Bälde einen Gesamtentwurf hierüber vorzulegen. Eine Fotokopie dieser Bestellung lege ich meinem Schreiben bei.

In Anbetracht der außerordentlichen Bedeutung, die diesen Fragen zuzumessen ist und im Interesse der Erreichung einer gleichen

K210419

./.

372043

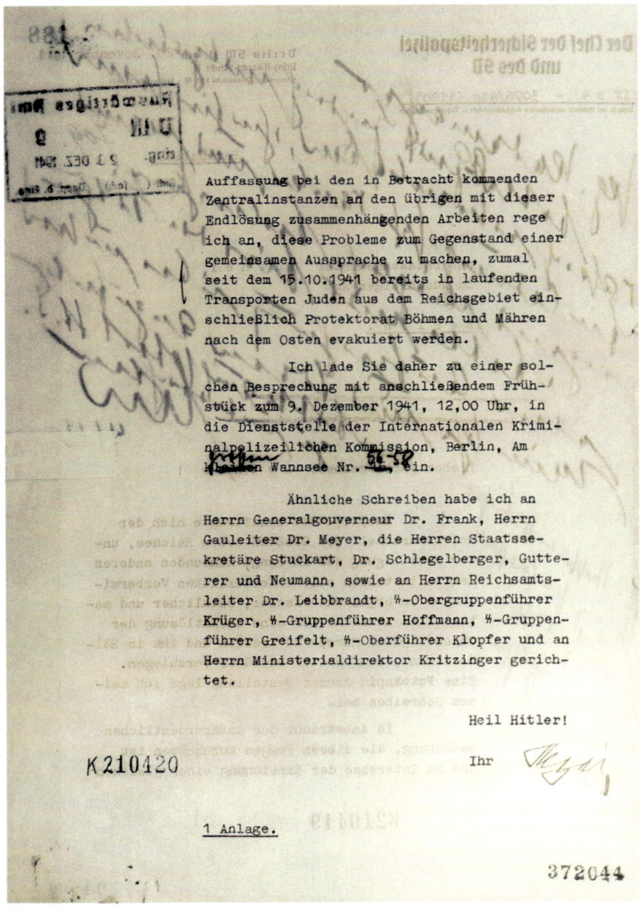

Auffassung bei den in Betracht kommenden Zentralinstanzen an den übrigen mit dieser Endlösung zusammenhängenden Arbeiten rege ich an, diese Probleme zum Gegenstand einer gemeinsamen Aussprache zu machen, zumal seit dem 15.10.1941 bereits in laufenden Transporten Juden aus dem Reichsgebiet einschließlich Protektorat Böhmen und Mähren nach dem Osten evakuiert werden.

Ich lade Sie daher zu einer solchen Besprechung mit anschließendem Frühstück zum 9. Dezember 1941, 12,00 Uhr, in die Dienststelle der Internationalen Kriminalpolizeilichen Kommission, Berlin, Am ~~Kleinen~~ Wannsee Nr. ~~16~~ 56-58, ein.

Ähnliche Schreiben habe ich an Herrn Generalgouverneur Dr. Frank, Herrn Gauleiter Dr. Meyer, die Herren Staatssekretäre Stuckart, Dr. Schlegelberger, Gutterer und Neumann, sowie an Herrn Reichsamtsleiter Dr. Leibbrandt, ᛋᛋ-Obergruppenführer Krüger, ᛋᛋ-Gruppenführer Hoffmann, ᛋᛋ-Gruppenführer Greifelt, ᛋᛋ-Oberführer Klopfer und an Herrn Ministerialdirektor Kritzinger gerichtet.

Heil Hitler!

Ihr

K210420

1 Anlage.

372044

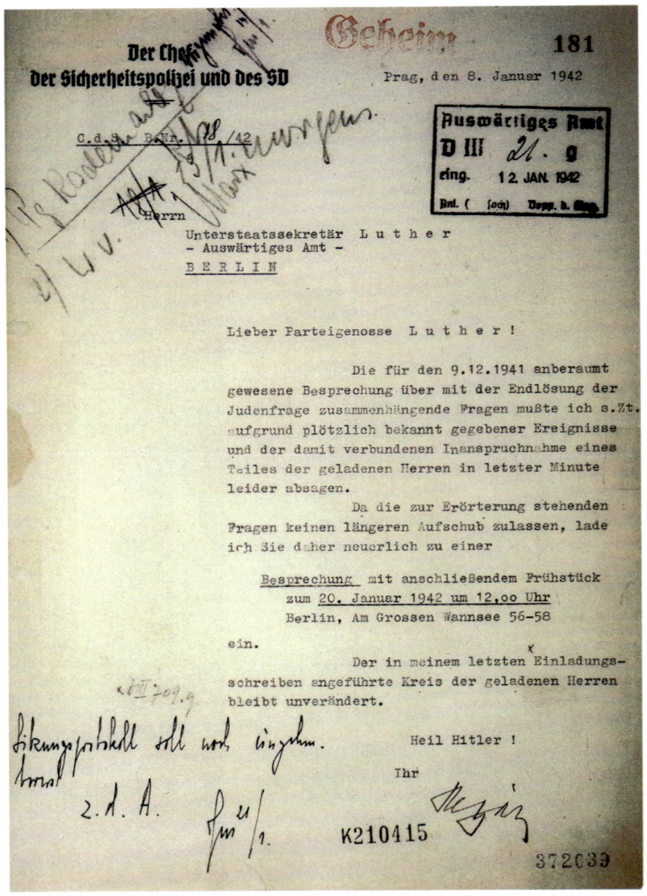

Geheim

181

Der Chef der Sicherheitspolizei und des SD

Prag, den 8. Januar 1942

C.d.S. B.Nr. 78/42

Auswärtiges Amt
D III 21. g
eing. 12. JAN. 1942

Herrn
Unterstaatssekretär Luther
– Auswärtiges Amt –
BERLIN

Lieber Parteigenosse Luther!

Die für den 9.12.1941 anberaumt gewesene Besprechung über mit der Endlösung der Judenfrage zusammenhängende Fragen mußte ich s.Zt. aufgrund plötzlich bekannt gegebener Ereignisse und der damit verbundenen Inanspruchnahme eines Teiles der geladenen Herren in letzter Minute leider absagen.

Da die zur Erörterung stehenden Fragen keinen längeren Aufschub zulassen, lade ich Sie daher neuerlich zu einer

Besprechung mit anschließendem Frühstück
zum 20. Januar 1942 um 12,oo Uhr
Berlin, Am Grossen Wannsee 56–58

ein.

Der in meinem letzten Einladungsschreiben angeführte Kreis der geladenen Herren bleibt unverändert.

Heil Hitler!

Ihr

K210415

372039

9.7.2
Zweite Einladung

Handschriftliche Vermerke auf der zweiten Einladung an Luther vom 8. Januar 1942
Oben links:
[Der Versand erfolgte aus Prag, wo Heydrich als Reichsprotektor amtierte] 1) Pg. Rademacher z. Kts [zur Kenntnis; rechts neben 1)] Vorgemerkt [Paraphe Müller, Herbert Müller war persönlicher Referent Rademachers] 14/1.
2) W.V. [Wiedervorlage] 18/1 [gestrichen], 19/1 morgens, Paraphe Marx [Ursula Marx, Vorzimmer Luther].
Unten:
D III 709.g [Journalnummer wie bei der ersten Einladung] Sitzungsprotokoll soll noch eingehen. Vorerst z.d.A [zu den Akten] Paraphe Müller 21/1
Unterschrift: Heydrich

9.7.3
Protokoll der Konferenz mit Begleitschreiben Heydrichs vom 26. Februar 1942

Handschriftliche Vermerke im Begleitschreiben Heydrichs vom 26. Februar 1942
Oben:
Pg. Rademacher, bitte schriftlich mitzuteilen, daß Sie Sachbearbeiter sind und teilnehmen werden.
Paraphe Luther 28/II.
Unten:
Unterschrift Heydrich.

Das dem Begleitschreiben als Anlage folgende Protokoll ist nicht datiert und nicht unterzeichnet. Im Büro Luther wurde von gleicher Hand auf der ersten Seite des Protokolls, unten rechts, der Journaleintrag »D. III.29. g[eheime]. Rs. [Reichssache]« vom Begleitschreiben wiederholt, um den Zusammenhang festzuhalten.

Auswärtiges Amt
D. III 29. g. Rs.
Eing. 2. MRZ. 1942
Anl. (fach) Dopp. d. Eing.

165

Der Chef der Sicherheitspolizei und des SD

IV B 4 - 1456/41 gRs.(1344)

26. Februar 1942

Geheime Reichssache!

An den
Herrn Unterstaatssekretär L u t h e r
im Auswärtigen Amt

B e r l i n W 8.
Wilhelmstr. 74/76

Lieber Parteigenosse Luther!

Als Anlage übersende ich das Protokoll über die am 20.1.1942 stattgefundene Absprache. Da nunmehr erfreulicherweise die Grundlinie hinsichtlich der praktischen Durchführung der Endlösung der Judenfrage festgelegt ist und seitens der hieran beteiligten Stellen völlige Übereinstimmung herrscht, darf ich Sie bitten, Ihren Sachbearbeiter zwecks Fertigstellung der vom Reichsmarschall gewünschten Vorlage, in der die organisatorischen, technischen und materiellen Voraussetzungen zur praktischen Inangriffnahme der Lösungsarbeiten aufgezeigt werden sollen, zu den hierfür notwendigen Detailbesprechungen abzustellen.

Die erste Besprechung dieser Art beabsichtige ich am 6. März 1942, 10.30 Uhr, in Berlin, Kurfürstenstrasse 116, abhalten zu lassen. Ich darf Sie bitten, Ihren Sachbearbeiter zu veranlassen, sich dieserhalb mit meinem zuständigen Referenten, dem SS-Obersturmbannführer E i c h m a n n, ins Benehmen zu setzen.

H e i l H i t l e r !
Ihr

K210399 372023

1 Anlage!

Geheime Reichssache!

166

30 Ausfertigungen
16. Ausfertigung

Besprechungsprotokoll.

I. An der am 20.1.1942 in Berlin, Am Großen Wannsee Nr. 56/58, stattgefundenen Besprechung über die Endlösung der Judenfrage nahmen teil:

Gauleiter Dr. Meyer und Reichsamtsleiter Dr. Leibbrandt	Reichsministerium für die besetzten Ostgebiete
Staatssekretär Dr. Stuckart	Reichsministerium des Innern
Staatssekretär Neumann	Beauftragter für den Vierjahresplan
Staatssekretär Dr. Freisler	Reichsjustizministerium
Staatssekretär Dr. Bühler	Amt des Generalgouverneurs
Unterstaatssekretär Luther	Auswärtiges Amt
SS-Oberführer Klopfer	Partei-Kanzlei
Ministerialdirektor Kritzinger	Reichskanzlei

K210400 372024

D. III. 29. g. Rs.

167

\- 2 -

SS-Gruppenführer Hofmann	Rasse- und Siedlungshauptamt
SS-Gruppenführer Müller SS-Obersturmbannführer Eichmann	Reichssicherheitshauptamt
SS-Oberführer Dr. Schöngarth Befehlshaber der Sicherheitspolizei und des SD im Generalgouvernement	Sicherheitspolizei und SD
SS-Sturmbannführer Dr. Lange Kommandeur der Sicherheitspolizei und des SD für den Generalbezirk Lettland, als Vertreter des Befehlshabers der Sicherheitspolizei und des SD für das Reichskommissariat Ostland.	Sicherheitspolizei und SD

II. Chef der Sicherheitspolizei und des SD, SS-Obergruppenführer H e y d r i c h, teilte eingangs seine Bestellung zum Beauftragten für die Vorbereitung der Endlösung der europäischen Judenfrage durch den Reichsmarschall mit und wies darauf hin, daß zu dieser Besprechung geladen wurde, um Klarheit in grundsätzlichen Fragen zu schaffen. Der Wunsch des Reichsmarschalls, ihm einen Entwurf über die organisatorischen, sachlichen und materiellen Belange im Hinblick auf die Endlösung der europäischen Judenfrage zu übersenden, erfordert die vorherige gemeinsame Behandlung aller an diesen Fragen unmittelbar beteiligten Zentralinstanzen im Hinblick auf die Parallelisierung der Linienführung.

K210401 372025

168

- 3 -

Die Federführung bei der Bearbeitung der Endlösung der Judenfrage liege ohne Rücksicht auf geographische Grenzen zentral beim Reichsführer-SS und Chef der Deutschen Polizei (Chef der Sicherheitspolizei und des SD).

Der Chef der Sicherheitspolizei und des SD gab sodann einen kurzen Rückblick über den bisher geführten Kampf gegen diesen Gegner. Die wesentlichsten Momente bilden

a/ die Zurückdrängung der Juden aus den einzelnen Lebensgebieten des deutschen Volkes,

b/ die Zurückdrängung der Juden aus dem Lebensraum des deutschen Volkes.

Im Vollzug dieser Bestrebungen wurde als einzige vorläufige Lösungsmöglichkeit die Beschleunigung der Auswanderung der Juden aus dem Reichsgebiet verstärkt und planmäßig in Angriff genommen.

Auf Anordnung des Reichsmarschalls wurde im Januar 1939 eine Reichszentrale für jüdische Auswanderung errichtet, mit deren Leitung der Chef der Sicherheitspolizei und des SD betraut wurde. Sie hatte insbesondere die Aufgabe

a/ alle Maßnahmen zur Vorbereitung einer verstärkten Auswanderung der Juden zu treffen,

b/ den Auswanderungsstrom zu lenken,

c/ die Durchführung der Auswanderung im Einzelfall zu beschleunigen.

Das Aufgabenziel war, auf legale Weise den deutschen Lebensraum von Juden zu säubern.

K210402 372026

169

- 4 -

Über die Nachteile, die eine solche Auswanderungsforcierung mit sich brachte, waren sich alle Stellen im klaren. Sie mußten jedoch angesichts des Fehlens anderer Lösungsmöglichkeiten vorerst in Kauf genommen werden.

Die Auswanderungsarbeiten waren in der Folgezeit nicht nur ein deutsches Problem, sondern auch ein Problem, mit dem sich die Behörden der Ziel- bzw. Einwandererländer zu befassen hatten. Die finanziellen Schwierigkeiten, wie Erhöhung der Vorzeige- und Landungsgelder seitens der verschiedenen ausländischen Regierungen, fehlende Schiffsplätze, laufend verschärfte Einwanderungsbeschränkungen oder -sperren, erschwerten die Auswanderungsbestrebungen außerordentlich. Trotz dieser Schwierigkeiten wurden seit der Machtübernahme bis zum Stichtag 31.10.1941 insgesamt rund 537.000 Juden zur Auswanderung gebracht. Davon

vom 30.1.1933	aus dem Altreich	rd. 360.000
vom 15.3.1938	aus der Ostmark	rd. 147.000
vom 15.3.1939	aus dem Protektorat Böhmen und Mähren	rd. 30.000.

Die Finanzierung der Auswanderung erfolgte durch die Juden bzw. jüdisch-politischen Organisationen selbst. Um den Verbleib der verproletarisierten Juden zu vermeiden, wurde nach dem Grundsatz verfahren, daß die vermögenden Juden die Abwanderung der vermögenslosen Juden zu finanzieren haben; hier wurde, je nach Vermögen gestaffelt, eine entsprechende Umlage bzw. Auswandererabgabe vorgeschrieben, die zur Bestreitung der finanziellen Obliegenheiten im Zuge der Abwanderung vermögensloser Juden verwandt wurde.

K210403 372027

170

- 5 -

Neben dem Reichsmark-Aufkommen sind Devisen für Vorzeige- und Landungsgelder erforderlich gewesen. Um den deutschen Devisenschatz zu schonen, wurden die jüdischen Finanzinstitutionen des Auslandes durch die jüdischen Organisationen des Inlandes verhalten, für die Beitreibung entsprechender Devisenaufkommen Sorge zu tragen. Hier wurden durch diese ausländischen Juden im Schenkungswege bis zum 30.10.1941 insgesamt rund 9.500.000 Dollar zur Verfügung gestellt.

Inzwischen hat der Reichsführer-SS und Chef der Deutschen Polizei im Hinblick auf die Gefahren einer Auswanderung im Kriege und im Hinblick auf die Möglichkeiten des Ostens die Auswanderung von Juden verboten.

III. Anstelle der Auswanderung ist nunmehr als weitere Lösungsmöglichkeit nach entsprechender vorheriger Genehmigung durch den Führer die Evakuierung der Juden nach dem Osten getreten.

Diese Aktionen sind jedoch lediglich als Ausweichmöglichkeiten anzusprechen, doch werden hier bereits jene praktischen Erfahrungen gesammelt, die im Hinblick auf die kommende Endlösung der Judenfrage von wichtiger Bedeutung sind.

Im Zuge dieser Endlösung der europäischen Judenfrage kommen rund 11 Millionen Juden in Betracht, die sich wie folgt auf die einzelnen Länder verteilen:

K210404 372028

171

- 6 -

Land	Zahl
A. Altreich	131.800
Ostmark	43.700
Ostgebiete	420.000
Generalgouvernement	2.284.000
Bialystok	400.000
Protektorat Böhmen und Mähren	74.200
Estland - judenfrei -	
Lettland	3.500
Litauen	34.000
Belgien	43.000
Dänemark	5.600
Frankreich / Besetztes Gebiet	165.000
Unbesetztes Gebiet	700.000
Griechenland	69.600
Niederlande	160.800
Norwegen	1.300
B. Bulgarien	48.000
England	330.000
Finnland	2.300
Irland	4.000
Italien einschl. Sardinien	58.000
Albanien	200
Kroatien	40.000
Portugal	3.000
Rumänien einschl. Bessarabien	342.000
Schweden	8.000
Schweiz	18.000
Serbien	10.000
Slowakei	88.000
Spanien	6.000
Türkei (europ. Teil)	55.500
Ungarn	742.800
UdSSR	5.000.000
Ukraine 2.994.684	
Weißrußland ausschl. Bialystok 446.484	
Zusammen: über	11.000.000

K210405 372029

172

– 7 –

Bei den angegebenen Judenzahlen der verschiedenen ausländischen Staaten handelt es sich jedoch nur um Glaubensjuden, da die Begriffsbestimmungen der Juden nach rassischen Grundsätzen teilweise dort noch fehlen. Die Behandlung des Problems in den einzelnen Ländern wird im Hinblick auf die allgemeine Haltung und Auffassung auf gewisse Schwierigkeiten stoßen, besonders in Ungarn und Rumänien. So kann sich z.B. heute noch in Rumänien der Jude gegen Geld entsprechende Dokumente, die ihm eine fremde Staatsangehörigkeit amtlich bescheinigen, beschaffen.

Der Einfluß der Juden auf alle Gebiete in der UdSSR ist bekannt. Im europäischen Gebiet leben etwa 5 Millionen, im asiatischen Raum knapp 1/4 Million Juden.

Die berufsständische Aufgliederung der im europäischen Gebiet der UdSSR ansässigen Juden war etwa folgende:

In der Landwirtschaft	9,1 %
als städtische Arbeiter	14,8 %
im Handel	20,0 %
als Staatsarbeiter angestellt	23,4 %
in den privaten Berufen – Heilkunde, Presse, Theater, usw.	32,7 %.

Unter entsprechender Leitung sollen nun im Zuge der Endlösung die Juden in geeigneter Weise im Osten zum Arbeitseinsatz kommen. In großen Arbeitskolonnen, unter Trennung der Geschlechter, werden die arbeitsfähigen Juden straßenbauend in diese Gebiete geführt, wobei zweifellos ein Großteil durch natürliche Verminderung ausfallen wird.

K210406

372030

173

– 8 –

Der allfällig endlich verbleibende Restbestand wird, da es sich bei diesem zweifellos um den widerstandsfähigsten Teil handelt, entsprechend behandelt werden müssen, da dieser, eine natürliche Auslese darstellend, bei Freilassung als Keimzelle eines neuen jüdischen Aufbaues anzusprechen ist. (Siehe die Erfahrung der Geschichte.)

Im Zuge der praktischen Durchführung der Endlösung wird Europa vom Westen nach Osten durchgekämmt. Das Reichsgebiet einschließlich Protektorat Böhmen und Mähren wird, allein schon aus Gründen der Wohnungsfrage und sonstigen sozial-politischen Notwendigkeiten, vorweggenommen werden müssen.

Die evakuierten Juden werden zunächst Zug um Zug in sogenannte Durchgangsghettos verbracht, um von dort aus weiter nach dem Osten transportiert zu werden.

Wichtige Voraussetzung, so führte SS-Obergruppenführer H e y d r i c h weiter aus, für die Durchführung der Evakuierung überhaupt, ist die genaue Festlegung des in Betracht kommenden Personenkreises.

Es ist beabsichtigt, Juden im Alter von über 65 Jahren nicht zu evakuieren, sondern sie einem Altersghetto – vorgesehen ist Theresienstadt – zu überstellen.

Neben diesen Altersklassen – von den am 31.10.1941 sich im Altreich und der Ostmark befindlichen etwa 280.000 Juden sind etwa 30 % über 65 Jahre alt – finden in den jüdischen Altersghettos weiterhin die schwerkriegsbeschädigten Juden und Juden mit Kriegsauszeichnungen (EK I) Aufnahme. Mit dieser

K210407

372031

174

– 9 –

zweckmäßigen Lösung werden mit einem Schlag die vielen Interventionen ausgeschaltet.

Der Beginn der einzelnen größeren Evakuierungsaktionen wird weitgehend von der militärischen Entwicklung abhängig sein. Bezüglich der Behandlung der Endlösung in den von uns besetzten und beeinflußten europäischen Gebieten wurde vorgeschlagen, daß die in Betracht kommenden Sachbearbeiter des Auswärtigen Amtes sich mit dem zuständigen Referenten der Sicherheitspolizei und des SD besprechen.

In der Slowakei und Kroatien ist die Angelegenheit nicht mehr allzu schwer, da die wesentlichsten Kernfragen in dieser Hinsicht dort bereits einer Lösung zugeführt wurden. In Rumänien hat die Regierung inzwischen ebenfalls einen Judenbeauftragten eingesetzt. Zur Regelung der Frage in Ungarn ist es erforderlich, in Zeitkürze einen Berater für Judenfragen der Ungarischen Regierung aufzuoktroyieren.

Hinsichtlich der Aufnahme der Vorbereitungen zur Regelung des Problems in Italien hält SS-Obergruppenführer H e y d r i c h eine Verbindung mit Polizei-Chef in diesen Belangen für angebracht.

Im besetzten und unbesetzten Frankreich wird die Erfassung der Juden zur Evakuierung aller Wahrscheinlichkeit nach ohne große Schwierigkeiten vor sich gehen können.

Unterstaatssekretär L u t h e r teilte hierzu mit, daß bei tiefgehender Behandlung dieses Problems in einigen Ländern, so in den nordischen Staaten, Schwierigkeiten auftauchen werden, und es sich daher empfiehlt, diese Länder vorerst noch zu-

K210408

372032

175

– 10 –

rückzustellen. In Anbetracht der hier in Frage kommenden geringen Judenzahlen bildet diese Zurückstellung ohnedies keine wesentliche Einschränkung.

Dafür sieht das Auswärtige Amt für den Südosten und Westen Europas keine großen Schwierigkeiten.

SS-Gruppenführer H o f m a n n beabsichtigt, einen Sachbearbeiter des Rasse- und Siedlungshauptamtes zur allgemeinen Orientierung dann nach Ungarn mitsenden zu wollen, wenn seitens des Chefs der Sicherheitspolizei und des SD die Angelegenheit dort in Angriff genommen wird. Es wurde festgelegt, diesen Sachbearbeiter des Rasse- und Siedlungshauptamtes, der nicht aktiv werden soll, vorübergehend offiziell als Gehilfen zum Polizei-Attaché abzustellen.

IV. Im Zuge der Endlösungsvorhaben sollen die Nürnberger Gesetze gewissermaßen die Grundlage bilden, wobei Voraussetzung für die restlose Bereinigung des Problems auch die Lösung der Mischehen- und Mischlingsfragen ist.

Chef der Sicherheitspolizei und des SD erörtert im Hinblick auf ein Schreiben des Chefs der Reichskanzlei zunächst theoretisch die nachstehenden Punkte:

1) Behandlung der Mischlinge 1. Grades.

Mischlinge 1. Grades sind im Hinblick auf die Endlösung der Judenfrage den Juden gleichgestellt.

K210409

372033

176

- 11 -

Von dieser Behandlung werden ausgenommen:

a) Mischlinge 1. Grades verheiratet mit Deutschblütigen, aus deren Ehe Kinder (Mischlinge 2. Grades) hervorgegangen sind. Diese Mischlinge 2. Grades sind im wesentlichen den Deutschen gleichgestellt.

b) Mischlinge 1. Grades, für die von den höchsten Instanzen der Partei und des Staates bisher auf irgendwelchen Lebensgebieten Ausnahmegenehmigungen erteilt worden sind.

Jeder Einzelfall muß überprüft werden, wobei nicht ausgeschlossen wird, daß die Entscheidung nochmals zu Ungunsten des Mischlings ausfällt.

Voraussetzungen einer Ausnahmebewilligung müssen stets grundsätzliche Verdienste des in Frage stehenden Mischlings selbst sein. (Nicht Verdienste des deutschblütigen Eltern- oder Eheteiles.)

Der von der Evakuierung auszunehmende Mischling 1. Grades wird - um jede Nachkommenschaft zu verhindern und das Mischlingsproblem endgültig zu bereinigen - sterilisiert. Die Sterilisierung erfolgt freiwillig. Sie ist aber Voraussetzung des Verbleibens im Reich. Der sterilisierte "Mischling" ist in der Folgezeit von allen einengenden Bestimmungen, denen er bislang unterworfen ist, befreit.

2) Behandlung der Mischlinge 2. Grades.

Die Mischlinge 2. Grades werden grundsätzlich den Deutschblütigen zugeschlagen, mit Ausnahme folgender Fälle, in denen die Mischlinge 2. Grades den Juden gleichgestellt werden:

K210410 372034

177

- 12 -

a) Herkunft des Mischlings 2. Grades aus einer Bastardehe (beide Teile Mischlinge).

b) Rassisch besonders ungünstiges Erscheinungsbild des Mischlings 2. Grades, das ihn schon äußerlich zu den Juden rechnet.

c) Besonders schlechte polizeiliche und politische Beurteilung des Mischlings 2. Grades, die erkennen läßt, daß er sich wie ein Jude fühlt und benimmt.

Auch in diesen Fällen sollen aber dann Ausnahmen nicht gemacht werden, wenn der Mischling 2. Grades deutschblütig verheiratet ist.

3) Ehen zwischen Volljuden und Deutschblütigen.

Von Einzelfall zu Einzelfall muß hier entschieden werden, ob der jüdische Teil evakuiert wird, oder ob er unter Berücksichtigung auf die Auswirkungen einer solchen Maßnahme auf die deutschen Verwandten dieser Mischehe einem Altersghetto überstellt wird.

4) Ehen zwischen Mischlingen 1. Grades und Deutschblütigen.

a) Ohne Kinder.

Sind aus der Ehe keine Kinder hervorgegangen, wird der Mischling 1. Grades evakuiert bzw. einem Altersghetto überstellt. (Gleiche Behandlung wie bei Ehen zwischen Volljuden und Deutschblütigen, Punkt 3.)

K210411 372035

178

- 13 -

b) Mit Kindern.

Sind Kinder aus der Ehe hervorgegangen (Mischlinge 2. Grades), werden sie, wenn sie den Juden gleichgestellt werden, zusammen mit dem Mischling 1. Grades evakuiert bzw. einem Ghetto überstellt. Soweit diese Kinder Deutschen gleichgestellt werden (Regelfälle), sind sie von der Evakuierung auszunehmen und damit auch der Mischling 1. Grades.

5) Ehen zwischen Mischlingen 1. Grades und Mischlingen 1. Grades oder Juden.

Bei diesen Ehen (einschließlich der Kinder) werden alle Teile wie Juden behandelt und daher evakuiert bzw. einem Altersghetto überstellt.

6) Ehen zwischen Mischlingen 1. Grades und Mischlingen 2. Grades.

Beide Eheteile werden ohne Rücksicht darauf, ob Kinder vorhanden sind oder nicht, evakuiert bzw. einem Altersghetto überstellt, da etwaige Kinder rassenmäßig in der Regel einen stärkeren jüdischen Bluteinschlag aufweisen, als die jüdischen Mischlinge 2. Grade)

ꞩꞩ-Gruppenführer H o f m a n n steht auf dem Standpunkt, daß von der Sterilisierung weitgehend Gebrauch gemacht werden muß; zumal der Misch-

K210412 372036

179

- 14 -

ling, vor die Wahl gestellt, ob er evakuiert oder sterilisiert werden soll, sich lieber der Sterilisierung unterziehen würde.

Staatssekretär Dr. S t u c k a r t stellt fest, daß die praktische Durchführung der eben mitgeteilten Lösungsmöglichkeiten zur Bereinigung der Mischehen- und Mischlingsfragen in dieser Form eine unendliche Verwaltungsarbeit mit sich bringen würde. Um zum anderen auf alle Fälle auch den biologischen Tatsachen Rechnung zu tragen, schlug Staatssekretär Dr. S t u c k a r t vor, zur Zwangssterilisierung zu schreiten.

Zur Vereinfachung des Mischehenproblems müßten ferner Möglichkeiten überlegt werden mit dem Ziel, daß der Gesetzgeber etwa sagt: "Diese Ehen sind geschieden".

Bezüglich der Frage der Auswirkung der Judenevakuierung auf das Wirtschaftsleben erklärte Staatssekretär N e u m a n n , daß die in kriegswichtigen Betrieben im Arbeitseinsatz stehenden Juden derzeit, solange noch kein Ersatz zur Verfügung steht, nicht evakuiert werden könnten.

ꞩꞩ-Obergruppenführer H e y d r i c h wies darauf hin, daß diese Juden nach den von ihm genehmigten Richtlinien zur Durchführung der derzeit laufenden Evakuierungsaktionen ohnedies nicht evakuiert würden.

Staatssekretär Dr. B ü h l e r stellte fest, daß das Generalgouvernement es begrüßen würde, wenn mit der Endlösung dieser Frage im Generalgouvernement begonnen würde, weil einmal hier das Transportproblem keine übergeordnete Rolle spielt

K210413 372037

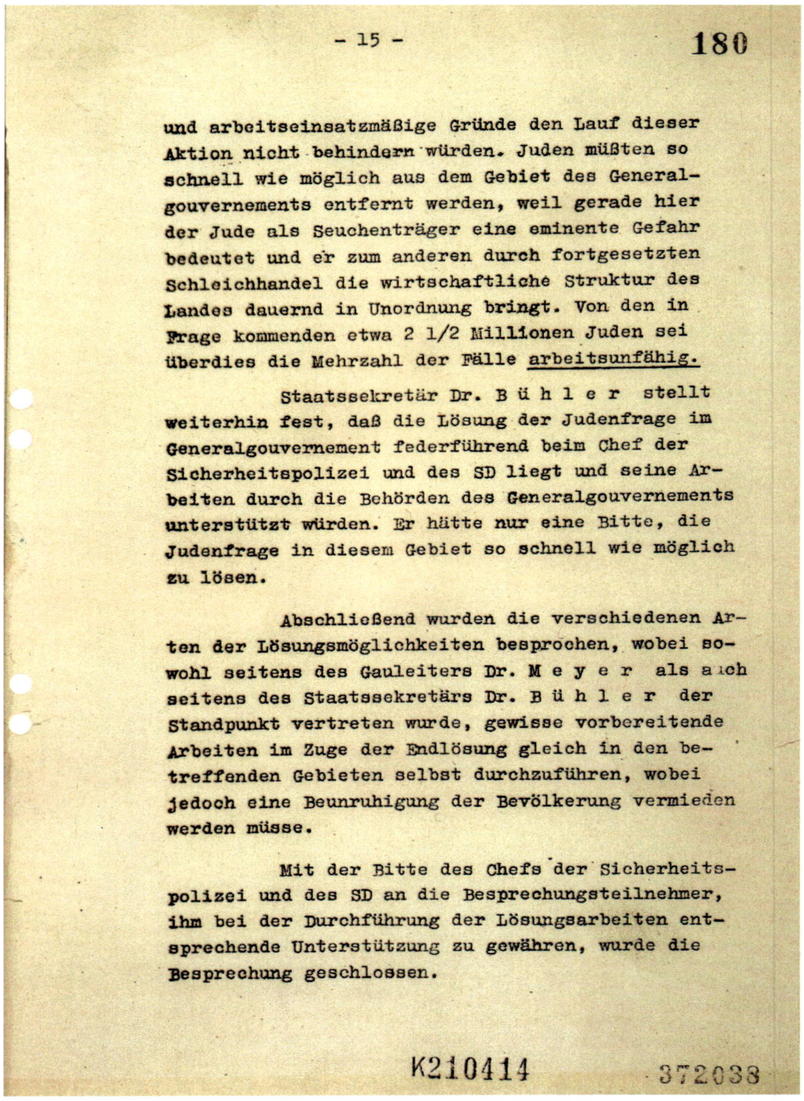

- 15 - 180

und arbeitseinsatzmäßige Gründe den Lauf dieser Aktion nicht behindern würden. Juden müßten so schnell wie möglich aus dem Gebiet des Generalgouvernements entfernt werden, weil gerade hier der Jude als Seuchenträger eine eminente Gefahr bedeutet und er zum anderen durch fortgesetzten Schleichhandel die wirtschaftliche Struktur des Landes dauernd in Unordnung bringt. Von den in Frage kommenden etwa 2 1/2 Millionen Juden sei überdies die Mehrzahl der Fälle arbeitsunfähig.

Staatssekretär Dr. Bühler stellt weiterhin fest, daß die Lösung der Judenfrage im Generalgouvernement federführend beim Chef der Sicherheitspolizei und des SD liegt und seine Arbeiten durch die Behörden des Generalgouvernements unterstützt würden. Er hätte nur eine Bitte, die Judenfrage in diesem Gebiet so schnell wie möglich zu lösen.

Abschließend wurden die verschiedenen Arten der Lösungsmöglichkeiten besprochen, wobei sowohl seitens des Gauleiters Dr. Meyer als auch seitens des Staatssekretärs Dr. Bühler der Standpunkt vertreten wurde, gewisse vorbereitende Arbeiten im Zuge der Endlösung gleich in den betreffenden Gebieten selbst durchzuführen, wobei jedoch eine Beunruhigung der Bevölkerung vermieden werden müsse.

Mit der Bitte des Chefs der Sicherheitspolizei und des SD an die Besprechungsteilnehmer, ihm bei der Durchführung der Lösungsarbeiten entsprechende Unterstützung zu gewähren, wurde die Besprechung geschlossen.

K210414 372038

9.8 Deportationen von Juden aus allen Regionen Europas

(Fotos siehe vordere Umschlagklappe)

9.8.1
Amsterdam, Niederlande am 20. Juni 1943
Eine jüdische Familie auf dem Weg zur Sammelstelle Olympiaplein, vor der Verbringung in das Transitlager Westerbork
NIOD Amsterdam

9.8.2.
Oslo, Norwegen, 26. November 1942
Fotograf: Georg W. Fossum: Deportation per Schiff und Bahn über Stettin nach Auschwitz
Scanpix Norge Oslo

9.8.3
Stropkov, Slowakei, 23. Mai 1942
Deportation in den Distrikt Lublin oder nach Auschwitz
MSNP Banská Bystrica

9.8.4
Ioannina, Griechenland, 25. März 1944
Fotograf: Wetzel
Deportation nach Auschwitz
BA Koblenz

9.8.5
Siedlce, Polen, Deportation nach Treblinka am 22. August 1942
Fotograf: Hubert Pfoch
DÖW Wien

9.8.6
Körmend, Ungarn, Juni 1944
Deportation über Szombathely nach Auschwitz
MNM Budapest

Konferenzteilnehmer und Protokoll nach 1945

Im Wintergarten bietet die Ausstellung audiovisuelle Arbeitsstationen und Lesemappen zur Wirkungsgeschichte der Wannsee-Konferenz nach 1945. Dazu gehören Auszüge aus Verhör und Prozess gegen Adolf Eichmann in Jerusalem, Material zu den anderen Teilnehmern der Konferenz, Informationen zur Überlieferungsgeschichte des Protokolls, die vollständige Kopie der Akte »Endlösung der Judenfrage« aus dem Auswärtigen Amt, die u.a. Korrespondenz mit dem RSHA über den »Madagaskar-Plan« sowie das Protokollexemplar für Martin Luther enthält, Informationen über die Darstellungen der Wannsee-Konferenz in Doku-Dramen und über die Methodik der Fälschungsvorwürfe von Holocaust-Leugnern gegen das Wannsee-Protokoll. Diese Informationen werden laufend aktualisiert und können wegen ihres Umfangs leider nicht in den Katalog aufgenommen werden.

Norbert Kampe

Ich kann mich entsinnen, dass irgendwie der eine oder andere der Anwesenden das Wort ergriff und wie das stets so geht. Ich hab zum ersten Mal im Leben auf einer solchen Konferenz, an der derart hohe Funktionäre wie Staatssekretäre teilnahmen, teilgenommen. Das geht eben sehr ruhig, sehr freundlich, sehr höflich und sehr artig und nett zu, und es werden nicht viele Worte gemacht. Es dauert auch nicht lange. Es wird dann ein Cognac gereicht durch die Ordonanzen und dann ist die Sache eben vorbei. So ungefähr spielte sich die Wannsee-Konferenz ab. »Wannsee-Konferenz« wurde sie genannt, weil sie im Gästehaus des Reichssicherheitshauptamtes, das sich am Wannsee bei Berlin befindet, stattfand.

10.2.1
Hörtext: Adolf Eichmann am 1. Juni 1960, Auszug aus dem Polizeiverhör durch Hauptmann Avner Less
Trial Jerusalem

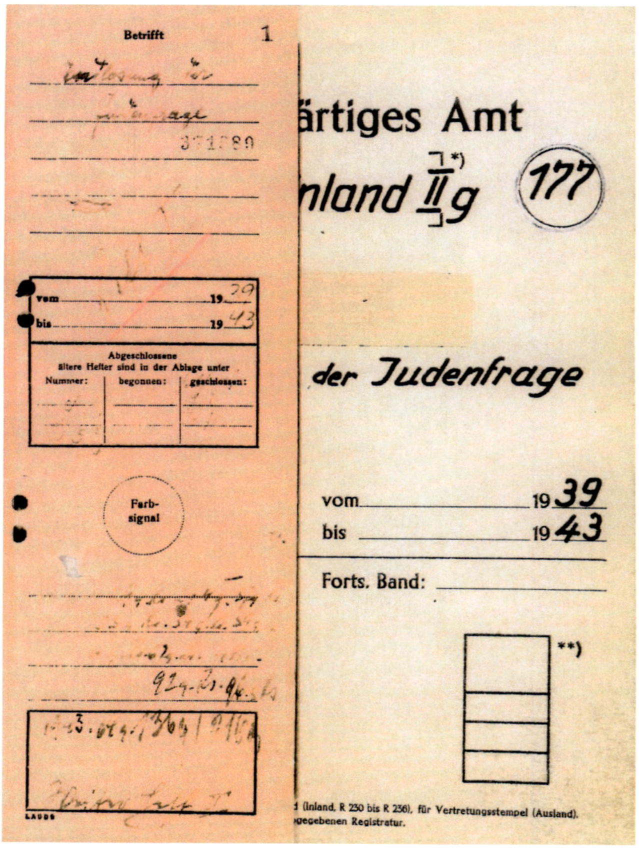

10.1.1
Titel der Akte »Endlösung der Judenfrage« aus dem Politischen Archiv des Auswärtigen Amts. Auf der linken Seite ist der ursprüngliche Aktentitel des Hefters mit halbem Deckblatt sichtbar.
PAAA Berlin

10.1.2
Eröffnung des Wilhelmstraßen-Prozesses in Nürnberg, 20. Dezember 1947. Hans Heinrich Lammers (stehend mit Mikrofon) erklärt sich für »nicht schuldig«, rechts daneben Wilhelm Stuckart
Ullstein

10.2.2
Eröffnung des Prozesses gegen Adolf Eichmann (im schusssicheren Glaskasten stehend mit Bewachung) in Jerusalem, 10. April 1961
Ullstein

Frage (Gerichtspräsident Landau): Jetzt Wannsee, Wannsee-Konferenz – Haben Sie meinem Kollegen, dem Richter Raveh geantwortet, dass in dem Teil, der nicht im Protokoll erwähnt ist, über Tötungsmethoden gesprochen wurde?
Antwort (Adolf Eichmann): Jawohl.
F: Wer hat über dieses Thema gesprochen?
A: Im Einzelnen ist mir diese Sache heute nicht mehr gegenwärtig, Herr Präsident, aber ich weiß, dass die Herren beisammen gestanden, beisammen gesessen sind, und haben hier eben in sehr unverblümten Worten - nicht in den Worten, wie ich sie dann ins Protokoll geben musste, sondern in sehr unverblümten Worten - die Sache genannt, ohne sie zu umschreiben. Ich könnte mich dessen auch ganz bestimmt nicht mehr erinnern, wenn ich nicht wüsste, dass ich mir damals gesagt hätte, schau schau, der Stuckart, den man immer als einen sehr genauen und sehr heiklen Gesetzesonkel betrachtete, und da hier waren der Ton und die ganzen Formulierungen sehr unparagraphenmäßig gewesen. Das einzige, möchte ich sagen, das mir noch effektiv dieserhalb im Gedächtnis haften geblieben ist.
F: Was hat er über dieses Thema gesagt?
A: Im Einzelnen, Herr Präsident, möchte ich nicht...
F: Nicht im Einzelnen, im Allgemeinen.
A: Es wurde von töten und eliminieren und vernichten gesprochen. Ich selber hatte ja meine Vorbereitungen zu machen für die Protokollangelegenheit. Ich konnte nicht dastehen und einfach zuhorchen. Aber die Worte drangen zu mir heran, denn das Zimmer war ja nicht so groß gewesen, als dass man in dem Wortschwall nicht einzelne Wörter hätte aufgeschnappt.
F: Ich dachte, das fand im offiziellen Teil der Besprechung statt?
A: Der offizielle Teil – der dauerte nicht sehr lange … das war das …
F: War das im offiziellen Teil oder nicht? Ich dachte mir, das war im offiziellen Teil, weil das im Protokoll erscheint …
A: Es war auch im offiziellen Teil, Herr Präsident, aber der offizielle Teil, wenn man so will, der setzte sich wieder aus zwei Teilen zusammen, nämlich der Anfang, wo alles ruhig gewesen ist und jeder zuhörte, und dann gegen Ende zu, als alle gleichzeitig und durcheinander über die Angelegenheit sprachen und wo die Ordonanzen Cognac und andere Getränke servierten; und es ist nicht, dass etwa eine alkoholische Wirkung zustande gekommen wäre, ich will damit nur sagen, es war eine offizielle Angelegenheit, aber doch wieder keine chefoffizielle Angelegenheit, wo jeder ruhig war und jeder jeden ruhig aussprechen ließ, sondern wo am Ende alles durcheinander gesprochen wurde.
F: Aber das wurde auch von einem männlichen oder weiblichen Stenographen mitgeschrieben?
A: Mitgeschrieben von einem männlichen Stenographen.
F: Und Sie wurden anscheinend instruiert, dieses nicht in das offizielle Protokoll aufzunehmen?
A: Ja, so war das. Der Stenotypist saß neben mir und ich achtete darauf, dass alles aufgenommen wurde. Nachdem der Stenotypist das abgetippt hatte, dann entschied Heydrich, was in das Protokoll aufgenommen werden sollte und was nicht. Und dann überarbeitete Heydrich es mehrmals, bis das Protokoll fertig war.
F: Und was über dieses wichtige Thema gesprochen wurde, daran erinnern Sie sich überhaupt nicht?
A: Herr Präsident das ist nicht das Wichtigste. Was das Wichtigste im Protokoll war …
F: Entschuldigung, aber ich sagte nicht der wichtigste Punkt, sondern ich sagte »ein wichtiger Punkt« – so wichtig, dass er ausgelassen wurde.
A: Nein, im Gegenteil, Herr Präsident, Heydrich wollte sicher gehen, dass die Hauptpunkte in das Protokoll eingearbeitet wurden. Also war es tatsächlich genau anders herum: die zentralen Punkte sind im Protokoll, die nicht zentralen wurden von ihm ausgelassen, weil er gewissermaßen – wie soll ich es sagen – weil er sich eine Art von Rückversicherung schuf, indem er die Staatssekretäre einzeln festnagelte.
F: Das soll also heißen, dass die Tötungsarten ein unwichtiges Thema waren?
A: Ah, die Tötungsarten!
F: Darüber sprechen wir.
A: Das hat er nicht ins Protokoll genommen. Nein.

10.2.3
Hörtext: Prozess gegen Adolf Eichmann in Jerusalem, Verhandlungstag 24. Juli 1961. Auszug aus den Aufzeichnungen der Gerichtsverhandlung

Deportationen

Seit Kriegsbeginn waren Deportationen ein zentrales Element der nationalsozialistischen Bevölkerungspolitik. Durch die Ermordung bestimmter Bevölkerungsgruppen, den todbringenden Entzug von Versorgungsgütern und die zwangsweise Verschleppung von Millionen von Menschen, darunter der jüdischen Bevölkerung, sollte eine »Neuordnung« Europas erreicht werden. Da der geplante »Blitzkrieg« gegen die Sowjetunion Ende 1941 scheiterte, konnten die mörderischen »Siedlungsplanungen« nicht verwirklicht werden. Doch wollten die Nationalsozialisten unbedingt eine »Endlösung der Judenfrage« herbeiführen. Die Juden wurden in den Osten deportiert und ermordet.

Die Entwicklung des Deportationsprogramms

Nach der Wannsee-Konferenz wurde die jüdische Bevölkerung nach und nach aus allen von Deutschland beherrschten Gebieten und aus den meisten mit dem Deutschen Reich verbündeten Staaten verschleppt. »Anstelle der Auswanderung« war, wie Eichmann es im Protokoll der Besprechung festhielt, »als weitere Lösungsmöglichkeit nach entsprechender Genehmigung durch den Führer die Evakuierung der Juden nach dem Osten getreten«. Europa sollte »vom Westen nach Osten durchkämmt«, das Reichsgebiet unter Einschluss des Protektorats Böhmen und Mähren vorweggenommen werden.

Am 11. März 1942 wurden die bereits im Oktober 1941 begonnenen Deportationen aus dem »Großdeutschen Reich« – dem Altreichsgebiet, Österreich und dem Protektorat Böhmen und Mähren – wieder aufgenommen. Mitte März begannen im Generalgouvernement mit den »Aussiedlungen« aus den Ghettos von Lublin und Lemberg die Deportationen in die Todeslager der »Aktion Reinhardt«, von denen insgesamt über 1.850.000 polnische Juden betroffen waren. Bereits seit Ende 1941 war die Ermordung der meisten, wie Staatssekretär Bühler auf der Wannsee-Konferenz formulierte, vermeintlich »als Seuchenträger eine eminente Gefahr« darstellenden und ohnehin »arbeitsunfähig[en]« polnischen Juden vorbereitet worden. Jetzt sollten die zu »evakuieren[den]« Juden, auch die Juden im »Großdeutschen Reich«, im Rahmen der »Endlösung der europäischen Judenfrage« »zunächst Zug um Zug in sogenannte Durchgangsghettos« in das Generalgouvernement transportiert werden. Auch um für sie Unterbringungsmöglichkeiten zu schaffen, begannen nun die »Aussiedlungen« aus den Ghettos und die Mordaktionen in den Lagern der »Aktion Reinhardt«.

Bereits im Oktober 1941 hatte das Reich der Regierung der Slowakei angeboten, die slowakischen Juden nach Polen abzuschieben, sobald diese dort aufgenommen werden könnten. Ebenfalls im Oktober hatte der deutsche Botschafter in Frankreich vom Reichsführer SS Heinrich Himmler eine Zusage erhalten, Juden aus Frankreich zu deportieren, sobald die »Transportmittel« dies zuließen. Ähnliche Zusagen gab es auch in Bezug auf die deutschen Juden in den Niederlanden und möglicherweise hinsichtlich der Juden Salonikis. Gezielte Maßnahmen folgten daraus angesichts einer ausstehenden Grundsatzentscheidung aber erst einmal nicht. Im Februar bzw. März 1942 ergriff das Reichssicherheitshauptamt (RSHA) die Initiative, die Deportation der jüdischen Bevölkerung aus der Slowakei und aus Frankreich zu veranlassen. Die vollkommen vom Reich abhängige slowakische Regierung hatte im Zuge der Erfüllung eines Arbeitskräfteabkommens in Verhandlungen mit dem Reichsarbeitsministerium im Februar die Übergabe von 20.000 Juden anstelle anderer slowakischer Arbeiter angeboten. Die Sicherheitspolizei schaltete sich in diese Verhandlungen ein und erreichte, dass die slowakischen Juden nicht dem Reichsarbeitsministerium, sondern dem RSHA, wie es hieß zum »Arbeitseinsatz im Reich«, zur Verfügung gestellt wurden. In der Folge wurden vom 25. März bis zum 20. Oktober 1942 etwa 58.000 Juden aus der Slowakei nach Auschwitz bzw. in den Distrikt Lublin deportiert. In Frankreich gelang es der Sicherheitspolizei, die Deportationen in Gang zu setzen, indem sie sich die angespannte innenpolitische Lage zu Nutze machte. Attentate auf Angehörige der Besatzungstruppen und die jeweils darauf folgenden deutschen Repressionen hatten zu einer Eskalation der Gewalt geführt.

Vor dem Hintergrund einer Führerweisung vom 12. Dezember 1941 drängte das RSHA nach der Wannsee-Konferenz auf die Deportation der Juden aus Frankreich, indem es argumentierte, damit würden die eigentlichen Urheber der Anschläge zur Verantwortung gezogen. Am 27. März 1942 verließ ein erster sogenannter Geiseltransport das Lager Drancy in Richtung Auschwitz. Fünf weitere Transporte, wiederum zusammengestellt aus Juden, die bereits 1941 im Zuge der vom deutschen Militärbefehlshaber in Frankreich befohlenen »Sühnemaßnahmen« festgenommen und interniert worden waren, folgten im Juni und Juli 1942. Erst mit der Großrazzia in Paris vom 16. und 17. Juli und dem 7. Transport vom 19. Juli 1942 nach Auschwitz begannen die systematischen Deportationen aus dem besetzten und ab August 1942 aus dem unbesetzten Teil Frankreichs.

Deportationen aus allen Teilen Europas

Zu dieser Zeit wurde das seit Monaten vom Reichssicherheitshauptamt für Westeuropa vorbereitete Deportationsprogramm in die Tat umgesetzt. Auch die Juden aus den Niederlanden wurden ab Mitte Juli 1942 verschleppt. In Belgien begannen die Deportationen Anfang August. Weitere Länder Europas folgten. Ebenfalls im August wurden die Juden Kroatiens verschleppt. Im November begannen die Deportation norwegischer Juden und die »Räumung« des Bezirks Białystok. Im März 1943 setzten die Deportationen aus Griechenland ein. Ende März erfolgten die Deportationen aus den von Bulgarien annektierten Gebieten Thraziens und Mazedoniens. Juden aus Dänemark, denen die Flucht ins neutrale Schweden nicht gelungen war, wurden im Oktober 1943 deportiert. Wenige Wochen nach der Besetzung durch die deutsche Wehrmacht im September 1943 begannen auch die Deportationen aus Italien. In einer letzten großen Aktion wurden in den acht Wochen zwischen dem 14. Mai und dem 9. Juli 1944 über 430.000 Juden aus dem seit März besetzen Ungarn verschleppt.

Die zentrale Planung der Deportationen lag in den Händen des Referates IV B 4 des RSHA unter Adolf Eichmann. Viele andere Behörden und Institutionen waren an deren Vorbereitung und Durchführung beteiligt. Das Auswärtige Amt führte Verhandlungen über die Auslieferung der Juden verbündeter oder abhängiger Staaten. Die Deutsche Reichsbahn sorgte für die Logistik der Transporte. In vielen Ländern war die deutsche Sicherheitspolizei allein schon aufgrund von Personalmangel auf die Mitarbeit örtlicher Kräfte und Verwaltungen angewiesen. Der Grad der Abhängigkeit der Länder vom Deutschen Reich, die Bereitschaft ihrer Regierungen zur Auslieferung der jüdischen Bevölkerung, der Kriegsverlauf und die Aufnahmekapazitäten der Ghettos und Lager bestimmten Zeitpunkt und Ablauf der Deportationen.

Das Beispiel Frankreich

Frankreich wurde nach der Niederlage im Juni 1940 in eine besetzte Zone unter deutscher Militärverwaltung im Norden und in eine unbesetzte Zone im Süden aufgeteilt. Die abhängige französische Regierung hatte ihren Sitz in Vichy im unbesetzten Süden. Ihre Autorität erstreckte sich nominell auf ganz Frankreich, doch stand die Administration im Norden in der Praxis unter deutscher Aufsicht. Die Verwaltungsstrukturen blieben im ganzen Land weitgehend erhalten. Das Vichy-Regime versuchte, seinen Handlungsspielraum durch Kollaboration zu sichern. Innenpolitisch dominierte eine »Politik der nationalen Einheit« – Ausländer, Minderheiten und vor allem Juden wurden ausgegrenzt. Nach der alliierten Landung in Nordafrika besetzte die Wehrmacht Anfang November 1942 auch den Süden des Landes.

In Frankreich lebten über 300.000 Juden, etwa zu gleichen Teilen in der besetzten und der unbesetzten Zone. Fast die Hälfte von ihnen hatte eine ausländische Staatsangehörigkeit, darunter Zehntausende von Flüchtlingen. Im Sommer 1942 unterstützte Vichy massiv die deutschen Deportationspläne. Aufgrund entschiedener Proteste der Kirchen und der ablehnenden Haltung der Bevölkerung sah sich das Regime im September gezwungen, von seiner bisherigen Praxis abzurücken. Dennoch gingen die Deportationen aus Frankreich weiter. Erst am 22. August 1944, drei Tage vor der Befreiung von Paris, wurden die Transporte gestoppt. Angesichts der Weigerung der französischen Regierung, auch die Juden französischer Nationalität auszuliefern, war die deutsche Sicherheitspolizei allerdings nach dem September 1942 zunehmend darauf angewiesen, die Deportationen mit eigenen Kräften durchzuführen.

11a
Durchgangslager Westerbork, Niederlande, wahrscheinlich Ende 1942
YV Jerusalem

11b
Szydłowiec, Polen/Generalgouvernement, 23. September 1942
YV Jerusalem

Innerhalb von knapp zweieinhalb Jahre sind insgesamt etwa 76.000 Juden deportiert worden, allein rund 32.000 von ihnen zwischen dem 19. Juli und 30. September 1942. Zwei Drittel der in Frankreich lebenden Juden konnte überleben – fast alle, die über die französische Staatsbürgerschaft verfügten –, weil die französische Regierung nach dem September 1942 zur Veränderung ihrer Haltung gedrängt worden war.

Das Beispiel Bulgarien

Seit 1935 herrschte in Bulgarien unter Zar Boris III. ein autoritäres Regime mit einem Parlament, das über begrenzte Vollmachten verfügte. Von der Annäherung an das Deutsche Reich erhoffte sich das Land wirtschaftliche Hilfe und eine Revision seiner nach dem Ersten Weltkrieg erlittenen Gebietsverluste. Am 1. März 1941 trat es dem Dreimächtepakt zwischen dem Deutschen Reich, Italien und Japan bei. Im April 1941 erlaubte Bulgarien der Wehrmacht, von seinem Territorium aus ihren Feldzug gegen Griechenland und Jugoslawien zu beginnen. Im Gegenzug erhielt Bulgarien Teile des griechischen Thrazien und des jugoslawischen Mazedonien.

In Bulgarien lebten 1943 etwa 60.000 bis 63.000 Juden, fast die Hälfte von ihnen in Sofia. In den annektierten Gebieten Thraziens und Mazedoniens lebten 12.000 Juden mit zumeist griechischer bzw. jugoslawischer Staatsangehörigkeit. Mit Kriegsbeginn im September 1939 führte das Land in Anlehnung an das Deutsche Reich eine antijüdische Gesetzgebung ein. Diese wurde allerdings nur auf vermögensrechtlichem Gebiet konsequent umgesetzt. Im März 1943 lieferte Bulgarien die »fremden« Juden Thraziens und Mazedoniens zur Deportation aus. Die bulgarischen Juden blieben aufgrund von Protesten aus der Bevölkerung und dem Parlament verschont. Im weiteren Verlauf des Jahres 1943 war die bulgarische Führung angesichts der Kriegswende immer weniger bereit, sich durch die Auslieferung der bulgarischen Juden international in Misskredit zu bringen. So konnten die Juden des bulgarischen Kernlandes überleben.

Das Beispiel Deutsches Reich

Im Deutschen Reich wie in Westeuropa und in den verbündeten Staaten Südosteuropas prägte die arbeitsteilige verwaltungsmäßige Durchführung das Erscheinungsbild der Deportationen, während im besetzten Osteuropa der Vernichtungswille der Täter durch das äußerst gewalttätige und willkürliche Vorgehen offen zu Tage trat.

Zwischen Oktober 1941 und April 1945 wurden etwa 173.000 Juden aus dem Deutschen Reich nach Litzmannstadt, Minsk, Kaunas, Riga, Warschau, in den Distrikt Lublin, nach Theresienstadt, Maly Trostenez, Raasiku bei Reval und Auschwitz deportiert – über 100.000 Menschen allein im Jahr 1942. Das Reichssicherheitshauptamt bestimmte die Abfolge der Transporte und gab durch Richtlinien den äußeren Rahmen der Deportationen vor. Die Dienststellen der Gestapo organisierten den Ablauf vor Ort. Die Finanzverwaltung führte die Beraubung der Betroffenen durch. An der Erfassung, der Konzentrierung in Sammelstellen, am Abtransport selbst sowie an der sich anschließenden endgültigen Abwicklung der bürgerlichen Existenz eines jeden einzelnen Menschen waren weite Teile der deutschen Verwaltung und zahlreiche private Unternehmen beteiligt. Der Abtransport der jüdischen Nachbarn war in der deutschen Bevölkerung bekannt. Viele bereicherten sich am geraubten Besitz der Deportierten.

Etwa 10.000 bis 15.000 Juden entzogen sich den Deportationen durch Flucht in den Untergrund. In Berlin gingen seit dem Beginn der Deportationen im Oktober 1941 etwa 5.000 bis 7.000 Juden in den Untergrund. Nur etwa 1.500 bis 1.700 gelang es zu überleben. Das Leben und Überleben in der Illegalität war in der Regel nur mit Hilfe von Nichtjuden möglich. Die Motive der Helfer waren nicht einheitlich. Sie reichten von schlichter Menschlichkeit bis zu materieller Vorteilsnahme.

Marcus Gryglewski

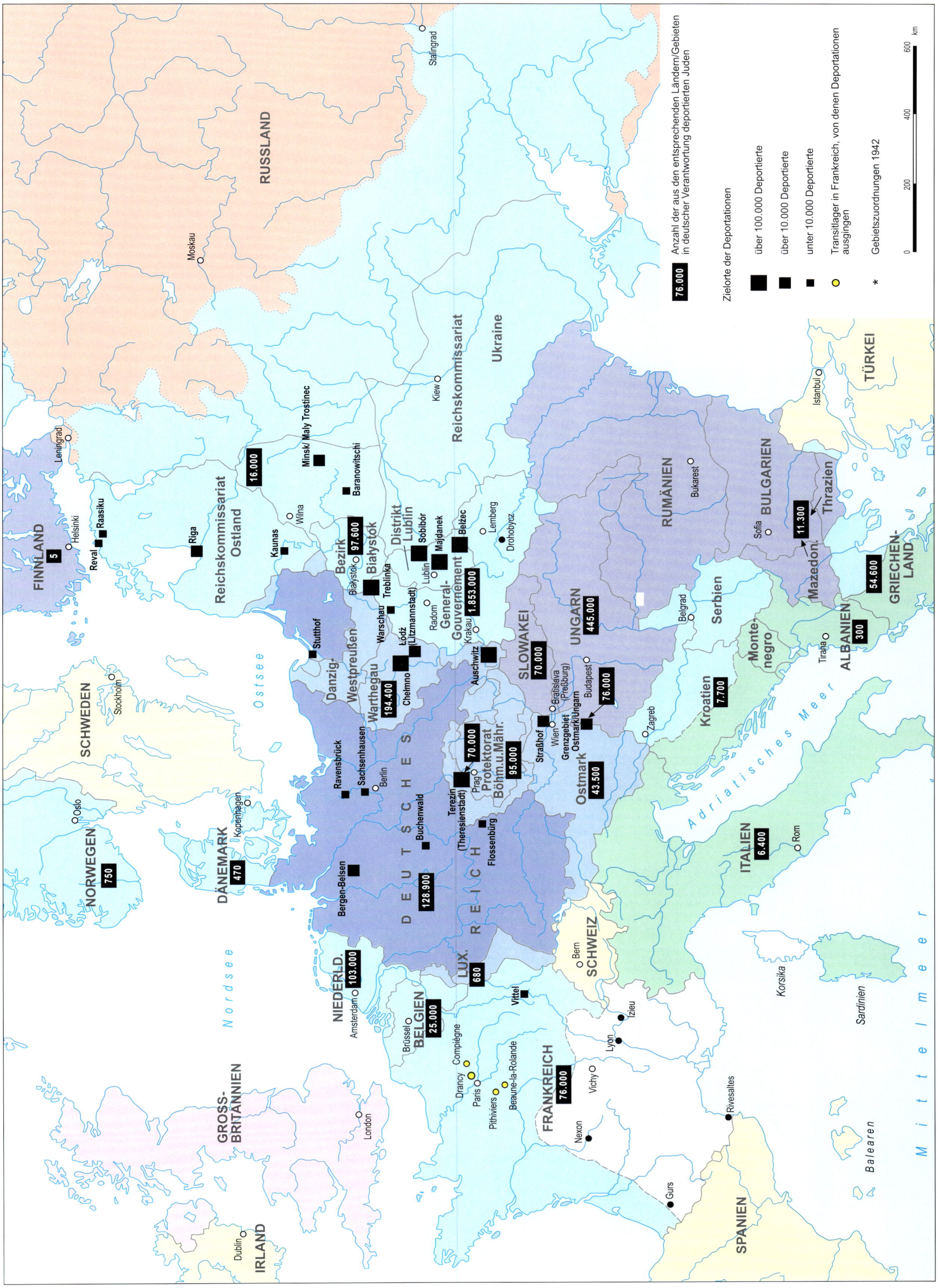
76.000 Anzahl der aus den entsprechenden Ländern/Gebieten in deutscher Verantwortung deportierten Juden
Zielorte der Deportationen
über 100.000 Deportierte
über 10.000 Deportierte
unter 10.000 Deportierte
Transitlager in Frankreich, von denen Deportationen ausgingen
* Gebietszuordnungen 1942
0 200 400 600 km
RUSSLAND
Moskau
Stalingrad
Leningrad
FINNLAND 5
Helsinki
Reval
Raasiku
Riga
Reichskommissariat Ostland
16.000
Minsk/Maly Trostinec
Baranowitschi
Wilna
Kaunas
Bezirk Białystok 97.600
Białystok
Treblinka
Distrikt Lublin
Sobibór
Majdanek
Bełżec
Lublin
Lemberg
Drohobycz
Kiew
Reichskommissariat Ukraine
General-Gouvernement 1.853.000
Radom
Krakau
Warschau
Łódź (Litzmannstadt)
Chełmno
Warthegau 194.400
Danzig-Westpreußen
Stutthof
Auschwitz
SLOWAKEI 70.000
UNGARN 445.000
Bratislava (Preßburg)
Budapest
76.000
Grenzgebiet Ostmark/Ungarn
Wien
Straßhof
Ostmark 43.500
Zagreb
Protektorat Böhm.u.Mähr. 95.000
70.000
Prag
Terezín (Theresienstadt)
Flossenbürg
Buchenwald
D E U T S C H E S R E I C H 128.900
Berlin
Sachsenhausen
Ravensbrück
Bergen-Belsen
SCHWEDEN
Stockholm
Ostsee
NORWEGEN 750
Oslo
DÄNEMARK 470
Kopenhagen
Nordsee
NIEDERL. 103.000
Amsterdam
BELGIEN 25.000
Brüssel
LUX. 680
Vittel
Compiègne
Drancy
Paris
Pithiviers
Beaune-la-Rolande
FRANKREICH 76.000
Vichy
Lyon
Izieu
Nexon
Gurs
Rivesaltes
SCHWEIZ
Bern
GROSS-BRITANNIEN
London
IRLAND
Dublin
SPANIEN
Balearen
Korsika
Sardinien
Mittelmeer
ITALIEN 6.400
Rom
Adriatisches Meer
Kroatien 7.700
Monte-negro
Serbien
Belgrad
ALBANIEN 300
Tirana
GRIECHEN-LAND 54.600
Mazedon.
Thrazien
11.300
BULGARIEN
Sofia
RUMÄNIEN
Bukarest
TÜRKEI
Istanbul

11.1
Frankeich

11.1.1
Marseille, 24. Januar 1943
BA Koblenz

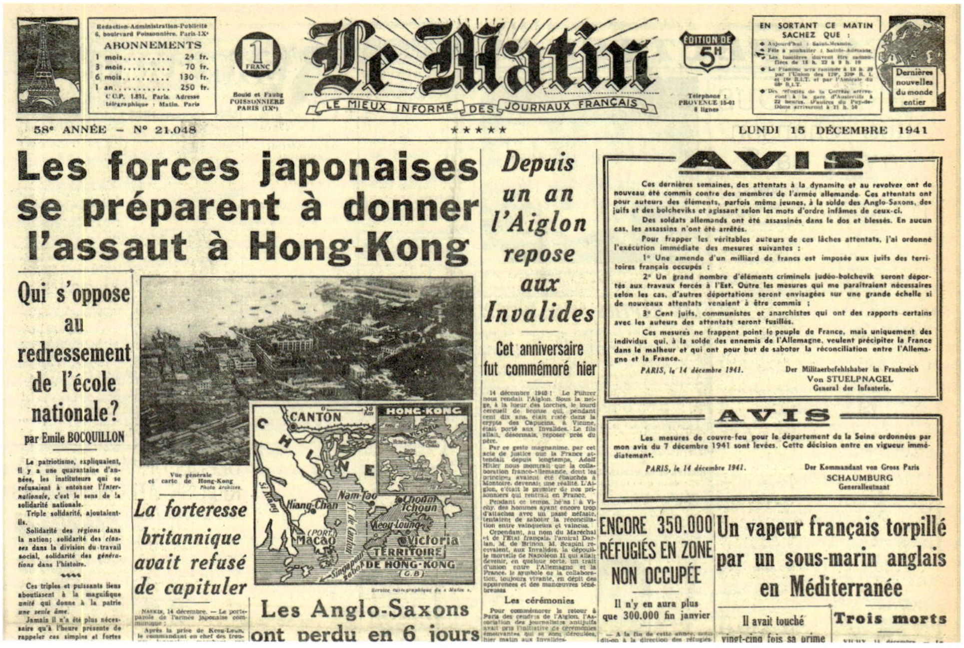

Rédaction-Administration-Publicité
6, boulevard Poissonnière, Paris-IXe
ABONNEMENTS
1 mois .... 24 fr.
3 mois .... 70 fr.
6 mois .... 130 fr.
1 an .... 250 fr.
C.C.P. 1.851, Paris. Adresse télégraphique : Matin, Paris

1 FRANC

Bould et Faubg POISSONNIERE PARIS (IXe)

Le Matin

LE MIEUX INFORMÉ DES JOURNAUX FRANÇAIS

ÉDITION DE 5H

Téléphone : PROVENCE 15-01 8 lignes

EN SORTANT CE MATIN SACHEZ QUE :

Dernières nouvelles du monde entier

58e ANNÉE – No 21.048 ★★★★★ LUNDI 15 DÉCEMBRE 1941

Les forces japonaises se préparent à donner l'assaut à Hong-Kong

Qui s'oppose au redressement de l'école nationale?

par Emile BOCQUILLON

Le patriotisme, expliquaient, il y a une quarantaine d'années, les instituteurs qui se refusaient à entonner l'Internationale, c'est le sens de la solidarité nationale.

Triple solidarité, ajoutaient-ils.

Solidarité des régions dans la nation; solidarité des classes dans la division du travail social, solidarité des générations dans l'histoire.

Ces triples et puissants liens aboutissent à la magnifique unité qui donne à la patrie une seule âme.

Jamais il n'a été plus nécessaire qu'à l'heure présente de rappeler ces simples et fortes

Vue générale et carte de Hong-Kong

La forteresse britannique avait refusé de capituler

Les Anglo-Saxons ont perdu en 6 jours

Depuis un an l'Aiglon repose aux Invalides

Cet anniversaire fut commémoré hier

Les cérémonies

AVIS

Ces dernières semaines, des attentats à la dynamite et au revolver ont de nouveau été commis contre des membres de l'armée allemande. Ces attentats ont pour auteurs des éléments, parfois même jeunes, à la solde des Anglo-Saxons, des juifs et des bolcheviks et agissant selon les mots d'ordre infâmes de ceux-ci.

Des soldats allemands ont été assassinés dans le dos et blessés. En aucun cas, les assassins n'ont été arrêtés.

Pour frapper les véritables auteurs de ces lâches attentats, j'ai ordonné l'exécution immédiate des mesures suivantes :

1° Une amende d'un milliard de francs est imposée aux juifs des territoires français occupés ;

2° Un grand nombre d'éléments criminels judéo-bolchevik seront déportés aux travaux forcés à l'Est. Outre les mesures qui me paraîtraient nécessaires selon les cas, d'autres déportations seront envisagées sur une grande échelle si de nouveaux attentats venaient à être commis ;

3° Cent juifs, communistes et anarchistes qui ont des rapports certains avec les auteurs des attentats seront fusillés.

Ces mesures ne frappent point le peuple de France, mais uniquement des individus qui, à la solde des ennemis de l'Allemagne, veulent précipiter la France dans le malheur et qui ont pour but de saboter la réconciliation entre l'Allemagne et la France.

PARIS, le 14 décembre 1941.

Der Militaerbefehlshaber in Frankreich
Von STUELPNAGEL
General der Infanterie.

AVIS

Les mesures de couvre-feu pour le département de la Seine ordonnées par mon avis du 7 décembre 1941 sont levées. Cette décision entre en vigueur immédiatement.

PARIS, le 14 décembre 1941.

Der Kommandant von Gross Paris
SCHAUMBURG
Generalleutnant

ENCORE 350.000 RÉFUGIÉS EN ZONE NON OCCUPÉE

Il n'y en aura plus que 300.000 fin janvier

Un vapeur français torpillé par un sous-marin anglais en Méditerranée

Il avait touché

Trois morts

11.1.2
Bekanntmachung (»Avis«) des Militärbefehlshabers in Frankreich, 14. Dezember 1941, veröffentlicht in der Tageszeitung »Le Matin« vom 15. Dezember 1941

Die angekündigten Maßnahmen beruhten auf einer »Führerweisung«. Tatsächlich begannen die Deportationen aus Frankreich mit einem ersten sogenannten Geiseltransport am 27. März 1942. Mit ihm wurden Juden, die nach mehreren, gegen die deutschen Besatzer gerichteten Anschlägen in Paris im Dezember 1941 verhaftet und in Compiègne interniert worden waren, nach Auschwitz verschleppt.

»In der letzten Zeit sind wieder Sprengstoffanschläge und Pistolenattentate auf deutsche Wehrmachtsangehörige verübt worden. Urheber dieser Attentate sind teilweise auch jugendliche Elemente, die im Solde der Angelsachsen, Juden und Bolschewisten stehen und nach deren heimtückischen Parolen handeln. Deutsche Soldaten wurden hinterrücks ermordet und verwundet. Die Täter wurden in keinem Falle ergriffen.

Um die Urheber dieser feigen Verbrechen zu treffen, habe ich die sofortige Durchführung folgender Maßnahmen befohlen:

1) Den Juden des besetzten französischen Gebietes wird eine Geldbuße von 1 Milliarde Francs auferlegt.
2) Eine grosse Zahl verbrecherischer jüdisch-bolschewistischer Elemente wird zu Zwangsarbeiten nach dem Osten deportiert. Weitere Deportationen sind neben den in jedem einzelnen Falle mir noch notwendig erscheinenden Maßnahmen im größerem Umfange vorgesehen, wenn sich neue Anschläge ereignen sollten.
3) 100 Juden, Kommunisten und Anarchisten, die dem Täterkreis nahestehen, werden erschossen.

Diese Massnahmen treffen nicht das französische Volk, sondern nur Individuen, die im Solde der Feinde Deutschlands Frankreich ins Unglück stürzen wollen und darauf ausgehen, die Verständigung zwischen Deutschland und Frankreich zu sabotieren.«

Betr.: Abschub von 5000 Juden aus Frankreich (Quote 1942). [...]

Bei der Tagung der Judenreferenten im RSHA – IV B 4 – am 4.3.1942 in Berlin habe ich in ganz knapper Form Lage und Schwierigkeiten unserer Einschaltung in Frankreich dargestellt. Dabei ging ich auch auf die Notwendigkeit ein, der französischen Regierung einmal etwas wirklich Positives, wie etwa den Abschub mehrerer tausend Juden vorzuschlagen.

SS-Obersturmbannführer Eichmann hat [...] folgendes festgelegt: Vorbehaltlich der endgültigen Entscheidung des CdS [Chef der Sicherheitspolizei] und des SD [Heydrich] kann jetzt schon in Vorverhandlung mit französischen Regierungsstellen eingetreten werden wegen des Abschubs von rd. 5000 Juden nach dem Osten.

Dabei habe es sich zunächst um männliche, arbeitsfähige Juden, nicht über 55 Jahre, zu handeln.

11.1.3
Auszug aus einem Vermerk des Leiters des Judenreferates der Sicherheitspolizei im besetzten Frankreich, Theodor Dannecker, 10. März 1942
CDCJ Paris

Die Anzahl der 1942 aus Frankreich deportierten Juden ging bei weitem über die im März festgelegte Quote hinaus.

R.F. SS
Sicherheits-Dienst
Nachrichten-Uebermittlung

XLIX 35

Aufgenommen				Befördert				Raum für Eingangsstempel
Tag	Monat	Jahr	Zeit	Tag	Monat	Jahr	Zeit	
von		durch		an		durch		
				Verzögerungsvermerk				
Nr.								

Telegramm — Funkspruch — Fernschreiben — Fernspruch

IV J SA 24 dringend ! sofort vorlegen !

Dan/Bir Paris, den 6.7.1942

An das
Reichssicherheitshauptamt
- IV B 4 -
Berlin.

Betr.: Judenabschub aus Frankreich.
Vorg.: Besprechung zwischen SS-Obersturmbannführer Eichmann und SS-Hauptsturmführer Dannecker am 1.7.1942 in Paris.

Die Verhandlungen mit der französischen Regierung haben inzwischen zu folgendem Ergebnis geführt :

Sämtliche staatenlose Juden ~~der besetzten~~ und unbesetzten Zone werden für den Abschub bereit gestellt.

Präsident LAVAL hat vorgeschlagen, beim Abschub jüdischer Familien aus dem unbesetzten Gebiet, auch die ~~unter~~ 16 Jahre alten Kinder mitzunehmen. Die Frage von im besetzten Gebiet zurückbleibenden Judenkindern interessiert ihn nicht.

Ich bitte deshalbum dringende FS Entscheidung darüber, ob, etwa beginnend mit dem 15. Judentransport aus Frankreich, auch Kinder unter 16 Jahren mit abgeschoben werden können.

./.

Abschließend sei noch bemerkt, daß, um die Aktion überhaupt in Gang zu bringen, vorläufig nur von staatenlosen bezw. fremdstaatigen Juden gesprochen werden konnte. In der 2. Phase wird dann an die nach 1919 bezw. nach 1927 (in Frankreich) naturalisierten Juden herangegangen werden.

1) ...
2) ...
3) ...
4) Wv. ...
5. Z.d.A. ...

SS-Hauptsturmführer

11.1.4
Fernschreiben des Leiters des Judenreferates der Sicherheitspolizei im besetzten Frankreich an das RSHA, betr.: Judenabschub aus Frankreich, 6. Juli 1942
CDJC Paris

Erst Mitte August 1942 gab das RSHA in Berlin die Deportation von Kindern unter 16 Jahren aus Frankreich frei. Doch bereits zuvor hatte die französische Polizei Kinder zwischen 12 und 16 Jahren mit abtransportieren lassen, um die mit den Deutschen vereinbarten Deportationskontingente zu erfüllen.

11.1.5
Französischer Polizist und deutscher SS-Oberscharführer, undatiert
BKF Paris

Am 8. August 1942 sicherte sich Vichy durch ein Abkommen mit dem Deutschen Reich die weitestgehende Autonomie der französischen Polizei. Im Gegenzug lieferte das Vichy-Regime ab Anfang August 1942 die staatenlosen Juden der unbesetzten Zone aus. Der Abtransport in die Sammellager im besetzten Norden wurde ausschließlich von der französischen Polizei durchgeführt.

Der BEFEHLSHABER
der Sicherheitspolizei und des SD
im Bereich des Militärbefehlshabers
in Frankreich

XXVb-52

IV J SA ~~24~~ 225a Paris, den 7.7.1942
Dan/Bir

Vfg.

I.) Schr.

1.) An den
Militärbefehlshaber in Frankreich
Paris

- 8 JUIL 1942

2.) An den
Kommandant von Groß-Paris
Paris

3.) An die
Deutsche Botschaft
Paris

Betr.: Durchführung weiterer Judentransporte aus Frankreich.
Vorg.: Ohne.

Der Reichsführer-SS hat zugestimmt, daß im Hinblick auf eine baldige Endlösung der Judenfrage in Westeuropa auch aus Frankreich eine größere Anzahl von Juden abgeschoben wird. Verhandlungen mit Minister-Präsident Laval, dem Staatssekretär für die Polizei Bousquet und dem Judenkommissar Darquier de Pellepoix hatten folgendes Ergebnis :

Es werden ~~alle staatenlosen~~ Juden beiderlei Geschlechts im Alter von 16 - 45 Jahren aus der besetzten und unbesetzten Zone erfaßt, sofern sie nicht in Mischehe leben. Im besetzten Gebiet wird sich etwa eine Zahl von 22000 ergeben. Wieviel Juden im unbesetzten Gebiet in Frage kommen, ist noch nicht zu übersehen.

./.

XXVb-52

Vorstehender Regelung hat auch Staatschef Marschall Pétain und der französische Ministerrat zugestimmt.

Die Abstellung der erforderlichen Anzahl von Transportzügen hat das Reichsverkehrsministerium zugesagt.

Die Bewachung der Transporte innerhalb des besetzten Gebietes wird durch französische Gendarmerie erfolgen, wobei allerdings erforderlich ist, daß eine Gruppe deutscher Feldgendarmerie zu jedem Transport abgestellt wird.

Über den Fortgang der Angelegenheit werde ich zu gegebener Zeit berichten.

II.) Z.d.A.

SS-Standartenführer

11.1.6
Schreiben des Befehlshabers der Sicherheitspolizei im besetzten Frankreich an den Militärbefehlshaber in Frankreich, an den Kommandanten von Groß-Paris und an die Deutsche Botschaft in Paris, 7. Juli 1942
CDJC Paris

11.1.7
Der Erzbischof von Paris, Kardinal Suhard, und der Erzbischof von Lyon und Sprecher der Erzbischöfe der »freien Zone«, Kardinal Gerlier, zwischen dem französischen Staatschef Philippe Pétain und Regierungschef Pierre Laval (von links nach rechts), undatiert
BKF Paris

Angesichts des entschiedenen Protests der Kirchen und der ablehnenden Haltung der Bevölkerung sah sich das Vichy-Regime im September 1942 gezwungen, seine massive Unterstützung der deutschen Deportationsforderungen vorerst zurückzunehmen. Das Regime fürchtete, anderenfalls die bestehende grundsätzliche Zustimmung zu seiner Politik der Kollaboration zu gefährden.

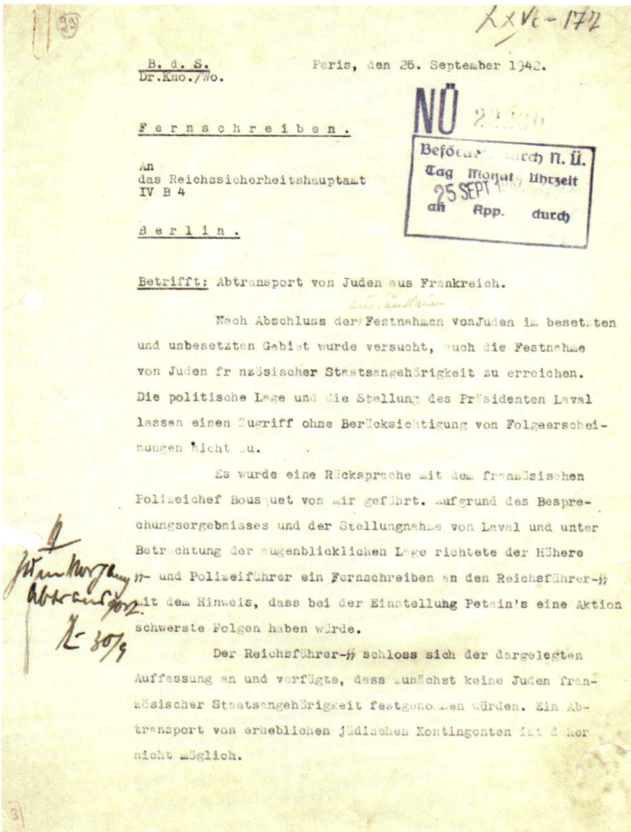

XXVc-177

B. d. S.
Dr.Kno./Wo.

Paris, den 25. September 1942.

NÜ

Befördert durch N. Ü.
Tag Monat Uhrzeit
25 SEPT
an App. durch

F e r n s c h r e i b e n .

An
das Reichssicherheitshauptamt
IV B 4

B e r l i n .

Betrifft: Abtransport von Juden aus Frankreich.

Nach Abschluss der Festnahmen von Juden im besetzten und unbesetzten Gebiet wurde versucht, auch die Festnahme von Juden französischer Staatsangehörigkeit zu erreichen. Die politische Lage und die Stellung des Präsidenten Laval lassen einen Zugriff ohne Berücksichtigung von Folgeerscheinungen nicht zu.

Es wurde eine Rücksprache mit dem französischen Polizeichef Bousquet von mir geführt. Aufgrund des Besprechungsergebnisses und der Stellungnahme von Laval und unter Betrachtung der augenblicklichen Lage richtete der Höhere SS- und Polizeiführer ein Fernschreiben an den Reichsführer-SS mit dem Hinweis, dass bei der Einstellung Petain's eine Aktion schwerste Folgen haben würde.

Der Reichsführer-SS schloss sich der dargelegten Auffassung an und verfügte, dass zunächst keine Juden französischer Staatsangehörigkeit festgenommen würden. Ein Abtransport von erheblichen jüdischen Kontingenten ist daher nicht möglich.

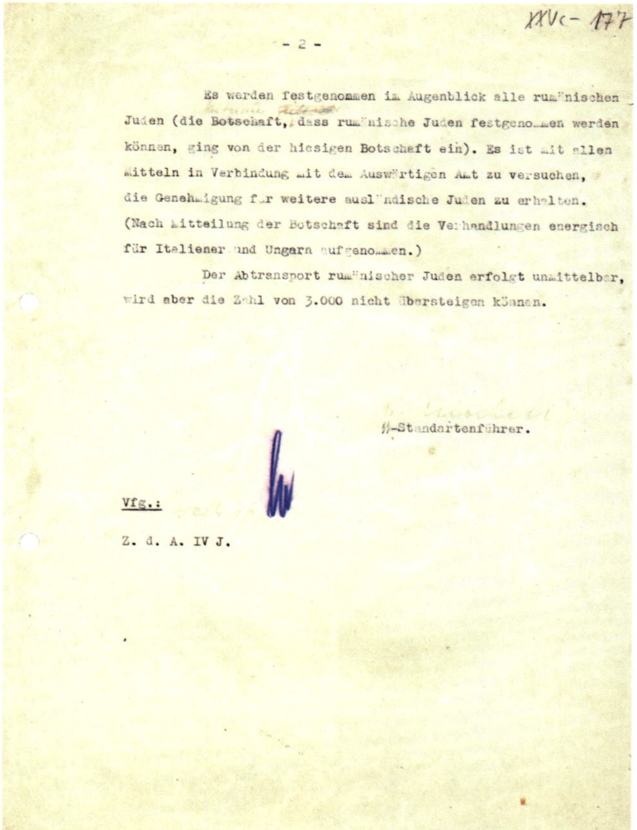

XXVc-177

- 2 -

Es werden festgenommen im Augenblick alle rumänischen Juden (die Botschaft, dass rumänische Juden festgenommen werden können, ging von der hiesigen Botschaft ein). Es ist mit allen Mitteln in Verbindung mit dem Auswärtigen Amt zu versuchen, die Genehmigung für weitere ausländische Juden zu erhalten. (Nach Mitteilung der Botschaft sind die Verhandlungen energisch für Italiener und Ungarn aufgenommen.)

Der Abtransport rumänischer Juden erfolgt unmittelbar, wird aber die Zahl von 3.000 nicht übersteigen können.

SS-Standartenführer.

Vfg.:

Z. d. A. IV J.

11.1.8
Fernschreiben des Befehlshabers der Sicherheitspolizei im besetzten Frankreich an das RSHA, 25. September 1942
CDJC Paris

Das Vichy-Regime sperrte sich gegen die systematische Deportation der französischen Juden. Erst ab September 1943 wurden diese ohne die Unterstützung der französischen Polizei in größerem Umfang deportiert. Insgesamt waren nur etwa 30 Prozent aller Deportierten französische Staatsbürger.

11.1.9
Das Lager Drancy im Nordosten von Paris, 3. Dezember 1942
BKF Paris

Drancy fungierte in den Jahren 1942–1944 als zentrales Sammellager und Ausgangspunkt der Deportationen in die Todeslager. Einige der über 75 Transporte gingen von den Lagern Compiègne, Pithiviers und Beaune-la-Rolande oder von Angers und Lyon aus.

11.1.10 ▸HALAUNBRENNER◂
Claudine Halaunbrenner, geb. am 2. April 1939 in Paris, mit ihrer Mutter Itta-Rosa und ihrer kleinen Schwester Monique, Oktober 1942
Privatbesitz

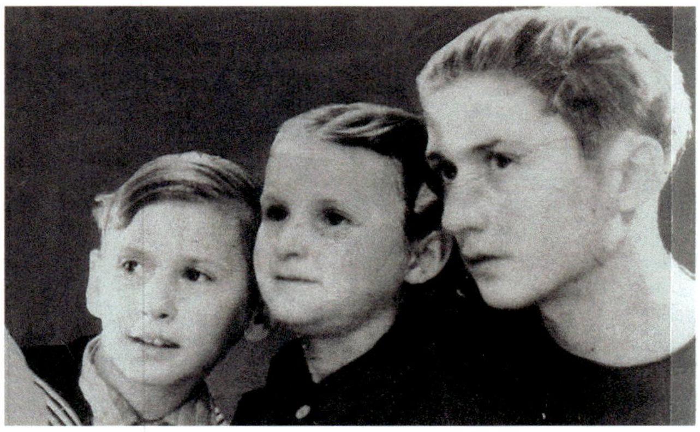

11.1.11 ▸HALAUNBRENNER◂
Mina Halaunbrenner, geb. am 2. Juni 1935 in Paris, mit ihren Brüdern Alexandre (links) und Léon, Oktober 1942
Privatbesitz

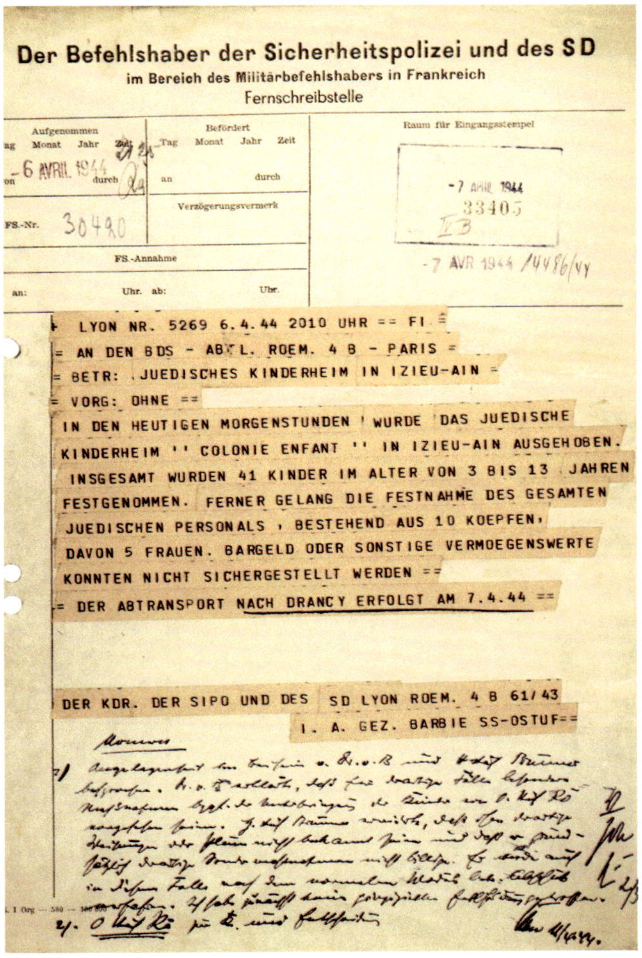

Der Befehlshaber der Sicherheitspolizei und des SD
im Bereich des Militärbefehlshabers in Frankreich
Fernschreibstelle

Aufgenommen: -6 AVRIL 1944 — Befördert — Raum für Eingangsstempel: -7 AVRIL 1944 33405
FS.-Nr. 30490
FS.-Annahme
-7 AVR 1944 /4486/44

LYON NR. 5269 6.4.44 2010 UHR == FI =
= AN DEN BDS - ABT. L. ROEM. 4 B - PARIS =
= BETR: JUEDISCHES KINDERHEIM IN IZIEU-AIN =
= VORG: OHNE ==
IN DEN HEUTIGEN MORGENSTUNDEN WURDE DAS JUEDISCHE KINDERHEIM '' COLONIE ENFANT '' IN IZIEU-AIN AUSGEHOBEN. INSGESAMT WURDEN 41 KINDER IM ALTER VON 3 BIS 13 JAHREN FESTGENOMMEN. FERNER GELANG DIE FESTNAHME DES GESAMTEN JUEDISCHEN PERSONALS, BESTEHEND AUS 10 KOEPFEN, DAVON 5 FRAUEN. BARGELD ODER SONSTIGE VERMOEGENSWERTE KONNTEN NICHT SICHERGESTELLT WERDEN ==
= DER ABTRANSPORT NACH DRANCY ERFOLGT AM 7.4.44 ==

DER KDR. DER SIPO UND DES SD LYON ROEM. 4 B 61/43
I. A. GEZ. BARBIE SS-OSTUF==

11.1.12 ▸HALAUNBRENNER◂
Fernschreiben des Kommandeurs der Sicherheitspolizei und des SD (KdS) in Lyon, SS-Obersturmführer Klaus Barbie, an den Befehlshaber der Sicherheitspolizei in Frankreich, betr.: Jüdisches Kinderheim in Izieu-Ain, 6. April 1944
CDJC Paris

Auch die siebenjährige Mina und die dreijährige Claudine Halaunbrenner wurden von Izieu, 80 Kilometer südöstlich von Lyon, zunächst ins Sammellager nach Drancy gebracht.

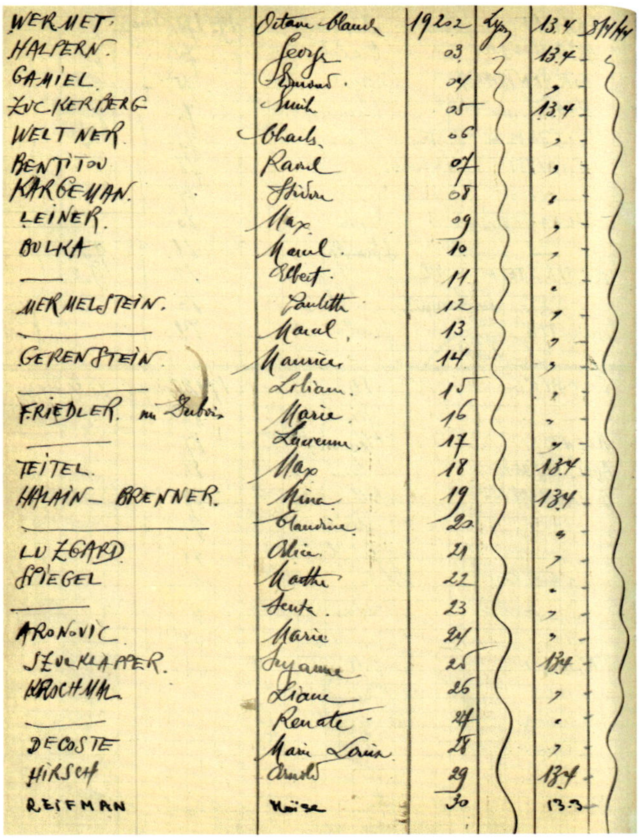

WERMET	Ostan-Claud	19202	Lyon	13.4
HALPERN	Georges	03		13.4
GAMIEL	Arnaud	04		
ZUCKERBERG	Émile	05		13.4
WELTNER	Charles	06		
BENTITOU	Raoul	07		
KARGEMAN	Sami	08		
LEINER	Max	09		
BULKA	Marcel	10		
	Albert	11		
MERMELSTEIN	Paulette	12		
	Marcel	13		
GERENSTEIN	Maurice	14		
	Liliane	15		
FRIEDLER	Marie	16		
	Lucienne	17		
TEITEL	Max	18		13.4
HALAIN-BRENNER	Mina	19		13.4
	Claudine	20		
LUZGARD	Alice	21		
SPIEGEL	Marthe	22		
	Senta	23		
ARONOVIC	Marie	24		
SZULKLAPPER	Suzanne	25		13.4
KROCHMAL	Liane	26		
	Renate	27		
DECOSTE	Marie Louise	28		
HIRSCH	Arnold	29		13.4
REIFMAN	Moïse	30		13.5

11.1.13 ▸HALAUNBRENNER◂
Auszug aus dem Eingangsbuch des Sammellagers Drancy, 8. April 1944
CHAN Paris

Mina und Claudine Halaunbrenner waren in Izieu unter dem Namen »Halain-Brenner« geführt worden. Die Heimleitung beabsichtigte dadurch, ihre jüdische Herkunft zu verschleiern. Die Mehrzahl der in Izieu verhafteten Kinder wurde bereits am 13. April nach Auschwitz verschleppt.

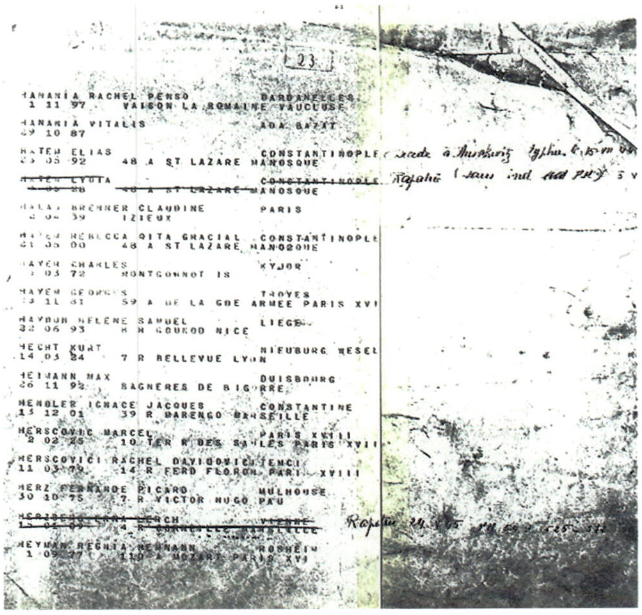

23

HANANIA RACHEL PENSO — DARDANELLES
1 11 97 VAISON LA ROMAINE VAUCLUSE
HANANIA VITALIS — AOA BAZAT
29 10 87
HATEM ELIAS — CONSTANTINOPLE
25 05 92 48 A ST LAZARE MANOSQUE
~~HATEM LYDIA — CONSTANTINOPLE~~
~~48 A ST LAZARE MANOSQUE~~
HALAINBRENNER CLAUDINE — PARIS
2 04 39 IZIEUX
HATEM REBECCA OITA GRACIAL — CONSTANTINOPLE
21 05 00 48 A ST LAZARE MANOSQUE
HAYEM CHARLES — KYJOR
03 72 MONTGONNOT IS
HAYEM GEORGES — TROYES
13 11 81 59 A DE LA GDE ARMEE PARIS XVI
HAYOUN HELENE SAMUEL — LIEGE
22 06 93 8 R GOUNOD NICE
HECHT KURT — NIEUBURG WESEL
14 03 24 7 R BELLEVUE LYON
HEIMANN MAX — DUISBOURG
26 11 92 BAGNERES DE BIGORRE
HENDLER IGNACE JACQUES — CONSTANTINE
13 12 01 39 R MARENGO MARSEILLE
HERSCOVICI MARCEL — PARIS XVIII
2 02 25 10 TER R DES SAULES PARIS XVIII
HERSCOVICI RACHEL DAVIDOVICI — TENCI
11 03 79 14 R FERD FLORON PARIS XVIII
HERZ FERNANDE PICARD — MULHOUSE
30 10 75 7 R VICTOR HUGO PAU
~~VIENNE~~
HEYMAN REGINA NEUMANN — ROSHEIM
1 09 77 110 A MOZART PARIS XVI

11.1.14 ▸HALAUNBRENNER◂
Auszug aus der Deportationsliste des 76. Transportes aus Frankreich vom 30. Juni 1944, undatiert
CDJC Paris

Mit dem vorletzten großen Transport aus Drancy wurden auch Claudine und Mina Halaunbrenner nach Auschwitz deportiert und unmittelbar nach ihrer Ankunft am 4. Juli 1944 in den Gaskammern ermordet. Von den in Izieu am 6. April 1944 Festgenommenen überlebte nur die Betreuerin Lea Feldblum.

11.1.15 ▸HALAUNBRENNER◂
Hörtext: Auszug aus einem Interview mit Alexandre Halaunbrenner, 31. Mai 2002
AMdE Izieu

11.2

Bulgarien

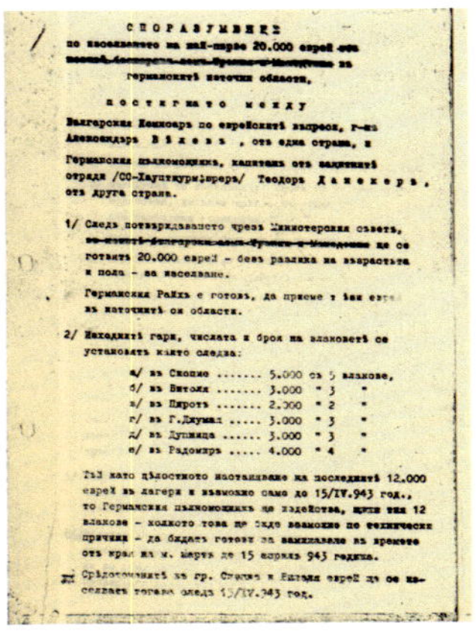
СПОРАЗУМЕНИЕ
по изселването на най-първо 20.000 евреи от ... в германскитѣ източни области,

постигнато между

Българския Комисаръ по еврейскитѣ въпроси, г-нъ Александъръ Бѣлевъ, отъ една страна, и Германския пълномощникъ, капитанъ отъ защитнитѣ отряди /СС-Хауптщурмфюреръ/ Теодоръ Данекеръ, отъ друга страна.

1/ Следъ потвърждаването чрезъ Министерския съветъ, ... ще се готвятъ 20.000 евреи – безъ разлика на възрастьта и пола – за изселване.

Германския Райхъ е готовъ, да приеме ... въ източнитѣ си области.

2/ Изходнитѣ гари, числата и броя на влаковетѣ се установятъ както следва:

а/ въ Скопие .... 5.000 съ 5 влакове,
б/ въ Битоля .... 3.000 " 3 "
в/ въ Пиротъ .... 2.000 " 2 "
г/ въ Г.Джумая ..... 3.000 " 3 "
д/ въ Дупница ...... 3.000 " 3 "
е/ въ Радомиръ ..... 4.000 " 4 "

Тъй като цѣлостното настаняване на последнитѣ 12.000 евреи въ лагери е възможно само до 15/IV.943 год., то Германския пълномощникъ ще задейства, щото тия 12 влакове – колкото това ще бѫде възможно по технически причини – да бѫдатъ готови за заминаване въ времето отъ края на м. мартъ до 15 април 943 година.

Срѣдоточенитѣ въ гр. Скопие и Битоля евреи ще се изселватъ тогава следъ 15/IV.943 год.

11.2.2
Auszug aus einer Vereinbarung zwischen dem bulgarischen »Kommissar für Judenfragen«, Aleksander Belev und dem vom RSHA entsandten »Berater für Judenfragen« beim Polizeiattaché des deutschen Gesandten in Bulgarien, Theodor Dannecker, 22. Februar 1943
CDA Sofia

Als der Ministerrat die Vereinbarung am 2. März billigte, war ihm bewusst, dass in den annektierten Gebieten nur etwa 12.000 Juden lebten. Unter strenger Geheimhaltung sollten auch 8.000 Juden aus ganz Bulgarien, ausgenommen aus Sofia, deportiert werden. Belev strich die Passagen »aus den neuen bulgarischen Gebieten Thrazien und Mazedonien« später handschriftlich aus.

»Vereinbarung über die Umsiedlung von vorerst 20.000 Juden aus den neuen bulgarischen Gebieten Thrazien und Mazedonien nach den deutschen Ostgebieten wird folgende Vereinbarung zwischen dem bulgarischen Kommissar für jüdische Fragen Herrn Aleksander Belev, einerseits und dem deutschen Bevollmächtigten Hauptmann der Sicherheitspolizei/SS-Hauptsturmführer/Theodor Dannecker, andererseits getroffen:

Nach Bestätigung durch den Ministerrat sollen 20.000 Juden, ohne Unterschied von Alter und Geschlecht, aus den neuen bulgarischen Gebieten Thrazien und Mazedonien für die Umsiedlung bereitgestellt werden. [...]
Gestattet ist, ausschließlich nur Juden für die Transporte abzustellen. [...]
Die bulgarische Regierung wird auf keinen Fall die Rückkehr der umgesiedelten Juden verlangen.«
(Übersetzung aus dem Bulgarischen)

11.2.1
Bulgarien 1943

11.2.3
Verladung im bulgarischen Donauhafen in Lom, 21. März 1943
BNF Sofia

Die über 4.000 thrazischen Juden wurden von Lom aus am 20. und 21. März 1943 nach Wien verschifft, dort in Züge verladen und ins Todeslager Treblinka deportiert.

11.2.4
Skopje, März 1943
USHMM Washington D. C.

Zwischen dem 22. und 29. März 1943 wurden über 7.000 mazedonische Juden in Zügen der bulgarischen Staatsbahn vom zentralen Sammelort Skopje aus ebenfalls in das Todeslager Treblinka deportiert.

11.2.5
Hörtext: Auszug aus einem Bericht des Polizeiattachés der deutschen Gesandtschaft in Sofia an das RSHA,Attachégruppe, betr.: Judenabschub aus Bulgarien, 5. April 1943
PAAA Berlin

Es bestehen hier weder die weltanschaulichen noch rassischen Voraussetzungen um das Judenproblem dem bulgarischen Volk gegenüber so dringlich und lösungsbedürftig erscheinen zu lassen, wie dies im Reich der Fall ist. Die bulgarische Regierung verfolgt mit der Evakuierung der Juden überwiegend materialistische Interessen, die darin bestehen, in das Eigentum der abgeschobenen Juden zuverlässige Bulgaren einzuweisen, hiermit diese zufriedenzustellen und gleichzeitig in den neu erworbenen Gebieten die unruhigen Juden gegen zuverlässige Bulgaren einzutauschen. Die bulgarische Regierung ist ohne Zweifel auch bereit, die Juden aus Alt-Bulgarien abzuschieben; sie will es jedoch auf jeden Fall vermeiden, daß das Judenproblem in Bulgarien durch die Weltpresse gezogen wird.

11.2.6
Auszug aus einem Bericht des Polizeiattachés der deutschen Gesandtschaft in Sofia an das RSHA, Attachégruppe, betr.: Judenabschub aus Bulgarien, 5. April 1943
PAAA Berlin

Wiederholt ist seitens des Reichssicherheitshauptamtes die Anregung an das Auswärtige Amt herangetragen worden, den Druck auf die Bulgarische Regierung in der Judenfrage zu verstärken, um eine tunlichst unverzügliche Bereinigung dieses Problems im Sinne einer Evakuierung in die Ostgebiete zu erreichen. […] Gesandter Beckerle hat aus Gesprächen […] den Eindruck gewonnen, daß z.Zt. seitens der Bulgarischen Regierung jeder Antrag deutscherseits auch bei noch so starkem Druck abgelehnt werden würde. […] Trotzdem glaubt Gesandter Beckerle, daß es in absehbarer Zeit gelingen werde, die Judenfrage restlos zu lösen, und zwar dann, wenn wieder deutsche Erfolge im Vordergrund stehen und die feindliche politische Offensive dadurch in den Hintergrund gedrängt wird. […] Es dürfte daher nicht nur aussichtslos, sondern vom allgemein politischen Standpunkt aus sogar gefährlich sein, in der Judenfrage im derzeitigen Augenblick Schritte zu unternehmen. Ich wäre jedoch dankbar, wenn dem Auswärtigen Amt alles dort etwa anfallende Material über die Schädlichkeit des Judentums in Bulgarien zugeleitet werden würde, damit die Gesandtschaft keine Gelegenheit versäumt, die bulgarischen Behörden anhand aktueller Materials auf die Gefahren des Judentums hinzuweisen.

11.2.7
Auszug aus einem Schreiben des Leiters der Gruppe Inland II des Auswärtigen Amtes an den Chef des RSHA, Dr. Ernst Kaltenbrunner, 31. August 1943
PAAA Berlin

11.3
Deutsches Reich

Organisation und Durchführung der Deportationen

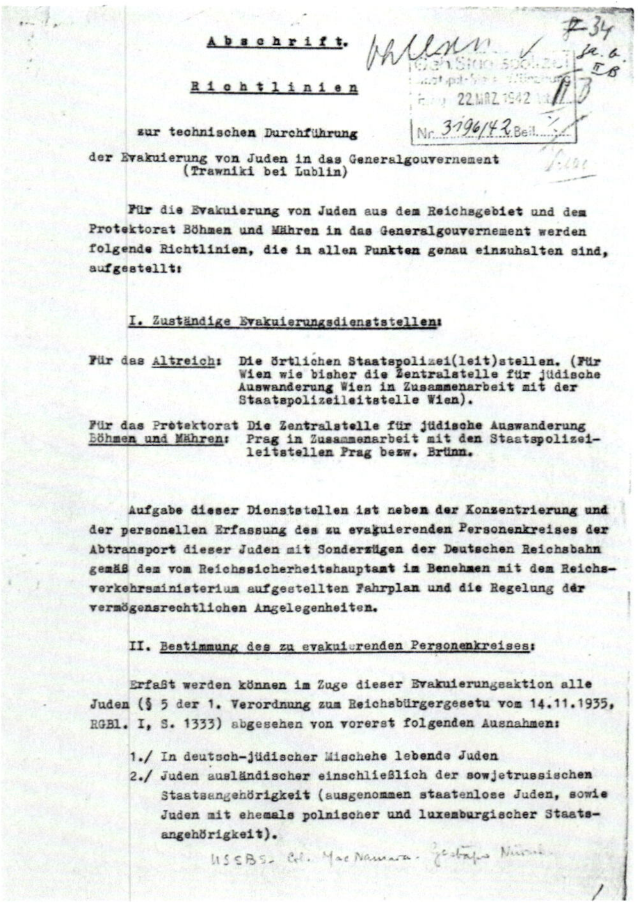

Abschrift.

Richtlinien

zur technischen Durchführung

der Evakuierung von Juden in das Generalgouvernement
(Trawniki bei Lublin)

Für die Evakuierung von Juden aus dem Reichsgebiet und dem Protektorat Böhmen und Mähren in das Generalgouvernement werden folgende Richtlinien, die in allen Punkten genau einzuhalten sind, aufgestellt:

I. Zuständige Evakuierungsdienststellen:

Für das Altreich: Die örtlichen Staatspolizei(leit)stellen. (Für Wien wie bisher die Zentralstelle für jüdische Auswanderung Wien in Zusammenarbeit mit der Staatspolizeileitstelle Wien).

Für das Protektorat Böhmen und Mähren: Die Zentralstelle für jüdische Auswanderung Prag in Zusammenarbeit mit den Staatspolizeileitstellen Prag bezw. Brünn.

Aufgabe dieser Dienststellen ist neben der Konzentrierung und der personellen Erfassung des zu evakuierenden Personenkreises der Abtransport dieser Juden mit Sonderzügen der Deutschen Reichsbahn gemäß dem vom Reichssicherheitshauptamt im Benehmen mit dem Reichsverkehrsministerium aufgestellten Fahrplan und die Regelung der vermögensrechtlichen Angelegenheiten.

II. Bestimmung des zu evakuierenden Personenkreises:

Erfaßt werden können im Zuge dieser Evakuierungsaktion alle Juden (§ 5 der 1. Verordnung zum Reichsbürgergesetu vom 14.11.1935, RGBl. I, S. 1333) abgesehen von vorerst folgenden Ausnahmen:

1./ In deutsch-jüdischer Mischehe lebende Juden
2./ Juden ausländischer einschließlich der sowjetrussischen Staatsangehörigkeit (ausgenommen staatenlose Juden, sowie Juden mit ehemals polnischer und luxemburgischer Staatsangehörigkeit).

11.3.1
Auszug aus den Richtlinien zur technischen Durchführung der Evakuierung von Juden in das Generalgouvernement (Trawniki bei Lublin), Februar/März 1942
StA Würzburg

Die vom RSHA herausgegebenen Richtlinien schränkten den zu deportierenden Personenkreis ein. Über 65 Jahre alte, in Mischehe lebende oder im kriegswichtigen Arbeitseinsatz eingesetzte Juden sollten zu diesem Zeitpunkt ebenso wie bestimmte ausländische Juden noch von den Deportationen ausgeschlossen bleiben.
Die Betroffenen durften nur wenige Bekleidungsstücke und Alltagsgegenstände mit auf den Transport nehmen. Ihre gesamten Vermögenswerte mussten sie zurücklassen. Das Transportziel Trawniki wurde kurzfristig geändert.
Die im Frühjahr und Sommer 1942 in das Generalgouvernement deportierten deutschen Juden wurden anfangs in verschiedene Durchgangsghettos im Distrikt Lublin und nach Warschau, später zumeist über das Konzentrationslager Majdanek in das Todeslager Sobibór verschleppt.

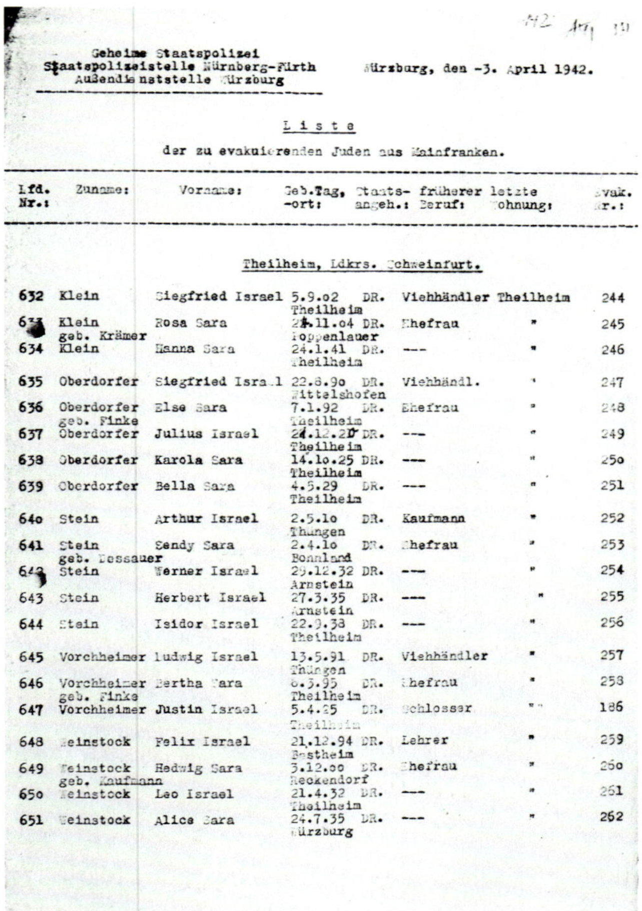

Geheime Staatspolizei
Staatspolizeistelle Nürnberg-Fürth
Außendienststelle Würzburg

Würzburg, den -3. April 1942.

Liste

der zu evakuierenden Juden aus Mainfranken.

Lfd. Nr.:	Zuname:	Vorname:	Geb.Tag, -ort:	Staats-angeh.:	früherer Beruf:	letzte Wohnung:	Evak. Nr.:
			Theilheim, Ldkrs. Schweinfurt.				
632	Klein	Siegfried Israel	5.9.o2 Theilheim	DR.	Viehhändler	Theilheim	244
633	Klein geb. Krämer	Rosa Sara	24.11.04 Hoppenlauer	DR.	Ehefrau	"	245
634	Klein	Hanna Sara	24.1.41 Theilheim	DR.	---	"	246
635	Oberdorfer	Siegfried Israel	22.8.9o Wittelshofen	DR.	Viehhändl.	"	247
636	Oberdorfer geb. Finke	Else Sara	7.1.92 Theilheim	DR.	Ehefrau	"	248
637	Oberdorfer	Julius Israel	24.12.20 Theilheim	DR.	---	"	249
638	Oberdorfer	Karola Sara	14.1o.25 Theilheim	DR.	---	"	25o
639	Oberdorfer	Bella Sara	4.5.29 Theilheim	DR.	---	"	251
64o	Stein	Arthur Israel	2.5.1o Thüngen	DR.	Kaufmann	"	252
641	Stein geb. Dessauer	Sendy Sara	2.4.1o Bonnland	DR.	Ehefrau	"	253
642	Stein	Werner Israel	29.12.32 Arnstein	DR.	---	"	254
643	Stein	Herbert Israel	27.3.35 Arnstein	DR.	---	"	255
644	Stein	Isidor Israel	22.9.38 Theilheim	DR.	---	"	256
645	Vorchheimer	Ludwig Israel	13.5.91 Thüngen	DR.	Viehhändler	"	257
646	Vorchheimer geb. Finke	Bertha Sara	6.3.95 Theilheim	DR.	Ehefrau	"	258
647	Vorchheimer	Justin Israel	5.4.25 Theilheim	DR.	Schlosser	"	186
648	Weinstock	Felix Israel	21.12.94 Bastheim	DR.	Lehrer	"	259
649	Weinstock geb. Kaufmann	Hedwig Sara	3.12.oo Reckendorf	DR.	Ehefrau	"	26o
65o	Weinstock	Leo Israel	21.4.32 Theilheim	DR.	---	"	261
651	Weinstock	Alice Sara	24.7.35 Würzburg	DR.	---	"	262

11.3.2
Auszug aus einer »Liste der zu evakuierenden Juden aus Mainfranken« zusammengestellt von der Geheimen Staatspolizei, Staatspolizeistelle Nürnberg-Fürth, Außendienststelle Würzburg, 3. April 1942
StA Würzburg

94

Kommando des Rüstungsbereiches Geheim! Würzburg, den 4. April 1942
Würzburg Veitshöchheimer Straße 8
Fernruf 73333

Nr. 444/42g Z. Gr. Rt/Zn. Az.

Bez.: 1. OKW Az. 1 k 35 (Q1) Wi Rü Amt/Rü IV (c) Nr. 1274/42 g. vom 25.3.42
2. Lagebericht Arbeitsamt Würzburg GZ: 3055 g./3193/42g. v. 30.3.42

Betr.: Juden-Evakuierung.

Anlagen: –

An die
Geheime Staatspolizei
Staatspolizeistelle Nürnberg
Aussenstelle Würzburg
W ü r z b u r g
Ludwigstrasse 2

Geh. Staatspolizei
Staatspol.-Stelle Würzburg
Eing. –6. APR. 1942 Abt.
Nr. .... Beil. ....

Mit dem in Bezug 1) genannten OKW-Befehl wird Abschrift einer Bekanntgabe des Reichsmarschalls des Grossdeutschen Reiches betr. Arbeitseinsatz der Juden zugeleitet:

"Nach den z.Zt. geltenden Richtlinien und den Erklärungen, die SS-Obergruppenführer H e y d r i c h in einer Staatssekretärbesprechung am 20. Januar 1942 abgegeben hat, werden Juden, die in einem kriegswichtigen Betrieb beschäftigt sind, bis auf weiteres grundsätzlich nicht mehr evakuiert."

Arbeitsamt Würzburg berichtet in dem in Bezug 2) genannten Lagebericht, dass 4 bezw. 5 bei Firma Fichtel & Sachs, Gusswerk eingesetzte Juden evakuiert worden sind.

Es wird gebeten, vor weiterer Evakuierung von in Rüstungs- und W-Betrieben eingesetzten jüdischen Gefm. mit Rü Kdo und zuständigen Arbeitsamt Fühlung zu nehmen.

Der Kommandeur des Rüstungsbereichs
W ü r z b u r g
Im Auftrag
Major.

Stapo-Außendienststelle. Würzburg, den 10. April 1942.
B.Nr. II B 4 – vö/Fro.

1.) Kenntnis genommen.
2.) Weglegen zum Akt: Evakuierung von Juden aus Mainfranken.

I.A.

11.3.3
Schreiben des Rüstungskommandos Würzburg an die Gestapo Würzburg, betr.: Juden-Evakuierung, 4. April 1942
StA Würzburg

11.3.4
Gestapobeamte durchsuchen das Gepäck nach Wertsachen und verbotenen Gegenständen, Kitzingen bei Würzburg, 24. März 1942.

Foto aus einem Album der Würzburger Gestapo
StA Würzburg

28

N a c h w e i s u n g.

Anläßlich der Judenevakuierung wurden nachstehend aufgeführte Gebrauchsgegenstände zur dienstlichen Verwendung von der Verwaltungsabteilung der Außendienststelle in Würzburg übernommen:

-1- Posten Waschmittel
-1- Anzahl Streichholzschachteln
-16- Taschenlampen
-1- Posten Rasierklingen
-1- Autokappe
-1- Hobel
-7- Bürsten
-1- Paar Gummistiefel für Kraftfahrer
-1- Posten Briefumschläge
-1- Posten Bleistifte
einige Stücke Seife

Würzburg, den 4. Mai 1942
Geheime Staatspolizei
Staatspolizeistelle Nürnberg
Außendienststelle Würzburg
I.A.

11.3.5
Aufstellung der Gestapo Würzburg über Gegenstände, die bei den Durchsuchungen vor der Deportation beschlagnahmt wurden, 4. Mai 1942
StA Würzburg

11.3.6
Verladung des Gepäcks und Marsch zum Bahnhof Aumühle, 25. April 1942. Seite aus einem Fotoalbum der Würzburger Gestapo
NA Washington D. C.

Die Bildunterschriften lauten: »… bei der Verladung des Gepäcks müssen »unsere Leit« schon wieder fest arbeiten!… … muß i denn, muß i denn zum Städtele hinaus …«.

11.3.7
Rosa Klein aus Theilheim wartet mit ihrer 15 Monate alten Tochter Hanna auf den Beginn des Abmarsches von der Sammelstelle, dem Veranstaltungshaus Platz'scher Garten, 25. April 1942. Foto aus einem Album der Würzburger Gestapo

StA Würzburg

— 2 —

Zur Beachtung!

Sachen, die anordnungsgemäß mitgenommen werden, sind nicht einzutragen. Für jede Person (auch Kinder und Ehefrauen) ist ein gesondertes Formular auszufüllen. Für Minderjährige oder Ehefrauen hat die Ausfüllung in der Regel der Vertretungsberechtigte (Vater) oder der Ehemann vorzunehmen. Dies gilt auch dann, wenn kein eigenes Vermögen oder Einkommen der Minderjährigen oder Ehefrauen vorhanden ist. Sämtliche das Vermögen verkörpernde Urkunden (z. B. Wertpapiere), sich auf das Vermögen beziehende oder sonstwie vermögensrechtliche Fragen regelnde Urkunden (z. B. Verträge und Beweismaterial) sind, soweit greifbar, beizufügen.

Internationaler Suchdienst Bad Arolsen
Veröffentlichung nur mit schriftlicher Genehmigung

Vermögenserklärung

Vornamen (Rufname unterstreichen) und Zuname (bei Ehefrauen auch Mädchenname):

Beruf: Jude?

Letzte Beschäftigung (Firma, Gehalt, Lohn):

Wohnung (Stadt, Stadtteil, Straße und Hausnummer, seit wann?

Name, Anschrift und evtl. jüdische Rassezugehörigkeit des Hauseigentümers:

Größe der Wohnung (Zimmerzahl und -art, WC, Warmwasser, Dampf- oder Warmwasserheizung, Balkon, Wohngeschoß, Fahrstuhl, Gartenbenutzung, Nebenräume wie Diele, Badezimmer, Mädchenkammer, Keller, Boden usw. Genaue Angaben):

Höhe der monatlichen oder vierteljährlichen usw. Miete (Mietvertrag beifügen):

Sind Sie Untermieter? (Dann auch Name, Anschrift und evtl. jüdische Rassezugehörigkeit des Untervermieters angeben):

ISD Sachdokumenten-Ordner Gestapo 4, Seite 172 (2005)

11.3.9
Erste Seite einer »Vermögenserklärung«

ISD Arolsen

Alle zur Deportation bestimmten Juden mussten in einer Vermögenserklärung ihr verbliebenes Eigentum angeben.

E.V. 245

Geheime Staatspolizei
Staatspolizeistelle Nürnberg-Fürth
Außendienststelle Würzburg.

Würzburg, den 28. April 1942.

4

1.) ~~Der Jude~~ - die Jüdin

Rosa Sara, K l e i n, geb. Krämer,

geb. am 24.11.1904 zu Poppenlauer,

zuletzt wohnhaft in Theilheim Straße Nr.

wurde am 25.4.1942 auf Grund eines Schnellbrieferlasses des Reichssicherheitshauptamtes IV B 4 2093/42 g (391) vom 31.1.1942 im Zuge der Aktion zur Evakuierung von Juden nach Lublin/Izbica evakuiert.

2.) Die beigefügten Schriftstücke wurden in der Zeit vom ~~22.4.~~ mit 24.4.1942 anläßlich der körperlichen Durchsuchung des - der - Obengenannten in Würzburg vorgefunden und sichergestellt.

3.) Auswertung in der Kartei. (Hinweiskarte anlegen) erl. 16.10.43 Pf.

Klein wurde am 25.4.1942 nach Lublin/Izbica evakuiert. ~~Die sichergestellten Ausweispapiere befinden sich im Pers.Akt.~~

4.) Weglegen ~~z.A.~~ - zum - Pers.Akt:

Siegfried Israel Klein, geb. am 5.9.1902 in Theilheim.

Im Auftrage:

De.

11.3.8
Formular der Geheimen Staatspolizei, Staatspolizeistelle Nürnberg-Fürth, Außenstelle Würzburg, ausgefüllt am 28. April 1942

StA Würzburg

Am 28. April trafen Rosa Klein, ihr Mann Siegfried, ihre Tochter Hanna und ihre Schwiegermutter Lina Klein nach dreitägiger Fahrt in Kraśniczyn im Distrikt Lublin ein. Am selben Tag schloss die Gestapo in Würzburg ihre Akte mit dem Vermerk: »Weglegen zum Personen Akt«.

Abschrift der Vermögenserklärung 0 5205/3219

Ob.Ger.Vollz. Günther
Grevenbroich
Eing. 18. AUG. 1942
D.R. Nr. 179

Vornamen: Jakob Jsrael Rübsteck

Wohnung: Hemmerden, Hindenburgstr. 23

Schlafzimmer:

1 Kleiderschrank
3 Bettstellen
2 Nachttische
6 Stühle
1 Waschtisch
2 Kommode
1 Sofa - Couch
1 Sessel
2 Unterbetten
2 Daunenbetten
2 Plumeaux
2 Matratzen
1 Deckenlampe
1 Waschtischgarnitur.

Wohn-, Herrenzimmer:

2 Gardinen - Stores

Küche, Kammer:

1 Küchenschrank
1 Vertikov
1 Küchentisch
1 Lampe
2 Kochtöpfe
1 eig. Herd

Herrenkleidung:

2 Straßenanzüge
1 Wintermantel
3 Nachthemden
4 Oberhemden
1 Hausjacke
3 Garnit. Unterwäsche
4 Krawatten
2 Paar Schuhe, Stiefel
6 Kragen
4 Paar Strümpfe

Kleider und Wäsche unseren Bedarf den wir mitnehmen dürfen.

Für die Richtigkeit der Abschrift:

Steuerinspektor.

179

11.3.10
Abschrift aus der Vermögenserklärung von Jacob Rübsteck aus Hemmerden, August 1942

BARoV Berlin

Steuerinspektor Josef Krüppel vom Finanzamt Grevenbroich ließ aus der Vermögenserklärung von Jakob Rübsteck den versteigerungsfähigen Besitz verzeichnen.

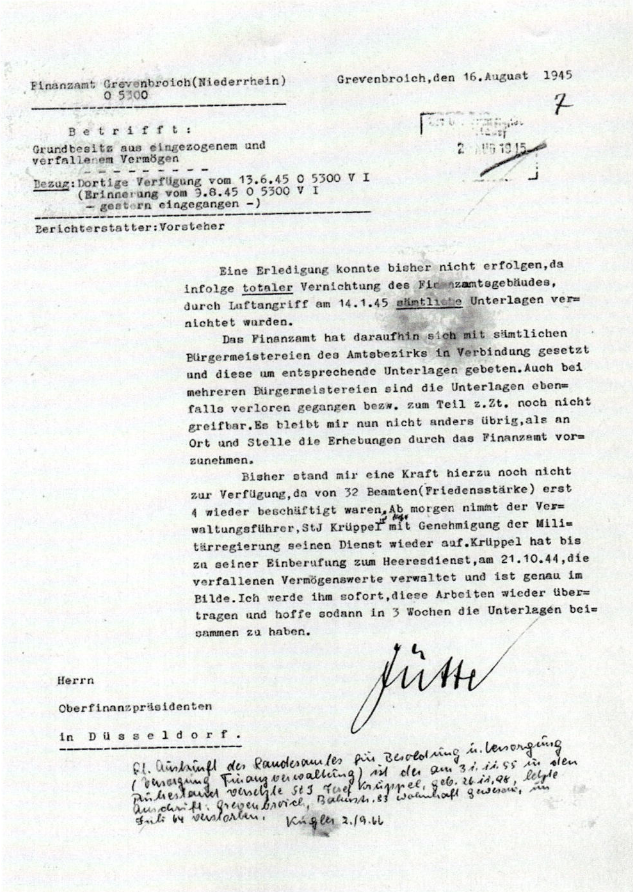
Finanzamt Grevenbroich(Niederrhein) Grevenbroich,den 16.August 1945
O 5300

7

Betrifft:
Grundbesitz aus eingezogenem und verfallenem Vermögen

Bezug: Dortige Verfügung vom 13.6.45 O 5300 V I
(Erinnerung vom 9.8.45 O 5300 V I
- gestern eingegangen -)

Berichterstatter: Vorsteher

Eine Erledigung konnte bisher nicht erfolgen,da infolge totaler Vernichtung des Finanzamtsgebäudes, durch Luftangriff am 14.1.45 sämtliche Unterlagen vernichtet wurden.

Das Finanzamt hat daraufhin sich mit sämtlichen Bürgermeistereien des Amtsbezirks in Verbindung gesetzt und diese um entsprechende Unterlagen gebeten.Auch bei mehreren Bürgermeistereien sind die Unterlagen ebenfalls verloren gegangen bezw. zum Teil z.Zt. noch nicht greifbar.Es bleibt mir nun nicht anders übrig,als an Ort und Stelle die Erhebungen durch das Finanzamt vorzunehmen.

Bisher stand mir eine Kraft hierzu noch nicht zur Verfügung,da von 32 Beamten(Friedensstärke) erst 4 wieder beschäftigt waren.Ab morgen nimmt der Verwaltungsführer,StJ Krüppel mit Genehmigung der Militärregierung seinen Dienst wieder auf.Krüppel hat bis zu seiner Einberufung zum Heeresdienst,am 21.10.44,die verfallenen Vermögenswerte verwaltet und ist genau im Bilde.Ich werde ihm sofort,diese Arbeiten wieder übertragen und hoffe sodann in 3 Wochen die Unterlagen beisammen zu haben.

Jütte

Herrn
Oberfinanzpräsidenten
in Düsseldorf.

11.3.11 **ZEITFENSTER**
Schreiben des Finanzamts Grevenbroich an den Oberfinanzpräsidenten in Düsseldorf, betr.: Grundbesitz aus eingezogenem und verfallenem Vermögen, 16. August 1945
Privatbesitz

Steuerinspektor Josef Krüppel, 1944 zum Heeresdienst einberufen, nahm unmittelbar nach dem Krieg seine Tätigkeit im Finanzamt Grevenbroich wieder auf und wickelte die Rückgabe der geraubten Vermögenswerte ab.

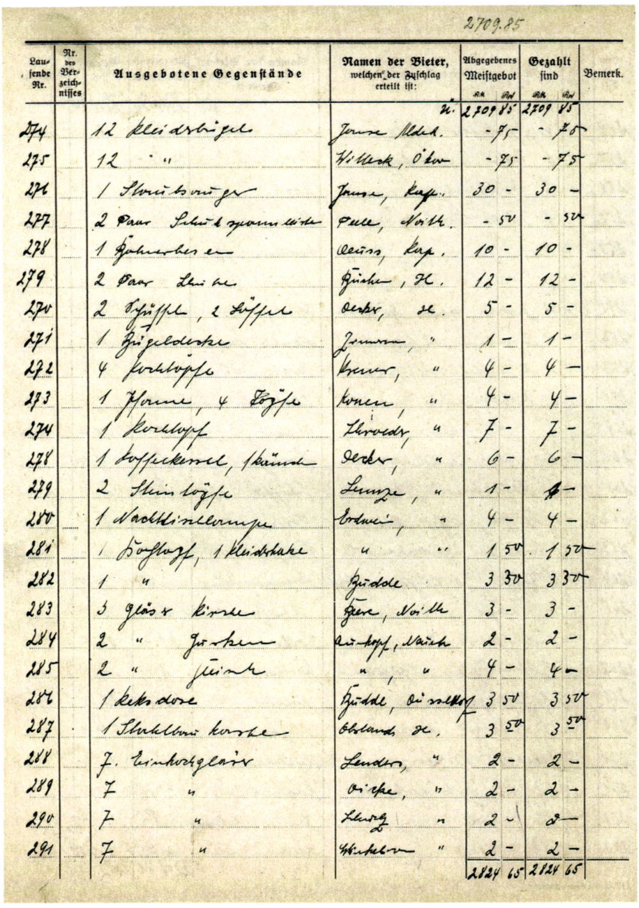
2709.85

Laufende Nr.	Nr. des Verzeichnisses	Ausgebotene Gegenstände	Namen der Bieter, welchen der Zuschlag erteilt ist:	Abgegebenes Meistgebot RM	Rpf	Gezahlt sind RM	Rpf	Bemerk.
			Ü.	2709	85	2709	85	
274		12 Kleiderbügel	[illegible]	-	75	-	75	
275		12 "	[illegible]	-	75	-	75	
276		1 Staubsauger	[illegible]	30	-	30	-	
277		2 Paar [illegible]	[illegible]	-	50	-	50	
278		1 [illegible]	[illegible]	10	-	10	-	
279		2 Paar [illegible]	[illegible]	12	-	12	-	
270		2 Schüssel, 2 Löffel	[illegible]	5	-	5	-	
271		1 Bügeldecke	[illegible] "	1	-	1	-	
272		4 Kochtöpfe	[illegible] "	4	-	4	-	
273		1 Pfanne, 4 Töpfe	[illegible] "	4	-	4	-	
274		1 Kochtopf	[illegible] "	7	-	7	-	
278		1 Kaffeekessel, [illegible]	[illegible] "	6	-	6	-	
279		2 Steintöpfe	[illegible] "	1	-	1	-	
280		1 Nachttischlampe	[illegible] "	4	-	4	-	
281		1 [illegible], 1 Kleiderhaken	" "	1	50	1	50	
282		1 "	[illegible]	3	30	3	30	
283		3 Gläser Kirschen	[illegible]	3	-	3	-	
284		2 " Gurken	[illegible]	2	-	2	-	
285		2 " [illegible]	" "	4	-	4	-	
286		1 Keksdose	[illegible]	3	50	3	50	
287		1 [illegible]	[illegible]	3	50	3	50	
288		7 Einkochgläser	[illegible] "	2	-	2	-	
289		7 "	[illegible] "	2	-	2	-	
290		7 "	[illegible] "	2	-	2	-	
291		7 "	[illegible] "	2	-	2	-	
				2824	65	2824	65	

11.3.13
Auszug aus dem Protokoll des Obergerichtsvollziehers von Grevenbroich, Erich Günther, über die öffentliche Versteigerung der Vermögenswerte der Familie Karl Winter und des Ehepaars Friedrich und Elise Theisebach, geborene Winter aus Hemmerden, 24. Februar 1942
WDR Köln

Die ehemaligen Nachbarn ersteigern das Eigentum der Deportierten direkt in den Wohnungen der Familien Winter und Theisebach in der Hindenburgstraße 13.

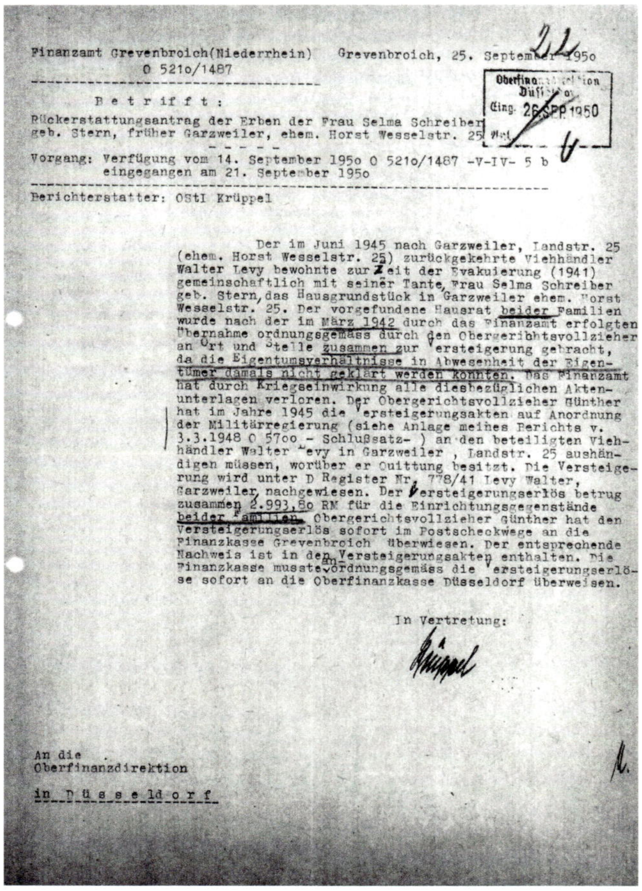
Finanzamt Grevenbroich(Niederrhein) Grevenbroich, 25. September 1950
O 5210/1487

22

Oberfinanzdirektion Düsseldorf
Eing. 26.SEP.1950

Betrifft:
Rückerstattungsantrag der Erben der Frau Selma Schreiber geb. Stern, früher Garzweiler, ehem. Horst Wesselstr. 25

Vorgang: Verfügung vom 14. September 1950 O 5210/1487 -V-IV- 5 b
eingegangen am 21. September 1950

Berichterstatter: OStI Krüppel

Der im Juni 1945 nach Garzweiler, Landstr. 25 (ehem. Horst Wesselstr. 25) zurückgekehrte Viehhändler Walter Levy bewohnte zur Zeit der Evakuierung (1941) gemeinschaftlich mit seiner Tante, Frau Selma Schreiber geb. Stern, das Hausgrundstück in Garzweiler ehem. Horst Wesselstr. 25. Der vorgefundene Hausrat beider Familien wurde nach der im März 1942 durch das Finanzamt erfolgten Übernahme ordnungsgemäss durch den Obergerichtsvollzieher an Ort und Stelle zusammen zur Versteigerung gebracht, da die Eigentumsverhältnisse in Abwesenheit der Eigentümer damals nicht geklärt werden konnten. Das Finanzamt hat durch Kriegseinwirkung alle diesbezüglichen Aktenunterlagen verloren. Der Obergerichtsvollzieher Günther hat im Jahre 1945 die Versteigerungsakten auf Anordnung der Militärregierung (siehe Anlage meines Berichts v. 3.3.1948 O 5700 - Schlußsatz-) an den beteiligten Viehhändler Walter Levy in Garzweiler , Landstr. 25 aushändigen müssen, worüber er Quittung besitzt. Die Versteigerung wird unter D Register Nr. 778/41 Levy Walter, Garzweiler, nachgewiesen. Der Versteigerungserlös betrug zusammen 2.993,80 RM für die Einrichtungsgegenstände beider Familien. Obergerichtsvollzieher Günther hat den Versteigerungserlös sofort im Postscheckwege an die Finanzkasse Grevenbroich überwiesen. Der entsprechende Nachweis ist in den Versteigerungsakten enthalten. Die Finanzkasse musste an-ordnungsgemäss die Versteigerungserlöse sofort an die Oberfinanzkasse Düsseldorf überweisen.

In Vertretung:
Krüppel

An die
Oberfinanzdirektion
in Düsseldorf

11.3.12 **ZEITFENSTER**
Schreiben des Finanzamts Grevenbroich an den Oberfinanzpräsidenten in Düsseldorf, betr.: Rückerstattungsantrag, 25. September 1950
BARoV Berlin

Steuerinspektor Josef Krüppel berichtet über den »ordnungsgemäss[en]« Ablauf der Vermögensabwicklung deportierter Juden.

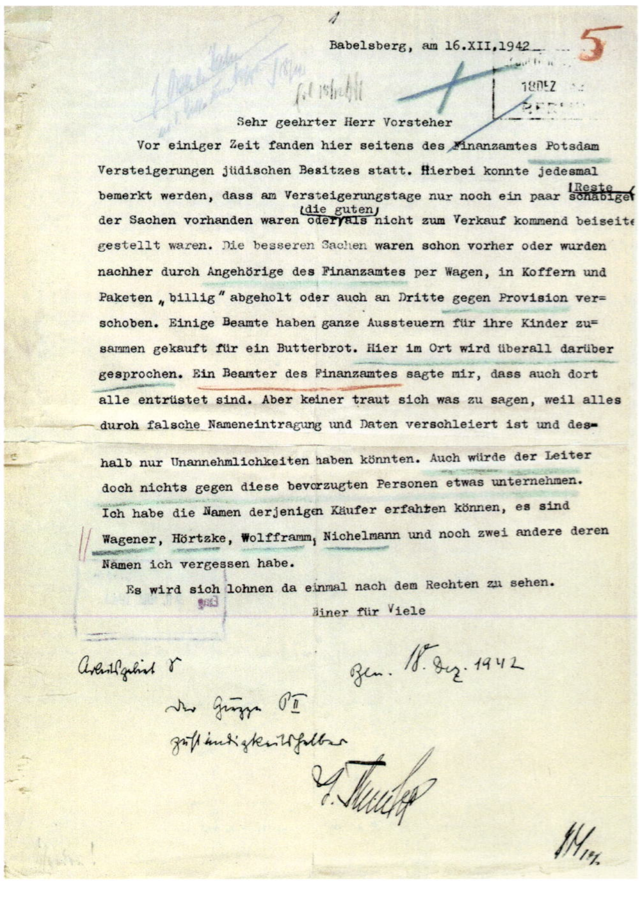
Babelsberg, am 16.XII.1942

5

Sehr geehrter Herr Vorsteher

Vor einiger Zeit fanden hier seitens des Finanzamtes Potsdam Versteigerungen jüdischen Besitzes statt. Hierbei konnte jedesmal bemerkt werden, dass am Versteigerungstage nur noch ein paar Reste schäbiger der Sachen vorhanden waren oder die guten nicht zum Verkauf kommend beiseite gestellt waren. Die besseren Sachen waren schon vorher oder wurden nachher durch Angehörige des Finanzamtes per Wagen, in Koffern und Paketen „billig" abgeholt oder auch an Dritte gegen Provision verschoben. Einige Beamte haben ganze Aussteuern für ihre Kinder zusammen gekauft für ein Butterbrot. Hier im Ort wird überall darüber gesprochen. Ein Beamter des Finanzamtes sagte mir, dass auch dort alle entrüstet sind. Aber keiner traut sich was zu sagen, weil alles durch falsche Nameneintragung und Daten verschleiert ist und deshalb nur Unannehmlichkeiten haben könnten. Auch würde der Leiter doch nichts gegen diese bevorzugten Personen etwas unternehmen. Ich habe die Namen derjenigen Käufer erfahren können, es sind Wagener, Hörtzke, Wolffram, Nichelmann und noch zwei andere deren Namen ich vergessen habe.

Es wird sich lohnen da einmal nach dem Rechten zu sehen.

Einer für Viele

Gen. 18. Dez. 1942

11.3.14
Anonymes Schreiben an den Vorsteher des Finanzamtes Potsdam, 16. Dezember 1942
LA Berlin

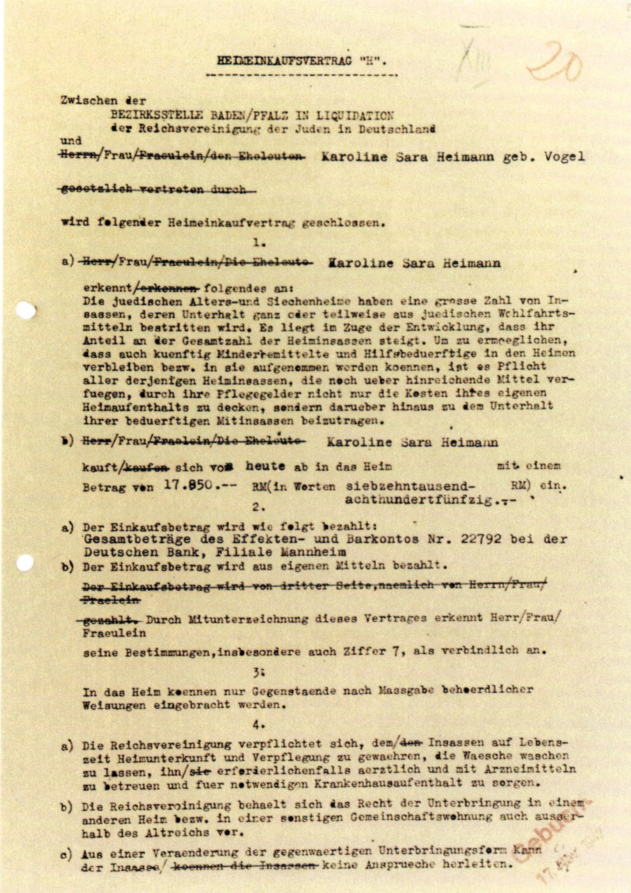

HEIMEINKAUFSVERTRAG "H".

Zwischen der
BEZIRKSSTELLE BADEN/PFALZ IN LIQUIDATION
der Reichsvereinigung der Juden in Deutschland
und
~~Herrn~~/Frau/~~Fraeulein/den Eheleuten~~ Karoline Sara Heimann geb. Vogel

~~gesetzlich vertreten durch~~

wird folgender Heimeinkaufvertrag geschlossen.

1.

a) ~~Herr~~/Frau/~~Fraeulein/Die Eheleute~~ Karoline Sara Heimann

erkennt/~~erkennen~~ folgendes an:
Die juedischen Alters-und Siechenheime haben eine grosse Zahl von Insassen, deren Unterhalt ganz oder teilweise aus juedischen Wohlfahrtsmitteln bestritten wird. Es liegt im Zuge der Entwicklung, dass ihr Anteil an der Gesamtzahl der Heiminsassen steigt. Um zu ermoeglichen, dass auch kuenftig Minderbemittelte und Hilfsbeduerftige in den Heimen verbleiben bezw. in sie aufgenommen werden koennen, ist es Pflicht aller derjenigen Heiminsassen, die noch ueber hinreichende Mittel verfuegen, durch ihre Pflegegelder nicht nur die Kosten ihres eigenen Heimaufenthalts zu decken, sondern darueber hinaus zu dem Unterhalt ihrer beduerftigen Mitinsassen beizutragen.

b) ~~Herr~~/Frau/~~Fraelein/Die Eheleute~~ Karoline Sara Heimann

kauft/~~kaufen~~ sich vom heute ab in das Heim mit einem Betrag von 17.850.-- RM(in Worten siebzehntausend-achthundertfünfzig.-- RM) ein.

2.

a) Der Einkaufsbetrag wird wie folgt bezahlt:
Gesamtbeträge des Effekten- und Barkontos Nr. 22792 bei der Deutschen Bank, Filiale Mannheim
b) Der Einkaufsbetrag wird aus eigenen Mitteln bezahlt.
~~Der Einkaufsbetrag wird von dritter Seite, naemlich von Herrn/Frau/Fraelein~~

~~gezahlt.~~ Durch Mitunterzeichnung dieses Vertrages erkennt Herr/Frau/Fraeulein

seine Bestimmungen, insbesondere auch Ziffer 7, als verbindlich an.

3:

In das Heim koennen nur Gegenstaende nach Massgabe behoerdlicher Weisungen eingebracht werden.

4.

a) Die Reichsvereinigung verpflichtet sich, dem/~~den~~ Insassen auf Lebenszeit Heimunterkunft und Verpflegung zu gewaehren, die Waesche waschen zu lassen, ihn/~~sie~~ erforderlichenfalls aerztlich und mit Arzneimitteln zu betreuen und fuer notwendigen Krankenhausaufenthalt zu sorgen.

b) Die Reichsvereinigung behaelt sich das Recht der Unterbringung in einem anderen Heim bezw. in einer sonstigen Gemeinschaftswohnung auch ausserhalb des Altreichs vor.

c) Aus einer Veraenderung der gegenwaertigen Unterbringungsform kann der Insasse/ ~~koennen die Insassen~~ keine Ansprueche herleiten.

11.3.15
»Heimeinkaufsvertrag« von Karoline Heimann, geborene Vogel, geboren am 16. Juli 1867 in Gau-Odernheim, zuletzt wohnhaft in Mannheim, 10. August 1942
BA Berlin

Juden über 65 Jahre, Inhaber des Verwundetenabzeichens und Träger hoher Kriegsauszeichnungen des Ersten Weltkrieges waren nach den Richtlinien des RSHA bis zum Sommer 1942 von den Deportationen ausgenommen. Ab Anfang Juni wurden sie in das »Altersghetto Theresienstadt« transportiert. Durch den Abschluss von »Heimeinkaufsverträgen« mit der unmittelbar dem RSHA unterstehenden »Reichsvereinigung der Juden in Deutschland« erkauften sie sich vermeintlich das Recht auf lebenslange Unterbringung in einem Heim »bezw. in einer sonstigen Gemeinschaftswohnung auch außerhalb des Altreichs«.

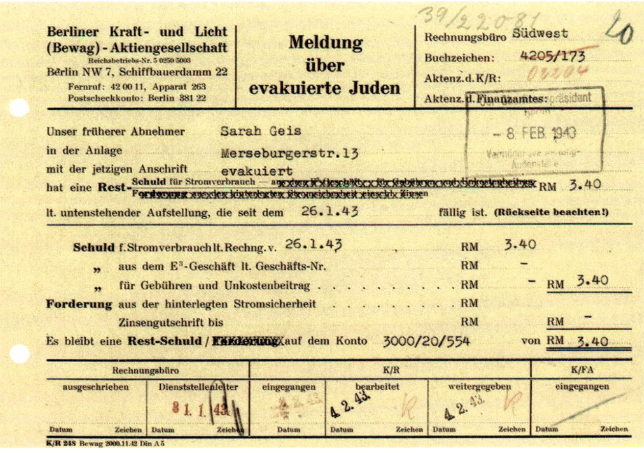

Berliner Kraft- und Licht (Bewag) - Aktiengesellschaft
Reichsbetriebs-Nr. 5 0250 5003
Berlin NW 7, Schiffbauerdamm 22
Fernruf: 42 00 11, Apparat 263
Postscheckkonto: Berlin 381 22

Meldung über evakuierte Juden

Rechnungsbüro Südwest
Buchzeichen: 4205/173
Aktenz. d. K/R: 02204
Aktenz. d. Finanzamtes:

– 8 FEB 1943

Unser früherer Abnehmer Sarah Geis
in der Anlage Merseburgerstr. 13
mit der jetzigen Anschrift evakuiert
hat eine Rest-Schuld für Stromverbrauch RM 3.40
lt. untenstehender Aufstellung, die seit dem 26.1.43 fällig ist. (Rückseite beachten!)

Schuld f. Stromverbrauch lt. Rechng. v. 26.1.43 RM 3.40
„ aus dem E³-Geschäft lt. Geschäfts-Nr. RM –
„ für Gebühren und Unkostenbeitrag . . . . . RM – RM 3.40
Forderung aus der hinterlegten Stromsicherheit . . . . . RM
Zinsengutschrift bis RM RM –
Es bleibt eine **Rest-Schuld** / ~~Forderung~~ auf dem Konto 3000/20/554 von RM 3.40

Rechnungsbüro		K/R			K/FA
ausgeschrieben	Dienststellenleiter	eingegangen	bearbeitet	weitergegeben	eingegangen
	31. 1. 43.		4. 2. 43.	4. 2. 43.	
Datum Zeichen	Datum Zeichen	Datum	Datum Zeichen	Datum Zeichen	Datum Zeichen

K/R 248 Bewag 2000.11.42 Din A 5

11.3.16
Formular »Meldung über evakuierte Juden« der Berliner Kraft- und Licht-Aktiengesellschaft (Bewag), betr. Stromabrechnung von Sara Geis, Merseburgerstraße 13, Januar/Februar 1943
BLHA Potsdam

»Es bleibt eine Rest-Schuld […] von Reichsmark 3,40«.

Vor aller Augen

Unterbringung von Judenfamilien in Göttingen. Da die Absicht, die Juden in nächster Zeit von Göttingen abzutransportieren, in der Bevölkerung bereits bekannt geworden ist, wird die Kreisleitung [der NSDAP] mit Anträgen auf Wohnungszuweisungen überlaufen.

11.3.17
Auszug aus einem Schreiben des NSDAP Kreisleiters des Kreises Göttingen an die Geheime Staatspolizei Göttingen, 19. Dezember 1941
BA Berlin

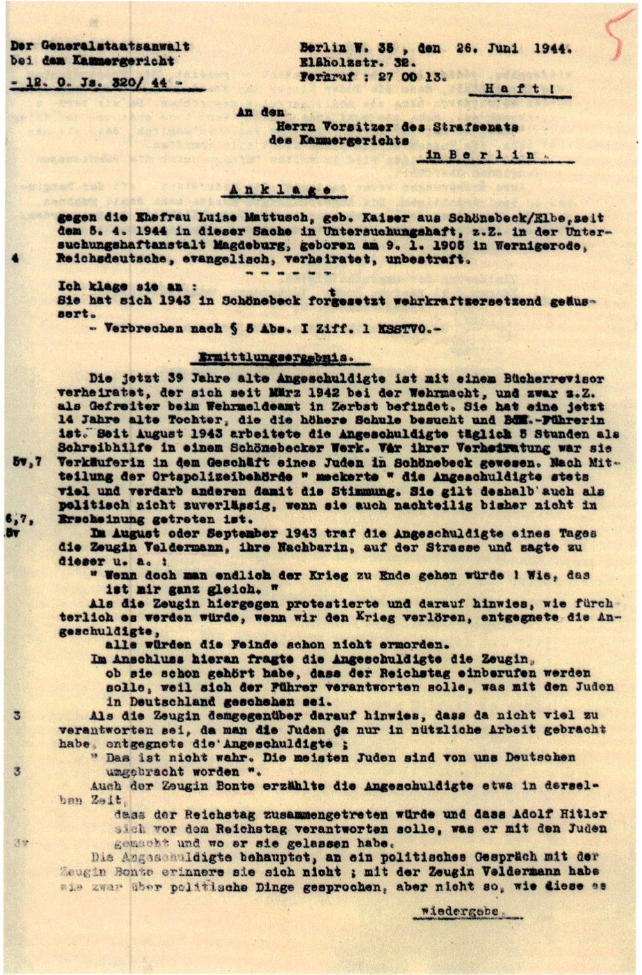

Der Generalstaatsanwalt
bei dem Kammergericht
- 12. O. Js. 320/ 44 -

Berlin W. 35, den 26. Juni 1944.
Elßholzstr. 32.
Fernruf: 27 00 13.

Haft!

An den
Herrn Vorsitzer des Strafsenats
des Kammergerichts
in Berlin.

Anklage

gegen die Ehefrau Luise Mattusch, geb. Kaiser aus Schönebeck/Elbe, seit dem 5. 4. 1944 in dieser Sache in Untersuchungshaft, z.Z. in der Untersuchungshaftanstalt Magdeburg, geboren am 9. 1. 1905 in Wernigerode,
4 Reichsdeutsche, evangelisch, verheiratet, unbestraft.

Ich klage sie an:
Sie hat sich 1943 in Schönebeck fortgesetzt wehrkraftzersetzend geäussert.
- Verbrechen nach § 5 Abs. I Ziff. 1 KSSTVO.-

Ermittlungsergebnis.

Die jetzt 39 Jahre alte Angeschuldigte ist mit einem Bücherrevisor verheiratet, der sich seit März 1942 bei der Wehrmacht, und zwar z.Z. als Gefreiter beim Wehrmeldeamt in Zerbst befindet. Sie hat eine jetzt 14 Jahre alte Tochter, die die höhere Schule besucht und BDM.-Führerin ist. Seit August 1943 arbeitete die Angeschuldigte täglich 5 Stunden als Schreibhilfe in einem Schönebecker Werk. Vor ihrer Verheiratung war sie
5v,7 Verkäuferin in dem Geschäft eines Juden in Schönebeck gewesen. Nach Mitteilung der Ortspolizeibehörde " meckerte " die Angeschuldigte stets viel und verdarb anderen damit die Stimmung. Sie gilt deshalb auch als politisch nicht zuverlässig, wenn sie auch nachteilig bisher nicht in
6,7, Erscheinung getreten ist.
8v Im August oder September 1943 traf die Angeschuldigte eines Tages die Zeugin Veldermann, ihre Nachbarin, auf der Strasse und sagte zu dieser u. a.:
" Wenn doch man endlich der Krieg zu Ende gehen würde! Wie, das ist mir ganz gleich. "
Als die Zeugin hiergegen protestierte und darauf hinwies, wie fürchterlich es werden würde, wenn wir den Krieg verlören, entgegnete die Angeschuldigte,
alle würden die Feinde schon nicht ermorden.
Im Anschluss hieran fragte die Angeschuldigte die Zeugin,
ob sie schon gehört habe, dass der Reichstag einberufen werden solle, weil sich der Führer verantworten solle, was mit den Juden in Deutschland geschehen sei.
3 Als die Zeugin demgegenüber darauf hinwies, dass da nicht viel zu verantworten sei, da man die Juden ja nur in nützliche Arbeit gebracht habe, entgegnete die Angeschuldigte:
" Das ist nicht wahr. Die meisten Juden sind von uns Deutschen
3 umgebracht worden ".
Auch der Zeugin Bonte erzählte die Angeschuldigte etwa in derselben Zeit,
dass der Reichstag zusammengetreten würde und dass Adolf Hitler sich vor dem Reichstag verantworten solle, was er mit den Juden
3v gemacht und wo er sie gelassen habe.
Die Angeschuldigte behauptet, an ein politisches Gespräch mit der Zeugin Bonte erinnere sie sich nicht; mit der Zeugin Veldermann habe sie zwar über politische Dinge gesprochen, aber nicht so, wie diese es wiedergebe.

11.3.18
Auszug aus der Anklageschrift des Generalstaatsanwalts beim Kammergericht Berlin gegen Luise Mattusch aus Schönebeck an der Elbe, 26. Juni 1944
BA Berlin

Das Gericht verurteilte die 39jährige Hausfrau wegen »Wehrkraftzersetzung« zu zwei Jahren Gefängnis.

11.3.19
Eisenach, Gabelsberger Straße, 9. Mai 1942
StadtA Eisenach

An diesem Tag wurden die unter 65 Jahre alten Juden von Eisenach zunächst nach Weimar, dann weiter nach Leipzig und von dort am 10. Mai in das Ghetto von Bełżyce im Distrikt Lublin verschleppt. Mit diesem Transport wurden insgesamt 1.003 Menschen aus den Regierungsbezirken Weimar, Erfurt, Leipzig, Chemnitz und Zwickau deportiert. Das Foto ist Bestandteil einer zwanzig Aufnahmen umfassenden Serie, die für die amtliche Chronik der Stadt Eisenach aufgenommen wurde.

11.3.20
Hauptbahnhof Hanau, 30. Mai 1942
Bildstelle Hanau

An diesem Tag wurden 84 Juden aus dem Kreisgebiet vom Hanauer Hauptbahnhof, Gleis 2, zunächst nach Kassel transportiert. Am 1. Juni wurden sie zusammen mit weiteren 424 Juden aus dem Regierungsbezirk Kassel und 155 aus dem Regierungsbezirk Merseburg in das Todeslager Sobibór verschleppt. Der Zug fuhr über Lublin, wo arbeitsfähige Männer aus dem Transport in das Konzentrationslager Majdanek aufgenommen wurden. Das Foto ist Bestandteil einer neunzehn Aufnahmen umfassenden Serie, aufgenommen vom Leiter der Bildstelle der Stadt Hanau.

Helfer von Untergetauchten

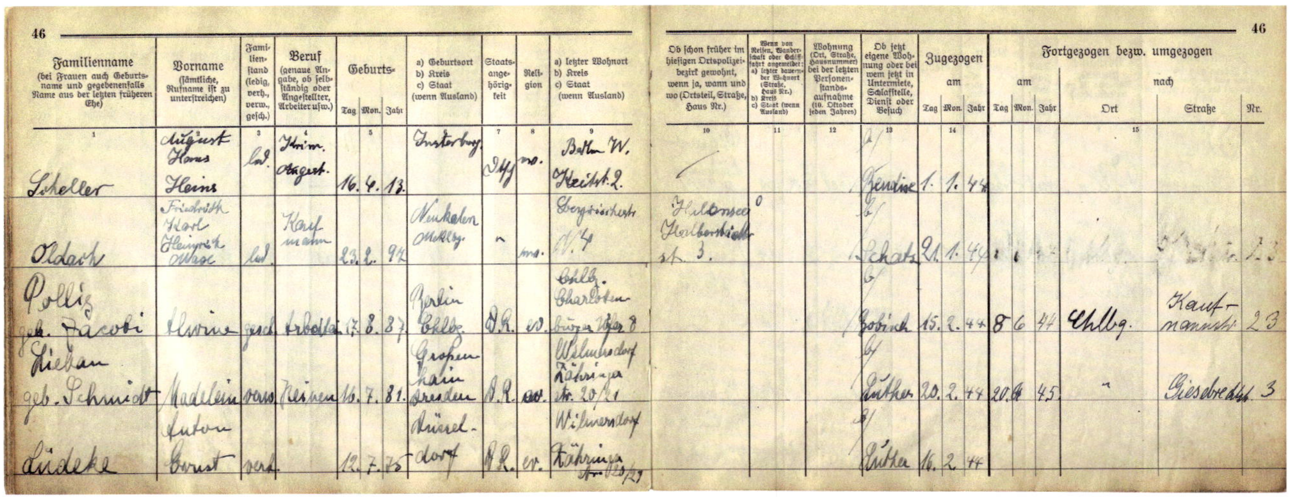

Familienname (bei Frauen auch Geburtsname und gegebenenfalls Name aus der letzten früheren Ehe)	Vorname (sämtliche, Rufname ist zu unterstreichen)	Familienstand (ledig, verh., verw., gesch.)	Beruf (genaue Angabe, ob selbständig oder Angestellter, Arbeiter usw.)	Geburts- Tag	Mon.	Jahr	a) Geburtsort b) Kreis c) Staat (wenn Ausland)	Staatsangehörigkeit	Religion	a) letzter Wohnort b) Kreis c) Staat (wenn Ausland)	Ob schon früher im hiesigen Ortspolizeibezirk gewohnt, wenn ja, wann und wo (Ortsteil, Straße, Haus Nr.)	Wenn von Reisen, Wanderschaft oder Schiffahrt angemeldet: a) letzter dauernder Wohnort (Straße, Haus Nr.) b) Kreis c) Staat (wenn Ausland)	Wohnung (Ort, Straße, Hausnummer) bei der letzten Personenstandsaufnahme (10. Oktober jeden Jahres)	Ob jetzt eigene Wohnung oder bei wem jetzt in Untermiete, Schlafstelle, Dienst oder Besuch	Zugezogen am Tag	Mon.	Jahr	Fortgezogen bezw. umgezogen am Tag	Mon.	Jahr	nach Ort	Straße	Nr.
1	2	3	4	5			6	7	8	9	10	11	12	13	14						15		
Scheller	August Hans Heinz	led.	Krim. Angest.	16.	4.	13.	Insterburg	Dtsch	ev.	Berlin W. Keithstr. 2	/			Bendine	1.	1.	44						
Oldach	Friedrich Karl Heinrich Max	led.	Kaufmann	23.	2.	92	Neukalen Meckl.	"	ev.	Bergstr. N. 4	Hiddensee Halberstädter Str. 3			Schatz	21.	1.	44	[illegible]	[illegible]	[illegible]	[illegible]	[illegible]	23
Pollig geb. Jacobi	Elvira	gesch.	Arbeiterin	17.	8.	87	Berlin Chlbg.	D.R.	ev.	Chlbg. Charlottenburger Ufer 8				Bobinck	15.	2.	44	8	6	44	Chlbg.	Kaufmannstr.	23
Lieban geb. Schmidt	Madeleine	verw.	Rentnerin	16.	7.	81.	Großenhain Dresden	D.R.	ev.	Wilmersdorf Zähringerstr. 20/21				Luther	20.	2.	44	20.	4	45	"	Giesebrechtstr.	3
Lüdeke	Anton Ernst	verh.		12.	7.	75	Düsseldorf	D.R.	ev.	Wilmersdorf Zähringerstr. 20/21				Luther	16.	2.	44						

11.3.22
Auszug aus dem »Polizeilichen An- und Abmeldebuch für Grundstück Charlottenburg, Wielandstraße 18«, 16. Februar 1944
ZfA Berlin

Als Hausmeister trug Otto Jogmin das jüdische Ehepaar Lieban unter dem Namen »Lüdeke« als »evangelisch« in das Meldebuch ein.

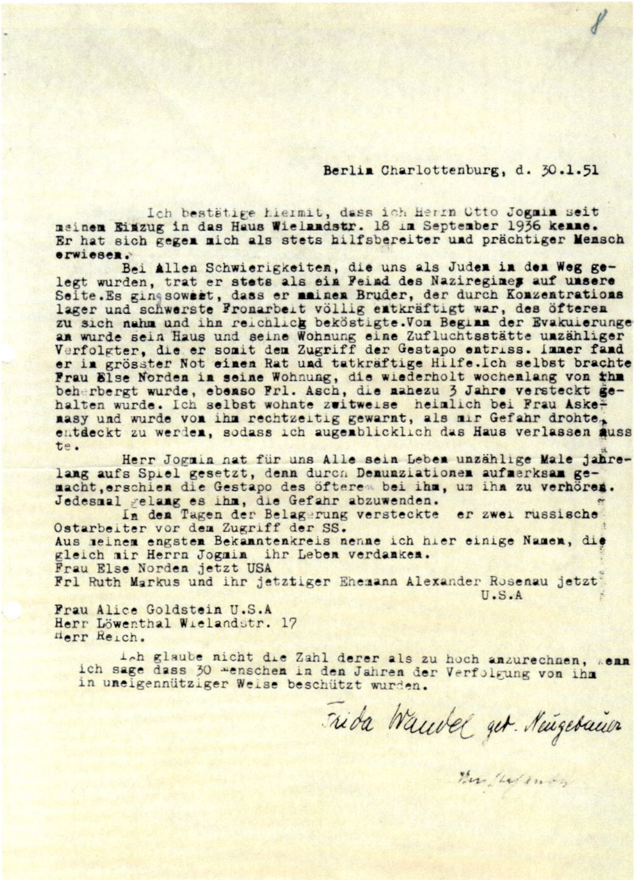

8

Berlin Charlottenburg, d. 30.1.51

Ich bestätige hiermit, dass ich Herrn Otto Jogmin seit meinem Einzug in das Haus Wielandstr. 18 im September 1936 kenne. Er hat sich gegen mich als stets hilfsbereiter und prächtiger Mensch erwiesen.

Bei Allen Schwierigkeiten, die uns als Juden in den Weg gelegt wurden, trat er stets als ein Feind des Naziregimes auf unsere Seite. Es ging soweit, dass er meinen Bruder, der durch Konzentrationslager und schwerste Fronarbeit völlig entkräftigt war, des öfteren zu sich nahm und ihn reichlich beköstigte. Vom Beginn der Evakuierungen an wurde sein Haus und seine Wohnung eine Zufluchtsstätte unzähliger Verfolgter, die er somit dem Zugriff der Gestapo entriss. Immer fand er in grösster Not einen Rat und tatkräftige Hilfe. Ich selbst brachte Frau Else Norden in seine Wohnung, die wiederholt wochenlang von ihm beherbergt wurde, ebenso Frl. Asch, die nahezu 3 Jahre versteckt gehalten wurde. Ich selbst wohnte zeitweise heimlich bei Frau Askenasy und wurde von ihm rechtzeitig gewarnt, als mir Gefahr drohte, entdeckt zu werden, sodass ich augenblicklich das Haus verlassen musste.

Herr Jogmin hat für uns Alle sein Leben unzählige Male jahrelang aufs Spiel gesetzt, denn durch Denunziationen aufmerksam gemacht, erschien die Gestapo des öfteren bei ihm, um ihn zu verhören. Jedesmal gelang es ihm, die Gefahr abzuwenden.

In den Tagen der Belagerung versteckte er zwei russische Ostarbeiter vor dem Zugriff der SS.

Aus meinem engsten Bekanntenkreis nenne ich hier einige Namen, die gleich mir Herrn Jogmin ihr Leben verdanken.
Frau Else Norden jetzt USA
Frl Ruth Markus und ihr jetztiger Ehemann Alexander Rosenau jetzt U.S.A
Frau Alice Goldstein U.S.A
Herr Löwenthal Wielandstr. 17
Herr Reich.

Ich glaube nicht die Zahl derer als zu hoch anzurechnen, wenn ich sage dass 30 Menschen in den Jahren der Verfolgung von ihm in uneigennütziger Weise beschützt wurden.

Frida Wandel geb. Neugebauer

11.3.21
Schreiben von Frau Frieda Wandel, geborene Neugebauer, Berlin, Wielandstraße 18, 30. Januar 1951
LA Berlin

Otto Jogmin versteckte zwischen 1941 und 1945 insgesamt etwa 30 Juden zeitweise oder dauerhaft im Mietshaus Wielandstraße 18 in Berlin-Charlottenburg.

[Auf die Frage, ob die große Gefahr, in die er sich mit dem Verstecken von Juden brachte, ihn nicht manchmal wünschen ließ, er könne sich dieser Last entledigen:]
Nein, da habe ich überhaupt nicht dran gedacht. Nein, ich saß ja drinne und ich konnte ja nicht raus. Ich konnte ja gar nicht. Wo sollte ich hin? Erstens mal, ich hatte da meinen Arbeitsplatz. Ich war auf den angewiesen, nicht wahr, weil ich da auch mein Essen und mein Brot verdiente. Ich konnte ja gar nicht anders. Nein, nein, nein, ausweichen war da nicht, gar nicht dran zu denken. Ausweichen gab es nicht! Vogel friß oder stirb. Eines von die beiden.

[Auf die Frage nach den Gründen für seine freiwillige Hilfe für verfolgte Juden:]
Na, ja, ich weiß ja nicht, wir haben ja… mit den Menschen, es gab ja gar keine Entscheidung, es gab ja überhaupt gar nichts – was, wo ich fragen konnte, ob das Recht ist oder Unrecht, das gab's ja nicht, nicht wahr. Ich war der einzige, entweder ich tat's oder ich tat's nicht und da ich von Hause aus – meine Mutter war eben so ein Mensch, war der – so mitleidig war, nicht wahr, da konnte ich einfach nicht anders, ging nicht, ging nichts anderes. Ich hab auch gar nicht überlegt, also überhaupt nicht, denn wenn ich ehrlich überlegt hätte, hätte ich vieles vielleicht überhaupt gar nicht gemacht.

11.2.23, Teil 3
Auszug aus einem Interview mit Otto Jogmin, 31. Mai 1985

11.3.23
Hörtexte: Otto Jogmin
1.) Hilfe für Antonie und Adalbert Lieban
2.) Lebenslauf Otto Jogmin
3.) Auszug aus einem Interview mit Otto Jogmin, 31. Mai 1985

11.3.24
Otto Jogmin, 1984
Privatbesitz

Die Ghettos

Im Laufe des Zweiten Weltkrieges richteten die Deutschen in vielen besetzten Ländern Ost- und Ostmitteleuropas Wohnbezirke für Juden ein. Dies geschah zuerst in Polen noch im Winter 1939 und zuletzt in Ungarn im Sommer 1944. Obwohl in diesen Ländern die Geschichte der Juden durchaus nicht davon geprägt gewesen war, dass diese – ähnlich wie in Frankfurt am Main oder in Venedig im 16. Jahrhundert – äußerlich gekennzeichnet in abgeschlossenen Stadtvierteln unter erheblichen Restriktionen leben mussten, wurden diese Wohnbezirke im deutschen Sprachgebrauch nun »Ghettos« genannt.

Zur Einrichtung lokaler Ghettos wurden stets diejenigen Stadtviertel ausgewählt, in denen aus historischen Gründen bereits die meisten Juden der Ortschaft lebten und deren Infrastruktur unzureichend war. In vielen Ghettos gab es weder eine funktionierende Kanalisation noch eine durchgängige Elektrifizierung des Geländes. Sämtliche jüdischen Einwohner der Ortschaften, vielfach auch die des Umlandes, wurden zwangsweise in die Ghettos umgesiedelt, nachdem die örtliche nichtjüdische Bevölkerung ausquartiert worden war. In der Konsequenz bedeutete dies, dass tausende Menschen auf engstem Raum dahinvegetieren mussten.

Zentrale und lokale Initiativen zur Einrichtung der Ghettos

Die Gründung solcher Ghettos ging sowohl auf zentrale Entscheidungen in Berlin, als auch auf lokale Interessen der deutschen Besatzungsorgane zurück. So ordnete Reinhard Heydrich als Chef der Sicherheitspolizei und des SD im September 1939 an, die Juden Westpolens solange in Ghettos zu konzentrieren, bis sie in das benachbarte Generalgouvernement abgeschoben werden könnten. Fast genau zwei Jahre später, im Oktober 1941 befahl er in seiner Eigenschaft als amtierender Reichsprotektor in Böhmen und Mähren, die tschechischen Juden bis zu ihrer Verschleppung weiter nach Osten in der alten Festungsstadt Theresienstadt zu konzentrieren.

Im Generalgouvernement hingegen erfolgten die Ghettogründungen aufgrund lokaler Initiativen zu verschiedenen Zeitpunkten. Immer wieder argumentierten die deutschen Besatzungsbehörden damit, dass man nur auf diese Weise eine von Juden ausgehende Seuchengefahr eindämmen und den »jüdischen Schleichhandel« unterbinden könne. Obwohl gerade die Zwangskonzentration tausender Menschen den Ausbruch ansteckender Krankheiten förderte und den Schmuggel zum Überleben notwendig machte, wurden solche Begründungen auch in der deutschen Propaganda verwendet.

In der besetzten Sowjetunion wurden Ghettos unter dem Vorwand der militärischen Sicherung eingerichtet. Juden galten als »Bolschewisten«, und es wurde ihnen vorgeworfen, Partisanen zu unterstützen. Viele dieser Ghettos existierten nur kurze Zeit, da schon im Herbst 1941 mit großen Massenerschießungsaktionen begonnen wurde.

Zwangsarbeit für die deutsche Kriegswirtschaft

Die lokalen Besatzungsverwaltungen erkannten in der Regel sehr schnell das Potential an beliebig ausbeutbaren Arbeitskräften, das die in den Ghettos völlig verarmten und entrechteten Juden bildeten. Die deutschen kommunalen Verwaltungsbeamten begannen daher, die Arbeitsfähigen zugunsten der deutschen Kriegs- und Rüstungswirtschaft vor Ort einzusetzen. Dies konnte völlig unterschiedlich organisiert sein; im besetzten Łódź (dt. »Litzmannstadt«) etwa überwachte eine städtische Behörde die Ausführung von Zwangsarbeiten im Ghetto, wohingegen in Warschau innerhalb der Ghettogrenzen ansässige deutsche private Firmen Aufträge erhielten und ihre Erledigung überwachten. Im lettischen Riga vermittelte eine Außenstelle des örtlichen deutschen Arbeitsamts jüdische Arbeitskräfte an die Wehrmacht. Dort verließen Tag für Tag tausende Juden das Ghetto; sie wurden bei der Arbeit von deutschen Soldaten bewacht. In Theresienstadt kam es gar nicht zu einer umfassenden Ausnutzung der Juden, weil die Sicherheitspolizei, die dort die Führung des Ghettos stets in Händen hielt, keine Konkurrenz um die Verfügung über die Juden aufkommen ließ.

Ghettoalltag

Die Lebensbedingungen in den Ghettos wurden von außen durch die jeweilige deutsche Ghettoverwaltung bestimmt. Die jüdische Bevölkerung erhielt trotz der permanenten Ausbeutung ihrer Arbeitskraft viel zu wenig Lebensmittel. Auch die medizinische Versorgung war minimal. Hygienische Maßnahmen, die für eine auf engstem Raum zusammenlebende Zwangsgemeinschaft notwendig gewesen wären, wurden verweigert. Durch Hunger und Krankheiten setzte ein Massensterben ein, das von den deutschen Verwaltungen in Kauf genommen oder sogar absichtlich herbeigeführt wurde. Die örtliche Gesundheitsverwaltung war nur daran interessiert, dass keine Epidemien ausbrachen, die an Ghettogrenzen nicht Halt machen würden. Damit von den Lebensbedingungen nichts nach außen drang, wurden die Ghettobewohner weitgehend von der Außenwelt abgeschnitten. Nur in wenigen Ghettos gab es die Möglichkeit, einen Postverkehr einzurichten. Dort waren lediglich vorgedruckte Postkarten erlaubt, oder die ausgehenden Briefe unterlagen einer strengen Zensur.

Unter diesen Umständen mussten die Eingeschlossenen um ihr tägliches Überleben kämpfen. Die Juden in den Ghettos weigerten sich, soziale Normen und Werte aufzugeben. Der andauernden Erniedrigung zu Arbeitssklaven setzten viele ein eigenständiges kulturelles und religiöses Leben entgegen. Sie richteten Kindergärten und Schulen ein. Mit Krankenstationen, öffentlichen Bädern und einer Abfallentsorgung sorgten sie für eine leidliche medizinische und sanitäre Grundversorgung. Durch lebensgefährliche Schmuggelaktionen und Tauschhandel versuchten sie die Mangelernährung zu bekämpfen, was die hohe Sterblichkeit in den Ghettos jedoch kaum verringern konnte.

Selbstverwaltung und Widerstand

Die deutschen Ghettoverwaltungen ernannten zur Umsetzung ihrer Anweisungen sogenannte Judenräte. Deren Mitglieder hafteten mit ihrem Leben für eine exakte Ausführung deutscher Befehle. Aus ihren Reihen wurde ein Obmann oder Vorsitzender ernannt, der den Ghettoverwaltungen als allein Verantwortlicher gegenüberstand. Zum wichtigsten Exekutivorgan dieser erzwungenen Selbstverwaltung wurde in den großen Ghettos der sogenannte jüdische Ordnungsdienst. Sehr oft rückten jüdische Ghettopolizisten zu Razzien oder Beschlagnahmeaktionen aus. Auch an Selektionen von Arbeitsunfähigen waren sie beteiligt. Die Judenräte sowie die Ghettopolizei lehnten Vorbereitungen zur Massenflucht oder Aufstandspläne ab, weil sie die kollektive Vergeltung der Deutschen gegen sämtliche Ghettobewohner fürchteten. Sie meinten, man solle eher versuchen, das Überleben durch unentbehrliche Arbeitsleistung zu sichern. Dagegen wandten sich Widerstandsgruppen, die argumentierten, die Zwangsarbeiten sicherten nur die deutsche militärische Leistungsfähigkeit, nehme als Willfährigkeit den Juden die Würde und garantiere kein Überleben. Weder die eine noch die andere Strategie konnte den Massenmord an den Juden in den Ghettos aufhalten.

Vernichtung

Mit der Entscheidung, sämtliche Juden im deutschen Machtbereich zu töten, war auch das Schicksal der noch in den Ghettos lebenden Menschen besiegelt. Seit dem Herbst 1941 wurde in den weiter ostwärts liegenden Ghettos begonnen, Juden durch zahlreiche Massenerschießungsaktionen zu ermorden, bevor die in Polen gelegenen Ghettos im Laufe des Jahres 1942 durch Transporte in die Todeslager geleert wurden. Allerdings beeinflusste die Arbeitsleistung jedes Einzelnen den Zeitpunkt seiner Ermordung. Arbeitsausweise, Berufsausbildung und körperliche Verfassung wurden angesichts der Selektionen überlebenswichtig. Manche Ghettos waren mittlerweile für die deutsche Kriegswirtschaft so relevant geworden, dass die Absicht, sie aufzulösen, nicht unwidersprochen blieb. Solche Ghettos wurden 1943 durch einzelne Befehle Heinrich Himmlers in Konzentrationslager umgewandelt. Damit sicherten sich SS und Polizei die zentrale Kontrolle über diejenigen Juden, die wegen ihrer Arbeitsleistung noch am Leben waren. Andere Ghettos hingegen wurden umstellt und die Bewohner ermordet.

Peter Klein

Zu 12.1.1
Foto aus Filmsequenz

12.1
Ghettogründungen

12.a
Ghettos 1943, Auswahl

12.b
Arbeitsstation
- Die genannten Ghettos und erwähnten Personen
- Künstler und Fotografen
- Aufstand im Warschauer Ghetto: »Stroop-Bericht«

Zu 12.1.2
Foto aus Filmsequenz

12.1.1
Monitor: Filmsequenzen zur »Einsiedlung« ins Ghetto Kutno im April 1940
WFDiF Warszawa

12.1.2
Monitor: Filmsequenzen zur Ankunft von Magdeburger Juden im Ghetto Warschau am 16. April 1942
YV Jerusalem

Wir wohnten in der schönsten Straße in Łódż. Als die Deutschen rein gekommen sind, haben sie diese Häuser gleich für sich beschlagnahmt. […] Wir hatten nichts mitgenommen von Zuhause. […]
Wir waren eine kurze Zeit bei meinem Onkel und dann sind wir in das Ghetto gekommen. […] Wir haben aus dem Haus meines Onkel noch mitgenommen, was wir konnten. Die Betten und einen herrlichen Tisch. Auf dem Weg ins Ghetto hat ein Deutscher plötzlich den Pferdewagen angehalten und den Tisch herunter genommen. Meine Mutter war so unglücklich, aber sie konnte es nicht verhindern, weil der Deutsche sie sonst sofort erschossen hätte. Sie war unglücklich: Was würde sie meinem Onkel und meiner Tante nach dem Krieg sagen, was aus dem Tisch geworden ist? Kein Mensch konnte sich doch 1940 vorstellen, dass alle umkommen werden.

12.1.3 ▸REISS◂
Esther Reiss über ihren Weg ins Ghetto Litzmannstadt im Frühjahr 1940, aus einem Interview 2001.

Das Getto – eine Stätte des Verfalls

Der Bürgermeister macht uns mit dem Polizeichef, Oberleutnant Weißenborn bekannt, der uns zu einer Besichtigung des Gettos einlädt. Bald landen wir vor den Toren einer halbverfallenen Fabrik, an der die Kämpfe um Kutno nicht ganz spurlos vorübergegangen sind. Es regnet. Das Fabrikgelände ist ein einziges Schlammbad. Schon der Eintritt in das Getto zeigt, daß der Bürgermeister keineswegs zuviel versprach, wenn er von unglaublich dreckigem Gesindel redet. Wir sind aus dem Getto in Litzmannstadt an allerhand Dreck gewöhnt, aber was wir hier sehen, übersteigt alles bisher Gebotene.

„Stellen Sie sich vor, hier wäre ein deutsches Kriegsgefangenenlager! In 14 Tagen wäre der Laden sauber und in Ordnung. Aber seit April, als sie hier einzogen, haben die Juden nicht einen einzigen Handgriff getan, um sich ihre Lage irgendwie menschenwürdig zu gestalten. Im Gegenteil, der Dreck ist bedeutend angewachsen", erklärt Oberleutnant Weißenborn.

Im Hofe sehen wir aus verfallenen Kesselteilen Läden eingerichtet, wo mit den unglaublichsten Dingen gehandelt wird: Lebensmittel, halbe Schuhsohlen, verrostete Nägel. und ähnliches. Auch eine Volksküche ist hier eingerichtet worden, um die Armen nicht verhungern zu lassen, — aber nicht etwa auf die Initiative der reicheren Juden hin! Wir werfen einen Blick hinein. Es stinkt nach verbrannten Zwiebeln. „Erbsensuppe" soll es geben. Wir wünschen guten Appetit! Dann betreten wir die Fabrik. Hier hausen siebeneinhalbtausend Juden. Es ist, wie der Oberleutnant sagte: kein Lager, in dem Zucht und Ordnung herrschen, sondern eine Anhäufung schmutziger Höhlenwohnungen. Die Juden scheinen sich hier wohl zu fühlen. Einzelne Juden machen sich an den Oberleutnant heran, bitten ihn, in die Stadt gehen zu dürfen. Jeder hat ein anderes Anliegen. Nur in wenigen, begründeten Fällen wird die Erlaubnis erteilt. „Es gibt verschiedene Arbeiten, für die sich die Juden ganz gut eignen", sagt der Polizeichef, „und bei guter Führung lassen wir sie an den betreffenden Arbeitsplätzen ziemlich selbständig arbeiten. Aber die meisten sind faul und lungern lieber hier herum." Wir verlassen den Ort des Verfalls.

12.1.4
Auszug aus der Reportage »Der Schlachtenlärm von Kutno ist verstummt…«, Litzmannstädter Zeitung, Sonntag, den 22. September 1940

12.1.5
Lesemappe: Litzmannstädter Zeitung, Sonntag, den 9. Juni 1940

12.1.6
Lesemappe: Berliner Illustrierte Zeitung vom 24. Juli 1941

12.2

Zwangsarbeit unter deutscher Kommunalverwaltung

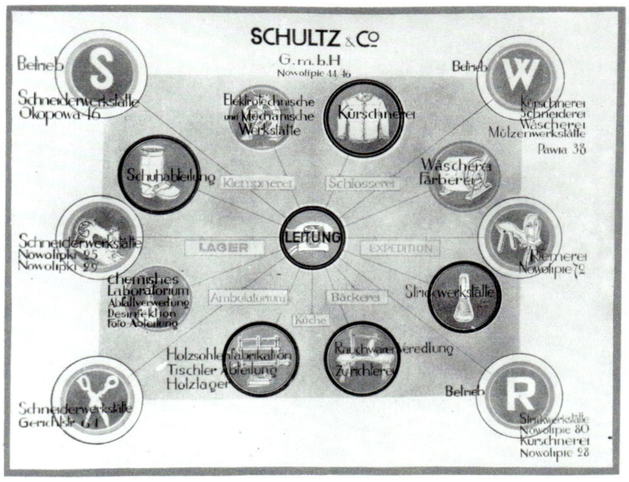

12.2.1
Organigramm der Firma Schultz & Co. im Warschauer Ghetto, undatiert
Privatbesitz

Die Danziger Firma Fritz Emil Schultz & Co., Pelzkonfektion, betrieb seit Herbst 1941 einen Großbetrieb im Ghetto Warschau.

12.2.3
Strohschuhfabrik im Ghetto Litzmannstadt, undatiert. Fotograf: Walter Genewein
JM Frankfurt a. M.

Seit Frühjahr 1942 wurden im Ghetto Stroh-Postenschuhe für die deutschen Truppen im Osten angefertigt. Die Kriegsaufträge der Wehrmacht beliefen sich auf mindestens 1,6 Millionen Paar Schuhe.

12.2.2
Kolonne jüdischer Zwangsarbeiter auf dem Weg zur Arbeit, undatiert
Staw Hamburg

Die Kolonne befindet sich an der Kreuzung Theaterstraße / Wallstraße in der Innenstadt Rigas.

12.2.4
Eine Kolonne jüdischer Arbeitskräfte kehrt ins Ghetto Kaunas zurück, undatiert. Fotograf: George Kadish
BH Tel Aviv

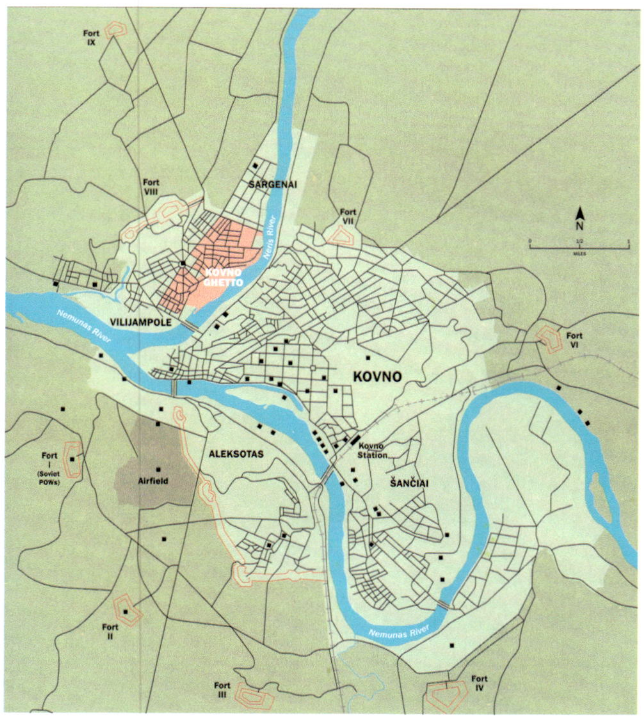

12.2.6
Karte von Kaunas/Kovno mit der Lage des Ghettos. Rekonstruktion für das Jahr 1942
USHMM Washington D.C.

Die schwarzen Markierungen zeigen, wie die größeren Einsatzorte jüdischer Zwangsarbeiter im Stadtgebiet verteilt waren.

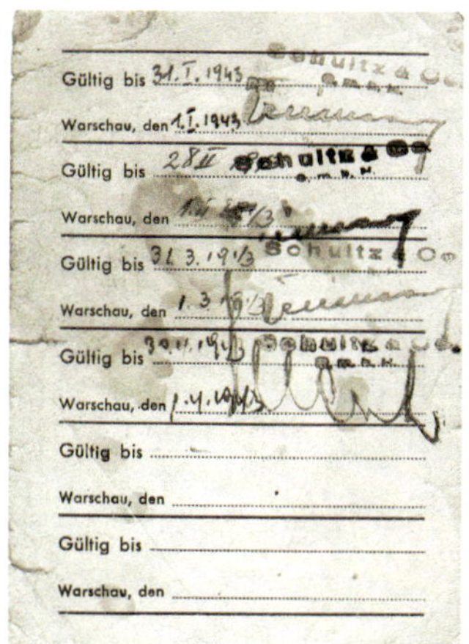
Gültig bis 31. I. 1943
Warschau, den 1. I. 1943
Gültig bis 28. II
Warschau, den
Gültig bis 31. 3. 1943
Warschau, den 1. 3.
Gültig bis
Warschau, den 1. 4. 1943
Gültig bis
Warschau, den
Gültig bis
Warschau, den

12.2.5 ▸ **TABACZYNSKA** ◂
Der Arbeitsausweis für Eugenia Tabaczynska bei der Firma Schultz & Co. für die Zeit zwischen Januar und April 1943
USHMM Washington D.C.

12.3
Alltag im Ghetto

12.3.1
Farbiges Gemälde (Gouache auf Karton). Signiert rechts unten »Nägl 1943«
ZM Praha

Die Unterkünfte im Ghetto Theresienstadt waren so überfüllt, dass man nur mit Hilfe solcher Stockbettkonstruktionen für sich und die eigenen Habseligkeiten ein Stück Privatheit schaffen konnte.

12.3.3
Das Ghettotor von Wilna von außen, undatiert
USHMM Washington D.C.

Links ein Mitglied des jüdischen Ghetto-Ordnungsdienstes, rechts ein litauischer Hilfspolizist.

12.3.2
Veranstaltungsplakat für ein Konzert der Torwache des Ghettos Wilna am 4. Mai o. J.
VGZM Vilnius

Montag, den 4.5. im
kleinen Stadt-Saal Konska 3
Gibt es
Das 1. Konzert
organisiert
von der Torwache

Im Programm:
Sinfonie-Orchester
mit Auftritten von Künstlern
Puppen-Aufführung
(Marionetten)
Beginn: 9 abends
(Übersetzung aus dem Jiddischen)

1941 herrschte schrecklicher Hunger im Ghetto. Wir mussten arbeiten. […] Und das war ein Hunger… Unter unserer Gruppe war ein Mädchen aus Berlin, aus einem sehr reichen Haus. Für sie war der Hunger etwas Schreckliches. Wir haben ein Brot in der Woche bekommen und davon musste man für jeden Tag eine Portion abteilen, damit man etwas isst und am Leben bleibt. Sie hatte nicht genug Kraft. Sie hat das ganze Brot an einem Tag aufgegessen. […] Jede von uns Freundinnen hat von dem wenigen Brot jeden Tag eine Scheibe abgegeben, damit dieses Mädchen täglich eine Portion Brot bekam.
Und dann kam dieses schreckliche Jahr 1942. Mein Vater war schon schwach, er war gar nicht krank, aber sehr schwach geworden. Er konnte nicht mehr auf den Beinen stehen. Es war schrecklich.
Mein Bruder hat gearbeitet. Er war ein junger, hübscher, kräftiger Mann, aber auch er ist schwach geworden. Wir hatten eine sehr gute Ärztin, die kam und sagte, dass er nicht krank ist, aber schwach. Sie hat gesagt, es lohnt sich, wenn er für ein paar Tage ins Krankenhaus geht. […] Am Montagfrüh kam man zu uns und fragte nach dem Namen. Und man erzählte uns, dass mein Bruder gestorben ist.

12.1.3 ▸REISS◂
Esther Reiss über den Hunger im Ghetto, aus einem Interview 2001.

12.3.6
Standfoto aus einem deutschen Propagandafilm über die Lebensverhältnisse im Ghetto Warschau, Frühjahr 1942
GHWK Berlin

Die hier gezeigten Kinder werden im Film kurz vorher wegen Verdachts des Schmugggelns von Polizisten angehalten und mit Gewalt zur Herausgabe der mitgebrachten Nahrungsmittel gezwungen. Der Film wurde nicht öffentlich gezeigt.

POSTKARTE

DEUTSCHES REICH 30

Frau
Flora Schuster
Berlin-Friedenau
Rheinstraße 35

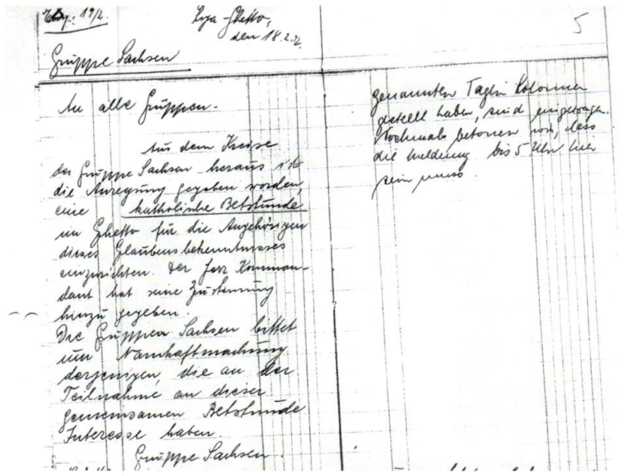
Gruppe Sachsen

An alle Gruppen.

Aus dem Kreise der Gruppe Sachsen heraus ist die Anregung gegeben worden, eine katholische Betstunde im Ghetto für die Angehörigen dieses Glaubensbekenntnisses einzurichten. Der Kommandant hat seine Zustimmung hierzu gegeben. Die Gruppe Sachsen bittet um Namhaftmachung derjenigen, die an der Teilnahme an dieser gemeinsamen Betstunde Interesse haben.
Gruppe Sachsen

12.3.5
Journalbuch der aus Dortmund deportierten Juden im Ghetto Riga vom 18. Februar 1942
LVVA Riga

In den Transporten aus dem Deutschen Reich nach Riga befanden sich auch Personen, die gemäß der Nürnberger Rassegesetze Juden sein sollten, aber katholischen Glaubens waren.

Abschrift des handschriftlichen Eintrags:
»Aus dem Kreise der Gruppe Sachsen heraus ist die Anregung gegeben worden, eine katholische Betstunde im Ghetto für die angehörigen dieses Glaubensbekenntnisses einzurichten. Der Kommandant hat seine Zustimmung hierzu gegeben. Die Gruppe Sachsen bittet um Namhaftmachung derjenigen, die an der Teilnahme an dieser gemeinsamen Betstunde Interesse haben. Gruppe Sachsen«

Theresienstadt, am 5. 9. . . . 1944.

Liebste Schusters.

Ich bestätige dankend den Empfang Ihres (Deines) Paketes vom August 21.1944.

Käthe Silberstein
Unterschrift.

A6/335-V/7-VIII.44-50m - 215

12.3.4 ▸SILBERSTEIN◂
Vorgedruckte Postkarte, mit der sich Käthe Silberstein aus Berlin bei Flora Schuster für ein Paket bedankt. Theresienstadt, am 5. September 1944
Privatbesitz

Käthe Silberstein war mit einem Transport am 18. März 1943 aus Berlin nach Theresienstadt deportiert worden.

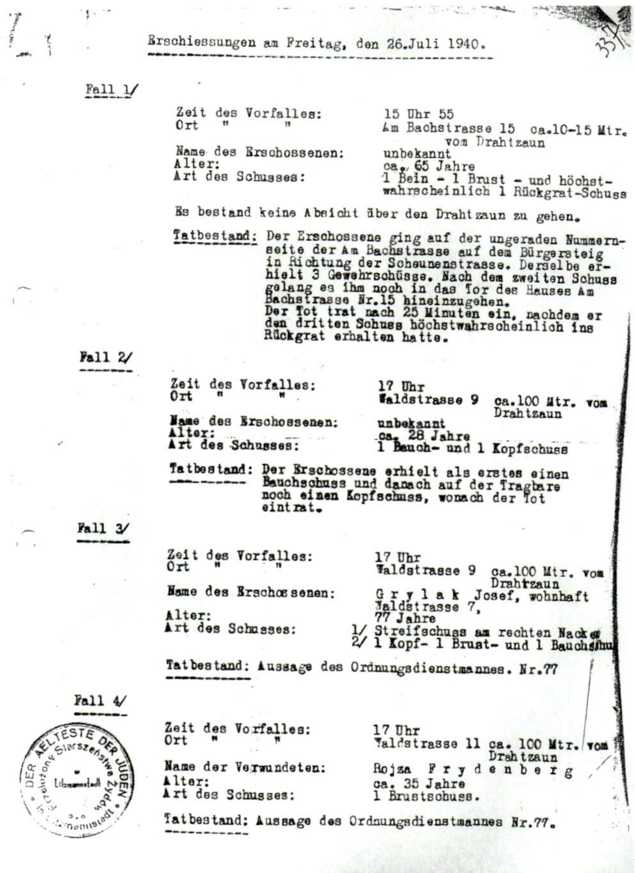
Erschiessungen am Freitag, den 26.Juli 1940.

Fall 1/

Zeit des Vorfalles: 15 Uhr 55
Ort " " Am Bachstrasse 15 ca.10-15 Mtr. vom Drahtzaun
Name des Erschossenen: unbekannt
Alter: ca. 65 Jahre
Art des Schusses: 1 Bein - 1 Brust - und höchstwahrscheinlich 1 Rückgrat-Schuss

Es bestand keine Absicht über den Drahtzaun zu gehen.

Tatbestand: Der Erschossene ging auf der ungeraden Nummernseite der Am Bachstrasse auf dem Bürgersteig in Richtung der Scheunenstrasse. Derselbe erhielt 3 Gewehrschüsse. Nach dem zweiten Schuss gelang es ihm noch in das Tor des Hauses Am Bachstrasse Nr.15 hineinzugehen.
Der Tot trat nach 25 Minuten ein, nachdem er den dritten Schuss höchstwahrscheinlich ins Rückgrat erhalten hatte.

Fall 2/

Zeit des Vorfalles: 17 Uhr
Ort " " Waldstrasse 9 ca.100 Mtr. vom Drahtzaun
Name des Erschossenen: unbekannt
Alter: ca. 28 Jahre
Art des Schusses: 1 Bauch- und 1 Kopfschuss

Tatbestand: Der Erschossene erhielt als erstes einen Bauchschuss und danach auf der Tragbare noch einen Kopfschuss, wonach der Tot eintrat.

Fall 3/

Zeit des Vorfalles: 17 Uhr
Ort " " Waldstrasse 9 ca.100 Mtr. vom Drahtzaun
Name des Erschossenen: G r y l a k Josef, wohnhaft Waldstrasse 7,
Alter: 77 Jahre
Art des Schusses: 1/ Streifschuss am rechten Nacken
2/ 1 Kopf- 1 Brust- und 1 Bauchschuss

Tatbestand: Aussage des Ordnungsdienstmannes. Nr.77

Fall 4/

Zeit des Vorfalles: 17 Uhr
Ort " " Waldstrasse 11 ca. 100 Mtr. vom Drahtzaun
Name der Verwundeten: Rojza F r y d e n b e r g
Alter: ca. 35 Jahre
Art des Schusses: 1 Brustschuss.

Tatbestand: Aussage des Ordnungsdienstmannes Nr.77.

DER AELTESTE DER JUDEN · Przełożony Starszeństwa Żydów · Litzmannstadt

12.3.7
Am Freitag, den 26. Juli 1940 schossen deutsche Wachpolizisten innerhalb kurzer Zeit auf vier Personen, die sich zum Teil etwa 100 Meter vom Ghettozaun entfernt aufgehalten hatten. Solche Vorfälle wurden vom jüdischen Ordnungsdienst im Ghetto Litzmannstadt in Tagesmeldungen zusammengefasst
AP Łódź

12.3.8/12.3.9
Zwei Kinder vor einem Süßwarengeschäft, Ghetto Warschau, Sommer 1941. Fotograf: Ludwig Knobloch
BA Koblenz

12.4
Arbeiten oder kämpfen?
Die »Judenräte« und der Widerstand

12.4.13 ▸REISS◂
Mordechai Chaim Rumkowski mit Mädchen aus dem Ghetto, Esther Reiss (hinter seiner linken Schulter), 1940/41
YV Jerusalem

12.4.1
Mordechai Chaim Rumkowski, der »Älteste der Juden« im Ghetto Litzmannstadt, erstattet Heinrich Himmler Bericht, 6. Juni 1941. Fotograf: Walter Genewein
JM Frankfurt a. M.

12.4.2
Adam Czerniakow, »Vorsitzender des Warschauer Judenrats«, im Gespräch mit einem Vertreter der deutschen Besatzungsmacht, undatiert. Fotograf: Hans-Joachim Gerke
USHMM Washington D.C.

12.4.4
Ein Mitglied der jüdischen Ghettopolizei in Kaunas vor seinem Büro, undatiert.
Fotograf: George Kadish
BH Tel Aviv

12.4.3
Dr. Paul Eppstein (rechts), »Vorsitzender des Theresienstädter Judenrats«, begrüßt ankommende Juden aus den Niederlanden am 20. Januar 1944. Fotograf: Ivan V. Fric
USHMM Washington D.C.

12.4.5
Jüdische Ghettopolizei in Warschau, Mai 1941. Fotograf: Ludwig Knobloch
BA Koblenz

12.4.6
Jüdischer Polizist im Ghetto Litzmannstadt, undatiert. Fotograf: Henryk Ross
AMC London

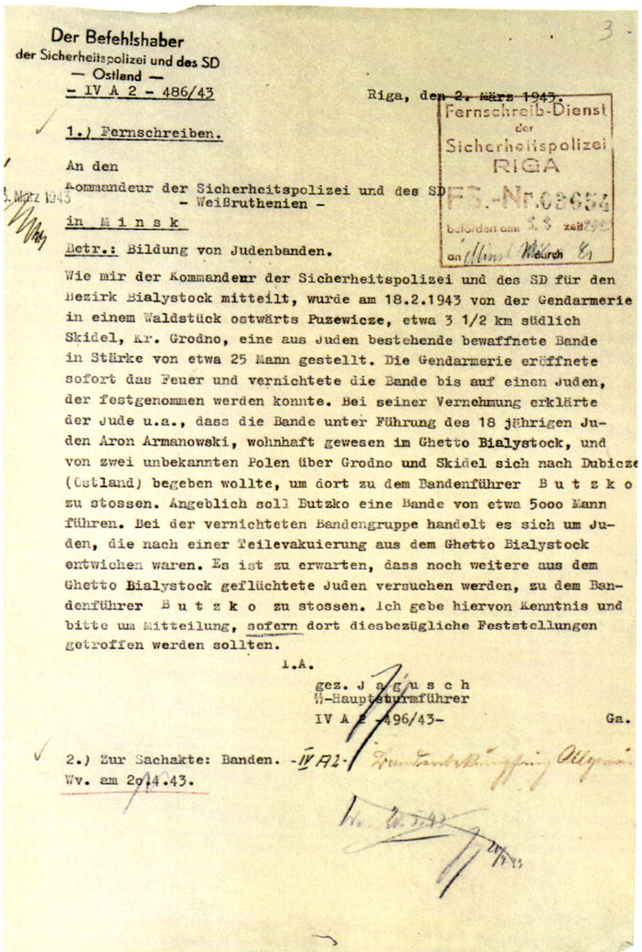

Der Befehlshaber
der Sicherheitspolizei und des SD
— Ostland —
- IV A 2 - 486/43

Riga, den 2. März 1943.

Fernschreib-Dienst der Sicherheitspolizei RIGA
FS.-Nr. 08654

1.) Fernschreiben.

An den
Kommandeur der Sicherheitspolizei und des SD
- Weißruthenien -
in Minsk

Betr.: Bildung von Judenbanden.

Wie mir der Kommandeur der Sicherheitspolizei und des SD für den Bezirk Bialystock mitteilt, wurde am 18.2.1943 von der Gendarmerie in einem Waldstück ostwärts Puzewicze, etwa 3 1/2 km südlich Skidel, Kr. Grodno, eine aus Juden bestehende bewaffnete Bande in Stärke von etwa 25 Mann gestellt. Die Gendarmerie eröffnete sofort das Feuer und vernichtete die Bande bis auf einen Juden, der festgenommen werden konnte. Bei seiner Vernehmung erklärte der Jude u.a., dass die Bande unter Führung des 18 jährigen Juden Aron Armanowski, wohnhaft gewesen im Ghetto Bialystock, und von zwei unbekannten Polen über Grodno und Skidel sich nach Dubicze (Ostland) begeben wollte, um dort zu dem Bandenführer Butzko zu stossen. Angeblich soll Butzko eine Bande von etwa 5000 Mann führen. Bei der vernichteten Bandengruppe handelt es sich um Juden, die nach einer Teilevakuierung aus dem Ghetto Bialystock entwichen waren. Es ist zu erwarten, dass noch weitere aus dem Ghetto Bialystock geflüchtete Juden versuchen werden, zu dem Bandenführer Butzko zu stossen. Ich gebe hiervon Kenntnis und bitte um Mitteilung, sofern dort diesbezügliche Feststellungen getroffen werden sollten.

I.A.
gez. Jagusch
SS-Hauptsturmführer
IV A 2 - 496/43- Ga.

2.) Zur Sachakte: Banden. - IV A 2 -
Wv. am 20.4.43.

12.4.7
Der Befehlshaber der Sicherheitspolizei und des SD im Ostland an den untergeordneten Kommandeur für das besetzte Weißrussland, 2. März 1943
RGVA Moskwa

Im Zuge der Vernichtung des Ghettos in Białystok Anfang Februar 1943 wurden über 10.000 Juden nach Treblinka deportiert. Einigen Personen gelang in dieser Zeit die Flucht aus dem Ghetto. Sie schlossen sich zu Partisanengruppen zusammen oder suchten Kontakt zu größeren Verbänden.

12.4.8
Abba Kovner, der Führer der Vereinigten Partisanen-Organisation im Ghetto Wilna, mit weiteren Mitgliedern seiner jüdischen Partisanengruppe unmittelbar nach Befreiung der Stadt am 14. Juli 1944
YIVO New York

Von links nach rechts stehend: Elchanan Magid, Jakob Prener, Bluma Markowicz, Abba Kovner, Rozka Korczak, Leib Sapirstein und Witka Kempner. Von links nach rechts kniend: Gerschon Griner, Pesach Miserec und Motl Schames.

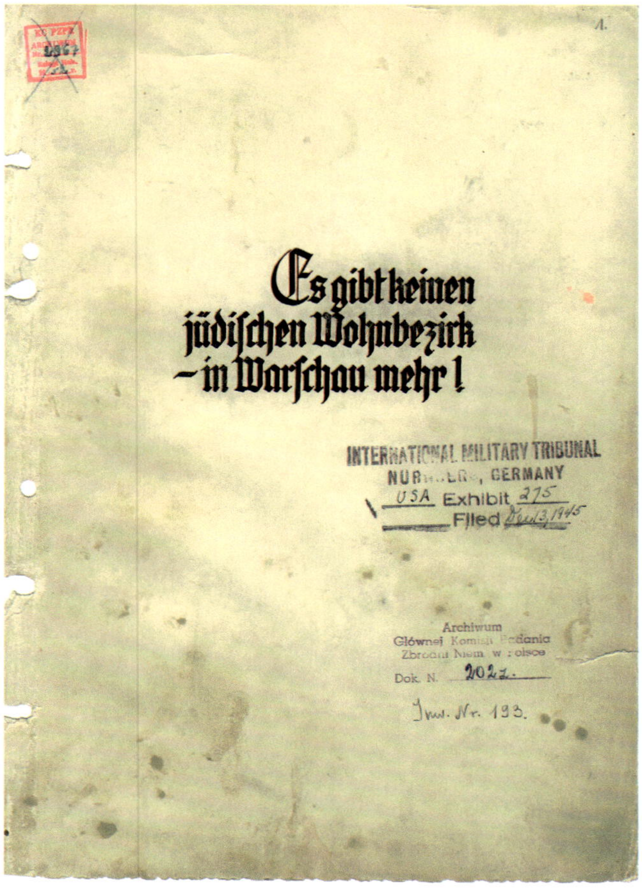

Es gibt keinen jüdischen Wohnbezirk – in Warschau mehr!

INTERNATIONAL MILITARY TRIBUNAL
NURNBERG, GERMANY
USA Exhibit 275
Filed Dec 13 1945

Archiwum
Głównej Komisji Badania
Zbrodni Niem. w Polsce
Dok. N. 2027.
Inw. Nr. 133.

12.4.9
Deckblatt eines bebilderten Rechenschaftsberichts des SS-Brigadeführers Jürgen Stroop (»Stroop-Bericht«) an Heinrich Himmler über die Niederschlagung des Warschauer Ghettoaufstandes im April 1943
IPN Warszawa

12.4.10
Stroop-Bericht: »Jüdische Rabbiner«, Blatt 12 des Bildteils
IPN Warszawa

12.4.11
Stroop-Bericht: »Mit Gewalt aus den Bunkern hervorgeholt«, Blatt 15 des Bildteils
IPN Warszawa

»Bunker« wurden die Verstecke genannt, in denen sich Juden während der großen Räumungsaktionen verbargen.

12.4.12 **ZEITFENSTER**
Kniefall Willy Brandts, 7. Dezember 1970
Ullstein Berlin

Willy Brandt besuchte als erster deutscher Bundeskanzler Anfang Dezember 1970 die Volksrepublik Polen. Brandt war 1933 emigriert und hatte in Norwegen und später in Schweden im Widerstand gegen die deutsche Besatzung gearbeitet. Während des Staatsbesuchs besuchte er am 7. Dezember das Denkmal zur Erinnerung an den Aufstand im Warschauer Ghetto. Dort kniete er während der Gedenkzeremonie spontan nieder. Dieser Kniefall rief international viel Aufmerksamkeit hervor, war aber durchaus umstritten. In Deutschland fand diese symbolische Geste ein sehr geteiltes Echo.

12.5

Die Vernichtung der Ghettos

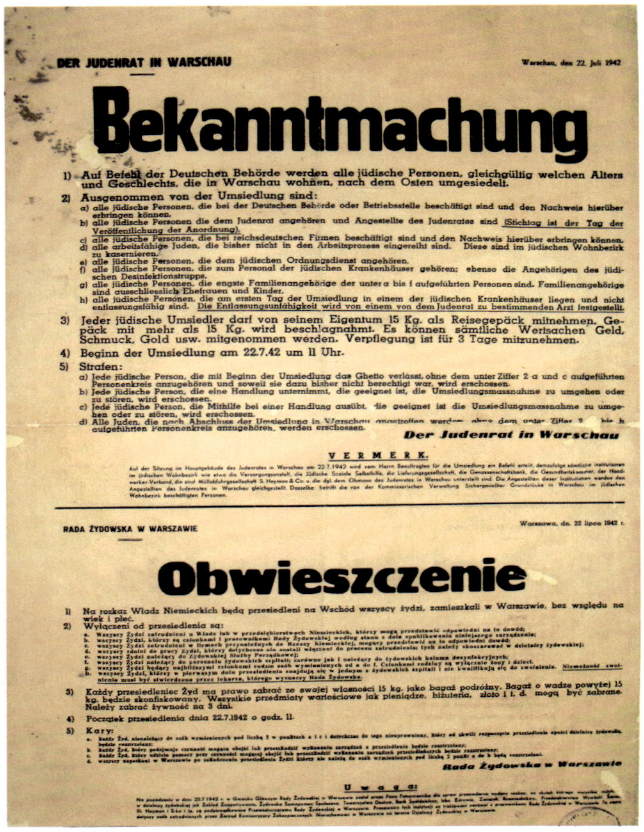

DER JUDENRAT IN WARSCHAU — Warschau, den 22. Juli 1942

Bekanntmachung

1) Auf Befehl der Deutschen Behörde werden alle jüdische Personen, gleichgültig welchen Alters und Geschlechts, die in Warschau wohnen, nach dem Osten umgesiedelt.

2) Ausgenommen von der Umsiedlung sind:
a) alle jüdische Personen, die bei der Deutschen Behörde oder Betriebsstelle beschäftigt sind und den Nachweis hierüber erbringen können.
b) alle jüdische Personen die dem Judenrat angehören und Angestellte des Judenrates sind (Stichtag ist der Tag der Veröffentlichung der Anordnung).
c) alle jüdische Personen, die bei reichsdeutschen Firmen beschäftigt sind und den Nachweis hierüber erbringen können.
d) alle arbeitsfähige Juden, die bisher nicht in den Arbeitsprozess eingereiht sind. Diese sind im jüdischen Wohnbezirk zu kasernieren.
e) alle jüdische Personen, die dem jüdischen Ordnungsdienst angehören.
f) alle jüdische Personen, die zum Personal der jüdischen Krankenhäuser gehören; ebenso die Angehörigen des jüdischen Desinfektionstrupps.
g) alle jüdische Personen, die engste Familienangehörige der unter a bis f aufgeführten Personen sind. Familienangehörige sind ausschliesslich Ehefrauen und Kinder.
h) alle jüdische Personen, die am ersten Tag der Umsiedlung in einem der jüdischen Krankenhäuser liegen und nicht entlassungsfähig sind. Die Entlassungsunfähigkeit wird von einem von dem Judenrat zu bestimmenden Arzt festgestellt.

3) Jeder jüdische Umsiedler darf von seinem Eigentum 15 Kg. als Reisegepäck mitnehmen. Gepäck mit mehr als 15 Kg. wird beschlagnahmt. Es können sämtliche Wertsachen Geld, Schmuck, Gold usw. mitgenommen werden. Verpflegung ist für 3 Tage mitzunehmen.

4) Beginn der Umsiedlung am 22.7.42 um 11 Uhr.

5) Strafen:
a) Jede jüdische Person, die mit Beginn der Umsiedlung das Ghetto verlässt, ohne dem unter Ziffer 2 a und c aufgeführten Personenkreis anzugehören und soweit sie dazu bisher nicht berechtigt war, wird erschossen.
b) Jede jüdische Person, die eine Handlung unternimmt, die geeignet ist, die Umsiedlungsmassnahme zu umgehen oder zu stören, wird erschossen.
c) Jede jüdische Person, die Mithilfe bei einer Handlung ausübt, die geeignet ist die Umsiedlungsmassnahme zu umgehen oder zu stören, wird erschossen.
d) Alle Juden, die nach Abschluss der Umsiedlung in Warschau angetroffen werden, ohne dem unter Ziffer 2 a bis h aufgeführten Personenkreis anzugehören, werden erschossen.

Der Judenrat in Warschau

VERMERK.

Auf der Sitzung im Hauptgebäude des Judenrates in Warschau am 22.7.1942 wird vom Herrn Beauftragten für die Umsiedlung ein Befehl erteilt, demzufolge sämtliche Institutionen im jüdischen Wohnbezirk wie etwa die Versorgungsanstalt, die Jüdische Soziale Selbsthilfe, die Lieferungsgesellschaft, die Genossenschaftsbank, die Gesundheitskammer, der Handwerker-Verband, die sind Müllabfuhrgesellschaft S. Heymann & Co. u. die dgl. dem Obmann des Judenrates in Warschau unterstellt sind. Die Angestellten dieser Institutionen werden den Angestellten des Judenrates in Warschau gleichgestellt. Dasselbe betrifft die von der Kommissarischen Verwaltung Sichergestellter Grundstücke in Warschau im jüdischen Wohnbezirk beschäftigten Personen.

RADA ŻYDOWSKA W WARSZAWIE — Warszawa, dn. 22 lipca 1942 r.

Obwieszczenie

1) Na rozkaz Władz Niemieckich będą przesiedleni na Wschód wszyscy żydzi, zamieszkali w Warszawie, bez względu na wiek i płeć.

2) Wyłączeni od przesiedlenia są:
a. Wszyscy Żydzi zatrudnieni u Władz lub w przedsiębiorstwach Niemieckich, którzy mogą przedstawić odpowiedni na to dowód;
b. wszyscy Żydzi, którzy są członkami i pracownikami Rady Żydowskiej według stanu z dnia opublikowania niniejszego zarządzenia;
c. wszyscy Żydzi zatrudnieni w firmach przynależnych do Rzeszy Niemieckiej, mogący przedstawić na to odpowiedni dowód;
d. wszyscy zdolni do pracy Żydzi, którzy dotychczas nie zostali włączeni do procesu zatrudnienia; tych należy skoszarować w dzielnicy żydowskiej;
e. wszyscy Żydzi należący do Żydowskiej Służby Porządkowej;
f. wszyscy Żydzi należący do personelu żydowskich szpitali; zarówno jak i należący do żydowskich kolumn dezynfekcyjnych;
g. wszyscy Żydzi będący najbliższymi członkami rodzin osób wymienionych od a do f. Członkami rodziny są wyłącznie żony i dzieci.
h. wszyscy Żydzi, którzy w pierwszym dniu przesiedlenia znajdują się w jednym z żydowskich szpitali i nie kwalifikują się do zwolnienia. Niemożność zwolnienia musi być stwierdzona przez lekarza, którego wyznaczy Rada Żydowska.

3) Każdy przesiedleniec Żyd ma prawo zabrać ze swojej własności 15 kg. jako bagaż podróżny. Bagaż o wadze powyżej 15 kg. będzie skonfiskowany. Wszystkie przedmioty wartościowe jak pieniądze, biżuteria, złoto i t. d. mogą być zabrane. Należy zabrać żywność na 3 dni.

4) Początek przesiedlenia dnia 22.7.1942 o godz. 11.

5) Kary:
a. każdy Żyd, nienależący do osób wymienionych pod liczbą 2 w punktach a i c i dotychczas do tego nieuprawniony, który od chwili rozpoczęcia przesiedlenia opuści dzielnicę żydowską, będzie rozstrzelany;
b. każdy Żyd, który podejmuje czynność mogącą obejść lub przeszkodzić wykonaniu zarządzeń o przesiedleniu będzie rozstrzelany;
c. każdy Żyd, który udziela pomocy przy czynności mogącej obejść lub przeszkodzić wykonaniu zarządzeń przesiedleńczych będzie rozstrzelany;
d. wszyscy napotkani w Warszawie po zakończeniu przesiedlenia Żydzi którzy nie należą do osób wymienionych pod liczbą 2 punkt a do h będą rozstrzelani.

Rada Żydowska w Warszawie

Uwaga:

12.5.1
Bekanntmachung des Judenrates in Warschau über die beginnende Deportation aller Ghettobewohner »nach dem Osten« vom 22. Juli 1942
AZIH Warszawa

Zwischen dem 22. Juli und Ende September 1942 fanden die großen Deportationen aus dem Ghetto Warschau in das Vernichtungslager Treblinka statt. Ihnen fielen zunächst über 240.000 Menschen zum Opfer. Einen Tag nach dieser Ankündigung wählte Adam Czerniakow den Freitod.

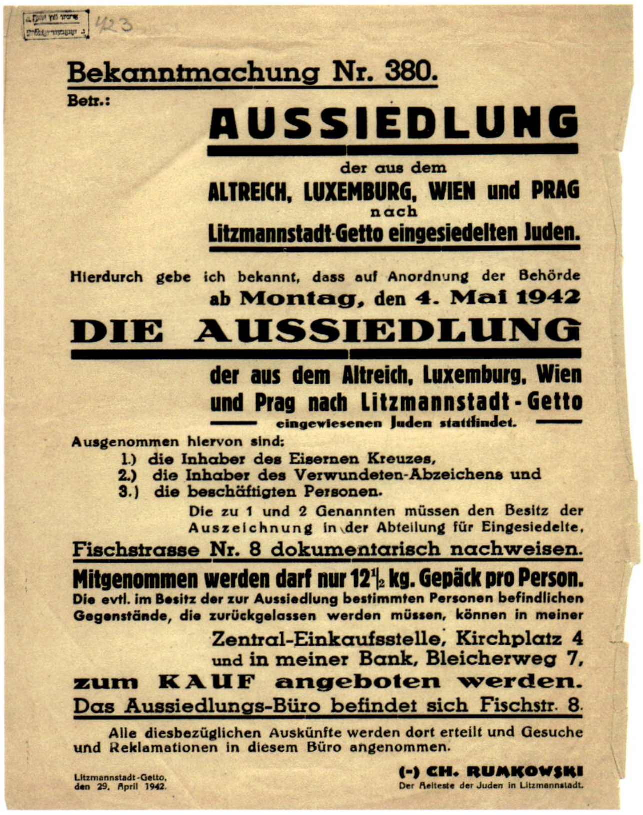

423

Bekanntmachung Nr. 380.

Betr.:

AUSSIEDLUNG

der aus dem
ALTREICH, LUXEMBURG, WIEN und PRAG
nach
Litzmannstadt-Getto eingesiedelten Juden.

Hierdurch gebe ich bekannt, dass auf Anordnung der Behörde
ab Montag, den 4. Mai 1942

DIE AUSSIEDLUNG

der aus dem Altreich, Luxemburg, Wien und Prag nach Litzmannstadt-Getto
eingewiesenen Juden stattfindet.

Ausgenommen hiervon sind:
1.) die Inhaber des Eisernen Kreuzes,
2.) die Inhaber des Verwundeten-Abzeichens und
3.) die beschäftigten Personen.

Die zu 1 und 2 Genannten müssen den Besitz der Auszeichnung in der Abteilung für Eingesiedelte, **Fischstrasse Nr. 8 dokumentarisch nachweisen.**

Mitgenommen werden darf nur 12½ kg. Gepäck pro Person.

Die evtl. im Besitz der zur Aussiedlung bestimmten Personen befindlichen Gegenstände, die zurückgelassen werden müssen, können in meiner **Zentral-Einkaufsstelle, Kirchplatz 4** und in meiner Bank, Bleicherweg 7, **zum KAUF angeboten werden.**

Das Aussiedlungs-Büro befindet sich Fischstr. 8.

Alle diesbezüglichen Auskünfte werden dort erteilt und Gesuche und Reklamationen in diesem Büro angenommen.

Litzmannstadt-Getto, den 29. April 1942.

(-) CH. RUMKOWSKI
Der Aelteste der Juden in Litzmannstadt.

12.5.2
Bekanntmachung des »Ältesten der Juden«, Chaim Rumkowski, über die bevorstehende Deportation von Juden aus dem Westen aus dem Ghetto Litzmannstadt, 29. April 1942
YIVO New York

Von den im Laufe des Herbstes 1941 nach Litzmannstadt deportierten 20.000 Juden und 5.000 Sinti und Roma waren die letzteren bereits Anfang Januar 1942 im Vernichtungslager Kulmhof ermordet worden. Zwischen Januar und April 1942 wurden dann etwa 44.000 polnische Juden in das Vernichtungslager verschleppt, bevor zwischen dem 4. und dem 15. Mai 1942 noch einmal etwa 11.000 nichtpolnische Juden dorthin deportiert und ermordet wurden.

Eines Tages rief unser Judenältester eine Versammlung auf dem Markt des Ghettos ein. Er teilte den Einwohnern des Ghettos mit, dass die Deutschen die Auslieferung von Kindern unter 13 Jahren verlangen. Außerdem sollten sich Leute stellen, die älter als 60 Jahre waren, 60 oder 65 Jahre […]. Die Deutschen verlangten die Kinder und die alten Leute, damit nur die jungen Menschen im Ghetto für die Deutschen arbeiten. […] Als die Polizei gekommen ist, um die Kinder abzuholen, haben die Mütter sie nicht heraus gegeben. Deshalb haben die Deutschen beschlossen, zu nehmen, wen sie wollen, ohne Unterschied, egal, ob man jung oder alt ist. […] Zuerst hat man die Krankenhäuser ausgeleert. Man hat die Menschen und die Kinder aus den Fenstern einfach in die Straßen hinunter geworfen, in die Lastwagen hinein geworfen und weggebracht. Ich werde Ihnen gleich sagen, wohin. Es gab Kinderheime im Ghetto von Litzmannstadt, im Stadtviertel Marysin, wo vorher auch die Jugend versammelt war. Die Kinderheime hat man alle ausgeleert und sie sind alle nach Chełmno gekommen.

12.1.3 ▸REISS◂
Esther Reiss über die Deportationen aus dem Ghetto Litzmannstadt, aus einem Interview 2001.

12.5.3
Deportation der Arbeitsunfähigen aus dem Ghetto Brzeziny nach Kulmhof, 18./19. Mai 1942
USHMM Washington D.C.

Seit dem Frühjahr 1940 existierte in der polnischen Ortschaft Brzeziny (Löwenstadt) ein Ghetto, in dem etwa 7.000 Juden leben mussten. Etwa die Hälfte von ihnen musste Zwangsarbeit für deutsche Privatfirmen innerhalb des Ghettos leisten.

12.5.4
Deportation der Arbeitsfähigen aus dem Ghetto Brzeziny in das Ghetto Litzmannstadt, 18.–21. Mai 1942
USHMM Washington D.C.

Etwa zeitgleich mit der Verschleppung der Arbeitsunfähigen wurden die noch arbeitsfähigen Juden in das Ghetto Litzmannstadt deportiert. Es handelte sich um etwa 3.700 Personen.

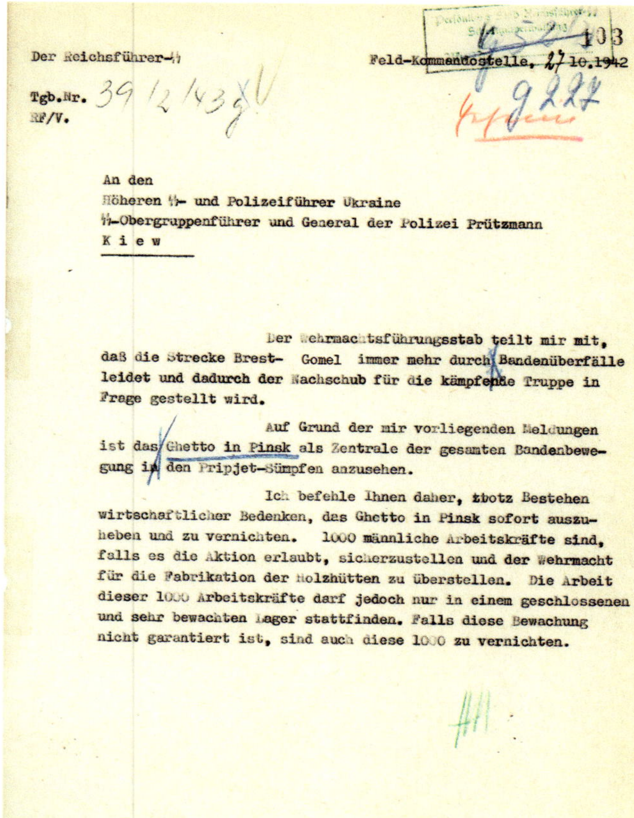

Der Reichsführer-SS Feld-Kommandostelle, 27.10.1942

Tgb.Nr. 39/12/43g

RF/V.

An den
Höheren SS- und Polizeiführer Ukraine
SS-Obergruppenführer und General der Polizei Prützmann
K i e w

Der Wehrmachtsführungsstab teilt mir mit, daß die Strecke Brest- Gomel immer mehr durch Bandenüberfälle leidet und dadurch der Nachschub für die kämpfende Truppe in Frage gestellt wird.

Auf Grund der mir vorliegenden Meldungen ist das Ghetto in Pinsk als Zentrale der gesamten Bandenbewegung in den Pripjet-Sümpfen anzusehen.

Ich befehle Ihnen daher, tbotz Bestehen wirtschaftlicher Bedenken, das Ghetto in Pinsk sofort auszuheben und zu vernichten. 1000 männliche Arbeitskräfte sind, falls es die Aktion erlaubt, sicherzustellen und der Wehrmacht für die Fabrikation der Holzhütten zu überstellen. Die Arbeit dieser 1000 Arbeitskräfte darf jedoch nur in einem geschlossenen und sehr bewachten Lager stattfinden. Falls diese Bewachung nicht garantiert ist, sind auch diese 1000 zu vernichten.

12.5.5
Schreiben Himmlers an seinen regionalen Stellvertreter in der besetzten Ukraine zur Vernichtung des Ghettos in Pinsk vom 27. Oktober 1942
BA Berlin

Das Ghetto mit seinen etwa 20.000 jüdischen Bewohnern wurde zwischen dem 29. Oktober und dem 1. November 1942 aufgelöst. Fast alle Juden wurden vor Ort durch Angehörige des deutschen Polizei-Bataillons 306 erschossen.

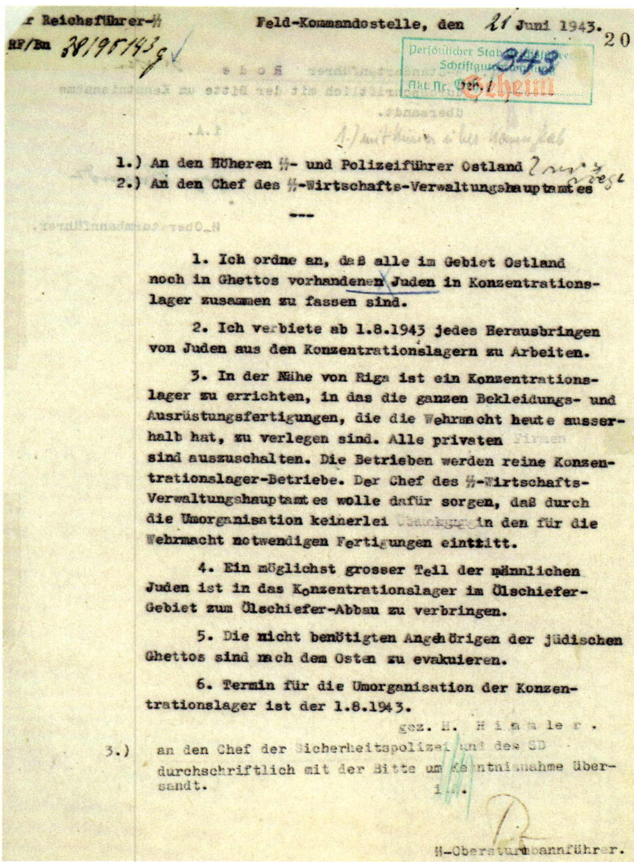

r Reichsführer-SS Feld-Kommandostelle, den 21 Juni 1943.

RF/Bn 38/95/43g

1.) An den Höheren SS- und Polizeiführer Ostland
2.) An den Chef des SS-Wirtschafts-Verwaltungshauptamtes

---

1. Ich ordne an, daß alle im Gebiet Ostland noch in Ghettos vorhandenen Juden in Konzentrationslager zusammen zu fassen sind.

2. Ich verbiete ab 1.8.1943 jedes Herausbringen von Juden aus den Konzentrationslagern zu Arbeiten.

3. In der Nähe von Riga ist ein Konzentrationslager zu errichten, in das die ganzen Bekleidungs- und Ausrüstungsfertigungen, die die Wehrmacht heute ausserhalb hat, zu verlegen sind. Alle privaten Firmen sind auszuschalten. Die Betrieben werden reine Konzentrationslager-Betriebe. Der Chef des SS-Wirtschafts-Verwaltungshauptamtes wolle dafür sorgen, daß durch die Umorganisation keinerlei [illegible] in den für die Wehrmacht notwendigen Fertigungen eintbitt.

4. Ein möglichst grosser Teil der männlichen Juden ist in das Konzentrationslager im Ölschiefer-Gebiet zum Ölschiefer-Abbau zu verbringen.

5. Die nicht benötigten Angehörigen der jüdischen Ghettos sind nach dem Osten zu evakuieren.

6. Termin für die Umorganisation der Konzentrationslager ist der 1.8.1943.

gez. H. H i m m l e r .

3.) an den Chef der Sicherheitspolizei und des SD durchschriftlich mit der Bitte um Kenntnisnahme übersandt.

[illegible]

SS-Obersturmbannführer.

12.5.6
Himmlers Befehl zur Einrichtung von Konzentrationslagern in den besetzten Ländern Estland, Lettland, Litauen sowie Weißrussland vom 21. Juni 1943
BA Berlin

In Durchführung dieses Befehls wurden die Konzentrationslager Vaivara (Estland), Kaiserwald (Lettland) und Kaunas (Litauen) errichtet.

12.5.7
Eine Straße im Ghetto Krakau unmittelbar nach einer Deportation nach Auschwitz, Mai/Juni 1942
GHWK Berlin

Konzentrations- und Todeslager

Das System der Konzentrationslager

Konzentrationslager waren von 1933 an ein zentraler Bestandteil des nationalsozialistischen Herrschaftssystems. In ihnen wurden zunächst vor allem Menschen inhaftiert, die als politische Gegner verfolgt wurden; jegliche Opposition sollte unterdrückt werden. Mitte der dreißiger Jahre bauten die Nationalsozialisten das System der Konzentrationslager aus. Zu diesem Zeitpunkt war die politische Opposition weitgehend ausgeschaltet und in die Illegalität gedrängt worden. Die Verfolgung und Ausgrenzung der jüdischen Bevölkerung in Deutschland hatte sich bis dahin in einer Reihe von gesetzlichen Maßnahmen und Repressalien, jedoch nicht in einer systematischen Inhaftierung von Juden in Konzentrationslagern niedergeschlagen. Das änderte sich mit dem Jahr 1938. Zuerst kam es zu Masseneinweisungen von ungefähr 10.000 Menschen, die den propagierten Normen der »Volksgemeinschaft« nicht entsprachen. Im November 1938 wurden im Zuge des Novemberpogroms fast 30.000 Juden in Konzentrationslager verschleppt, um sie und ihre Familien zur Auswanderung zu zwingen.

Zwischen 1936 und September 1939 führte die SS in allen Konzentrationslagern die gleiche Organisationsstruktur ein. Die zentrale Verwaltung oblag der Inspektion der Konzentrationslager (IKL), die dem Reichsführer SS Heinrich Himmler direkt unterstellt war.

Seit Kriegsbeginn erweiterte die SS das KZ-System. Mit der Ausdehnung der nationalsozialistischen Besatzungsherrschaft kamen immer mehr Menschen aus vielen Ländern Europas als Gefangene in die Konzentrationslager. Viele von ihnen wurden ermordet oder starben durch Hunger, den Mangel an hygienischen Einrichtungen und erschöpfende Zwangsarbeit. Aus West- und Nordeuropa wurden zumeist Widerstandskämpfer und Gegner der deutschen Besatzung inhaftiert. In Osteuropa bedienten sich die Nationalsozialisten der Konzentrationslager nicht nur zur Ausschaltung politischer Gegner, sondern auch, um eine rassistische Bevölkerungspolitik durchzusetzen. Die Lager wurden zunehmend zu einem Instrument, Umsiedlungen und Arbeit für die deutschen Besatzer zu erzwingen. Auch sowjetische Kriegsgefangene wurden in Konzentrationslagern interniert und in großer Zahl ermordet.

Mit zunehmender Bedeutung der Kriegswirtschaft und Rüstungsproduktion, gliederte Himmler am 16. März 1942 die Inspektion der Konzentrationslager als Amtsgruppe D in das neu geschaffene Wirtschafts-Verwaltungshauptamt (WVHA) ein. Im Laufe der Kriegsjahre wuchs das System der Konzentrationslager durch die große Zahl der KZ-Außenlager, die meist in der Nähe von Industrieunternehmen eingerichtet wurden, auf mindestens 662 im Januar 1945 an.

Der im Sommer 1941 begonnene Völkermord an den Juden wurde zunächst außerhalb des Lagersystems durchgeführt. Das änderte sich im Jahr 1942. Es entstanden drei Todeslager im Rahmen der »Aktion Reinhardt«. Außerdem dienten nun die Lager in Auschwitz und später in Lublin-Majdanek zugleich als Konzentrations- wie auch als Todeslager.

Die »Aktion Reinhardt« – die Todeslager im Generalgouvernement

Zum nationalsozialistischen Lagersystem, wenn auch nicht der zentralen Verwaltung in Berlin unterstellt, gehörten auch die im besetzten Polen eingerichteten Todeslager.

Im Oktober 1941 begann in Chełmno (dt. Kulmhof), das im »Warthegau« genannten Teil des annektierten Westpolen lag, das industriell organisierte Morden mittels umgebauter Lastwagen, in denen Juden sowie Sinti und Roma durch Abgase ermordet wurden. Die im Generalgouvernement gelegenen Todeslager Bełżec und Sobibór waren in Planung. Das als »Aktion Reinhardt« bezeichnete Mordprogramm zielte auf die systematische Tötung der Juden im Generalgouvernement mit den Distrikten Krakau, Warschau, Radom, Lublin und Galizien sowie im Distrikt Białystok; später richtete es sich zugleich gegen Juden aus vielen anderen europäischen Ländern. Von März 1942 bis November 1943 wurden annähernd zwei Millionen Juden sowie etwa 50.000 Sinti und Roma ermordet.

Verantwortlich für die Organisation der »Aktion Reinhardt« war der von Heinrich Himmler eingesetzte Odilo Globocnik, SS- und Polizeiführer für den Distrikt Lublin. Die SS konnte bei der Umsetzung des Mordprogramms auf die Methoden und die Erfahrungen mit der sogenannten »Euthanasie«-Aktion zurückgreifen, dem vorangegangenen

Massenmord an Menschen, die aus der Sicht der Nationalsozialisten als unheilbar krank galten. Ein Teil des Lagerpersonals vor Ort sowie die Kommandanten der drei Lager waren Mitarbeiter der zentralen »Euthanasie«-Dienststelle T 4 in Berlin. Jedes Lager wurde von nicht mehr als 30 SS- und Polizeioffizieren befehligt und organisiert. Unter dem Titel »Inspekteur der Sonderkommandos Einsatz Reinhard« fungierte in der Lubliner Dienststelle der Kriminalbeamte Christian Wirth, der auch zum Personal der Aktion T 4 gehörte. Zur Außenbewachung setzte die SS ehemalige sowjetische Kriegsgefangene ein, vorzugsweise Russlanddeutsche und Ukrainer, die im Lager Trawniki ausgebildet wurden. Den entsetzlichen Zuständen in den deutschen Kriegsgefangenenlagern zu entkommen, war ein starker Anreiz für sowjetische Soldaten, diese Aufgabe zu übernehmen.

Eine zentrale Funktion bei der Durchführung der »Aktion Reinhardt« hatte die Deutsche Reichsbahn. Mit ihrer Generalbetriebsleitung Ost sowie der Generaldirektion Ostbahn übernahm sie die Koordination und Durchführung der Transporte in die Todeslager.

Die Wahl der Standorte der Todeslager im Generalgouvernement stand in engem Zusammenhang mit den Siedlungsplänen Heinrich Himmlers, der seit Oktober 1939 auch das Amt des »Reichskommissars für die Festigung des deutschen Volkstums« innehatte. Die als Generalplan Ost bezeichneten Planungen sahen eine dauerhafte Germanisierung bestimmter Gebiete und die wirtschaftliche Ausbeutung Osteuropas vor. Zuerst sollte nach Globocniks Planungen der Distrikt Lublin, dann das gesamte Generalgouvernement germanisiert werden. Die polnische Bevölkerung wurde vielfach zur Zwangsarbeit rekrutiert und aus einigen Gebieten vertrieben, die jüdische Bevölkerung des Generalgouvernements vor Ort ermordet. Die »Judenfrage« sollte nun im besetzten Polen, wie zuvor in den besetzten Gebieten der Sowjetunion, durch Massenmord »gelöst« werden.

Mit den Todeslagern Bełżec, Sobibór und Treblinka erreichte der Völkermord an den europäischen Juden eine neue Dimension. Auf kleinstem Gelände und mit wenig Personal wurden innerhalb kürzester Zeit Hunderttausende ermordet. Schon bei den äußerst brutalen Ghettoräumungen, zur Tarnung als »Aussiedlungen« bezeichnet, die den Deportationen vorausgingen, ermordeten SS-Männer und Polizisten zahlreiche Menschen. Bei der Ankunft in einem der Todeslager wurden in der Regel alle Personen ohne Selektion oder Registrierung vom Zug zu einem abgegrenzten Teil des Lagers geführt. Ihnen wurde erklärt, sie befänden sich in einem »Durchgangslager«. Unter dem Vorwand der Reinigung mussten sie sich entkleiden, den Frauen wurde das Kopfhaar geschoren. Ein schmaler Gang endete in den Gaskammern, die als Baderaum getarnt wurden. Die Menschen erstickten innerhalb von 20 Minuten qualvoll durch Motorenabgase. Kleidung und Gepäck, Zahngold und Haare der Ermordeten füllten umfangreiche Magazine und wurden dann mit Zügen in das Deutsche Reich gebracht und weiter verwendet.

Ein kleiner Teil der Häftlinge wurde in Kommandos als sogenannte Arbeitsjuden eingesetzt. Nach wenigen Wochen wurden auch sie ermordet und durch neue Kommandos ersetzt. In Treblinka und Sobibór kam es 1943 zu Aufständen und zur Flucht der zum Tode bestimmten »Arbeitsjuden«. Aus allen drei Lagern haben weniger als 200 Häftlinge den Krieg überlebt.

Bełżec, Sobibór und Treblinka wurden im Laufe des Jahres 1943 aufgelöst, die Spuren beseitigt. Nichts sollte an den Völkermord erinnern.

Neben dem Massenmord ging es bei der »Aktion Reinhardt« auch immer um wirtschaftliche Ausbeutung und Bereicherung. Globocnik bilanzierte in einem Schlussbericht an Himmler die Einnahmen aus den geraubten Werten der Ermordeten. Sein Stab betrieb zudem eine Reihe von Zwangsarbeitslagern für jüdische Gefangene, wie Poniatowa, Trawniki, Budzyń und Kraśnik.

Im Jahre 1943 kam es auch in den verbliebenen Ghettos und Lagern zu Aufständen. Die SS-Führung fürchtete zunehmend den jüdischen Widerstand und Himmler ordnete deshalb die Ermordung aller jüdischen Zwangsarbeiter im Distrikt Lublin an. Im November 1943 erschossen SS-Einheiten innerhalb von zwei Tagen über 40.000 Jüdinnen und Juden bei einem als »Aktion Erntefest« bezeichneten Massaker.

Die Konzentrations- und Todeslager Majdanek und Auschwitz-Birkenau

Auschwitz und Majdanek waren als einzige Lager sowohl Konzentrations- als auch Todeslager. Ursprünglich für die Internierung sowjetischer Kriegsgefangener vorgesehen, wurden diese beiden Lager zu zentralen Stätten des Judenmords. Speziell für diesen Zweck ausgebildete SS-Mannschaften befehligten die Konzentrationslager, SS-Wachmannschaften standen für die Bewachung der durch Stacheldraht, elektrische Zäune und Wachtürme gesicherten Gelände bereit. Für die Organisation im inneren Bereich der Lager setzte die SS zwangsweise Häftlinge in Kontroll- und Arbeitsfunktionen ein.

Das Lager Majdanek wurde im Herbst 1941 im Distrikt Lublin errichtet. Es diente zunächst als Kriegsgefangenenlager der Waffen-SS. Von den schätzungsweise 300.000 Menschen, die hauptsächlich aus Polen, aber auch aus anderen europäischen Ländern nach Majdanek deportiert wurden, überlebten mehr als die Hälfte das Lager nicht. Die KZ-Häftlinge starben an Hunger, Erschöpfung, Krankheit, durch Erschießungen und schwerste Misshandlungen. Seit Mitte 1942 wurde das KZ Majdanek als Todeslager genutzt. Vor allem Juden wurden unmittelbar nach ihrer Ankunft in Gaskammern mit Kohlenmonoxyd oder Zyklon B getötet.

Im Oktober 1942 ließ die SS einen Teil des Lagers für Frauen und Kinder ausbauen. Die Häftlinge wurden hauptsächlich in Arbeitskommandos in den SS-Bekleidungswerken zur Sortierung und Verarbeitung des Eigentums der bei der »Aktion Reinhardt« ermordeten Juden eingesetzt.

Im April 1944 ordnete die SS die Auflösung des Lagers an. Mit zahlreichen Transporten wurden Tausende KZ-Häftlinge in andere Konzentrationslager deportiert. Am 23. Juli 1944 befreite die Rote Armee das KZ Majdanek. In den Wochen zuvor hatte die SS vergeblich versucht, die Spuren des Mordens zu verwischen. Bereits ab August 1944 untersuchte eine polnisch-sowjetische Kommission die Verbrechen in Majdanek.

Das Stammlager, Auschwitz I, ließ Heinrich Himmler mit einem Befehl vom 27. April 1940 errichten. Im Oktober 1941 folgte der Aufbau des Lagers Auschwitz II, auch Birkenau genannt. Die Gefangenen waren hauptsächlich Juden aus ganz Europa, daneben nichtjüdische Polen und Deutsche sowie sowjetische Kriegsgefangene. Für Sinti und Roma sowie Juden aus dem Ghetto Theresienstadt wurden »Familienlager« eingerichtet. In Birkenau bestand seit August 1942 ein Lager für Frauen. Auschwitz III umfasste Buna-Monowitz und weitere Arbeitslager. Die Insassen, hauptsächlich Juden, wurden im Auftrag der I.G. Farben und anderer deutscher Unternehmen bis zur völligen Erschöpfung ausgebeutet.

Im Herbst 1941 erfolgten Experimente mit Gas im Keller des Blocks 11 des Stammlagers. Zwei zu Gaskammern umgebaute Bauernhäuser in Birkenau wurden als Vernichtungsorte im Frühjahr 1942 in Betrieb genommen. Im Sommer des Jahres 1942 nahm der Völkermord an den europäischen Juden in Auschwitz-Birkenau systematische Form an. Die Erfurter Firma J. A. Topf & Söhne, schon vorher mit der Projektierung von Einäscherungsanlagen für Auschwitz betraut, erhielt im August 1942 den Auftrag, neue Gebäude mit Krematorien und Gaskammern zu bauen. Im Laufe des Jahres 1943 gingen insgesamt vier dieser Anlagen in Betrieb.

Mindestens 1,1 Millionen Juden wurden aus ganz Europa nach Auschwitz-Birkenau deportiert. Davon verlor ungefähr eine Million ihr Leben. Mehr als 20.000 Sinti und Roma fielen dem rassistischen Mordprogramm ebenfalls zum Opfer.

Christa Schikorra

13.7.3
Foto aus dem Auschwitz-Album
YV Jerusalem

Ankunft und Selektion in Auschwitz-Birkenau.

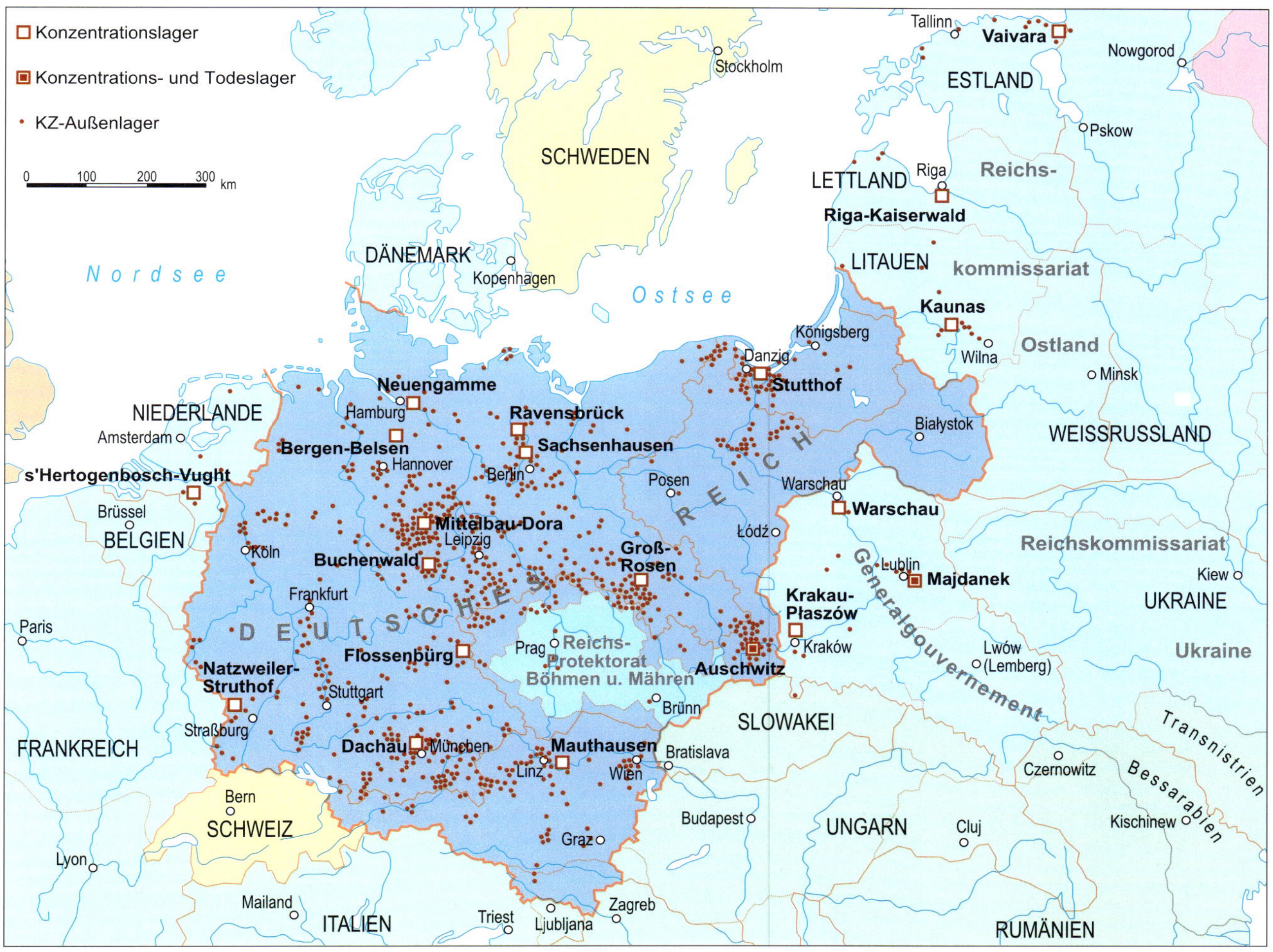

13.1.1
Konzentrations- und Todeslager, 1943

13.1.2
Konzentrations- und Todeslager, Anfang 1944

13.2

Die »Aktion Reinhardt«

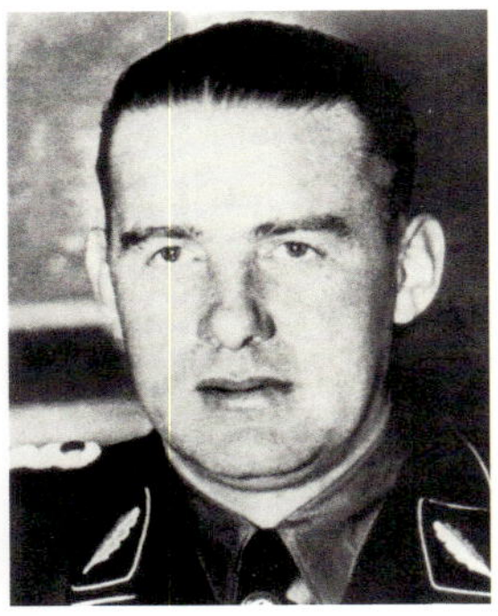

13.2.3
Odilo Globocnik (1904–1945), SS- und Polizeiführer im Distrikt Lublin, verantwortlich für die Organisation und Durchführung der »Aktion Reinhardt«
GHWK Berlin

Das Mordprogramm an den Juden steht für Globocnik in einem engen Zusammenhang mit den Germanisierungs- und Kolonisierungsplänen für den Distrikt Lublin und darüber hinaus.

13.2.4
Christian Wirth (1885–1944), Kriminalbeamter, Büroleiter in den »Euthanasie«-Tötungsanstalten Brandenburg, Hadamar und Hartheim. Erster Kommandant von Bełżec, später Inspekteur der Lager der »Aktion Reinhardt«
GHWK Berlin

13.2.5
Albert Ganzenmüller (1905–1987), Dr.-Ing., Staatssekretär im Reichsverkehrsministerium und stellvertretender Generaldirektor der Deutschen Reichsbahn
BA Berlin

Aus dem Generalgouvernement werden jetzt, bei Lublin beginnend, die Juden nach dem Osten abgeschoben. Es wird hier ein ziemlich barbarisches und nicht näher zu beschreibendes Verfahren angewandt, und von den Juden selbst bleibt nicht mehr viel übrig.

13.2.1
Tagebucheintrag 27. März 1942 von Joseph Goebbels, Reichspropagandaminister und Gauleiter von Berlin
Joseph Goebbels, Tagebücher

13.2.2
Reichsführer SS Heinrich Himmler (1900–1945) mit Karl Wolff (1900–1984), Chef des Persönlichen Stabs Reichsführer SS
BA Berlin

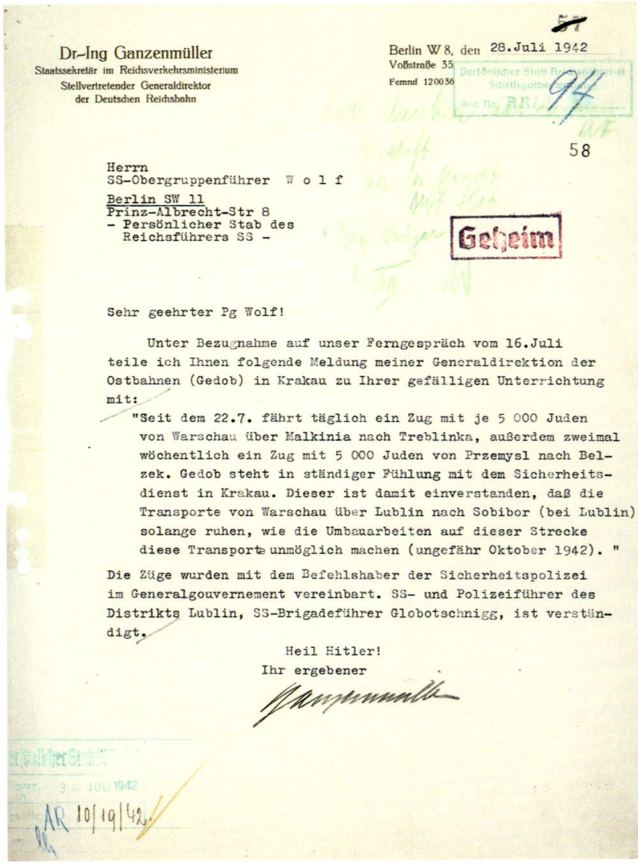

Dr-Ing Ganzenmüller
Staatssekretär im Reichsverkehrsministerium
Stellvertretender Generaldirektor
der Deutschen Reichsbahn

Berlin W 8, den 28.Juli 1942
Voßstraße 35
Fernruf 120036

58

Herrn
SS-Obergruppenführer W o l f
Berlin SW 11
Prinz-Albrecht-Str 8
- Persönlicher Stab des
Reichsführers SS -

Geheim

Sehr geehrter Pg Wolf!

Unter Bezugnahme auf unser Ferngespräch vom 16.Juli teile ich Ihnen folgende Meldung meiner Generaldirektion der Ostbahnen (Gedob) in Krakau zu Ihrer gefälligen Unterrichtung mit:

"Seit dem 22.7. fährt täglich ein Zug mit je 5 000 Juden von Warschau über Malkinia nach Treblinka, außerdem zweimal wöchentlich ein Zug mit 5 000 Juden von Przemysl nach Belzek. Gedob steht in ständiger Fühlung mit dem Sicherheitsdienst in Krakau. Dieser ist damit einverstanden, daß die Transporte von Warschau über Lublin nach Sobibor (bei Lublin) solange ruhen, wie die Umbauarbeiten auf dieser Strecke diese Transporte unmöglich machen (ungefähr Oktober 1942). "

Die Züge wurden mit dem Befehlshaber der Sicherheitspolizei im Generalgouvernement vereinbart. SS- und Polizeiführer des Distrikts Lublin, SS-Brigadeführer Globotschnigg, ist verständigt.

Heil Hitler!
Ihr ergebener
Ganzenmüller

AR 10/19/42

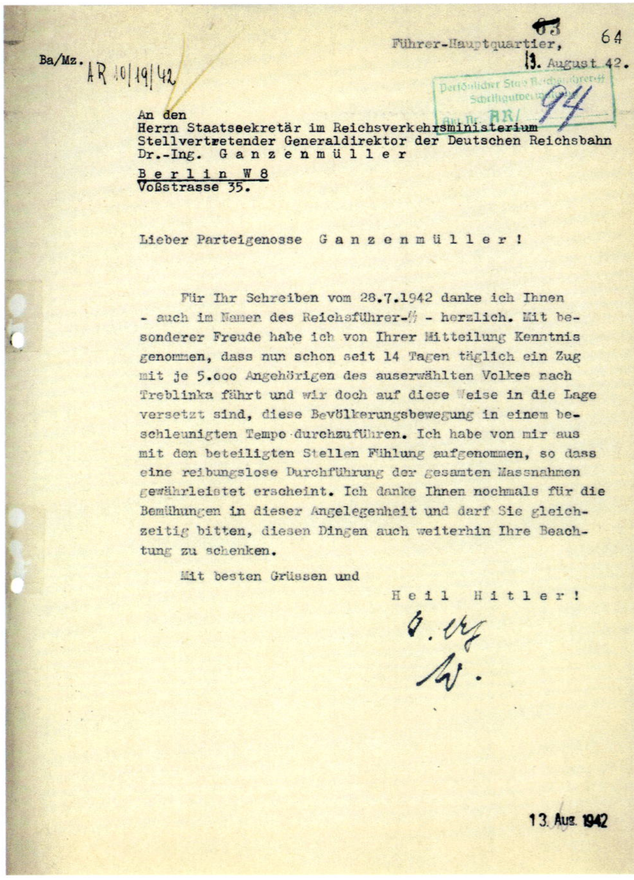

Führer-Hauptquartier, 13. August 42.

64

Ba/Mz. AR 10/19/42

An den
Herrn Staatsekretär im Reichsverkehrsministerium
Stellvertretender Generaldirektor der Deutschen Reichsbahn
Dr.-Ing. G a n z e n m ü l l e r
B e r l i n W 8
Voßstrasse 35.

Lieber Parteigenosse G a n z e n m ü l l e r !

Für Ihr Schreiben vom 28.7.1942 danke ich Ihnen - auch im Namen des Reichsführer-SS - herzlich. Mit besonderer Freude habe ich von Ihrer Mitteilung Kenntnis genommen, dass nun schon seit 14 Tagen täglich ein Zug mit je 5.000 Angehörigen des auserwählten Volkes nach Treblinka fährt und wir doch auf diese Weise in die Lage versetzt sind, diese Bevölkerungsbewegung in einem beschleunigten Tempo durchzuführen. Ich habe von mir aus mit den beteiligten Stellen Fühlung aufgenommen, so dass eine reibungslose Durchführung der gesamten Massnahmen gewährleistet erscheint. Ich danke Ihnen nochmals für die Bemühungen in dieser Angelegenheit und darf Sie gleichzeitig bitten, diesen Dingen auch weiterhin Ihre Beachtung zu schenken.

Mit besten Grüssen und

H e i l H i t l e r !

13. Aug. 1942

13.2.6
Schreiben von Ganzenmüller an Wolff vom 28. Juli 1942 und dessen Antwort vom 13. August 1942
BA Berlin

Karl Wolff begrüßt den schnellen Verlauf der Deportationen und damit die effiziente Abwicklung des Mordprogramms.

13.2.7
Abschluss der »Aktion Reinhardt«

Bełżec, Sobibór und Treblinka wurden im Laufe des Jahres 1943 aufgelöst und alle Spuren beseitigt. Nichts sollte an den Völkermord erinnern. Globocnik bilanzierte anschließend die Einnahmen aus den geraubten Werten der Ermordeten.

2

Abgelieferte Werte aus der Aktion Reinhard

Werte aus der Aktion "Reinhard" wurden zwecks Weiterleitung an die Reichsbank, bezw. an das Reichswirtschaftsministerium, beim ꟅꟅ-Wirtschafts-Verwaltungshauptamt, Berlin, abgeliefert und zwar:

a)	Reichsmark-Beträge im Gesamtwerte von	RM 53,013.133.51
b)	Devisen in Banknoten aus allen Hauptländern der Erde (wobei besonders 1/2 Million Dollar bemerkenswert ist) im Gesamtwerte von	" 1,452.904.65
c)	Devisen in gemünztem Gold i.Gesamtwerte	" 843.802.75
d)	Edelmetalle (rund 1.800 kg Gold u. etwa 10.000 kg Silber in Barren) im Gesamtwerte von	" 5,353.943.--
e)	Sonstige Werte wie Schmuckgegenstände, Uhren, Brillen usw.-(wobei besonders die Zahl der Uhren mit cca 16.000 gebrauchsfähigen und etwa 51.000 reparaturbedürftigen bemerkenswert ist, die der Truppe zur Verfügung gestellt wurden)	" 26,089.800.--
f)	Rund 1.000 Waggons Spinnstoffe im Gesamtwerte von	" 13,294.400.--
	Zusammen:	RM 100,047.983.91

An Spinnstoffen lagern noch rund 1.000 Waggons, an anderen Werten cca 50% der obenangeführten Werte,-die noch der Zählung und Bewertung unterliegen-hier. Hervorzuheben ist hierbei, daß die eingesetzten Werte auf Grund der amtlich festgesetzten Kurse bezw. Preise ermittelt wurden, die jedoch als Verkehrswerte bedeutend höher liegen, beispielsweise bei Verkauf von Edelsteinen oder Edelmatallen ins Ausland, da die Flucht in feste Werte dort größer ist als bei uns. Ausserdem bringen uns die Auslandverkäufe Devisen.

Wenn hier diese Preise als Wertunterlage genommen wurden, so geschah dies aus dem Grunde, um ein Bild über die abgelieferten Werte geben zu können; im allgemeinen ist diese Berechnung nicht

- 2 -

3

so maßgebend. Der Wert der Vereinnahmung liegt hauptsächlich darin, daß dadurch so große Mengen an dringend notwendigen Rohstoffen gewonnen werden konnten und daß auf Grund der erfassten Werte eine Deviseneinnahme herbeigeführt werden kann, wodurch abermals Rohstoffe durch Reichsstellen eingekauft werden können.

Globocnik
ꟅꟅ-Gruppenführer
und Generalleutnant der Polizei

1 detaillierte Liste liegt bei.

13.2.8
Aufstellung der Werte der zur Ablieferung angelangten »Judensachen« bis zum 3. Februar 1943, auf persönliche Anfrage Himmlers verfasst von Globocnik
BA Berlin

256

Fahrtnummer: 6711940

Abgefertigt nach ...
über ...

Nr. der Frachtkarte

Wehrmacht-Frachtbrief—Doppel
(Frachtberechnung und Abrechnung nachträglich zu den vereinbarten Sätzen)
Deutsche Wehrmacht

Wagen			
Gattung	Nummer	Eigentumsmerkmal	Achsenzahl
G	118383	Z	

An das SS-Sonderkommando
in Sobibor
Strasse und Hausnummer
Bestimmungsbahnhof Sobibor ü.Cholm

Bei Sendungen nach dem Ausland auch Bestimmungsland
Etwaige Vorschrift über Weiterbeförderung
Andere Erklärungen

Die Frachtkosten fallen dem Haushalt der Waffen-ꟅꟅ zur Last, daher Wehrmachttarif.

Dienststempel ..., den ... 194
(Dienststelle der Waffen-ꟅꟅ, Unterschrift, Dienstgrad)

Anschrift oder Zeichen und Nummer	Anzahl	Art der Verpackung	Bezeichnung des Gutes	Wirkliches Rohgewicht kg
	1	Waggon	Häftlinge	

Absender:
Bekleidungswerk der Waffen-ꟅꟅ
Aussenstelle Lublin
Treblinka, den 4. November 1943

Stempel des Versandbahnhofs	Wiegestempel	Stempel des Bestimmungsbahnhofs
99148 Nr. 11.43.		

13.2.9
Wehrmachts-Frachtbrief für den Transport von Häftlingen mit der Deutschen Reichsbahn, Endpunkt Sobibór, vom 4. November 1943
BA Berlin

Die Todeslager Sobibór und Treblinka hatten zu diesem Zeitpunkt ihren Betrieb eingestellt. Die Häftlinge mussten vermutlich als »Arbeitsjuden« die gesammelten Effekten der Ermordeten in das noch bestehende Arbeitslager »Alter Flugplatz« nach Lublin bringen. Dort wurden die Sachen sortiert und weitertransportiert.

Der Höhere ꟅꟅ-u. Polizeiführer
in der Operationszone
Adriatisches Küstenland

Persönlicher Stab RfSS Schriftgutverwaltung
Akt. Nr. Geh. /

Triest, den 4. November 1943

30

Gl./Go. - Tgb.No 225/43

An den
Reichsführer-ꟅꟅ und Chef
der Deutschen Polizei
Heinrich Himmler,
Berlin

Reichsführer!

Ich habe mit 19.10.1943 die Aktion Reinhardt, die ich im Generalgouvernement geführt habe, abgeschlossen und alle Lager aufgelöst.

Als Abschlußdarstellung erlaube ich mir, beiliegende Mappe, Ihnen, Reichsführer, zu überreichen.

Meine Feststellungen in Lublin haben ergeben, daß es sich im Generalgouvernement und besonders aber im Distrikt Lublin um einen besonderen Ausstrahlungsherd gehandelt hat und versuchte ich daher diese Gefahrenmomente bildlich festzuhalten. Es wird vielleicht für die Zukunft sich zweckmäßig erweisen, auf die Ausschaltung dieser Gefahr hinweisen zu können. Andererseits aber habe ich versucht, eine Darstellung über den Arbeitseinsatz zu geben, aus dem nicht nur die Arbeitsmenge zu ersehen ist, sondern auch mit wie wenig Deutschen dieser Großeinsatz ermöglicht wurde. Er ist heute jedenfalls so angewachsen, daß sich namhafte Industrien hierfür interessieren.

Ich habe mittlerweise diese Arbeitslager an ꟅꟅ-Obergruppenführer Pohl übergeben.

Ich bitte, Reichsführer, diese Mappe durchzusehen.

- 2 -

13.2.10
Schreiben Globocnik an Himmler vom 4. November 1943, dessen Antwort vom 30. November 1943 (nächste Seite)
BA Berlin

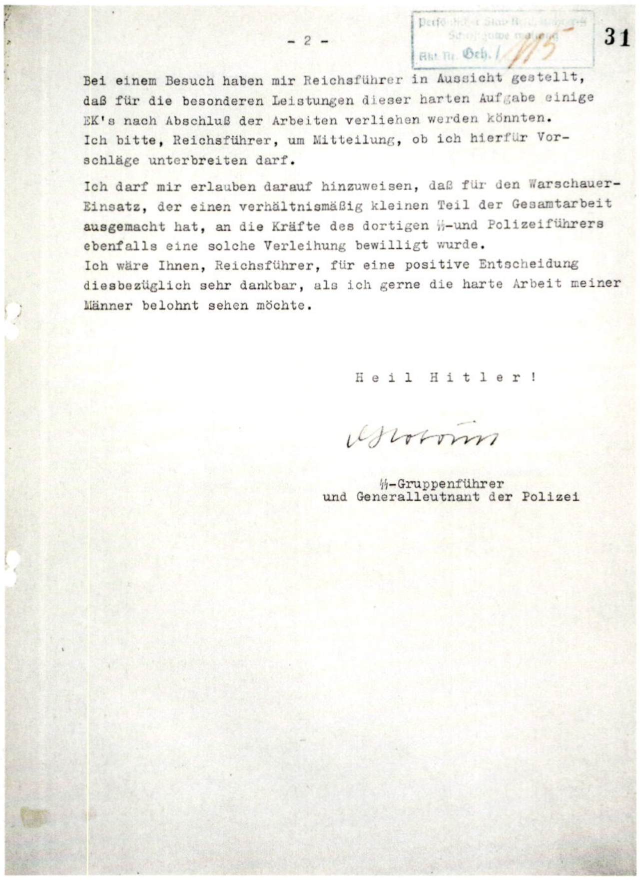

- 2 -

31

Bei einem Besuch haben mir Reichsführer in Aussicht gestellt, daß für die besonderen Leistungen dieser harten Aufgabe einige EK's nach Abschluß der Arbeiten verliehen werden könnten.
Ich bitte, Reichsführer, um Mitteilung, ob ich hierfür Vorschläge unterbreiten darf.

Ich darf mir erlauben darauf hinzuweisen, daß für den Warschauer-Einsatz, der einen verhältnismäßig kleinen Teil der Gesamtarbeit ausgemacht hat, an die Kräfte des dortigen ##-und Polizeiführers ebenfalls eine solche Verleihung bewilligt wurde.
Ich wäre Ihnen, Reichsführer, für eine positive Entscheidung diesbezüglich sehr dankbar, als ich gerne die harte Arbeit meiner Männer belohnt sehen möchte.

Heil Hitler!

##-Gruppenführer
und Generalleutnant der Polizei

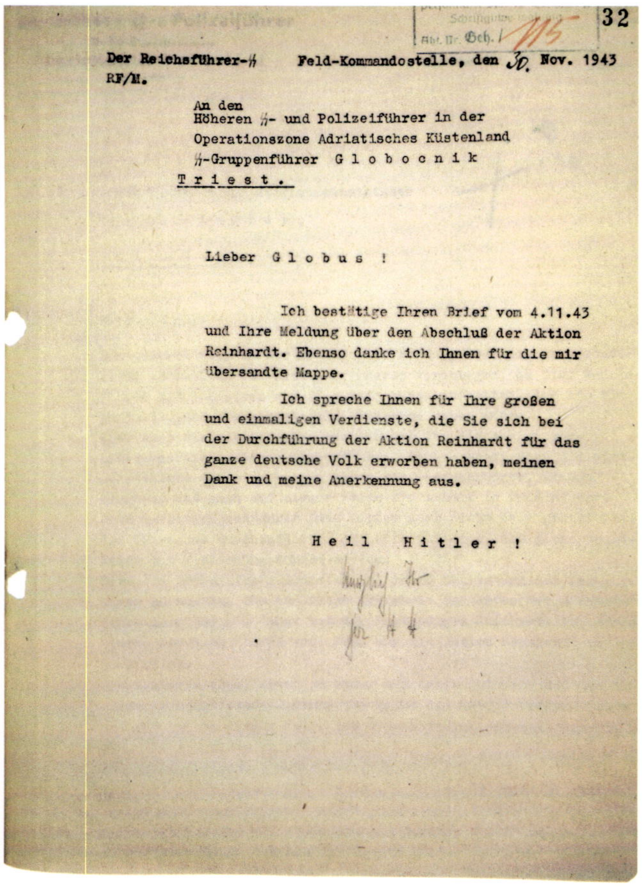

32

Der Reichsführer-##
RF/M.

Feld-Kommandostelle, den 30. Nov. 1943

An den
Höheren ##- und Polizeiführer in der
Operationszone Adriatisches Küstenland
##-Gruppenführer Globocnik
Triest.

Lieber Globus!

Ich bestätige Ihren Brief vom 4.11.43 und Ihre Meldung über den Abschluß der Aktion Reinhardt. Ebenso danke ich Ihnen für die mir übersandte Mappe.

Ich spreche Ihnen für Ihre großen und einmaligen Verdienste, die Sie sich bei der Durchführung der Aktion Reinhardt für das ganze deutsche Volk erworben haben, meinen Dank und meine Anerkennung aus.

Heil Hitler!

13.3

Bełżec

13.3.1
SS-Wachmannschaft des Todeslagers Bełżec hinter der Kommandantur, 1942
USHMM Washington D.C.

V.l.n.r.: Fahrer (im schwarzen Mantel), Fritz Tauscher, Karl Schluch, Reinhold Feix, unbekannt, Karl Gringer, Ernst Zierke, Lorenz Hackenholt, Arthur Dachsel und Heinrich Barbel.

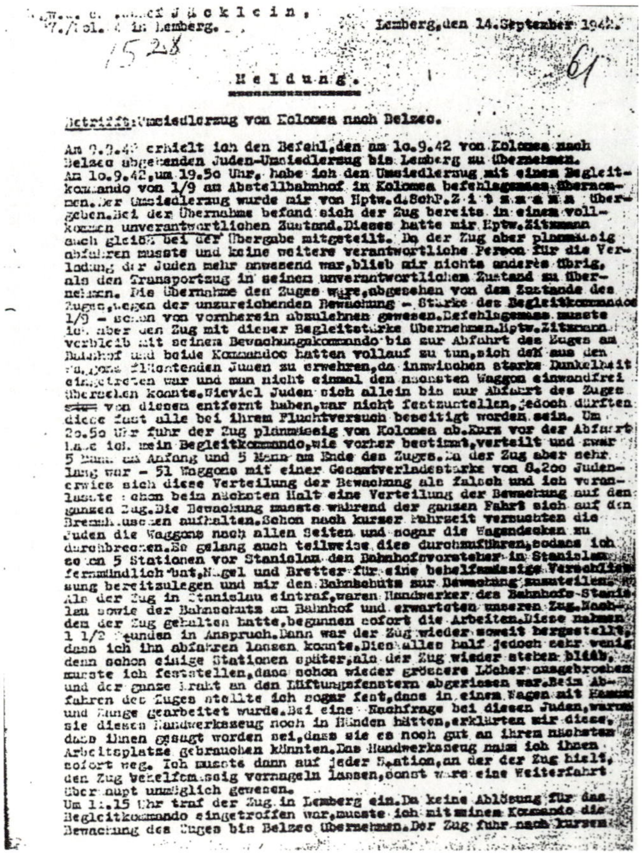

Jäcklein,
in Lemberg.

Lemberg, den 14. September 1942.

Meldung.

Betrifft: Umsiedlerzug von Kolomea nach Belzec.

Am 9.9.42 erhielt ich den Befehl, den am 10.9.42 von Kolomea nach Belzec abgehenden Juden-Umsiedlerzug bis Lemberg zu übernehmen.
Am 10.9.42, um 19.30 Uhr, habe ich den Umsiedlerzug mit einem Begleitkommando von 1/9 am Abstellbahnhof in Kolomea befehlsgemäss übernommen. Der Umsiedlerzug wurde mir von Hptw.d.SchP. Zitzmann übergeben. Bei der Übernahme befand sich der Zug bereits in einem vollkommen unverantwortlichen Zustand. Dieses hatte mir Hptw. Zitzmann auch gleich bei der Übergabe mitgeteilt. Da der Zug aber planmässig abfahren musste und keine weitere verantwortliche Person für die Verladung der Juden mehr anwesend war, blieb mir nichts anderes übrig, als den Transportzug in seinem unverantwortlichem Zustand zu übernehmen. Die Übernahme des Zuges wäre, abgesehen von dem Zustande des Zuges, wegen der unzureichenden Bewachung – Stärke des Begleitkommandos 1/9 – schon von vornherein abzulehnen gewesen. Befehlsgemäss musste ich aber den Zug mit dieser Begleitstärke übernehmen. Hptw. Zitzmann verblieb mit seinem Bewachungskommando bis zur Abfahrt des Zuges am Bahnhof und beide Kommandos hatten vollauf zu tun, sich der aus den Waggons flüchtenden Juden zu erwehren, da inzwischen starke Dunkelheit eingetreten war und man nicht einmal den nächsten Waggon einwandfrei übersehen konnte. Wieviel Juden sich allein bis zur Abfahrt des Zuges von diesem entfernt haben, war nicht festzustellen, jedoch dürften diese fast alle bei ihrem Fluchtversuch beseitigt worden sein. Um 20.50 Uhr fuhr der Zug planmässig von Kolomea ab. Kurz vor der Abfahrt hatte ich mein Begleitkommando, wie vorher bestimmt, verteilt und zwar 5 Mann am Anfang und 5 Mann am Ende des Zuges. Da der Zug aber sehr lang war – 51 Waggons mit einer Gesamtverladestärke von 8.200 Juden – erwies sich diese Verteilung der Bewachung als falsch und ich veranlasste schon beim nächsten Halt eine Verteilung der Bewachung auf den ganzen Zug. Die Bewachung musste während der ganzen Fahrt sich auf den Bremshäuschen aufhalten. Schon nach kurzer Fahrzeit versuchten die Juden die Waggons nach allen Seiten und sogar die Wagendecken zu durchbrechen. Es gelang auch teilweise dies durchzuführen, sodass ich schon 5 Stationen vor Stanislau den Bahnhofsvorsteher in Stanislau fernmündlich bat, Nägel und Bretter für eine behelfsmässige Verschliessung bereitzulegen und mir den Bahnschutz zur Bewachung zuzuteilen.
Als der Zug in Stanislau eintraf, waren Handwerker des Bahnhofs Stanislau sowie der Bahnschutz am Bahnhof und erwarteten unseren Zug. Nachdem der Zug gehalten hatte, begannen sofort die Arbeiten. Diese nahmen 1 1/2 Stunden in Anspruch. Dann war der Zug wieder soweit hergestellt, dass ich ihn abfahren lassen konnte. Dies alles half jedoch sehr wenig, denn schon einige Stationen später, als der Zug wieder stehen blieb, musste ich feststellen, dass schon wieder grössere Löcher ausgebrochen und der ganze Draht an den Lüftungsfenstern abgerissen war. Beim Abfahren des Zuges stellte ich sogar fest, dass in einem Wagen mit Hammer und Zange gearbeitet wurde. Bei einer Nachfrage bei diesen Juden, warum sie dieses Handwerkszeug noch in Händen hätten, erklärten mir diese, dass ihnen gesagt worden sei, dass sie es noch gut an ihrem nächsten Arbeitsplatze gebrauchen könnten. Das Handwerkszeug nahm ich ihnen sofort weg. Ich musste dann auf jeder Station, an der der Zug hielt, den Zug behelfsmässig vernageln lassen, sonst wäre eine Weiterfahrt überhaupt unmöglich gewesen.
Um 11.15 Uhr traf der Zug in Lemberg ein. Da keine Ablösung für das Begleitkommando eingetroffen war, musste ich mit meinem Kommando die Bewachung des Zuges bis Belzec übernehmen. Der Zug fuhr nach kurzem

13.3.2
Auszug aus einer Meldung von Jäcklein, Zugwachtmeister der Schutzpolizei vom 14. September 1942 in Lemberg, betrifft: Umsiedlerzug von Kolomea nach Bełżec
RGVA Moskwa

»Schon nach kurzer Fahrzeit versuchten die Juden die Waggons nach allen Seiten und sogar die Wagendecken zu durchbrechen. Es gelang auch teilweise dies durchzuführen, sodass ich schon 5 Stationen vor Stanislau den Bahnhofsvorsteher in Stanislau fernmündlich bat, Nägel und Bretter für eine behelfsmässige Verschliessung bereitzulegen und mir den Bahnschutz zur Bewachung zuzuteilen.
(…)
Dies alles half jedoch sehr wenig, denn schon einige Stationen später, als der Zug wieder stehen blieb, musste ich feststellen, dass schon wieder grössere Löcher ausgebrochen und der ganze Draht an den Lüftungsfenstern abgerissen war.
(…)
Das Kommando hatte die mitgeführte Munition inzwischen verschossen und auch 200 Schuss, die ich von Wehrmachtsangehörigen erhalten hatte, sodass wir uns mit Steinen vom fahrenden Zug und mit dem aufgepflanzten Seitengewehr beim haltenden Zug helfen mussten.
(…)
Die immer grösser werdende Panik unter den Juden, hervorgerufen durch die starke Hitze, Überfüllung der Waggons bis zu 220 Juden, der Leichengestank – es befanden sich beim Ausladen der Waggons etwa 2.000 Tote in den Wagen – machten den Transport fast undurchführbar.«

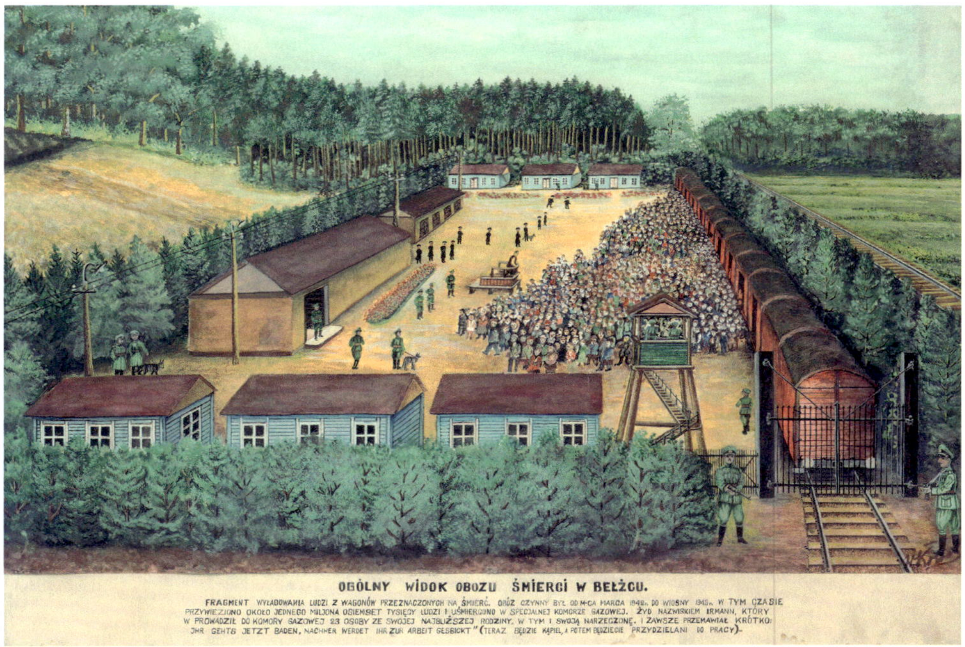

13.3.3
Gesamtansicht des Todeslagers in Bełżec
Stiftung Denkmal Berlin

Wacław Kołodziejczyk lebte im Dorf Bełżec und arbeitete in der Lagerkommandantur. Er malte das Bild wahrscheinlich in den 1970er Jahren aus dem Gedächtnis. Fotos aus der Zeit des Todeslagers sind nicht bekannt.

13.3.4 **ZEITFENSTER**
Gedenkort auf dem Gelände des Todeslagers Bełżec 1963-2003 mit der Inschrift »Pamieci ofiar hitlerowskiego obozu zagłady w Bełżcu zamordowanych w latach 1942-1943«

»Zum Gedenken an die Opfer des Hitler-Vernichtungslagers in Bełżec ermordet in den Jahren 1942-1943«
MMP Bełżec

13.3.5 **ZEITFENSTER**
Gedenkstätte Bełżec 2004
Privatbesitz

Auf der hinteren Wand des Denkmals befindet sich der Spruch aus dem Buch Hiob 16, 18: »Erde, bedecke mein Blut nicht, damit mein Schrei nicht zur Ruhe kommt.«

13.4
Sobibór

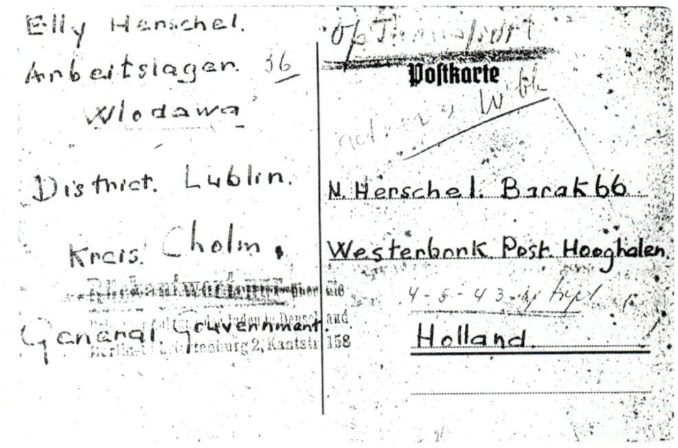
Elly Henschel.
Arbeitslager 56
Wlodawa
District Lublin.
Kreis Cholm.
General Gouvernement
Postkarte
N. Herschel. Barak 66
Westerbork Post Hooghalen
Holland.

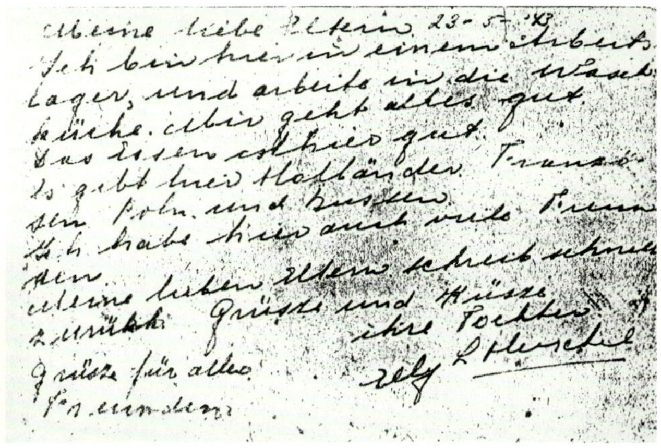

13.4.1
Postkarte von Elly Herschel an ihre Eltern im Transitlager Westerbork, 23. Mai 1943
NIOD Amsterdam

Meine lieben Eltern
Ich bin hier in einem Arbeitslager und arbeite in der Waschküche.
Mir geht alles gut. Das Essen ist hier gut. Es gibt hier Holländer, Franzosen, Polen und Russen.
Ich habe hier auch viele Freunden.
Meine lieben Eltern, schreibt schnell zurück.
Grüsse und Küsse
ihre Tochter
Elly L. Herschel
Grüße für alle Freunden

Elly hatte den Tag ihrer Ankunft überlebt, da sie zum Arbeiten ausgesucht worden war. Das in der Nähe liegende Arbeitslager Włodawa diente als Deckadresse für das Todeslager Sobibór. Die Karte konnte ihre Eltern nicht mehr erreichen, da diese am 4. Mai 1943 ebenfalls nach Sobibór deportiert und am Tag ihrer Ankunft ermordet worden waren.

13.4.2
SS-Mannschaft von Sobibór, Alexander Kaiser, Franz Hoedl, Hubert Gomerski (von li. nach re.), undatiert
USHMM Washington D.C.

13.5
Treblinka

13.5.1
Lageplan von Treblinka nach dem Augenzeugenbericht von Abram Jakub Krzepicki, 1942
Oneg Shabbat, AŻIH Warszawa

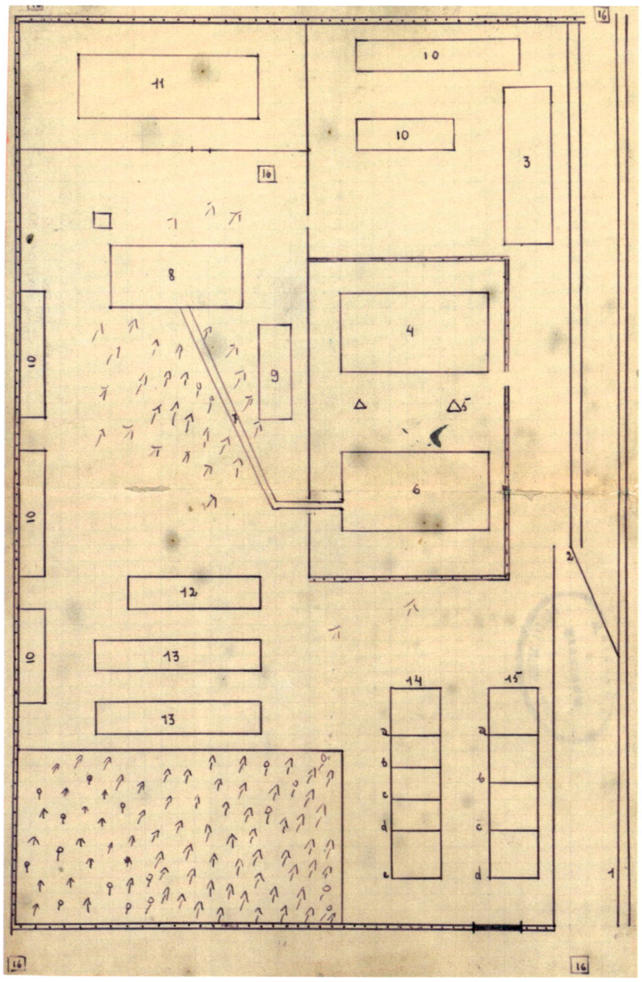

13.5.2
Legende zum Plan
Oneg Shabbat
AŻIH Warszawa

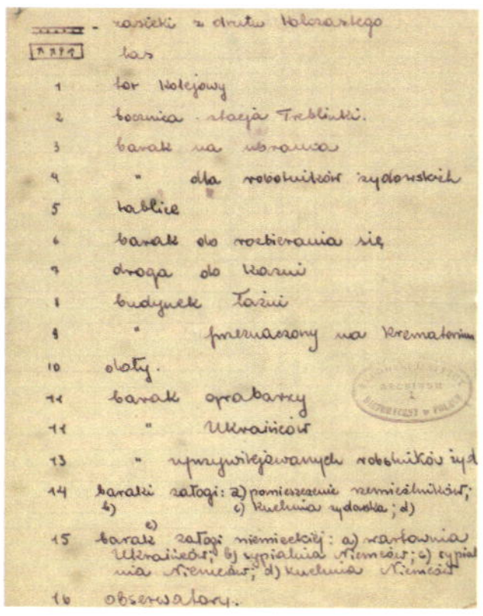

– rasiatki z drutu kolczastego
las
1 tor kolejowy
2 bocznica stacja Treblinki.
3 barak na ubrania
4 " dla robotników żydowskich
5 tablice
6 barak do rozbierania się
7 droga do kaźni
8 budynek łaźni
9 " przeznaczony na krematorium
10 doły.
11 barak grabarzy
12 " Ukraińców
13 " uprzywilejowanych robotników żyd
14 baraki załogi: a) pomieszczenie rzemieślników; b) c) kuchnia żydowska; d)
15 barak załogi niemieckiej: a) wartownia Ukraińców; b) sypialnia Niemców; c) sypialnia Niemców; d) kuchnia Niemców
16 obserwatory.

- Stacheldraht
- Wald
1. Eisenbahnschienen
2. Nebengleis Bahnhof Treblinka
3. Baracke für Kleidung
4. Baracke für jüdische Arbeiter
5. Tafeln für Bekanntmachungen
6. Baracke zur Entkleidung
7. Hinrichtungsstätte
8. Bad
9. Krematoriumsgebäude
10. Gruben
11. Baracke der Totengräber
12. Baracke der Ukrainer
13. Baracke der privilegierten jüdischen Arbeiter
14. Baracke der Besatzung
    a) Raum der Handwerker
    b) --
    c) Jüdische Küche
15. Baracke der deutschen Besatzung
    a) Wachraum der Ukrainer
    b) Schlafraum der Deutschen
    c) Schlafraum der Deutschen
    d) Küche der Deutschen
16. Wachturm

(Übersetzung aus dem Polnischen)

Andere Häftlinge beschreiben die hier genannte Hinrichtungsstätte als Gang oder Schlauch zu den Gaskammern. Diese werden hier mit dem Tarnnamen »Bad« bezeichnet. Mit der »Baracke der Besatzung« sind wahrscheinlich die Werkstätten und Magazine der jüdischen Arbeitshäftlinge gemeint.

13.5.3
Augenzeugenbericht aus Treblinka

Abram Jakub Krzepicki war am 25. August 1942 nach Treblinka deportiert worden. Als »Arbeitsjude« eingeteilt, gelang ihm nach 18 Tagen die Flucht. Im Warschauer Ghetto berichtete er über Treblinka. Diesen Bericht mit einer Skizze des Todeslagers zeichnete Rachela Auerbach, eine Mitarbeiterin des Ringelblum Archivs, auf. In der Wohnung des Historikers Emanuel Ringelblum hatte im November 1940 die Gründung des Ghettoarchivs Oneg Shabbat stattgefunden. Hier wurde eine Vielzahl von Materialien und Dokumenten, auch persönliche Nachlässe, gesammelt und archiviert. Oneg Shabbat arbeitete als interdisziplinäres Forschungsinstitut und wurde ein Teil des aktiven Untergrunds im Warschauer Ghetto.

Der Bericht von Krzepicki wurde zusammen mit anderem Material des Ringelblum-Archivs 1950 bei Bauarbeiten in Warschau gefunden.

13.5.4
Abram Jakub Krzepicki (1917-1943). Er schloss sich nach der Flucht aus Treblinka im Warschauer Ghetto der Jüdischen Kampforganisation (ŻOB) an und wurde während des Aufstandes im Ghetto ermordet
AŻIH Warszawa

13.5.5
Rachela Auerbach (1903-1976). Sie war eine Mitarbeiterin des Ringelblum-Archivs. Nach dem Krieg war sie Gründungsmitglied des Jüdisch-Historischen Komitees in Polen und beteiligte sich an der Aufklärung der Verbrechen in Treblinka. Später lebte sie in Israel
AŻIH Warszawa

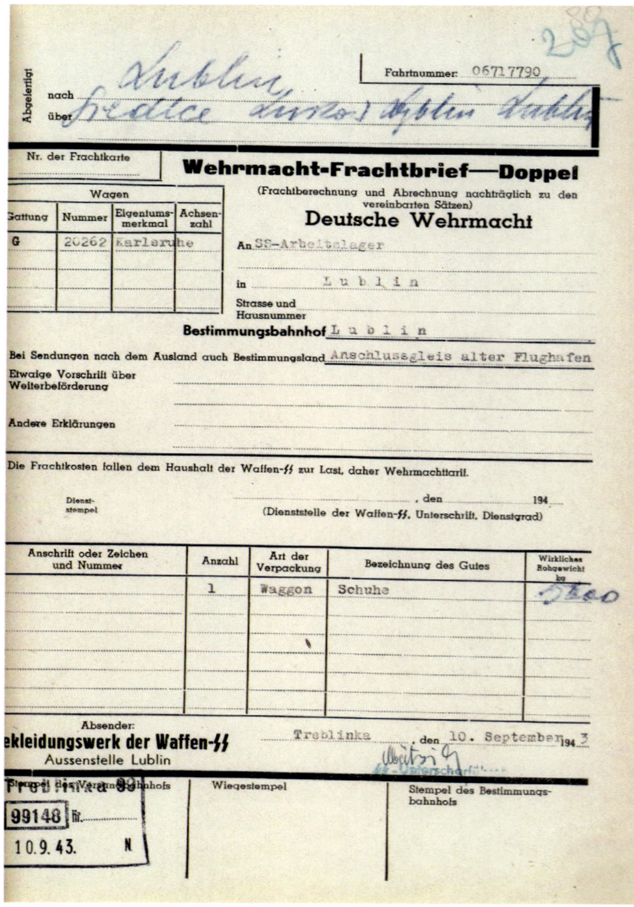

Abgefertigt nach Lublin über Siedlce [illegible]
Fahrtnummer: 06717790

Nr. der Frachtkarte

Wehrmacht-Frachtbrief—Doppel
(Frachtberechnung und Abrechnung nachträglich zu den vereinbarten Sätzen)
Deutsche Wehrmacht

Wagen			
Gattung	Nummer	Eigentumsmerkmal	Achsenzahl
G	20262	Karlsruhe	

An SS-Arbeitslager
in Lublin
Strasse und Hausnummer
Bestimmungsbahnhof Lublin
Bei Sendungen nach dem Ausland auch Bestimmungsland Anschlussgleis alter Flughafen
Etwaige Vorschrift über Weiterbeförderung
Andere Erklärungen

Die Frachtkosten fallen dem Haushalt der Waffen-SS zur Last, daher Wehrmachttarif.

Dienststempel . den 194
(Dienststelle der Waffen-SS, Unterschrift, Dienstgrad)

Anschrift oder Zeichen und Nummer	Anzahl	Art der Verpackung	Bezeichnung des Gutes	Wirkliches Rohgewicht kg
	1	Waggon	Schuhe	5800

Absender:
[B]ekleidungswerk der Waffen-SS
Aussenstelle Lublin
Treblinka, den 10. September 1943
SS-Unterscharführer

Stempel des Versandbahnhofs: Treblinka 99148 10.9.43. N
Wiegestempel
Stempel des Bestimmungsbahnhofs

13.5.7
Frachtbrief der Deutschen Wehrmacht an das Arbeitslager in Lublin, Anschlussgleis Alter Flughafen über einen Waggon Schuhe, Absender: Bekleidungswerk der Waffen-SS, Außenstelle Lublin, Treblinka, vom 10. September 1943
IPN Warszawa

13.5.6
Fotoalbum von Kurt Franz, von August bis November 1943 letzter Kommandant von Treblinka, 1944
Staw Düsseldorf

Diese Seite des Albums war mit »Schöne Zeiten« überschrieben, das Wort »Schöne« wurde nach 1945 ausradiert. Zwei Fotos, unten links und rechts, wurden entfernt. Obere Reihe linkes Foto der Bahnhof von Treblinka, in der Mitte Kurt Franz, rechtes Foto mit seinem Bruder (li.). Unteres Foto mit Franz Stangl (li.), der vor Franz in Treblinka Kommandant war, vor der Kommandantenbaracke.

13.6

Majdanek

In Majdanek musste man um alles kämpfen: um den Fußbodenstreifen, auf dem man sich nachts zum Schlafen ausstrecken konnte, um die Decke, um den rostigen Napf, ohne den man nichts von der Brennnesselsuppe bekam, mit der wir hier ernährt wurden, und nichts von dem gelblichen Wasser, mit dem wir unseren Durst stillen mussten.

13.6.1
Halina Birenbaum veröffentlichte ihre Erinnerungen unter dem Titel »Die Hoffnung stirbt zuletzt«
(Auszug)

13.6.2
Halina Birenbaum (geb. 1929) war zehn Jahre alt als ihre Familie in das Warschauer Ghetto ziehen musste. Als der Krieg zu Ende war, war sie 15 Jahre alt und hatte die Konzentrationslager Majdanek, Auschwitz und Ravensbrück überlebt. Ihr Vater wurde in Auschwitz, ihre Mutter in Treblinka ermordet. Halina Birenbaum lebt heute in Israel, veröffentlichte ihre Erinnerungen in mehreren Sprachen und engagiert sich für die jüdisch-christliche Verständigung in Polen.

13.6.3
Bauarbeiten an den Magazinbaracken im KZ Majdanek, Herbst 1942
USHMM Washington D.C.

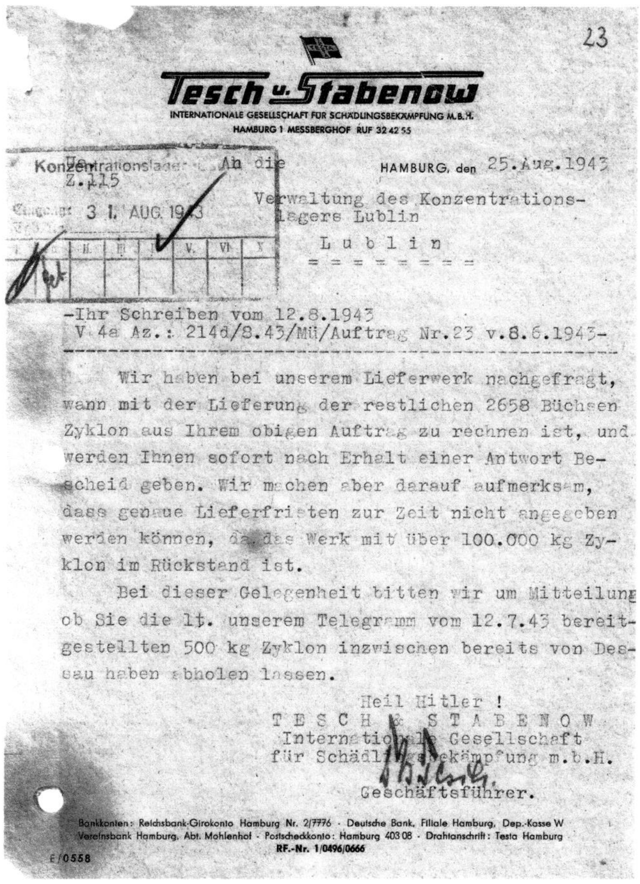

23

Tesch u. Stabenow
INTERNATIONALE GESELLSCHAFT FÜR SCHÄDLINGSBEKÄMPFUNG M.B.H.
HAMBURG 1 MESSBERGHOF RUF 32 42 55

Konzentrationslager
Z. 115
Eingang: 31. AUG. 1943

An die
Verwaltung des Konzentrationslagers Lublin
Lublin

HAMBURG, den 25. Aug. 1943

-Ihr Schreiben vom 12.8.1943
V 4a Az.: 214d/8.43/Mü/Auftrag Nr.23 v.8.6.1943-

Wir haben bei unserem Lieferwerk nachgefragt, wann mit der Lieferung der restlichen 2658 Büchsen Zyklon aus Ihrem obigen Auftrag zu rechnen ist, und werden Ihnen sofort nach Erhalt einer Antwort Bescheid geben. Wir machen aber darauf aufmerksam, dass genaue Lieferfristen zur Zeit nicht angegeben werden können, da das Werk mit über 100.000 kg Zyklon im Rückstand ist.

Bei dieser Gelegenheit bitten wir um Mitteilung ob Sie die lt. unserem Telegramm vom 12.7.43 bereitgestellten 500 kg Zyklon inzwischen bereits von Dessau haben abholen lassen.

Heil Hitler !
TESCH & STABENOW
Internationale Gesellschaft
für Schädlingsbekämpfung m.b.H.
Geschäftsführer.

Bankkonten: Reichsbank-Girokonto Hamburg Nr. 2/7776 · Deutsche Bank, Filiale Hamburg, Dep.-Kasse W
Vereinsbank Hamburg, Abt. Mohlenhof · Postscheckkonto: Hamburg 403 08 · Drahtanschrift: Testa Hamburg
RF.-Nr. 1/0496/0666

E/0558

13.6.4
Schreiben von Tesch und Stabenow, Internationale Gesellschaft für Schädlingsbekämpfung, Hamburg an die Verwaltung des Konzentrationslagers Lublin vom 25. August 1943, Betrifft: Auftrag Nr. 23 vom 8. Juni 1943
PMM Lublin

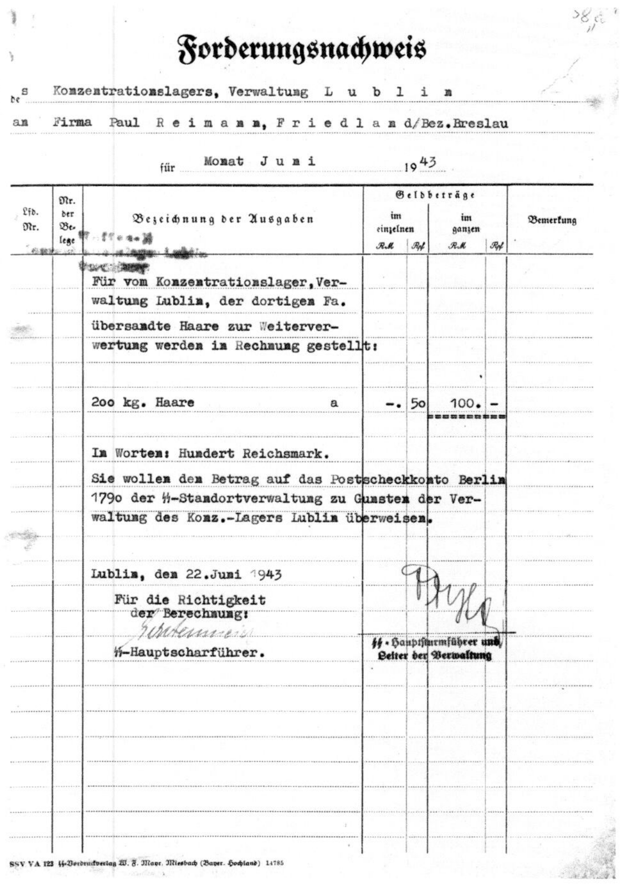

Forderungsnachweis

des Konzentrationslagers, Verwaltung Lublin
an Firma Paul Reimann, Friedland/Bez.Breslau
für Monat Juni 1943

Lfd. Nr.	Nr. der Belege	Bezeichnung der Ausgaben	Geldbeträge im einzelnen RM	Rpf	Geldbeträge im ganzen RM	Rpf	Bemerkung
		Für vom Konzentrationslager, Verwaltung Lublin, der dortigen Fa. übersandte Haare zur Weiterverwertung werden in Rechnung gestellt:					
		200 kg. Haare a	-.	50	100.	-	
		Im Worten: Hundert Reichsmark.					
		Sie wollen den Betrag auf das Postscheckkonto Berlin 1790 der SS-Standortverwaltung zu Gunsten der Verwaltung des Konz.-Lagers Lublin überweisen.					

Lublin, den 22.Juni 1943

Für die Richtigkeit der Berechnung:
SS-Hauptscharführer.

SS-Hauptsturmführer und Leiter der Verwaltung

SSV VA 123 SS-Vordruckverlag W. F. Mayr, Miesbach (Bayer. Hochland) 14785

13.6.5
Verwertung von Haaren ermordeter Häftlinge. Rechnung des Konzentrationslagers, Verwaltung Lublin an Firma Paul Reimann, für die Lieferung von Haaren zur Weiterverwertung, Juni 1943
PMM Lublin

Lieferung von Zyklon B an das KZ Majdanek.

13.7
Auschwitz-Birkenau

13.7.1
Luftbild des Lagerkomplexes Auschwitz. Aufnahme der U.S. Air Force, 26. Juni 1944
NA Washington D.C.

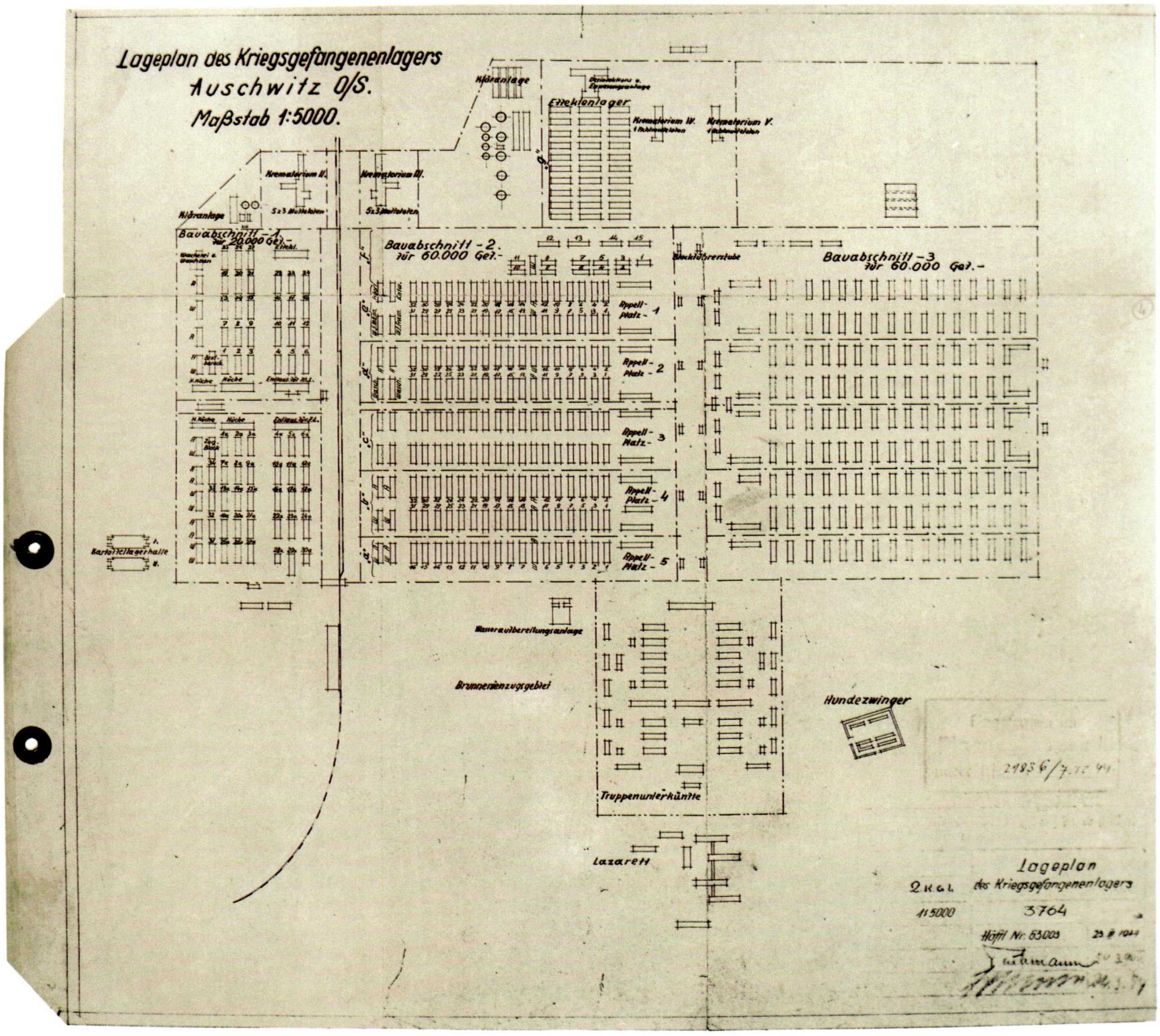

13.7.2
Lageplan von Auschwitz-Birkenau, 1944
APM Oświęcim

Der rechts eingezeichnete Bauabschnitt 3 wurde nicht mehr fertiggestellt.

13.7.4
Sril (li.) und Selig, die Brüder von Lilli Jacob. Sie wurden kurz nach ihrer Ankunft vergast.

13.7.5–13.7.7
Fotos aus dem Auschwitz-Album
YV Jerusalem

Ankunft und Selektion in Auschwitz.

Unmittelbar nach ihrer Ankunft wurden die Menschen von SS-Männern mit Hilfe von Kapos an der Rampe in zwei Gruppen geteilt. Alte Menschen, Frauen mit Kindern und Kranke wurden direkt in die als Duschräume getarnten Gaskammern geschickt. Diejenigen Frauen und Männer, die als arbeitsfähig eingeteilt wurden, kamen zur Zwangsarbeit in das Konzentrationslager Auschwitz-Birkenau. Diese Fotos zeigen die Ankunft von Juden aus dem in der Karpatho-Ukraine liegenden Ghetto Berehovo am 26. Mai 1944.

13.7.8
Das Auschwitz-Album

Diese Fotos von der Ankunft in Auschwitz vom Mai 1944 wurden als Dokumentation von den SS-Männern Bernhard Walter und Ernst Hoffmann angefertigt. Sie befinden sich in einem Fotoalbum, das von Lilli Jacob im KZ Mittelbau-Dora unmittelbar nach ihrer Befreiung gefunden wurde. Die 18jährige Lilli kam aus Bilke, einem Ort im ungarisch-ukrainischen Grenzgebiet. Alle Bilker Juden wurden ins Ghetto und dann nach Auschwitz deportiert. Lilli war die einzige Überlebende ihrer großen Familie, die alle im Mai 1944 mit den fotografierten Zügen in Auschwitz ankamen. Sie war schockiert, als sie auf den Fotos nicht nur sich selbst, sondern auch ihre Brüder und andere Menschen aus Bilke erkannte.

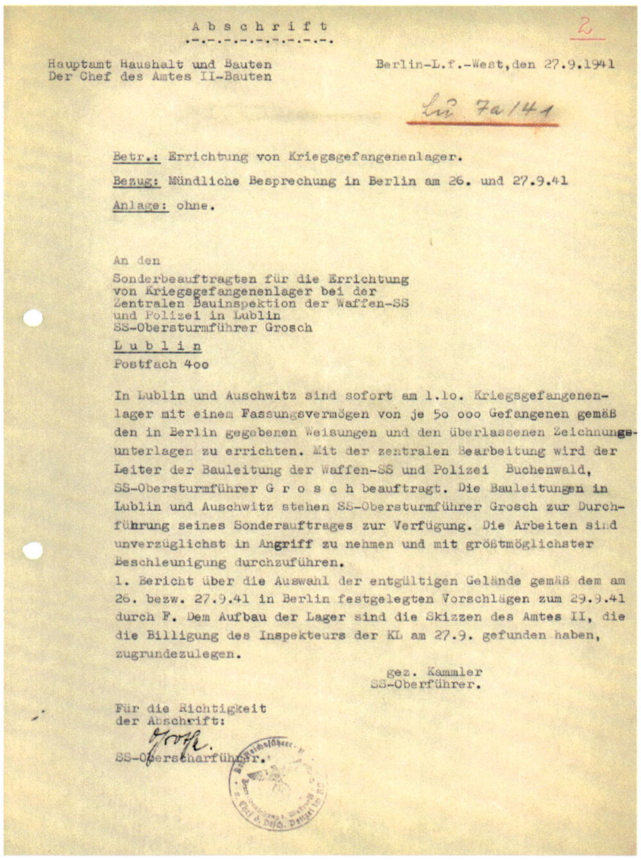

A b s c h r i f t

2

Hauptamt Haushalt und Bauten
Der Chef des Amtes II-Bauten

Berlin-L.f.-West, den 27.9.1941

Lü 7a/41

Betr.: Errichtung von Kriegsgefangenenlager.

Bezug: Mündliche Besprechung in Berlin am 26. und 27.9.41

Anlage: ohne.

An den
Sonderbeauftragten für die Errichtung
von Kriegsgefangenenlager bei der
Zentralen Bauinspektion der Waffen-SS
und Polizei in Lublin
SS-Obersturmführer Grosch
L u b l i n
Postfach 4oo

In Lublin und Auschwitz sind sofort am 1.1o. Kriegsgefangenenlager mit einem Fassungsvermögen von je 5o ooo Gefangenen gemäß den in Berlin gegebenen Weisungen und den überlassenen Zeichnungsunterlagen zu errichten. Mit der zentralen Bearbeitung wird der Leiter der Bauleitung der Waffen-SS und Polizei Buchenwald, SS-Obersturmführer G r o s c h beauftragt. Die Bauleitungen in Lublin und Auschwitz stehen SS-Obersturmführer Grosch zur Durchführung seines Sonderauftrages zur Verfügung. Die Arbeiten sind unverzüglichst in Angriff zu nehmen und mit größtmöglichster Beschleunigung durchzuführen.
1. Bericht über die Auswahl der entgültigen Gelände gemäß dem am 26. bezw. 27.9.41 in Berlin festgelegten Vorschlägen zum 29.9.41 durch F. Dem Aufbau der Lager sind die Skizzen des Amtes II, die die Billigung des Inspekteurs der KL am 27.9. gefunden haben, zugrundezulegen.

gez. Kammler
SS-Oberführer.

Für die Richtigkeit
der Abschrift:
SS-Oberscharführer.

13.7.9
Schreiben von Hans Kammler, SS-Hauptamt Haushalt und Bauten, 27. September 1941
BA Berlin

Anordnung zur Errichtung der zuerst als Kriegsgefangenenlager geplanten Lager in Auschwitz und Lublin.

13.7.12 – 13.7.14
Betrifft: Fahrgenehmigung. Die verschiedenen Fernschreiben zeigen den Sprachgebrauch für den Völkermord durch Gas an jüdischen Häftlingen in Auschwitz-Birkenau.

J. A. TOPF & SÖHNE
MASCHINENFABRIK

CODES: RUD. MOSSE-CODE, A.B.C. CODE, STAUDT & HUNDIUS

GEGR. 1878

Bauleitung Auschwitz – Eingang: 7 NOV 1941 – Rechnungs-Legung-A, Hochbau Abtlg., Tiefbau Abtlg., Landwirtsch. Abtlg.

An die
Bauleitung der Waffen-SS
und Polizei,

Auschwitz /O.-S.

ERFURT, 4.11.41.
POSTFACH 552/8
FABRIK UND VERWALTUNG
DREYSESTRASSE 7/9
hes.

BETRIFFT: Ihr Schreiben v. 22.1o.41, Bestellung von Topf-Dreimuffel-Öfen, Saugzug-Anlagen und Topf-Müllverbrennungs-Ofen.

IHR ZEICHEN: Bftg.-Nr.215/41 Ho.

UNSERE ABTEILUNG: D IV/Prf.

Auftrag Nr. 41/2249/1

Wir danken Ihnen bestens für den uns erteilten Auftrag auf Lieferung von

5 Topf-Dreimuffel-Einäscherungs-Öfen mit Druckluft-Anlage
2 Sarg-Einführungs-Vorrichtungen mit Schienen-Anlage für 5 Öfen
3 Topf-Saugzug-Anlagen
1 Topf-Müll-Verbrennungs-Ofen
Rauchkanal-Anlage.

Den Auftrag nehmen wir an aufgrund unseres beiliegenden Kostenanschlages und dessen Bedingungen zum Gesamtpreise von RM 51 237.--.

Unsere Lieferung:
a) Für die 5 Topf-Dreimuffel-Einäscherungs-Öfen die gesamten Schamotte- und Isoliermaterialien, die guß- und schmiedeeisernen Armaturen, die Druckluft-Anlagen mit Motoren und die Kosten zweier Monteure für die Beaufsichtigung der Bauarbeiten.

82g. 10000. 4. 41. L 0204 (5215)

J.A.TOPF & SÖHNE ERFURT

EMPFÄNGER: Bauleitung der Waffen-SS und Polizei, Auschwitz /O.-S.

TAG: 4.11.41. BLATT: -2-

b) Die 2 Sarg-Einführungs-Vorrichtungen mit Verschiebewagen, einschließlich der Schienen-Anlage für die 5 Stück Einäscherungs-Öfen.

c) Die 3 Topf-Saugzug-Anlagen mit Motoren und die Monteurgestellung zum Einbau der Anlagen.

d) Für die Topf-Müll-Verbrennungs-Anlage die gesamten Schamotte- und Isoliermaterialien, einschließlich der guß- und schmiedeeisernen Armaturen, einschließlich Stellung eines Monteurs zur Beaufsichtigung der Bauarbeiten.

e) Zur Rauchkanal-Anlage die gesamten Schamottematerialien und Stellung eines Monteurs.

Bauseitige Lieferung:
Zu den Öfen und der Rauchkanal-Anlage die gesamten Mauermaterialien, wie Ziegelsteine, Sand, Kalk und Zement, deren Mengen aus dem Kostenanschlag zu ersehen sind, sowie auch die gesamten, schmiedeeisernen Verankerungs-Eisen kostenlos für uns.

Ferner stellen Sie unseren Monteuren ohne Kosten für uns genügend Helfer zur Verfügung.

Die von uns vorgesehene Bauzeit für die Anlagen darf 8 Wochen nicht überschreiten, da wir die Stellung unserer Leute nur für diese Zeit berechnet haben. Sollte die vorgesehene Bauzeit überschritten werden, sind die abgeleisteten Stunden im Tagelohn zu verrechnen.

Da die fortgeschrittene Jahreszeit den Bau der Öfen in ungeheizten Räumen nicht zulässt, so wollen Sie für baldige Erstellung des Ofenraumes und für Heizung desselben Sorge tragen.

20000. 6. 40. L 0204 (9294)

13.7.10
Auszug aus der Auftragsbestätigung der Firma Topf & Söhne für Öfen und Anlagen des Krematoriums Auschwitz vom 4. November 1941
RGVA Moskwa

13.7.11
Bau des Krematoriums IV in Auschwitz-Birkenau, Winter 1942/43
APM Oświęcim

SS-Standort-Funkstelle Auschwitz

Dienststelle: … stelle: 4.38

Spruch-Nr. – Befördert am … 193 … Uhr durch
Aufgenommen am 26.8.42 1558 Uhr durch
Erhalten am 26.8.42 Uhr

Funk-Spruch Nr. 83 – SS-Standort-Funkstelle an Auschwitz

Vermerke:

Absendende Stelle: W.V.H.A.
Angekommen: 26.8.42 1558
An: K.L.Auschwitz

Betr.: Fahrgenehmigung.
Bez. : Dort. Antrag v. 26.8.42.

Fahrgen. für einen LKW. nach Dessau zur Abholung von Material für Sonderbeh. wird hiermit erteilt. Fahrgen. ist dem Kraftf. mitzugeben.

Der Chef des Zentralamtes
gez. Liebehenschel
SS-Oberstubaf.
(Ständiger Vertreter des Leiters der Dienststelle im Range eines Generalleutnants der Waffen-SS)

F.d.R.
Funkstellenleiter

469. Kroll & Straus, Berlin SO 36

13.7.12
Fernschreiben aus dem Wirtschafts-Verwaltungshauptamt (WVHA) in Oranienburg an die Funkstelle der Kommandantur des Konzentrationslagers Auschwitz, 26. August 1942
APM Oświęcim

Funk-Spruch Nr. 13 – SS-Standort-Funkstelle an Auschwitz

Konzentrationslager Auschwitz Kommandantur – Eingang: 2. OKT 1942

Absendende Stelle: W.V.HA.
Angekommen: 2.1o.42 1632
An: K.L.Au.

4-38

Betr.: Fahrgen.
Bezug: Dort. Antrag vom 2.1o.42

Fahrgenehmigung für einen 5 To. LKW mit Anhänger nach Dessau u. zurück, zwecks Abholung von Materialien für die Judenumsiedlung, wir hiermit erteilt. Den Kraftfahrer ist diese Fahrgenehmigung mitzugeben.

Liebehenschel
SS-Oberstubaf.
ständiger Vertreter des Leiters der Dienstst. im Range eines Gen.Leutnants d. Waffen SS

F.d.R.
Funkstellenleiter

469. Kroll & Straus, Berlin SO 36

13.7.13
Fernschreiben aus dem Wirtschafts-Verwaltungshauptamt in Oranienburg an die Funkstelle der Kommandantur des Konzentrationslagers Auschwitz, 2. Oktober 1942
APM Oświęcim

Konzentrationslager Auschwitz
FS.-Dienst

Aufgenommen: Tag Monat Jahr Zeit – 30. Juli 1943 2016
Raum für Eingangsstempel: K. L. Auschwitz – 4685
Befördert: Tag Monat Jahr Zeit – 4-38

+ ORANIENBURG NR. 4685 30.7.43 2010 =K=
AN DEN LAGERKOMMANDANTEN DES KL. AUSCHWITZ.==
= FAHRTGENEHMIGUNG FUER EINEN LKW. VON AUSCHWITZ NACH DESSAU UND ZURUECK ZWECKS ABHOLUNG VON ZYKLON WIRD HIERMIT FUER DEN 30.7.43 ERTEILT.=
= DEM KRAFTFAHRER IST DER SS- SONDERAUSWEIS - K MITZUGEBEN.=
DER CHEF DER AMTSGRUPPE D, GEZ, G L U E C K S
SS- BRIGADEFUEHRER U. GENERALMAJOR DER WAFFEN-SS++

13.7.14
Fernschreiben von Richard Glücks, WVHA in Oranienburg an Rudolf Höß, Kommandant von Auschwitz, 30. Juli 1943
APM Oświęcim

13.7.15
Das Gepäck angekommener Häftlinge wurde im Lagerbereich »Kanada« sortiert, August 1944
Auschwitz-Album, YV Jerusalem

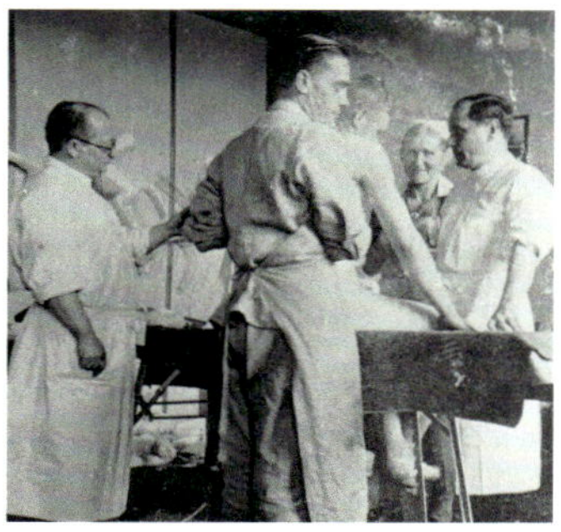

13.7.17
Carl Clauberg (1898-1957), 1. li.
USHMM Washington D.C.

13.7.16
Medizinische Versuche in Auschwitz

In Auschwitz wurden, wie auch in anderen Konzentrationslagern, an einer Vielzahl von Häftlingen medizinische Experimente von SS-Ärzten durchgeführt. Auf Vorschlag von Himmler begann der SS-Arzt Carl Clauberg mit Sterilisierungsversuchen an Jüdinnen. Weitere Opfer von Experimenten wurden Zwillinge und Kleinwüchsige. Auch Sinti und Roma wurden Opfer sogenannter rassekundlicher Untersuchungen und Experimente.

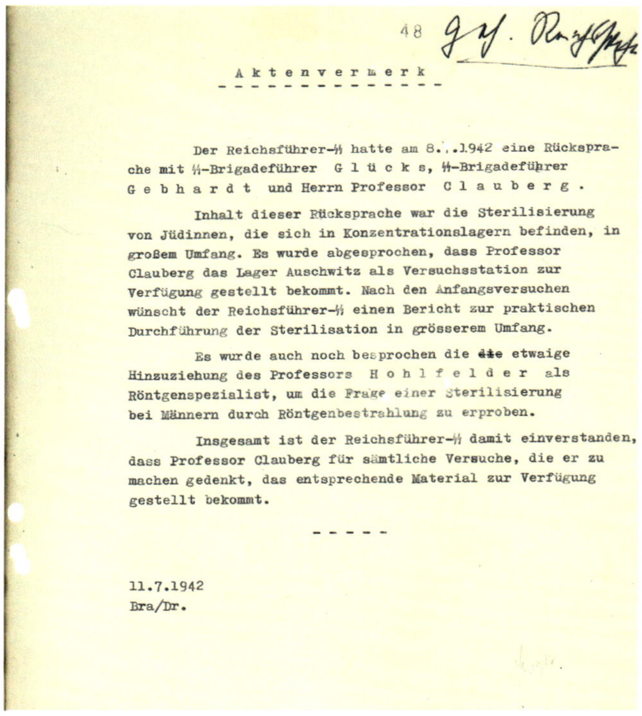

48 g.K. Rsf.

A k t e n v e r m e r k

Der Reichsführer-SS hatte am 8.7.1942 eine Rücksprache mit SS-Brigadeführer G l ü c k s, SS-Brigadeführer G e b h a r d t und Herrn Professor C l a u b e r g.

Inhalt dieser Rücksprache war die Sterilisierung von Jüdinnen, die sich in Konzentrationslagern befinden, in großem Umfang. Es wurde abgesprochen, dass Professor Clauberg das Lager Auschwitz als Versuchsstation zur Verfügung gestellt bekommt. Nach den Anfangsversuchen wünscht der Reichsführer-SS einen Bericht zur praktischen Durchführung der Sterilisation in grösserem Umfang.

Es wurde auch noch besprochen die ~~die~~ etwaige Hinzuziehung des Professors H o h l f e l d e r als Röntgenspezialist, um die Frage einer Sterilisierung bei Männern durch Röntgenbestrahlung zu erproben.

Insgesamt ist der Reichsführer-SS damit einverstanden, dass Professor Clauberg für sämtliche Versuche, die er zu machen gedenkt, das entsprechende Material zur Verfügung gestellt bekommt.

- - - - -

11.7.1942
Bra/Dr.

13.7.18
Aktennotiz über eine Besprechung Himmlers mit Glücks, Gebhardt und Clauberg über die Versuche an jüdischen weiblichen Häftlingen in Auschwitz, 1942
BA Berlin

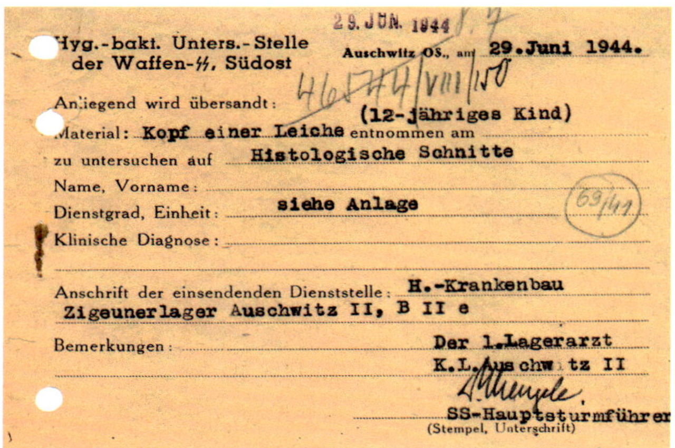

Hyg.-bakt. Unters.-Stelle der Waffen-SS, Südost — 29. JUN. 1944 — Auschwitz OS., am 29. Juni 1944.

Anliegend wird übersandt: 4/6774/VIII/50
Material: Kopf einer Leiche (12-jähriges Kind) entnommen am
zu untersuchen auf Histologische Schnitte
Name, Vorname:
Dienstgrad, Einheit: siehe Anlage (69/44)
Klinische Diagnose:

Anschrift der einsendenden Dienststelle: H.-Krankenbau Zigeunerlager Auschwitz II, B II e

Bemerkungen: Der 1. Lagerarzt K.L. Auschwitz II
Mengele
SS-Hauptsturmführer
(Stempel, Unterschrift)

13.7.19
Begleitschreiben zur Übersendung des Kopfes eines getöteten 12jährigen Kindes aus dem »Zigeunerlager« von Auschwitz-Birkenau vom 29. Juni 1944, unterschrieben von dem Arzt Josef Mengele
APM Oświęcim

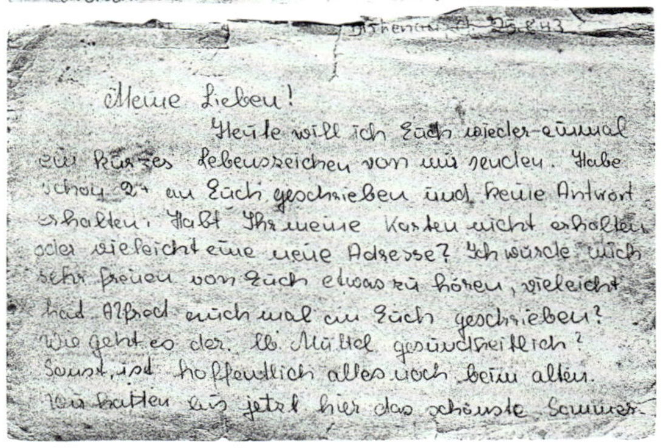

13.7.20 ▸SILBERSTEIN◂
Hansi Silberstein schrieb im August 1943 aus Auschwitz-Birkenau an eine Freundin in Berlin
Privatbesitz

Abschrift:

Frl. Margarete Weigle
Berlin-Lichterfelde-W
Tulpenstr. 8 pat.

Birkenau, den 25.8.43

Meine Lieben!
Heute will ich Euch wieder einmal ein kurzes Lebenszeichen von mir senden. Habe schon 2x an Euch geschrieben und keine Antwort erhalten. Habt Ihr meine Karten nicht erhalten oder vielleicht eine neue Adresse? Ich würde mich sehr freuen von Euch etwas zu hören, vielleicht hat Alfred auch mal an Euch geschrieben? Wie geht es der lb. Muttel gesundheitlich? Sonst ist hoffentlich alles noch beim alten. Wir hatten bis jetzt hier das schönste Sommerwetter und mir bekommt die Sonne sehr gut. Bin schon sehr verbrannt. Hoffe recht bald etwas von Euch zu hören, denke oft an Euch.
Für heute grüßt Euch herzlichst
Eure Hansi.

Hansi Silberstein
Lager Birkenau
b. Neuberun/Oberschlesien

Im Rahmen der sogenannten Briefaktion wurde ankommenden jüdischen Häftlingen gestattet, Karten zu schreiben. Es sollte damit Gerüchten entgegen gesteuert werden, in Auschwitz würden Juden ermordet. Die Post musste auf Deutsch verfasst sein und wurde zensiert.

Zwangsarbeit und Tod im KZ

Die Zwangsarbeit in den Konzentrationslagern war auf das engste mit der systematischen Ermordung der Juden verknüpft. Der Arbeitseinsatz jüdischer Häftlinge zielte auf deren Auslöschung.

Wegen des Arbeitskräftemangels wurden seit Frühjahr 1942 immer mehr KZ-Häftlinge zur Arbeit in der Kriegswirtschaft gezwungen. Die unerträglichen Arbeitsbedingungen, besonders beim Bau von Produktionsstätten, hatten zur Folge, dass Häftlinge in großer Zahl starben. Vor allem im Konzentrationslager Auschwitz wurden sie meist durch Jüdinnen und Juden ersetzt, die aus den von den Deutschen besetzten Ländern Europas deportiert worden waren.

Das zum 1. Februar 1942 gegründete und Heinrich Himmler unterstellte SS-Wirtschafts-Verwaltungshauptamt (WVHA) war ein Machtzentrum der deutschen Kriegswirtschaft und steuerte auch den Verleih der KZ-Häftlinge an private Unternehmen. Unter der Leitung von Oswald Pohl versuchte das WVHA zunächst, die wirtschaftlichen Aktivitäten der SS gestützt auf Häftlingsarbeit auszudehnen und Betriebe unmittelbar in Konzentrationslagern oder in deren Nähe zu gründen. Dagegen setzte sich Rüstungsminister Albert Speer mit seinem Konzept durch, die Häftlinge zu den Industriebetrieben zu bringen. Das führte zur Schaffung zahlreicher Außenlager. Die Industriebetriebe, die von der Häftlingsarbeit profitierten, hatten Einfluss auf die Arbeits- und Lebensbedingungen der KZ-Gefangenen.

Der Einsatz jüdischer KZ-Häftlinge zur Zwangsarbeit folgte dem Prinzip »Vernichtung durch Arbeit«. Das Leben der inhaftierten Menschen hing von ihrer Arbeitsfähigkeit ab. Bei ungenügender Versorgung, körperlichen wie seelischen Torturen, bedroht durch häufige Selektionen, kämpften sie darum, den jeweils nächsten Tag zu überleben.

Der Bedarf an Arbeitskräften für die Rüstungsindustrie wurde im Laufe des Krieges immer größer. Die nationalsozialistische Führung sah in den Häftlingen ein großes Reservoir an Zwangsarbeitern. Jedoch zielte der Arbeitseinsatz jüdischer Gefangener nicht vorrangig auf die Verrichtung einer bestimmten Arbeit, sondern auf die Ermordung der beschäftigten Menschen. Im April 1944 entschied Hitler, dass nun auch jüdische Häftlinge zur Zwangsarbeit im Deutschen Reich eingesetzt werden sollten. Mit der Auflösung der Lager im Osten Europas wurden Zehntausende jüdischer Häftlinge in weiter westlich liegende Konzentrations- und Außenlager verlegt. Binnen kürzester Zeit gelangten Hunderttausende jüdischer Häftlinge aus Ungarn, dem Baltikum und den geräumten Lagern im Osten als KZ-Häftlinge zum Arbeitseinsatz. Eine dramatische Überfüllung der bestehenden Konzentrationslager und ihrer Außenlager war die Folge. Die unmenschlichen Verhältnisse in den Lagern verschlimmerten sich so, dass ein Massensterben einsetzte.

Selbstbehauptung und Widerstand

Die SS herrschte in den Konzentrationslagern mit brutalstem Terror. Ständig standen die Gefangenen unter Aufsicht der SS, grundlos konnten sie zu Opfern von Strafen, Folterungen oder Mord werden. In zahlreichen Akten der Selbstbehauptung und des Widerstandes trotzten Häftlinge dem mörderischen System. Viele sahen es als notwendig an, die Verbrechen unter Einsatz ihres Lebens zu dokumentieren, durch illegale Fotos, Kunst oder Gedichte. Nachrichten mit solchen Beweisen nach draußen zu schaffen war lebensgefährlich.

Durch kulturelle Aktivitäten versuchten Häftlinge ihre persönliche Würde in einer namenlosen Häftlingsgesellschaft zu wahren.

Nur an wenigen Orten im Lager hatten die Häftlinge die Möglichkeit, unbeobachtet von der SS Kunst zu schaffen. Oftmals war es mühsam, das Material zu besorgen. Sie wollten festhalten, was sie bei ihrem alltäglichen Bemühen, den Verhältnissen in den Konzentrationslagern standzuhalten, erlebten. Das Zeichnen war auch eine Form des Widerstandes: Es sollte die Verbrechen dokumentieren und bezeugen. Wurden diese Zeichnungen entdeckt, konnte das den Tod zur Folge haben.

Immer wieder versuchten Gefangene, aus den stark bewachten und umzäunten Lagern zu fliehen. In einigen Fällen gingen der Flucht Häftlingsaufstände voraus. Selbst wenn die Überwindung der Bewachungsanlage gelang, brauchten die Geflohenen die Unterstützung der Bevölkerung außerhalb des Lagers, um untertauchen zu können. Viele Flüchtlinge wurden gefasst und grausam ermordet.

Befreiung der Konzentrationslager

Mit dem Vormarsch der Roten Armee begann im Sommer 1944 die Befreiung der Konzentrationslager. Ihr ging die weitgehende Räumung der Lager voraus, die von Erschießungen, Transporten und Todesmärschen der Gefangenen begleitet war. Erst Anfang April 1945 veranlasste die SS die Räumung der im Reich verbliebenen Konzentrationslager. Die Lager-SS bereitete die Räumungen vor, indem sie kranke und geschwächte KZ-Häftlinge als »marschunfähig« verhungern ließ oder ermordete. Ein Großteil der Häftlinge wurde in das zum Sterbelager gewordene KZ Bergen-Belsen transportiert. Hunderttausende trieb die SS auf Todesmärschen nördlich in Richtung Ostseeküste und Schleswig-Holstein oder südlich in Richtung Alpen. Die Todesmärsche forderten immense Opferzahlen. Erschießungen gehunfähiger oder flüchtender Häftlinge waren der Regelfall. Schätzungen gehen davon aus, dass von den jüdischen Gefangenen, die in der letzten Kriegsphase noch nicht ermordet worden waren, jeder zweite nicht überlebte.

Deutschland musste erst militärisch besiegt werden, bevor der Völkermord an den Juden endete. Die alliierten Streitkräfte dokumentierten die Zustände in den befreiten Konzentrationslagern durch zahlreiche Fotos und Filme. Die Soldaten fanden oftmals unzählige ermordete, verhungerte oder extrem geschwächte Häftlinge vor. Viele der Überlebenden starben noch in den folgenden Tagen und Wochen. Die alliierten Truppen konfrontierten die deutsche Bevölkerung mit den Verbrechen.

Christa Schikorra

14.1

Lagerhaft und Zwangsarbeit

14.1.1
Von einem SS-Arzt veranlaßte Einträge im Totenbuch des KZ Mauthausen, 14. Juni 1941
NA Washington D. C.

Als Todesursachen sind u. a. »Freitod durch Starkstrom«, »akute Herzschwäche« oder »Lungenentzündung« zu lesen. Die häufigen Einträge »Todesursache: Freitod Sturz Steinbruch« oder geändert »Bemerkungen: Freitod Sturz Sprung Steinbruch« deuten auf die schweren Arbeitsbedingungen der Gefangenen hin. Gerade jüdische Häftlinge waren in den Konzentrationslagern Arbeitskommandos zugeteilt, die unter schwerstem körperlichem Einsatz, zumeist unter unerträglichen Bedingungen, Zwangsarbeit leisten mussten.

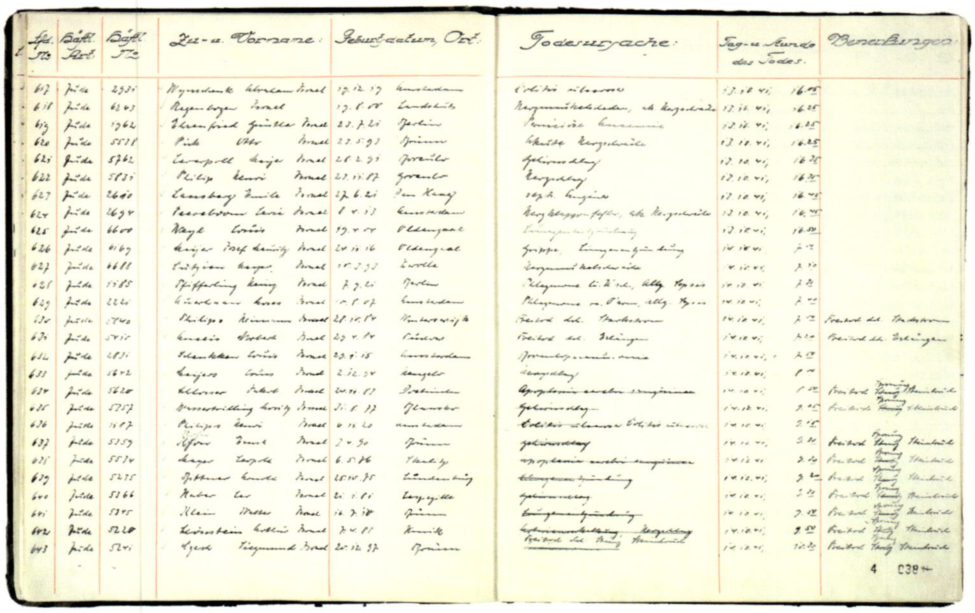

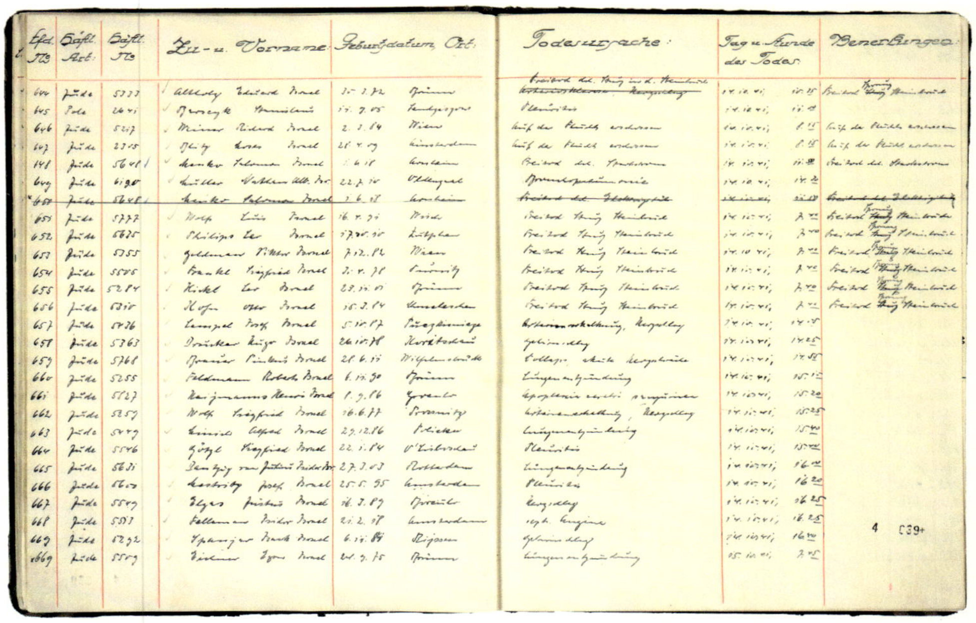

Der Chef
des ⅏-Wirtschafts-Verwaltungs-
hauptamtes.
Ch.Po/Ha.

50

Berlin, den 30.April 1942.

Posteingang: 4. MAI 1942

Verteiler: an Chef Amtsgruppe D.
an alle Lagerkommandanten
an alle Werkleiter
an alle W-Ämter.

Befehl.

Die Anweisungen und Belehrungen, welche den Lagerkommandanten und Werkleitern in den Besprechungen am 24. und 25.4.1942 erteilt worden sind, werden hiermit als Befehl verkündet, der mit 1.Mai 1942 in Kraft tritt.

z.d.A.
i.V.

1.) Die Führung eines Konzentrationslagers und aller in seinem Organisationsbereich liegenden wirtschaftlichen Betriebe der Schutzstaffel liegt bei dem Lagerkommandanten. Er allein ist daher auch verantwortlich für die größte Ergiebigkeit der wirtschaftlichen Betriebe.

2.) Der Lagerkommandant bedient sich bei der Führung der wirtschaftlichen Betriebe des Werkleiters. Der Werkleiter muß dem Lagerkommandanten melden, ob er bei der Durchführung einer Anordnung des Lagerkommandanten Gefahren oder Nachteile betrieblicher oder wirtschaftlicher Art befürchtet.

3.) Diese Dienstpflicht macht den Werkleiter mitverantwortlich für betriebliche und wirtschaftliche Schäden und Mißerfolge.

4.) Der Lagerkommandant allein ist verantwortlich für den Einsatz der Arbeitskräfte. Dieser Einsatz muß im wahren Sinn

./.

des Wortes erschöpfend sein, um ein Höchstmaß an Leistung zu erreichen.

51

Die Zuteilung von Arbeiten erfolgt nur zentral durch den Chef der Amtsgruppe D. Die Lagerkommandanten selbst dürfen eigenmächtig keine Arbeiten von dritter Seite annehmen, noch Verhandlungen hierüber führen.

5.) Die Arbeitszeit ist an keine Grenzen gebunden. Ihre Dauer hängt von der betrieblichen Struktur des Lagers und von der Art der auszuführenden Arbeiten ab und wird vom Lagerkommandanten allein festgesetzt.

6.) Alle Umstände, welche die Arbeitszeit verkürzen können (Mahlzeiten, Appelle u.a.) sind daher auf ein nicht mehr zu verdichtendes Mindestmaß zu beschränken. Zeitraubende Anmärsche und Mittagspausen nur zu Essenszwecken sind verboten.

7.) Die Bewachung ist aus der hergebrachten starren Form zu lösen und mit Rücksicht auf spätere Friedensaufgaben allmählich beweglich zu gestalten. Reitende Posten, Einsatz von Wachhunden, fahrbare Wachtürme und bewegliche Hindernisse sind zu entwickeln.

8.) Die Durchführung dieses Befehls stellt an jeden Lagerkommandanten erheblich höhere Anforderungen als bisher. Weil kaum ein Lager dem anderen gleich ist, wird von gleichmachenden Vorschriften abgesehen. Dafür wird die gesamte Initiative auf den Lagerkommandanten verlagert. Er muß klares fachliches Wissen in militärischen und wirtschaftlichen Dingen verbinden mit kluger und weiser Führung der Menschengruppen, die er zu einem hohen Leistungspotential zusammenfassen soll.

gez. Pohl
⅏-Obergruppenführer
und General der Waffen-⅏.

F.d.R.

⅏-Obersturmführer
und Adjutant.

14.1.2
Auszug aus dem Befehl des Chefs des Wirtschafts-Verwaltungs-hauptamtes (WVHA), Oswald Pohl, 30. April 1942
BA Berlin

14.1.3
Buna-Werke der I. G.-Farben-industrie, Gesamtanlage im Aufbau, als Lagerkomplex Auschwitz III
APM Oświęcim

Wir mussten zu einem Appell antreten, der eine der berüchtigten Selektionen anzukündigen schien. Wieder einmal stand die bange Frage im Raum, ob es nur die Ausgemergelten und Kraftlosen unter uns treffen würde – jene, die wir im Lagerjargon die »Muselmänner« nannten – oder ob wir allesamt in die Gaskammern geschickt werden würden. Wir wurden aufgefordert, uns nackt auszuziehen und draußen vor dem Block in mehreren Reihen aufzubauen. […] Später stellte sich heraus, dass wir an diesem Tag nicht für eine Selektion vor den Block gescheucht worden waren, sondern lediglich ein neuerlicher Arbeitseinsatz bevorstand.

14.1.4
Jiří Kosta veröffentlichte seine Erinnerungen unter dem Titel »Nie aufgeben. Ein Leben zwischen Bangen und Hoffen«

14.1.5
Jiří Kosta (geb. 1921) wuchs in einer böhmisch-jüdischen Familie in Prag auf. Im Alter von 20 Jahren wurde er zusammen mit über dreihundert jungen Männern nach Theresienstadt deportiert. Dort arbeitete er im Aufbaukommando und musste später Zwangsarbeit in den Kohlegruben von Kladno leisten, bevor er im Oktober 1944 nach Auschwitz-Birkenau transportiert wurde. Seine Befreiung erlebte er im Außenlager Blechhammer. Seit 1970 lebt Jiří Kosta in Deutschland.

14.1.6
Ausbau des Lagerkomplexes Monowitz. Fotos aus einer Serie zum Besuch Himmlers in Auschwitz am 17. und 18. Juli 1942
APM Oświęcim

Die I.G.-Farbenindustrie war ein Zusammenschluss großer deutscher Chemiekonzerne, unter ihnen die Firmen Bayer, Hoechst und BASF. Für die Herstellung synthetischen Kautschuks (Buna) wählte der Konzern den Standort Auschwitz in Ostoberschlesien.

Persönlicher Stab Reichsführer-SS Schriftgutverwaltung
Akt. Nr. 1771

Der Chef des SS-Wirtschafts-Verwaltungshauptamtes
Ch.Po./Sa. VS-3314/42

Berlin, den 16.9.1942.
Lichterfelde-West
Unter den Eichen 126-135
Fernsprecher: Ortsverkehr 76 52 61, Fernverkehr 76 51 01

131

Betr.: a) Rüstungsarbeiten
b) Bombenschäden.
Bezug: Fernschreiben HGWD Nr. 93515 v. 9.9.42, persönliches Schrb.RF-SS v.9.9.42,Tgb.Nr.A 38/204/42 RF/V u. persönl.Brf. RF-SS v.9.9.42, Tgb.Nr.A 38/205/42, RF/V.
Anlg.: 1

An den
Reichsführer-SS
Berlin SW 11
Prinz Albrechtstr.8.

Geheim!

Reichsführer !

Gestern hat die Besprechung mit Reichsminister Prof.Speer stattgefunden.

Es haben teilgenommen:

Reichsminister Prof. Speer,
SS-Obergruppenführer Pohl,
SS-Brigadeführer Staatsrat Dr. Schieber,
Dipl.Ing. Sauer,
Ministerialrat Steffen,
Ministerialrat Dr. Briese,
SS-Brigadeführer Dr. Ing. Kammler.

Thema:

1.) Vergrößerung Barackenlager Auschwitz infolge Ostwanderung.
2.) Übernahme von geschlossenen Rüstungsaufgaben größten Ausmaßes durch die KL.
3.) Bombenschädenhilfe durch die KL.
4.) Leichtmetallgiesserei Fallersleben.

./.

SS-RWB 188. 2000 7. 42.

14.1.7
Auszug aus dem Schreiben von Pohl, Chef des WVHA, an Himmler über eine Besprechung mit Reichsminister Speer, betr. Rüstungsarbeiten und Bombenschäden, 16. September 1942
BA Berlin

»Reichsminister Prof. Speer will auf diese Weise kurzfristig den Einsatz von zunächst 50.000 arbeitsfähigen Juden in geschlossenen vorhandenen Betrieben mit vorhandenen Unterbringungsmöglichkeiten gewährleisten.

Die für diesen Zweck notwendigen Arbeitskräfte werden wir in erster Linie in Auschwitz aus der Ostwanderung abschöpfen, damit unsere bestehenden betrieblichen Einrichtungen durch einen dauernden Wechsel der Arbeitskräfte in ihrer Leistung und ihrem Aufbau nicht gestört werden.«

»Ostwanderung« meint hier die Ermordung durch Gas.

\- 2 -

Das Ergebnis der Besprechung war folgendes:

zu 1) Reichsminister Prof. Speer hat die Vergrößerung des Barackenlagers Auschwitz in vollen Umfang genehmigt und ein zusätzliches Bauvolumen für Auschwitz in Höhe von 13,7 Millionen Reichsmark bereitgestellt.

Dieses Bauvolumen umfasst die Aufstellung von rd. 300 Baracken mit den erforderlichen Versorgungs- und Ergänzungsanlagen.

Die notwendigen Rohstoffe werden im 4. Quartal 1942 sowie im 1., 2. und 3. Quartal 1943 zugeteilt.

Wenn dieses zusätzliche Bauprogramm durchgeführt ist, können in Auschwitz insgesamt 132.000 Mann ständig untergebracht werden.

zu 2) Alle Beteiligten waren sich einig, dass die in den Konzentrationslagern vorhandene Arbeitskraft nunmehr für Rüstungsaufgaben von Großformat eingesetzt werden müsse. Das haben wir im W.-V.-Hauptamt zwar bisher zu erreichen uns stets bemüht, ist aber gescheitert an einem Widerstand, den ich zu meiner grössten Überraschung gestern ganz in der Nähe des Reichsministers Prof. Speer selbst entdeckt habe.

Darüber aber berichte ich gelegentlich mündlich einmal. Der Name Sauer spielt hier eine merkwürdige Rolle.

Die Übernahme grosser geschlossener Rüstungsaufgaben durch uns setzt freilich voraus, dass wir uns von einem Grundsatz freimachen. Wir dürfen nicht mehr engstirnig darauf bestehen, dass alle Fertigungen in unsere Lager hinein verlegt werden müssen. Solange wir uns mit sogenanntem Kleckerkram , wie Sie, Reichsführer, unsere bisherigen Arbeiten infolge ihres geringen Umfanges ganz richtig bezeichnet haben, beschäftigt haben, konnten wir diese Forderung mit Recht erheben.

Wenn wir morgen aber ein geschlossenes Rüstungswerk mit 5 oder 10 oder 15 tausend Häftlingen übernehmen wollen, so ist es unmöglich, ein solches Werk intra muros zu errichten. Es muß, wie Reichsminister Prof. Speer es richtig bezeichnete, auf der grünen Wiese liegen. Dann wird ein elektrischer Zaun herum gespannt, das bisher leere Werk wird mit der erforderlichen Anzahl Häftlinge durch uns bemannt und läuft alsdann als

./.

Persönlicher Stab Reichsführer-SS Schriftgutverwaltung
Akt. Nr. 1771

\- 3 -

132

SS-Rüstungsbetrieb.

Die Gesamtheit dieser SS-Rüstungsbetriebe stellt dann einen Beitrag zum Rüstungsprogramm dar und darf, wie Reichsminister Prof. Speer selbst betonte, nur von Ihnen dem Führer gegenüber als solche gemeldet werden. Soweit freie Betriebe nicht vorhanden sind, sollen Rüstungsbetriebe, welche infolge unzureichender Belegschaft ihre volle Kapazität bisher nicht ausgefüllt haben, ganz geleert und alsdann 100%ig durch unsere Häftlinge aufgefüllt werden.

Die dadurch freiwerdenden deutschen und ausländischen Arbeiter dieser Betriebe aber sollen zur Ausfüllung der Arbeitslücken in gleichartigen Rüstungsbetrieben verwendet werden.

Reichsminister Prof. Speer will auf diese Weise kurzfristig den Einsatz von zunächst 50.000 arbeitsfähigen Juden in geschlossenen vorhandenen Betrieben mit vorhandenen Unterbringungsmöglichkeiten gewährleisten.

Die für diesen Zweck notwendigen Arbeitskräfte werden wir in erster Linie in Auschwitz aus der Ostwanderung abschöpfen, damit unsere bestehenden betrieblichen Einrichtungen durch einen dauernden Wechsel der Arbeitskräfte in ihrer Leistung und ihrem Aufbau nicht gestört werden.

Die für die Ostwanderung bestimmten arbeitsfähigen Juden werden also ihre Reise unterbrechen und Rüstungsarbeiten leisten müssen.

Ich habe dabei sofort gefordert, dass ein Arbeitseinsatz dieser Juden in Gebieten, aus denen sie abgewandert sind, auf jeden Fall unterbleiben muss.

Es ist klar, dass bei diesem Arbeitseinsatz auch der SD mitwirken muss. Ich werde das sicher-stellen.

Wir werden also kleinere Rüstungsaufgaben in Zukunft nach Möglichkeit nicht mehr annehmen. Soweit solche Arbeiten aus früherer Zeit laufen, schlage ich vor, sie durchzuführen, bis sie sich von selbst erschöpfen.

Zu den grösseren Rüstungsaufgaben jedoch können wir rechnen:

1.) Karabinerfabrikation in Weimar-Buchenwald.
2.) Pistolenfabrikation in Hamburg-Neuengamme.
3.) 3,7 cm Flakfabrikation in Auschwitz.

./.

Abschrift.

SS-Wirtschafts-Verwaltungshauptamt
Amtsgruppe D - Konzentrationslager,

Oranienburg, den 3.10.1942.

D II/1 23 Ma./Hag.-

STAATSARCHIV · NÜRNBERG

Betr.: Juedische Haeftlinge.

An die
Kommandanten der KL

Bu.,Da., Flo., Gro.-Ro., Mau,Na.,Neu.,Nie., Kav.,Sh.,St.-

Der Reichsfuehrer SS will, dass saemtliche im Reichsgebiet gelegenen KL judenfrei gemacht werden. Es sollen daher die sich im dortigen KL befindlichen Juden nach Auschwitz oder Lublin ueberstellt werden.

Ich bitte, mir die Zahl der im dortigen KL einsitzenden Juden bis zum 9.10.42 zu melden und dabei besonders zu vermerken, wenn von diesen Haeftlingen an Stellen eingesetzt sind, die ihre sofortige Ueberstellung nicht gestatten.

Der Chef des Amtes D II
gez. Maurer,
SS-Obersturmbannfuehrer.

F.d.R.d.A.
Natzweiler, den 7.10.1942
gez.Unterschrift
SS-Hauptscharfuehrer und Adjudant.

an 7.10.42.
53 Juden zur Ueberstellung gemeldet.

14.1.8
Runderlass des Amtes D II des Wirtschafts-Verwaltungshauptamtes (WVHA) an alle KZ-Kommandanten, betr.: Jüdische Häftlinge, 3. Oktober 1942
StA Nürnberg

Nachdem die meisten Juden aus dem Deutschen Reich deportiert worden waren, war das Ziel Himmlers, die Konzentrationslager und Justizvollzugsanstalten ebenfalls für »judenfrei« zu erklären. Die SS hielt vergleichsweise wenige Juden im Deutschen Reich gefangen. Alle Häftlinge, mindestens 1.560, wurden nach Auschwitz deportiert und wahrscheinlich bei ihrer Ankunft ermordet.

14.1.10
KZ-Häftlinge arbeiten im Auschwitzer Außenlager Bobrek, ca. 1944
USHMM Washington D. C.

In dieser Fabrikhalle der Siemens Schuckert Werke arbeiteten zwangsweise 180 Häftlinge aus Frankreich, Deutschland, Polen und der Sowjetunion, unter ihnen auch 35 jüdische Frauen.

14.1.9
KZ-Häftlinge bei Außenarbeiten für den Aufbau von Anlagen des Krupp-Konzerns in Auschwitz, 1942–1943
USHMM Washington D. C.

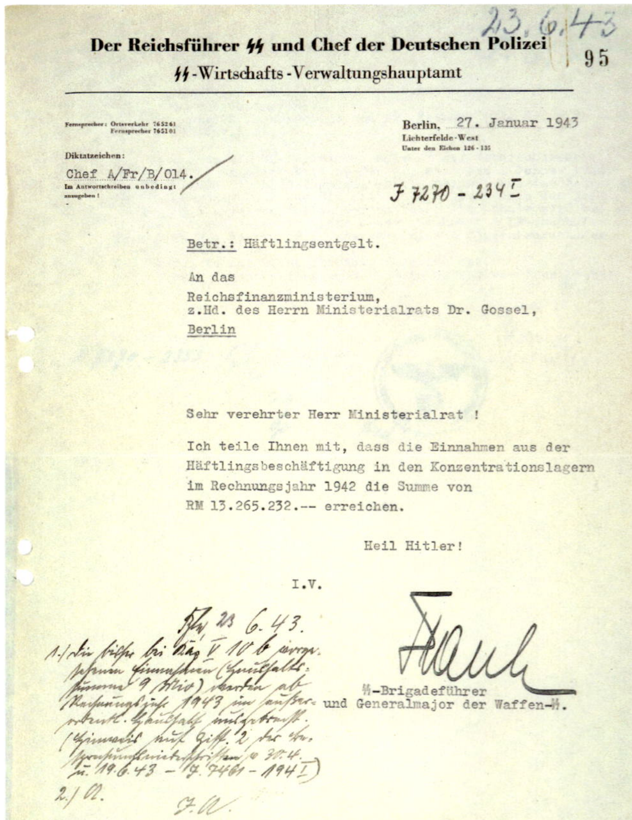

23.6.43

Der Reichsführer ϟϟ und Chef der Deutschen Polizei 95

ϟϟ-Wirtschafts-Verwaltungshauptamt

Fernsprecher: Ortsverkehr 765261
Fernsprecher 765101

Berlin, 27. Januar 1943
Lichterfelde-West
Unter den Eichen 126-135

Diktatzeichen:
Chef A/Fr/B/014.
Im Antwortschreiben unbedingt anzugeben!

F 7270 - 234 I

Betr.: Häftlingsentgelt.

An das
Reichsfinanzministerium,
z.Hd. des Herrn Ministerialrats Dr. Gossel,
Berlin

Sehr verehrter Herr Ministerialrat !

Ich teile Ihnen mit, dass die Einnahmen aus der Häftlingsbeschäftigung in den Konzentrationslagern im Rechnungsjahr 1942 die Summe von RM 13.265.232.-- erreichen.

Heil Hitler!

I.V.

ϟϟ-Brigadeführer
und Generalmajor der Waffen-ϟϟ.

23 6.43.

ϟϟ-WVHA 224. 20000 8. 42.

14.1.11
Schreiben des WVHA an das Reichsfinanzministerium, betr. Häftlingsentgelt. Einnahmen aus Häftlingsbeschäftigung des Rechnungsjahres 1942, 27. Januar 1943
BA Berlin

14.1.12
Dr. Friedrich Mennecke
und Frau Eva, undatiert
BA Berlin

Mennecke wurde als ärztlicher Gutachter von der »Euthanasie«-Organisation T4 beauftragt, KZ-Häftlinge zur Ermordung zu selektieren. Ab April 1941 wurde unter dem Namen »Aktion 14f13« der Mord an Kranken in den Konzentrationslagern fortgesetzt. Arbeitsunfähige und Kranke sollten vom Lagerarzt und den T4-Ärzten herausgesucht werden. In der Mehrheit handelte es sich jedoch um jüdische Personen. Alle selektierten KZ-Häftlinge wurden dann in einer der »Euthanasie«-Tötungsanstalten ermordet.

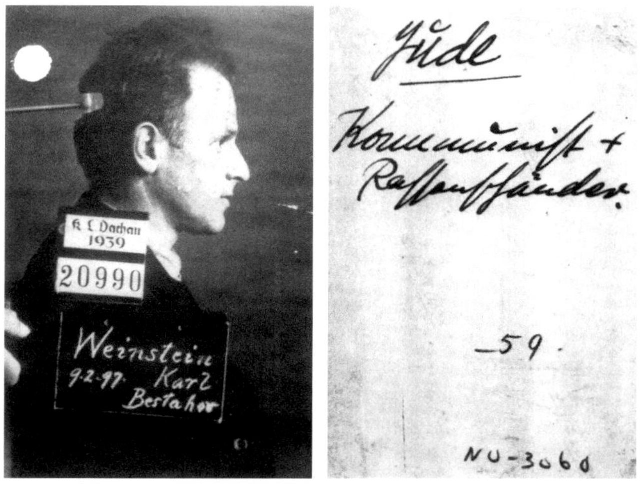

14.1.13
Erkennungsdienstliche Aufnahme aus dem KZ Dachau mit Vermerk auf der Rückseite von Mennecke zu Karl Weinstein, aus dem Jahr 1939
StA Nürnberg

»Jude Kommunist + Rassenschänder«

Aus Briefen Menneckes an seine Frau geht hervor, dass er jüdische Häftlinge lediglich nach Aktenlage selektierte. Von einer ärztlichen Gutachtertätigkeit kann keine Rede sein. Menneckes Vermerke zeigen seine antisemitische Einstellung.

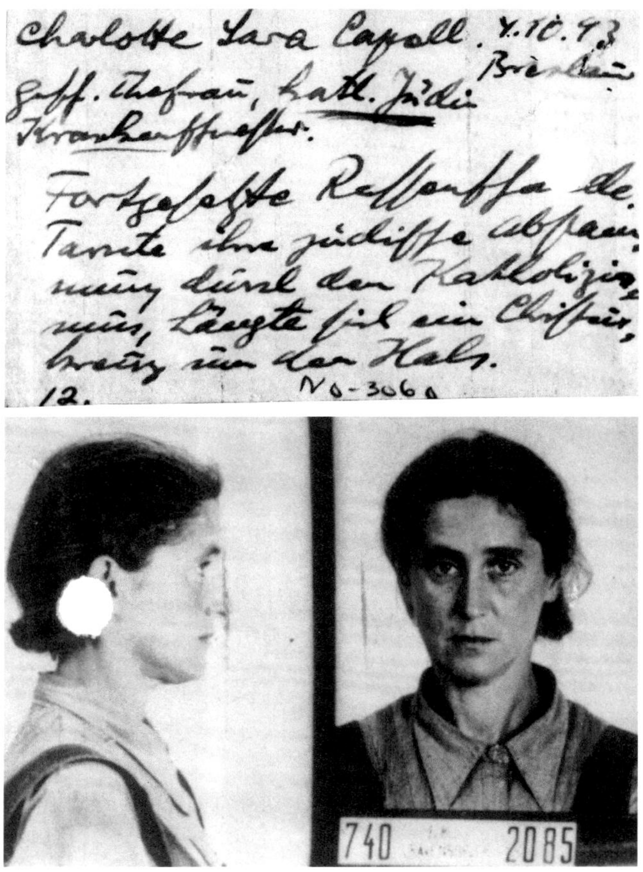

14.1.14
Erkennungsdienstliche Aufnahme aus dem KZ Ravensbrück mit Vermerk auf der Rückseite von Mennecke zu Charlotte Capell, Juli 1940
StA Nürnberg

»Charlotte Sara Capell, geschied. Ehefrau, kath. Jüdin, Krankenschwester. Fortgesetzte Rassenschande. Tarnte ihre jüdische Abstammung durch den Katholizismus, hängte sich ein Christuskreuz um den Hals.«

20

SS Kommando
Lager Vereinshaus
Hessisch Lichtenau

Hessisch Lichtenau, den 29. Oktober 1944

Waffen SS
Konzentrationslager Buchenwald
Abtl. II ....
Weimar - Buchenwald

Betrifft: Rücktransport von 206 nicht arbeitseinsatzfähigen jüd. weibl. Häftlingen nach Auschwitz-Birkenau.

Das hiesige Außenkommando sendet in der Anlage die Personallisten von dem am 27. Oktober 1944 zurückbeförderten 206 nicht arbeitseinsatzfähigen jüd. weibl. Häftlingen nach Auschwitz - Birkenau.

SS-Sturmscharführer
u. Kommandoführer

Politische Abteilung

Weimar-Buchenwald, 31. Okt. 44

21

Betrifft: Überstellung von weiblichen Häftlingen vom Akdo Hessisch Lichtenau nach dem KL.Auschwitz.

Nach Mitteilung des SS-Kommandos in Hessisch Lichtenau vom 29.10.44 sind die nachstehend aufgeführten Häftlinge am 27.Okt.44 nach dem KL.Auschwitz zurücküberstellt worden.

Politische Ungarinnen/Jüdinnen

Lfde Nr.	Hftl-Nr.	Name	Vorname	Geburtsdatum
1.	20001	Adler	Anna	3.10.20
2.	20004	Adler	Terez	18. 6.04
3.	20005	Adler	Zelma	17. 2.02
4.	20973	Almasi	Irma	22. 8.06
5.	20046	Bartos	Margit	5. 3.06
6.	20045	Bauer	Iren	6. 2.10
7.	20100	Baumgatren	Berta	6. 9.28
8.	20101	Baumgarten	Iren	14. 8.07
9.	20049	Bender	Eva	20. 9.12
10.	20022	Bermann	Leontin	26. 2.05
11.	20095	Birnbaum	Irma	16.10.15
12.	20094	Birnbaum	Klara	11. 1.14
13.	20097	Birnbaum	Rozsi	28. 6.25
14.	20096	Birnbaum	Szidonia	21. 5.27
15.	20110	Biron	Anna	6. 6.17
16.	20028	Bloch	Anna	22. 8.27
17	20027	Bloch	Janka	21.10.03
18.	20026	Bloch	Vera	22. 8.27
19.	20039	Blosberg	Irene	7.11.04
20.	20119	Bodi	Anna	13. 8.26
21.	20120	Bodi	Maria	4. 1.27
22.	20121	Bodi	Renée	9. 4.06
23.	20084	Braun	Eta	20.12.07
24.	20088	Braun	Klara	5. 2.26
25.	20102	Breiner	Lenke	26. 1.05
26.	20041	Bruckner	Elza	8. 7.04
27.	20042	Burger	Györgyi	24. 4.21
28.	20136	Csóban	Jolan	15.10.12
29.	20155	Deutsch	Aranka	27.12.00
30.	20146	Deutsch	Edith	14. 5.22
31.	20147	Deutsch	Erzsebet	3.12.24
32.	20144	Deutsch	Ibolya	15. 8.26
33.	20154	Deutsch	Ilona	14. 3.09
34.	20152	Deutsch	Sari	9. 5.05
35.	20148	Deutsch	Selma	15. 5.14
36.	20156	Deutschmann	Gizella	29. 1.25
37.	20141	Donnenberg	Janka	17. 4.01
38.	20176	Eisenreich	Agnes	13. 8.25
39.	20177	Eisenreich	Klara	13. 8.25
40.	20175	Eisenreich	Magda	9. 5.24
41.	20178	Erdös	Jolán	15. 2.05
42.	20202	Fabian	Olga	5. 8.08
43.	20186	Farkas	Rachel	17. 2.02
44.	20195	Fein	Edith	25.11.21
45.	20223	Fellner	Ilonka	29. 7.22

14.1.15
Schreiben des SS Kommandos Hessisch Lichtenau an das Konzentrationslager Buchenwald mit Auszug aus der Namensliste, 29. Oktober 1944
APM Oświęcim

Keine drei Monate nach Ankunft der jüdischen Frauen im Außenlager des KZ Buchenwald wurden kranke und arbeitsunfähige Häftlinge ausgesondert und zur Ermordung nach Auschwitz-Birkenau gebracht. Sie hatten zuvor in dem zur Dynamit Nobel AG gehörenden Sprengstoffwerk, das in Hessisch Lichtenau ansässig war, Zwangsarbeit geleistet.

14.1.16
Stolleneingang A des Untertagebaus im KZ Mittelbau-Dora, ca. 1943/44
BPK Berlin

Mit der Verschleppung in Ghettos und Haftstätten des KZ-Systems begann für viele Juden eine mörderische Odyssee. Sie wurden von Lager zu Lager getrieben. Viele von ihnen gelangten schließlich in krankem und geschwächtem Zustand in Nebenlager, die für die Zwangsarbeit in der Rüstungsindustrie geschaffen worden waren. Die Sterberate der Häftlinge dort war immens. Unterirdische Produktionsstätten wie Mittelbau-Dora waren für viele jüdische KZ-Häftlinge im Winter 1944/45 der Endpunkt der Deportationen.

14.1.18
Aufräumarbeiten in der Bremer Innenstadt nach dem Luftangriff vom 13. Juni 1943 durch KZ-Häftlinge in einer SS-Baubrigade
StAB

Jüdische KZ-Häftlinge wurden erst ab Herbst 1944 für Arbeiten in den Städten im Reichsgebiet als »SS-Baubrigaden« eingesetzt. Sie hatten u. a. die lebensgefährliche Aufgabe, nicht gezündete Bomben oder Minen unter den Schuttbergen zu finden und zu entschärfen.

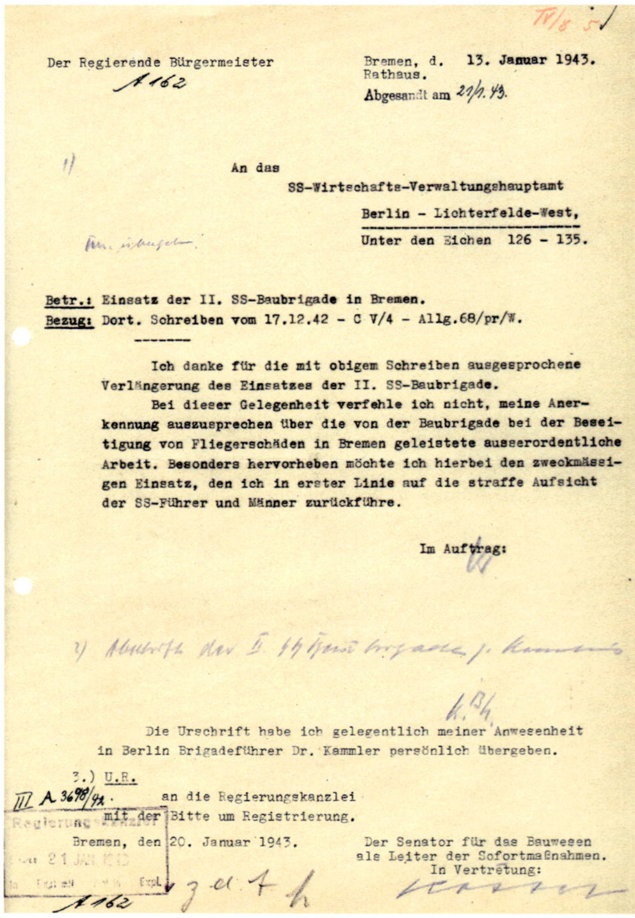

Der Regierende Bürgermeister
A 162

Bremen, d. 13. Januar 1943.
Rathaus.
Abgesandt am 21/1.43.

1)

An das
SS-Wirtschafts-Verwaltungshauptamt
Berlin - Lichterfelde-West,
Unter den Eichen 126 - 135.

Betr.: Einsatz der II. SS-Baubrigade in Bremen.
Bezug: Dort. Schreiben vom 17.12.42 - C V/4 - Allg.68/pr/W.

Ich danke für die mit obigem Schreiben ausgesprochene Verlängerung des Einsatzes der II. SS-Baubrigade.

Bei dieser Gelegenheit verfehle ich nicht, meine Anerkennung auszusprechen über die von der Baubrigade bei der Beseitigung von Fliegerschäden in Bremen geleistete ausserordentliche Arbeit. Besonders hervorheben möchte ich hierbei den zweckmässigen Einsatz, den ich in erster Linie auf die straffe Aufsicht der SS-Führer und Männer zurückführe.

Im Auftrag:

2) Abschrift der II. SS-Baubrigade z. Kenntnis

Die Urschrift habe ich gelegentlich meiner Anwesenheit in Berlin Brigadeführer Dr. Kammler persönlich übergeben.

3.) U.R.
III A 3698/42.
an die Regierungskanzlei mit der Bitte um Registrierung.

Bremen, den 20. Januar 1943.

Der Senator für das Bauwesen
als Leiter der Sofortmaßnahmen.
In Vertretung:

14.1.19
Schreiben des Senators für Bauwesen Bremen an das WVHA vom 13. Januar 1943, betr. Einsatz der II. SS-Baubrigade in Bremen
StAB

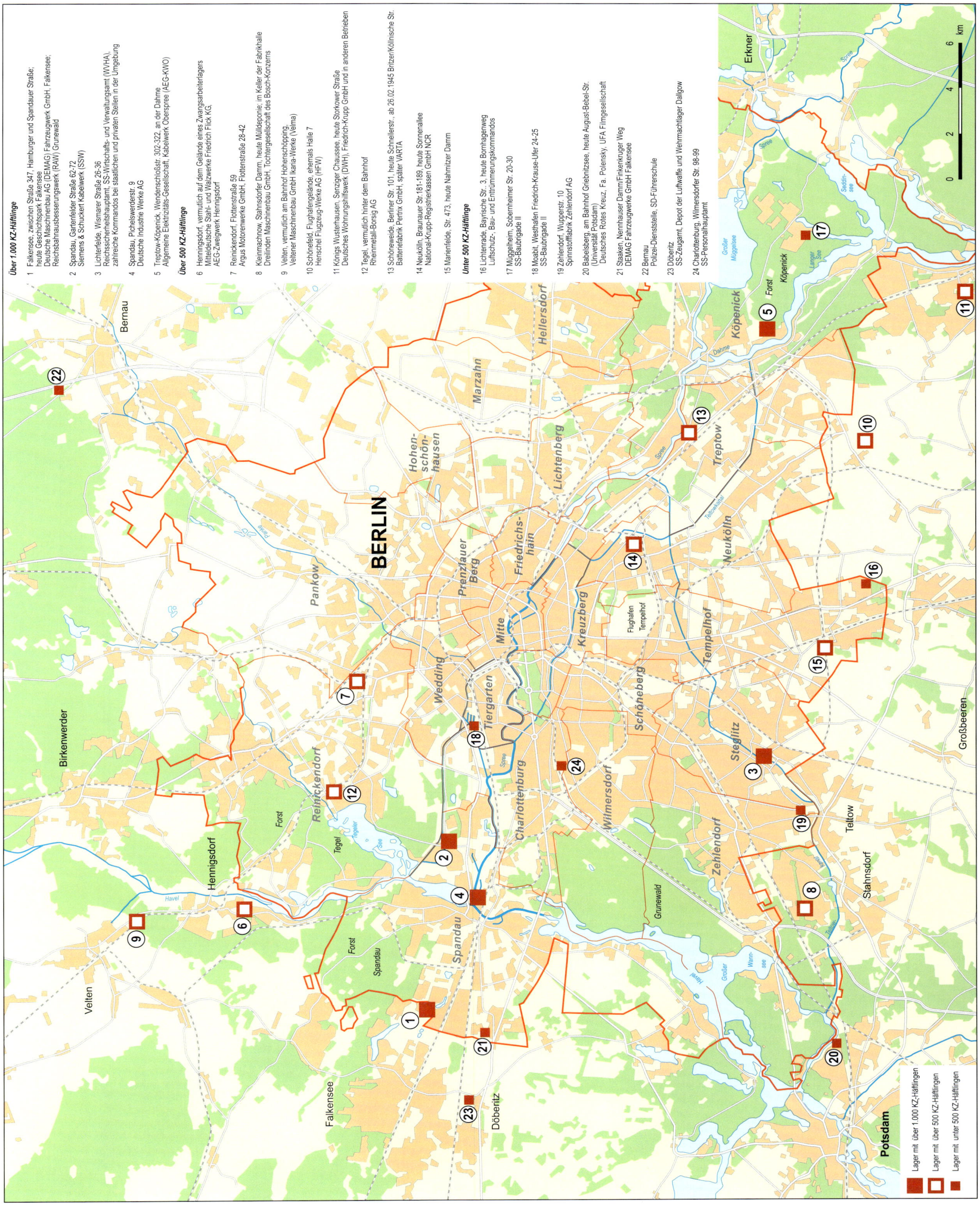

14.1.17
Außenlager des KZ Sachsenhausen in Berlin und Umgebung 1943-1945

14.2
Tod, Überleben und Selbstbehauptung

Appell

14.2.1
Mieczysław Kościelniak,
Appell in Auschwitz, 1944
APM Oświęcim

14.2.2
Felice Mertens, Appell-
stehen, undatiert
MG Ravensbrück

14.2.3
Helen Ernst, Die Frauen von
Ravensbrück, um 1946
ML Schwerin

Baracke

14.2.4
Janina Tollik, Spital 1. Klasse,
um 1945/46
APM Oświęcim

Zwangsarbeit

14.2.5
Henri Pieck, Juden als
Lasttiere benutzt, 1945
YV Jerusalem

14.2.6
Helen Ernst, ohne Titel,
undatiert
ML Schwerin

14.2.7
Mieczysław Kościelniak,
Zementsäcke, Warschau 1948
APM Oświęcim

14.2.8
Mieczysław Kościelniak,
Arbeit an der Walze,
Warschau 1947
APM Oświęcim

Selektion

14.2.9
Jerzy Potrzebowski, Selektion
der Kranken zum Gas, 1950
APM Oświęcim

Hunger

14.2.10
Janina Tollik, Wasserschöpfen aus einer Pfütze, Auschwitz 1950
APM Oświęcim

14.2.11
Włodzimierz Siwierski, Die Suppe, KZ Auschwitz 1940
APM Oświęcim

14.2.12
Mieczysław Kościelniak, Mittagessen, 1950
APM Oświęcim

Strafe

14.2.13
Mieczysław Kościelniak, Erledigt, 1942
APM Oświęcim

14.2.14
Władysław Siwek, Mit der Schaufel, undatiert
APM Oświęcim

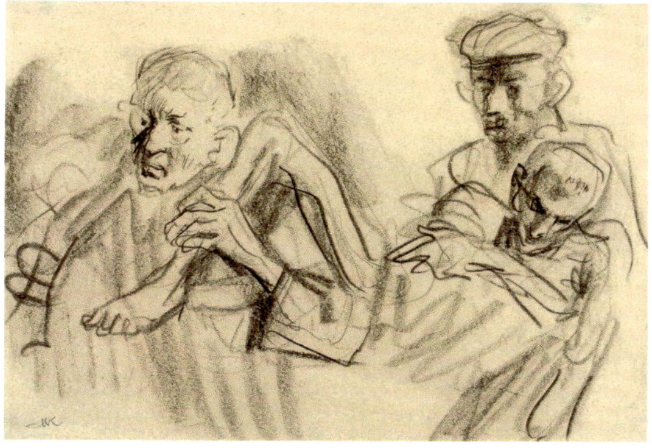

Unterstützung

14.2.15
Mieczysław Kościelniak, Ein Liebesdienst, KZ Auschwitz 1943
APM Oświęcim

14.2.16
Aat Breur, Eine Kranke wird in einem alten Kleid ins Revier getragen, Ravensbrück ca. 1943
Rijksmuseum Amsterdam

Tod

14.2.17
Aat Breur, Begräbnis, Ravensbrück 1944
Rijksmuseum Amsterdam

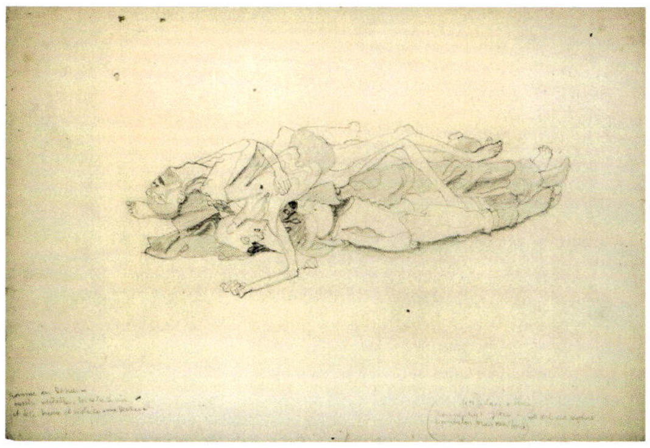

14.2.18
Paul Goyard, Leichenstapel, Buchenwald 1944/45
Gedenkstätte Buchenwald

14.4
Widerstand in Todes- und Konzentrationslagern

14.4.1
Illegale Fotos des Sonderkommandos Auschwitz-Birkenau
APM Oświęcim

Im August 1944 machen Angehörige des Widerstandes in Auschwitz-Birkenau heimliche Aufnahmen. Alex, ein griechischer Jude, dessen Nachname unbekannt ist, die Brüder Szlojme und Jossel Dragon, Alter Szmul Fajnzylberg oder Dawid Szmulewski könnten die Fotografen sein. Die Bilder zeigen unbekleidete Frauen in einem Waldstück vor dem Krematorium V und jüdische Arbeitshäftlinge, die nördlich der Gaskammern von Krematorium V Leichen verbrennen.

14.3 ▸ **REISS** ◂
Monitor: Filmsequenz Esther Reiss über die Konzentrationslager Auschwitz und Bergen-Belsen aus einem Interview 2001

Lesemappe zu 14.4
- Illegale Fotos in Auschwitz-Birkenau
- Gedichte aus Konzentrationslagern
- Religiöses Leben und Selbstbehauptung
- Flucht aus Auschwitz-Birkenau
- Aufstände in Todes- und Konzentrationslagern

Dringend. Schickt so schnell wie möglich zwei Filmrollen für eine 6x6 Kamera. Habe die Möglichkeit Fotos zu machen. Sende Euch Schnappschüsse von Birkenau – Vergasungsaktion. Diese Fotos zeigen einen der Scheiterhaufen, auf denen Leichen verbrannt wurden, wenn die Kapazität des Krematoriums nicht ausreichte, alle Leichen zu verbrennen. Die Leichen im Vordergrund liegen da, um ins Feuer geworfen zu werden. Ein anderes Foto zeigt einen der Orte im Wald, wo die Leute sich zum »Duschen« – wie ihnen gesagt wurde – entkleideten, und dann gehen sie in die Gaskammer. Sende Filmrolle so schnell Du kannst! Schicke die beiliegenden Fotos an Tell – wir denken, du solltest die Vergrößerungen weiterschicken.*

*Tell war das Pseudonym von Teresa Łasocka-Estreicher. Sie war Mitglied der polnischen Untergrundbewegung in Krakau

14.4.2
Mit dieser Notiz wurde der Film aus dem Lager herausgeschmuggelt
APM Oświęcim

14.5
Auflösung und Befreiung der Konzentrationslager

14.5.1
Erschossene KZ-Häftlinge werden bei der Befreiung des Außenlagers Klooga im September 1944 von Angehörigen der Roten Armee entdeckt
YIVO New York

Mit dem Vorrücken der Roten Armee verlegte die SS im Juli und August 1944 Tausende Gefangene aus Klooga, einem Nebenlager des KZ Vaivara im nördlichen Estland, über die Ostsee in das KZ Stutthof. Am 19. September 1944 erschossen deutsche und estnische SS-Männer die verbliebenen Gefangenen in Klooga. Etwa 2.400 Juden und 100 sowjetische Kriegsgefangene fielen diesem Massaker zum Opfer.

14.5.4
Überlebende Häftlinge kurz nach der Befreiung des Lagers Bergen-Belsen, 18. April 1945
IWM London

14.5.5
Blick in die Baracke des Frauenlagers im befreiten Konzentrationslager Bergen-Belsen, 18. April 1945
IWM London

14.5.2
Weibliche Häftlinge des Dachauer Außenlagers München-AGFA auf dem Todesmarsch am Vormittag des 28. April 1945
KZ-Gedenkstätte Dachau

Die versteckte Aufnahme machte ein Anwohner aus Percha am Starnberger See vom Balkon seines Hauses. Wie viele der 539 Häftlinge den Todesmarsch überlebten ist nicht bekannt.

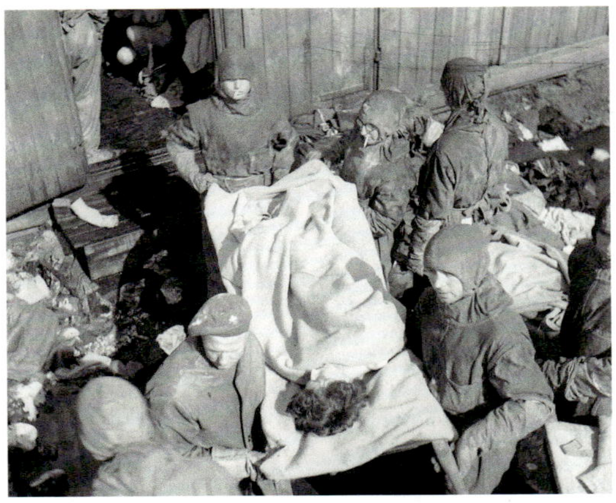

14.5.6
Helfer bringen eine Überlebende aus der Baracke in Bergen-Belsen zum Krankenwagen. Sie tragen Schutzkleidung, um sich nicht mit Typhus anzustecken, 22. April 1945
IWM London

14.5.3
Im befreiten Konzentrationslager Bergen-Belsen verladen gefangene SS-Mannschaften unter Bewachung der britischen Soldaten Leichen von Häftlingen, die mit Lastwagen zu Massengräbern gebracht werden, 18. April 1945
IWM London

14.5.7
Beisetzung toter KZ-Häftlinge des Außenlagers Wöbbelin mit Militärgeistlichen und -Rabbinern unter Beteiligung der deutschen Bevölkerung, Schwerin 8. Mai 1945
USHMM Washington D. C.

14.5.8
Wandzeitung in Beckum bei Dortmund mit Fotografien amerikanischer Einheiten über die Verbrechen in Gardelegen, 1945
DITE Paris

Am 13. April 1945 wurden in einer nahe der altmärkischen Stadt Gardelegen gelegenen Feldscheune über 1.000 KZ-Häftlinge ermordet. Die Gefangenen verschiedener Todesmärsche waren in der Scheune zusammengepfercht worden. Die Bewacher zündeten unter Mitwirkung des örtlichen NSDAP-Kreisleiters die Scheune an und schossen auf fliehende Häftlinge. Einen Tag später erreichten Einheiten der US-Armee Gardelegen.

14.5.9
Plakat mit Aufkleber an der Mauer einer deutschen Stadt, 1945
ECPA Paris

Die Gegenwart der Vergangenheit

Die hier präsentierten Zitate sollen eine Anregung sein, über Folgen nachzudenken, die die nationalsozialistischen Verbrechen bis in die heutige Zeit haben. Die Zitate stellen keine repräsentative Auswahl dar.

Elke Gryglewski

Nach der Befreiung war ich wie ein Stein: Ich fühlte gar nichts. Dann kamen Schmerz und Trauer wegen all derer, die nicht mehr waren.

Zitat aus einem Gespräch, autorisiert 2005

Halina Birenbaum wurde 1929 in Warschau geboren. Vom Warschauer Ghetto kam sie als 13-Jährige nach Majdanek und Auschwitz, schließlich nach Ravensbrück. Sie wurde in Neustadt-Glewe befreit und kehrte zunächst nach Warschau zurück. 1947 wanderte sie nach Palästina aus, wo sie eine Familie gründete. Heute lebt sie in Israel, begleitet Schulklassen bei Gedenkstättenfahrten nach Polen und hat in mehreren Büchern ihre Erlebnisse festgehalten.

Als der Krieg zu Ende war, wollte ich Selbstmord begehen. Ich habe es nicht getan, weil ich der Mutter noch erzählen musste, was mit meiner Schwester passiert ist. Sie war in den letzten Tagen in Bergen-Belsen gestorben.

Zitat aus einem Interview 2000, autorisiert 2005

▸REISS◂

Esther Reiss, wurde 1923 in Łódź geboren, 1940 kam sie ins Ghetto Łódź, danach wurde sie in die Lager Auschwitz und Bergen-Belsen deportiert. Sie überlebte als einzige ihrer Familie. 1945 wanderte sie in das damalige Palästina aus. Heute lebt sie in Jerusalem.

Mir war, als müsse jeder uns Fragen stellen, uns an den Gesichtern ablesen, wer wir waren, demütig unseren Bericht anhören. Aber niemand sah uns in die Augen, niemand nahm die Herausforderung an: Sie waren taub, blind und stumm, eingeschlossen in ihre Ruinen, wie in eine Festung gewollter Unwissenheit, noch immer stark, noch immer fähig zu hassen und zu verachten, noch immer gefangen und verstrickt in ein Gewirr von Überheblichkeit und Schuld.

Primo Levi, Die Atempause, italienische Erstveröffentlichung 1963, deutsch 1964

Primo Levi wurde 1919 in Turin geboren. Als Mitglied der Resistenza wurde er 1944 verhaftet und nach Auschwitz deportiert. Da er Chemie studiert hatte, wurde er in den Buna-Werken in Auschwitz-Monowitz zur Zwangsarbeit eingesetzt. Er überlebte und kehrte nach Italien zurück, wo er als Chemiker und Schriftsteller arbeitete. 1987 nahm er sich das Leben.

Es dauerte mindestens sechs Monate nach meiner Befreiung bis ich sagen konnte, ›Ja ich bin frei‹. Ich trug andere Kleidung. Mein Haar war wieder gewachsen. Ich hatte keinen Hunger mehr. Aber ich traute niemandem.

Zitat aus einem Interview 1996, autorisiert 2005

▸SILBERSTEIN◂

Alfred Silberstein wurde 1927 in Berlin geboren. Im März 1943 wurde er zusammen mit seiner Schwester nach Auschwitz deportiert. Von dort aus kam er auf dem Todesmarsch in das KZ Mittelbau-Dora, wo ihm kurz vor Kriegsende die Flucht glückte. 1946 sagte er als Zeuge im Nürnberger Kriegsverbrecher-Prozess aus. Zwei Jahre später wanderte Alfred Silberstein nach Neuseeland aus, wo er heute lebt.

In dem Viertel, wo wir lebten, hat man überhaupt nicht davon gesprochen. Warum hat man nicht davon gesprochen? Weil – wir lebten im Marais, im jüdischen Viertel von Paris, und alle meine Freunde hatten etwas durchgemacht. Auch wenn es nicht alles das gleiche war, aber ich habe nie mit Freunden darüber gesprochen. Ich hatte Freunde, die wussten überhaupt nicht, dass ich im Lager gewesen war.

Zitat aus einem Interview, autorisiert 2005

▸HALAUNBRENNER◂

Alexandre Halaunbrenner wurde 1931 in Paris geboren. Zusammen mit seiner Mutter und seinen vier Geschwistern wurden sie 1942 in verschiedenen französischen Lagern interniert. Danach unter »Hausarrest« gestellt, war die Familie immer wieder von Razzien und Deportationen bedroht. Alexandre Halaunbrenner überlebte im Versteck in Frankreich, zusammen mit seiner Mutter und einer Schwester. Sein Vater und alle anderen Geschwister wurden von den Nationalsozialisten ermordet. Er lebt heute in Paris.

Die wirkliche Bedeutung der Befreiung ist mir erst mit dem Fischer-Prozess 1966 bewusst geworden. Angesichts der dort verhandelten Verbrechen ist mir deutlich geworden, von welchem grauenvollen Schicksal ich tatsächlich befreit worden war.

Zitat aus einem Zeitzeugengespräch 2004, autorisiert 2005

Willi Frohwein wurde 1923 als Sohn eines jüdischen Vaters und einer nichtjüdischen Mutter in Berlin geboren. Als »Mischling 1. Grades« war er vielen Repressalien ausgesetzt, wegen derer er als 19jähriger in die Schweiz fliehen wollte. Dabei wurde er verhaftet und nach Auschwitz deportiert. Von Auschwitz wurde er nach Mittelbau-Dora und später nach Bergen-Belsen gebracht, wo er 1945 befreit wurde. Er lebte nach dem Krieg in der DDR und trat im Prozess gegen den Arzt Horst Fischer als Zeuge auf. Heute berichtet er Schulklassen von seinen Erlebnissen.

Ich habe hier 18 Bücher über das Dritte Reich veröffentlicht, und das alles hatte keine Wirkung. Du kannst dich bei den Deutschen tot dokumentieren, es kann in Bonn die demokratischste Regierung sein und die Massenmörder gehen frei herum, haben ihr Häuschen und züchten Blumen.

Zitat aus einem Brief an seinen Sohn, 1974

Joseph Wulf wurde 1912 in Chemnitz geboren. Seine Familie zog nach Polen, als er fünf Jahre alt war. 1941 schloss er sich einer jüdischen Widerstandsgruppe an, wurde 1943 verhaftet und nach Auschwitz deportiert. Nach dem Krieg war er Mitbegründer der Zentralen Jüdischen Historischen Kommission in Polen. Seit 1948 lebte er in Paris, ab den 1950er Jahren in Berlin, wo er viele Publikationen über die Täter des NS-Regimes veröffentlichte. 1964 forderte er mit einem Unterstützerkreis, im Haus der Wannsee-Konferenz ein »Internationales Dokumentationszentrum zur Erforschung des Nationalsozialismus und seiner Folgeerscheinungen« einzurichten. Diese Initiative fand in der Öffentlichkeit keine Unterstützung. Joseph Wulf nahm sich 1974 das Leben.

Wenn ich ständig mit diesen Gedanken gelebt hätte, hätte ich vielleicht gar nicht weiterleben können – und schon gar nicht in Deutschland. Wie mir ging es vielen Überlebenden und deren Nachkommen. Das Verdrängen des Erlebten, das Schweigen, wurde für sie zum vermutlich überlebensnotwendigen Selbstschutz.

Ignatz Bubis, Zitat aus seiner Autobiographie. 1996

Ignatz Bubis wurde 1927 in Breslau geboren. Seine Familie zog 1935 nach Dęblin an der Weichsel. Dort kam er 1941 ins Ghetto und wurde 1944 in ein Arbeitslager in Tschenstochau deportiert. Sein Vater und zwei seiner Geschwister wurden von den Nationalsozialisten ermordet. Nach der Befreiung 1945 zog Ignatz Bubis nach Deutschland, wo er sich in den 1950er Jahren in Frankfurt am Main niederließ. Er engagierte sich jahrzehntelang politisch und wurde 1992 zum Vorsitzenden des Zentralrats der Juden in Deutschland gewählt. Er starb 1999 und wurde auf eigenen Wunsch in Israel begraben.

Ich weiß es nicht, manchmal versuche ich nicht darüber nachzudenken, woran mein Vater teilgenommen haben kann.

Zitat aus einer Filmdokumentation 2000, autorisiert 2005

Gunter Demnig wurde 1947 in Berlin geboren. Nach dem Abitur 1967 studierte er Kunst und Kunstpädagogik. Ab 1977 war er an zahlreichen Kunstprojekten beteiligt. Seit 2000 verlegt er »Stolpersteine« zur Erinnerung an Menschen, die während des Nationalsozialismus deportiert und ermordet wurden. Sein Vater hatte während des Nationalsozialismus der Wehrmacht angehört.

Nun ist aber (...) diese Möglichkeit unmittelbarer Wiedergutmachung dadurch begrenzt, dass hohe Güter wie Leben und Freiheit unersetzlich, andere wie Ehre, Gesundheit nur unvollkommen wieder herstellbar sind, dass sogar, genau besehen, eine Wiederherstellung des vor der Verletzung bestehenden Zustandes nirgends voll möglich ist.

Zitat aus einem unveröffentlichten Manuskript, 1958

Lothar Kreyssig wurde 1898 in Flöha geboren. Er kämpfte als Unteroffizier im Ersten Weltkrieg. Nach dem Krieg studierte er Jura, war deutsch-national eingestellt und gehörte einer schlagenden Verbindung an. Ab 1923 begann er seine politische Haltung zu überdenken. 1934 schloss er sich den Gemeinden der Bekennenden Kirche an und leistete mehrfach Widerstand gegen die »Euthanasie«-Morde. 1958 gründete er die Aktion Sühnezeichen/Friedensdienste. Kreyssig starb 1986.

Eines Abends – ich war fünf oder sechs Jahre alt – wollte mein Vater etwas essen und nahm sich Brot. Nie schnitt er Brot, sondern brach immer große Stücke ab, die er sich in den Mund stopfte. Eine Gewohnheit, die er aus dem Holocaust, dem Konzentrationslager mitgebracht hatte. An diesem Abend blieb ihm das Brot im Hals stecken. Er lief blau an. Meine Mutter schickte mich zum Arzt. Ich rannte und dachte die ganze Zeit, wenn ich zurückkomme, ist er tot. Seitdem stottere ich.

Zitat aus einer Filmdokumentation 1988, autorisiert 2005

Yehuda Poliker wurde 1950 in Kiryat Haim geboren. Seine Eltern waren aus Griechenland deportiert worden und hatten das Lager Auschwitz überlebt. Er ist Musiker und hat mit Yaakov Gilad viele Werke geschrieben, die sich mit der Shoah und den Folgen für die nachkommenden Generationen auseinandersetzen. Er lebt und arbeitet in Israel.

Wenn ich schlechte Noten bekommen oder etwas verbrochen hatte, sagte sie (meine Mutter): ›Schade, dass ich aus Auschwitz herauskam, um das zu erleben‹.

Zitat aus einer Filmdokumentation 1988, autorisiert 2005

Yaakov Gilad wurde 1951 in Hedera geboren. Er ist Musiker und Produzent. In seinen musikalischen und filmischen Werken setzte er sich immer wieder mit der Überlebensgeschichte seiner Mutter und den daraus für ihn resultierenden Folgen auseinander. Seine Mutter hatte die Lager Majdanek, Auschwitz und Ravensbrück überlebt. Er lebt und arbeitet in Israel.

Ja, diese Schuld meines Vaters gehört zu meinem Leben. Ich lebe und deshalb habe ich Verantwortung. Ich kann das nur aushalten, indem ich bereit bin, mich dieser Vergangenheit immer wieder zu stellen und damit dieses entsetzliche Geschehen ernst nehme. Es geht um gemordetes Leben in physischer wie psychischer Sicht. Meine Herausforderung ist es, dieses Bewusstsein in meinem Alltag umzusetzen, und zu versuchen, Vorurteilen, Missachtung und Zerstörung von Menschlichkeit etwas entgegenzusetzen.

Zitat aus einer Filmdokumentation 1986, autorisiert 2005

Ulrike Krüger wurde 1944 in Waischenfeld geboren. Sie erlernte den Beruf der Erzieherin. Ab ihrem dreizehnten Lebensjahr setzte sie sich mit der Vergangenheit ihres Vaters, Wolfram Sievers, auseinander, der Geschäftsführer der »Forschungsgemeinschaft Deutsches Ahnenerbe e. V.« der SS gewesen war. Sie lebt mit ihrer Familie in Deutschland.

Jüdisch zu sein und deutsch, das kann es nach der Schoah eigentlich nicht geben. Und doch. Ich bin die Tochter von einer deutschen Jüdin und ihrem gojisch-deutschen Geliebten. Gemeinsam haben meine Eltern die Nazizeit überlebt und mir beigebracht, es mit den anderen Deutschen nicht zu verderben. Nachgeborene der Täter, Mitläufer und Mitwisser haben sich solche Mühe gegeben, alles richtig zu machen: von ihrer Vergangenheitsbewältigung bis zur Klesmermusik.

Zitat aus einem Gespräch, autorisiert 2005

Viola Roggenkamp wurde 1948 in Hamburg geboren. Die aus einer deutsch-jüdischen Familie stammende Schriftstellerin war über zwanzig Jahre u.a. Autorin der »Zeit«, reiste und lebte mehrere Jahre in Ländern Asiens und in Israel. Sie lebt heute in Deutschland.

Die Vergangenheit, ob wir sie nun am eigenen Leib erlebt haben oder am Leib unserer Eltern, lässt alles andere verblassen, und was sich noch zittrig zu Wort melden möchte, an Privatem und Innerlichkeit, verstummt gänzlich, angesichts des Grauens.

Gila Lustiger, Einige Überlegungen zur Lage der jüdischen Autoren in Deutschland, 1999

Gila Lustiger wurde 1963 in Frankfurt am Main geboren. Sie studierte in Israel Germanistik und Komparatistik. Heute lebt sie mit ihrer Familie in Paris und arbeitet als Verlagslektorin, Übersetzerin und Autorin. Ihr Vater überlebte das Lager Auschwitz.

Der Nationalsozialismus lastet auf uns allen. Er vergeht nicht, und in einigen dunklen Ecken sieht man, dass der Reiz der Volksgemeinschaft auch jetzt noch verlockend wirkt. Die Verbrechen sind in allgemeiner Erinnerung, die Frage, ›wie war es möglich‹ wird nicht verjähren und jegliches Ausweichen in ›Normalität‹ ist vergeblich.

Zitat aus seiner Rede anläßlich der Verleihung des »Friedenspreises des deutschen Buchhandels« 1999, autorisiert 2005

Fritz Stern wurde 1926 in Breslau geboren. Die Familie emigrierte 1938 in die USA. Er studierte Geschichte und übernahm einen Lehrstuhl an der Columbia University in New York. Nach der Wiedervereinigung Deutschlands arbeitete er als Berater des amerikanischen Botschafters in Bonn. Heute lebt und arbeitet er in den USA.

Als ich drei oder vier Jahre alt war und geschlagen wurde oder Schmerzen hatte, weinte ich nie, weil ich mir sagte, dass ich das nicht darf. Was ist es denn? Es ist nichts im Vergleich zu dem, was meine Eltern erlitten haben – und ich wollte sie nicht traurig machen.

Zitat aus einem Radio-Interview 2004, Zitat autorisiert 2005

Etgar Keret wurde 1967 in Tel Aviv geboren. Er arbeitet als Comic-Zeichner, Drehbuchautor, Regisseur und Schriftsteller. Seine Eltern überlebten das Warschauer Ghetto. Viele seiner Werke beschäftigen sich mit dem Holocaust. Er lebt in Israel.

Als ich fünfzehn war, fragte einer meiner Mitschüler im Geschichtsunterricht plötzlich, ob ich eigentlich ›mit dem Himmler‹ verwandt sei. Ich bejahte, mit einem Kloß im Hals. Es war mucksmäuschenstill in der Klasse. Alle waren hellwach und gespannt. Die Lehrerin aber wurde nervös und machte weiter, als sei nichts geschehen. Sie verpasste eine Chance, begreiflich zu machen, was uns, die Nachgeborenen, mit diesen ›alten Geschichten‹ überhaupt noch verbindet.

Katrin Himmler, Die Brüder Himmler, Frankfurt a. M. 2005

Katrin Himmler wurde 1967 in Dinslaken geboren. Sie studierte Politikwissenschaft, bearbeitete in verschiedenen Kontexten die Fragestellung der Auseinandersetzung mit der NS-Vergangenheit und setzte sich intensiv mit ihrer Familiengeschichte auseinander. Heinrich Himmler war ihr Großonkel. Sie lebt mit ihrem Sohn in Deutschland.

Wenn wir mit rechten Schülern in der Schule diskutiert haben, habe ich mich immer persönlich angegriffen gefühlt. Bei vielen Äußerungen dachte ich, sie wissen gar nicht, was sie da sagen. Außerdem hatte ich das Gefühl, meinen Großvater verteidigen zu müssen.

Zitat aus einem Gespräch, autorisiert 2005

Anke Knitter wurde 1977 in Potsdam geboren. Sie arbeitet als Bürokauffrau und lebt in Deutschland. Ihr Großvater überlebte die Lager Auschwitz, Mittelbau-Dora und Bergen-Belsen.

Villa und SD in Wannsee

Im letzten Drittel des 19. Jahrhunderts entwickelte sich die Region am Großen und Kleinen Wannsee zu einem großbürgerlichen Vorort der Reichshauptstadt Berlin. Bekannte Architekten, Künstler und Landschaftsarchitekten gestalteten die Landhäuser und Parkanlagen der neuen Villenkolonie, die seit 1870 durch den Bankier Wilhelm Conrad erschlossen wurde. Der Fabrikant Ernst Marlier ließ sich 1914/15 an der Großen Seestraße (später: Am Großen Wannsee) 56/58 auf einem etwa 30.000 m^2 großen Grundstück ein privates Wohnhaus mit einer Nutzfläche von über 1.500 m^2 errichten. Als Architekten gewann er Paul O. A. Baumgarten, der bereits zuvor Gebäude und Gärten in der Villenkolonie entworfen hatte, darunter die Villa des impressionistischen Malers Max Liebermann, Am Großen Wannsee 42.

Friedrich Minoux und die Krise der Republik

Im Jahr 1921 verkaufte Marlier seine Villa. Gebäude, Park und wertvolle Einrichtungsgegenstände übernahm der Unternehmer Friedrich Minoux. Dieser Mitarbeiter des rheinisch-westfälischen Schwerindustriellen Hugo Stinnes jr. war durch Spekulationsgeschäfte während der Inflationszeit zu Reichtum gekommen. Minoux betätigte sich auch politisch. Er gehörte in den Krisenjahren nach der Gründung der Weimarer Republik zu jenen anti-republikanischen Kreisen der extremen Rechten, die eine Abschaffung der Demokratie forderten. In seiner Villa am Wannsee vermittelte Minoux am 21. Februar 1923 eine Aussprache zwischen dem früheren Generalquartiermeister Erich Ludendorff, einem der prominentesten Führer der extremen Rechten, und dem Chef der Obersten Heeresleitung, Generalmajor Hans von Seeckt. An dem Treffen nahm möglicherweise auch Reichskanzler Wilhelm Cuno teil. Militärs der Reichswehrspitze, Industrielle, Großbankiers und hochrangige Ministerialbeamte beabsichtigten 1923 zeitweilig, die parlamentarische Regierungsform durch ein »Direktorium« mit diktatorischen Vollmachten unter Führung von Seeckts zu ersetzen, in dem der Finanzexperte Friedrich Minoux das Wirtschaftsressort leiten sollte. Am 25. Oktober 1923 sprach Minoux in München mit Ludendorff und Hitler. Doch es kam zu keiner Einigung mit diesen radikalen Antisemiten: Minoux wollte bei der wirtschaftlichen Stabilisierung Deutschlands durch ein autoritäres Regime nicht auf die Mitwirkung einzelner jüdischer Bankiers verzichten und lehnte einen Putschversuch, wie ihn Hitler und Ludendorff kurz darauf in München unternahmen, aus taktischen Gründen ab. Mit der relativen Stabilisierung der Republik nach 1923 verlor das politische Engagement von Friedrich Minoux an Bedeutung. Zugleich trennte er sich von Stinnes und baute eigene Unternehmen auf. 1938 war er an der »Arisierung« eines Betriebes beteiligt. Diese Form der Ausplünderung jüdischer Eigentümer wurde im Nationalsozialismus legalisiert; andere wirtschaftliche Transaktionen von Minoux blieben dagegen auch nach 1933 strafbare Handlungen. Als Aufsichtsratsmitglied der Berliner Gaswerke AG (Gasag) unterschlug er zwischen 1927 und 1938 mehrere Millionen Reichsmark. 1940 wurde Minoux deswegen in Haft genommen. Aus dem Zuchthaus heraus gelang es ihm, seine Villa am Wannsee zum marktüblichen Preis von 1,95 Millionen Reichsmark zu verkaufen. Als Käuferin des Gebäudes trat die »Stiftung Nordhav« auf, eine Tarnorganisation, hinter der Reinhard Heydrich und das Reichssicherheitshauptamt (RSHA) standen. Die Villa Marlier und der Villengarten wurden nun als »Gästehaus des Chefs der Sicherheitspolizei und des Sicherheitsdienstes« Bestandteil des RSHA-Standortes Wannsee.

Der RSHA-Standort Wannsee

Der Charakter des großbürgerlichen Villenvororts hatte sich nach 1933 gewandelt. In viele Landhäuser zogen Einrichtungen der NSDAP, ihrer Gliederungen und angeschlossenen Verbände ein. Eigentümer, die als Juden oder jüdische Mischlinge galten, wurden enteignet und vertrieben. So musste beispielsweise Martha Liebermann, die Witwe des 1935 verstorbenen Malers Max Liebermann, ihre Villa, in die ein Erholungsheim der Reichspost einzog, weit unter Wert verkaufen. Der Erlös wurde auf ein Sperrkonto gezahlt, auf das Frau Liebermann keinen Zugriff hatte. Ihre geplante Auswanderung scheiterte. Im März 1943 nahm sie sich angesichts der bevorstehenden Deportation nach Theresienstadt das Leben.

Der Sicherheitsdienst des Reichsführers SS (SD) brachte zunächst wissenschaftliche Institute am

Wannsee unter. Das von der Gestapo beschlagnahmte Landhaus Oppenheim, Am Großen Wannsee 43/45, diente seit Januar 1937 unter dem Tarnnamen »Wannsee-Institut« als geheimes Ostforschungs-Institut. Es erstellte Gutachten über Wirtschaft, Politik und Gesellschaft Osteuropas und war an den Vorbereitungen der Überfälle auf Polen und auf die Sowjetunion, an den Aktionen der Einsatzgruppen und an Geheimdienstoperationen beteiligt. Ebenfalls 1937 zog das Institut für Staatsforschung, das seit Kriegsbeginn dem Reichsführer SS unterstellt war, in die Königstraße 71. Institutsleiter Prof. Dr. Reinhard Höhn war einer der radikalsten nationalsozialistischen Rechtswissenschaftler und als Mitarbeiter von Reinhard Heydrich am Aufbau des Inlandsgeheimdienstes im SD beteiligt. Das Institut für Staatsforschung erhielt wissenschaftliche Forschungsaufträge von verschiedenen Behörden und Dienststellen des Staates, der NSDAP und der Wehrmacht und erarbeitete Gutachten und Gesetzesentwürfe für die Verwaltungspraxis in den vom Deutschen Reich besetzten Gebieten. Von 1941 bis 1943 war es Redaktionsadresse des Periodikums »Reich – Volksordnung – Lebensraum. Zeitschrift für völkische Verfassung und Verwaltung«. Die Herausgeber waren, neben Reinhard Höhn als Schriftleiter, der Polizei- und Besatzungsexperte Werner Best, der Ministerialdirektor beim Oberkommando der Wehrmacht Rudolf Lehmann sowie die Staatssekretäre Wilhelm Stuckart vom Reichsministerium des Innern und Gerhard Klopfer von der Partei-Kanzlei, zwei Teilnehmer der Wannsee-Konferenz.

Von 1940 an baute das Reichssicherheitshauptamt seinen Standort am Großen Wannsee gezielt aus. Die Vorortlage bot bessere Möglichkeiten zur Tarnung geheimdienstlicher Aktivitäten und zum Schutz vor Luftangriffen. Die S-Bahnlinien in die Innenstadt, die Autobahn AVUS und eine große Ausfallstraße in Richtung Potsdam garantierten die Anbindung an die RSHA-Zentrale am Anhalter Bahnhof und an die wichtigsten Dienststellen in der Reichshauptstadt und im Umland. Gegebenenfalls konnte auf die Havel als Wasserstraße ausgewichen werden. Repräsentative Villen und Parkanlagen kamen dem Geschmack des SS-Führerkorps entgegen. Die Hanglagen oberhalb der Havelseen waren zudem besonders geeignet für Funk- und Abhörstationen. Gezielt erwarb daher das RSHA nach und nach Villen und Grundstücke im nördlichen Abschnitt der Straße Am Großen Wannsee. Um 1942/43 wurden weite Teile der zum Wasser hin gelegenen Straßenseite und mehrere Flächen auf der gegenüberliegenden Seite von der SS genutzt. Am Standort waren überwiegend Dienststellen des Auslands-SD untergebracht, die hier militärische Operationen, Sabotage, Spionage und Propaganda vorbereiteten. Nach der 1943 erfolgten Verlagerung des Wannsee-Instituts in ein Schloss bei Graz (Österreich) richtete der SD auf dem Oppenheim-Grundstück eine Funkzentrale ein, die der Steuerung von Agenteneinsätzen diente und den Tarnnamen »Havel-Institut« erhielt. Die Bedeutung dieser Funkanlage erkannten auch die Verschwörer aus dem Kreis des militärischen Widerstands bei den Attentatsvorbereitungen des Jahres 1944 (»Operation Walküre«). Eine Liste der »vorrangig zu besetzenden Dienststellen von Partei und SS«, die nach dem gescheiterten Umsturzversuch von der polizeilichen »Sonderkommission 20. Juli 1944« aufgefunden wurde, nennt die »SS-Funkzentrale Am Großen Wannsee 43« an siebenter Stelle.

Ausbeutung jüdischen Vermögens und jüdischer Arbeitskraft

Für den Auf- und Ausbau und die Pflege des Standorts beutete das RSHA jüdisches Vermögen und jüdische Arbeitskraft aus. Einige Liegenschaften wurden aus jüdischem Besitz beschlagnahmt oder »arisiert«, z.T. mit Geldern, die zuvor deutschen, österreichischen und tschechischen Juden geraubt worden waren. Bis heute ist nicht geklärt, ob die Kaufsumme für das Gästehaus Am Großen Wannsee 56/58 ebenfalls aus solchen Quellen stammte. Jüdische Arbeitskräfte wurden zur Pflege der Gärten und Anlagen verpflichtet. Auf dem Grundstück Oppenheim bereitete ein »Tagesumschulungslager« der Reichsvereinigung der Juden in Deutschland Jugendliche auf eine Auswanderung nach Palästina vor. Die SS profitierte von diesen billigen Arbeitskräften und behielt die erwirtschafteten Produkte aus Gartenbau und Kleintierzucht ein. Geleitet wurde die Einrichtung von Georg Alexander, Vorarbeiter war Georg Koplowitz. Der Lehrer und zionistische Jugendgruppenleiter Jizchak Schwersenz erteilte heimlich Unterricht. Gemeinsam mit Schülern und Freunden tauchte Schwersenz 1942 unter und entging so der Deportation. Noch nach der Schließung des »Tagesumschulungslagers« kam der jüdische Jugendliche Alfred Silberstein ins »SS-Lager Wannsee«. Im Winter 1942/43 arbeitete er für die Küche im Keller des Gästehauses. Ende Februar 1943 wurden alle noch verbliebenen jüdischen Zwangsarbeiterinnen und Zwangsarbeiter am Wannsee während der sogenannten »Fabrikaktion« ins Sammellager in der Großen Hamburger Straße verschleppt und von dort nach Auschwitz deportiert. Silberstein und Koplowitz überlebten Lager, Zwangsarbeit und Todesmärsche.

Gästehaus des Chefs der Sicherheitspolizei und des SD

Im Mittelpunkt des RSHA-Standortes befand sich seit Herbst 1941 das repräsentative Gästehaus. Es diente als kostengünstige Unterkunft für auswärtige SS- und Polizeiführer und sollte die »Kameradschaft« im Führerkorps von Sicherheitspolizei und SD stärken. Die erste bekannte Nutzung des Gebäudes ist die Wannsee-Konferenz vom 20. Januar 1942. Später lassen sich verschiedene weitere Tagungen und Besprechungen, aber auch »kameradschaftliche« Feiern und Empfänge im Gästehaus nachweisen. Als beispielsweise der Auslands-SD im September 1943 eine Gruppe von Agenten aus dem arabischen Raum ins Britische Mandatsgebiet Palästina sandte, fand hier ein Abschiedsempfang statt, an dem auch Haj Amin al'Husseini, Großmufti von Jerusalem und ein prominenter Führer der palästinensischen Nationalbewegung, teilnahm. Im Dezember 1944 nutzte der Amtschef des Inlands-SD, Otto Ohlendorf, das Gebäude für eine Besprechung mit Sozial- und Wirtschaftswissenschaftlern, zu der er in seiner Funktion als Unterstaatssekretär im Reichswirtschaftsministerium einlud. Während des Jahres 1944 wurden in der Villa Personen interniert, die im Zusammenhang mit dem Attentat auf Hitler verhört werden sollten, darunter die Wehrmachtsgeneräle Paul von Hase und Friedrich Fromm. 1945 verlegte Ohlendorf sein Hauptquartier an den Wannsee, später auch der Gestapo-Chef Heinrich Müller, der 1942 an der Wannsee-Konferenz teilgenommen hatte. Vergeblich versuchte hier kurz vor Kriegsende ein Vertreter des Internationalen Komitees vom Roten Kreuz den Gestapo-Chef dazu zu bringen, die Häftlinge des KZ Sachsenhausen freizugeben.

In die Villa Am Kleinen Wannsee 16, abseits des geschlossenen RSHA-Standortes, zog 1941 die Internationale Kriminalpolizeiliche Kommission (IKPK), Vorläuferin von Interpol, die unter Leitung Reinhard Heydrichs von Wien nach Berlin verlegt worden war. Als Heydrich Ende November 1941 seinen Judenreferenten Adolf Eichmann anwies, die Einladungen zu einer Besprechung über die »Endlösung der Judenfrage« zu entwerfen, verwechselte dieser das Gästehaus mit dem Sitz der IKPK. Telefonisch wurde die Adresse später korrigiert.

Nachkriegszeit

Bei Kriegsende war die Gegend um den Großen und Kleinen Wannsee Schauplatz sinnloser Abwehrkämpfe. Das Gebäude Am Großen Wannsee 56/58 wurde von Unbekannten geplündert. Danach nutzte es zunächst die Rote Armee, dann die U. S. Armee. In der Nähe des Großen Wannsees, im Ortsteil Schlachtensee, richtete die UN-Flüchtlingsorganisation United Nations Relief and Rehabilitation Administration (UNRRA) das größte Berliner Wohnlager für jüdische Überlebende des Holocaust ein. Diese sogenannten Displaced Persons (DPs) wurden während der Berlin-Blockade im Sommer 1948 durch die amerikanische Besatzungsverwaltung aus Berlin-West ausgeflogen. Zuvor wurde die Villa Am Großen Wannsee 56/58 zeitweilig genutzt, um erkrankte jüdische Kinder aus dem DP-Lager Schlachtensee gemeinsam mit elternlosen nichtjüdischen deutschen Kindern gesund zu pflegen. 1947 wurde das Haus dem Magistrat von Berlin übergeben, der es an die Sozialdemokratische Partei Deutschlands (SPD) vermietete. Diese richtete hier eine Parteischule ein. Zu den Referenten der »August-Bebel-Institut« genannten Bildungsstätte gehörten Otto Suhr, Ernst Reuter und Carlo Schmid. Aus finanziellen Gründen musste die SPD das Gebäude 1952 aufgeben. In den folgenden Jahrzehnten war es das Landschulheim von Neukölln, dem bevölkerungs- und kinderreichsten Bezirk West-Berlins.

Mitte der 1960er Jahre machte der Historiker Joseph Wulf auf die zeitgeschichtliche Bedeutung des Gebäudes aufmerksam. Der jüdische Widerstandskämpfer und Auschwitz-Überlebende Wulf hatte seit Jahren in Studien und Dokumentenbänden auf die Verbrechen des Nationalsozialismus hingewiesen, Täter benannt und damit öffentliche Skandale ausgelöst. In der deutschen Zeitgeschichtsforschung blieb er umstritten und weithin isoliert. Auf Wulfs Initiative hin gründete sich am 29. August 1966 der Verein »Internationales Dokumentationszentrum zur Erforschung des Nationalsozialismus und seiner Folgeerscheinungen e. V.« (IDZ). Prominente Persönlichkeiten aus beiden Teilen Deutschlands, aus Ost- und Westeuropa, Israel und Amerika traten dem Verein bei. Im Tagungsort der Wannsee-Konferenz sahen Wulf und seine Mitstreiter ein geeignetes Gebäude für die Einrichtung einer internationalen Forschungs- und Dokumentationsstelle. Das Projekt fand die Zustimmung des Regierenden Bürgermeisters Willy Brandt. Seine Nachfolger aber zeigten sich gegenüber der geplanten Einrichtung reservierter. Inzwischen hatten sich das Bezirksamt und der SPD-Kreisverband Neukölln für den Erhalt des Schullandheimes ausgesprochen, und der Regierende Bürgermeister Klaus Schütz wurde in einer Berliner Tageszeitung mit der Aussage zitiert, er wolle »keine makabere Kultstätte«. Nahum Goldmann, der Präsident des Jüdischen Weltkongresses, kündigte finanzielle Unterstützung an, um für das Landschulheim ein Ersatzgebäude auf dem Grundstück zu errichten. Senat und Bezirksamt Neukölln verhinderten dennoch die Einrichtung des IDZ. Der Verein löste sich 1972 auf. Im selben Jahr wurde an dem Haus der Wannsee-Konferenz eine Gedenktafel angebracht. Joseph Wulf nahm sich nach dem Tod seiner Frau Jenta, zwei Jahre später, das Leben.

In den 1980er Jahren wurden Wulfs Pläne erneut aufgegriffen. Der Senat von Berlin beauftragte Gerhard Schoenberner, einen Pionier der Aufklärung über die NS-Verbrechen, mit der Errichtung der Gedenkstätte. 1988 zog das Schullandheim Neukölln in ein Gebäude auf der Insel Schwanenwerder um. Die Villa Marlier wurde nach denkmalpflegerischen Gesichtspunkten restauriert. Zum 50. Jahrestag der Wannsee-Konferenz, im Januar 1992, nahm die Gedenk- und Bildungsstätte Haus der Wannsee-Konferenz ihre Tätigkeit auf. Die Mediothek trägt den Namen Joseph Wulfs.

Gideon Botsch

16.1

Industriellenvilla

16.1.2
Ernst Marlier vor dem Wintergarten, ca. 1915
GHWK Berlin

16.1.3
Friedrich Minoux (1. v. r.) mit seinem Assistenten Hans-Helmut Kuhnke (2. v. r.), Geschäftspartnern und Mitarbeitern im Hotel Eden, Berlin, ca. 1937/1938
GHWK Berlin

Der Unternehmer Friedrich Minoux (1877-1945) gehörte nach dem Ersten Weltkrieg den rechtsextremen Kreisen an, die die junge Weimarer Republik beseitigen wollten. Wegen Unterschlagung wurde er 1940 verurteilt und inhaftiert. Aus dem Gefängnis heraus verkaufte er seine Liegenschaft an die SS.

16.1.1
Nordwestufer des Wannsees mit der Villa Marlier, Fliegeraufnahme aus 300 Metern Höhe, Postkarte, undatiert
GHWK Berlin

16.2
Das Reichssicherheitshauptamt und der Standort Wannsee

16.2.1
Dienststellen von SS, Sicherheitspolizei und SD in Berlin und Umgebung

16.2.1 Legende
Dienststellen der Sicherheitspolizei und des Sicherheitsdienstes:

1 Prinz-Albrecht-Str. 8/Wilhelmstr. 102–103/106: Chef der Sicherheitspolizei und des SD; Geheimes Staatspolizeiamt (Gestapo); Attaché-Gruppe; Inlands-SD; Personalverwaltung des RSHA
2 Schloß Friedenthal bei Oranienburg: Dienststellen des Auslands-SD: Vorbereitung von Sondereinsätzen, Sabotageakten und Einsätzen hinter den feindlichen Linien
3 Kurfürstendamm 140: Gestapo-Dienststellen: Abwehr, Hoch- und Landesverrat, Grenzpolizei
4 Zimmerstr. 16–18: Gestapo-Dienststellen: Personenkartei, Ausländerüberwachung, Schutzhaftangelegenheiten, Besetzte Ostgebiete
5 Meinekestr. 10: Gestapo-Dienststellen: Politische Gegner, Presse- und Schrifttum, NSDAP
6 Kurfürstenstr. 115–116: Gestapo-Referat Judenfragen, Räumungsangelegenheiten (IV B 4, Referent Adolf Eichmann)
7 Wrangelstr. 6–7: Gestapo-Dienststellen: Großdeutsche Einflussgebiete
8 Hermann-Göring-Str. 5/8: Gestapo-Dienststellen: Passwesen und Ausländerpolizei; Personal- und Verwaltungsreferate des RSHA
9 Berliner Str. 120: Gestapo-Referat Zentrale Sichtvermerkstelle
10 Schloßstr. 1: Führerschule der Sicherheitspolizei
11 Wilhelmstr. 20: Referate der Personalverwaltung des RSHA; Dienststellen des Inlands-SD
12 Kochstr. 64: Haushalts- und Wirtschaftsverwaltung des RSHA
13 Hedemannstr. 14: Rechnungsstelle und Hausverwaltung des RSHA Hedemannstr. 22: Dienststellen des Inlands-SD: Volkstum, Kultur
14 Lindenstr. 51/53: Kasse und Rechnungsamt des RSHA
15 Burgstr. 26: RSHA-Verwaltung: Technische Angelegenheiten; Referat des Inlands-SD für Verfassung und Verwaltung
16 Wielandstr. 42: RSHA-Verwaltung, Referat für Funk-, Foto- und Filmwesen
17 Werderscher Markt 5–6: Reichskriminalpolizeiamt (Kripo)
18 Wörthstr. 20: Dienststellen der Kripo: Kapitalverbrechen, Betrug
19 Hauptstr. 144: Dienststellen der Kripo: Erkennungsdienst, Fahndung
20 Berkaerstr. 32: Auslands-SD
21 Delbrückstr. 6a: Referat des Auslands-SD für Technische Hilfsdienste
22 Eisenacher Str. 12: SD-Amt für Weltanschauliche Forschung und Auswertung
23 Emser Str. 12: Bibliothek, Archiv und Museum des SD
24 Königsallee 11a: Der Höhere SS- und Polizeiführer Berlin
25 Grunerstr. 12: Staatspolizei-Leitstelle Berlin
26 Burgstr. 28: Staatspolizei-Leitstelle Berlin, u. a. Judenreferat
27 Kaiser-Wilhelm-Str. 22: SD-Leitabschnitt Berlin
28 Alexanderstr. 2/10/18: Polizeipräsidium Berlin
29 Am Kleinen Wannsee 16: Internationale Kriminalpolizeiliche Kommission
30 Königstr. 71: Institut für Staatsforschung der Universität Berlin (für die Kriegsdauer zur Verfügung des Reichsführers SS beordert)
31 SD-Schule Bernau, Dienststellen der SS
32 Finckensteinallee 63: SS-Leibstandarte Adolf Hitler
33 Dohnenstieg 10: Wohnung des Reichsführers SS Heinrich Himmler
34 Prinz-Albrecht-Str. 9: Persönlicher Stab des Reichsführers SS
35 Lützowstr. 48–49: SS-Hauptamt
36 Kaiserallee 188: SS-Führungshauptamt
37 Wilmersdorfer Str. 98–99: SS-Personalhauptamt
38 Unter den Eichen 126–135: SS-Wirtschaftsverwaltungs-Hauptamt
39 Unter den Linden 74: Hauptamt Ordnungspolizei
40 Hedemannstr. 24: SS-Rasse- und Siedlungshauptamt
41 Kurfürstendamm 142–143: Stabshauptamt des Reichskommissars für die Festigung deutschen Volkstums
42 Keithstr. 25: Hauptamt Volksdeutsche Mittelstelle
43 Zimmerstr. 88: Zeitschrift »Das Schwarze Korps«
44 Sachsenhausen bei Oranienburg: Konzentrationslager Sachsenhausen mit der Inspektion der KL und Kasernen der SS-Totenkopfverbände

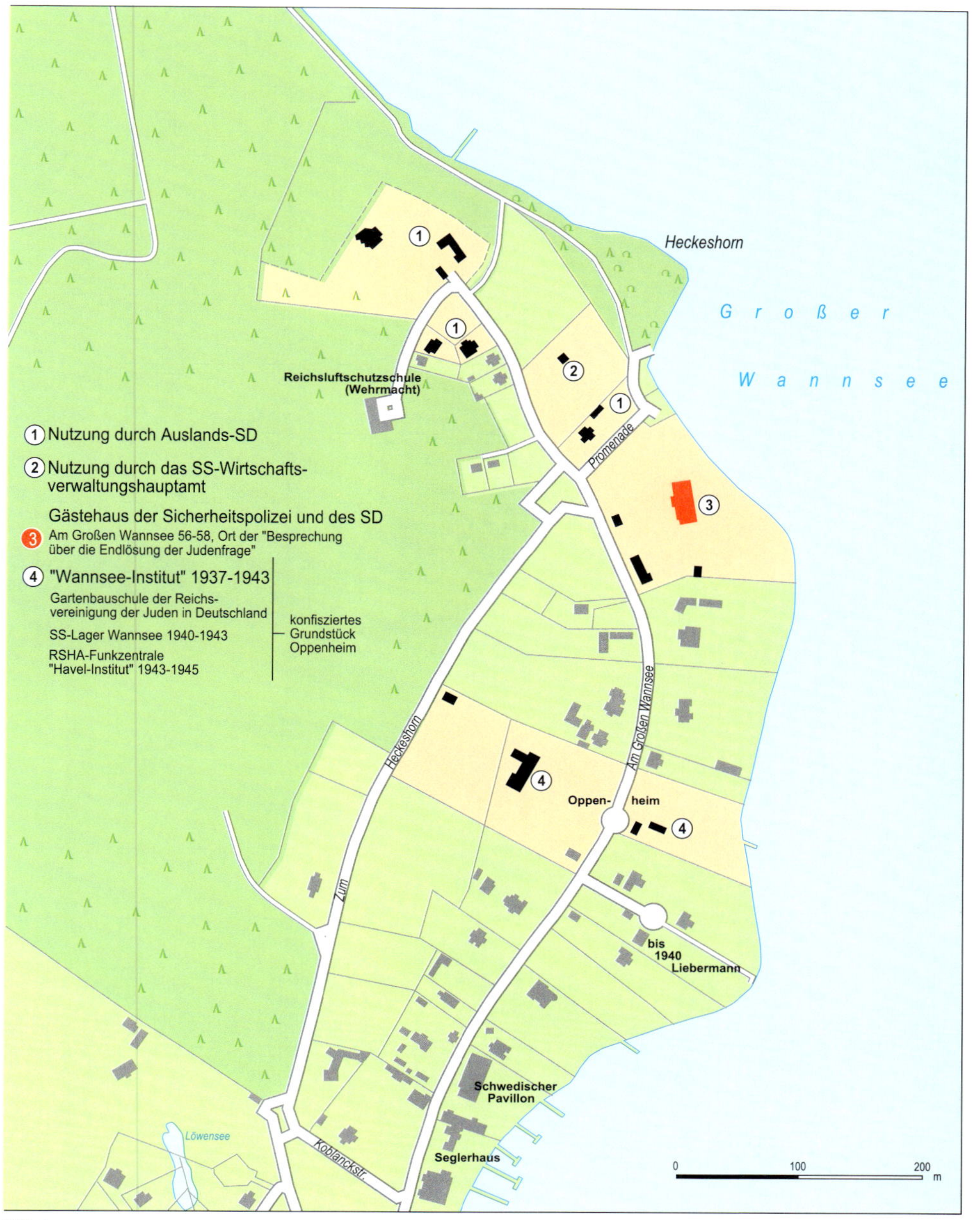

16.2.2
SD-Dienststellen am Großen Wannsee – Detailansicht

16.2.3
Großer Wannsee, Luftbild Westufer, undatiert
GHWK Berlin

Wannsee-Institut

16.2.4
Die Villa Oppenheim, um 1907
GHWK Berlin

1937–1943 Sitz des Wannsee-Instituts, 1943-1945 RSHA-Funkzentrale »Havel-Institut«

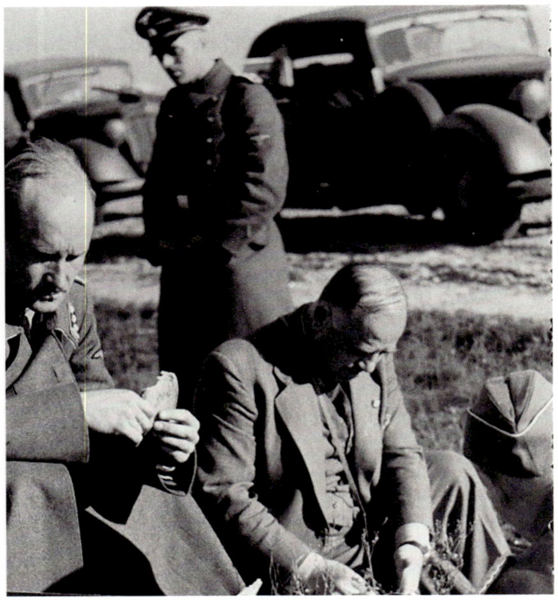

16.2.5
Michael Achmeteli (Mitte sitzend), Leiter des Wannsee-Instituts, mit Mitarbeitern bei einer Studienreise in die besetzten Ostgebiete, Oktober 1941
Privatbesitz

Das Wannsee-Institut war seit 1937 das Geheime Ostforschungs-Institut des Reichsführers SS. Es diente nachrichtendienstlichen Zwecken. Einige seiner Mitarbeiter waren in die Planung und Durchführung nationalsozialistischer Gewaltverbrechen einbezogen. 1943 wurde das Institut aus Berlin ausgelagert.

Institut für Staatsforschung

16.2.6
Professor Reinhard Höhn, Institut für Staatsforschung, referiert vor dem Polizeirechtsausschuss der Akademie für Deutsches Recht, 1936. Im Publikum, hinten rechts: Himmler, Heydrich, Stuckart (v. r. n. l.)
SV-Bilderdienst München

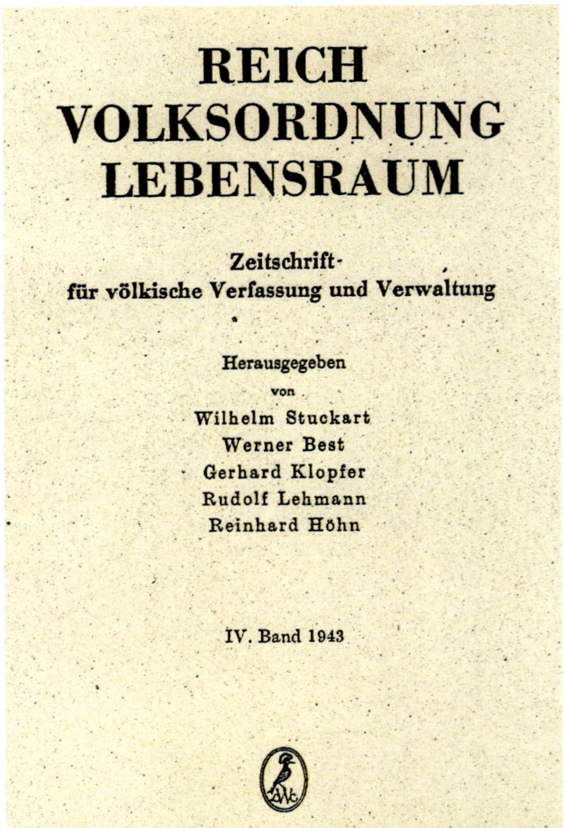

REICH
VOLKSORDNUNG
LEBENSRAUM

Zeitschrift
für völkische Verfassung und Verwaltung

Herausgegeben
von
Wilhelm Stuckart
Werner Best
Gerhard Klopfer
Rudolf Lehmann
Reinhard Höhn

IV. Band 1943

L. C. WITTICH VERLAG · DARMSTADT

16.2.7
»Reich – Volksordnung – Lebensraum. Zeitschrift für völkische Verfassung und Verwaltung«, Jahrgang 1943, Innentitel
GHWK Berlin

Reinhard Höhn, ein Mitarbeiter des Sicherheitsdienstes, leitete das Institut für Staatsforschung der Universität Berlin (Wannsee, Königstraße 71). Mit Kriegsbeginn wurde es dem Reichsführer SS direkt unterstellt. Das Institut bearbeitete Aufträge der NSDAP und der SS, des Staates und der Wehrmacht. Hier entstand auch eine staatswissenschaftliche Zeitschrift, zu deren Herausgebern neben Höhn und dem Polizei- und Besatzungsexperten Werner Best zwei Teilnehmer der Wannsee-Konferenz gehörten: Gerhard Klopfer und Wilhelm Stuckart.

Auslands-SD und Funkzentrale

16.2.8
Walter Schellenberg (Bildmitte), Chef des Auslands-SD, und Otto Skorzeny (rechts), SD-Spezialist für Sondereinsätze, an unbekanntem Ort, ca. 1944
SV-Bilderdienst München

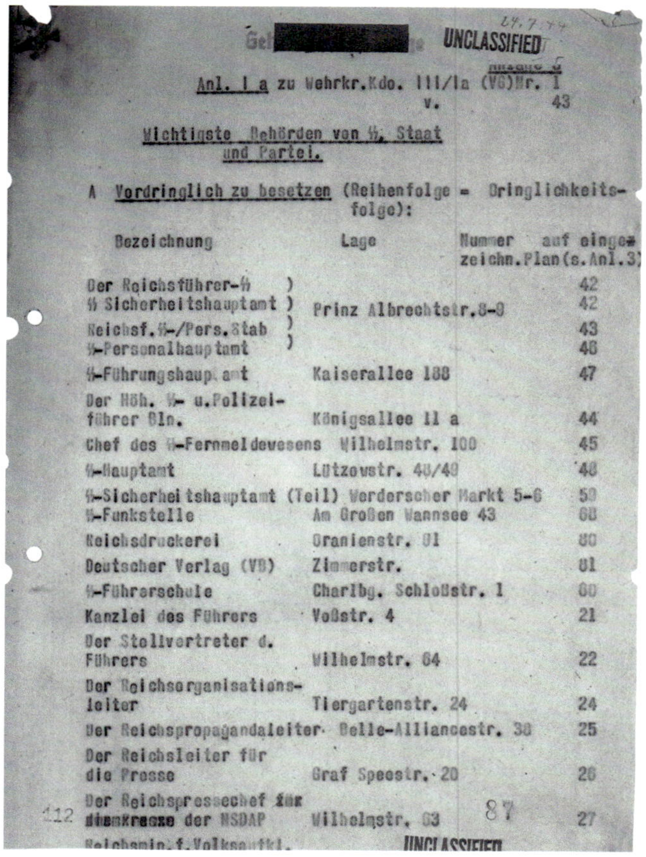

Ge[redacted]e UNCLASSIFIED

24.7.44

Anlage 5

Anl. I a zu Wehrkr.Kdo. III/Ia (VG)Nr. 1
v. 43

Wichtigste Behörden von SS, Staat und Partei.

A Vordringlich zu besetzen (Reihenfolge = Dringlichkeitsfolge):

Bezeichnung	Lage	Nummer auf eingezeichn. Plan (s. Anl. 3)
Der Reichsführer-SS	Prinz Albrechtstr. 8-9	42
SS Sicherheitshauptamt		42
Reichsf. SS-/Pers. Stab		43
SS-Personalhauptamt		46
SS-Führungshauptamt	Kaiserallee 188	47
Der Höh. SS- u. Polizeiführer Bln.	Königsallee 11 a	44
Chef des SS-Fernmeldewesens	Wilhelmstr. 100	45
SS-Hauptamt	Lützowstr. 48/49	48
SS-Sicherheitshauptamt (Teil)	Werderscher Markt 5-6	59
SS-Funkstelle	Am Großen Wannsee 43	68
Reichsdruckerei	Oranienstr. 91	80
Deutscher Verlag (VB)	Zimmerstr.	81
SS-Führerschule	Charlbg. Schloßstr. 1	60
Kanzlei des Führers	Voßstr. 4	21
Der Stellvertreter d. Führers	Wilhelmstr. 64	22
Der Reichsorganisationsleiter	Tiergartenstr. 24	24
Der Reichspropagandaleiter	Belle-Alliancestr. 38	25
Der Reichsleiter für die Presse	Graf Speestr. 20	26
Der Reichspressechef für die Presse der NSDAP	Wilhelmstr. 63	27
Reichsmin. f. Volksaufkl.		

112 87

UNCLASSIFIED

16.2.9
Umsturzplanungen des militärischen Widerstandes: Liste der vorrangig zu besetzenden Dienststellen von Partei und SS (Abschrift aus einem Bericht der »Sonderkommission 20. Juli 1944« an Adolf Hitler)
BA Berlin

Wichtigster Nutzer des RSHA-Standorts Wannsee war der Auslands-Geheimdienst des SD unter Amtschef Walter Schellenberg. Vor allem Spionage und Sabotage gegen die Sowjetunion wurden hier vorbereitet. Um Agenteneinsätze hinter den sowjetischen Linien zu steuern, benötigte man eine Funkstation (Tarnbezeichnung: »Havel-Institut«).

Internationale Kriminalpolizeiliche Kommission

16.2.11
Dienstgebäude der Internationalen Kriminalpolizeilichen Kommission, Am Kleinen Wannsee 16, um 1942
Polizeibibliothek Berlin

1940 erzwang Reinhard Heydrich seine Ernennung zum Präsidenten der Internationalen Kriminalpolizeilichen Kommission (IKPK), der 1923 gegründeten Vorläuferin von Interpol. Im April 1941 verlegte er ihren Sitz an den Kleinen Wannsee. Die IKPK verwaltete Fahndungs-, Fingerabdruck- und Fotokarteien und unterhielt einen internationalen Polizeifunk. Sie förderte aber auch die »Kriminalbiologie« und die »Bekämpfung des Zigeunerunwesens«. Die Teilnehmer der Wannsee-Konferenz wurden zuerst irrtümlich in diese Dienststelle eingeladen.

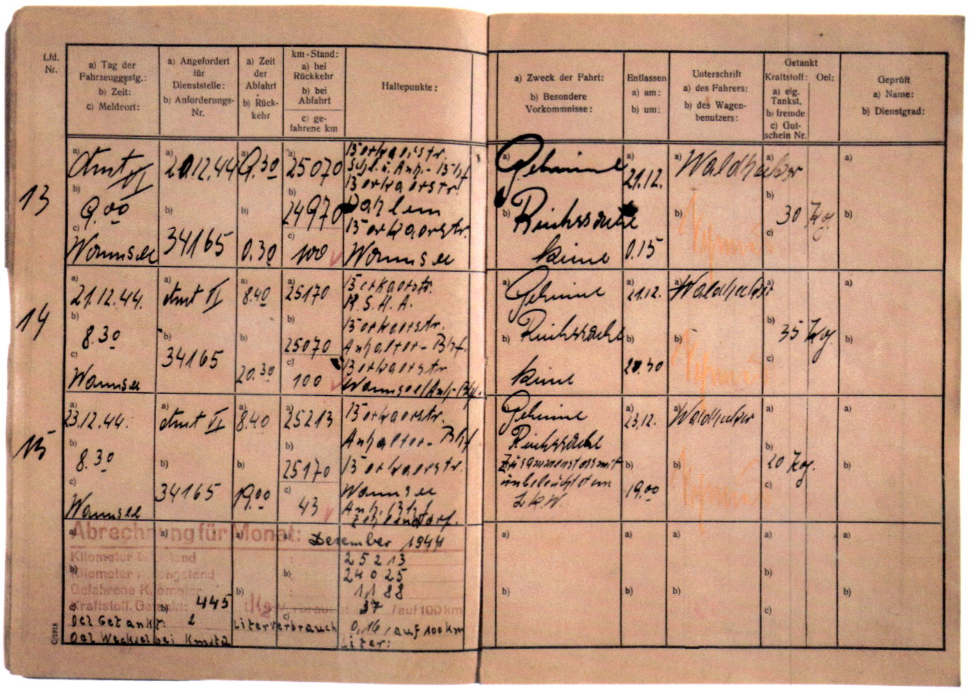

Lfd. Nr.	a) Tag der Fahrzeuggestg.: b) Zeit: c) Meldeort:	a) Angefordert für Dienststelle: b) Anforderungs-Nr.	a) Zeit der Abfahrt b) Rückkehr	km-Stand: a) bei Rückkehr b) bei Abfahrt c) gefahrene km	Haltepunkte:	a) Zweck der Fahrt: b) Besondere Vorkommnisse:	Entlassen a) am: b) um:	Unterschrift a) des Fahrers: b) des Wagenbenutzers:	Getankt Kraftstoff: a) eig. Tankst. b) fremde c) Gutschein Nr.	Oel:	Geprüft a) Name: b) Dienstgrad:
13	a) Amt VI b) 9.00 c) Wannsee	a) 20.12.44 b) 34165	a) 9.30 b) 0.30	a) 25070 b) 24970 c) 100	Berkaerstr. … Berkaerstr. Dahlem Berkaerstr. Wannsee	a) Geheime Reichssache b) keine	a) 21.12. b) 0.15	a) Waldhäuser	b) 30 Ltr		
14	a) 21.12.44 b) 8.30 c) Wannsee	a) Amt VI b) 34165	a) 8.40 b) 20.30	a) 25170 b) 25070 c) 100	Berkaerstr. R.S.H.A. Berkaerstr. Anhalter-Bhf Berkaerstr. Wannsee	a) Geheime Reichssache b) keine	a) 21.12. b) 20.30	a) Waldhäuser	b) 35 Ltr		
15	a) 23.12.44 b) 8.30 c) Wannsee	a) Amt VI b) 34165	a) 8.40 b) 19.00	a) 25213 b) 25170 c) 43	Berkaerstr. Anhalter-Bhf Berkaerstr. Wannsee … Zehlendorf	a) Geheime Reichssache b) Zusammenstoss mit … LKW	a) 23.12. b) 19.00	a) Waldhäuser	b) 10 Ltr		

Abrechnung für Monat: Dezember 1944
Kilometer … : 25213
Kilometer … : 24025
Gefahrene Kilometer: 1188
Kraftstoff Getankt: 445 … auf 100 km: 37
Oel Getankt: 2 Literverbrauch 0,16 auf 100 km
Oel Wechsel bei Km-Stand … Liter:

16.2.10
Fahrtennachweise für den Dienstwagen von Walter Schellenberg, Dezember 1944
NARA Washington D. C.

16.3

Ausbeutung jüdischen Eigentums und jüdischer Arbeitskraft

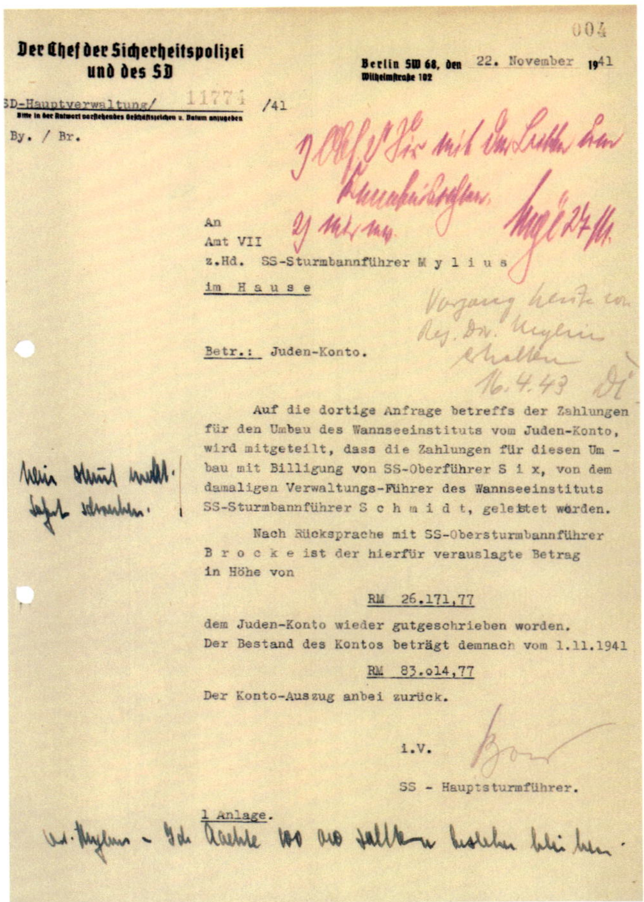

004

Der Chef der Sicherheitspolizei und des SD

Berlin SW 68, den 22. November 1941
Wilhelmstraße 102

SD-Hauptverwaltung/ 11771 /41

By. / Br.

An
Amt VII
z.Hd. SS-Sturmbannführer M y l i u s
im H a u s e

Betr.: Juden-Konto.

Auf die dortige Anfrage betreffs der Zahlungen für den Umbau des Wannseeinstituts vom Juden-Konto, wird mitgeteilt, dass die Zahlungen für diesen Umbau mit Billigung von SS-Oberführer S i x, von dem damaligen Verwaltungs-Führer des Wannseeinstituts SS-Sturmbannführer S c h m i d t, geleistet worden.

Nach Rücksprache mit SS-Obersturmbannführer B r o c k e ist der hierfür verauslagte Betrag in Höhe von

RM 26.171,77

dem Juden-Konto wieder gutgeschrieben worden. Der Bestand des Kontos beträgt demnach vom 1.11.1941

RM 83.014,77

Der Konto-Auszug anbei zurück.

i.V.

SS - Hauptsturmführer.

1 Anlage.

16.3.1
Schreiben der SD-Hauptverwaltung an das Amt VII des RSHA vom 22. November 1941
BA Berlin

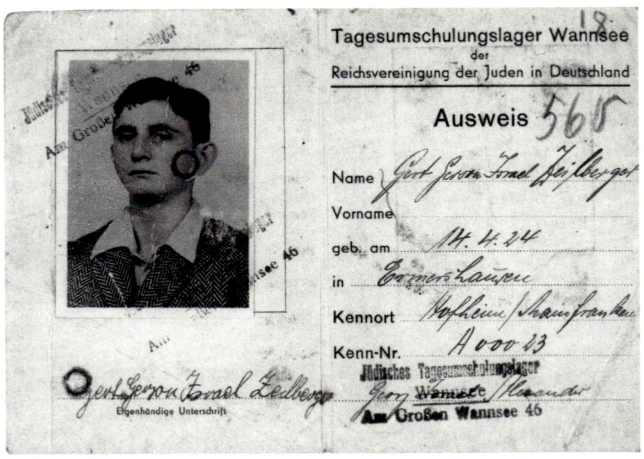

Tagesumschulungslager Wannsee
der
Reichsvereinigung der Juden in Deutschland

Ausweis 565

Name Gert Gerson Israel Zeilberger
Vorname
geb. am 14. 4. 24
in
Kennort Hofheim / Unterfranken
Kenn-Nr. A 00023

Jüdisches Tagesumschulungslager
Georg Alexander
Am Großen Wannsee 46

Eigenhändige Unterschrift

16.3.2
Ausweis des »Tagesumschulungslagers Wannsee« der Reichsvereinigung der Juden in Deutschland für Gert Zeilberger, ausgestellt von Georg Alexander, dem Leiter des Lagers
StA Würzburg

16.3.3
Arbeitsgruppe des »Tagesumschulungslagers Wannsee«, Juni 1942, v. l. n. r.: unbekannt, Inge Fromer, Günther Davidowicz, Georg Alexander, unbekannt, Jizchak Schwersenz, unbekannt, unbekannt
Privatbesitz

16.3.4
Georg Koplowitz, in Wannsee Vorarbeiter der Jüdischen Gartenbau-Kolonne, auf einer Bank in der Berliner Innenstadt, 1942
Privatbesitz

16.4

Das Gästehaus des Chefs der Sicherheitspolizei und des SD

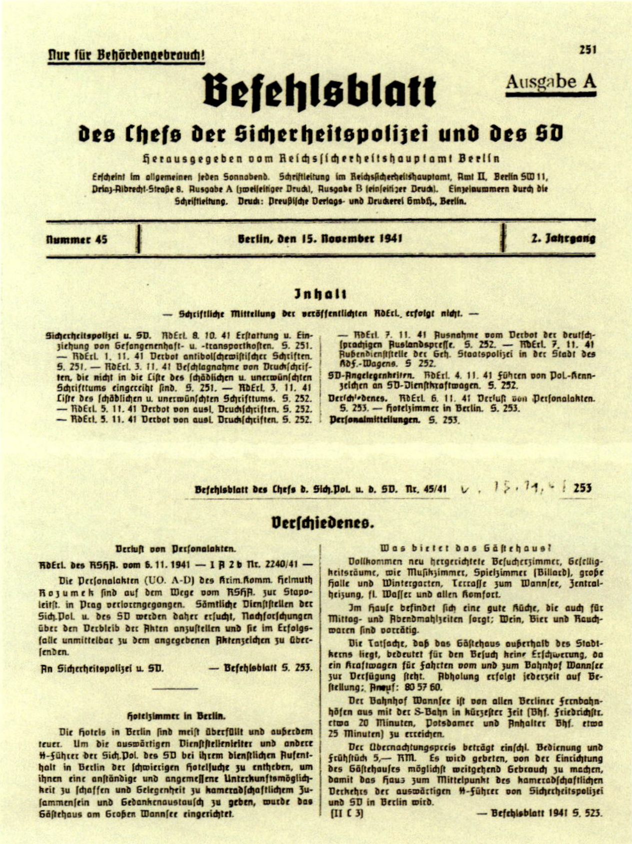

Nur für Behördengebrauch! 251

Befehlsblatt Ausgabe A

des Chefs der Sicherheitspolizei und des SD

Herausgegeben vom Reichssicherheitshauptamt Berlin

Erscheint im allgemeinen jeden Sonnabend. Schriftleitung im Reichssicherheitshauptamt, Amt II, Berlin SW 11, Prinz-Albrecht-Straße 8. Ausgabe A (zweiseitiger Druck), Ausgabe B (einseitiger Druck). Einzelnummern durch die Schriftleitung. Druck: Preußische Verlags- und Druckerei GmbH., Berlin.

Nummer 45 | Berlin, den 15. November 1941 | 2. Jahrgang

Inhalt

— Schriftliche Mitteilung der veröffentlichten RdErl. erfolgt nicht. —

Sicherheitspolizei u. SD. RdErl. 8. 10. 41 Erstattung u. Einziehung von Gefangenenhaft- u. -transportkosten. S. 251. — RdErl. 1. 11. 41 Verbot antibolschewistischer Schriften. S. 251. — RdErl. 3. 11. 41 Beschlagnahme von Druckschriften, die nicht in die Liste des schädlichen u. unerwünschten Schrifttums eingereiht sind. S. 251. — RdErl. 3. 11. 41 Liste des schädlichen u. unerwünschten Schrifttums. S. 252. — RdErl. 5. 11. 41 Verbot von ausl. Druckschriften. S. 252. — RdErl. 5. 11. 41 Verbot von ausl. Druckschriften. S. 252. — RdErl. 7. 11. 41 Ausnahme vom Verbot der deutschsprachigen Auslandspresse. S. 252. — RdErl. 7. 11. 41 Außendienststelle der Geh. Staatspolizei in der Stadt des KdF.-Wagens. S. 252.

SD-Angelegenheiten. RdErl. 4. 11. 41 Führen von Pol.-Kennzeichen an SD-Dienstkraftwagen. S. 252.

Verschiedenes. RdErl. 6. 11. 41 Verlust von Personalakten. S. 253. — Hotelzimmer in Berlin. S. 253.

Personalmitteilungen. S. 253.

Befehlsblatt des Chefs d. Sich.Pol. u. d. SD. Nr. 45/41 v. 15.11.41 253

Verschiedenes.

Verlust von Personalakten.

RdErl. des RSHA. vom 6. 11. 1941 — I A 2 b Nr. 2240/41 —

Die Personalakten (UO. A-D) des Krim.Komm. Helmuth Rozumek sind auf dem Wege vom RSHA. zur Stapoleitst. in Prag verlorengegangen. Sämtliche Dienststellen der Sich.Pol. u. des SD werden daher ersucht, Nachforschungen über den Verbleib der Akten anzustellen und sie im Erfolgsfalle unmittelbar zu dem angegebenen Aktenzeichen zu übersenden.

An Sicherheitspolizei u. SD. — Befehlsblatt S. 253.

Hotelzimmer in Berlin.

Die Hotels in Berlin sind meist überfüllt und außerdem teuer. Um die auswärtigen Dienststellenleiter und andere SS-Führer der Sich.Pol. des SD bei ihrem dienstlichen Aufenthalt in Berlin der schwierigen Hotelsuche zu entheben, um ihnen eine anständige und angemessene Unterkunftsmöglichkeit zu schaffen und Gelegenheit zu kameradschaftlichem Zusammensein und Gedankenaustausch zu geben, wurde das Gästehaus am Großen Wannsee eingerichtet.

Was bietet das Gästehaus?

Vollkommen neu hergerichtete Besucherzimmer, Geselligkeitsräume, wie Musikzimmer, Spielzimmer (Billard), große Halle und Wintergarten, Terrasse zum Wannsee, Zentralheizung, fl. Wasser und allen Komfort.

Im Hause befindet sich eine gute Küche, die auch für Mittag- und Abendmahlzeiten sorgt; Wein, Bier und Rauchwaren sind vorrätig.

Die Tatsache, daß das Gästehaus außerhalb des Stadtkerns liegt, bedeutet für den Besuch keine Erschwerung, da ein Kraftwagen für Fahrten vom und zum Bahnhof Wannsee zur Verfügung steht. Abholung erfolgt jederzeit auf Bestellung; Anruf: 80 57 60.

Der Bahnhof Wannsee ist von allen Berliner Fernbahnhöfen aus mit der S-Bahn in kürzester Zeit (Bhf. Friedrichstr. etwa 20 Minuten, Potsdamer und Anhalter Bhf. etwa 25 Minuten) zu erreichen.

Der Übernachtungspreis beträgt einschl. Bedienung und Frühstück 5,— RM. Es wird gebeten, von der Einrichtung des Gästehauses möglichst weitgehend Gebrauch zu machen, damit das Haus zum Mittelpunkt des kameradschaftlichen Verkehrs der auswärtigen SS-Führer von Sicherheitspolizei und SD in Berlin wird.

(II C 3) — Befehlsblatt 1941 S. 523.

16.4.1
Befehlsblatt des Chefs der Sicherheitspolizei und des SD, 15. November 1941: »Was bietet das Gästehaus?«
BA Berlin

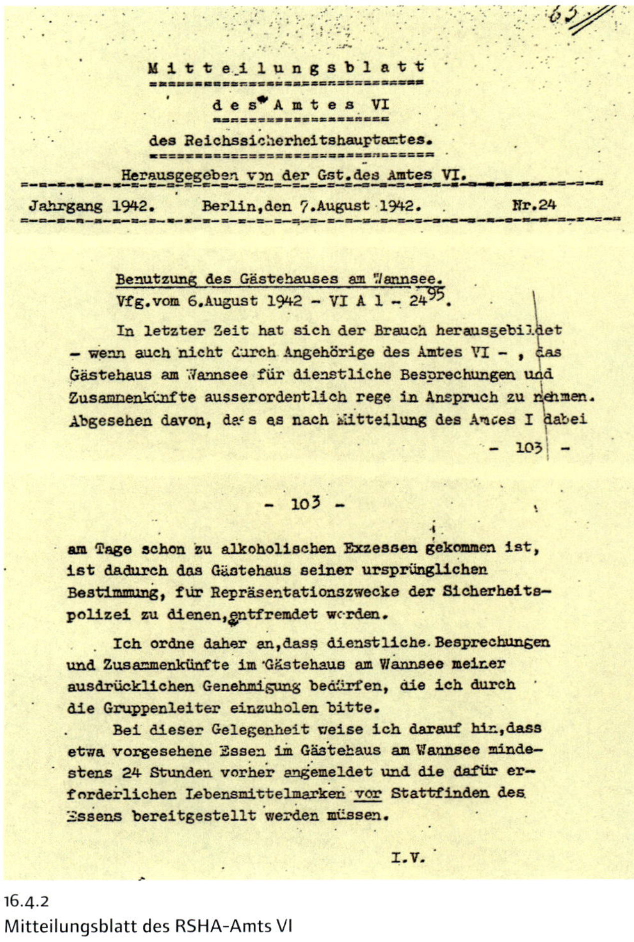

65

Mitteilungsblatt

des Amtes VI

des Reichssicherheitshauptamtes.

Herausgegeben von der Gst.des Amtes VI.

Jahrgang 1942. Berlin,den 7.August 1942. Nr.24

Benutzung des Gästehauses am Wannsee.
Vfg.vom 6.August 1942 - VI A 1 - 2495.

In letzter Zeit hat sich der Brauch herausgebildet - wenn auch nicht durch Angehörige des Amtes VI - , das Gästehaus am Wannsee für dienstliche Besprechungen und Zusammenkünfte ausserordentlich rege in Anspruch zu nehmen. Abgesehen davon, dass es nach Mitteilung des Amtes I dabei

- 103 -

- 103 -

am Tage schon zu alkoholischen Exzessen gekommen ist, ist dadurch das Gästehaus seiner ursprünglichen Bestimmung, für Repräsentationszwecke der Sicherheitspolizei zu dienen, entfremdet worden.

Ich ordne daher an, dass dienstliche Besprechungen und Zusammenkünfte im Gästehaus am Wannsee meiner ausdrücklichen Genehmigung bedürfen, die ich durch die Gruppenleiter einzuholen bitte.

Bei dieser Gelegenheit weise ich darauf hin, dass etwa vorgesehene Essen im Gästehaus am Wannsee mindestens 24 Stunden vorher angemeldet und die dafür erforderlichen Lebensmittelmarken vor Stattfinden des Essens bereitgestellt werden müssen.

I.V.

16.4.2
Mitteilungsblatt des RSHA-Amts VI (Ausland), 7. August 1942: Benutzung des Gästehauses in Wannsee.
RGVA Moskwa

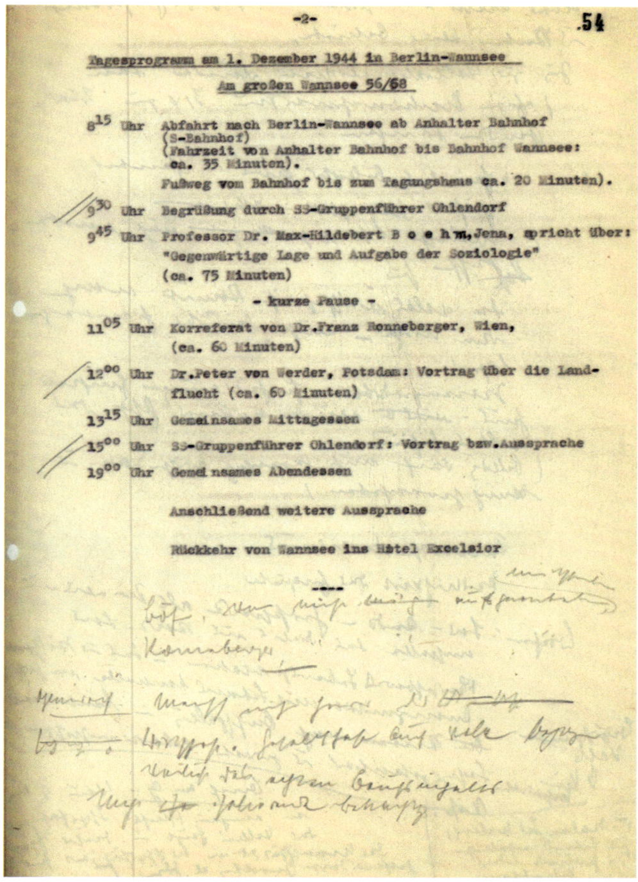

-2- .54

Tagesprogramm am 1. Dezember 1944 in Berlin-Wannsee

Am großen Wannsee 56/58

8.15 Uhr Abfahrt nach Berlin-Wannsee ab Anhalter Bahnhof (S-Bahnhof)
(Fahrzeit von Anhalter Bahnhof bis Bahnhof Wannsee: ca. 35 Minuten).
Fußweg vom Bahnhof bis zum Tagungshaus ca. 20 Minuten).

9.30 Uhr Begrüßung durch SS-Gruppenführer Ohlendorf

9.45 Uhr Professor Dr. Max-Hildebert B o e h m, Jena, spricht über: "Gegenwärtige Lage und Aufgabe der Soziologie" (ca. 75 Minuten)

- kurze Pause -

11.05 Uhr Korreferat von Dr.Franz Ronneberger, Wien, (ca. 60 Minuten)

12.00 Uhr Dr.Peter von Werder, Potsdam: Vortrag über die Landflucht (ca. 60 Minuten)

13.15 Uhr Gemeinsames Mittagessen

15.00 Uhr SS-Gruppenführer Ohlendorf: Vortrag bzw.Aussprache

19.00 Uhr Gemeinsames Abendessen

Anschließend weitere Aussprache

Rückkehr von Wannsee ins Hotel Excelsior

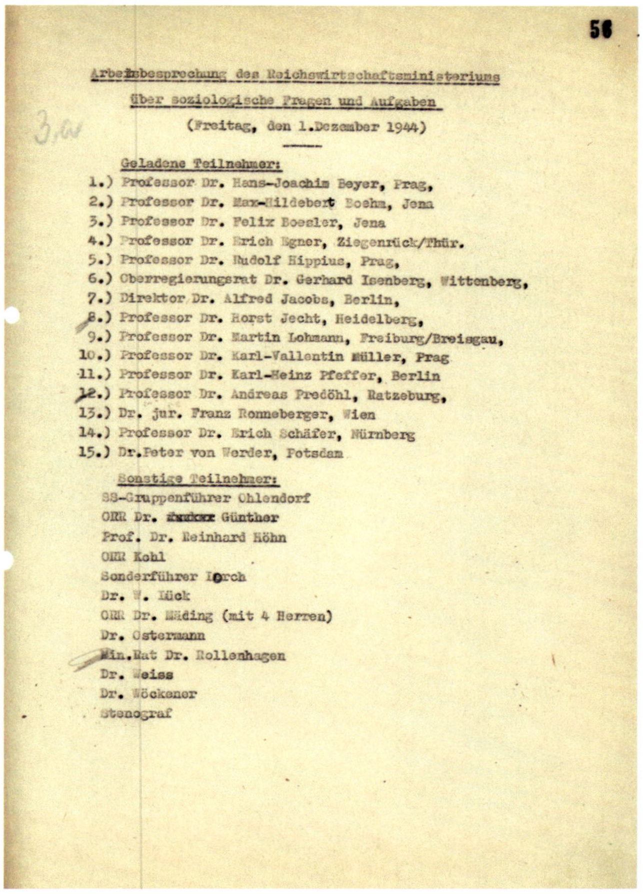

56

Arbeitsbesprechung des Reichswirtschaftsministeriums
über soziologische Fragen und Aufgaben
(Freitag, den 1.Dezember 1944)

Geladene Teilnehmer:

1.) Professor Dr. Hans-Joachim Beyer, Prag,
2.) Professor Dr. Max-Hildebert Boehm, Jena
3.) Professor Dr. Felix Boesler, Jena
4.) Professor Dr. Erich Egner, Ziegenrück/Thür.
5.) Professor Dr. Rudolf Hippius, Prag,
6.) Oberregierungsrat Dr. Gerhard Isenberg, Wittenberg,
7.) Direktor Dr. Alfred Jacobs, Berlin,
8.) Professor Dr. Horst Jecht, Heidelberg,
9.) Professor Dr. Martin Lohmann, Freiburg/Breisgau,
10.) Professor Dr. Karl-Vallentin Müller, Prag
11.) Professor Dr. Karl-Heinz Pfeffer, Berlin
12.) Professor Dr. Andreas Predöhl, Ratzeburg,
13.) Dr. jur. Franz Ronneberger, Wien
14.) Professor Dr. Erich Schäfer, Nürnberg
15.) Dr.Peter von Werder, Potsdam

Sonstige Teilnehmer:

SS-Gruppenführer Ohlendorf
ORR Dr. Günther
Prof. Dr. Reinhard Höhn
ORR Kohl
Sonderführer Lorch
Dr. W. Lück
ORR Dr. Mäding (mit 4 Herren)
Dr. Ostermann
Min.Rat Dr. Rollenhagen
Dr. Weiss
Dr. Wöckener
Stenograf

16.4.3
Besprechung des Reichswirtschaftsministeriums über soziologische Fragen und Aufgaben am 1. Dezember 1944. Tagesprogramm und Teilnehmerliste
BA Berlin

Otto Ohlendorf, Chef des Inlands-SD, nutzte das Gästehaus im Dezember 1944 für eine Tagung, zu der er in seiner Eigenschaft als Unterstaatssekretär im Reichswirtschaftsministerium eingeladen hatte.

16.5

Nach 1945

Freie, kritisch denkende Funktionäre wollen wir heranbilden. Denen, die nach 15jähriger Unterbrechung erstmalig wieder die Möglichkeit zur Schulung haben, wollen wir politisches Gedankengut neu vermitteln, den jungen Genossen eine erste Grundlage für politisches Denken und Handeln mit auf den Weg geben.

DAS HAUS AM WANNSEE

Für die Dauer des Lehrganges werdet ihr hier wohnen, damit ihr, losgelöst von den kleinen Sorgen des Alltags, ungestört lernen könnt. Mitten in einem herrlichen Park, unmittelbar am schönen Wannsee gelegen, birgt es nicht nur geeignete Unterrichts- und Arbeitsräume, sondern bietet auch Raum für Erholung und Freude.

Im Erdgeschoß befindet sich neben dem Unterrichtsraum und den Speisesälen eine große repräsentative Halle mit Leseecke. Die Schlafräume sowie die Bibliothek befinden sich im 1. Stock, während im 2. Stock noch einige Arbeitsräume sind.

16.5.1
Das Haus am Wannsee. Werbeprospekt des August-Bebel-Instituts der SPD Berlin (West), 1948
GHWK Berlin

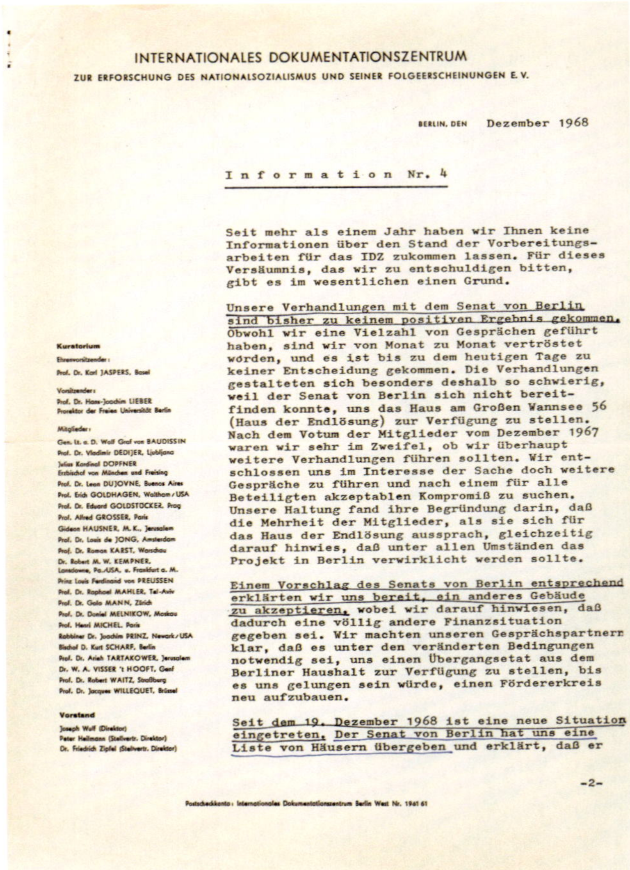

INTERNATIONALES DOKUMENTATIONSZENTRUM
ZUR ERFORSCHUNG DES NATIONALSOZIALISMUS UND SEINER FOLGEERSCHEINUNGEN E.V.

BERLIN, DEN Dezember 1968

Information Nr. 4

Seit mehr als einem Jahr haben wir Ihnen keine Informationen über den Stand der Vorbereitungsarbeiten für das IDZ zukommen lassen. Für dieses Versäumnis, das wir zu entschuldigen bitten, gibt es im wesentlichen einen Grund.

Unsere Verhandlungen mit dem Senat von Berlin sind bisher zu keinem positiven Ergebnis gekommen. Obwohl wir eine Vielzahl von Gesprächen geführt haben, sind wir von Monat zu Monat vertröstet worden, und es ist bis zu dem heutigen Tage zu keiner Entscheidung gekommen. Die Verhandlungen gestalteten sich besonders deshalb so schwierig, weil der Senat von Berlin sich nicht bereitfinden konnte, uns das Haus am Großen Wannsee 56 (Haus der Endlösung) zur Verfügung zu stellen. Nach dem Votum der Mitglieder vom Dezember 1967 waren wir sehr im Zweifel, ob wir überhaupt weitere Verhandlungen führen sollten. Wir entschlossen uns im Interesse der Sache doch weitere Gespräche zu führen und nach einem für alle Beteiligten akzeptablen Kompromiß zu suchen. Unsere Haltung fand ihre Begründung darin, daß die Mehrheit der Mitglieder, als sie sich für das Haus der Endlösung aussprach, gleichzeitig darauf hinwies, daß unter allen Umständen das Projekt in Berlin verwirklicht werden sollte.

Einem Vorschlag des Senats von Berlin entsprechend erklärten wir uns bereit, ein anderes Gebäude zu akzeptieren, wobei wir darauf hinwiesen, daß dadurch eine völlig andere Finanzsituation gegeben sei. Wir machten unseren Gesprächspartnern klar, daß es unter den veränderten Bedingungen notwendig sei, uns einen Übergangsetat aus dem Berliner Haushalt zur Verfügung zu stellen, bis es uns gelungen sein würde, einen Fördererkreis neu aufzubauen.

Seit dem 19. Dezember 1968 ist eine neue Situation eingetreten. Der Senat von Berlin hat uns eine Liste von Häusern übergeben und erklärt, daß er

-2-

Kuratorium
Ehrenvorsitzender:
Prof. Dr. Karl JASPERS, Basel

Vorsitzender:
Prof. Dr. Hans-Joachim LIEBER
Prorektor der Freien Universität Berlin

Mitglieder:
Gen. Lt. a. D. Wolf Graf von BAUDISSIN
Prof. Dr. Vladimir DEDIJER, Ljubljana
Julius Kardinal DÖPFNER
Erzbischof von München und Freising
Prof. Dr. Leon DUJOVNE, Buenos Aires
Prof. Erich GOLDHAGEN, Waltham/USA
Prof. Dr. Eduard GOLDSTÜCKER, Prag
Prof. Alfred GROSSER, Paris
Gideon HAUSNER, M. K., Jerusalem
Prof. Dr. Louis de JONG, Amsterdam
Prof. Dr. Roman KARST, Warschau
Dr. Robert M. W. KEMPNER,
Lansdowne, Pa./USA, u. Frankfurt a. M.
Prinz Louis Ferdinand von PREUSSEN
Prof. Dr. Raphael MAHLER, Tel-Aviv
Prof. Dr. Golo MANN, Zürich
Prof. Dr. Daniel MELNIKOW, Moskau
Prof. Henri MICHEL, Paris
Rabbiner Dr. Joachim PRINZ, Newark/USA
Bischof D. Kurt SCHARF, Berlin
Prof. Dr. Arieh TARTAKOWER, Jerusalem
Dr. W. A. VISSER 't HOOFT, Genf
Prof. Dr. Robert WAITZ, Straßburg
Prof. Dr. Jacques WILLEQUET, Brüssel

Vorstand
Joseph Wulf (Direktor)
Peter Heilmann (Stellvertr. Direktor)
Dr. Friedrich Zipfel (Stellvertr. Direktor)

Postscheckkonto: Internationales Dokumentationszentrum Berlin West Nr. 1961 61

16.5.3
Rundschreiben des Internationalen Dokumentationszentrums an seine Mitglieder, Dezember 1968
GHWK Berlin

In der Spalte links sind die Mitglieder des international besetzten Kuratoriums aufgeführt.

16.5.2
Schullandheim Neukölln, 1956
Privatbesitz/GHWK Berlin

16.5.4
Ortsbegehung in der Wannsee-Villa, Oktober 1966: Joseph Wulf, Gründer des Vereins »Internationales Dokumentationszentrum« und Nahum Goldmann, Präsident des Jüdischen Weltkongresses
GHWK Berlin

16.5.5
Gedenktafel am Hauseingang anlässlich des Jahrestags der Wannsee-Konferenz umkränzt, 1982
Landesbildstelle Berlin

Nach dem Scheitern der Initiative von Joseph Wulf ließ das zuständige Bezirksamt zwei gleichlautende Gedenktafeln am Eingang von Grundstück und Haus anbringen. Die Tafel am Grundstückseingang wurde von Unbekannten mehrmals beschädigt und entfernt. Im Text kommt das verbreitete Unvermögen zum Ausdruck, sich zum Völkermord an den europäischen Juden angemessen zu äußern.

16.5.6
Seminar in der Gedenk- und Bildungsstätte Haus der Wannsee-Konferenz, 2001
GHWK Berlin

16.5.7 ▸SILBERSTEIN◂
Alfred Silberstein besucht mit seiner Frau das Haus der Wannsee-Konferenz, 2000
GHWK Berlin

Alfred Silberstein war als Jugendlicher Zwangsarbeiter in der Küche des SD-Gästehauses.

Abkürzungsverzeichnis

BdS: Befehlshaber der Sicherheitspolizei und des SD
CdS: Chef der Sicherheitspolizei
C. V.: Centralverein deutscher Staatsbürger jüdischen Glaubens
Gestapo: Geheime Staatspolizei
GFP: Geheime Feldpolizei
HJ: Hitlerjugend
IKPK: Internationale Kriminalpolizeiliche Kommission
KdS: Kommandeur der Sicherheitspolizei und des SD
Kripo: Kriminalpolizei
KZ: Konzentrationslager
NS: Nationalsozialistisch
NSDAP: Nationalsozialistische Deutsche Arbeiterpartei
NSKK: Nationalsozialistisches Kraftfahrkorps
OKW: Oberkommando der Wehrmacht
PK-Foto: Foto einer Propaganda-Kompanie
RSHA: Reichssicherheitshauptamt
RuSHA: Rasse- und Siedlungshauptamt SS
SD: Sicherheitsdienst
SA: Sturmabteilung
SS: Schutz-Staffel
SSPF: SS- und Polizeiführer
Stalag: Stammlager (Kriegsgefangene)
UFA: Universum Film AG
WVHA: Wirtschafts-Verwaltungshauptamt
ZOB: Zydowska Organizacja Bojowa (Jüdische Kampforganisation im Warschauer Ghetto)

Archive und Leihgeber

AMC London: Archive of Modern Conflict London
AmdE Izieu: Archive Maison des enfants juifs exterminés d'Izieu
AMV Praha: Archiv Ministerstvo vnitra Praha
AP Lodz: Archiwum Panstwowe Lodz
APMM Lublin: Archiwum Panstwowe Muzeum Majdanek Lublin
APM Oswiecim: Archiwum Panstwowe Muzeum Oswiecim
ASF Berlin: Aktion Sühnezeichen Friedensdienste Berlin
AZIH Warszawa: Archiwum Zydowski Instytut Historyczny Warszawa

BA Berlin: Bundesarchiv Berlin
BA Freiburg: Bundesarchiv Militärarchiv Freiburg
BA Koblenz: Bundesarchiv Koblenz
BA Ludwigsburg: Bundesarchiv Zweigstelle Ludwigsburg
BARoV Berlin: Bundesamt zur Regelung offener Vermögensfragen Berlin
BayHStA München: Bayerisches Hauptstaatsarchiv München
Jerry Bauer Roma
Christel Becker-Rau Köln
BH Tel Aviv: Beth Hatefutsoth Tel Aviv
Bildarchiv Abraham Pisarek Berlin
Bildstelle Hanau
BKF Paris: Beate Klarsfeld Foundation Paris
BLHA Potsdam: Brandenburgisches Landeshauptarchiv Potsdam
BNdF Paris: Bibliothèque Nationale de France Paris
bpb Bonn: Bundeszentrale für politische Bildung Bonn
BPK Berlin: Bildarchiv preußischer Kulturbesitz Berlin
BSB München: Bayerische Staatsbibliothek München
BStU Berlin: Die Beauftragte für die Unterlagen des Staatssicherheitsdienstes der ehemaligen DDR
BU Wroclaw: Biblioteka Uniwersytecka we Wroclawiu

CDA Sofia: Centralen darzaven archiv na Republika Bulgarija Sofia
CDJC Paris: Centre de Documentation Juive Contemporaine Paris
CHAN Paris: Centre des Archives Nationales Paris
CJA Berlin: Centrum Judaicum Berlin
CZA Jerusalem: Central Zionist Archives Jerusalem

DHM Berlin: Deutsches Historisches Museum Berlin
Diözesanarchiv Limburg
DÖW Wien: Dokumentationsarchiv des österreichischen Widerstandes Wien
Dokumentationsstelle Hartheim
DRA Wiesbaden: Deutsches Rundfunkarchiv Wiesbaden

ECPAD Paris: Établissement de Communication et de Production Audiovisuelle de la Défense Paris

FNA Berlin: Franz-Neumann-Archiv Berlin
Förderverein Katharinenkapelle e.V. Landau/Pfalz

GDW Berlin: Gedenkstätte Deutscher Widerstand Berlin
Gedenkstätte Bergen Belsen, Stiftung Niedersächsische Gedenkstätten Hannover
Gedenkstätte Buchenwald, Stiftung Gedenkstätten Buchenwald und Mittelbau Dora
GHWK Berlin: Gedenk- und Bildungsstätte Haus der Wannsee-Konferenz Berlin
GNM Nürnberg: Germanisches Nationalmuseum Nürnberg
Goldmann Verlag München

HIS Hamburg: Hamburger Institut für Sozialforschung Hamburg
HStA Darmstadt: Hauptstaatsarchiv Darmstadt
HStA Hannover: Hauptstaatsarchiv Hannover
HU Berlin: Humboldt Universität Berlin
UA HU Berlin: Universitätsarchiv der Humboldt Universität Berlin

IfZ München: Institut für Zeitgeschichte München
IfZ Wien: Institut für Zeitgeschichte an der Universität Wien
IPN Warszawa: Instytut Pamieci Narodowej Warszawa
ITS Bad Arolsen: Internationaler Suchdienst Bad Arolsen
IWM London: Imperial War Museum London

JM Berlin: Jüdisches Museum Berlin
JM Frankfurt a. M.: Jüdisches Museum Frankfurt am Main

Vardi Kahana Tel Aviv
KNA Bonn: Katholische Nachrichtenagentur Bonn
Motti Kikayon Tel Aviv
KZ-Gedenkstätte Dachau

Andreas Labes Berlin
Labi Berlin: Landesbildstelle Berlin
LA Berlin: Landesarchiv Berlin
LAV NRW, HSA Düsseldorf: Landesarchiv Nordrhein-Westfalen, Hauptstaatsarchiv Düsseldorf
LBI New York: Leo-Baeck-Institute New York
LVVA Riga: Latvijas Valsts Vestures Archivs Riga

Märkische Allgemeine Potsdam
MG Ravensbrück: Mahn- und Gedenkstätte Ravensbrück, Stiftung Brandenburgische Gedenkstätten Oranienburg
ML Schwerin: Museen der Landeshauptstadt Schwerin
MMP Belzec: Muzeum-Miejsce Pamieci w Belzcu
Mollo Archive Souvigny
MPG Archiv Berlin: Max-Planck-Gesellschaft Archiv Berlin
MNM Budapest: Magyar Nemzeti Muzeum Budapest
MSNP Banská Bystrica: Museum des Slowakischen Nationalaufstandes Banská Bystrica

NA Washington D.C.: National Archives Washington D.C.
NIAB Minsk: National Historical Archives of the Republic of Belarus Minsk
NIOD Amsterdam: Nederlands Instituut voor Oorlogsdocumentatie Amsterdam

Isolde Ohlbaum München
ÖStA Wien: Österreichisches Hauptstaatsarchiv Wien

PAAA Berlin: Politisches Archiv des Auswärtigen Amtes Berlin
Polizeibibliothek Berlin

Privatbesitz Evemarie Baumstark Gerstetten
Privatbesitz Lukasz K. Biedka Warszawa
Privatbesitz Familie Botsch-Fitterling Berlin
Privatbesitz Irene Corbach Köln
Privatbesitz Wolfgang Dreßen Düsseldorf
Privatbesitz Alexandre Halaunbrenner Paris
Privatbesitz George B. Koplowitz sel. A. Thousand Oaks, CA
Privatbesitz Maciej Lagiewski Wroclaw
Privatbesitz Karl-Heinz von Liebezeit Berlin
Privatbesitz Götz Liedtke Pocking
Privatbesitz Marion Neiss Berlin
Privatbesitz Esther Reiss Jerusalem
Privatbesitz Wolfgang Scheffler Berlin
Privatbesitz Jizchak Schwersenz sel. A. Berlin
Privatbesitz Alfred Silberstein Auckland
Privatbesitz Familie Swetschin Berlin

RGVA Moskwa: Rossijskij Gosudarstvennyj Voennyj Arhiv Moskwa
RM Amsterdam: Rijksmuseum Amsterdam

Sammlung Monica Kingreen Windecken
Sammlung Wolfgang Haney Berlin
SB Berlin: Staatsbibliothek Berlin
Scanpix Norge Oslo
StadtA Eisenach: Stadtarchiv Eisenach
StadtA Euskirchen: Stadtarchiv Euskirchen
StadtA Lörrach: Stadtarchiv Lörrach
StadtA Ludwigshafen: Stadtarchiv Ludwigshafen
StadtA München: Stadtarchiv München
StadtA Nürnberg: Stadtarchiv Nürnberg
StadtA Stuttgart: Stadtarchiv Stuttgart
StaA Hamburg: Staatsanwaltschaft Hamburg
StA Aurich: Staatsarchiv Aurich
StA Bremen: Staatsarchiv Bremen
StA Nürnberg: Staatsarchiv Nürnberg
StA Würzburg: Staatsarchiv Würzburg
Stadtmuseum Berlin
StI Duisburg: Salomon-Steinheim-Institut Duisburg
Staw Düsseldorf: Staatsanwaltschaft Düsseldorf
Stiftung Denkmal Berlin: Stiftung Denkmal für die ermordeten Juden Europas Berlin
SV-Bilderdienst München: Süddeutscher Verlag
Süddeutscher Verlag

Ullstein Bilderdienst Berlin
Ulric Publishing Shropshire / U.K.
USHMM Washington D.C.: United States Holocaust Memorial Museum Washington D.C.

VGZM Vilnius: Valstybinis Vilniaus Gaono zydu Muziejus

WDR Köln: Westdeutscher Rundfunk Köln
WFDiF Warszawa: Wytwornia Filmow Dokumentalnych i Fabularnych Warszawa

YIVO New York: Institute for Jewish Research New York
YV Jerusalem: Yad Vashem Jerusalem
ZfA Berlin: Zentrum für Antisemitismusforschung Berlin
ZM Praha: Zidovske Muzeum Praha

Danksagung

Für ihre **Mitarbeit** danken wir:

Dieter Fitterling, Berlin
Diana Gring, Hannover
Constanze Jaiser, Berlin
Jana Leichsenring, Berlin
Cord Pagenstecher, Berlin
Jeannette Toussaint, Potsdam
René Wildangel, Berlin

Für ihre **Unterstützung** danken wir:

Michlean L. Amir, Washington D. C.
Andrej Angrick, Falkensee
Agnieszka Arnold, Warszawa
Burkhard Assmus, Berlin

Petia Balanova, Berlin
Wolfgang Benz, Berlin
Lukasz K. Biedka, Warszawa
Iwona Binkowska, Wroclaw
Jochen Böhler, Warszawa
Susanne Broemel, Berlin
Reinhold Brunner, Eisenach
Sylvia Buchholz, München

Martina Caspers, Koblenz
Jesse Aaron Cohen, New York
Judith R. Cohen, Washington, D.C.
Almuth Corbach, Wolfenbüttel
Martin Cüppers, Berlin

Sylvie Dargnies, Paris
Klaus Dettmer, Berlin
Eckhart Dietzfelbinger, Nürnberg
Bernward Dörner, Berlin
Eva Drasarova, Praha
Wolfgang Dreßen, Düsseldorf
Christian Dürr, Mauthausen
Krystyna Dyniewicz, Warszawa

Ursula Eckertz-Popp, Berlin
Simone Erpel, Berlin

Martin Friedenberger, Berlin
Gunther Friedrich, Nürnberg
Martin Früh, Düsseldorf

Dorothee Ganser, Koblenz
Iva Gaudesova, Terezin
Monika Geilen, Koblenz
Christian Gerlach, Pittsburgh
Yossi Gilad, Tel Aviv
Alfred Gottwaldt, Berlin
Frau Gresenz, Berlin
Bernadetta Gronek, Warszawa
Ruth Gross, Berlin
Peter Grupp, Berlin

Alexandre Halaunbrenner, Paris
Monique Halaunbrenner, Paris
Wolfgang Haney, Berlin
Frau Heeg-Engelhardt, Würzburg
Jürgen Hensel, Warszawa
Michael Hollmann, Koblenz
Kathel Houze, Izieu

Miriam Intrator, New York
Hans-Christian Jasch, Berlin/Rom
Herr Jost, Bad Arolsen
Elke Jung-Wolff, Berlin

Nadia Kahan, Jerusalem
Herr Kaplan, Oswiecim
Herbert Karbach, Berlin
Noa Kats, Jerusalem
Hansi Keaton geb. Silberstein, Auckland
Monica Kingreen, Windecken
Beate und Serge Klarsfeld, Paris
Herr Klein, Berlin
Pawel Kosinski, Warszawa
Doris Kock, Münster
Christoph Kopke, Berlin
George B. Koplowitz sel. A., Thousand Oaks, CA.
Vladimir Korotaev, Moskwa
Urszula Koscielniak, Slupsk
Beate Kosmala, Berlin
Rachel Kostanian, Vilnius
Monika Kovacs, Budapest
Christoph Kreutzmüller, Berlin
Gesine Kröhnert, Schwerin
Bernhard R. Kroener, Potsdam
Gerd Kühling, Berlin
B. Kuhl, Koblenz
Christiane Kuller, München
Andreas Kunz, Ludwigsburg
Robert Kuwalek, Lublin
Vladimir Kuzelenkov, Moskwa

Maciej Lagiewski, Wroclaw
O. Lapavok, Moskwa
Doreen Leberecht, Berlin
Hansgeorg Leibbrandt, Berlin
Bruce Levy, Washington D.C.
Anna Lewandowicz, Warszawa
Goetz Liedtke, Pocking
Dorothee Lottmann-Kaeseler, Wiesbaden

Beate Meyer, Hamburg
Andrew Mollo, Souvigny
Gert Monheim, Köln
Heike Mundzeck, Hamburg

Monika Nakath, Potsdam
Marion Neiss, Berlin
Carina Notzke, Freiburg
Yvonne Oliver, London

Magdalena Peherstorfer, Alkoven
Sylvia Pieper, Berlin
Berit Pistora, Koblenz
Aubrey Pomerance, Berlin
Andrzej Potrzebowski, Krakow
Heinz-Jürgen Priamus, Gelsenkirchen

Maren Read, Washington, D.C.
Esther Reiss, Jerusalem
Monika Richarz, Hamburg
Friedemann Rincke, Weimar
Günther Rohdenburg, Bremen
Nicole Ronke, Kiel
Zippi Rosenne, Tel Aviv
Rochelle Rubinstein, Jerusalem
Reinhard Rürup, Berlin

Wolfgang Scheffler, Berlin
Martin Schellenberg, Berlin
Jakob Schemmel, Berlin
Achim Schimpf-Wörner, München
Amy Schmidt, Washington, D.C.
Herbert Schott, Nürnberg
Heike Schroll, Berlin
Herbert Schulheis, Würzburg
Jan Erik Schulte, Büren
Birgit Schulze, Berlin
Sabine Schumann, Berlin
Reinhart Schwarz, Hamburg
Jizchak Schwersenz sel. A., Berlin
Piotr Setkiewicz, Oswiecim
Fred Silberstein, Auckland
Cécile Simon, Paris
Hermann Simon, Berlin
Janina Siwek, Warszawa
Marceli Siwierski, Warzsawa
Lior Smadja, Paris
Christian Staffa, Berlin
Sabine Stein, Weimar
Peter Steinkamp, Freiburg i. Br.
Maja Swetschin, Berlin

Ulrich Tempel, Berlin
Danuta Thiel-Melerski, Lörrach
Jim G. Tobias, Nürnberg
Sabine Tolksdorf, Berlin
Johannes Tuchel, Berlin
Feliks Tych, Warszawa
Susanne Uebele, Berlin
Gerd Ueberschär, Freiburg

Martina Voigt, Berlin
Issac Wahler, Alten-Buseck
Christiane Wallesch-Schneller, Breisgau
Frau Weibel, Freiburg
Juliane Wetzel, Berlin
Michalina Wiesocka, Warszawa
Gerhard Wolf, Berlin
Jerzy Wroblewski, Oswiecim

Monika Zaritz, Kiel
Christine Zeidler, Berlin
Johannes Zerger, Berlin

Nachweis der Objekte

Raum 1 1.1 GHWK Berlin/Fernkopie; 1.2.1.1 bis 1.2.1.5 Privatbesitz Esther Reiss Jerusalem; 1.2.2.1 bis 1.2.2.3 Privatbesitz Alexandre Halaunbrenner Paris; 1.2.2.4 BKF Paris; 1.2.3.1 USHMM Washington D.C., 23260; 1.2.3.2 USHMM Washington D.C., 23269; 1.2.3.3 USHMM Washington D.C., 23252; 1.2.3.4 USHMM Washington D.C., 16634; 1.2.4.1 bis 1.2.4.4 Privatbesitz Alfred Silberstein Auckland; 1.3 GHWK Berlin/Ingenieurbüro J. Zwick Gießen.

Raum 2 2.1.1 Peter Camper, Dissertation sur les Variétés Naturelles, Paris, Den Haag 1791, Anhang, Tabelle III ; 2.1.2 Robert Knox, The Races of Men, London 1862, S. 404; 2.1.3 Arthur Comte de Gobineau, Versuch über die Ungleichheit der Menschenracen, Stuttgart, zweite Auflage 1902 (Französische Erstausgabe 1853-56); 2.1.4 DHM Berlin, PLI 04671; 2.2.1 USHMM Washington D. C., N 09785; 2.2.2 MPG Archiv Berlin, Verschuer Bild Nr. 13; 2.2.3 MPG Archiv Berlin, Fischer, Eugen, Bild Nr. 10; 2.2.4 Zeitschrift für Volksaufartung und Erbkunde, Band 1 (1926), S. 15; 2.2.5 Erwin Baur, Eugen Fischer, Fritz Lenz, Grundriß der menschlichen Erblichkeitslehre und Rassenhygiene, München 1923; 2.2.6 Karl Binding, Alfred Hoche, Die Freigabe der Vernichtung lebensunwerten Lebens, Berlin 1920; 2.3.1 BPK Berlin, 20.030.514-1.1; 2.3.2 GNM Nürnberg, 31003; 2.3.3 JM Frankfurt a. M.; 2.4.1 JM Berlin; 2.4.2 GHWK Berlin; 2.5.1 Heinrich von Treitschke, Unsere Aussichten, in: Preußische Jahrbücher, 44 (1879), S. 572-575; 2.5.2 Theodor Mommsen, Auch ein Wort über unser Judenthum, Berlin 1880; 2.6.1 BPK Berlin, 30.012.464-1.2; 2.6.2 GHWK Berlin; 2.6.3 BPK Berlin, 20.027.072-1.1; 2.6.4 Zit. nach Norbert Kampe, Studenten und »Judenfrage« im Deutschen Kaiserreich, Göttingen 1988, S. 201; 2.7.1 DHM Berlin, E01/152.

Raum 3 3.1.1 StI Duisburg; 3.1.2 Privatbesitz Irene Corbach Köln; 3.1.3 Jüdische Rundschau, 7. August 1914; 3.1.4 Zit. nach Werner Jochmann, Die Ausbreitung des Antisemitismus, in: Werner E. Mosse, Arnold Paucker (Hg.), Deutsches Judentum in Krieg und Revolution 1916-1923, Tübingen 1971, S. 427; 3.1.5 BA Berlin, R 43/908, Bl. 160; 3.1.6 BA Berlin, R 43/908, Bl. 161; 3.2.1 Sammlung Wolfgang Haney Berlin; 3.2.2 DHM Berlin, 96/1580; 3.2.3 DHM Berlin, Do2 89/686; 3.2.4 Artur Dinter, Die Sünde wider das Blut, Leipzig 1917; 3.2.5 Walther Schulz, Der deutsche Hochschulring, Halle 1921, S.11; 3.3.1 Zit. nach Detlev Claussen, Vom Judenhaß zum Antisemitismus, Materialien einer verleugneten Geschichte, 2. Aufl. Darmstadt 1988, S. 190-193; 3.3.2 DHM Berlin, E05/588; 3.3.3 Sammlung Wolfgang Haney Berlin; 3.3.4 BPK Berlin, 30.002.853-2.2; 3.3.5 DHM Berlin, E05/589; 3.4.1 BSB München, hoff-7094; 3.4.2 Ullstein Bilderdienst Berlin, 00069763; 3.4.3 Ullstein Bilderdienst Berlin, 00706013; 3.4.4 DHM Berlin, 94/2134; 3.4.5 Eberhard Kolb, Die Weimarer Republik, München 1993; S. 284f; 3.4.6 Martin Broszat, Der Staat Hitlers, München 1969, S. 51; 3.4.7 Hans Otto Eglau, Fritz Thyssen. Hitlers Gönner und Geisel, Berlin 2003, S. 133; 3.4.8 DHM Berlin, E94/780; 3.5.1 Zit. nach Deutsch-jüdische Geschichte in der Neuzeit, hg. von Michael A. Meyer, 4. Bd. 1918-1945, München 1997, S. 40; 3.5.2 Privatbesitz Alfred Silberstein Auckland; 3.5.3 Privatbesitz Evemarie Baumstark Gerstetten; 3.6.1 Ingenieurbüro J. Zwick Gießen; 3.6.2 BU Wroclaw, 622; 3.6.3 BU Wroclaw, 624; 3.6.4 BU Wroclaw, 151; 3.6.5 bis 3.6.16 Privatbesitz Maciej Lagiewski Wroclaw; 3.6.17 BU Wroclaw, 55; 3.6.18 BU Wroclaw, 3303; 3.6.19 BU Wroclaw, 50; 3.6.20 bis 3.6.40 Sammlung Monica Kingreen Windecken; 3.7.1 BPK Berlin, 30.005.976-2.1; 3.7.2 C. V.-Zeitung, 30. August 1929; 3.7.3 StadtA München; 3.7.4 Jüdische Rundschau, 18. Juli 1924; 3.7.5 CZA Jerusalem; 3.7.6 Der Schild, 16. Mai 1928; 3.7.7 DHM Berlin, E94/1096; 3.8.1 BPK Berlin, 30.002.903-2.1; 3.8.2 BA Koblenz, Bild 183-R98627; 3.8.3 YIVO New York; 3.8.4 StI Duisburg; 3.8.5 Bildarchiv Abraham Pisarek Berlin.

Raum 4 4.1.1 SV-Bilderdienst München, 00093043; 4.1.2 BPK Berlin, 102-2921/7; 4.1.3 BA Koblenz, Zentralbild 43235-33; 4.1.4 Illustrierter Beobachter, 3. Dezember 1936; 4.1.5 ITS Arolsen; 4.1.6 DHM Berlin, E 98/5; 4.1.7 SV-Bilderdienst München, 0093080; 4.1.8 BPK Berlin, 30.002.399-2.1; 4.1.9 BA Koblenz, Bild 133-130; 4.1.10 DRA Wiesbaden, Nr. 2590330 aus RRG 49959/73; 4.1.11 Elvira Bauer, Ein Stürmerbuch für Groß und Klein, Nebentitel: Trau' keinem Fuchs auf grüner Heid' und keinem Jud' bei seinem Eid, Nürnberg o.J. (1936); 4.1.12 SV-Bilderdienst München, 00009555; 4.1.13 Der Stürmer, Sondernummer »Ritualmord«, Mai 1939; 4.1.14 StadtA Worms, H2699; 4.2.1 BPK Berlin; 4.2.2 Privatbesitz Irene Corbach Köln; 4.2.3 Privatbesitz Irene Corbach Köln; 4.2.4 GDW Berlin, Slg. Inge Deutschkron, 28/5.0.6; 4.2.5 GDW Berlin, Slg. Inge Deutschkron, 28/5.0.6; 4.3.1 StA Aurich; 4.3.2 StA Aurich; 4.3.3 DHM Berlin, D2Z09371; 4.3.4, Reichsbürgergesetz..., erläutert von Wilhelm Stuckart und Hans Globke, München und Berlin 1936; 4.4.1 Bildarchiv Abraham Pisarek Berlin; 4.4.2 CJA Berlin, 13356, 75B, J01; 4.4.3 CJA Berlin; 4.4.4 Bildarchiv Abraham Pisarek Berlin; 4.4.5 Bildarchiv Abraham Pisarek Berlin; 4.4.6 BPK Berlin, 30.010.390-1.6; 4.4.7 BPK Berlin; 4.4.8 Bildarchiv Abraham Pisarek Berlin; 4.4.9 BPK Berlin, 30.019.346-1.1; 4.4.10 BPK Berlin; 4.4.11 GDW Berlin, Slg. Inge Deutschkron 28/5.0.31; 4.4.12 BPK Berlin, 30.019.241-1.2; 4.4.13 Privatbesitz Irene Corbach Köln; 4.5.1 Bildarchiv Abraham Pisarek Berlin; 4.5.2 BPK Berlin; 4.5.3 BA Berlin, R 58/ 486, Bl. 26; 4.5.4 BA Berlin, R 58/ 276, Bl. 195-196; 4.5.5 Der Stürmer, Sondernummer »Madagaskar«, 1938; 4.5.6 USHMM Washington D. C., 87868; 4.5.7 USHMM Washington D. C., 71847; 4.5.8 IfZ Wien; 4.6.1 StadtA Nürnberg, E39 Nr. 1356/5; 4.6.2 BPK Berlin; 4.6.3 IMT, XXV; 4.6.4 StadtA Euskirchen; 4.6.5 BPK Berlin; 4.6.6 Berliner Lokalanzeiger, 13. November 1938; 4.6.7 JM Berlin; 4.6.8 Privatbesitz Alfred Silberstein Auckland; 4.7.1 JM Berlin; 4.7.2 LBI New York; 4.7.3 Sammlung Wolfgang Haney Berlin; 4.7.4 Privatbesitz Evemarie Baumstark Gerstetten; 4.8.1 Neues Volk, 1938; 4.8.2 DHM Berlin, E94/1388; 4.8.3 GHWK Berlin; 4.8.4 BPK Berlin, 30.018.675-2.3; 4.8.5 DHM Berlin, E95/461; 4.8.6 BA Berlin, R 3001 alt 22 4209, Bl. 1; 4.8.7 Diözesanarchiv Limburg, Nachlaß Pfarrer Becker; 4.8.8 Dokumentationsstelle Hartheim, Original: Na Washington D.C. II, RG 549, Records of Headquarters, U.S. Army Europe (USAREUR), War Crimes Branch, War Crimes Case files (»cases not tried«), 1944-48, Box 490, Case 000-12-463 Hartheim (P) VOL I/A; 4.8.9 KANN Bonn, 2533 Bischof Clemens August von Galen.

Raum 5 5.1.1 StA Nürnberg, PS-1014; 5.1.2 YV New York, 138 GO 2; 5.1.3 BA Koblenz, Bild 121/0295; 5.1.4 USHMM Washington D. C., 26825; 5.1.5 USHMM Washington D. C., 26827; 5.1.6 USHMM Washington D. C., 26829; 5.1.7 BA Berlin, R 58/825, fol. 29-30; 5.1.8 AZIH Warszawa; 5.1.9 StA Nürnberg, PS-864; 5.1.10 IPN Warszawa, AGK Film NTN 28; 5.2.1 IPN Warszawa, 59745; 5.2.2 IPN Warszawa, 59740; 5.2.3 USHMM Washington D. C., 50978; 5.2.4 IPN Warszawa, 58642; 5.2.5 IPN Warszawa, 19557; 5.2.6 IPN Warszawa, 19558; 5.2.7 IPN Warszawa, 19560; 5.2.8 IPN Warszawa, 19561; 5.3.1 BA Ludwigsburg, B 162/203; 5.3.2 BA Koblenz, Bild 146/1547/17; 5.3.3 zit. nach Hellmuth Stieff, Briefe, hg. v. Horst Mühleisen, München 1994, S. 108; 5.3.4 BA Koblenz, Bild 183/2002/1007/500; 5.3.5 BA Freiburg, RH 53/23, fol. 11; 5.3.6 BA Freiburg, RH 14/28, fol. 7; 5.4.1 SV-Bilderdienst München, 00000278; 5.4.2 StA Nürnberg, NOKW-3485; 5.4.3 BA Freiburg, RH 22/155; 5.4.4 StA Nürnberg, PS-4064; 5.5.1 BA Koblenz, Bild 138/1083/26; 5.5.2 HStA Hannover, 00350001; 5.5.3 HStA Darmstadt, DSCF 1510; 5.5.4 HStA Darmstadt, DSCF 1511; 5.5.5 HStA Düsseldorf, RWB 18258-03; 5.5.6 IWM London, HU 86369; 5.5.7 Süddeutscher Verlag München; 5.5.8 BA Ludwigsburg, B 162/AR 512/63, Bd. 3, fol. 249-250; 5.5.9 RGVA

Moskwa, 500-1-25, fol. 128; 5.5.10 RGVA Moskwa, 500-4-94, fol. 183; 5.5.11 HIS Hamburg, Bild 008-006; 5.5.12 HIS Hamburg, Bild 008-010; 5.5.12 HIS Hamburg, Bild 008-015; 5.6.1 Ingenieurbüro J. Zwick Gießen; 5.7.1 BA Koblenz, Bild 101 I/185/112/13; 5.7.2 BA Koblenz, Bild 101 I/185/112/08; 5.7.3 PAAA Berlin, R 100874; 5.7.4 ECPAD Paris, DAT 3694 L 32; 5.7.5 ECPAD Paris, DAT 3694 L 19; 5.7.6 ECPAD Paris, DAT 3694 L 07; 5.7.7 StA Nürnberg, NO-5810; 5.7.8 BA Berlin, BDC-SSO Karl Wolff

Raum 6 6.1.1 Ingenieurbüro J. Zwick Gießen; 6.2.1 BA Berlin, R 58/241, fol. 315; 6.2.2 BA Ludwigsburg, B 162/407-2; 6.2.3 BA Ludwigsburg, B 162/2500, fol. 297-299; 6.2.4 BA Ludwigsburg, B 162/407-3; 6.2.5 BA Ludwigsburg, B 162/407-2; 6.3.1 IPN Warszawa, 59029; 6.3.2 IPN Warszawa, 59028; 6.3.3 IPN Warszawa, 59025; 6.3.4 BA Berlin, SAPMO Bild Y1-104/88N; 6.4.1 Privatbesitz Lukasz K. Biedka, Warszawa; 6.4.2 Privatbesitz Goetz Liedtke, Pocking; 6.4.3 BA Berlin, NS 19/1765, fol. 29; 6.5.1 USHMM Washington D. C., 4613_183; 6.5.2 USHMM Washington D. C., 46677; 6.5.3 USHMM Washington D. C., 99534; 6.6.1 USHMM Washington D. C., 23282; 6.6.2 USHMM Washington D. C., 23300.

Raum 7 7.1.1 BayHStA München, V Plakatslg. 9814; 7.1.2 Adolf Hitler, Reden, Schriften, Anordnungen Februar 1925 bis Januar 1933, Bd. I, hg u. komm. von Clemens Vollnhals, München 1992, S. 20 ; 7.1.3 Adolf Hitler, Mein Kampf, 2. Teil (1927), München 1934, S. 772; 7.1.4 BA Berlin, UTW 439; 7.1.5 NA Washington D.C.; 7.2.1 AZIH Warszawa, Varia I/33; 7.2.2 Dokumenty i Materialy III, S. 26-32; 7.2.3 Biuletyn Glowneij Komisji XIII, S. 27F-29F; 7.2.4 NIAB Minsk, 651-1-1, Bl. 12-15; 7.3.1 BA Berlin, Dok. K 324/3; 7.3.2 ÖStA Wien, AdR Wien Bürckel-Mat. 2315/6, Bl. 22; 7.3.3 Pamatnik Terezin Praha, Nr. 1527; 7.3.4 BA Berlin, RH 14/45, Bl. 2; 7.3.5 RGVA Moskwa, 503-1-337; 7.3.6 PAAA Berlin, R 100869; 7.3.7 StadtA Ludwigshafen, 11786; 7.3.8 StadtA Lörrach, Juden-18; 7.4.1 Biuletyn Glownej Komisji XII, S. 32F; 7.4.2 PAAA Berlin, R 100857; 7.4.3 PAAA Berlin, R 100857; 7.4.4 BA Berlin, BDC Reinhard Heydrich; 7.4.5 RGVA Moskwa, 1372-5-23, Bl. 410; 7.4.6 BSB München, Bildarchiv Hoffman, bild-hoff 34084; 7.4.7 BStU, ZUV 9, Bd. 32, Bild 17; 7.5.1 BA Berlin, NS 19/2655, Bl. 3; 7.5.2 AMV 114-2-56, Bl. 77-81a; 7.5.3 YIVO New York, Occ E 2-29; 7.5.4 YIVO New York, Occ E 3-34; 7.5.5 RGVA Moskwa, 500-1-25, Bl. 119, 123; 7.5.6 StadtA Stuttgart; 7.5.7 BA Berlin, R 58/220, Bl. 15; 7.6.1 RGVA Moskwa, 1372-5-23, Bl. 343; 7.6.2 Die Tagebücher von Joseph Goebbels, hg. von Elke Fröhlich, im Auftrag des Instituts für Zeitgeschichte, Teil II, Bd. 2 (1996), S. 498 ; 7.6.3 Diensttagebuch des deutschen Generalgouverneurs in Polen 1939-1945, hg. von Werner Präg u. Wolfgang Jacobsmeyer, Stuttgart 1975, S. 457-458; 7.6.4 RGVA Moskwa, 1372-5-23, Bl. 334; 7.6.5 BA Berlin, NS 19/1772, Bl. 5; 7.7.1 BA Berlin, DW 570; 7.7.2 BA, M 3457.

Raum 8 8.1.1 StA Nürnberg, PS-709, Bl.; 8.1.2 RGVA Moskwa, 1375-5-23; 8.1.3 BA Berlin, R 6, Nr. 49, Bl. 18 f.; 8.1.4 Ullstein Bilderdienst Berlin, Nr. 00022005; 8.1.5 Ulric Publishing Shropshire/U.K.; 8.1.6 USHMM Washington D. C., Nr. 74907; 8.1.7 GHWK Berlin; 8.1.8 GHWK Berlin; 8.1.9 StA Nürnberg, PS-709, Bl. 1; 8.1.10 StA Nürnberg, PS-709, Bl. 2; 8.1.11 StA Nürnberg, PS-709, Bl. 3; 8.1.12 USHMM Washington D. C., Nr. 02378; 8.1.13 GHWK Berlin; 8.1.14 GHWK Berlin; 8.2.1 BA Berlin, ehem. BDC; 8.2.2 GHWK Berlin; 8.2.3 GHWK Berlin; 8.2.4 YIVO New York, OCC E3 30; 8.2.5 YIVO New York, OCC E3 28; 8.2.6 YIVO New York, OCC E3 28; 8.2.7 Diensttagebuch des deutschen Generalgouverneurs in Polen 1939-1945, S. 457-458; 8.2.8 BA Berlin, ehem. BDC; 8.2.9 GHWK Berlin; 8.2.10 GHWK Berlin; 8.2.11 Ullstein Bilderdienst Berlin, Nr. 00040772; 8.2.12 GHWK Berlin; 8.2.13 GHWK Berlin; 8.2.14 AMV Praha, 114-2-56; 8.3.1 Der Vierjahresplan, 4. Jg. (1940), Nr. 11, S. 466 (GHWK Berlin); 8.3.2 GHWK Berlin; 8.3.3 GHWK Berlin; 8.3.4 SV-Bilderdienst München, Nr. 00008465; 8.3.5 GHWK Berlin; 8.3.6 GHWK Berlin; 8.3.7 Ullstein Bilderdienst Berlin, Nr. 00272469; 8.3.8 GHWK Berlin; 8.3.9 GHWK Berlin; 8.3.10 PAAA Berlin, Inland IIg, Nr. 177, Bl. 186 ff.; 8.4.1 BA Berlin, R 6, Nr. 74, Bl. 54; 8.4.2 BSB München, Bildarchiv Hoffmann, hoff-43119; 8.4.3 BSB München, Bildarchiv Hoffmann, hoff-2796; 8.4.4 GHWK Berlin; 8.4.5 GHWK Berlin; 8.4.6 BA Berlin, ehem. BDC; 8.4.7 GHWK Berlin; 8.4.8 GHWK Berlin; 8.4.9 SV-Bilderdienst München, Nr. 00000095; 8.4.10 GHWK Berlin; 8.4.11 GHWK Berlin; 8.4.12 Ullstein Bilderdienst Berlin, Nr. 00070809; 8.4.13 GHWK Berlin; 8.4.14 GHWK Berlin.

Raum 9 9.1 Die Dame, Ullstein-Verlag, 1922; 9.1.2. LVVA Riga, P 1026, opis 1, Band 3, Blatt 163-165; 9.2.1 GHWK Berlin, Fotos alle BA Berlin, BDC; außer: Heydrich, 00022732; Leibbrandt, 00263185; Neumann, Stuckart, Ullstein Bilderdienst Berlin; Kritzinger, Persönlichkeiten der Verwaltung, Jeserich/Neuhaus (Hg.), Stuttgart 1991, S. 445; Bühler, IPN Warszawa; Freisler, Labi Berlin; Schöngarth, Mollo Archive Souvigny; 9.2.2 GHWK/Fernkopie; 9.3 PAAA Berlin, R 100857, Bl. 171; 9.4 PAAA Berlin, R 100857;. 9.5 Ingenieurbüro J. Zwick Gießen/GHWK Berlin; 9.6 StA Würzburg, Gestapo Würzburg, Nr. 18873; 9.6.2 PAAA Berlin, R 100857, Bl. 161f.; 9.7.1 bis 9.7.3 PAAA Berlin, R 100857, Bl. 165-188; 9.8.1 NIOD Amsterdam, Nr. 96771; 9.8.2 Scanpix Norge Oslo; 9.8.3 MSNP Bansá Bystrica, 112/96; BA Koblenz, Bild 1011-179-15-75-05; 9.8.5 DÖW Wien, 10165-4; 9.8.6 MNM Budapest, Nr. 59488217-jK 63.

Raum 10 10.1.1 PAAA Berlin, R 100857; 10.1.2 Ullstein Bilderdienst Berlin Nr. 00022729; 10.2.1 The Trial of Adolf Eichmann. Record of Proceedings in the District Court of Jerusalem, Hg. State of Israel, Ministry of Justice, Jerusalem 1993, Bd. VII, S. 242; 10.2.2 The Trial of Adolf Eichmann, Bd. IV, S. 1826f.; 10.2.3 Ullstein Bilderdienst Berlin 00520900

Raum 11 11a YV Jerusalem, 29, 56; 11b YV Jerusalem, 76, 68; 11c Ingenieurbüro J. Zwick, Gießen/GHWK Berlin; 11.1.1 BA Koblenz, Bild 101 I, 27/1476, 27; 11.1.2 »Le Matin« vom 15. Dezember 1941; 11.1.3 CDCJ Paris, XXVI-18; 11.1.4 CDJC Paris, XLIX-35, Bl. 246-247; 11.1.5 BKF Paris; 11.1.6 CDJC Paris, XXVb-52; 11.1.7 BKF Paris; 11.1.8 CDJC Paris, XXVc-177; 11.1.9 BNdF Paris, B 162990; 11.1.10 Privatbesitz Alexandre Halaunbrenner Paris; 11.1.11 Privatbesitz Alexandre Halaunbrenner Paris; 11.1.12 CDJC Paris, VII-10; 11.1.13 CHAN Paris, F9/5786; 11.1.14 CDJC Paris, C76_37_38 ; 11.1.15 AMdE Izieu; 11.2.1 Ingenieurbüro J. Zwick Gießen; 11.2.2 CDA Sofia, Fonds 190 K. inventory 1, archival file 8518; 11.2.3 BNF Sofia, 43883; 11.2.4 USHMM Washington D.C., 37065; 11.2.5 PAAA Berlin, R 100863, Bl. 1; 11.2.6 PAAA Berlin, R 100863, Bl. 3; 11.2.7 PAAA Berlin, R 100692, Bl. 1; 11.3.1 StA Würzburg, Gestapo 18873, Bl. 34; 11.3.2 StA Würzburg, Gestapo 18876, Bl. 141; 11.3.3 StA Würzburg, Gestapo 18876, Bl. 94; 11.3.4 StA Würzburg, Gestapo 18880a, Foto 74; 11.3.5 StA Würzburg, Gestapo 18877, Bl. 28; 11.3.6 NA Washington D.C., RG 238, NG 2421; 11.3.7 StA Würzburg, Gestapo 18880a, Foto 97; 11.3.8 StA Würzburg, Gestapo 4027 Bl. 4; 11.3.9 ITS Bad Arolsen, Sachdokumenten-Ordner Gestapo 4, S. 172 (2005); 11.3.10 BARoV OFD Düsseldorf, O 5205/3219 (Jakob Rübsteck), Bl. 26; 11.3.11 Privatbesitz Prof. Dr. Wolfgang Dreßen, Düsseldorf; 11.3.12 BARoV OFD Düsseldorf, O 5210/1487 (Selma Schreiber), Bl. 22; 11.3.13 WDR Gert Monheim, Köln; 11.3.14 LA Berlin, A Rep. 092, Nr. 411, Bl. 5; 11.3.15 BA Berlin, R 8150/573, Bl. 54; 11.3.16 BLHA Potsdam, Rep. 36A, Nr. 11007, Bl. 20; 11.3.17 BA Berlin, R 187/240b; 11.3.18 BA Berlin, ZC 11866, Bl. 5; 11.3.19 StadtA Eisenach, J 500; 11.3.20 Bildstelle Hanau, 97 C 6; 11.3.21 LA Berlin, B Rep.078, Zugangs-Nr. 6026, UH 4 (Otto Jogmin), Bl. 8; 11.3.22 Privatbesitz Marion Neiss Berlin; 11.3.23 ZfA Berlin, Forschungsprojekt »Rettung von Juden im nationalsozialistischen Deutschland 1933-1945«, Akte Otto Jogmin; 11.3.24.3 ZfA Berlin, Forschungsprojekt »Rettung von Juden im nationalsozialistischen Deutschland 1933-1945«, Akte Otto Jogmin.

Raum 12 12.1.1 WFDiF Warszawa, Kutno; 12.1.2YV Jerusalem, V-2135; 12.1.3 Stiftung niedersächsische Gedenkstätten, Video-Interview Gedenkstätte Bergen-Belsen;12.2.1 Privatbesitz Prof. Dr. Wolfgang Scheffler Berlin; 12.2.2 141 Js 534/60 der StaA Hamburg, Lichtbildmappe; 12.2.3 JM Frankfurt a. M., Slg. Genewein; 12.2.4 Beth Hatefutsoth Tel Aviv, Slg. Kadish; 12.2.5 USHMM Washington D.C., 23290; 12.2.6 Hidden History of the Kovno Ghetto, Washington 1997, S. 131; 12.3.1 ZM Praha, Nr. 173006; 12.3.2 VGZM Vilnius, Plakatslg.; 12.3.3 USHMM Washington D.C. 64118; 12.3.4 Privatbesitz Alfred Silberstein Neuseeland; 12.3.5 LVVA Riga, 132-28-18, Bl. 5; 12.3.6 GHWK Berlin; 12.3.7 AP ¸ódê, GV 117, Bl. 337; 12.3.8 BA Berlin101 I/134/782, 13; 12.3.9 BA Berlin 101 I/134/782, 14; 12.4.1 JM Frankfurt a.M., Slg. Genewein; 12.4.2 USHMM Washington D.C., 27368; 12.4.3 USHMM Washington D.C., 20274; 12.4.4 BH Tel Aviv; 12.4.5 BA Berlin, 101 I/134/792, 24; 12.4.6 AMC London, Slg. Ross; 12.4.7 RGVA Moskwa, 504-1-7, Bl. 3; 12.4.8 YIVO New York, Vilna 7; 12.4.9 IPN Warszawa, 202z, K.1 (Nr inw 193), 12.4.10 IPN Warszawa, 4504; 12.4.11 IPN Warszawa, 4507; 12.4.11 (Rück) Ullstein Bilderdienst Berlin, 00283501; 12.5.1 AZIH Warszawa, Ring II/186; 12.5.2 YIVO New York, RG 241, Announcement 380; 12.5.3 USHMM Washington D.C., 91573; 12.5.4 USHMM Washington D.C., 91561; 12.5.5 BA Berlin, NS 19/1433, Bl. 3; 12.5.6 BA Berlin, NS 19/1740, Bl. 20; 12.5.7 AZIH Warszawa.

Raum 13 13.1.1, 13.1.2 Ingenieurbüro J. Zwick Gießen/GHWK Berlin; 13.2.1 Die Tagebücher von Joseph Goebbels, Hg. von Elke Fröhlich, im Auftrag des Instituts für Zeitgeschichte, Teil II, Bd. 3 (1994), S. 561; 13.2.2 BA Berlin, BDC/GHWK; 13.2.3 Wien Museum/GHWK Berlin; 13.2.4 Wien Museum/GHWK Berlin; 13.2.5 BA Berlin, BDC/GHWK; 13.2.6 BA Berlin, NS 19, 2655,Bl. 58 und NS 19, 2655, Bl. 64; 13.2.8 BA Berlin, NS 19/2234, Bl. 4-7; 13.2.9 BA Berlin, 183/C0509/0049/006; 13.2.10 BA Berlin, NS 19/2234, Bl. 30-32; 13.3.1 USHMM Washington D.C., 87764; 13.3.2 RGVA Moskwa, 1323-2-292; 13.3.3 Stiftung Denkmal Berlin, AMMP Belzec, Privatbesitz Norbert Kampe; 13.4.1 NIOD Amsterdam; 13.4.2 USHMM Washington D.C., 10989; 13.5.1 bis 13.5.5 AZIH Warszawa; 13.5.6 Staw Düsseldorf siehe: LAV NRW, HSA Düsseldorf, Az.: 810/8 Ks 2/64; 13.5.7 IPN Warszawa, NTN, 196/70, Bl. 80; 13.5.8 Richard Glazar »Flucht aus Treblinka«, Video-Interview, ZfA Berlin, GHWK Mediothek 2537; 13.6.1 Halina Birenbaum, Die Hoffnung stirbt zuletzt, Hagen 1989, S. 82; 13.6.3 USHMM Washington D.C., 50487; 13.6.4 und 13.6.5 APMM Lublin; 13.6.6 StA Nürnberg NO-1903; 13.7.1 NA Washington D.C., RG 373/039507 C 1172 frame 5022; 13.7.2 YV Jerusalem, 268, 49; 13.7.3 YV Jerusalem, 268, 26; 13.7.4 YV Jerusalem, 268, 28; 13.7.5 YV Jerusalem, 268, 122-125; 13.7.6 APM Oswiecim; 13.7.7 YV Jerusalem, 268, 35; 13.7.9 BA Berlin, KL Hafta 7, Versch.; 13.7.10 RGVA Moskwa, 502-1-313, 81-83; 13.7.11 APM Oswiecim 20995; 13.7.12 bis 13.7.14 APM Oswiecim; 13.7.15 YV Jerusalem, 268, 174; 13.7.17 USHMM Washington D.C., 67417; 13.7.18 BA Berlin, NS 19, 1583, Bl. 48; 13.7.19 APM Oswiecim, D-Hyg.Inst. Ordner 41, Bl. 69; 13.7.20 Privatbesitz Alfred Silberstein Auckland.

Raum 14 14.1.1 NA Washington D.C., RG 238, USA Exhibit 251, pages for October 14, 1941; 14.1.2 BA Berlin, NS 3/1078a; 14.1.3 APM Oswiecim; 14.1.4 Jiri Kosta, Nie aufgeben. Ein Leben zwischen Bangen und Hoffen, Berlin 2001, S. 90-91; 14.1.6 APM Oswiecim; 14.1.7 BA Berlin, NS 19/14, 131ff.; 14.1.8 StA Nürnberg PS 3677; 14.1.9 USHMM Washington D.C., 11069; 14.1.10 USHMM Washington D.C., 95270; 14.1.11 BA Berlin, R 2/12163, Bl. 90; 4.1.12 BA Berlin, BDC, RS, Mennecke, Friedrich; 14.1.13 StA Nürnberg, NO-3060, Bl. 301-302; 14.1.14 StA Nürnberg, NO-3060, Bl. 209-210; 14.1.15 APM Oswiecim; 14.1.16 BPK Berlin, 30.014.344-2.1; 14.1.17 GHWK Berlin/Ingenieurbüro J. Zwick Gießen; 14.1.18 StAB Bremen, 10, B AA 2491; 14.1.19 StAB Bremen, 4, 29/1-1306; 14.2.1 APM Oswiecim; 14.2.2 MG Ravensbrück; 14.2.3 ML Schwerin; 14.2.4 APM Oswiecim; 14.2.5 YV Jerusalem; 14.2.6 ML Schwerin; 14.2.7 bis 14.2.15 APM Oswiecim; 14.2.16 und 14.2.17 RM Amsterdam; 14.2.18 Gedenkstätte Buchenwald; 14.3. Stiftung Niedersächsische Gedenkstätten, Video-Interview Gedenkstätte Bergen-Belsen; 14.4.1 APM Oswiecim; 14.5.1 YIVO New York, Klooga 30; 14.5.2 KZ-Gedenkstätte Dachau; 14.5.3 IWM London, BU 4025; 14.5.4 IWM London, BU 3794; 14.5.5 IWM London, BU 3736; 14.5.6 IWM London, BU 4195; 14.5.7 USHMM Washington D.C., 76895; 14.5.8 DITE Paris; 14.5.9 ECPAD Paris, TERRE 10683 L 18.

Raum 15 Esther Reiss, Interview Gedenkstätte Bergen-Belsen, Stiftung Niedersächsische Gedenkstätten 5.12.2000, autorisiert 2005, Foto: Screenshot Video-Interview, Gedenkstätte Bergen-Belsen ; Halina Birenbaum, Zitat autorisiert 2005, Foto: Privatbesitz; Primo Levi, Ist das ein Mensch? Die Atempause, München Wien 1991, S. 349-350, Foto: Jerry Bauer; Alfred Silberstein, Interview-Transkript, Auckland 1996, S. 65; Foto: Privatbesitz; Alexandre Halaunbrenner, Zitat autorisiert 2005, Foto: GHWK Berlin; Willi Frohwein, Zitat Zeitzeugengespräch GHWK Berlin 2004, autorisiert 2005, Foto: Märkische Allgemeine; Joseph Wulf, Aktion Sühnezeichen Friedensdienst (Hg.), Sachor Nicht vergessen, Erinnerungen an Joseph Wulf, Göttingen 1989, S. 50, Foto: ASF Berlin; Ignatz Bubis, Damit bin ich noch längst nicht fertig, Die Autobiografie, Frankfurt a.M. 1996, S. 278, Foto: Ullstein Bilderdienst 00287085; Lothar Kreyssig, aus einem unveröffentlichten Manuskript von 1958, Bestand ASF, Foto: ASF; Gunter Demnig, Filmdokumentation 2000, autorisiert 2005, Foto: Privatbesitzt; Yehuda Poliker, Filmdokumentation 1988, autorisiert 2005, Foto: Vardi Kahane; Yaakov Gilad, Filmdokumentation 1988, autorisiert 2005, Foto: Screenshot »Im Schatten des Holocaust«, bpb Bonn; Viola Roggenkamp, Zitat autorisiert 2005, Foto: Christel Becker-Rau; Ulrike Krüger, Filmdokumentation 1986, Zitat autorisiert 2005, Foto: Privatbesitz; Gila Lustiger, Einige Überlegungen zur Lage der jüdischen Autoren in Deutschland, in: Walter Hinderer u.a. (Hg.), Altes Land, neues Land. Verfolgung, Exil, biografisches Schreiben, Wien 1999, S. 50-53, hier 53, autorisiert 2005, Foto: Isolde Ohlbaum; Fritz Stern, Rede anlässlich der Verleihung des »Friedenspreises des deutschen Buchhandels« 1999, autorisiert 2005, Foto: Beck Verlag; Etgar Keret, Radio-Interview 2004, Zitat autorisiert 2005, Foto: Motti Kikayon; Katrin Himmler, Die Brüder Himmler, Frankfurt a. M. 2005, S. 11, autorisiert 2005; Foto: Andreas Labes; Anke Knitter, Zitat autorisiert 2005, Foto: GHWK Berlin.

Raum 16 16.1.1 bis 16.1.3 GHWK Berlin; 16.2.1, 16.2.2 GHWK Berlin, Ingenieurbüro J. Zwick Gießen; 16.2.3, 16.2.4 GHWK Berlin; 16.2.5 Privatbesitz/GHWK Berlin; 16.2.6 SV-Bilderdienst München, Nr. 00020325; 16.2.7 GHWK Berlin; 16.2.8 SV-Bilderdienst München, 00070230; 16.2.9 BA Berlin, NS 6, Nr. 4, Bl. 83; 16.2.10 NA Washington D.C., RG 319 Personal Files, Nr. 195/2; 16.2.11 Oskar Dressler, Die Internationale Kriminalpolizeiliche Kommission und ihr Werk, Berlin 1942 (Polizeibibliothek Berlin); 16.3.1 BA Berlin, Zwischenarchiv Dahlwitz-Hoppegarten, ZB I, Nr. 361, Bl. 4; 16.3.2 StA Würzburg, Gestapostelle Würzburg, Nr. 17867; 16.3.3, 16.3.4 Privatbesitz/GHWK Berlin; 16.4.1 BA Berlin, Befehlsblatt des Chefs der Sicherheitspolizei und des SD vom 15.11.1941; 16.4.2 RGVA Moskwa, Fonds 500; 16.4.3 BA Berlin, R 7, Nr. 2024, Bl. 54, Bl. 56; 16.5.1 GHWK Berlin; 16.5.2 Privatbesitz /GHWK Berlin; 16.5.3 bis 16.5.7 GHWK Berlin.

Es ist nicht immer gelungen, die Rechte von Dokumenten und Fotos zu klären. Nicht aufgeführte Rechteinhaber werden deshalb um Mitteilung gebeten.

Personenregister

Kursiv gedruckte Zahlen verweisen auf die Abbildungsteile.

Ortsregister

Kursiv gedruckte Zahlen verweisen auf die Abbildungsteile.

Sachregister

Kursiv gedruckte Zahlen verweisen auf die Abbildungsteile